# 米国エネルギー法の研究
## 経済規制と環境規制の法と政策

Energy Laws
in the United States:
Law and Policy
in Economic and Environmental Regulations

草薙真一 著
Shinichi Kusanagi

東京 白桃書房 神田

## 著者から読者へ

　筆者の研究者としての歩みは，本書第Ⅰ部において検討した「1978年米国連邦公益事業規制政策法」の存在について，慶應義塾大学法学部法律学科藤原淳一郎研究会にて教えを請うて以来の恩師・藤原淳一郎先生（現・慶應義塾大学名誉教授）からご教示いただいたことに始まる。この法律は熱電併給（コージェネレーション）設備と再生可能エネルギーを利用した発電設備を，適格認定設備として同時に優遇するものであった。そのこと自体，画期的であったが，この法律の先見性はそれにとどまるものではなかった。当然のことと思われていた電力会社による電力市場の独占に風穴を開けたのである。「新規参入者による適格認定設備からの電気が必ず電力会社に買い取られ，しかもそれが全米で一斉に実施される」という制度設計には，当時大学院生だった筆者にとって，興奮さめやらぬものがあった。特に，経済学の成果として規模の経済性や範囲の経済性を根拠とする自然独占性が当然のように認められてきた電気事業に，あえて挑むかのような法律が米国に存在することを知り，筆者は衝撃を受けた。米国では，筆者が小学生の時分に，既にそのような画期的な時代を迎えていたというのである。

　筆者は藤原先生からご指導をいただき，修士論文でこの法律を扱うことにした。それが今から約四半世紀も前のことであった。読者におかれては，藤原淳一郎著『エネルギー法研究―政府規制の法と政策を中心として―』（日本評論社，2010年）の第1部「エネルギー法とは」の7頁以下をご参照いただきたいと思う。本研究の原点がそこに凝縮されているからである。

　本書は，慶應義塾大学における筆者の博士論文を世に出すための意味合いを持っている。近年の我が国のエネルギー法の進展については，藤原淳一郎「エネルギーの法と政策―10年間の回顧と展望―」『ジュリスト』1414号216-221頁（有斐閣，2011年）を参照されたい。米国エネルギー法研究に焦点を当てた本書の，エネルギー法学における位置取りが鮮明になるであろう。

# 目　次

著者から読者へ

序章 ———————————————————————— 1

## 第Ⅰ部　米国連邦公益事業規制政策法の功罪

### 第1章　PURPAにおける規制の黎明期 ———————— 7

第1節　はじめに………………………………………………………… 7
第2節　PURPAの策定と同法210条の内容…………………………… 10
第3節　PURPA210条をめぐる論争…………………………………… 15
第4節　適格認定コージェネレーションの優位性…………………… 19
本章の小括……………………………………………………………… 22

### 第2章　PURPA210条に基づくQFからの買取料金
　　　　　——ニューヨーク州公益事業法6セント条項の終焉 ———— 26

第1節　はじめに………………………………………………………… 26
第2節　PURPAとニューヨーク州公益事業法によるQFの
　　　　回避原価規制……………………………………………………… 27
　第1款　問題の所在…………………………………………………… 27
　第2款　PURPAにおけるQFの回避原価規制…………………… 28
　第3款　PURPA及びFERC規則が定めるQF保護のための
　　　　　他の法律からの適用除外………………………………………… 29
　第4款　州のPURPA実施権限……………………………………… 29
　第5款　ニューヨーク州公益事業法によるQFの回避原価規制……… 30

iii

目次

- 第3節　コン・エディ事件 …………………………………………………………… 31
  - 第1款　コン・エディ事件まで ……………………………………………… 31
  - 第2款　コン・エディ事件の概要 …………………………………………… 32
- 第4節　O&R 事件 ……………………………………………………………………… 33
  - 第1款　O&R 事件の概要 …………………………………………………… 33
  - 第2款　O&R 事件における FERC 決定要旨 …………………………… 34
- 第5節　O&R 事件の検討 …………………………………………………………… 35
  - 第1款　問題の所在 …………………………………………………………… 35
  - 第2款　憲法問題について―「先占」― ………………………………… 36
  - 第3款　FPA による解決の可能性について ……………………………… 37
  - 第4款　州独自の政策可能性の問題について …………………………… 38
  - 第5款　手続きの違法性について …………………………………………… 39
  - 第6款　QF 業者側の苦悩 …………………………………………………… 40
- 第6節　オキシデンタル・ケミカル事件 ………………………………………… 40
  - 第1款　問題の所在 …………………………………………………………… 40
  - 第2款　オキシデンタル・ケミカル事件の概要 ………………………… 41
  - 第3款　オキシデンタル・ケミカル事件の検討 ………………………… 42
- 本章の小括 ……………………………………………………………………………… 45

## 第3章　PURPA210条の定着期における特徴 ———— 48

- 第1節　はじめに ……………………………………………………………………… 48
- 第2節　PURPA に関する司法判断と FERC の対応 …………………………… 50
  - 第1款　CC 社事件 …………………………………………………………… 50
  - 第2款　GFCP 社事件 ………………………………………………………… 52
  - 第3款　PPP 社事件 …………………………………………………………… 53
  - 第4款　FERC による全回避原価政策導入の断念 ……………………… 54
  - 第5款　FERC による PURPA 新政策―燃料費関連条項の修正― …… 55

目次

第3節　定着期のPURPAに基づくFERCの裁決の概観…………56
　第1款　CV社事例…………56
　第2款　NHEC社事例…………57
　第3款　Brazos社事例…………57
　第4款　PP&L社事例…………58
　第5款　VEP社事例…………59
　第6款　HELCO事例…………60
　第7款　Laidlaw社事例…………61
　第8款　NC社事例…………62
本章の小括…………63

# 第4章　PURPA210条の執行問題 ── 65

第1節　はじめに…………65
第2節　PURPA210条改廃への動きとその評価…………68
　第1款　PURPA210条のフレームワーク…………68
　第2款　PURPA210条の役割―学説の対立―…………70
第3節　SCE社事例におけるFERC決定の概要…………72
　第1款　PURPAの位置付け…………72
　第2款　FERCの中間裁決…………73
　第3款　FERCの再審査請求却下決定…………75
第4節　SCE社事例の検討…………75
　第1款　FERCの政策変更…………75
　第2款　回避原価の算定方法に対するFERCの立場変更―入札―…………78
　第3款　回避原価の算定要素―非価格要素への対応―…………80
本章の小括…………82

# 第5章　FERCによるQF規制のウェイバー ── 83

第1節　はじめに…………83

v

目　次

　　第 2 節　PURPA の目的と QF 政策の発展 ……………………………… 84
　　第 3 節　ウェイバー論の台頭 …………………………………………… 85
　　第 4 節　FERC による QF 規制のウェイバー ………………………… 87
　　　第 1 款　序説 ………………………………………………………… 87
　　　第 2 款　FERC による QF 規制のウェイバーにおける第三類型の可能性
　　　　　　 ……………………………………………………………………… 88
　　　第 3 款　適格認定コージェネレーション設備規制のウェイバーに見る
　　　　　　　FERC 政策の変化 ………………………………………… 89
　　　第 4 款　適格認定小規模発電設備規制のウェイバーに見る FERC 政策
　　　　　　　の変化 ……………………………………………………… 93
　　　第 5 款　FERC による PURPA 規制のウェイバーに関するその他の問
　　　　　　　題と今後の展望 …………………………………………… 96
　　本章の小括 ………………………………………………………………… 100

# 第 6 章　電気事業をめぐる連邦の混乱とそれへの州の対応── 103

　　第 1 節　はじめに ………………………………………………………… 103
　　第 2 節　電気事業者へのインパクト …………………………………… 105
　　第 3 節　州規制当局へのインパクト
　　　　　　 ──カリフォルニア州を中心にして── …………………… 106
　　本章の小括 ………………………………………………………………… 112

# 第Ⅰ部の結語 ─────────────────────── 113

## 第Ⅱ部　エネルギー環境政策

# 第 1 章　米国における RPS 政策の展開 ─────────── 119

　　第 1 節　はじめに ………………………………………………………… 119
　　第 2 節　米国における RPS の現状 ……………………………………… 120
　　　第 1 款　州 RPS 制度の多様性 ……………………………………… 120

第2款　RPS の制度設計 ················································ 123
　　第3款　州 RPS 法違反への対応 ········································ 124
　第3節　REC ···································································· 126
　　第1款　REC の運用と取り扱いの困難さ ······························ 126
　　第2款　REC の二重勘定 ················································· 127
　第4節　州の思惑としての RPS ············································ 128
　　第1款　地理的条件 ························································ 128
　　第2款　州による州内プラントへの優遇措置の可能性と連邦法 ··· 129
　　第3款　特定の再生可能エネルギーの優遇措置 ······················ 130
　第5節　連邦 RPS 法の可能性 ·············································· 131
　　第1款　連邦による RPS 制度設計に生じる問題 ····················· 131
　　第2款　連邦政府と州政府の RPS をめぐる相互作用 ··············· 132
　本章の小括 ········································································ 133

## 第2章　米国における CCS 技術政策 ——— 134

　第1節　はじめに ······························································· 134
　第2節　日・米における CCS 活用の進捗 ································ 135
　　第1款　CCS のグローバル化 ············································ 135
　　第2款　日本 ································································· 136
　　第3款　米国 ································································· 137
　第3節　CCS 技術の実際 ····················································· 139
　第4節　石炭火力発電のコストの明確化 ································· 142
　第5節　$CO_2$ 削減のためのコストと CCS ······························ 144
　　第1款　EGR を前提にすることの必然性 ······························ 144
　　第2款　日本 ································································· 144
　　第3款　米国 ································································· 145
　第6節　日本における CCS 本格実施への課題 ·························· 146

目 次

　第7節　米国における CCS 本格実施への課題………………………… 148
　　第1款　米国における $CO_2$ パイプライン導入の背景………………… 148
　　第2款　$CO_2$ パイプラインの連邦規制への要請……………………… 149
　本章の小括………………………………………………………………… 151

## 第Ⅱ部補論　我が国における低炭素社会を目指した法制度── 153

　第1節　我が国の法制度概観……………………………………………… 153
　　第1款　問題の所在……………………………………………………… 153
　　第2款　我が国の法制度整備の経緯…………………………………… 155
　第2節　ガス事業の環境特性とその活用………………………………… 168
　　第1款　はじめに―地球環境問題をめぐるガス事業の問題意識―… 168
　　第2款　我が国における技術進歩……………………………………… 169
　第3節　地域熱供給の新展開……………………………………………… 178
　　第1款　はじめに………………………………………………………… 178
　　第2款　日本国内の動向………………………………………………… 180

　第Ⅱ部の結語──────────────────────── 191

## 第Ⅲ部　エネルギー規制機関の権限配分

### 第1章　ガスパイプラインへの第三者アクセスと送電線へのそれとの比較── 195

　第1節　はじめに…………………………………………………………… 195
　第2節　ガスパイプラインへの第三者アクセス………………………… 197
　　第1款　序説……………………………………………………………… 197
　　第2款　ガスパイプラインへの第三者アクセスに関する争訟と
　　　　　　FERC の政策……………………………………………………… 198
　　第3款　FERC の 1985 年平等アクセスルールと司法の評価………… 199

目次

　　第4款　平等アクセスルールの実質的強制への評価…………………199
　第3節　FERCによる送電線平等アクセス政策
　　　　　—1992年EPAct以前—…………………………………………200
　　第1款　連邦法上の権限………………………………………………200
　　第2款　FERCの送電線接続誘導政策をめぐる初期の争訟
　　　　　—UP＆L社事例—………………………………………………203
　　第3款　電気事業者に対する合併誘導政策の限界…………………204
　第4節　第三者アクセス政策における初期の送電線と
　　　　　ガスパイプラインとの異同………………………………………205
　　第1款　卸電力市場における変革の遅れ……………………………205
　　第2款　ガス供給産業と電力供給産業との比較論…………………206
　本章の小括…………………………………………………………………208

# 第2章　電力信頼度確保—送電網増強政策をめぐる関係機関の相克—
　　　　　　　　　　　　　　　　　　　　　　　　　　　　　　210

　第1節　はじめに…………………………………………………………210
　第2節　送電網増強の必要性……………………………………………212
　第3節　送電線建設計画策定と地域特性………………………………214
　第4節　連邦規制当局による権限行使の限界…………………………216
　本章の小括…………………………………………………………………218

# 第3章　反トラスト法問題　　　　　　　　　　　　　　　　　　222

　第1節　はじめに…………………………………………………………222
　第2節　電気事業規制当局の反トラスト法上の役割…………………225
　　第1款　連邦規制当局—申請料金主義—……………………………225
　　第2款　州規制当局—ステイトアクションの法理—………………227
　第3節　RTOと反トラスト法……………………………………………228
　第4節　パワープールと反トラスト法…………………………………230

目次

  第5節 PURPA210条の競争阻害要因……………………………………… 232
   第1款 PURPA210条の電気料金高騰問題………………………… 232
   第2款 PURPA210条と1992年EPAct………………………………… 234
  本章の小括……………………………………………………………………… 236

## 第4章 パイク・カウンティ・ドクトリン ── 237

  第1節 はじめに……………………………………………………………… 237
  第2節 パイク・カウンティ・ドクトリン形成に至る重要判例の概観
    ……………………………………………………………………………… 238
   第1款 ナラガンゼット社事件までの概観─申請料金主義─…… 238
   第2款 ナラガンゼット社事件─ナラガンゼット・ドクトリン─…… 240
   第3款 パイク社事件─パイク・カウンティ・ドクトリン─……… 242
   第4款 ナンタハラ社事件…………………………………………… 244

  第3節 プルーデンス基準制限ドクトリン………………………………… 247
   第1款 事件の概要……………………………………………………… 247
   第2款 事件の検討……………………………………………………… 248

  第4節 州際持株会社系パワープールにおけるパイク・
    カウンティ・ドクトリン適用の可能性…………………………… 249
   第1款 問題の所在……………………………………………………… 249
   第2款 アパラチア社事件……………………………………………… 250
   第3款 MP&L社事件…………………………………………………… 254
  本章の小括……………………………………………………………………… 256

## 第5章 LNG輸入基地問題 ── 260

  第1節 はじめに……………………………………………………………… 260
  第2節 天然ガス事業に対する連邦と州の規制管轄の構造…………… 263
   第1款 NGA（天然ガス法）…………………………………………… 263
   第2款 NGAの修正と規制改革……………………………………… 265

目 次

第**3**節　LNG基地をめぐる連邦と州の対立と住民の思惑………………266
 第1款　州のLNGへの依存傾向の高まりと住民の反対運動…………266
 第2款　先占領域理論をめぐる連邦と州の管轄権論争…………………267
 第3款　FERCの柔軟な対応………………………………………………269
 第4款　連邦の権限の委譲から発生する連邦と州の対立の克服………271
 第5款　将来の連邦の権限の委譲から発生する連邦と州の対立の可能性
　　　　………………………………………………………………………275

第**4**節　LNG基地規制をめぐるEPAct2005の隠された論点……………276
 第1款　州と州の対立………………………………………………………276
 第2款　厳格な規制への要請と担当官の役割……………………………279
本章の小括……………………………………………………………………281

# 第**6**章　NGA3条と7条の適用理論　　　　　　　　　　　　283

第**1**節　はじめに……………………………………………………………283
第**2**節　FERCの規制権限に関する争訟……………………………………286
 第1款　BPL社事件…………………………………………………………286
 第2款　Distrigas社事件……………………………………………………287
第**3**節　FERCが扱ったLNG基地規制をめぐる争訟………………………291
 第1款　Dynegy社事例……………………………………………………291
 第2款　SES社事例…………………………………………………………293
第**4**節　事例分析……………………………………………………………296
 第1款　SES社事例とDistrigas社事件との関係…………………………296
 第2款　通商権限の積極的作用としてのNGA規制……………………298
 第3款　州際通商に影響を与える基準―電力の場合と比較して―……299
 第4款　カリフォルニア州法の位置付け…………………………………300
本章の小括……………………………………………………………………303

目 次

## 第7章　ダム規制を中心とする水力発電規制 ─────── 305

第1節　はじめに……………………………………………………… 305
第2節　FERC の権限………………………………………………… 306
　第1款　FWPA（連邦水力法）…………………………………… 306
　第2款　航行規制権限の拡大……………………………………… 307
　第3款　水力発電に関する連邦の規制権限と州の規制権限との相克… 309
第3節　FWPA の成立の政治的背景………………………………… 311
第4節　FWPA に基づく水力発電規制の態様……………………… 312
　第1款　FERC 権限強化と環境保護規制………………………… 312
　第2款　免許条件に関する規制─ハイマウンテンシープ事件─… 315
第5節　水力発電計画における環境影響評価の必要性
　　　　　─ストームキング事件からの教訓─…………………… 318
　第1款　ストームキング事件の概要……………………………… 319
　第2款　ストームキング事件判決の検討………………………… 320
第6節　FERC による FWPA 新解釈……………………………… 320
　第1款　水力発電規制の現状……………………………………… 320
　第2款　ダム操業免許更新拒否の新基準………………………… 321
　第3款　FERC の新基準の評価…………………………………… 323
第7節　FERC の新基準への理論的考察…………………………… 324
　第1款　FWPA に基づく公共の利益の保護と FERC の権限…… 324
　第2款　ダム操業廃止費用負担を決定する FERC の権限……… 326
本章の小括……………………………………………………………… 327

## 第8章　エネルギー市場関係規制機関の規則制定行為─ルール58　にみる PUHCA 適用除外条項の新解釈─ ─────── 330

第1節　はじめに……………………………………………………… 330
第2節　電気・ガス事業規制における PUHCA の意義…………… 332

第3節　ルール58の制定経緯と骨子 ································ 334
　第4節　ルール58に内包される法律上の問題とその評価 ··············· 337
　　第1款　登録公益事業持株会社の非事業者吸収合併に関する
　　　　　　PUHCA規制の構造 ······································ 337
　　第2款　適用除外条項制定の趣旨からのアプローチによる
　　　　　　評価について ············································ 339
　　第3款　PUHCA9条c項と同法11条b項との法的整合性 ············· 339
　本章の小括 ······················································· 343

# 第9章　エネルギー市場監視に関する一考察
　　　　　─FERCによるエンフォースメントを中心にして─ ─── 344

　第1節　はじめに ················································· 344
　第2節　エンフォースメントの新しい枠組み ························· 345
　　第1款　伝統的なNGA規定と新NGA4条との整合性問題 ············· 345
　　第2款　FERCによる市場監視機能強化に至る経緯 ················· 346
　　第3款　エンフォースメントの意義を否定する主張 ················· 350
　第3節　エンフォースメントの実施事例 ····························· 351
　　第1款　二つの実施事例の特徴 ··································· 351
　　第2款　ETP事例に見る和解の可能性 ····························· 352
　　第3款　ETP事例の総括的検討 ··································· 356
　本章の小括 ······················································· 357

# 第10章　公益事業の公正性確保に関する法的考察 ─────── 359

　第1節　はじめに ················································· 359
　第2節　公益事業規制における重要度
　　　　　─ジョーンズ氏とマン氏による調査─ ····················· 361
　第3節　FERC Order No. 1000 ····································· 363
　　第1款　Order No. 1000に至るまでのFERCオーダー ··············· 363
　　第2款　FERC Order No. 1000の発令 ···························· 365

目　次

　　　第3款　FERC Order No. 1000 と送電線建設のコスト配分……………… 366
　　　第4款　送電線コスト算定をめぐる米国中西部独立系統運用者
　　　　　　　の政策策定………………………………………………………… 368
　　　第5款　Order No. 1000 が文言上指向する公正性……………………… 369
　　第**4**節　FERC による市場監視機能向上策………………………………… 371
　　　第1款　FERC の即時的監視システム……………………………………… 371
　　　第2款　EPAct2005 に基づく FERC の市場監視………………………… 372
　　　第3款　FERC の目標……………………………………………………… 376
　　本章の小括……………………………………………………………………… 377
　第Ⅲ部の結語──────────────────────────── 380

# 結章────────────────────────────── 381

初出一覧
あとがき
事項索引・人名索引

# 序章

　本書は，米国の主要エネルギー産業に対する規制のうち，主として経済規制と環境規制に焦点を当てて，それらの法と政策とについて検討を加えたものである。米国では，電気と都市ガスを中心とするオーソドックスなエネルギー法（Energy Law）を行政法学の各論的領域として見据える方法論が確立されており，米国のロースクールにおいては，研究と教育の両面において，エネルギー法がメジャーな扱いを受けている。そこで本書では，その方法論に従い，米国エネルギー産業の特性を念頭に置きつつ，我が国への示唆を求めて地道に検討を重ねる手法をとることにした。それに加えて本書では，米国エネルギー産業の周辺に存在する米国の歴史・社会，そして米国民の文化や思考方法をも丁寧に取り扱う方針をとった。その結果，本書は三部構成になった。以下に各部の構成とその問題意識を述べる。

　第Ⅰ部「米国連邦公益事業規制政策法の功罪」は，1978年に制定された「PURPA（Public Utilities Regulatory Policies Act：連邦公益事業規制政策法）」に焦点を当てて，これを多面的な角度から論じようとするものである。1978年PURPAは，1970年代の二度にわたる世界的な石油危機を教訓に，主として経済誘導政策を採用していたが，同時に民主党ジミー・カーター政権のもと一部においては，地球環境への配慮という衣を纏っていた。現在の米国は，より本格的な環境規制を指向しており，エネルギー政策もむしろ環境規制が中心とされる状況にシフトしつつある。第Ⅰ部は，その流れに普遍性があるか否かを正面から問題提起している。また，世界を震撼させた二度にわたる石油危機を教訓に，米国では，中東からの輸入原油依存度を下げ，電力の安定供給を確実にするためにエネルギー問題に早期から取り組み，1978年にはPURPAを制定するに至ったのであるが，この法律の特徴は，多様な再生可能エネルギーを活用することを明示し，熱電併給（コージェネレーション）をも同レベルで活用する政策を盛り込んだことにある。これにより，コージェネレーション設備か，太陽光・風力・地熱・バイオマスなど再生可能エネルギーを用いる小規模発電業者の有する設備のうち，一定の要件を満たしたものをQF（Qualifying Facility：適格認定設備）として質・量とも高度に促進する政策を実施した。特にQFの発電する電気の購入を電気事業者（electric utilities）に義務付けたことは，競争政策と環境政策の両方を視野に入れた画期的な政策であるとして注目された。第Ⅰ部の目的は，将来なされるべきこの制度の確定的評価に寄与すべく，1978年PURPAに関する研究を詳細に行うことにある。我が国では，現在，電力

序 章

システム大改革が求められている。電力システムの大改革では，電力系統のピーク電力量を抑制する蓄電やエネルギー管理システムも省エネ対策として評価されることになり，いわば「守りの省エネ」から「攻めの省エネ」に移ろうとしている。デマンドレスポンスとして関西電力などが導入した「ネガワット取引」はその典型例である[1]が，スマートグリッドを単なるコミュニティー内での点的な普及にとどめるのではなく，より面的な普及にまで拡張することを目指す考えなども提唱されている[2]。これに伴う分散型電源の利用も有力視されるが，第Ⅰ部ではそれらの方向性に潜む問題を米国から学ぶべく考察する。また，この連邦法は，今日競争導入が進む米国にあっても，その歴史と特色から輝きを放ち続ける政策法になっているが，第Ⅰ部では，この連邦制度の策定当初，連邦制度の導入を受けて電気事業者の対応や州規制当局の対応がいかなるものであったかという「古い問題」にまで遡り，当該規制制度の影響度を探りたい。そして現段階で明らかになった同法の功罪を詳細に検討したい。

第Ⅱ部「エネルギー環境政策」は，米国の現状を意識しながら，エネルギー環境政策が今後どのようなものに変わりうるかという問題意識を前面に打ち出すことによって，米国におけるエネルギー環境法の諸問題を浮き彫りにしようと試みるものである。このため，エネルギー環境政策が世界的に見ても先進的な我が国の事例からの示唆をも得ようと考え，第Ⅱ部の補論として我が国の法制度の研究を論じる。地球環境問題は，我が国においても，再生可能エネルギーの利用やエネルギー供給構造の高度化に影響を与えた。我が国にとって米国エネルギー法から学ぶべき内容は多いものの，環境対策は我が国が優位性を持つ領域の問題であり，米国に与える影響力をも有している可能性がある。ここに一例を挙げよう。我が国では，2009年7月1日に，省エネルギー法の改正とともに，エネルギー供給事業者による非化石エネルギー源の利用及び化石エネルギー原料の有効な利用の促進に関する法律（エネルギー供給構造高度化法）が成立し，電気事業者が自発的に行っていた家庭用の太陽光発電の余剰電力買取価格を従来の2倍にし，かつその買い取りを電気事業者に義務付けるという世界的にもユニークな固定価格買取制度を導入した。この制度改革はさらに進んだ。菅直人元首相（首相在任期間は2010年6月8日-2011年9月2日）の退陣との政治的取引の一つとして，2011年8月26日に，電気事業者による再生可能エネルギー電気の調達に関する特別措置法（再生可能エネルギー買取法）が成立し，日本で自然エネルギーをより大きく普及させるカギとなる「固定価格買取制度（Feed-in Tariff：FIT）」が本格導入された。これにより，2012年7月1

---

1 2017年4月から実施された政府肝入りの制度である。高橋雅仁「日本の電力市場におけるネガワット取引の課題は何か？」『電気新聞』2012年7月9日ゼミナール25参照。
2 山田光『発送電分離は切り札か―電力システムの構造改革―』31頁（日本評論社，2012年）参照。

日から再生可能エネルギーのいわゆる全種全量買い取りが実施されることになった。このことは太陽光発電の普及拡大に向けたインセンティブ向上策になるものと期待されている。そしてこの日，2002年6月7日に制定された我が国のRPS法（電気事業者による新エネルギー等の利用に関する特別措置法）はこの新しい制度と並立して存続する方向性を取らず，ついに廃止された。わが国の太陽光発電や風力発電に対する新政策を十分機能させるために，並存するRPS証書あるいはグリーン電力証書などの流通・売買のあり方について，米国をはじめとする事例の研究等を進めることによる制度改善が望まれてきていた。その成果を生かす方向でのRPS法の廃止であったために，我が国における混乱は生じなかった。この経験を糧として，第Ⅱ部では，米国のエネルギー環境政策の特徴を「我が国と比較される米国」という観点から，比較法的事例研究を含めつつ考察する。

　第Ⅲ部「エネルギー規制機関の権限配分」では，米国において規制当局が様々なステークホルダーを相手に，葛藤を抱えつつ，協調と対立を重ねる実務をいかに行っているかに焦点を置いて考察を進めた。連邦と州の対立については，連邦制を採用していない我が国ではその内容の理解は無用のこと（あるいは，我が国とは無関係のこと）と位置付けられがちであるが，それは決して正しくない。むしろ私は，米国における規制の趣旨や背景の我が国との違いは，我々日本人にとって意外にも容易に理解され，またそのような違いによる規制当局の対立構造は実は普遍的に存在しうる（したがってその対立構造は我が国でも違う形で生じうる）ことを示そうと試みた。公共性を追求し，また安全性を追求すべく，連邦規制当局はそれぞれに与えられた規制権限を発動する。しかし州規制当局は当然のごとく政策面で別のアイデアを持っており，連邦規制当局と対立することがある。あるいは，連邦または州規制当局と対立する形で，被規制者や地域住民が出現し，いわゆる規制行政における三面関係の問題になることもある。第Ⅲ部では，これらの現象に行政法理論を通底させつつ，エネルギーの諸問題をめぐって規制当局どうし，あるいは規制当局と産業界はどのように協調しあるいは対立するのかを，地域住民の立場をも絡めて探った。たとえば，再生可能エネルギー普及の必要性から送電網の拡張が我が国でも言及されるようになっているが，それは米国では別の形で問題とされたのであった。米国において送電網の拡張は，あくまでも送電網が不十分であることによる需給の逼迫を緩和するためだったのであり，再生可能エネルギー等の導入を念頭に置いた電源の多様化というテーマは何らその引き金になりうるものではなかった。この事実は，歴史的背景や法律上の根拠を中心に，利害関係者を多く登場させつつ，規制者どうしの管轄権の問題をクリアにした結果，確認できることだったのである。

　さて，本論に入るにあたり，本書全体を貫く論調に関する筆者の意図を前もって提示しておく。米国のロースクールにおいては，エネルギー法を研究・教育する場合，幅広い視野で現在の政策が今後どのようなものに変わりうるかという問題意識

## 序章

を持つことが，現在の複雑な問題点を的確に指摘することに資すると考えられている。私は，そこには一定の普遍性があり，その普遍性のゆえに，我が国におけるエネルギー法の諸問題を浮き彫りにすることにも資するはずであると考える。言い換えれば，米国のエネルギー産業規制の探求は，我が国に，単にエネルギー規制のあるべき姿についてのぼんやりした全体像というよりは，細やかで個別的な事案にこそ，重要な示唆を与えることができるはずであると考える。

　なお，本書は，著者が四半世紀をかけて逐次公表しつつ執筆した論文を集約したものであるが，今回改めて著者によって論文全体に手を加えている。このため本論は，あたかも書き下ろしの一篇の論文のように書き直されていることを付言しておく。

# 第Ⅰ部

# 米国連邦公益事業規制政策法の功罪

第Ⅰ部　米国連邦公益事業規制政策法の功罪

　1970年代の二度にわたる石油危機は，世界を震撼させた。米国では，中東からの輸入原油依存度を下げ，電力の安定供給を確実にするためにこの問題に早期から取り組み，1978年には連邦公益事業規制政策法（Public Utility Regulatory Policies Act：PURPA，以下PURPAとする）を制定するに至った。この法律の特徴は，多様な再生可能エネルギーを活用することを明記し，熱電併給（コージェネレーション）も同レベルで活用する政策を盛り込んだことにある。これにより，コージェネレーション設備と，太陽光・風力・地熱・バイオマスなど再生可能エネルギーを用いる小規模発電業者の有する設備のうち，一定の要件を満たしたものを適格認定設備（Qualifying Facility：QF，以下QFとする）として，この両者の普及を高度に促進する政策を実施した。特にQFの発電する電気の購入を電気事業者（electric utilities）に義務付けたことは，競争政策と環境政策の両方を視野に入れた画期的な政策であるとして注目された。

　第Ⅰ部の目的は，将来なされるべきこの制度の確定的評価に寄与すべく，1978年米国連邦公益事業規制政策法に関する研究を行うことにある。

　この法律は，競争導入が進む米国にあって今日でも，歴史と特色のある連邦レベルの政策法でありつづけている。この連邦制度の策定当初，本制度の導入を受けた電気事業者や州規制当局の対応がいかなるものであったかという「古い問題」にまで遡り，当該規制制度の影響度を探りたい。そして現段階で明らかになった同法の功罪を詳細に検討したい。

# 第1章

# PURPAにおける規制の黎明期

## 第1節　はじめに

　1973年の世界的な石油危機（第一次オイルショック）は，第37代米国大統領であるリチャード・ニクソン（Richard Nixon，任期は1969年1月20日－1974年8月9日）政権のエネルギー政策に強い影響を与えた。ニクソン大統領はウォーターゲート事件で辞任し，その後米国の歴史上唯一大統領選を経ずに大統領となった第38代米国大統領ジェラルド・フォード（Gerald Ford，任期は1974年8月9日－1977年1月20日）を破った第39代米国大統領ジミー・カーター（James Earl "Jimmy" Carter, Jr.，任期は1977年1月20日－1981年1月20日）は，OPEC（Organization of Petroleum Exporting Countries：石油輸出国機構）が，多くの国々に対して長期間の禁輸措置をとった経緯と，1973年10月の中東戦争により西側諸国に対する原油価格が上昇した事実を重視した政策をとった[1]。

　当時の米国の石油輸入量は，1973年には同国の全石油消費量のうち36％を占めていたのであるが，これが1976年には42％にまで増加していた。この事態を懸念したFEA（Federal Energy Administration：連邦エネルギー庁）は，1977年に，この数字が1985年に50％，1990年には58％にまで到達するだろうと予測し，OPECの禁輸等何らかの理由によって混乱が引き起こされるリスクは米国の大きな弱点となりうると警告した[2]。大統領選挙運動を進めていたカーター大統領候補も，米国が解決すべきエネルギー問題が明確に突きつけられたことを米国民に訴え，大統領就任後の1977年4月18日の演説の中で，このことを意識したNEP（National Energy Plan：全国エネルギー計画）の内容を明らかにした[3]。この際に，戦争に臨むに相当する覚悟でもってエネルギー危機に対応するよう国民に求めたのであった[4]。

---

1　See 33 CQ ALMANAC 713 (1977).
2　Congress, House, National Energy Act: Report of the Ad Hoc Committee on Energy, 95th Cong., 1st Sess., Report No. 95-543, 27 July 1977, Vol. 1, at 5-6.
3　Stefan Kanfer, More Equivalents and Other Bugle Calls, TIME (2 May 1977) at 25.
4　Charles Mohr, Carter Asks Strict Fuel Saving: Urges Moral Equivalent of War to Bar a National Catastrophe, NEW YORK TIMES (19 April 1977) at 1.

彼は，国家が今後さらに多くのエネルギーを浪費することを極めて否定的に捉え，エネルギー危機が米国政府の姿勢や価値観を変えた事実を強調し，新しいエネルギー政策の基盤を作ると宣言した。具体的には，インセンティブ税制を理念とする新税の導入と，高燃費自家用車の所有を不利に扱う税制改正を打ち出したほか[5]，国内炭を活用することで輸入量の多い石油等の消費を抑制するように産業を誘導し，さらに原子力プラント建設を承認するための手続きを合理化すること等により原子力発電も促進するなどした[6]。

この政策を確実に実行するためにカーター政権が主導したのが，PURPA (Public Utility Regulatory Policies Act：連邦公益事業規制政策法)[7] をはじめとする連邦法としてのエネルギー関連5法案である。しかしこれらの法案は，下院と上院で法案をすり合わせる最終作業が困難を極めた。当初1977年12月1日の予定であった，料金構造改革部分の作業の他，天然ガスの規制緩和とエネルギー税制などに関する両院の妥協を目指した協議は，1978年9月28日までずれこんだ[8]。下院では，電気事業者の業界団体であるエジソン電気協会 (Edison Electric Institute：EEI) もまた，法案の主要条項を変更させる試みを強力に行っていた[9]。

1978年10月，エネルギー関連5法案は相前後して連邦議会を全て通過した[10]。しかしこれについては，民主党内部からすら，「最も重要な料金構造改革の部分などが，立法過程における議論をすり抜けてしまった。連邦議会には，国家にとってより相応しい法律を制定する機会があった。しかし，ロビイストの影響が強く，いずれもあるべき法律のいわば抜け殻にすぎない内容を有するだけのものとなった」[11] という批判が沸き起こった。PURPAも例に漏れず激しい政治的駆け引きの後，連邦議会を通過したものであった。1978年11月9日のホワイトハウスにおける同法の大統領署名式典において，カーター大統領は「困難で，時に骨の折れる過程」を振り返り，「いつか誰かがこのことを書き記すべきだ。しかも，省エネルギーを奨励するなどの観点から18ヶ月近く待ち望んでいたけれども，これらの法律でそ

---

5　The Energy War, TIME (2 May 1977) at 10-22.
6　RICHARD F. HIRSH, TECHNOLOGY AND TRANSFORMATION IN THE AMERICAN ELECTRIC UTILITY INDUSTRY 112 (1989).
7　Pub. L. No. 95-617, 92 Stat. 3117 (1978) (*codified as amended* at 16 U.S.C.§§ 824a-1 to a-3, 824i-824k, 2601-2645, and *scattered of* 16 & 42 U.S.C.).
8　Congress, Senate, Conference Report to Accompany H.R. 4018, Public Utility Regulatory Policies Act, 95th Cong., 2nd Sess., Report No. 95-1292, 6 October 1978, at 97.
9　CONGRESSIONAL RECORD - HOUSE 124 at 38,479 (1978).
10　「国家省エネルギー政策法 (National Energy Conservation Policy Act：NECPA)」，「発電所ならびに産業用燃料使用に関する法律 (Powerplant and Industrial Fuel Use Act：PIFUA)」，「天然ガス政策法 (Natual Gas Policy Act：NGPA)」，「エネルギー税法 (Energy Tax Act：ETA)」の各法案である。井手秀樹「電気事業の規制と構造変化」林敏彦（編）『公益事業と規制緩和』194頁（東洋経済新報社，1990年）参照。
11　CONGRESSIONAL RECORD - SENATE 127 at 34,762 (1978).

れを十分に実現できるわけではない」と指摘した[12]。皮肉めくが，そこには，PURPAが電気事業システムに影響を与えうることを十分には予測しなかった節もある。電気事業者も，PURPAを当初十分に評価したわけではなかった。当時はまだ「エネルギーの多様化」という事柄に高度な価値を見出しえなかったこともその原因であった[13]。

PURPAは，現在も有効な連邦法として，電気事業の新しい枠組みの策定及び州規制当局である公益事業規制委員会についても規定しているが，特にPURPA210条[14]は，非電気事業者のうちQF（Qualifying Facility：適格認定設備）を持つ者に適格認定業者（QF業者）として発電市場を開拓させ，電気事業者が享受した独占状態を終焉させた。PURPAの影響の大きさはやがて多くのエネルギー事業関係者が認識するところとなった[15]。その後1999年に，米国においてリチャード・ハーシュ（Richard F. Hirsh）氏が出版した書物において，科学技術分野を活動のフィールドとする歴史研究者の視点からPURPAを見つめ直す[16]など，米国においてこの法律の再検討を試みる動きが出てきた。たしかに，PURPA規制黎明期の歴史を振り返ることは興味深い[17]。PURPAの立法過程においても，当時のカーター大統領はもとより，電気事業関係者，連邦議会議員，ロビイストらの活動ぶりが，生々しく同法の革新性を伝えている。そこで，本章においてこのPURPA規制の黎明期に見られた現象を捉え直し，同法制定経緯とその成果を考察してみたい[18]。

---

12　President Jimmy Carter, National Energy Bills, Remarks on Signing H.R.4018, H.R.5263, H.R.5037, H.R.5146, and H.R.5289 into Law. November 9, 1978, WEEKLY COMPILATION OF PRESIDENTIAL DOCUMETNTS 14 (1971).
13　*See, e.g.*, EEI 'Very Unhappy' with Final Rate Reform Bill, Presses for Changes, ELECTRICAL WEEK, October 2, 1978, at 1.
14　16 U.S.C.§824a-3.
15　*See, e.g.*, MARC H. ROSS AND ROBERT H. WILLIAMS, OUR ENERGY: REGAINING CONTROL, A STRATEGY FOR ECONOMIC RETRIEVAL THROUGH REDISIGN IN ENERGY USE 155 (1981).
16　RICHARD F. HIRSH, POWER LOSS-THE ORIGINS OF DEREGULATION AND RESTRUCTURING IN THE AMERICAN ELECTRIC UTILITY SYSTEM (1999).
17　同書を積極的に参照する書物は純粋な歴史物に限られないことは当然であろう。一例として，小林健一『アメリカの電力自由化』16,17頁（日本経済評論社，2002年）を挙げておく。なお，『大辞林（第三版）』（三省堂，2006年）によれば，黎明期とは，新しい時代が起ころうとする時期を指す。もとよりPURPAそのものが現在も有効な連邦法であるから，PURPA規制の黎明期をいかに画するかは一義的には定まらないが，QFの意義の変化に重点を置けば，1978年の法制定の前後から始まり，QF業者以外の非電気事業者の存在が初めて法的に認められた1992年エネルギー政策法（15 U.S.C.§79z-5a）が制定される前後には終わると見るべきであろう。本書もこの立場を採る。
18　歴史家によるこの法律の実態調査は他にも多い。一例としてROBERT W. RIGHTER, WIND ENERGY IN AMERICA: A HISTORY (1996)を挙げておく。なお，この文献も我が国に紹介されているところである。草薙真一「海外の公営企業関係文献紹介」『公営企業』2000年4月号43頁参照。

第Ⅰ部　米国連邦公益事業規制政策法の功罪

## 第**2**節　PURPAの策定と同法210条の内容

　カーター大統領の意思が強く反映された全国エネルギー計画によって，当時の連邦政府が関連する事柄を首尾良く処理できたわけではない。同計画を受けて1977年に連邦議会に提示された法案に内在する，エネルギー消費の見直しという目的が，すなわち電力消費量の低下を意味するものと考えた電気事業者にとって，この政策の拡大は望ましいものではなかった。そしてそのような電気事業者によるロビイスト活動の結果，多くの政府主導の法案が結局，連邦議会を通過できない事態となった[19]。またこの領域において，連邦議会内での質疑は厳しいものとなった。というのも，長く安定したエネルギー供給に慣らされていた多くの連邦議会議員は，エネルギー問題の存在は認識しつつも，それらは最重要課題ではないという自らの固定観念を修正する必要性を信じようとしなかったからである。これは一般大衆にも言えることである。たとえば，1977年4月18日の大統領演説当日に行われた世論調査では，51％のアメリカ人がエネルギーの現状を「ほとんど」もしくは「まったく」深刻な状態にないと回答した[20]。一般大衆にはエネルギー問題が深刻な事態にあるとまでは受け止められなかったのである。そして連邦議会では，もともとこの種の争点につき一般大衆の主張に迎合する議員が多かった[21]。1977年，エネルギー税と天然ガス料金をめぐる大論争が生じた上院では，審議されたエネルギー関連法案が多数廃案となったが，この法案に盛り込まれた考え方は，しかし少しずつエネルギー関連5法において取り入れられることになる[22]。以上を経て1978年にPURPAが成立した。

　さて，「熱電併給（コージェネレーション）及び小規模発電（Cogeneration and Small Power Production）」というタイトルが付き，PURPAの中で最も注目を浴びた同法210条は，そのa項からf項で，石油代替エネルギーによる発電の促進と省エネルギーを担いうるものとして適格と認めるコージェネレーションと小規模発電設備，さらには地熱を利用する小規模発電の設置や稼働を促進するために必要な規則をFERC（Federal Energy Regulatory Commission：連邦エネルギー規制委員会）に制定させ，時宜に応じてこれを改正する権限を与えるとともに，この制度の運用を事実上州に委ねる方法を採用した（何をもって州規制当局が当該設備を適格とするかの技術基準については連邦電力法（Federal Power Act）の3条17項及び

---

19　U.S. Congress, 1 National Energy Act: Report of the Ad Hoc Committee on Energy 11-12 (1977).
20　*Energy: Will Americans Pay the Price?*, U.S. News & World Report (2 May 1977) at 13.
21　*The Whirlwind Confronts the Skeptics*, Time (21 January, 1974) at 22-23.
22　*Energy Bill: The End of an Odyssey*, CQ Almanac 640 (1978).

第 1 章　PURPA における規制の黎明期

同条 18 項が所管する[23])。以下，これらの PURPA210 条の諸規定を詳細に見ていくこととする。まず，「コージェネレーション及び小規模発電に関する諸規定 (Cogeneration and Small Power Production Rules)」という小見出しの付く PURPA210 条 a 項は，以下のように定める。

> 本法が制定されてから 1 年以内に，FERC はコージェネレーション設備及び小規模発電設備及び 80MW 以下の地熱小規模発電設備の育成に必要な規定を定め，適宜改訂を施すものとする。この規定は電気事業者に以下の業務を提供することを求めるものとする。
> (1) QF となったコージェネレーション設備及び小規模発電設備に電気を販売すること。
> (2) そのような QF からの電力を購入すること。
> 当該諸規定は，連邦及び州の規制当局において電気事業の価格設定を担当する代表者との協議を行い，かつ，公衆への告知と利害関係者（連邦及び州の規制当局も含む）の口頭または書面によるデータ，見解，主張の提出のための合理的な機会を付与したのちに制定されるものとする。また，当該諸規定は，適格認定コージェネレーション設備及び適格認定小規模発電設備の最低信頼度（異常事態発生時におけるそれを含む）に関する条項及び異常事態発生時の電気事業者から当該設備に供給される電気の最低信頼度に関する条項を含むものとする。なお，当該諸規定は，適格認定コージェネレーション設備または適格認定小規模発電設備に，再販売用以外のいかなる電気販売の機会をも与えてはならない。

このように，同条 a 項は，FERC 規則には適格認定を受けたコージェネレーション設備及び小規模発電設備からの電気卸売販売以外の目的での電気販売を認めさせないことをも宣言したものとなっている。

つぎに，「電気事業者による購入価格 (Rates for Purchases by Electric Utilities)」というタイトルの付いた PURPA210 条 b 項は，電力会社に対し，QF と連系しなければならないこと，電力購入の際の料金は，電力会社が購入する電気の価格は，どれだけ高額であってもせいぜい増分費用までとすることなどを義務付けている。すなわち，PURPA210 条 b 項は，以下のように定める。

> PURPA210 条 a 項のもとで定められた FERC 規則は，電気事業者に対し，以下のような買取価格で全ての適格認定コージェネレーション設備または適格認

---

23　92 Stat. 3144; §643 (b), Act of June 30, 1980, 94 Stat. 770; 16 U.S.C.§824a-3.

定小規模発電設備から電気を購入させることを確実にするものとする。
(1)電力消費者にとって適正かつ合理的であり，かつ，公益に合致する価格であること。
(2)適格認定コージェネレーション業者や適格認定小規模発電業者に対して差別的でない価格であること。
PURPA210条a項の下で定められたいかなるFERC規則も，電気事業者に対し，適格認定コージェネレーション業者や適格認定小規模発電業者からの他の電気にかかる増分費用を超過する価格を求めるものであってはならない。

なお，この「増分費用 (incremental cost)」概念に代えて，FERCはその規則において「回避原価 (avoided cost)」概念を定立した[24]。連邦議会の意図するところは後述のPURPA210条d項において明確になっている。また州の規制機関（通常，Public Utility CommissionやPublic Service Commissionと称される州公益事業委員会）または州による規制を受けない非規制電気事業者が，QFからの購入料金をより低い料金に設定してもコージェネレーション及び小規模発電を推進するに十分であると決定するときは，その購入料金は，回避原価を下回るものであっても良いことを明らかにしている[25]。

つづくPURPA210条c項は，「事業者による販売価格 (Rates for Sales by Utilities)」という小見出しを有する。いわゆる新規参入者にとって必要不可欠なバックアップ用の電力価格はこれにより規制を受ける。すなわち，PURPA210条c項は，以下のように定める。

PURPA210条a項の下で定められたFERC規則は，電気事業者に対し，以下のような価格で全ての適格認定コージェネレーション設備または適格認定小規模発電設備に電気を販売することを確実にするものとする。

---

24  18 C.F.R. Ch.1 Subpart C (1978年PURPA210条に基づく電気事業者と適格認定コージェネレーション及び適格認定小規模発電との調整に関するFERC規則)。§292.101a及びbによると，「回避原価」とは，「電気事業者にとって，当該QFまたはその他のQFからの購入をしないで自ら発電するか，他の電源から購入する場合にかかる料金（増分費用）のこと」と定義される。さらにFERCはこの規則において，いかなる電気事業者にも回避原価を超過する価格での電力買い取りを求めるものではないことを確認的に定めている。18 C.F.R. Ch.1 Subpart C.§292.304 (a)(2).
25  行政規則レベルでは，18 C.F.R. Ch.1 Subpart C.§292.304 (a)(3)は，「本条の何ものも，購入価格について回避原価を超えて支払を要求するものではない。」と規定し，また§292.304 (b)(3)は，「州の規制機関または州による規制を受ける電気事業者は，より低額な料金で本条a項を達成し，コージェネレーション，小規模発電を促進できると判断するときには回避原価を下回る料金を定めることができる。」と規定する。なお回避原価の設定と実施の関連について，See Charo=Sterns=Malloy, *Alternative Energy Power Production: The Impact of the Public Utility Regulatory Policy Act*, 11 Col. J. Env. L. 447, 462 (1986).

(1)適正かつ合理的であり，かつ，公益に合致する価格であること。
(2)適格認定コージェネレーション業者や適格認定小規模発電業者に対して差別的でない価格であること。

このように，PURPA210条c項は電気の購入と販売が対となって規定されるべく，PURPA210条b項に準ずる規定内容となっている。そして，PURPA210条d項では，「定義（Definition）」という小見出しでPURPA210条b項の増分費用概念を補完している。すなわち，PURPA210条d項は，以下のように定める。

本条の目的を達成するため，「他の電気にかかる増分費用」とは適格認定コージェネレーション業者や適格認定小規模発電業者からの電気と同量を調達する場合に購入する電気についての費用であり，そのような購入がなかりせば，自ら発電するか他の電源から購入するための電気の費用のこととする。

このPURPA210条d項の規定こそが実質的にはFERC規則の「回避原価」概念を導いたわけである。さて，この制度の全米での一斉適用は大きな混乱を招くことが予想された。連邦議会はPURPA210条e項により，QFの促進策として他の法律等の適用除外をもたらすことにしてこの条項の実効性を図った。「適用除外（Exemption）」と小見出しの付いたPURPA210条e項は以下のように規定する。

(1)本法が制定されてから1年以内に，FERCは，州の規制機関の代表者，電気事業者，コージェネレーション設備・小規模発電設備所有者と協議の上，利害関係者に告知及び口頭または書面でのデータ，見解，主張の提出を行うための合理的な期間を付与した後に，80MWの発電能力を超えない地熱小規模発電業者，適格認定コージェネレーション設備，適格認定小規模発電業者が，電気事業者の料金，財務会計，機構に関して，またそれらの組み合わせに関して，その適用除外がQFを促進するものであると認める場合，FPA（Federal Power Act：連邦電力法），PUHCA（Public Utility Holding Company Act：連邦公益事業持株会社法），州法，州規則のすべてまたは一部の規定の適用除外規定を規則中に設けるものとする[26]。
(2)FERCが定める態様にて同一地点に他の発電設備がある場合，これと併せて30MWの発電能力を超過し，または主エネルギー源として地熱を利用し

---

26 PURPA210条e項は，同条f項に基づいて執行されるすべての州法及び州規則，FPA210条（接続），211条（託送），212条（接続・託送の命令）の規定及びその他のFPAに基づく執行に必要な権限行使，FPA第I部（水力に関する）のもとで必要とされているすべての許可に関しては，適用除外をしないことに注意を要する。

80MWの発電能力を超過する適格認定小規模発電設備は，上のパラグラフ(1)のもとパラグラフ(1)によって言及されたすべての法律または規則の適用を除外されないものとする。ただし，エネルギー源を唯一バイオマスによって発電する適格認定小規模発電設備は，すべてパラグラフ(1)によって言及されたPUHCA及びすべての州法及び州規則から，FERCが適用除外をすることが出来るものとする。

(3)いかなる適格認定コージェネレーション設備及び適格認定小規模発電設備も，この適用除外条項に基づき，以下について適用除外とされることはないものとする。

(A)次項fに基づき当該州において制定されている州法

(B)FPA210条（接続），211条（託送），212条（接続・託送の命令）の各規定またはそれに基づいて実施される規制

(C)FPA第Ⅰ部のもとでのすべての免許（license）あるいは許可（permit），そのような免許あるいは許可の要件，それらの要件に関連して実施される規制

このPURPA210条e項の規定を受けて，実際にFERCは，かなり広範な適用除外規定を自らの行政規則に盛り込むことになったと言えよう[27]。

さて，PURPA210条は，各州の事情に従ってFERC規則を実施するよう州規制機関に要求する必要があった。これが「適格認定コージェネレーション及び適格認定小規模発電設備に関する規則の実施（Implementation of Rules for Qualifying Cogeneration and Qualifying Small Power Production Facilities）」という小見出しの付いた同条f項の役割となった。同項は以下のように規定している。

(1)本条a項及びその改正条項に基づきFERCにより制定された規制の成立から1年後及びそれ以降は，州規制機関は告知及び聴聞の機会の賦与の後に料金決定権限を有する分野につき，各々の電気事業者に関するこれらの規則（改正規則を含む）を実施する。

(2)本条a項及びその改正条項に基づき規制委員会により制定された規則の成立から1年後及びそれ以降は，州規制を受けない電気事業者は告知及び聴聞の機会の付与の後にこれらの規則（改正規則を含む）を実施する。PURPAを実施するための州の役割には回避原価を決定することを含み，州はQFと事業者と

---

[27] 実際にFERCは，18 C.F.R. Ch.1 Subpart Fにおいて，適格認定小規模発電及び適格認定コージェネレーションに対する一定の連邦，州の法律，規則からの適用除外に関する規則を制定した。たとえば§292.501では，「第一次エネルギー源として地熱以外を利用する設備のうち，30MW以上を発電するものを除くすべてのQFはFPAの全ての条項から適用除外される」とする。また§292.601及び§292.602により，QFのPUHCA及び一定の州法，州規則からの広汎な適用除外について定めている。

の紛争を調停し，QFからの購入，また販売促進となるようなその他の行為をなすことができる。小規模発電設備及び適格認定コージェネレーション設備に関するFERC規則の実施について，州規制機関が告知・聴聞の機会の付与の後に，規則に従い料金決定権限を有する。

このようにPURPA210条f項は適格認定小規模発電設備，適格認定コージェネレーション設備等に関するFERC規則の州の実施については規制当局に一定の裁量を認めたものとなった。

## 第3節　PURPA210条をめぐる論争

コージェネレーション業者や再生可能エネルギーを利用する小規模発電業者らがPURPA210条の求める条件を備えている場合，その設備はQFとされ，QF業者は大きな特権を享受した。電気事業者はもはや完全な独占を享受できず，QF業者によって販売された電気をすべて購入しなければならなくなったのである。また，電気料金については，当該電気事業者が別のエネルギー資源を使って自ら発電し又は他者から購入したであろう電気エネルギーのためにかかる費用（増分費用）を超過しないながらも，QF業者に対して電気事業者が支払う料金が比較的高額なものであるべきことが示された[28]。さらにPURPAは，他の連邦法及び州法により電気事業者に課した規制を，QF業者に対しては免除するための権限をFERCに与えた。これにより，QF業者は，州法による厳格な電力規制から免れることができた[29]。これを重要視する *Electrical World*（エレクトリカル・ワールド）誌の編集者ウィリアム・ヘイエス（William C. Hayes）氏は，PURPAの存在の「強烈さ」をアピールしている[30]。

ただし，FERCは，PURPA施行規則の制定に際して，少なくとも表面上は，PURPA 210条のみを重視する対応はとらなかった。むしろFERCは，穏やかな方法でPURPA210条を運用しQFの保護育成を図ろうとした（なお，それをも不服とする電気事業者や州規制当局が争訟を提起した。次章において，ニューヨーク州の事件を取り上げ，事件の背景及びその後の影響を探る）。たとえばFERCは，PURPA210条の細則を策定するために，1979年以降，何度も公聴会を開催しているが，その内容は，PURPAが成立するまで電気事業者がいかに独立発電業者の電

---

28　藤原淳一郎「米国コージェネレーション法制論序説（一）」『法学研究』61巻10号54頁（1988年）参照。
29　藤原淳一郎「公益事業の海外展開とアジア・インフラ」藤原淳一郎（編）『アジア・インフラストラクチャー』143頁（慶應義塾大学出版会，1999年）の解説を参照のこと。
30　William C. Hayes, *The National Energy Act Isn't*, editorial in 190 ELECTRICAL WORLD (15 December 1978) at 3.

気販売を抑止するために市場独占力を行使しえたかの検討が中心であった[31]。やがて，コージェネレーション業者や小規模発電業者については，州法上の電気事業における財務や組織に関する規制を適用除外とすべきであるとの考え方が主流を占めるようになった。PURPA 上，彼らにはより行動の自由が認められると位置付けられたのである[32]。FERC は，QF 業者をして電力業界内である種の特権を持った事業者たらしめようとしたとも言える。QF 業者が販売する電気に特別な料金制度を設けることも，これと軌を一にするものであった。FERC は，「電気事業の顧客にとって，また公益上の観点から適正かつ合理的である限り，電気購入料金につき PURPA によるガイドラインを確立できる」と説明した[33]。そしてその料金は電気事業者が自ら同量を発電する場合の費用を超えないものと解釈した。電気事業者と電気購入料金に関する合意に達することができなくても，QF 業者は PURPA によって保護されるべき立場にあるとしつつ，FERC は，電力を購入する電気事業者の「回避原価（avoided cost）」という概念を持ち出し，電気事業者自らが発電を回避した場合に同量の需要を満たすために必要となるコストまでは，買取価格を引き上げても良いこととした[34]。しかも回避原価算出の合理性を維持するため，長期にわたる聴聞会を経ることを要求されることとなり，電気事業者らには二重の痛手となった[35]。

多くの電気事業者（及び州規制当局）の不満の対象となった PURPA は訴訟にも発展している。まず，FERC 対ミシシッピ事件としての連邦最高裁の審理である[36]。PURPA の存在意義を争うこの訴訟は，法制定後 5 ヶ月が経過した 1979 年 4 月に早くも開始されていた。これは，ミシシッピ州政府及び州内の電気事業者が，FERC らを相手取った訴訟であった。原告らの主張は，連邦政府は合衆国憲法の州際通商条項のもとで州をまたがらない規制につき権限を有するものではないというものであった。連邦政府に権限を与えられていない領域に州の権限を与えた合衆国憲法修正 10 条によって，当該領域における連邦の干渉は禁止されていることをその根拠とした。1981 年 2 月，ミシシッピ州の連邦地方裁判所は原告の主張を認めたが，FERC 及び DOE（Department of Energy：連邦エネルギー省）が連邦最高裁に上告した。1982 年 6 月，連邦最高裁は，州際通商条項に関する下級裁判所の判断を破棄した。修正 10 条に照らした憲法判断に関しては，裁判官の意見が分か

---

31　*See* FERC, Small Power Production and Cogeneration Facilities, 45 Fed. Reg. (25 February 1980) at 12,215. *See also* FERC, Small Power Production and Cogeneration Facilities, 45 Fed. Reg. (20 March 1980) at 17,959.
32　*See* 18 C.F.R.§292.601 (2005).
33　*See* PURPA§210(c).
34　*See* 18 C.F.R.§292.304 (2005).
35　草薙真一「電力買取制度」大塚直（編）『地球温暖化をめぐる法政策』161 頁（昭和堂，2004 年）参照。
36　FERC v. Mississippi, 102 S.Ct. 2126 (1982).

れたが，5対4の多数決により原審の判決が破棄された[37]。連邦最高裁は下級審判決を覆し，さらなる法制定の必要を否定したわけである。連邦最高裁のサーグッド・マーシャル（Thurgood Marshall）判事は，多数意見はコージェネレーションや再生可能エネルギーを利用する小規模発電の後押しを目的としたPURPA210条の趣旨を推進しようとするものであるし，PURPAを受けて制定されたFERC規則は化石燃料消費量の減少を目指すものであり公共の利益に適っている，と説明している。規制権限の存否に関してはFERCが勝利を得たが，連邦最高裁の判断もこのように僅差であった[38]。

また，1980年7月のいわゆるAEP社事件においては，FERCがコージェネレーション業者や小規模発電業者への優遇を命じることの違法性が焦点となった[39]。電気事業者グループは，QF業者への料金支払いは可能な限り高額に誘導するようFERCが独裁的に決定しており，これは消費者に公平な料金を定めるべしとのPURPAの要請に反していると主張した[40]。コロンビア特別区連邦巡回控訴裁判所は，約2年間の審理を経て，電気事業者の主張に同意した。しかしこの電気事業者の勝利は識者には不評で，「裁判所の判決によってQF業者が予見できる明るい未来はどこにもない」と論じる者まで現れた[41]。この流れを受けて，ニューヨーク州選出の連邦下院議員である民主党のリチャード・オッティンガー（Richard L. Ottinger）氏は，1982年6月にPURPA全面改革法案を提出したが，成案の見込みが当初から低く，結局廃案となった[42]。

前記二つの判決は，潜在的に残されていたQF業者の懸念を一応払拭した[43]。その一方でFERCは，連邦最高裁によりPURPAの規定の有効性が確定されるのを待たずに，実施規則を施行していた。PURPAによれば，州はFERC規則の発効の1年以内に規制の実施にこぎつけることを要求されており，実施を急ぐ必要があったからである[44]。このためFERCは，1980年3月にガイドラインを発し，各州規

---

37 *High Court Upholds PURPA 5-4: Congress Could Have Preempted Process*, ELECTRICAL WEEK (7 June 1982) at 1-2, and 4.
38 藤原淳一郎「公益事業規制政策法と合衆国憲法第十修正— FERC対ミシシッピ—」『法学研究』59巻12号223頁（1986年）参照。
39 American Electric Power Service Corporation v. FERC, 675 F. 2d 1226 (D.C. Cir. 1982).
40 *Appeals Court Shreds Portions of FERC's Cogeneration Regs*, ELECTRICAL WEEK (1 February 1982) at 1-2.
41 Paul E. Strohl, Jr., *D.C. Circuit Decision Increases Uncertainty About Regulatory Treatment of Cogeneration*, 14 NATURAL RESOURCES LAW NEWSLETTER 5 (1982).
42 H.R. 6500, "A Bill to Amend the PURPA of 1978", 97th Cong., 2nd Sess., Serial No. 97-153, 15 June 1982.
43 Louis B. Cohen, *Energy Law: Public Utility Regulatory Policies Act of 1978 (PURPA) -A Vote of Confidence of PURPA and Rulemaking in the Early Stages of Emerging Technology*, 5 WHITTER L. REV. 648 (1983).
44 *See* PURPA§210(f).

制当局に，1981年3月までにPURPAに規定された手続きを保持しつつ，電気事業者が回避原価を算出し，非電気事業者と誠実に交渉する状況を保障するよう求めた[45]。たとえばニューハンプシャー州やバーモント州は，州全体にわたって回避原価を算出して，電気事業者がQF業者に同じ料金を支払うべきであることとしたが，大部分の州は，各電気事業者の回避原価を反映した購入価格をQF業者に提示することを定めた[46]。

このような回避原価の仕組みは，QF計画における経済的な可能性を評価する目標数値を企業家に与え，企業家に活力を注入することとなった。この仕組みは新規参入者に理想的かつ効率的な，（広い意味での）市場に参入するための貴重な情報を提供するものだったのである。

もとより，市場は多くの売り手と買い手が参加し，需要と供給に基づいて価格が決定される状態を理想とするが，こと電気事業に関してはそのような市場の成立は不可能だと予想したいくつかの州では，入札の実施を容認することにより成功を収めた。たとえば，バージニア州では，1986年にバージニア電力社（Virginia Electric and Power Co.）がQF業者から約1,000MWを1990年まで調達することにして入札を実施したところ，53社が応札し，総発電能力が5,000MW以上になったので，下交渉の末に7社に落札させ1,178MWを得ることにした。同社社長のウィリアム・ベリー（William W. Berry）氏によると，次の入札においても「極めて魅力的な」料金で2,041MWの発電能力を得たと明言している。同氏は，「落札価格はPURPAの目指す適正かつ合理的な価格である」とも主張している[47]。他の電気事業者も類似の経験をするようになった。電気事業者はこの新しく導入された入札制度を肯定的に評価し，FERCも入札の実施を容認した[48]。競争導入に伴い衰退した伝統的規制構造は，州規制当局に入札制度の導入を動機付けた。以上の経緯により，入札を通じた回避原価の設定が，競争状態を拡大するに有益であることが徐々に明らかになってきた。1980年代中頃からはむしろ回避原価計算の手法としての入札が主流となったが，これは資源計画の効率性追求に資する分析的な枠組みを規定するものであった[49]。QF業者も一発電業者として発電装置を稼働させる実績に

---

45 Robert W. Kent, Jr., *Long-Term Electricity Supply Contracts Between Utilities and Small Power Producers*, 5 STANFORD ENVTL L. ANNUAL 178 (1983).
46 Reinier H.J.H. Lock and Jack C. Van Kuiken, *Cogeneration and Small Power Production: State Implementation of Section 210 of PURPA*, 3 SOLAR LAW REPORTER 688-701 (1981).
47 Berry Touts, *Virginia Power Bidding Program; Wheeling Not an Issue*, INSIDE FERC (24 October 1988) at 4.
48 *Hesse Says Electric NOPRs Won't Kill State Bidding; Vote Expected*, INSIDE FERC (14 March 1988) at 1.
49 藤原淳一郎「米国コージェネレーション法制論序説（二・完）」『法学研究』61巻11号35頁（1988年）参照。

基づいて利益を得べしとするものであって，換言すれば彼らは応札しなければ利益を得ることができない立場に追いこまれた[50]。

## 第4節　適格認定コージェネレーションの優位性

　これまで述べてきたようなQF設備への優遇措置[51]により，この分野の技術革新は隆盛を極め，規模も拡大した。コージェネレーション事業はその中心的地位を占め，その全米レベルの発電能力は1979年の約1万500MWから1992年にはほぼ4万700MWにまで拡充した[52]。カリフォルニア州では，1990年に，非電気事業者の発電設備のうち適格認定コージェネレーション設備が発電能力の56%を占めている[53]。この数字は特別なものではない。全米レベルで見ると，適格認定コージェネレーション設備は1991年に非電気事業者の発電能力の59%を占めている[54]。なお，先述の全国エネルギー計画を作成した時には，カーター大統領と周囲のスタッフは，コージェネレーション設備が20世紀の初めには既に存在しており歴史があることと，その有用性が非常に高いことを認識していた[55]。

　さりとてPURPAの要請は，FERCによって確立された効率性要件などを満たさなければならないという厳格なものであった。たとえば蒸気の供給よりも電力供給を重視することを特徴とする「トッピング・サイクル」コージェネレーション設備は，総エネルギー出力の合計の少なくとも5%を蒸気として生産する必要があった[56]。このようにQFとして認定を受けPURPAの優遇措置を受ける為には，化石燃料の燃焼によって生じた廃熱を利用する必要がある。各メーカーはこの技術開発を競い，ガスタービンから放出される蒸気を回収・利用することにより追加的に発

---

50　但し，再生可能エネルギーを利用する小規模発電業者を中心に，QFには税務上の優遇措置等多様な恩恵が与えられている。井手秀樹・森本宜久「アメリカの電力産業」植草益（編）『講座・公的規制と産業1電力』36頁（NTT出版，1994年）参照。
51　*See, e.g.*, PURPA§210 (b)(2).
52　Christopher Flavin and Nicholas Lessen, *Powering the Future: Blueprint for a Sustainable Electricity Industry*, 119 WORLDWATCH PAPER at 19 (1994).
53　California Energy Commission, California Historical Energy Statistics, Publication No. P300-95-020, December 1995. 非電気事業者は，結局のところQFと非QFに分けられるが，非QFは自家発電専用とは限らずPURPA規制に照らすと適法性を疑われる存在であった。もとより，非QFは電気事業者に電気の購入を義務付ける立場にはない。矢島正之『電力市場自由化』96頁（日エフォーラム社，1994年）参照。
54　U.S. DOE, EIA, HISTORICAL NATURAL GAS ANNUAL, 1930 THROUGH 1996 4 (1997).
55　*See* Robert H. Williams, *Industrial Cogeneration*, 3 ANNUAL REVIEW OF ENERGY 313-356 (1978). *See also* Frank B. Cross, *Cogeneration: Its Potential and Incentives for Development*, 3 HARV. ENVTL L. REV. 236-250 (1979).
56　*See* 18 C.F.R.§292.205 (2005). なお，草薙真一「米国連邦公益事業規制政策法に関する一考察─FERCによる適格認定設備のウェイバーを中心として─」『商大論集』48巻1号89頁（1996年）を参照のこと。

第 I 部　米国連邦公益事業規制政策法の功罪

電する複合サイクル型発電により，発電効率を大幅に改善した。シーメンス（Siemens）社の複合サイクル型発電機は，1990 年に 52.1％の発電効率を達成している[57]。

コージェネレーションの技術は 1980 年代半ばには相当程度高度化されると同時に，コスト削減が実現された。1986 年の段階で 1kW 当たり 800 〜 1,200 ドルのコストを要していたが，これは 1984 年の初めに 1kW 当たり 932 〜 5,192 ドルと算出された原子力発電コストより低い[58]。発電規模や操業条件が大きく異なるためこのように比較することには問題が残るとしても，コストの観点からは，コージェネレーション業者による電力の，電気事業者による電力との競争可能性が現実的なものになってきた。新しいコージェネレーション業者は，エネルギー資源を効率的に利用する PURPA の目標をさらに達成することで一定の立場を確保すると考えられた[59]。

もとより，ガスタービン以外のコージェネレーションにも成功例はある。1990 年までに計 700MW の発電能力を持つ石炭燃焼コージェネレーション設備を設置した企業であるコージェントリックス（Cogentrix）社がその一例である[60]。同社はもともと計 35MW の石炭火力発電所しか有しておらず民間中小企業の一つであったが，1986 年に 55MW の大規模発電設備を完成させ，翌年三つの 110MW の設備を完成させた。やがて同一の規格の設備を作りつづけることにより，同社は，「電力業界のマクドナルド」と揶揄されるまでになった[61]。一方，初期のエネルギー効率計画担当の行政官であったロジャー・サント（Roger W. Sant）氏とデニス・バッキー（Dennis Bakke）氏は，1981 年に Applied Energy Service（AES）社を設立した[62]。この企業の最初のコージェネレーション設備は，石油精製により得られるコークスを燃焼させるものであったが[63]，1992 年までに同様の設備をさらに 5 機保有することとなった。企業の最も重要な価値の一つとして環境保護を標榜し，法定許容量よりも少ない二酸化硫黄や酸化窒素の排出実績を示した。このように設備能力を高めることで，この企業は追加的資金融資を受けることができた[64]。AES 社は 1990 年

---

57　Dennis Wamsted, *Siemens: New Turbine is World Most Efficient*, ENERGY DAILY (27 January 1995) at 1-4.
58　James Cook, *Nuclear Follies*, FORBES (11 February 1985) at 85-87.
59　Ezekail L. Clark, *Cogeneration : Efficient Energy Source*, 11 ANNUAL REPORT OF ENERGY 276 (1986).
60　Christopher Hocker and George T. Leweis, Jr., *Cogentrix Inc.*, 20 INDEPENDENT ENERGY 22-25 (1990).
61　*Id.*
62　我が国では，自由化・競争下の発電ビジネスは，うまく投資プラントと活動地域を選び，効率よく操業することによりもっとも成功が期待されるとして，発電ビジネスの新規参入組としての AES 社が米国最大の成功者であると紹介されることがある。西村陽『電力改革の構図と戦略』182 頁（電力新報社，2000 年）参照。
63　Martha M. Hamilton, *Va. Company Builds Texas Plant to Turn Oil Waste Into Power*, WASHINGTON POST (16 January 1984), Business Section, at 7.
64　Marie Tessier, *Power Plant Builder Tries to Reenergize Environmental Image*, WASHINGTON POST (6 July 1992), at F1.

代半ばには米国を本拠地に置きながらも 3,000MW を超える発電能力を誇る設備を世界各国に所有し，経済的価格で電気・蒸気を販売した[65]。電気事業者も，コージェネレーション事業を高度な規制の中にあって自由度の比較的高いビジネスであり市場への参入は有益であると評価した。これら電気事業者は積極的に他社と提携した。パシフィック・ガス＆エレクトリック（Pacific Gas & Electric：PG&E）社はベクテル（Bechtel）社と提携して PG&E ベクテル社を設立し，さらに南カリフォルニア・エジソン（Southern California Edison）社の系列会社や当時はまだガス供給が中心であったエンロン社等とパートナーシップ契約を締結した[66]。1990 年までに，このようにコージェネレーション事業をめぐるエネルギー事業者の提携は活発化し[67]，この種の発電能力だけで 12,000MW に達するようになった[68]。これに追随し，モービル石油（Mobil Oil）社やテキサコ（Texaco）社等が積極的にコージェネレーションを主たる業務とする子会社を設立し，ジェネラル・エレクトリック（General Electric）社等の発電設備の建設技術を有する企業やダウ・ケミカル（Dow Chemical）社等の化学会社も，子会社でのコージェネレーション事業を開始した[69]。このように最新技術を利用したコージェネレーションについては，各社がそれぞれの特性を生かして PURPA の描く将来像を実現しようとした[70]。

　このように，コージェネレーション事業の形態は，伝統的に化石燃料を原料とした蒸気タービンが主流を占めたわけであるが，中でもガスタービンは，永くその地位を保つと見られた。もともとガスタービンは 1930 年代に航空機用エンジンとして開発され[71]，後に送電設備と連系すれば十分に電源として利用できることが認識されるようになったという経緯がある。タービンとしては比較的安価であったが，故障の多さからくる信頼度や発電効率の低さという弱点もあったため，電気事業者は，ピーク時に対応する用途としてガスタービンを購入した。10〜25MW の発電容量レベルの設備では 1960 年の段階で発電効率 25％ に甘んじていたが，改良の結果 1970 年に 50MW の設備で発電効率 30％ を達成した。そして 1980 年までに，発

---

65　Daniel Southerland, *The International Power Generators: Arlington's AES Corp. Leads a Battery of U.S. Energy Companies Expanding Overseas*, WASHINGTON POST (22 May 1995) at F1.
66　*Socal Ed Unit Joins Enron in Purchase of 377-MW Texas Cogeneration Plant*, ELECTRIC UTILITY WEEK (5 December 1988) at 17.
67　Christopher Hocker, *Utility Affiliates Plan Continued Growth*, 20 INDEPENDENT ENERGY 12-22 (1990).
68　Fereidoon P. Sioshansi, *Independent Power Generation - Where is it Headed*, UTILITY POLICY (October 1990) at 9-12.
69　Robert S. Seeley, *Cogeneration: A Powerful Force*, CHEMICAL BUSINESS (1 October 1991) at 20.
70　柏木孝夫「エネルギーのカスケード利用とコージェネレーション」植草益・横倉尚（編）『講座・公的規制と産業 2 都市ガス』266 頁（NTT 出版，1994 年）参照。
71　EDWARD W. CONSTANT II, THE ORIGINS OF THE TURBOJET REVOLUTION 10 (1980).

電効率32％を達成する90MWの設備を製造することが可能となった[72]。

1980年代にはガスタービンに関する改良の成果の目覚ましい発展は影を潜めたが，燃料価格が1970年代に上昇したため[73]，高効率・低燃費タービンの研究開発は継続された。このための政府からの資金拠出は1970年代半ばの年4億5,000万ドルから1980年代後半には年7億5,000万ドルにまで上昇した[74]。このことも功を奏してガスタービンの技術は徐々に向上し続けた。やがて，中国及びインドをはじめとする発展途上国向けの，簡易に設置可能なガスタービンの研究開発に拍車がかかった。ウェスティングハウス（Westinghouse）社と提携した三菱重工業は高性能ガスガスタービンを生産し，1980年代に135～150MWの発電能力を持つユニットは発電効率35％を達成した[75]。ちなみに，非常に高効率のエアロデリバティブタービンとは，デザインが航空機エンジンから生じたので名付けられたユニットである[76]。

以上のような技術の進歩と安価な天然ガスの調達により，ガスタービンコージェネレーションはPURPAのもとで増加した。1992年末までに，非電気事業者の全発電設備におけるガスタービンコージェネレーション設備のシェアは，1988年の29％から39％近くに上昇している[77]。

## 本章の小括

本章では，PURPAによる規制制度のもたらした影響を，その黎明期を中心に考察してみた。この作業を通じて，再生可能エネルギーの優遇など理念にとどまる領域を捨象するならば，当初意図されたかどうかはともかく，電気事業において説明されてきた自然独占理論[78]への批判にまさに合致する競争導入の役割を，同法が果たしたことが鮮明になった。

電気事業における自然独占理論の価値について議論した初期の論文は，PURPA制定よりもかなり前に執筆されている。1940年，イリノイ大学のホーレス・グレイ（Horace M. Gray）教授は，自然独占は，社会において増大する要求に対して電

---

72 Michael Shepard, *Evolution in Combustion Turbines*, 11 EPRI J. 16-17 (1986).
73 Taylor Moore, *Utility Turbopower for the 1990' s*, 13 EPRI J. 8 (1988).
74 Robert H. Williams and Eric D. Larson, *Aeroderivative Turbines for Stationary Power*, 13 ANNUAL REVIEW OF ENERGY 446 (1988).
75 Taylor Moore, *supra* note 73, at 7.
76 Steven E. Kuehn, *Advancing Gas Turbine Technology: Evolution and Revolution*, 99 POWER ENGINEERING 25 (1995).
77 U.S. DOE, EIA, *supra* note 54, at 4.
78 自然独占とは，規制産業においては，規模の経済性，範囲の経済性，ネットワークの経済性が著しく作用して，多くの場合に地域市場において特定企業が独占的地位を確保することを言う。我が国でも，エネルギー産業は法的に独占状態を形成・維持した方が経済的に効率的であると説明されてきた。植草益「序章」植草益（編）『エネルギー産業の変革』5頁（NTT出版，2004年），北久一『公益企業論（全訂新版）』21頁（東洋経済新報社，1974年）参照のこと。

気事業者側によって生み出された理念に他ならないと論じた[79]。競争を制限し，市場を拡張し，何らかの価値ある法的・経済的便益を得させる手段として，資本家が州の監督権を利用したにすぎないとする同教授は，自然独占理論がもたらす「制度上の退廃」を懸念した[80]。しかしこれには厳しい批判が加えられた。またジェームス・ランディス（James M. Landis）初代証券取引委員会（Securities & Exchange Commission：SEC）委員長（1934 年就任）は，もともと規制官の消極性を厳しく批判する人物であったが，1950 年代から 1960 年代にかけては，連邦独立行政委員会の質の低下が顕著であるとも主張し，公益事業の特殊性を基礎として改革する必要性を訴えている[81]。やがて，自然独占理論に基づく規制そのものについて，より根本的な問題を捉えて疑念を抱く者も現れた。その一人にアルフレッド・カーン（Alfred E. Kahn）氏がいる。彼は，コーネル（Cornell）大学教授時代に，ガス，電気，蒸気（熱）の生産などの多くの財やサービスが供給されている場合，送ガスと送電の部分のみが自然独占を認められるのであって，自然独占が認められる例は非常に限定されると主張している。すなわち，規制者の権限により事業者が合理的な料金でサービスを供給することが保障される場合というのは，限定的に認められるのみとしているのである[82]。エネルギー部門に限らず，自然独占の概念そのものを疑問視する見方もかねてよりあった。ジェームス・ネルソン（James R. Nelson）教授は，「自然独占」という用語の使用を法律や経済の分野に導入されたもっとも不適切な表現の一つであるとし，産業構造や大規模生産技術の利用はビジネスが独占状態となる過程で影響を与えうるが，独占状態が最も自然なものとなることはないとした[83]。

ネルソン教授の指摘に見られるように，自然独占理論に批判的な者の多くが，自然独占の概念は，産業のために保護される地位を求める事業者側の姿勢がもたらすものとしている。過去の連邦最高裁判決を紐解けば，穀物倉庫料金事件として知られる 1877 年のマン対イリノイ事件判決[84] において事実上自然独占理論が使われたことは周知の通りである。この連邦最高裁判決は，1871 年のイリノイ州法で決められた穀物（小麦）の高額倉敷料金制度を容認したものであったが，唯一反対意見

---

79　Horace M. Gray, *The Passing of the Public Utility Concept*, 16 JOURNAL OF LAND AND PUBLIC UTILITY ECONOMICS 9–11 (1940).
80　*Id*. at 16.
81　*See, e.g.*, THOMAS K. MCCRAW, CHARLES FRANCIS ADAMS, LOUIS D. BRENDEIS, JAMES M. LANDIS AND ALFRED E. KAHN, PROPHETS OF REGULATION 218–20 (1984).
82　ALFRED E. KAHN, THE ECONOMICS OF REGULATION: PRINCIPLES AND INTITUTIONS, VOL. 1, at 12 (1970).
83　James R. Nelson, *The Role of Competition in the Regulated Industries*, 11 THE ANTITRUST BULLETIN 3 (1966).
84　Munn v. Illinois, 94 U.S. 113 (1877). これについては，藤原淳一郎『エネルギー法研究』260 頁脚注 44 及び補注 1（日本評論社，2010 年）参照のこと。

を述べたステファン・フィールド (Stephen J. Field) 判事は「法の適正手続 (due process of law) を経ずに利用者の財産を奪うことになるから，当該制度は合衆国憲法に反し無効である」とした。1870年代頃から生じた，競争状態に穀物倉庫業を置くことで穀物保管料の引き下げを誘導するよう求める運動の高まりについては彼も高く評価していた。そして今日，倉庫ビジネスは，自然独占理論を基礎にした公益事業特権を保持せず，競争にさらされている。我が国においてもよく知られているこの連邦最高裁判決は，一定の産業が，それがいかなる業種により構成されるものであれ，その一時期においては独占性を与えられうることの好例として説明されることになった[85]。しかしこれは，料金規制正当化のためのロジックに他ならない。ただたしかに，電気事業規制に見られる自然独占の正当化に異議を唱える主張に鑑みると，非電気事業者が電気事業者に比して遜色ない料金で発電することが可能であったとの事実を残したことは，PURPAがもたらした成果の一つに挙げられるであろう。

　それでは，規制者側はPURPAの規制黎明期をどのように総括するのであろうか。FERC委員も，電気事業に市場原理を導入することの有用性にしばしば言及している。PURPAを評価するために1987年に行われた連邦議会における聴聞会において，マーサ・ヘッセ (Martha O. Hesse) FERC委員長は，PURPA規制の実態は起草者の予想をはるかに超えて効果を発揮しているとし，PURPAは単に省エネルギーや新しい科学技術の実用化を促すだけでなく，「国のいくつかの大規模な領域で発電設備の大部分を供給する何百万ドルものビジネス」を創出したと評価した[86]。さらに，FERCのチャールズ・スタローン (Charles G. Stalon) 委員は，PURPAにより，自然独占を前提とした電気事業規制はもはや正当化できなくなったとした。特に発電事業には明らかな規模の経済性は認識できないとしている[87]。この考えに同調するヘッセ委員長は，PURPAのQF制度は自然独占の理論的根拠が誤りであるという事実を明らかにした点で成功であったと述べている[88]。

　PURPAのもとでのQF業者の健全な商業的成功の例は，本章で取り上げたように規制黎明期には多く見られ，それが電気事業者の自然独占的地位の正当化に強い疑問を投げかけた形になった。特にQF業者数の急激な増加は，新規参入者の資本獲得の困難が，発電部門においては大きく縮減する可能性があることを実証した。

---

85　この事件に目配りしつつ自然独占理論の法的考察を試みるなど，広く事業法の指導像を論じたものとして，土佐和生「公益事業法の再構成に関する一試論（一）——新たな指導像の構築を目指して—」『甲南法学』40巻3・4号281頁 (2000年) を参照のこと。
86　Congress, House, "Public Utility Regulatory Policies Act," Committee on Energy and Commerce, Subcommittee on Energy and Power, 100th Cong., 1st Sess. Serial No. 100-113, 10, 22 and 23 September 1987, at 1-2.
87　Response to members' question by FERC Commissioner Charles G. Stalon, in *id*. at 164.
88　*Id*. at 2. なお，我が国の電気事業の自然独占性について，藤原，前掲註84, 263-265頁参照。

PURPA が電気事業における自然独占理論に一石を投じ，米国電力市場の本格的な競争導入の先駆けとなったと位置付けることは——その功罪について別に論じる必要があることは当然であるが——規制黎明期を取り上げることによってまずは首肯されよう[89]。

---

[89] 2005年8月に成立したエネルギー政策法 (Energy Policy Act of 2005, Pub. L. 109-58, 119 Stat. 594 codified as 42 U.S.C.§15801 (2005)) は，電気事業者の QF 業者からの電気買取義務を広く免除する権限を FERC に与えた。しかし QF 制度そのものは生き残っている。草薙真一「米国における環境共生型連邦法の活用の現状— 1978年公益事業規制政策法を題材にして—」『公益事業研究』57巻2号45頁 (2005年) を参照のこと。

# 第2章

## PURPA210条に基づく QFからの買取料金
―ニューヨーク州公益事業法6セント条項の終焉―

## 第1節　はじめに

　我が国において，かつての一般電気事業者[1]の非一般電気事業者からの余剰電力買い取りについて，電気事業法制定以来最大の動きが生じたのは，1995年（平成7年）のことであった。電力卸売りの自由化が始まったのである。これには前ぶれがあった。首都圏の電力需給の逼迫により，電力不足による非一般電気事業者からの余剰電力買い取り問題について，電気事業連合会は1992年1月22日に，「新エネルギー等分散型電源からの余剰電力購入方針」において，積極的な余剰電力の購入を行うとの方針をまとめ，通商産業省（当時）の諮問機関である電気事業審議会も，小規模電力設備等からの電力買い取りを電力会社に積極的に行わせる方向で答申を出していたのである[2]。つまり1995年の制度改正を前に，電力会社は1992年には電力買い取り，すなわち電力自由化への準備を始めていたのである。当時のこのような動きの参考になったのが，PURPA（Public Utility Regulatory Policies Act：連邦公益事業規制政策法）を受けて制定されたニューヨーク州公益事業法の電力強制買い上げ制度であった。本章ではいわゆる「ニューヨーク州公益事業法6セント

---

1　かつては，一般の需要に応じて電気を供給する事業が一般電気事業，一般電気事業を行うにつき経済産業大臣の許可を得た者が一般電気事業者と位置付けられてきた。ところが，2013年の電気事業法改正以降，年次をまたぐ同法の数度の改正により，さらなる電力自由化（家庭用小売自由化，一般電気事業者のいわゆる発送電分離，それらに伴う広域的運営推進機関や電力・ガス取引監視等委員会の創設など）が実施され，長らく存続したこれらの概念も消滅した。

2　電気事業審議会需給部会電力基本問題検討小委員会の報告書。1992年6月11日，電力需給の長期的安定を確保するために，電源立地，広域運営，分散型電源の開発・導入，需要対策の推進を図るべきであり，現況のままでは将来深刻な電力需給の逼迫が予想され，地球温暖化を防止する等の観点からも長期的な見通しと将来の抜本的強化が不可欠だとし，多様な課題に対応するためには，政府及び電気事業者のみならず，国民一人ひとり，産業界，労働界，自治体等の幅広い理解と協力が得られることが必要であるとした。『通産省公報』1992年6月22日号4頁以下，及び藤原淳一郎『エネルギー法研究―政府規制の法と政策を中心として―』344，380頁（日本評論社，2010年）参照。

条項」の法的側面に限定して，若干の考察を行いたい。また，PURPA と FERC（Federal Energy Regulatory Commission：連邦エネルギー規制委員会）の規則により実施される連邦規制と，ニューヨーク州公益事業法及びニューヨーク州公益事業委員会（New York Public Service Commission：NYPSC）の規則により実施される州規制の衝突問題について，その帰結を含めて検討する。

なお，本章が対象とする事件は次の二つである。

まず初期の判例としてコンソリデーティッド・エジソン（Consolidated Edison Co. of New York）社事件（以下，コン・エディ事件）のニューヨーク州中間上訴裁判所判決[3]と州最高裁判所判決[4]，連邦最高裁判所判決[5]と，それに続くオレンジ・アンド・ロックランド（Orange & Rockland Utilities Inc.）社事件（以下，O&R 事件）における FERC の決定[6]についても比較検討を行う。コン・エディ事件については，QF（Qualifying Facility：適格認定設備）[7]の性質論，特に連邦認定と州認定の適格認定の関係など，他の論点も存在するが[8]，O&R 事件との比較という観点から，本章ではもっぱら QF 政策からの購入電気料金の法律問題に焦点を絞ることとする。また，O&R 事件における FERC 決定を不服として争われた事件での司法判断の意義を検討する。

## 第2節　PURPA とニューヨーク州公益事業法による QF の回避原価規制

### 第1款　問題の所在

米国においては，電力会社が電気事業者以外の発電設備からの電気を購入する制度が 1978 年 PURPA[9]により確立されている。この制度は，次款で説明する「回避原価（avoided cost）」という上限を買取料金に付した上で，買い取りを強制するものである。今回の我が国の電力買い取り制度は，このような形の米国型に至るのに 2012 年までかかったが，電気事業審議会需給部会報告[10]は，分散型電源（新エネルギーを利用する，太陽光発電，風力発電，燃料電池及び従来型コージェネレーシ

---

3　Consolidated Edison Co. v. Pub. Serv.Comm'n, 471N.Y.S.2d 684 (1983).
4　Consolidated Edison Co. v. Pub. Serv.Comm'n, 63 N.Y.S.2d 424 (1984).
5　Consolidated Edison Co. v. Pub. Serv.Comm'n, 105 S.Ct. 1831 (1985).
6　Re Orange and Rockland Utilities, Inc, Docket No.EL87- 53-000, FERC April 14 (1988); 92 PUR4th 1 (1988).
7　FERC 規則の定義によると，QF とは，Part 292 Subpart B による認定を受けたコージェネレーション設備または小規模発電設備のことである，18 C.F.R. Ch.1.§292.101。その認定基準は，同規則§292.202,§292.204,§292.205 に存在する。
8　コン・エディ事件における検討については，藤原淳一郎「米国コージェネレーション法制論序説（二・完）」『法学研究』61 巻 11 号 36 頁（1988 年）参照。
9　16 U.S.C.§824a-3 (1982).
10　前掲註 2 参照。

ョン）による余剰電力購入の促進を提唱した中間取りまとめ[11]を受けて，各電気事業者がすでに購入条件メニューを作成していることを評価している。このうち太陽光発電及び風力発電については，販売電力料金に等しい水準の買電価格を各電気事業者が認定していることについて，販売電力料金の9割に相当する買電価格設定を定めたドイツの法制や，増分費用原価，代替電源コストによる買電価格設定を定めた米国法制であるPURPAと比較しても，再生可能エネルギーの利用を一層強力に支援するものと考えられるとしていた[12]。我が国が「回避原価」的発想を導入したことからすると，米国の制度がうまく機能しているか，あるいはどの程度電力会社に負担を強いるものであるかを考察することは，日本における回避原価での買い取りの可能性を検討するのに不可欠なものであると考えられる[13]。

### 第2款　PURPAにおけるQFの回避原価規制

前章においてその条文の構造を詳述した通り，PURPA210条は，まずa項ではコージェネレーション及び小規模発電設備の利用の促進と，化石燃料の依存度の減少を狙った。FERCにコージェネレーション及び小規模発電設備や地熱小規模発電を促進するために必要な規則を制定し時宜に応じてこれを改正する権限を与え，その規則は，適格認定を受けたコージェネレーション及び小規模発電設備の卸売電気販売以外の目的での電気販売を認めてはならないことを宣言している。同条b項は，電力会社に対し，一定の条件を満たすと，FERCが認定するコージェネレーション等と連系し，購入の際の料金は，電力会社がその購入により回避された供給の「増分費用（incremental cost）」とすることなどを義務付けている。増分費用は，限界費用が上昇した際に，その上昇分の費用を示すものである。その上昇の要因の一つが，相手からの購入を回避したことによるものである。そこでこの規定を受けて，FERC規則はPURPAの「増分費用」概念に代えて，「回避原価（avoided cost）」概念を定立したのであった[14]。さらにFERCは，PURPAの規定を受けて，いかな

---

11 『通産省公報』1992年6月19日号5頁参照。
12 日本において考えられている分散型電源等の今後のシナリオ，特にコージェネレーション法制を米国法制であるPURPAとの比較を念頭において詳述している藤原淳一郎「米国コージェネレーション法制論序説（一）」『法学研究』61巻10号54頁（1988年）を参照のこと。
13 現在の日本のコージェネレーションの法律問題を検討したものとしては，藤原淳一郎「エネルギー競合の進展と『供給責任』」『エネルギーフォーラム』1987年3月号38頁，同「コージェネレーション法制度の今後の課題」『エネルギーフォーラム』1987年12月号34頁，同「電気事業の規制緩和への一視点」『エネルギーフォーラム』1989年1月号49頁，舟田正之「公共企業に関する法制度論序説(2)—コージェネレーションに関する法制度—」『立教法学』37号107頁（1992年）を参照。
14 18 C.F.R. Ch.1 Subpart C（1978年PURPA210条に基づく電気事業者と適格認定コージェネレーション及び適格認定小規模発電との調整に関するFERC規則）。§292.101a及びbによると，「回避原価」とは，電気業者または発電設備またはその両者に対する増分費用であって，当該QFまたはその他のQFからの購入をしないで自ら発電するか，他の電源から購入する場合にかかる料金（増分費用）のことであると定義する。第1章6参照のこと。

る電気事業者にも回避原価を超過する価格での電力買い取りを求めるものではないとする旨の規則を確認的に制定し[15]、また州の規制機関（通常、州公益事業委員会）または州による規制を受けない非規制電気事業者が、QF からの購入料金をより低い料金に設定してもコージェネレーション及び小規模発電を推進するに十分であると決定するときは、その購入料金は、回避原価を下回るものであっても良いことを明らかにしている[16]。

### 第3款　PURPA 及び FERC 規則が定める QF 保護のための他の法律からの適用除外

前章において紹介したように、PURPA210 条 e 項は、QF の促進策として、他の法律等の適用除外について規定するものである。すなわち、「FERC は、州の規制機関の代表者、電気事業者、コージェネレーション設備の小規模発電設備所有者と協議の上、利害関係者に告知及び口頭または書面での資料提出、意見主張を行うための合理的な期間を付与した後に、80MW を超えない地熱小規模発電業者、適格認定コージェネレーション設備、適格認定小規模発電業者が、電気事業者の料金、財務会計、機構に関して、またそれらの組み合わせに関して、その適用除外が QF を促進するものであると認めたならば、FPA (Federal Power Act：連邦電力法)、PUHCA (Public Utility Holding Company Act：連邦公益事業持株会社法)、州法、州規則のすべてまたは一部の規定の適用除外規定を規則中に設けるものとする。」と規定する通りである[17]。これを受けて FERC は、かなり広範な適用除外規定を規則にいれた[18]。

### 第4款　州の PURPA 実施権限

PURPA210 条は、PURPA の実施 (implementation) に必要な規則を PURPA に従って制定するよう州に要求している。というのも同条 f 項が、適格認定小規模発

---

15　18 C.F.R. Ch.1 Subpart C.§292.304 (a)(2).
16　18 C.F.R. Ch.1 Subpart C.§292.304 (a)(3)は、「本条の何ものも、購入価格について回避原価を超えて支払を要求するものではない。」と規定し、§292.304 (b)(3)は、「州の規制機関または州による規制を受ける電気事業者は、より低額な料金で本条 a 項を達成し、コージェネレーション、小規模発電を促進できると判断するときには回避原価を下回る料金を定めることができる。」と規定する。なお回避原価の設定と実施の関連について、*See* Charo=Sterns=Malloy, *Alternative Energy Power Production: The Impact of the Public Utility Regulatory Policy Act*, 11 Col. J. Env. L. 447, 462 (1986).
17　但し、同条 e 項によると、f 項に基づいて執行される全ての州法及び州規則、FPA210 条（接続）、211 条（託送）、212 条（接続、託送の命令）の規定及びその他の FPA に基づく執行に必要な権限行使、FPA 第 I 部（水力に関する）のもとで必要とされている全ての許可に関しては、適用除外がない。
18　18 C.F.R. Ch.1 Subpart F の§292.501 において、第一次エネルギー源として地熱以外を利用する設備のうち、30MW 以上を発電するものを除く全ての QF が FPA の全ての条項から適用除外されている。また同じく§292.601 及び§292.602 によると、QF の PUHCA 及び一定の州法、州規則からの広汎な適用除外について定めている。

電設備,適格認定コージェネレーション設備に関する規則の州の実施について,詳細に規定していると言えるからである。すなわち,①本条 a 項及びその改正条項にもとづき FERC により制定された規制の成立から 1 年後及びそれ以降は,州規制機関は告知及び聴聞の機会の賦与の後に料金決定権限を有する分野につき,各々の電気事業者に関するこれらの規則(改正規則を含む)を実施する,②本条 a 項及びその改正条項に基づき規制委員会により制定された規則の成立から 1 年後及びそれ以降は,州規制を受けない電気事業者は告知及び聴聞の機会の賦与の後にこれらの規則(改正規則を含む)を実施する,などとしている。さらに PURPA を実施するための州の役割には回避原価を決定することを含み,州は QF と事業者との紛争を調停し,QF からの購入,また販売促進となるようなその他の行為をなすことができるとする。また小規模発電設備,及び適格認定コージェネレーション設備に関する FERC の規則の実施について,州規制機関が告知,聴聞の機会の付与の後に,規則に従い料金決定権限を有するとしている。

### 第5款 ニューヨーク州公益事業法による QF の回避原価規制

PURPA を実施するための諸行為及び規則制定に加えて,いくつかの州では,コージェネレーションと小規模発電業者を規制する独自のプログラムを作り実施した。これらのプログラムはいわば地産地消型の代替エネルギーをもたらすことにつながるものとされ,州の PURPA 実施権限とは独立のものとされた[19]。本章で扱う 1980年改正のニューヨーク州公益事業法(1992 年改正前)66 条の c のいわゆる 6 セント条項[20]もそのような計画の一つであった。そこに定める省エネルギー条項によると,州内の QF と長期の契約を結んだ電力会社は,1kWh 当たり最低 6 セントの料金で電気を買い取るように要求されていた[21]。このニューヨーク州法による「6 セント」は,一般的に連邦 PURPA の定めた回避原価という条件を上回るのであった。というのは,当時殆どのニューヨーク州の事業者にとっての回避原価は,1kWh 当たり 6 セント未満であるのが現状であったからである[22]。しかし QF が,州内の電

---

19 各州でミニ PURPA なるものが制定されていた。その事情につき,藤原,前掲註 13,43 頁参照。
20 Public Service Law Act 4, §66-C1 (1980). 当時のニューヨーク州公益事業法 66 条の c については藤原,前掲註 13,36 頁以下参照。
21 藤原,前掲註 13,36 頁以下の翻訳参照。特に 6 セント条項の翻訳部分である 37 頁参照。
22 藤原,前掲註 13,48 頁によると,本条項制定当時の 1kWh 当たりの回避原価は 5 ないし 5・25 セントであったと言う。もっとも回避原価は 6 セントを超える可能性もあった。たとえば QF 業者ではない独立発電業者が原告となったいわゆるロングレーク事件判決は,その事例を扱った判例である。*See* Longlake Energy Corporation v. Public Service Commission of the State of New York, 543 N.Y.S. 755 (1989). この事件は,独立発電業者が,電気事業者は独立発電業者からの電気購入料金に関するニューヨーク公益事業委員会の買取料金が回避原価を下回っても 6 セントを維持するとの決定の無効確認を求めたものである。原審はこの申請を認めたのでニューヨーク州公益事業委員会が上訴した。ニューヨーク州中間上訴裁判所

気販売にとどまるならば、卸売電気料金は州の規制対象となり連邦規制の対象とはならないだろうが、この6セント条項が表面上PURPAに矛盾する、より高い購入料金を定めるものであったため、法的紛争となりえたのである。

## 第3節　コン・エディ事件

### 第1款　コン・エディ事件まで

　連邦最高裁は、FERC対ミシシッピ事件（1982年）[23]において、PURPAが合衆国憲法の「州際通商条項」の権限を超え[24]、「州の主権」を侵害する[25]、との原告の違憲性の主張を退け、合憲判決を下した。この事件では、PURPA210条及びそれを受けて制定された規則が、合衆国憲法に違反するものかが争われ、裁判官の間でかなり意見が割れたものの、結局合憲とされた。さらに、PURPAに関連し、既にFERC対アメリカン・エレクトリック・パワー（AEP）事件[26]などの判例が日本においても紹介されているが[27]、本章が主題とするニューヨーク州公益事業法のいわ

---

　　（Supreme Court Appellate Division）は原判決を破棄し、大要以下のように述べた。
　「ニューヨーク州公益事業委員会の伝統的な役割は、代替エネルギー製造設備、コージェネレーション設備、小水力発電設備を促進する公共の利益が存在すると宣言する法律によって、徐々に小さくなってはいるが、ニューヨーク州公益事業委員会は、独立発電業者から電気を購入する場合の公正かつ経済的に合理的な料金を設定する裁量的規制権限の行使を依然継続しているものである。たとえ長期回避原価が6セントを上回ることとなった後であっても、長期回避原価費用を超えるより初期の費用が補填されない限り1kWh当たり6セントという長期契約のもと独立発電業者から電気を購入することを電気事業者に認めることをニューヨーク州公益事業委員会が選択することが独立発電業者の育成を阻害するものとはいえない。
　このように、回避原価を下回るニューヨーク州公益事業委員会の6セント条項の堅持を適法と認めた事例もある。逆にコン・エディ事件において、ニューヨーク州公益事業委員会は事件当時コン・エディ社の回避原価を1kWh当たり4.17セントと算出していたようである。*See* Vince=Moot, *Federal Preemption Versus State Utility Regulation in a Post Mississippi Era*, 10 ENERGY L.J. 44 (1989).
23　Federal Energy Regulatory Commission v. Mississippi, 456 U.S.742; 102 S.Ct. 2126; 72 L.Ed. 2d 532 (1982).
24　合衆国憲法1条8節3項は、連邦議会は「諸外国における通商、各州間における通商、及び、インディアン部族との通商を規律する権限」を有すると定める。北脇敏一・山岡永知『対訳アメリカ合衆国憲法』（国際書院、1992年）の翻訳による。
25　合衆国憲法修正10条は、「本憲法により合衆国に委任されず、また本憲法によって各州に対して禁止されない権限は、それぞれ各州、または州民に留保される。」と定める。同上の翻訳書による。
26　American Paper Inst. v. American Elec. Power Serv. Corp., 461 U.S.402; 76 L.Ed.2d 22; 103 S.Ct.1927 (1983). 本件につき、*See* Note, *A Future for Cogeneration: FERC v. American Electric Power Serv. Corp.*, 16 CONN. L. REV. 393 (1984).
27　Kansas City Power & Light v. State Corp. Comm'n, 676 P.2d 764 (1984) や、Kansas City Power & Light Co. v. Corp. Comm'n of Kansas, 715 P.2d 19 (1986) や、Pacific Gas and Elec. Co. v. Pub.Util.Comm'n of California, 108 S.Ct.156 (1987). 等が紹介されている。藤ը淳一郎「公益事業規制政策法と合衆国憲法第十修正―FERC対ミシシッピ―」『法学研究』59巻12号（1986年）、特にその244頁以下参照。

第 I 部　米国連邦公益事業規制政策法の功罪

ゆる「6セント条項」については，次のコン・エディ事件がある。

### 第2款　コン・エディ事件の概要

　ここでは，コン・エディ事件のニューヨーク州中間上訴裁判所判決[28]，州最高裁判所判決[29]，連邦最高裁判所判決[30]について説明する。コン・エディ事件は他の論点も含むが[31]，本章ではもっぱら，後の別の事例における FERC の決定である[32]O&R 事件との比較，検討という観点から，QF からの電気事業者の購入電気料金設定に関する法律問題に焦点を絞って説明する。

　ニューヨーク州法に基づく公益事業電力会社であるコン・エディ社は，州が事業者に，QF から回避原価を超える価格で電力を買わせる事柄については，ニューヨーク州法が連邦法に「先占」されている[33]として出訴したのであった。ニューヨーク州公益事業委員会は聴聞を経て，コン・エディ社の回避原価は州法によって設定された料金を下回るものであると認定した上で，事業者の回避原価を超えて FERC が料金を設定することは，PURPA210条b項が禁じてはいるが，これはより高い料金を設定することにつき，州をも拘束するものではないと決定していた。これに対してニューヨーク州中間上訴裁判所（Supreme Court Appellate Division）は，PURPA はニューヨーク州公益事業委員会を拘束していると判示した[34]。しかし，ニューヨーク州最高裁判所（Court of Appeals）は，原審の判決を一部破棄して，「ニューヨーク州は，回避原価を超えて料金設定することが認められている。」と判断した。その理由は，「PURPA が回避原価を超えて料金設定することを禁じたのは FERC の料金設定の場合に限られる」というのであった。このようにニューヨーク州最高裁は，PURPA が回避原価を超える料金を定める州の権限を「先占」するものではないとして，たとえ料金が購入事業者の回避原価を超えるものであっても，正当なものと認められるとしたと解されるのである。同事件は連邦最高裁に持ち込まれたが，連邦最高裁は，事件が実質的な「連邦の問題（federal question）」を欠

---

28　前掲註8参照。
29　前掲註9参照。
30　前掲註10参照。
31　コン・エディ事件における詳細な紹介，検討については藤原，前掲註13，36頁以下。
32　Re Orange and Rockland Utilities, Inc., *supra* note 11.
33　合衆国憲法に規定される，連邦法の州法に対する「最高法規性」から導かれる。連邦と州の競合立法領域において州法よりも連邦法が優先する，すなわち連邦の法律がなければ州の法律で規制することができるが，黙示的であっても連邦法と州法の抵触がある場合にはその州法は無効とされる分野と，その性質上連邦議会が第一次立法権限を有しその分野で連邦法がなくても，そこを州法で規制することは許されない分野があるとされる。田中英夫『英米法総論（下）』599頁（東京大学出版会，1980年）参照。
34　この判決は，州の QF からの購入義務付けの可否など他の論点を二つ含んでいるがここでは触れない。

いているとして，コン・エディ社側の上訴を棄却した[35]。6セント条項をめぐり，このコン・エディ事件に続いてFERCに申し立てられた事件に，次のO&R事件[36]がある。

## 第4節　O&R事件

### 第1款　O&R事件の概要

　O&R社は，ニューヨーク州法に基づき設立された電気事業者であり，ニュージャージー州に位置するロックランド・エレクトリック社（Rockland Electric Co., 以下，ロックランド社）及びペンシルバニア州に位置するパイク・カウンティ社（Pike County Co., 以下，パイク社）との合弁会社である。3社の設備はそれぞれ州際送電グリッドによって接続されている。全発電所は，O&R社により所有かつ運転され，O&R社がすべての発電，送電の計画及び実施を行っていた。そしてO&R社は，発電所の所有者及び電気事業者として，ロックランド社，パイク社らとの電力供給契約に基づき，これらの事業者のすべての電力を賄っていた。3社が分担してすべてのシステムの費用を拠出しているため，電力はその割合に応じて割り当てられることになっていた。ところで申請人らは，電気事業者として，PURPA210条のもと，QFから電気を購入する義務を負っている。申請人らの主張するところでは，O&R社はQF業者と継続的購入契約を結んでおり，申請人らの電力供給合意に基づき，購入の支払いはO&R社に70%，ロックランド社に29%，パイク社に1%を割当てることとした。1987年7月31日，O&R社，ロックランド社，パイク社（以下，申請人ら）は，FERC規則[37]に基づく宣言的命令（declaratory order）を求めて申立てを行った[38]。申請人らは，ニューヨーク州公益事業法66のc条[39]は，O&R社とQF業者との継続的購入契約には適用されないと主張した。

　申請人らは，O&R社はそれ自体が完全な合弁企業であり，かつ現実には単一の多州籍企業（multi-state company）であること，また，ニューヨーク州は法的にO&R社による電気購入につき1kWh当たり6セントの料金をおしつけることはできないことを主張した。その理由として，1kWh当たり6セントという数字は，PURPA210条のもと定められた最上限の料金である増分費用を超過するものであるから，買取価格6セント料金制を採用するニューヨーク州が，他の州の規制者及

---

35　「連邦の問題」を欠くとする判断につきホワイト判事の反対意見がある。*See* 105 S.Ct. at 1831-3.
36　Re Orange and Rockland Utilities, Inc., *supra* note 11.
37　18 C.F.R.§207a(2).
38　92 PUR4th at 4.
39　前掲註20。なお，この州法の当時の規定は，QFから電気を購入する際に，1kWh当たり6セントの最低購入料金を設定するものであったことに注意を要する。前掲註22参照。

び被規制者にニューヨーク州の政策をおしつけることは不当であり，他の州における卸売料金に影響を与えることとなるような多州籍企業に対する6セント料金の買い取りの義務付けはできないとした[40]。

このように，申請人らは元々ニューヨーク州のO&R社に対し適用されるQFへの買取価格の確認を行う宣言的命令（declaratory order）を求めたのであるが，これがひいてはニューヨーク州法6セント条項の適法性が判断されることにつながったのであった。

### 第2款　O&R事件におけるFERC決定要旨

FERC決定は，O&R事件においては回避原価を超える電気料金を設定する権限賦与については，連邦法が州法に「先占（pre-empt）」することを宣言するものであった。決定理由の概要は次の通りである[41]。

PURPA210条は，QFからの電気を購入する事業者が代替エネルギーの増分費用を超える料金を負担することを禁じている。すなわち，いかなる事業者も，もし他の合意がないならば，コージェネレーション及び小規模発電のQFから回避原価を超える料金で電気を購入することを強制されない。またニューヨーク州については，QFからの電気事業者の電気購入につき，その事業者がほかのエネルギーを買う時に生じるであろう回避原価を超える料金を強制してはならない。そして州は，PURPAのもとFERCが定めたQFからの電気購入の連邦規制についての規定を実施するために，回避原価を超える料金を課してはならない。

このようなPURPAの要求する現実的な購入料金制度の確立と実施は，十分理解しうるものである。どの州も自らの管轄のもとで，事業者における回避原価を決定する。しかしながらFERCの規則制定は，もともとQFがその発展を推進するには，回避原価よりも高額な購入料金問題を含め，付加的なインセンティブを与えることを必要としていたことを認知した結果なのである。FERCは従来より，州法の問題として州がQFに支払われる料金を引き上げることが出来るということを規則の前文[42]で明らかにしていた。つまりFERCは，PURPA210条により要求されている通り，コージェネレーション及び小規模発電を推進するために必要であると信じる水準に購入価格を設定してきたが，QFの技術を発展させることにもなる料金を規定する法律や政令を制定する独自の権限を，州も有することを認められるとしてき

---

40　92 PUR4th at 5.
41　*Id*.
42　Preamble to FERC's Regulations, 45 Fed. Reg.12,214,12,221 (1980),§292.304 (Rates for Purchases Regulation to State Programs)「州は，自らの権限で，適格認定設備促進を可能とする料金を自由に設定することができる。但し，連邦の基準を下回る料金を定めた州法または州規則では，必要な設備の技術促進が不可能なのであり，連邦法に屈することとなる。」と述べている。

たのである[43]。

　しかしながら本件においては，このような PURPA 規制にもかかわらず，FPA の存在により，州は，州際卸売電気販売（interstate wholesale of electricity）を規制できないのであるから，本件のような販売については規制できないのである。というのは，一般に電気が州際送電グリッドを通過していれば，州際通商と考えられるからである[44]。そして，ニューヨーク州が設定した最低料金が，ニューヨーク州でのみ事業を行っているのではない事業者にまで適用されるのかどうかの問題が，主要な争点である。ニューヨーク州によって採用された最低料金制を根拠として州外の消費者に対する料金値上げを行うことは許されないのである。

## 第 5 節　O&R 事件の検討

### 第 1 款　問題の所在

　QF への買取価格の確認を行う宣言的命令を求めて争われた O&R 事件で，FERC は 1980 年 FERC 規則前文で宣言されていた見解[45]を改め，州は今や回避原価を超える料金を設定するにつき連邦に「先占」されているとした[46]。これはすなわち，州が回避原価を超える料金設定を行うことを認める従来の FERC の方針を変更したものである。この FERC の政策変更は，PURPA の本来の目的はエネルギー利用の効率化のためにコージェネレーションや小規模発電を奨励することを州に認めることにあったところ，それまで 8 年間 PURPA を実施してきた FERC は，今や機が熟して，これらの業者に回避原価を超える部分を，実質的な補助金として与えるような形をとる必要は無くなったと結論したことが背景にある[47]。

　ただし本件はコン・エディ事件と異なる面を持つ。それは，電力会社である O&R 社が多州籍企業であることである。従って FERC としては，本件決定において，買取価格の規制は連邦が先占しているという理由付けを行うことが可能であった。しかし，FERC が，送電そのものが州際通商であるとの原則を確立しようとしていることと考え合わせると，QF からの買取料金決定権は連邦のみが有するとの結論も導きえないわけではない。

　ここに至って，本決定において反対意見を述べた FERC トラバント（Trabandt）委員より指摘された論点[48]も含めていくつかの疑問が生じる。まず，「送電グリッド」

---

43　*Id.* at 12,222.
44　92 PUR4th at 15.
45　*See* Preamble, *supra* note 42, at 12,221.
46　92 PUR4th at 15.
47　FERC スターロン（Stalon）委員による補足意見はこの背景について詳述する。*See* Docket No. EL87-53-000, FERC May 19, 1988; 93 PUR4th 364 (1988).
48　92 PUR4th at 17-28.

による「州際通商」ならともかく[49]，州外への卸売りを行わない QF の（州内）電気販売料金についても連邦に「先占」される[50]というのは，論理に飛躍があると思われる。さらに，ニューヨーク州公益事業委員会が QF の販売に関して地方の環境を変える能力を示したために，FERC がただ政策的に「先占」の概念を持ちだした疑いがある[51]。以上は合衆国憲法の州際通商条項に関する問題である。この他，PURPA は州の裁量を認めるような規定を有している（PURPA210 条 e 項）ことからも州規制の可能性をいちじるしく制約する今回の決定に筆者は疑問を感じるし，さらに FERC が回避原価の連邦の「先占」という問題を考慮するということ自体，FERC が回避原価の問題に関する規則制定案の告示（Notice of Proposed Rulemaking，：NOPR）を出していた事実[52]を考えると，手続き的に違法性が存在する可能性は皆無ではないように思われる。最後の疑問に対しては NOPR を過去に出した事実のみでもって，直接，法的結論を変えうるものではないとの評価もあろうが，これらについて，以下に一応の検討を行うこととしたい。

### 第 2 款　憲法問題について─「先占」─

　PURPA における「州際通商」条項の問題は，FERC 対ミシシッピ事件[53]などにおいてすでに争点となっている[54]。

　本件決定を突き詰めると，適格認定業者も多州籍企業である電気事業者に対する電気販売については，今や FPA の卸売料金規制の適用を免れないことになりそうである。そもそもこの理論を支えるのは，アメリカ合衆国憲法の州際通商条項[55]である。州際通商条項であるならば，少なくとも QF からの卸売電力の購入は州権限の外にあるようにも思われる。連邦議会が FPA を制定する以前に，すでに，連邦最高裁判所が州際通商条項のもと，州は州際卸売料金を規制する権限を有しないとしており[56]，もし FPA の適用が PURPA によって除外されたとしても，州に回避原価を超えて料金を設定する権限を与える州際通商における卸売料金設定権を認めることは困難であるとの考え方がある。FERC のソーサ（Sousa）委員は，本件決定における補足意見で，合衆国憲法上の州際通商条項自体が，州際卸売電気料金につき，州を排除しているとして，この理論を肯定する[57]。そして PURPA の規定は，

---

49　*Id*. at 15.
50　*Id*.
51　*Id*. at 16.
52　53 Fed.Reg.9331, Docket No.RM 88-6-000 (1988).
53　FERC v. Mississippi, *supra* note 23.
54　この問題につき，藤原，前掲註 27，231 頁以下参照。
55　アメリカ合衆国憲法 1 条 8 節 3 項。前掲註 24 参照。
56　Rhode Island Pub. Utilities Commission v. Attleboro Steam and Electric Co., 273 U.S. 83; 71 L.Ed.549; 47 S.Ct.294 (1927).
57　92 PUR4th at 28-31.

QFを従来型の電気事業者規制から解放しようとの意図が有るにすぎず，なんらFERCに新たに裁量権を与えたものではないとする[58]。

筆者は，後述するように，FERCは州に対してPURPAの規定によって「QFからの電気買い取り」という形態の州際通商を規制する権限をも「委任」によって与えうると考える[59]けれども，連邦機関が連邦議会により与えられている制限を超えて州に権限を行使することは許されないとの結論は変わらないのであるから，本件も憲法の最高法規条項（Supreme Clause）のもと，「先占」の問題を解決しなければならない。QFからの電気買い取りが「州際通商」に当たらないとする立場をとる場合も，一般に，「先占」の問題は，州法が連邦法と矛盾し，または州法が連邦議会の目的を達成，実施するに妨げとなる場面で生じるものである[60]から，少なくとも本件も「先占」問題をはらんでいると認識するべきであろう。

**第3款 FPAによる解決の可能性について**

前述の通り，我が国で「連邦電力法」とか「連邦動力法」として紹介されるFPAとはFederal Power Actの略称である。そしてFPAは，「州際通商」にあたる電気の卸売料金を明文で「先占」している[61]。つまりFERCは，FPAのもと，州際通商にあたる電気の卸売料金を規制する排他的な権限を有しているのである。そこでこの州際卸売りにQFからの電気買い取りが該当するのかが問題となる。以前はFPA210条の文言通り，州際卸売料金のみが，連邦の管轄する電気料金規制だったのであるが，この決定直前に出されたNOPRにおいて，FERCは，原則として，州際送電グリッドと接続されている送電線を使った電気卸売販売は，たとえ州内卸売販売を予定する電気販売であっても州際卸売販売とされ，連邦の規制を受けると述べた[62]。

このように考えると，O&R社側が強く主張したにもかかわらずFERCが決定の決め手とはしなかったように，「多州籍企業」という枠組みはもはや関係なく，FERCはFPAのもとQFからの電気買い取り問題につき排他的な管轄を有することとなり，いかなる州公益事業規制委員会も回避原価を超える料金を設定することはもちろん，QFからの買取料金の決定は全てFPAに「先占」されると考えることとしたようである。この考えによって極論すれば，当該電気販売が「州際通商」

---

58 *Id*. at 29.
59 もっとも，FERCによる電気事業ならびに電気料金への規制は，各州による事業ならびに料金への規制に補足的なものに過ぎないとする考え方が主流である。*See Problems with PURPA: The Need for State Legislation to Encourage Cogeneration and Small Power Production*, 11 Boston Envtl Aff. 149, 155 (1983).
60 前掲註33参照。
61 16 U.S.C.§§791a-825r (1982).
62 53 Fed. Reg. 9,327, Docket No.RM-88-4-000 (1988).

である以上，PURPAは問題ではなくなり，FPAの州際電気卸売料金の問題であるとの立論の余地がでてくる。しかしながら，少なくとも現在は，QFからの電気事業者への電気販売料金に関する政策問題を捨象しての形式的管轄権論は，PURPAの規定を完全に骨抜きにするものに他ならない。またQFの規模や役割から言っても，州による規制がふさわしいとも言えるのであって，FPAのみを決め手にすることはできまい。FERCはむしろ，QFからの電気購入料金問題について，コン・エディ事件における司法判断との整合性をより考慮しうる余地もあったと思われる。

### 第4款　州独自の政策可能性の問題について

　PURPA210条a項はFERCに，QFからの電気購入料金を設定する権限を与えた際に「増分費用」の制限を設けているわけであるが，PURPAそれ自体「増分費用」を超えるところでは州を拘束すると読むべきであろうか。これに対して経済的，政策的見地から，州は回避原価を超える料金をおしつける州内QF契約による費用をあらためて再配分させることもできると主張する論者もいるが[63]，結局他の事業者からの卸売価格をより安く認可し最終需要家に対する価格の微調整を期待しうるという程度の意義しかないのであろうか。またPURPA210条e項は，FERCに対して「一部，または全部」のQFをFPA，PUHCA，州法の定める規制から適用除外することを認め，それによって，電気事業規制の料金，金融，機構等の観点から，適格認定された小規模発電設備及びコージェネレーションの優遇ひいては促進を目指しているわけであるが，それゆえにFERCは，この210条e項に基づいたQF規制に関する裁量権を行使することにより州に独自の規制をさせることができると考えられないだろうか。先述のソーサ委員は，PURPA210条e項はFERCが，州に対してPURPAとは独立の州際卸売料金を規制したり，回避原価の制限を超えて販売料金を設定したりすることを認めるものではないとした[64]。その考えの政策的根拠として，連邦議会がPURPA210条e項を制定したのは，州の行う伝統的電気事業規制からQFを解放することを認める趣旨でこれを定めており，そのPURPA210条e項の立法趣旨と立法経緯に照らすと，QFは州レベルの規制を受けないものと解されるべきであるという[65]。確かに，この条項の立法経緯を記した連邦議会委員会報告書（Conference Committee Report）は，PURPA210条は「増分費用」の制約を含むことを確認し，「『増分費用』は，この条項のもと，電気購入に際して，事業者が要求されうる料金の上限として，拘束力を持つ」などとしている[66]。

---

63　Vince=Moot, *supra* note 22, at 46.
64　92 PUR4th at 29.
65　*Id.*
66　Conference Committee Report, 95th U.S. CODE CONG. AND AD. NEWS, at 7831 (1978).

第2章　PURPA210条に基づくQFからの買取料金

しかし同報告書によると，州及び電気事業者が，FERCの定めた規則に従わなければならないとしたのは，上院の考えであって，下院ではそのように考えていなかったのであり[67]，むしろPURPAにおいても，州は州内卸売電気の販売について料金設定を認められるとされていたことがうかがえる[68]。しかもソーサ委員の考えを根拠付けるためには，何よりPURPAが明確に，一部または全部の連邦法・州法からQFを適用除外することとした趣旨を説明する必要があるはずであるが，同委員自身の補足意見にはそれはない。このように，必ずしもソーサ委員の結論をとるべき必然性はないと思われる。

　筆者は，FERCは自らの規則制定により回避原価費用を設定する際の最終的な権限を州に委任しているのであって，結局PURPAがFERCにその権限を与えていることには変わりがないと考える[69]。即ち購入価格設定につき州公益事業委員会は，「連邦規制の先占」により例外なく（連邦の規制機関による規制を含む）広義の連邦法の枠内で行動し，州公益事業委員会の責務は，買取料金が電気事業者の回避原価を超えない，ひいては消費者には「適正かつ合理的（just and reasonable）」な料金であることの保障でなければならないこととなろう[70]。電気買取料金の設定はこの二つの基準を満たしてはじめて適法と認められるのである。このように考えると，州公益事業委員会が「回避原価」に拘束されるかどうかは，FERC規則がどこまで州の裁量を認めるかにかかっていると言わざるをえない。本O&R事件は，PURPA210条e項によって州が回避原価を超える料金を設定する権限をFERCの政策変更により適法に制約された事例である。さらに，もし，FPAが法律上当然に回避原価を超える料金を設定する州の権限を拘束する（「先占」する）と考えるのであれば，法律問題に関するこれらの多くの契約は，最初から無効のはずであるが，本決定は政策的に不遡及とすることを宣言し，従来の契約の効力を維持させた[71]。これも，FERCの決定が政策的なものに過ぎず法律解釈の変更によるものと位置付けるべきではなかったとの筆者の考えの根拠となるものである。

#### 第5款　手続きの違法性について

　FERCは，州の最高裁判所判決を覆すことを選択し，問題をドラスティックかつ法的に解決する特定事件の決定（裁決）という手法により，FERC規則前文における自らの従来の見解を覆すこととなったと言える。しかも，このように重大なFERCの政策変更が規則改正なしに行われるということは，QF業者らの本件事件

---

67　*Id.*
68　*Id.*
69　*See* PURPA§210 (e), (f).
70　*See* PURPA§210 (a).
71　92 PUR4th at 16.

の審判への補助参加を認めてはいるものの[72], 彼らの告知, 聴聞の機会を実質的に奪っているという点で, 手続上の違法があったと言えなくもないのではなかろうか[73]。

### 第6款　QF業者側の苦悩

O&R事件FERC決定において重要なことは,「送電グリッド」における接続を理由とする憲法上の「州際通商条項」を媒介として, FERCのみがその「先占」事項として電力購入料金を規制できることを自ら確認したことである。この決定が出されるまで, FERCは実質的に州が行う買取価格の決定に介入することがなかったが, この決定によりFERCは, 州のQFに対する料金決定に関して「先占」的要求権を確立したと評価することが可能である。

かつて, FERCはPURPAの立法を受けて, 回避原価の算定を州の自律的規制に委ねようとした。しかし, 石油価格の下落等の要因により, 回避原価を超過するような購入価格設定権を州に認めることでQFを助成することは急務ではなくなったことを示した。この事情は, 本件決定の理由中, FERC自身が述べている[74]。いずれにしてもFERCは, O&R事件ではじめて, QFからの電気買い取りについて回避原価を超えて州が独自に料金を設定する権限を有していないとした。多くの事業者は, FERCが州に回避原価を超える料金設定をする余地を認めるのは, 非効率かつ高原価の適格認定コージェネレーション業者, 適格認定小規模発電業者からの購入を強制するためであると考えていた。厳しい見方をすれば, それは最適の規制たりえない。以前のFERCは, 州レベルの政策としてのこれらの施設への奨励の可能性をあまりにも肯定し過ぎていたと言えるかも知れない。しかし, FERCのこのオリジナルの政策について, 各々の地域の特性に見合ったPURPAの計画の柔軟な運用を必要に応じて地方の規制機関に認めたものと考えていた, 多くの各州公益事業委員会及び適格認定事業者は, O&R事件で出されたFERCの結論に対して, 深く苦悩させられたのではないかと想像されるのである[75]。

## 第6節　オキシデンタル・ケミカル事件

### 第1款　問題の所在

FERCのトラバント (Trabandt) 委員は, いみじくも自らの論文[76]の中で,

---

72　本件における手続きへの補助参加の申請は, これに対する異議の申し立てがないとして認められたのであった。See 92 PUR4th at 14. See also 18 C.F.R.§385.214(d).
73　FERCは, 事件には聴聞を開く実質的な理由がないとしていた。See 92 PUR4th at 14.
74　Id. at 15. なお, スターロン委員の補足意見が参考になる。
75　もっとも, 当時の一連のFERCの政策変更には, 電気事業者側も必ずしも賛同していた訳ではなかった。たとえば, AEP社の意見表明につき, See Wamstead, *No Economic Reason for FERC Electricity Proposals, AEP Says*, ENERGY DAILY, Oct.20,1988 at 1. またCentral

第2章　PURPA210条に基づくQFからの買取料金

O&R事件でのFERCの考え方について，警鐘を鳴らしている。「私がFERCに失望するのは，同委員会がすべての州に対してその政策を同じモデルと同じアプローチで強制しようとしていることである」と述べている通りである[77]。特にO&R事件決定については，厳しい批判を行っている[78]。彼は，ニューヨーク州公益事業委員会議長のピーター・ブラッドフォード（Peter Bradford）氏の意見を引用して，次のように本決定を評価している。

「本決定は，FERCの手続的にも実体的にも（違法性を帯びるほどの）非常に強烈な『先占』への意図を感じるのであるが，ブラッドフォード氏は，このFERCの決定を，州の権限を不当に侵害するものであるとした。連邦が州の前にいるいやらしい存在に見えるとしたのであった。同氏はこの決定を，ほとんどの州にとっては規制のパールハーバー（真珠湾）だとしており，FERCはすべての州法の解釈と実務に関して，裁判所に引きずり出されるであろうと予言している。彼の発言は何と的を射ているのであろうか[79]。」

実際にその予言通り，本件決定後さっそく，O&R決定を不服とする州公益事業委員会及び適格認定業者の側からオキシデンタル・ケミカル事件[80]が提起されることとなった。そこで，この事件にも触れておく。

## 第2款　オキシデンタル・ケミカル事件の概要

本件の原告となるオキシデンタル・ケミカル社を含むQF業者[81]は，ニューヨーク州公益事業委員会，ペンシルバニア州公益事業委員会（Pennsylvania Public Utility Commission：PPUC）と共に，O&R事件FERC決定を不服としてFERCを相手取り，決定の取消を求めて第2巡回区連邦控訴裁判所に訴訟を提起した[82]。

この訴訟においては，O&R社，ロックランド社，パイク社など多数の電気事業者も，原告として訴訟に参加していた[83]。

さて，原告らの主張したことは，大まかに以下の3点であった。

① FERCの決定は，「実質的な連邦の問題（substantial federal question）」が存在しないとして，上訴を棄却することにより連邦最高裁判所にも支持された

---

and South West Corporation の意見表明につき，See FERC Electric Proposals "Hasty and Dangerous to Our Energy Future," ENERGY DAILY, Nov.2,1988 at 4.
76 Trabandt, *Preemptive Tendencies at FERC-An Insider's view*, PUB.UTIL.FORT., Sept. 29 1988, at 9.
77 *Id*.
78 *Id*. at 11.
79 *Id*.
80 Occidental Chemical Corp. v. FERC, 869 F.2d 127 (1989).
81 オキシデンタル・ケミカル社はO&R事件においても訴訟参加者としての主張を行っている。See 92 PUR4th at 7.
82 Occidental Chemical Corp. v. FERC, *supra* note 80.
83 *Id*.

ニューヨーク州最高裁判所の決定[84]に矛盾するものである。
② FERC は，以前の規制方法と異なる規制を行うことにつき，なんらの解釈をも示さなかった[85]。
③ FPA は同法の適用のない場面での州の QF の規制を「先占」しない[86]。
　一方被告である FERC は，PURPA 及び FPA を，正当に解釈しており違法ではないということ，また裁判所は，回避原価についての行政決定及び規則制定提案の存在という行政上の理由によりこの事件を同委員会によるさらなる考慮の必要を認めて差し戻すべきことを主張した[87]。
　第 2 巡回区連邦控訴裁判所は結局，ライプネスの法理（ripeness，争いの成熟性）[88]を援用して，訴えを却下した。その理由として，州は事業者の「回避原価」を超える QF からの買取価格の設定についてもはや自由にこれを行えるものではないとの FERC の決定は，過去の立場を改め新たな宣言を行ったものであることを認めたものの，この宣言には遡及効がないから争いの成熟性にかけるということ，そしてこの問題について FERC が規則制定の手続きを開始したこと等を列挙して，FERC の主張を認め，原告の請求を却下する判決をなしたのであった[89]。

#### 第 3 款 オキシデンタル・ケミカル事件の検討

　まず，O&R 事件における FERC 決定と，オキシデンタル・ケミカル事件判決との関連性についてであるが，オキシデンタル・ケミカル社をはじめとする原告は O&R システムに電気を販売していた適格認定業者である。彼らは FERC の政策変

---

84　ニューヨーク州の場合，最高裁は Court of Appeals となる。
85　もっとも FERC は，この O&R 事件決定の直前に NOPR を出し，QF からの電気購入に関する FERC と州公益事業規制委員会の管轄問題の一部について，電力会社が，連邦と州の両方から規制を受けることが，消費者への適当なサービス供給の妨げになること，電力会社に過度の負担を強いることになることなどを証明すれば，FERC，州公益事業委員会いずれも，告知及び聴聞の機会の賦与の後に電気事業者及び QF に対する購入規制を差し控えることがありえるとしている。53 Fed.Reg. 9331, 9333, Docket No. RM88-6-000, Proposed Change of §292.305［b］(1988).
86　See Federal Court Asked to Overturn FERC Orange and Rockland Decision, ELECTRIC UTILITY WEEK (19 Sept. 1988) at 7.
87　FERC による差し戻しの申し立てはまもなく却下された。See Court Rejects Bid for Remand of Orange & Rockland Decision, ELECTRIC UTILITY WEEK (5 Dec. 1988), at 5.
88　この法理を使った判決としては，連邦執行部内の職員がハッチ法の執行差し止め等を求めた事例である United Public Workers v. Mitchell, 330 U.S. 75 (1947) などがある。また，争いの成熟性の問題を考慮せず，本案の問題に入ったと評価される判例として，Adler v. Board of Education, 342 U.S.485 (1952) などが挙げられる。ここに掲げた 2 者を比較検討したものとしては，LOCKHART=KAMISAR=CHOPER=SHIFFRIN, THE AMERICAN CONSTITUTION at 1209 (1986) や GERALD GUNTER, CONSTITUTIONAL LAW at 1580 (1985) がある。なお See GELLHORN=BYSE, ADMINISTRATIVE LAW: CASE AND COMMENTS at 263 (1974); KENNETH CULP DAVIS, ADMINISTRATIVE LAW: CASE-TEXT-PROBLEMS- at 152 (1977).
89　See 869 F.2d 130.

更を争っているのであり，補助参加人を含めると当事者が事実上同一であり，オキシデンタル・ケミカル事件はO&R事件と実体的争点を一にするものであることを確認しておく。この判決について本章で検討すべき主たる点は，ライプネスの法理の妥当性及びコン・エディ事件との関連性である。

### 第1項　ライプネスの法理の妥当性

ライプネスは，当事者適格を有する者に対して，さらに要求される訴訟要件であるが，紛争により被る被害が，現時点での司法救済を必要とするほどには具体的でないことを言う。判決はこのライプネスの法理[90]に関して，1967年，連邦最高裁判所が，ライプネスの法理を適用するために採用した四つの基準[91]を引用した。その後，第5巡回区連邦控訴裁判所でのペンゾイル事件においてもこの基準が使用されている[92]。この基準とは，次の4点である。

① 争点が純粋に法的なものであること。
② 問題となっている行政機関の行為が行政手続法（Administrative Procedure Act）の意味するところの「最終的な行政庁の行為[93]」を構成するものであること。
③ 問題となっている行政機関の行為が，相手方に直接（direct）かつ即時（immediate）に影響（impact）を与えているか，または将来与えることとなること。
④ 問題の解決が，行政機関による効果的な実施及び行政を妨げることなく，これを促進（foster）するものであること。

これらをふまえて裁判所は，以下のように判示した。まず第一に，今後FERC

---

90　香城敏麿『英米判例百選（第2版）I 公法』58頁（有斐閣，1978年），金子正史「アメリカ行政訴訟における紛争の成熟性の法理 -1-」『自治研究』64巻6号78-102頁（1988年）参照。なお米国の行政訴訟につき，このライプネスのみならず，訴えの提起の時に当事者間に存在していた法律上の争訟が訴訟の途中に事情の変化により現実の具体的争訟性を失うことを意味するムートネスに関する法理など，訴訟要件を詳細に論じた越智敏裕『アメリカ行政訴訟の対象』（弘文堂，2008年）が参考になる。ムートネスについては，田嶌久資「ムートネスの法理に関する一考察─合衆国連邦最高裁判所の判例分析を中心として─」『愛知大学国際問題研究所紀要』92号192頁（1990年）参照のこと。

91　Abbott Laboratories v. Gardner, 387 U.S. 136; 87 S.Ct. 1507; 18 L.Ed.2d 681 (1967). 行政機関の行為の執行前差し止めを申請したが認められなかった事例。See Alfred C. Aman, Jr., Admainistrative Law and Process at 766, 800, and 805 (1993). See also Bernard Schwartz, Administrative Law: A Case Book at 693,697 (1985). See also Mashaw=Merril, Introduction to The American Public Law System: Case and Materials at 910 (1975).

92　Pennzoil Co. v. Federal Energy Regulatory Commission, 742 F.2d 242, 244 (5th Cir.1984).

93　判決が述べる「最終的な行政庁の行為」という基準は，APA§10(c), 5 U.S.C.§704にその根拠を求めうる。

が規則を制定する可能性があり委員会がそのような最終的な行為に及ぶまでは,司法審査を行わないとした[94]。第二に,同裁判所は,もし司法がこの段階で行政機関に介入するならば,行政自らの誤りを正し,専門的な解決を行う最終的な機会を否定することとなるであろうとした[95]。第三に,今回の行政機関の行為は委員会が規則制定の途中なのであるから,直接的な影響を与えるものではなかったとした[96]。第四に,この時点の司法判断は,行政機関の規則制定を完成させようとの努力を妨げることとなるとし,また司法の介入が,結局この問題のエネルギー産業全体の望んでいる迅速な解決を妨げるとした[97]。またライプネスの議論の際に,規則制定が遅く,迅速な救済が望めなくなるとの原告の主張に対しては,ライプネスの認定に影響を与えないとした[98]。

このように裁判所は,ライプネスの基準を援用したが,この理由は,決定に遡及効がなく,現実の損害が発生していないということと同時に,前述のように,近い将来 FERC が,規則を制定する可能性があるとみていたからである。したがって,具体的に規則が制定された場合に,どのような司法判断がなされるか,裁判所が改めて何らかの訴訟要件の欠如をいうかは興味のあるところである。また,もし裁判所がこの段階で行政機関に介入するならば,行政自らの誤りを正し,専門的な解決を行う機会を否定することとなるであろうとする裁判所の第二の理由付けに,裁判所の何らかの暗黙の意義付けがあったのかも含めて,興味のある点である。しかしこの点を論じるには何らかの事件の判断において別途なされるであろう連邦最高裁の判決を待たねばならない[99]。

### 第2項 コン・エディ事件との関連性

次に,本件における連邦控訴裁判所の判決と,先のコン・エディ事件連邦最高裁

---

94　869 F.2d 129.
95　Id. 判決は,Federal Trade Commission v. Standard Oil Co., 449 U.S. 232,242; 101 S.Ct. 448,494; 66 L.Ed.2d 416 (1980). を先例として引用する。この事件については,See AMAN, supra note 91, at 799.
96　Id. 判決は先例として,United States Defence Committee v. Federal Election Commission, 861 F.2d 765 (1988) を引用している。この事件では,連邦選挙委員会が出した勧告的意見 (advisory opinion, 2 U.S.C.§437f に,手続き等が規定されている) の有効性が争われた。原審ではこの有効性を認める判決をなしたが控訴審判決は Abbott 判決を引用しながら,当該勧告的意見の有効性は,その時点においては未だ司法判断を下すに適当ではないとした。See 861 F.2d 772.
97　Id.
98　Id. 裁判所はペンゾイル事件判決を引用している。この事件では原告の一刻も早い本件の解決を望む気持ちには同情を寄せるが,ライプネスの見地からすると,現時点での司法審査はその救済に役立つものではない旨判示したかつての両当事者間の紛争における同裁判所の判決を引用していた。See 645 F.2d 394,400 (5th Cir.1981).
99　See Vince and Moot, supra note 22, at 47.

判所の判決[100]をどのような関係で捉えることが妥当であろうか。コン・エディ事件における連邦最高裁判所判決は、争点に「実質的な連邦の問題（substantial federal question）」が含まれていないとして、訴えを却下した事例であった。ここで「実質的な連邦の問題」とは何かが問題となる。たとえば、ニューヨーク州公益事業委員会が、6セント条項が存在するにもかかわらず、回避原価を買取料金に設定したとすると、これは連邦法の問題にはならず、州法違反の問題であろう。ところが、オキシデンタル・ケミカル事件や、コン・エディ事件のように州公益事業委員会が回避原価を上回る料金を設定しても必ずしも州法違反にはならないのであって（事件当時、州法は「最低6セント」と規定していた）[101]、むしろ実質的には連邦法の「回避原価」の問題に他ならない。したがってこれを「連邦の問題」ではないとすることは、即ち、裁判所は、州がPURPA実施権限とは別個のQF政策権限を有すると考えていることを物語るものと思われる。しかし、これはまさしく従来のFERCの考え方なのであって、FERCが政策変更したことを、裁判所がどのように実体的に評価するのか興味のあるところである。

## 本章の小括

　ニューヨーク州公益事業法66条のいわゆる「6セント条項」は、先述したような様々な法的紛争の対象になり、ついに1992年、削除された。
　この改正について若干紹介する。まず、改正前の条項の文言のうち、「但し、委員会は、1980年6月26日現在ならびにそれ以降開発されるそのような代替エネルギー製造、コージェネレーション、小水力設備どれでもからの電気購入を設備から事業者への販売料金が当該事業者の発電費用の増加を反映させるために委員会による定期的改定を条件として、各電気事業者に対し、少なくとも1kWh6セントの最低販売料金を設定しなければならない、という条件のもとで長期の契約に入ることを要求せねばならない[102]。」の部分が削除された。また1項には、州の政策として、「適正かつ合理的」な料金でもって、代替エネルギー製造設備、コージェネレーション設備、小水力設備を、これらの設備が最近出された州エネルギー計画に定められたように州のエネルギー需要、エネルギー容量、またはその他の電気システムへの要請を満たすことが求められるときには省エネルギーと最も効率的なエネルギー利用を行えるようにするために、推進させる趣旨を加えた。そして新たに、次の条

---

100　前掲註10参照。
101　前掲註11。なお、この「6セント」という料金は、買取最低料金制度の確立に関連した条件条項 (proviso relative) であったとされている。*See* 1993 Cumulative Annual Pocket Part at 15 (1992 Regular Session, Ch.519).
102　藤原、前掲註13、36頁の翻訳による。

項が2項として挿入され,従来の2項以下は,3項以下に繰り下げられた。新2項は次のように定める。

　他のいかなる法律の規定にかからず,代替エネルギー製造設備（alternate energy production）,コージェネレーション設備,または小水力発電設備（small hydro facility）から購入された電気に支払われる各設備の1kWh当たり6セントという電気最低販売料金制度は,1991年法843条により明らかにされた通り,完全に効力を有し,また以下を有効にする。(a)1992年7月26日以前（on or before）に両契約当事者によって完全に履行され,かつ州公益事業委員会に申請された全ての契約のうち,(i)そのような最低販売料金で電気購入を定めたもの,または(ii)法規上の最低販売料金に関連する電気事業者料金計画による料金（utility tariff rate）で電気購入すると定めたもの,または(iii)法規上の最低販売料金または電気事業者料金計画料金との比較による契約売買料金の調整（reconciliation）または再計算（recalculation）について定めたもので,そのようなすべての契約の継続（duration）について定め,そのもとでそのような契約とその履行の期限と条件（terms and conditions）に従うもの,但し,そのような最低販売料金が委員会によって定められた政策及び条件と合致するように採用されるもの。(b)その設備が,最低販売料金制度による料金を受けとることができるとする判決がニューヨーク州裁判所により1987年1月1日より以前（prior）に出され,確定し,覆ることのない場合に,その判決の効力が及ぶすべての設備。但し,FERCが1987年1月1日より以前（prior）になした,その設備をQFと認定する命令において定められた設備の発電能力を達成するために必要となるようないかなる設備の改良（modifications）及び設備の追加（additions）にもかかわりなくそのような設備から購入された電気の全てに最低販売料金制度が適用される場合。(c)電力会社（electric corporation）と以前より契約関係に入っていて,その契約の主たる目的である電気に付加して発電してきたすべての設備で,その契約が本条(a)項に合致するよう規定してあるもの。但し,その最低販売料金が,本項が有効となる期日にそのような設備により製造される最大年間発電量を超えずかつ契約に定められた総量を10％以上超えない電気にのみ支払われ,かつそのような最低販売料金が州公益事業委員会により掲げられた政策及び条件に合致する契約の継続のためになされるもの。

　このように,新2項は,従来定められていた6セント条項に基づいて締結された契約の維持を保障するための経過措置となった。ここまでPURPAと衝突すると考えられていたニューヨーク州公益事業法のいわゆる「6セント条項」が実際の紛争の中でどのように議論されたかを見てきたが,かつてのコン・エディ事件をふまえ

第2章　PURPA210条に基づくQFからの買取料金

て，O&R事件でのFERC決定と，オキシデンタル・ケミカル事件第2巡回区連邦控訴裁判所判決を比較することには大きな意味がある。O&R事件において，FERCは従来の政策を変更し，電力会社に回避原価を超える料金でQFから電気を購入させるという州公益事業委員会の裁量的料金設定権を奪うことにしたのであった。さらにオキシデンタル・ケミカル事件は，O&R社を相手に電気を供給していたQF業者が中心となって，ニューヨーク州公益事業委員会とともに，このFERCの政策変更を不服として司法判断を求めたのであった。ところが裁判所はライプネスの基準を援用することによって訴えを却下した。そしてO&R事件についてFERCが出した結論は，ニューヨーク公益事業法の6セント条項の削除という結果を生ぜしめたのであった。しかし筆者には，電力需給の逼迫や，環境問題から来る新エネルギーの開発など何らかの理由によりQFの促進等のFERCの政策変更が再度あった時には，州による回避原価を超える買取料金設定権が連邦により再び認められる可能性が十分にあることを見落としてはならないと思われる。米国におけるQFの卸売電気料金に関して，回避原価を上回る価格での電気事業者による購入の強制の排除と同時に，入札制度が，入札価格が市場価格に近いということ[103]や州公益事業委員会が入札価格を回避原価ととらえて認可を与えやすいというメリット等のため[104]，近時各州公益事業委員会により承認される傾向にあり[105]，QFも電気事業者への電力販売のためには入札に加わらなければならなくなった[106]。したがって米国のQFは，PURPA及び州法によってもっぱら保護の対象とされていた部門から本格的な「競争」にさらされるようになったのである[107]。

---

[103] G.William Stafford, *Electric Wholesale Power Sales at Market-Based Rates*, 12 ENERGY L. J. 291 (1991); Bernerd W. Tenebaum and J. Stephan Henderson, *Market-Based Pricing of Wholesale Electric Services*, THE ELECTRICITY J., Dec. 1991, at 30.

[104] Smartt, *"All Source" Bidding May Have Some Flaws*, PUB.UTIL.FORT., Apr.28. 1988, at 4. *See also* John Wyeth Griggs, *Competitive Bidding and Independent Power Producers: Is Deregulation Coming To The Electric Utility Industry?*, 9 ENERGY L. J. 415, 419 (1988); Cross, *All-source Bidding: The Purchased Power Market in Flux*, PUB.UTIL.FORT., 15 Apr. 1993 at 55.

[105] たとえば1993年3月には，カリフォルニア州公益事業委員会が，QFによる競争入札参加についての最終的なガイドラインをまとめている。*See* PUB.UTIL.FORT., May 1,1993, at 50.

[106] FERCは，1988年にQFが入札に参加するプログラムを提唱するNOPRを出している。*See* 53 Fed.Reg. 9324, 9325.,Docket No.RM88-5-000 (1988). (Regulations Governing the Use of Biding Programs to Purchase Electric Capacity and Associated Energy from Qualifying Facilities under PURPA). また，村岡直人「最新エネレポート・米国非電気事業の動向（1～5）」（『電気新聞』1992年7月7日より連載）参照，特に，「2・入札制度の普及」を参照。QFが，それ以外の独立発電設備とともに入札に参加する事情について，藤原，前掲註92，71頁以下参照。

[107] PURPAと現在の米国の固定価格買取制度（Feed-In Tariff）との関係について，佐藤佳邦「米国各州の再生可能エネルギー電力買取制度（FIT）―買取価格の決め方と費用回収規定―」『電力中央研究所報告 Y11001』（2011年）参照。

# 第3章

# PURPA210条の定着期における特徴

## 第1節　はじめに

　米国連邦議会によって1978年に制定されたPURPA（Public Utility Regulatory Policies Act：連邦公益事業規制政策法）が現在も有効であることから，我が国における地道な研究の中でも引き続きこの法律が取り扱われている[1]。この法律においては多様なエネルギー政策が盛り込まれたが，特にPURPA210条[2]において，熱電併給（コージェネレーション）業者と小規模発電業者の有する設備のうち一定の要件を満たしたものをQF（Qualifying Facility：適格認定設備）として促進する政策を実施した[3]ことが大きな特徴となっている。QFが発電する電気の購入を電気事業者（electric utilities）に義務付けたことは，競争政策と環境政策の両方を視野に入れた画期的な政策であるとして注目された[4]。しかしこの政策は，さほどの時を経ずして多くの批判を受けることになる[5]。電気事業者がQF業者から電気を購入する際に，制度上想定されないほどに高額な買取料金を支払わなければならない状況が発生したからである[6]。電気事業者らは，このように本来不必要な費用の負担は強制されるべきでないとFERCに対して不満を発し続けた[7]。一方で，電気

---

[1] Pub. L. No. 95-617, 92 Stat. 3117 (1980) (*codified as amended at* 16 U.S.C.§§ 824a-1 to a-3, 824i-824k, 2601-2645, and *scattered of* 16 & 42 U.S.C.). PURPAをめぐる最近の我が国における研究として，佐藤佳秀「再生可能エネルギー電力普及策と送電線地中化策—米国の電力買取制度をめぐる議論—」『電力中央研究所報告』研究報告Y12027（2013年）。

[2] 16 U.S.C.§824a-3 (1988).

[3] 草薙真一「米国における適格認定設備規制からの電力会社の購入電気料金—ニューヨーク州公益事業法6セント条項の終焉—」『法学政治学論究』19号283頁（1993年）参照。

[4] 草薙真一「米国連邦公益事業規制政策法に関する一考察—FERCによる適格認定設備規制のウェイバーを中心として—」『商大論集』48巻1号91頁（1996年）参照。

[5] 初期の主要判例を網羅的に検討した文献として，藤原淳一郎「米国コージェネレーション法制論序説—電力会社による電気購入問題をめぐる主要判決を中心として—（二・完）」『法学研究』61巻11号35頁（1988年）がある。

[6] 草薙，前掲註3，283頁参照。

[7] 草薙真一「米国連邦公益事業規制政策法第210条問題に関する一考察—SCE社事件連邦エネルギー規制委員会決定の検討を中心として—」『商大論集』51巻1号119, 121頁（1999年）

第3章　PURPA210条の定着期における特徴

事業者側も，QF契約を締結したにもかかわらずQF業者の発電する電気を購入することを拒む例があることや，送電線の所有者としての独占力を行使している可能性などが指摘され，非難された[8]。しかしこのような状況にもかかわらず，PURPA210条のもたらしたQF制度は現在も持ちこたえている[9]。QF制度が良好に機能しない原因を挙げるとすれば，以下の点に求められよう。

　FERC (Federal Energy Regulatory Commission：連邦エネルギー規制委員会) は，州の法令により定められるべきPURPA210条の執行要領について自らの判断を示し，PURPA210条b項において規定されている「事業者に他の方法で同等電力量の電力増加分を供給することを必要とされる場合の費用を基準とする増分費用 (incremental cost)」の概念につき，同等電力量を発電するかもしくは当該相手方以外から供給を受ける場合に各々の事業者に生じるコストを意味する「回避原価 (avoided cost)」がそれに該当するとし[10]，回避原価をもって卸売電気の購入料金の上限とすべき[11]ことを求め，将来的には，自らが同等の電力量を発電する場合に生じるべきコストである「全回避原価 (full avoided cost)」[12]をもって増分費用の概念に代える方針を立てた[13]。ところが多くの州が，QF業者となったコージェネレーション業者や小規模発電業者を保護するために，電気事業者の現実の回避原価を大幅に超過する回避原価を設定あるいは認定し，卸売電気買取料金を決定するようになった[14]。そのため，このような事態を不満とする既存の電気事業者を中心に，多くの法的紛争が発生した[15]。連邦独立行政委員会であるFERCは，準司法機関としての権限において，QF業者からの卸売電気料金に関する法的紛争[16]について，事業者

---

　　参照。
8　草薙真一「米国における電力産業の再構築と競争導入政策—反トラスト法規制に焦点を当てて—」『商大論集』51巻2・3・4号119頁 (1999年) 参照。
9　佐藤，前掲註1，5頁参照。
10　18 C.F.R.§292.304(a) (1998)．
11　この制度の解説につき藤原淳一郎「公益事業規制政策法と合衆国憲法第十修正— FERC 対ミシシッピ—」『法学研究』59巻12号223, 227頁 (1986年) 参照。
12　全回避原価概念の導入については当初段階において司法判断により拒否反応がみられる。藤原淳一郎「米国コージェネレーション法制論序説—電力会社による電気購入問題をめぐる主要判決を中心として— (一)」『法学研究』61巻10号54, 72頁 (1988年) 参照。
13　皮肉にもこの方針が省エネルギーへの寄与を妨げた。もっともこの他にも，そもそも (FERC規則292条による) コージェネレーションの熱生産比率が低すぎるとの要因を指摘する声もある。矢島正之『電力市場自由化—規制緩和の世界的潮流とその背景を読む—』93頁 (日工フォーラム社, 1994年) 参照。
14　特に1986年の原油価格の低落により大幅な超過が見られるようになった。資源エネルギー庁 (監修)『電力産業のリエンジニアリング—競争の時代へ向けて—』73頁 (電力新報社, 1994年) 参照。
15　藤原淳一郎「1920年代米国電気事業—連邦電力規制前史 (二) —」『法学研究』66巻11号36頁 (1993年) 参照のこと。
16　電気料金規制につき，結果的に卸売電気のそれは連邦，小売電気のそれは州と規制管轄が区分されたからである。

49

の回避原価を超過する料金で強制的に QF 業者からの電気を購入する必要はないとして，かような QF 契約が違法ないし無効であることを宣言してきた[17]。また州規制当局が独自に打ち出した QF 保護制度についても，自らの政策にてらして辛辣な批判を加えてきた[18]。このような経緯については，我が国において相当程度紹介されているところである[19]。

ところが，PURPA 施行から 10 年以上経過すると，QF 契約に含まれる条件ないしその内容は州契約法に従うべきもので，連邦の規制管轄ないし審査権限の対象から外れるとする考えが広まり，連邦と州の双方のレベルにおける司法判断もかような考え方を支持した。これを受けて 1998 年，FERC は州の裁量を奪おうと試みつづけた回避原価設定をはじめとする QF 政策の運用[20] について，その多くを州の権限に委ねることにし，全回避原価政策の規則化も断念することを表明した[21]。本章は，この FERC 政策の変化を理解することに資すると思われる司法判断とそれへの FERC 側の対応に検討を加えるとともに，関連する FERC 裁決を検討することにより，PURPA210 条の安定期においてみられる特徴を総合的に探ろうとするものである。

## 第 2 節　PURPA に関する司法判断と FERC の対応

### 第 1 款　CC 社事件[22]

連邦控訴裁判所が扱った事件である。Orange & Rockland Utilities 社（以下，O&R 社）は，Crossroads Cogeneration 社（以下，CC 社）の有する QF からの卸売電気の長期売買契約をその内容とする PPA（Power Purchase Agreement：電力売買契約）が存在しているにもかかわらず，CC 社の有する新ガスタービン発電設備により発電された卸売電気の購入を拒否した。その理由は，新タービンによって発電された電気までも O&R 社が PPA により購入する義務はないと考えたからで

---

17　1920 年代のアトレボロ規制ギャップにより認識され確認された考え方につき，藤原，前掲註 15，38 頁を参照のこと。ニューヨーク州のいわゆる「6 セント条項」に関する紛争を FERC が裁断した例として，草薙，前掲註 3，286 頁参照のこと。

18　草薙，前掲註 7，119 頁参照。

19　PURPA 関連の法律上の問題点を要領よくまとめたものとして，矢島正之『電力改革―規制緩和の理論・実態・政策―』75 頁（東洋経済新報社，1998 年）参照。

20　草薙，前掲註 3，283 頁参照。もっともこの政策については，「意図したかどうかを問わず」結果的には，過保護政策をご破算にして使用燃料を問わず独立発電業者として競争入札にかけて決着をつけるということで競争市場を実現したとの有力な見方がある。藤原淳一郎「規制リストラクチャリング時代の公益事業法―電気事業を中心として―」『法学研究』70 巻 11 号 1，5 頁（1997 年）参照。

21　本章第 2 節第 4 款参照のこと。

22　Crossroads Cogeneration Corp. v. Orange & Rockland Utilities, Inc., 159 F.3d 129 (3d Cir. 1998).

ある[23]。なおこの買い取り拒否行為については，O&R 社はニューヨーク州公益事業委員会（New York Public Service Commission：NYPSC）からの事前承認を得ていた。NYPSC は，この問題に関して自らの規制権限に基づき，CC 社の新タービンによる電気は旧タービンによるそれとは扱いを異にしなければならないとした。したがって，新タービンにより発電される電気は，当該 PPA の対象とはされず，CC 社の新タービンによる電気まで購入を義務付けられることはないということになった。しかし CC 社は O&R 社を相手取り，原審である連邦地方裁判所に訴訟を提起し，O&R 社による契約違反を主張し，O&R 社に電気の買い取り命令をなすように求めた。第一審裁判所は，O&R 社の主張を支持し，PPA の内容あるいは条件（ここでは新タービンによる電気の買い上げが，もとの合意に含まれるか否か）をNYPSC が判断した場合，その判断は司法を拘束するとした。その理由は，連邦法が明確に州規制当局のこの種の決定を最終的なものとすべきでないと命ずるのでない限り，州規制当局に当該問題への最終決定が求められており，それは司法のそれと同様の排他的効力を有するべきであるからであるとした[24]。

この判決を受けて控訴がなされた。本件第二審裁判所となった第 3 巡回区連邦控訴裁判所は，危険に晒されている権利の内容，規制当局の権限の大きさ，行政手続の内容等によって訴訟の求められ方は多様でありうるが，PPA の扱いにおける一般的政策問題として，まず州規制当局の決定を求めることが好ましいとし[25]，また本件争点の審理は州規制当局の判断に拘束されるとして控訴を棄却した。

本件第二審裁判所によると，州規制当局の最終判断が排他的効力を持つのは，①考慮された論点が，（先行する）PPA 認可手続において考慮されたそれと同じで，かつ②先行する手続において，排他性を求める当事者の相手方に十分かつ公平な反論の機会が与えられた場合である[26]。同裁判所は，本件において①②を共に認定した上で[27]，州規制当局に認可された PPA の内容の事後の修正は制約されるが[28]，今回の NYPSC の判断は，当該 PPA 承認時の解釈を反映させたものであり，違法ではない[29]と結論した。判旨によれば，州規制当局による認可を背景に持つ合意の内容を記した PPA に従い，両当事者の権利義務関係は確定する[30]。この理論により，NYPSC は合意当初検討しなかった新設備からの電気を購入する義務は O&R 社に

---

23　*Id*. at 133.
24　*Id*. at 135.
25　*Id*. *citing* Astoria Fed. Sav. & Loan Ass'n v. Solimino, 501 U.S. 104, 109-10, 111 S. Ct. 2166 (1991).
26　Crossroads Cogeneration, 159 F.3d at 135.
27　*Id*. at 137.
28　しかしこのことは州規制当局が先の承認事項に基づき更なる命令を発することまで禁じるものではないことに注意を要する。*Id*. at 138.
29　*Id*.
30　*Id*. at 139.

51

はないとしたわけである。なお，同裁判所は NYPSC 決定が司法審査に対する拘束力を持つのは，PPA の内容及び条件にとどまり，契約法上の争点を判断するについてまで排他的拘束力を持つものではないとしている[31]。

### 第2款　GFCP 社事件[32]

適格認定コージェネレーション設備業者である Grays Ferry Cogeneration Partnership 社（以下，GFCP 社）は，電気事業者である PECO Energy 社（以下，PECO 社）を相手取り，ペンシルバニア州東部地区連邦地方裁判所に訴訟を提起した。GFCP 社は，PURPA に基づく PPA を PECO 社が遵守し，電気を買い取るべきことの命令を求め[33]，ペンシルバニア州公益事業委員会（Pennsylvania Public Utility Commission：PPUC）に対しても訴訟参加することを求めた[34]。しかし裁判所はこのいずれも認めず，訴えを却下した。その理由として，本件紛争は連邦裁判所の管轄に属するものでないこと，特に PPUC の訴訟については，GFCP 社と PECO 社は PPUC との間に法的利害対立がないことが挙げられた。

このように GFCP 社事件では，連邦地方裁判所が自らの訴訟管轄権を否定した。GFCP 社は，PPUC が PPA を排除する行為は，連邦法である PURPA の趣旨に違反し無効であると主張した[35]が，本裁判所はこの主張を退け，PPUC には GFCP 社の主張する義務違反はなく[36]，PECO 社に対する GFCP 社の主張も，連邦法上の違法を指摘するものではないとした[37]。GFCP 社の主張は，PECO 社の不法行為と契約違反であったが，これらにはいずれも PECO 社に対する連邦法上の訴因は存在せず[38]，州法上の問題として扱われると位置付けたのである[39]。また本裁判所は，PPA の領域が連邦法として先占（preempt）するものとされてきた PURPA は本件に直接のかかわりはなく，PURPA の文言，法制定経緯のいずれにおいても，PURPA に関連する州法上の主張について連邦に管轄権を与えようという連邦議会の意図をほのめかすものがないとした[40]。この種の法的紛争に対して連邦裁判所に管轄権がないとする判決の論理に従うと，GFCP 社の主張は，PPUC 及び PECO

---

31　*Id*. at 140.
32　Grays Ferry Cogeneration Partnership v. PECO Energy Co., 998 F.Supp. 542, (E.D. Pa. 1998).
33　*Id*. at 547.GFCP 社は，相手方を牽制するためにこの訴訟を提起したという経緯があり，勝訴を継続することへの意気込みはなかったことがうかがえる。
34　*Id*. PECO 社が，PPUC がかつて PPA の失効を理由としてコスト回収を禁じる命令を発した事実を引用し，自らの主張を構成したからである。
35　*Id*.
36　*Id*. at 548.
37　*Id*. at549.
38　*Id*.
39　*Id*.
40　*Id*. at 550.

社の行為の連邦法違反ではなく州法上の不法行為ないし契約違反に絞られるべきであったことになる[41]。しかし，実際にはそのような訴訟が提起されることはなかったことを付け加えておく。

### 第3款　PPP社事件[42]

電気事業者である Phoenix Power Partners 社（以下，PPP社）は，1988年にある QF 業者との間に締結された QF 契約を修正したいとして，1993年にコロラド州公益事業委員会（Colorado Public Utility Commission：CPUC）に契約修正の認可を求めた。CPUC は，申請された変更の内容が，もとの契約の内容とは大きく異なり，電気買い取りを行う電気事業者の条件を一方的に有利にするものであるとした。もとの合意によれば，PPP 社の前身の電力会社が，当該 QF 業者からの卸売り用の電力を購入することになっていたが，本件において申請された修正内容には，QF の設置位置についての変更，水力発電からガス火力発電へのエネルギー源の変更に加えて，設備出力量の変更までが含まれていた。同委員会は，これらの条件変更は契約当事者への影響が大きく，新規契約の認可を必要とするとした。この決定を不服とする PPP 社は，CPUC は当該修正につき連邦法たる PURPA のもとで極めて制限された審査権限のみを有すると主張し，当該決定の取消を求めて訴訟を提起した。コロラド州最高裁は，PPP 社の主張を退け，PURPA は，本件契約締結における条件の設定には新たな契約の認可を必要である旨を州規制当局が決定することにかかわりがなく，CPUC は，正当にコロラド州契約法に基づき，当該修正が本質的な内容の変更を含み，結局新規の認可が必要であると判断したものであるとし，CPUC の決定を支持した。

本決定においても，本来連邦法である PURPA の趣旨に則り締結される QF 契約の内容及び条件の多くは，州規制当局が排他的に審査すべきであるという，CC 社事件及び GFCP 社事件にて用いられた論理を踏襲するものとなった。連邦裁判所と州裁判所がともに同様の論理を用いたことにより，回避原価政策に固執して多くの QF 契約の無効を宣言してきた FERC への圧力が高まった。なお，ここで用いられた論理以外の論理を用いる司法判断がないわけではない。アトランティックシティー社[43]事件では，ニュージャージー州規制当局が QF 業者から電気を購入するための費用を，電気事業者自らの電気料金に転嫁することを事業者に認めることを拒否したことについて司法審査が求められた。ニュージャージー州高位裁判所上訴

---

41　Id.
42　Phoenix Power Partners v. Colorado Public Utilities Commission, 952 P.2d 359 (Colo. 1998).
43　Petition of Atlantic City Electric Co., 708 A. 2d 775 (N.J. Super. Ct. App. Div. 1998).

53

部は，一度州規制当局が電気事業者と QF 業者との契約を認可すると，その後は州規制当局による当該契約の再考あるいは関連費用のパススルーを否定することは，いずれも PURPA が先占するとして，PURPA を根拠として州規制当局の判断を支持した。ところで，PPP 社事件で契約当事者は，州規制当局が審査に当たる際に，電気事業者の計画エネルギー費用（これが適正な回避原価を算定する要因となる）を申告すべきであったのにこれを行わなかったと指摘しており，これを判断の一つの理由とした。これはフリーホールド社事件[44]における第 3 巡回区連邦控訴裁判所の判示事項にも一貫するところである。

### 第 4 款　FERC による全回避原価政策導入の断念

　1998 年，FERC は，回避原価設定について十年来の懸案であった規制手法の導入を断念することを明らかにした。FERC は，回避原価の設定について 1988 年に規則制定案の告示をなし[45]，各州規制当局に与えるべき指針及び基準を 1978 年の PURPA 制定時よりも「全回避原価の行政決定（Administrative Determination of Full Avoided Costs：ADFAC）[46]」として厳密に定義すべきであると考えていた[47]。これがその懸案となっていた規制手法である。しかし 1998 年の告示案において FERC は，回避原価を行政上決定することの困難さに触れ，回避原価設定をより効率的に行うために競争入札制を導入することの可能性についても言及した後[48]，大要，以下のように記述している[49]。「QF 業者に影響を与える電力産業には，三つの劇的な変化があった。一つは，1992 年エネルギー政策法（EPAct）の施行である。同法は，新規の電気事業者のために新しい枠組みを提供した。EWG（Exempt Wholesale Generator：適用除外卸売発電業者）がそれである。この制度は本来，新規参入者に 1935 年 PUHCA（Public Utility Holding Company Act：連邦公益事業持株会社法）の規制を免れさせる趣旨であるが，その一方で QF 業者と EWG のために送電を命令する権限を当委員会に与えた。二つ目は，FERC から Order No. 888 が発令されたことである[50]。これにより，電気卸売りのための送電線へのオー

---

44　Freehold Cogeneration Assoc., L.P. v. Board of Regulatory Commissioners for N.J., 44 F.3d 1178 (3d Cir. 1995), *cert. denied*. 516 U.S. 815 (1995).
45　Administrative Determination of Full Avoided Costs, Sales of Power to Qualifying Facilities, and Interconnection Facilities, IV F.E.R.C. STATS. & REGS. ¶ 32,457 (1998).
46　Administrative Determination of Full Avoided Costs, Sales of Power to Qualifying Facilities, and Interconnection Facilities, 84 F.E.R.C. ¶ 61,265 (1998) (Docket No. RM88-6-000).
47　Administrative Determination of Full Avoided Costs, Sales of Power to Qualifying Facilities, and Interconnection Facilities, 84 F.E.R.C. at 62,300 , *citing* IV F.E.R.C STATS. & REGS.§32,457 at 32,157,32,162-74.
48　*Id. citing* IV F.E.R.C. STATS. & REGS.§32,457, at 32,164-67.
49　*Id*.
50　Order No. 888, Promoting Wholesale Competition Through Open Access Non-

プンアクセスの仕組みが確立された。さらに三つ目は，1988年以降，多くの州が回避原価設定に競争入札を導入するようになってきたことである。このように，総じて電力供給産業は大きな進歩を途げ[51]，十年前のFERCの提案はもはや不要なものとなった。」これまでFERCは回避原価政策に固執し，多くのPPAについて，事業者の実際の回避原価を超過する料金で強制的にQF業者からの電気を購入させてはならないとして，契約の違法・無効を宣言してきたわけである。しかしここまで概観してきたように，もはや限界に達した連邦規制権限を基礎とする回避原価政策について，司法の側から，新たな対応を求めていた面もあったことがうかがわれるのである。

### 第5款　FERCによるPURPA新政策—燃料費関連条項の修正[52]—

また1998年同年，FERC規則の一部改正がなされた[53]。これにより，燃料を電気事業者が購入する際の費用の審査について，連邦規制当局が管轄権を有している場合，その管轄権の存する範囲で権限を行使し当該価格を認可した時，それに基づいて購入された燃料の価格は合理的なものであると推定を受けるが，この推定は不服申立て等により覆されうるとの原則が明確になった[54]。旧規定の時代に，上記のような価格設定を「適正かつ合理的（just and reasonable）である」とみなす方式がもはや確立されたとするコロンビア特別区連邦巡回控訴裁判所の判断[55]と，申請料金主義のこれまでの強固さ[56]を考慮すると，認可された燃料費の合理性が推定に過ぎず覆されうるとする上記の考え方は画期的なものである[57]。燃料費は回避原価算定の根拠となる要素であるから，この認定が覆されうるとなると，FERCの指導力は揺らぎかねないことになるわけであるが，これはFERCがここに概観した司

---

　　Discriminatory Transmission Services by Public Utilities; Recovery of Stranded Costs by Public Utilities and Transmitting Utilities, F.E.R.C. Stats. & Regs. ¶ 31,306, 61 Fed. Reg. 21,540, (1996), *order on reh'g*, Order No.888-A, F.E.R.C. Stats. & Regs. ¶ 31,048 (1997) (*codified at* 18 C.F.R.§35), *order on reh'g*, Order No. 888-B, 81 F.E.R.C. ¶ 61,248, 62 Fed. Reg. 64,688 (1997), *order on reh'g*, Order No. 888-C, 82 F.E.R.C. ¶ 61,046 (1998).

51　Administrative Determination of Full Avoided Costs, Sales of Power to Qualifying Facilities, and Interconnection Facilities, 84 F.E.R.C. ¶ 61,265, at 62,301.

52　Order No. 600, Revision of Fuel Cost Adjustment Clause Regulation Relating To Fuel Purchases from Company-Owned or Controlled Source, III F.E.R.C. Stats. & Regs. ¶ 31,066, (1998) [*hereinafter* Order No. 600].

53　18 C.F.R.§35.14(a)(7) (1998).

54　Order No. 600, *supra* note 52, at 30,721 (*summarizing final rule*).

55　Ohio Power Company v. FERC, 954 F.2d 779 (D.C. Cir. 1992).

56　1951年に電気料金規制の領域において認められた申請料金主義概念の帰趨につき，草薙真一「米国卸売電気料金認可における連邦と州の衝突問題—パイク・カウンティ・ドクトリン成立の条件—」『法学政治学論究』24巻122頁（1995年）参照。

57　Order No. 600, *supra* note 52, at 30,721 (*summarizing final rule*).

法判断にて用いられた法理に沿いつつ州規制当局の指導力への期待を示すためのものであると言えよう[58]。もっとも FERC は，独立に「卸売電気料金」が「適正かつ合理的」であることを確保する FPA 上の権限に基づき，依然として燃料修正条項を含めた審査を軽視するつもりはないのであって，自らの料金審査権を妨げられることなく「燃料の経済的購入及び使用」を確保するための修正を決定したと見るべきとの意見もある[59]。

## 第 3 節　定着期の PURPA に基づく FERC の裁決の概観

### 第 1 款　CV 社事例[60]

Connecticut Valley Electric 社（以下，CV 社）事件は，一般論として，コージェネレーション設備の QF 認定要件として定められている「発電能力 80MW 以下」といういわゆる総出力制限について，電気買取義務のある CV 社が，1時間毎の出力の計測が必要であると意見を述べ，一方 QF 業者（Wheelabrator Claremont 社）は，ここにいう総出力制限とは，QF 業者からの販売が保障されるべき総量制限に過ぎないと主張したことに端を発した[61]。電気事業者側の主張は，1時間ベースで総出力を計測していき，そのいずれの値も PURPA の求める値（80MW）を超過してはならないとするものであり，これが認められると年ベースで総出力を見るべしとの QF 業者側の求める主張よりもはるかに厳しい規制になる。はたして FERC は，実際に QF 設備を 1時間フル稼働させて[62]総出力を確定すべきであるとした[63]。電気事業者の意見が全面的に採用されたわけである。FERC によると，そのような仕組みが PURPA の趣旨及び目的をより明確に反映すると考えられて[64]，この結果，QF 業者は，販売できる電力量の制限を 1時間毎に厳格に受けることになった[65]。

この事例において FERC が明らかにしたルールは，1991 年 6 月 25 日ターナーズ・フォールズ社事例[66]裁決の理論を補完するものであると言えよう。但しターナーズ・フォールズ社事例において有効に成立している電気売買契約に基き，QF は事実上全出力を相手方に販売することができるとしていたが，類似の事例と言える本事例においては出力超過分の電力販売を行えないものとしていることに注意を要する。

---

58　Id. at 30,722.
59　Id.
60　Connecticut Valley Elec. Co. v. Wheelabrator Claremont Co., 82 F.E.R.C. ¶ 61,116 (1998), reh'g denied, 83 F.E.R.C. ¶ 61,136 (1998).
61　Connecticut Valley, 82 F.E.R.C. at 61,420.
62　Connecticut Valley, 83 F.E.R.C. at 61,420.
63　Id.
64　Connecticut Valley, 82 F.E.R.C. at 61,421.
65　Id.
66　Turners Falls Ltd. Partnership, 55 F.E.R.C. ¶ 61,487 (1991).

## 第2款　NHEC 社事例[67]

　電気事業者である New Hampshire Electric Cooperative 社（以下，NHEC 社）は，適格認定コージェネレーション設備業者である Public Service Company of New Hampshire 社（以下，PSNH 社）が，自ら他の QF 業者の電気を購入しようと望んでいるので[68]，そのような状況ではもはや電気事業者である NHEC 社があえて買い取ることがなくても，当該コージェネレーション設備の保護・育成には問題がないから，FERC は PSNH 社の保有する QF からの電気の買い取り義務をも免除すべきであると主張し，規制のウェイバー（waiver）を申請した[69]（ウェイバーについては第Ⅰ部第5章で詳しく取り上げる）。これに対して FERC は，NHEC 社が PURPA210 条に基づき同社に電気を販売できる QF 業者からの電気を購入する義務を負うべきことが法の要請するところであるとし[70]，結論として，NHEC 社には PSNH 社との PPA を遵守する義務があるとした[71]。

　FERC は QF 業者及びそれにより利益を得るべきものからの要求によりウェイバーは結論されるべきであり，買い取り義務のある電気事業者[72]からのウェイバー申請に応じるべきではないとの判断が，今回の決定の背景にあると言えよう[73]。

## 第3款　Brazos 社事例[74]

　電気事業者である Brazos Electric Power Cooperative 社（以下，Brazos 社）は，適格認定コージェネレーション設備業者である Tenaska IV Texas Partners 社（以下，Tenaska 社）から電気を購入することを要求された。その買取価格は，電気と熱，あるいは他の産業用，商業用または冷暖房目的で使用され得るエネルギーについて，いずれも市場価格を上回るものであった[75]。Brazos 社は大要以下のように FERC に主張した。「QF の蒸気（熱）は，Cleburne 市に販売される蒸留水を製造するために1ヶ月10ドル程度で一部使用されているが，それ以外のものは下水処

---

67　Public Service Co. of New Hampshire v. New Hampshire Electric Cooperative, Inc., 83 F.E.R.C.¶61,224 (1998), reh'g denied, 85 F.E.R.C.¶61,044 (1998).
68　Public Service Co. of N. H., 83 F.E.R.C.¶61,998-99.
69　See Oglethorpe Power Corp., 32 F.E.R.C.¶61,103 (1985), aff'd, 35 F.E.R.C.¶61,069 (1986), aff'd sub nom., Greensboro Lumber Co.v. FERC, 825 F.2d 518 (D.C.Cir.1987).
70　Public Service Co. of N. H., 83 F.E.R.C.¶61,224 at 61,998-99, citing 18 C.F.R.§292.303 (1997).
71　PURPA210 条 a は，「電気事業者はそれに電気を販売することのできる QF 電気について買い取りの申し入れを行わなければならない」ことを規定するからである。See Public Service Co. of N. H., 83 F.E.R.C.¶61,224 at 61,998.
72　Id. at 62,000.
73　Id. なお，この分野における規制当局のウェイバーにつき，草薙，前掲註4，91頁参照のこと。
74　Brazos Electric Power Cooperative v. Tenaska IV Texas Partners, Ltd., 83 F.E.R.C.¶61,176 (1998), reh'g denied, 85 F.E.R.C.¶61,097 (1998).
75　18 C.F.R.§292.202(c) (1998).

理されている[76]。したがって Tenaska 社の有する設備はコージェネレーションとしては有用なものとされ難く，QF たる資格を奪うべきである[77]。」しかし FERC はこの主張を容れず，火力発電の出力が通常の産業用または商業用に供給されるものである限り，まさしく「推定される有用性（presumptive usefulness）」があり，FERC としてはそれ以上の分析を施す必要がないとした。

　FERC は，QF による火力発電は，PURPA 上「有用と推定されるために必ずしも経済的（economic）である必要はない」とした。また FERC は，Brazos 社が"presumptive"とはあくまでも推定を覆すことが可能であるという意味であると主張していることにつき，その意味するところを同社は理解していないとした。この点で同社は FERC の実務上の解釈と大きく意見を異にしていた[78]からである。すなわち，FERC によれば，この言い回しは，当該設備が当該技術を使用することにより金銭上の利得を得ることが可能であることを意味し，実際に金銭上の利得を得ているか否かは問題とはならないということになるのであった。

## 第 4 款　PP&L 社事例[79]

　適格認定コージェネレーション設備業者である Schuylkill Energy Resources 社は，（以下，Schuylkill 社）は，電気事業者であるパシフィック電力電灯（Pacific Power & Light：PP&L）社に電気を販売していた。Schuylkill 社は，1986 年に念願の QF 業者となった。それには，近隣に所在する Reading　Anthracte 社（以下，Reading 社）が販売する無煙炭沈泥（アンスラサイトシルト）を乾燥させる行為により「発電プロセスとは独立の有用な火力出力（熱供給）[80]」の要件が満たされ，トッピングサイクルのコージェネレーションの操業基準[81]に合致するものと判断されたという経緯がある。但し，Schuylkill 社は，少なくとも年間 19 万 4,000 トンの無煙炭沈泥を乾燥させるための熱風を供給しなければならず，このために少なくとも設備能力の 85％を稼動させる必要があった[82]。1992 年，FERC は，当該沈泥を乾燥させ

---

76　Brazos Electric Power Coop., 83 F.E.R.C. ¶ 61,176, at 61,725.
77　*Id*. at 61,727.
78　*Id*.
79　Pennsylvania Power & Light Co. v. Schuylkill Energy Resources, Inc., 83 F.E.R.C. ¶ 61,188 (1998).
80　*Id*. at 61,775.
81　FERC 規則によると，トッピングサイクル型で適格認定を受けようとするコージェネレーション設備の認定基準のうち，操業基準については年間を通して常に全体のエネルギー出力の 5％以上の熱供給を維持していなければならない。なお，燃料効率性基準については総有効電力供給量に総有効熱供給量の半分を加えたものが，年間を通して常に天然ガスまたは石油への総エネルギー投入量の 42.5％以上でなければならず，もし総有効熱供給出力が総エネルギー出力の 15％未満であるときは総有効電力供給量に総有効熱供給量の半分を加えたものが常に当該設備への総エネルギー投入量の 45％以上でなければならない。18 C.F.R.§292.205 (1998).
82　Pennsylvania Power & Light Co., 83 F.E.R.C. ¶ 61,188, at 61,774-5.

第3章　PURPA210条の定着期における特徴

ることに「推定される有用性 (presumptive usefulness)」を認定したため，Schuylkill 社は QF 業者としての資格を維持することができた。PP&L 社は，Schuylkill 社の QF 業者としての資格について，Reading 社により無煙炭沈泥として乾燥され商品販売される量が不十分であり有益とは言い難いから，QF 業者としての資格を剥奪されるべきであると主張した。問題は，要するにこの Schuylkill 社の火力発電設備による熱供給が有用 (useful) であり，コージェネレーション設備としての QF たる資格基準を満たすか否かである[83]。FERC は，Brazos 社事件と同様，火力発電設備による熱供給が通常みられるような産業用または商業用としてなされるならば，それは "presumptive usefulness" の概念に該当するのであり，FERC はその有用性につき，それ以上の分析を必要としないとした[84]。さらに，法文上は，FERC は当該設備の使用する火力出力が経済性のある方法で行われているかを検査することを要しないとした[85]。

　FERC は，前記 Brazos 社事例における裁決から一日おいて後，本件決定をなした。ここにおいても，Brazos 社事例と同様，"presumptive usefulness" という文言の意義を検討・確認している。この事件の決定は Brazos 社事件において用いられた法理を使用しているのであり，ここでも「推定される有用性 (presumptive usefulness)」が「覆されうる有用性」であることを必ずしも意味しないことが確認された。理論的には，問題となっている設備が「有用」であるためにはその経済性のいかんにかかわらず，なんらかの収入を得る可能性のある設備であることのみで足りる[86]。ただ，この設備は，「有用性」の要件は満たされたものの，5%の操業性基準を満たすことができず，結局 QF の資格を奪われた[87]。

## 第5款　VEP 社事例[88]

　電気事業者である Virginia Electric & Power 社（以下，VEP 社）は，適格認定コージェネレーション設備業者である LG&E-Westmoreland Southampton 社（以下，LG&E 社）の設備が FERC の QF としての操業基準を満たしていないことを理由に一方的に電気の買い取りを中断した上，QF 契約に定められた料金の支払いを拒否した。また FERC に対して，LG&E 社の QF が FERC の操業基準を満たすことができない期間における，連邦及び州の保護・育成政策を享受する地位の帰趨，そして QF 保護・育成の観点から VEP 社による電力買取料金の設定方法をどのよう

---

83　Id. at 61,778.
84　Id.
85　Id.
86　Id. at 61,779.
87　Id. at 61,779-80.
88　LG&E-Westmoreland Southampton, 83 F.E.R.C. ¶ 61,182 (1998).

59

にすべきかについて判断を求めた[89]。さらに，LG&E 社に対する補償については，その設備が実際に稼動し電気販売が可能であった時間に限定されると主張した。一方 LG&E 社は，実際の稼動時間ではなく，QF が稼動可能であった時間を基準に，VEP 社が補償をなすべきであると主張した[90]。FERC は，LG&E 社の QF が FERC の操業基準を満たすことができない期間には，現実にエネルギー供給がなされた否かにかかわらず，その供給が可能であった設備の1時間毎の補償を VEP 社が LG&E 社に対してなさなければならないとした[91]。この補償は，VEP 社の1時間毎のエネルギー費用を基礎として算出されなければならならず[92]，その理由は，FERC によると，電力供給が可能であった時間は，VEP 社に，「ある種の価値」を供給しえた時間であるから，LG&E 社にはその価値を補償されるべきであるというものである[93]。結論として，FERC の操業基準を満たすことができない期間であっても，QF 業者は FPA（Federal Power Act：連邦電力法）205 条を除き，連邦及び州による保護・育成の恩恵をひき続き享受できる[94]（但し，FERC 命令により告知される電気料金政策に基づき，QF 業者が過度に得る収入についての払い戻しはなされる[95]）こととされた。

本事例により，QF が一定期間にわたって FERC の操業基準を満たすことができない場合の FERC の新政策が明らかになった[96]。FERC は，QF 料金規制は操業基準を満たさない場合には，FPA の規定に従うものとなると宣言したのである。適用されるべき「適正かつ合理的」な電気料金は，もし PURPA の適用なくして当該設備に支払われるべき電気料金の相当額（結局 PURPA に規定されているところと類似の1時間毎の事実上の増分費用でもある）でなければならないことになる[97]。

### 第6款　HELCO 事例[98]

適格認定コージェネレーション設備業者である Kawaihae Cogeneration Partners 社（以下，KCP 社）が，ハワイ電力会社（Hawaii Electric Co.：HELCO）に，PURPA に基づく卸売電気の買い取りを求めて申請をなしたが，HELCO はこれを却下した。KCP 社は契約締結命令による救済を FERC に申し立てた。ハワイ州公益事業委員会（Hawaii Public Utility Commission：HPUC）も FERC による審査手

---

89　*Id.* at 61,751.
90　*Id.* at 61,752.
91　*Id.*
92　LG&E-Westmoreland Southampton, 76 F.E.R.C. ¶ 61,116, at 61,752 (1996).
93　*Id.*
94　LG&E-Westmoreland Southampton, 83 F.E.R.C. at 61,752-53.
95　LG&E-Westmoreland Southampton, 76 F.E.R.C. at 61,603-05
96　*Id.*
97　18 C.F.R. §796. (1994).
98　Kawaihae Cogeneration Partners, 84 F.E.R.C. ¶ 61,325 (1998).

続きに参加した。KCP社は，HELCOとHPUCとの間で不調に終わった交渉の中で，連邦法たるPURPAの先占を受ける領域においてHPUCは独自の規制を行っており，PURPAに違反したと主張した[99]。KCP社はさらに，HPUCがHELCOに強制的電気買い取り義務を課す際に，料金等の基準を頻繁に変更することは，HELCOから，真剣にKCP社と交渉するための動機付けを奪うものであったと主張した[100]。これに対しFERCは，PURPA210条[101]は自らに対して州規制当局にPURPA210条f項に定める内容を執行することを求める権限を与えているだけであって，自らに対してこれを行う義務を課しているのではないこと[102]，PURPA210条に基づくFERCの執行権限は，明白に裁量的なものであることを理由として[103]，KCP社の申し立てを却下した。

KCP社はFERCが60日以内に執行を行うとの決定をなさない場合，州規制当局に対して執行命令訴訟を提起する可能性をほのめかした[104]ため，FERCは，州裁判所であれば採用すべき法則を自ら示したものと本件決定を位置付けるとともに，その判断に自信を示した[105]。なお，他のQF業者は，HELCOとのPPAを締結できるとしている[106]。結論としてFERCは，個別的なQFの状況へのPURPA適用に関する問題は，州規制当局ないし司法判断に委ねられるべきであるとした[107]。

## 第7款 Laidlaw社事例[108]

再生可能エネルギーQF業者であるLaidlaw Gas Recovery Systems社（以下，Laidlaw社）は自らのQFについて，以下の三つの特定目的のためにQFたる資格の維持を求めた。すなわち，①ごみ埋立地におけるメタン利用量が一時的に低下する場合であってもその出力量を維持するため，②強制買い上げ制度の将来的影響を最小化するため，③埋立地の整備期間に対応するため，である[109]。FERCはこれを認めた。しかし，サザン・カリフォルニア・エディソン（Southern California Edison：SCE）社がFERCにこの命令の趣旨を明確にするよう要求した。FERCは，改めて，Laidlaw社の当該設備を（必然的に有する固定資産として）より効率的に使用するために，天然ガスを燃焼して17MWの出力を維持するべきであると判断

---

99　Id. at 62,455.
100　Id.
101　16 U.S.C.§824a-3(h)(2)(A) (1998).
102　Kawaihae Cogeneration Partners, 84 F.E.R.C. at 62,456.
103　Id.
104　Id.
105　Id.
106　Id. at 62,456-57.
107　Id. at 62,457.
108　Laidlaw Gas Recovery Systems, Inc. and Coyote Canyon Landfill Gas Power Plant, 84 F.E.R.C. ¶61,070 (1998).
109　Id. at 61,293.

した。但し FERC は，20MW 以上の出力を出すために必要な天然ガスの燃焼を認めず，メタンガスの燃焼により得られる電力量を超える量を発電することになるような天然ガスの燃焼は許されないとした[110]。

本件は，適格認定小規模発電設備がどのように天然ガスを使用すれば QF たる地位を維持できるかについての基準を明確にした。問題となったのは，Laidlaw 社が天然ガスを燃焼させることを認められるのは先の三つの状況に該当する場合においてのみであるのか，それとも天然ガスの燃焼はその保有する必要不可欠な固定資産をより有効に使用できる場合には認められるのか，ということであった[111]。これについて FERC は，Laidlaw 社が先の三つの状況においてのみではなく，天然ガスを燃焼することでその保有する必要不可欠な固定資産をより有効に使用できる場合には天然ガスを燃焼できると考えたのである[112]。FERC は自らの燃料使用規制[113]をウェイブし，Laidlaw 社に対して，ごみ埋立地におけるメタン利用量が一時的に低下する場合には，QF 業者の資格を奪われることなく，天然ガスの燃焼をいずれの年も 25％を上限に行うことによりその保有する必要不可欠な固定資産をより有効に使用することを認めた[114]。

### 第 8 款　NC 社事例[115]

適格認定小規模発電設備業者である New Charleston 電力社（以下，NC 社）は，1993 年，FERC による燃料効率性基準規制（25％の化石燃料使用規制の上限）につき，QF 業者たる資格を失うことなく，これを超過して天然ガスを燃焼させたいとして，FERC に規制のウェイバーを申請した。しかし FERC はこの申請を却下した。却下の理由として FERC は大要以下のように述べている。「NC 社は，自らの操業上のリスクを，電気料金を支払う顧客たる SCE 社，ひいては最終消費者に転嫁しようとしているのであり，これを認めることは公益に反する[116]。当該 QF は 1993 年における燃料効率性基準を満たすことができなかった。FERC は，かねてより[117]，この基準を満たせない期間の買取電気料金は VEP 社事例において新たに採用された方式で計算することとしている[118]。つまり，両当事者は，卸売発電における電気の適正かつ合理的な料金の計算の基礎として，FERC の燃料効率性基準を

---

110　*Id.*
111　*Id.* at 61,295.
112　*Id.* at 61,296.
113　16 C.F.R.§292.204(b) (1998).
114　Laidlaw Gas Recovery Systems, Inc., 84 F.E.R.C. ¶61,070 at 61,296.
115　New Charleston Power I, L.P., 84 F.E.R.C. ¶61,286 (1998).
116　New Charleston Power I, L.P., 83 F.E.R.C. ¶61,281 (1998).
117　New Charleston Power I, L.P., 76 F.E.R.C. ¶61,282 (1996).
118　New Charleston Power I, L.P., 84 F.E.R.C. at 62,349, *citing* 76 F.E.R.C.§61,116 (1996).

満たせていない期間の，SCE 社の 1 時間毎の事実上の増分費用を用いるべきである[119]。」

FERC は，電力会社の設備が稼動する際の運転コストは事業者がオフピークを迎えているときを基準とすべきものと考えていた[120]。しかし FERC には，QF からの卸売電気の購入料金を事業者の操業がオフピークにある時点を基準にする意図はなかった[121]。QF 業者から電気を買うという行為は，PURPA のもとにおける買取義務を果たすことであるから，FERC は，QF 契約が，州の強制的に設定する電気料金ではなく当事者間で交渉決定された電気料金を適用するとの条項が含まれていたとしても問題ないと考えていたのである[122]が，QF 業者たる資格を失う期間の扱いについては，より厳格な規制の当てはめを求めた。

## 本章の小括

本章において検討した事例はいずれも，FERC による QF 政策が，コージェネレーション設備に関するものであろうと再生可能エネルギーを利用する小規模発電設備に関するものであろうと，いまだ制度整備の途上にあることを示している。米国には QF 業者が数多くあり，電力産業構造に大きな非効率性をもたらしているとの指摘が多く見られる[123]。PURPA 制定当初には，国家的に見ると，このように非効率的な電力供給構造を許容し続けることにより毎年数十億ドルが無駄になっているとの主張があったし，最終電力消費者に対する平均的小売電気料金は，事業者によって 5 倍以上もの違いを生じ，数マイルしか離れていない事業者がしばしば相当に異なった電気料金で操業するような状況が生じたのである[124]。但し，このような現象は現在の規制システムの産物として説明されている。すなわち，(QF 制度に代表される) 発電費用とは事実上無関係な価格設定と一部の事業者らの競争導入に対する抵抗である[125]。しかし，PPA を有効に維持させるための前提となる PURPA 制度を整備することを FERC は期待されており，関係者による QF 保護政策及びその規制システムの維持を模索する動きともあわせて注目された[126]。

---

119  Id.
120  New Charleston Power I, L.P., 84 F.E.R.C. at 62,350.
121  Id. at 62,351.
122  Id.
123  米国の発電設備における QF のシェアは確実に増大している。1986 年に全体の 2.2% に過ぎなかった QF のシェアであるが，1996 年には 6.3% にまで上昇した。逆に電気事業者は 1986 年の 96.4% から 1996 年の 91.8% とシェアを落としている。電力新報社 (編)『電力構造改革「供給システム編」』158 頁 (電力新報社，1999 年) 参照。
124  RICHARD J. PIERCE, RESEARCH IN LAW AND ECON. 7, 13 (1991).
125  Id.
126  草薙，前掲註 7，130 頁を参照のこと。

第Ⅰ部　米国連邦公益事業規制政策法の功罪

　PURPA210条に基づくいわゆるQF契約は，その本質が卸売電気の売買契約であるにもかかわらず，小売電気のそれと同様に州契約法規範の射程にあり，かつ州規制の排他的効力のゆえに，連邦規制当局及び連邦裁判所の審査の対象とはならないとの司法判断が主流をなし，FERCの政策形成もそれに対応している。第1章において見た通り，もともとPURPAは電気事業者とQF業者とのPPAを規制する実質的役割を州規制当局に与えており，州規制当局はPPAの認可権限を有するのであるが，その後醸成された理論は，このことを前提とするものの，以下のような特徴を持つようになった。すなわち，州規制当局が一度PPAに認可を与えると，それが適法である限り，州規制当局はその内容及び条件に修正を施すことを制約され，QF業者によりPURPA上の権利が放棄されるのでなければ州規制当局が先の認可事項を再考しそれと異なる判断をなすことを禁じられること，つまり結局，州規制当局は電気事業者とQF業者との間に契約が交わされ，それが自らの認可のもとで発効した後は，当該電気販売契約の条件を実質的には変更できないのである。これは，PPAは州法における契約法理論を基礎とするからであり，これに関する当事者間の法的紛争は原則として州裁判所が管轄することになる。その意味で，この理論は，1990年代前半までのそれとは異なるものである。しかし本章に見た各事例が示すように，連邦レベルの規制当局たるFERCには，各PPAの前提となるPURPA制度を高度に整備することが期待されており，その役割を果たそうという意欲があったことも見逃せない事実である。

# 第4章

# PURPA210条の執行問題

## 第1節　はじめに

　米国エネルギー産業界において，PURPA（Public Utility Regulatory Policies Act：米国連邦公益事業規制政策法）210条[1]の改正ないし廃止を望む意見は多い[2]。同条に基づいて購入を義務付けられている卸売電気の料金があまりにも高額であるとする主張が電気事業者からなされることが多く，州規制当局により発せられる卸売電気買取契約締結命令の適法性が法廷において争われた事例も生じている[3]。しかし2017年現在も，この法律は有効である。

　第Ⅰ部第1章に先述したように，PURPAはジミー・カーター（James Earl Carter）大統領政権のもとでの1978年，NEA（National Energy Act of 1978：全国エネルギー法）の第Ⅴ部として成立した[4]。同法は，1970年代の石油危機を経験したことからエネルギー価格の異常高騰についての一般大衆の関心が増大し，エネルギー自給政策を目指す動きが強まったことと，エネルギー源の多様化を求める動きが本格化したことを契機として制定された[5]。その中心となる規定がPURPA210条である[6]。同条の趣旨は，発電の際に発生する蒸気（熱）をも有効なエネルギーとして利用する熱電併給（コージェネレーション）設備と再生可能エネルギー[7]を取

---

1　16 U.S.C.§824a-3 (1988).
2　草薙真一「米国連邦事業規制政策法に関する一考察―FERCによる適格認定設備規制のウェイバーを中心として―」『商大論集』48巻1号89, 117頁（1996年）参照。
3　*See, e.g., Report of the Committee on Judicial Review,* 18 ENERGY L.J. 257 (1997).
4　この経緯ならびに詳細につき，藤原淳一郎「公益事業規制政策法と合衆国憲法第十修正」『法学研究』59巻12号223頁（1986年）を参照のこと。
5　Steven R. Miles, *Full Avoided Pricing Under the Public Utility Regulatory Policies Act: "Just and Reasonable" to Electric Consumers?*, 69 CORNELL L. REV. 1267, 1283 n.99 (1984).
6　草薙，前掲註2, 90頁参照。
7　再生可能エネルギーとは，人類の時間的なスケールから見て，枯渇しないエネルギーのことを言う。地球には，太陽光，太陽熱，風力，バイオマス，地熱などの各種エネルギーで，枯渇の心配がない上に，地球環境に対してやさしいとされる。厨道雄ほか「再生可能エネルギーとは？」通産省工業技術院資源環境技術総合研究所（編）『地球環境・エネルギー最前線』112頁（森北出版，1996年）参照のこと。

り入れる小規模発電設備のうち，一定の要件を備えたものをQF (Qualifying Facility：適格認定設備) として優遇しようとするものである[8]。この制度におけるコージェネレーション設備[9]あるいは再生可能エネルギーを利用する小規模発電設備[10]の優遇政策[11]の有効性については，設備数を見る限り，コージェネレーション設備の方が再生可能エネルギー利用設備よりもその効果が明瞭に認められる[12]。すなわち，主としてコージェネレーション設備の伸びが，より望ましい形態とされる再生可能エネルギーを利用した小規模発電設備のそれを3倍ほど上回っているのである[13]。PURPA が施行された後，再生可能エネルギーを利用した発電のコストが下落しつつある点やコージェネレーション設備の燃料のほとんどが，他の化石燃料と比較して環境に対する悪影響の少ないとされる天然ガス[14]となっていることを考慮しても[15]，再生可能エネルギーを利用する発電方式を増やそうとする PURPA の理想と現実には乖離が生じている[16]。

---

8 QF 認定規準は，操業基準と燃料効率性基準をともに満たすことである。18 C.F.R.§292.205 (1998)．詳細につき，草薙，前掲註2，99頁。Stanley A. Martin, *Problems with PURPA: The Need for State Legislation to Encourage Cogeneration and Small Power Production*, 11 B.C. ENVTL AFF. L. REV. 149 (1983).
9 燃料の燃焼によって発生する高温のエネルギーをガスタービンやディーゼルエンジン等の熱機関によって電気や動力等に変換するとともに，その時に出る廃熱の持つ温度の低いエネルギーを給湯や暖冷房等の熱源として利用すれば，エネルギーを有効に利用することができる。このようなエネルギーの利用方法をコージェネレーションないし熱電併給と言う。コージェネレーション設備につき，柏木孝夫「エネルギーのカスケード利用とコージェネレーション」植草益・横倉尚（編）『講座・公的規制と産業2 都市ガス』258頁（NTT出版，1994年）参照。
10 再生可能エネルギー技術及び再生可能エネルギー設備につき，厨川道雄ほか「再生可能エネルギーはどのような特徴を有し，またどのように利用されているか？」通産省工業技術院資源環境技術総合研究所，前掲註7，116頁参照のこと。
11 ニューヨーク州における具体例を扱ったものとして，草薙真一「米国における適格認定設備からの電力会社の購入電気料金——ニューヨーク州公益事業法六セント条項の終焉——」『法学政治学論叢』19号283頁（1993年）参照。
12 1978年の PURPA 制定当時とは違って，PURPA によって誕生した QF を含む独立系の発電業者による発電が，新規参入電源全体の半分以上を占めるようになっている。米国において，送電網に接続されたものとしてはコージェネレーションによる発電は7％，再生可能エネルギーによる発電は3％に及び，PURPA により保護された電源は，全米の発電能力の5％を担う程度に1990年代半ばには成長していた。*See* Richard D. Cudahy, *PURPA: The Intersection of Competition and Regulatory Policy*, 16 ENERGY L.J. 419, 423 (1995).
13 *Id*. at 422.
14 天然ガスは石炭・原油について資源量が豊富であり，炭素含有率が石炭・石油と比べて低く，単位発熱量当たりの二酸化炭素による温暖化を遅らせられるエネルギー資源として注目されている。また天然ガスは硫黄や窒素をほとんど含まないため，環境負荷の小さいクリーンな燃料であるとされている。白石稔ほか「天然ガスは将来どのように使われるか？」通産省工業技術院資源環境技術総合研究所，前掲註7，105頁参照。
15 天然ガスを主要燃料とするコージェネレーション設備も，化石燃料を使用するものである以上，温室効果ガス等の問題をもたらす。天然ガスを利用するコージェネレーション設備が過度に多くなることは石油や天然ガスの依存度を下げようとする PURPA の制定趣旨に反するものとされることがある。Ellyn R. Weiss and James Saltzman, *The Greening of American Energy Policy*, 63 ST. JOHN'S L. REV. 691, 705 (1990).
16 平成10年9月に出された資源エネルギー庁公益事業部長の私的研究会たる性格を有する都市

第 4 章　PURPA210 条の執行問題

　しかし PURPA210 条の改廃が模索されるのは，そのような意味における理想と現状との乖離のためというよりも，同法が様々な理由で電力市場の活性化の妨げになっているとの認識が広まってきたためである[17]。具体的には，同法による卸売電気料金の上昇の可能性である[18]。米国のエネルギー市場の状況は大幅に変わり，石油危機時に連邦政府が懸念したエネルギー不足の問題が，現在では一応解消されている[19]。しかし，同法の改廃を意識した FERC（Federal Energy Regulatory Commission：連邦エネルギー規制委員会）による規則の制定や手続きの修正を求める動きが断続的に生じている[20]。PURPA の改廃を目指す電力会社を主体として結成された企業グループ[21]によると，PURPA210 条は，高額な燃料価格と誤ったエネルギー需要見通しに基づく過大な設備能力を必然的に導くと考えられている[22]。多数の電力会社の支持を受け，PURPA210 条廃止を求めるドン・ニクルス（Don Nickles）上院議員の手によって法案を支持するキャンペーンが繰り広げられたのはその一例であると言えよう[23]。

　一方で，PURPA210 条の先進的な意義や価値は今も減ぜられるものではないと主張する者もいる[24]。本章では，PURPA210 条の改廃問題を整理し，SCE 社事件

---

　　ガス事業構造改革研究会の報告書によると，日本におけるコージェネレーション普及のあり方については，設備の標準化等を通じたイニシャルコストの低減，熱電可変システムや小型コージェネレーションシステムの技術開発や性能向上が望まれ，新負荷調整契約メニューの検討，認知度の向上，公的機関等官民挙げての普及に努めることが大事であると言う。都市ガス事業構造改革研究会『新しい時代のガス産業を目指して―大口自由化に続くガス事業制度改革の第二弾―』198 頁（ミオシン出版，1999 年）参照のこと。さらにそれは第二弾の提言に結実した。総合エネルギー調査会都市熱エネルギー部会・都市ガス事業構造改革研究会『新しい時代のガス産業を目指して―大口自由化に続くガス事業制度改革の第二弾―』（ミオシン出版，2003 年）を参照のこと。

17　See The 1995 Electric Executives' Forum: PURPA: Reform or Redeal?, PUB.UTIL. FORT., July 1, 1995, at 30.
18　Id.
19　世界を震撼させた石油危機が去った後の米国内では，むしろ電力供給能力のだぶつきが問題になった。草薙，前掲註 2, 90 頁参照。
20　草薙，前掲註 11, 307 頁参照。See Lori A. Burkhart, Lawmakers Target PURPA for Repeal, PUB. UTIL. FORT., July 1, 1995, at 17.
21　See Cudahy, supra note 12, at 419. その主張は，PURPA210 条は反競争的規定であり，発電における化石燃料の削減を目指すものとしてのみ有用であった同規定は，もはやその役割を終えたということである。
22　Id.
23　ドン・ニクルス上院議員は，「電気事業者による料金支払に関する法律（The Electric Utility Ratepayer Act）」案の成立に伴う PURPA210 条廃止を主張したが，同法案は廃案となった。S.708, 104th Cong., 1st Sess. (1995).
24　See Cudahy, supra note 12, at 420. 現在も PURPA は，米国のエネルギー政策策定と密接に関連付けられている。近年の案件として，The Bill of the Hydropower Regulatory Efficiency Act of 2013 (H.R. 267) を挙げたい。それは，水力発電を範疇としない 210 条を補うものとして連邦議会の下院で通過した，2013 年の PURPA 改正法案である（HR 267）。一般には，水力発電規制効率化法案と位置付けられていた。この法案は第 113 回連邦議会において 2013 年 1 月 15 日に提案され，2013 年 2 月 13 日に通過し，その趣旨は，小規模水力

67

における一連のFERC決定[25]を検討することにより、連邦ないし州規制当局のPURPA210条に関する現在の政策を分析し、かつ今後生じうるこの分野の課題について若干の考察を行うものである[26]。

## 第2節　PURPA210条改廃への動きとその評価

### 第1款　PURPA210条のフレームワーク

　PURPA210条は、石油代替エネルギーによる発電の促進と省エネルギーを狙うものである。同条a項[27]では、コージェネレーション設備及び再生可能エネルギーによる小規模発電設備の利用の促進と、化石燃料への依存度の低減を目的として、FERCに、コージェネレーション及び小規模発電設備や80MWを超えない地熱小規模発電を促進するために必要な規則を制定し、時宜に応じてこれを改正する権限を与えている（但し、適格認定を受けたコージェネレーション及び小規模発電設備の卸売電気販売以外の目的での電気販売は同法においては認められていない）。また同条b項は、電力会社に対し、一定の条件を満たすとFERCが認定するコージェネレーション等と連系すること、さらに電気事業者に義務付けられる買い取りの価格については、電力会社が購入により回避された増分費用を原則とし、電気事業者の需要家と公共の利益に鑑みて適正かつ合理的なものでなければならず、しかも適格認定コージェネレーション設備もしくは適格認定小規模発電業者に対して差別的であってはならないと規定している[28]。

　このPURPA210条を受けて、FERC規則は増分費用概念に代えて、回避原価概念を定立した[29]。これらについては、第Ⅰ部第1章及び第2章で詳述している。

　さて、PURPA210条及びFERC規則が定めるQF保護のための他の法規からの適用除外については、PURPA210条e項が規定する[30]。FERCは、州規制当局の代

---

発電設備がより簡単に設置できるように、FERCによる認可の要件を免除するものであったが（PURPA405条d項すなわち16 U.S.C. 2705が改正されることにより、従来の倍の出力まで優遇）、この法案は上院を通過することができなかった。

25　Southern California Edison Co., 70 F.E.R.C. ¶61,215 (1996), recons. denied, 71 F.E.R.C. ¶61,269 (1996).
26　日本における再生可能エネルギーの導入に向けての新エネルギー・産業技術総合開発機構（NEDO）による見通しの詳細を示したものとして、山保太郎「新エネルギーの着実な導入に向けて—2010年の導入目標達成への取り組み—」『エネルギーフォーラム』533巻64頁（1999年）を参照のこと。
27　16 U.S.C.§824a-3 (a) (1988).
28　但し、同条a項の下で定められるいかなるFERC規則も、電気事業者の代替電気エネルギーへの増分費用を超える料金を規定してはならないとしている。
29　回避原価とは、電気事業者または発電設備またはその両者に対する供給増分費用であって、当該QFまたはその他のQFからの購入をしないで自ら発電するか、他の電源から購入する場合にかかる費用のことである。18 C.F.R.§292.101 (1998) を参照のこと。

第4章　PURPA210条の執行問題

表者，電気事業者，コージェネレーション設備ないし小規模発電設備の所有者との協議の上，利害関係者に告知をなし，口頭または書面での資料提出，意見主張を行うための合理的な期間を付与した後に，電気事業者の料金，財務会計，機構に関する規制の全部または一部につき QF が適用除外の措置を受けるべきことを認めることがある。その場合，連邦法，連邦規制のみならず州法，州規則の全部または一部も適用除外となる。

　さらに，州規制の実施については PURPA210 条 f 項[31]が規定する。これは適格認定小規模発電設備，適格認定コージェネレーション設備に関する規則の，州による実施に関する規定で，PURPA に従ってその実施に必要な規則を制定するよう州に要求している。すなわち，①本条 a 項及びその改正条項に基づき FERC により制定された規制の成立から 1 年後以降は，州規制当局は告知及び聴聞の機会を賦与の後に料金決定権限を有する分野につき，各々の電気事業者に関するこれらの規則（改正規則を含む）を実施すること，②本条 a 項及びその改正条項に基づき FERC により制定された規制の成立から 1 年以降は，州規制機関は告知及び聴聞の機会を賦与の後にこれらの規則（改正規則を含む）を実施することとする。さらに PURPA を実施するための州の役割には回避原価を決定することを含み，州は QF 業者と電気事業者との紛争を調停し，QF からの購入，また販売促進となるようなその他の行為をなすことができるとする。また QF に関する FERC 規則の実施について，州規制当局が告知，聴聞の機会を賦与の後に，規則に従い料金決定をなす権限を有するとしている[32]。

　QF たる資格については，特に小規模発電業者のなかで安定した操業が不可能となりその資格を維持できなくなるものが現れ，様々な事件が提起された。LG&E 社事件では，QF が PURPA 基準ないし FERC の規制基準を満たせなくなった場合の新たな電気料金規制政策の是非が争われた[33]。電気を購入する電気事業者は，QF が再び PURPA 基準を満たすか，PURPA に基づく FERC 規制基準について FERC からウェイバー[34]を受けない限り，電気事業者が買い取り契約を履行する必要がないという FERC の政策が出されている（ミーガン社事件）[35]。すなわち，契約における両当事者が，QF 業者の設備は QF たる資格を契約存続期間中は維持できると確信し，QF 買取価格以外の価格での販売につき交渉することがなかった場

---

30　16 U.S.C.§824a-3 (e) (1990).
31　16 U.S.C.§824a-3 (f) (1988).
32　PURPA 及び FERC 規則が定める，QF 保護のための他の法規からの適用除外について，あるいは州の PURPA 実施権限について，草薙，前掲註 11，287 頁参照。
33　LG&E-Westmoreland Southhampton, 76 F.E.R.C.¶61,116 (1996).
34　ウェイバーとは規制の中断ないし停止をその内容とする規制権限の裁量的不行使である。草薙，前掲註 2，89 頁参照。
35　In re Meagan-Racine Assoc., Inc. 76 F.E.R.C.¶61,354 (1996).

合にのみ，電気事業者は，相手がQFたる資格を喪失した期間，その電気を増分費用にて買い取るか，契約通りにQFからの買取価格で買い取るべきであるとFERCは説明した。この事件におけるQFは，1991-1992年の操業基準と燃料効率性基準を満たせず，1993-1994年に関しては効率性基準を満たすことができなかった[36]。そこで，FERCは，ウェイバーを認めず，これらの業者に，買い取り先の事業者への増分費用との差額の返還を命令した[37]。

### 第2款　PURPA210条の役割―学説の対立―

PURPA210条は，再生可能エネルギー利用の奨励やコージェネレーション設備の導入に関して，重要な役割を果たしてきた[38]。しかし，電力市場での本格的な競争導入が広まった現在，PURPA210条は反競争的条項であるとされる[39]。たとえば，連邦議会は，PURPA210条を制定するに際して，コージェネレーション技術を電力市場に活用することに意を注ぎながらも，その発電能力を80MW以下に限り[40]，しかも卸売電気の買取価格は事業者の回避原価を上限とした[41]。しかしこのような仕組みは卸電力市場との整合性を図ることができず，その意味で失敗した。1970年代の終わりから1980年代初頭にかけて，燃料価格と電力需要がともに急上昇するとの予測がなされた[42]ため，州規制当局によるPURPA政策における回避原価水準もそのような予測に基づき過度に高く設定されたからである。このことにより卸売電力の買い取りを行う電気事業者には多大な負担が生じた。また，予備用電源ないしバックアップ用電源についての設備補助の電気事業者負担も過大であった[43]。

もっとも，エネルギー危機が去った現在においても，エネルギー市場の長期的予測が困難なものであることに変わりはなく，また地球環境問題も米国民が大きな関

---

36　See Report of the Committee on Electric Utility Regulation, 18 ENERGY L.J. 197, 230 (1997).
37　操業基準と燃料効率性基準の内容，ウェイバーの仕組みの詳細については，草薙，前掲註2，97頁参照のこと。
38　特にコージェネレーションの急速な普及への法的分析につき，藤原淳一郎「米国コージェネレーション法制論序説(1)」『法学研究』61巻10号63頁（1988年）参照。
39　しかし市場において適格認定コージェネレーションとか適格認定小規模発電などの設備が（「良いとこどり」が可能であるため「クリームスキミング・マシン」と揶揄されるような設備を含めて），利益を得るのは，法の執行手法の問題であり，PURPAそのものの欠陥ではないとする見方もある。Robert L. Swartwout, Current Utility Regulatory Practice from a Historical Perspective, 32 NATURAL RESOURCES J. 289, 328 (1992).
40　このPURPA210条a項の文言の解説については，草薙，前掲註11，286頁参照。
41　See 16 U.S.C.§824a-3(b)-(d) (1994); 18 C.F.R.§292.101 (b)(6) (1998).
42　See generally Michael C. Lynch, Future Oil Supplies: Is Wolf Really at Door?, 7 F. FOR APPLIED RES. & PUB. POL'Y 23 (1992).
43　予備用電源，バックアップ用電源にかかわる設備補助について電気事業者負担が過大になった根本的な原因は，事業者に特有のユニバーサル供給義務に由来する。これにつき，草薙真一「米国における電力供給産業の再構築と競争導入政策―反トラスト法規制に焦点を当てて―」『商大論集』51巻2号（1999年）を参照のこと。

心を寄せ続けることは確実であるから，米国政府がその方針として依然として省エネルギーの推進やエネルギー源の多様性を維持することは重要であるとされる[44]。PURPA210条の有する理念は，省エネルギーとエネルギー源多様性の促進である。確かに，エネルギー供給能力が一時的に余剰となり，エネルギー産業界にさらなる競争の時代が訪れても，それらの理念が容易に捨て去られるべきでないことはむしろ当然であろう[45]。さらに米国には，1970年代のエネルギー危機の際，天然ガスについてその埋蔵量の多さを予想しておらず，これを発電にのみ使用されるべきものとした事実がある[46]。これは，多くの産業界や規制当局が，電力需要が電気料金の急激な値上げにもかかわらず増大しつづけるであろうとの誤った予測[47]を立てた上述の事実とあいまって，エネルギー市場の長期的予測が規制当局にも産業界にも非常に困難であることの証左とすらされている[48]。

米国では，このような現況をふまえて，PURPA210条のもとで適格と認定されている再生可能エネルギー利用の小規模発電設備やコージェネレーション設備を「競争の時代」においてなお優遇すべきか否かという問題が論じられているわけである[49]。現段階においては，発電の形態が既に多様になっており，PURPA 210条は十分にその目的を果たし終えたとする学説が有力になっている[50]。1978年のPURPA制定当時には考えられていなかった再生可能エネルギー技術が次々に実現[51]されるにつれて，この主張は徐々に説得力を増してきた。

---

44 *See* Lynch, *supra* note 42, at 23. Lynchはエネルギー供給見通しを立てることがきわめて困難であることをその主張の基礎とする。
45 PURPAはその長期的存続により市民に利益をもたらす性質を有する。その理由は，同法がエネルギー需給関係の逼迫の緩和や，発電形態の多様化によるエネルギー安全保障（政治的な影響を受けやすいとされる原油輸入に過度に依存する必要性が低下する）に役立つことに加え，天然ガスや非化石燃料を使用することにより酸性雨や温室効果ガスの問題への対策にも資するからである。このことは，PURPAが市場の持つ価値とは別次元の価値を持っていることを意味する。PURPAの理念が無視されるまでに競争を導入すれば，卸売電気料金は相当程度下落するであろうが，PURPAの改廃を求める産業界や需要家からの要求が高まるなかで同法の価値を正当に認めることは必要になると思われる。なお，米国のエネルギー自給率は8割である。藤洋作「電気事業の課題と展望」『公益事業研究』50巻4号33，40頁（1999年）参照。
46 Power Plant and Industrial Fuel Use Act of 1978, Pub.L. No.95-620, 92 Stat. 3289 (*repealed* 1988).
47 例外は少数の環境保護者らで，彼らは電気料金の値上げで電力需要は低下すると主張した。Cudahy, *supra* note 12, at 426.
48 日本に関しては，1991年長期エネルギー需給見通しと現実との乖離について，環境問題の側面から議論したものとして，十市勉・小川芳樹「地球環境問題への対処」植草益（編）『講座・公的規制と産業1 電力』293頁（NTT出版，1994年）参照。
49 合衆国憲法修正14条との関連で，*See* Lochner v. New York, 198 U.S. 45 (1905). この事件では，規制当局による市場介入が適正手続に反するとされた。しかし，この理論は崩壊している。Ferguson v. Scrupa, 372 U.S. 726 (1963).
50 Blair G. Sweezey, *The Current Status of Renewable Electric Generation in the U.S.: Development, Economics, and Policies*, Address Before the NARUC-DOE Fourth National Integrated Resource Planning Conference 3 (Sept. 13-16, 1992).
51 米国立再生エネルギー研究所（National Renewable Energy Laboratory：NREL）等によ

## 第3節　SCE社事例における FERC 決定の概要

### 第1款　PURPA の位置付け

1996年1月6日，電気事業者であるサザン・カリフォルニア・エジソン（Southern California Edison：SCE）社[52]は，PURPA210条h項に基づく宣言的命令（declaratory order）を求める申請書を FERC に提出した[53]。申請人はカリフォルニア州公益事業委員会（California Public Utility Commission：CPUC）から，回避原価を大きく超過する料金で，不要であるにもかかわらず QF の発電する卸売電気を長期購入する契約を締結せよとの命令を受けたとし，かような命令は PURPA に反し FERC 規制にも合致しない違法なものであるとして，その取り消しを求めた。申請人である SCE 社は，CPUC の命令に従うと，電力産業全体の再構築が進むなかで，急激に回収不能コストが増大することは避けられないとして，大要以下のように主張した[54]。

「PURPA210条f項のもとでなされる CPUC の電源開発計画（Biennial Resource Plan Update：BRPU）には3段階が予定されている。第1段階では，電気事業者の資源計画を CPUC に提出させる[55]。第2段階では，電気事業者の計画提出を受け，CPUC は電気事業者が負担すべき費用を積算し，これをベンチマーク価格とする[56]。第3段階では，QF 業者がベンチマーク価格に対抗して新規電源入札を行う。もし入札価格がベンチマーク価格よりも低額であったならば，電気事業者は当該電気を購入しなければならない[57]。この制度においては，落札価格がそのまま販売額になるのではなく，販売額は2番目に低額な応札価格を基準として算定される[58]。当社は1992年，二つの新規地熱発電設備，一つの風力発電設備を含む624MW 分の設備の増設を1997年から1999年にかけて行うことと決定した。これらの設備の建設には通常のガス発電設備の十数倍ものコストがかかることが予想されたものの，

---

　　る再生可能エネルギーの新技術を紹介したものとして，厨川道雄ほか「再生可能エネルギーの先端技術とは？」通産省工業技術院資源環境技術総合研究所，前掲書7，136頁参照。

[52] 1995年3月，SCE社は競争に対応するための新たな方針を発表していた。同社の料金引き下げ，顧客サービスの充実，料金メニューの多様化などの経営方針につき，矢島正之『電力改革―規制緩和の理論・実態・政策―』218頁（東洋経済新報社，1998年）を参照のこと。

[53] See Richard D. Cudahy, *Retail Wheeling-Is This Revolution Necessary?*, 15 ENERGY L.J. 351, 359-62 (1994).

[54] SCE社は，このような命令を CPUC が発するのは，FERC の電源開発計画が QF からの電気を事業者が買い取るよう求めており，それを実施しているからであると主張した。

[55] CPUC がそれを審査し，事業者が今後加えるべき新規のエネルギー資源の内容を決定する。

[56] この積算過程において，電気事業者にどのようなコスト負担を回避させうるかが検討される。

[57] しかし実際には，電気事業者に比して弱者たる QF に有利に設定された契約モデルである，いわゆるスタンダードオファー4による価格に近似するベンチマーク価格が提示された。

[58] QF はその形態によって，大気汚染の抑制に貢献することを根拠に付加的な支払いを受けることもできる。

第 4 章　PURPA210 条の執行問題

CPUC が，これらを特定優遇設備とし，環境関連の優遇措置により環境面のみならず金銭的にも有利な結果がもたらされると説明していたからである。ところが後にCPUC により採用されたコスト算定方式では，これら新設備の発電コストが異常に高額になり，これを基にベンチマーク価格を積算して入札を実施することは，回避原価を QF からの買取価格の上限とする FERC 規則[59]に違背するものである[60]。これは，CPUC が再生可能エネルギー利用の QF 業者を過度に優遇しようとした結果であり PURPA に違反する[61]。」

これに対して，CPUC は，大要以下のように反論した。

「申請人が不服を申し立てている同委員会命令は，かなり以前に発せられたものであり，FERC がこのように時機に失した申し立てを認容することは，CPUC の規制手続の信頼性を損なう[62]。また当委員会の QF 関連の命令は，複雑でしかも包括的なエネルギー計画の重要な要素となっており，QF による卸売電気販売のための回避原価算定は複雑な過程を伴う。それを変更することは，エネルギー計画そのものを危機に晒す。付加的かつ割安なエネルギー源を維持しながらもエネルギー源の多様性を促進することを目指す公共政策としてのエネルギー資源計画そのものに申請人は揺さぶりをかけようとしている。この申請を FERC が認容すると，当委員会は計画全体を見直す必要に迫られ，その規制手続は混乱に陥るのみである[63]。連邦規制当局と州規制当局は PURPA を基礎とし，協調的にそれぞれの役割を果たしながら，互いに共通の目的を達成してきた。それは，多様で信頼性の高い省エネルギーを目指しながら，適正かつ合理的な料金を設定することである。申請人は，自らの発電する電気よりも安価な QF からの電力を購入することが，自らの経営の安定に寄与することの理解に欠けており，その主張は採用されるべきではない[64]。」

### 第 2 款　FERC の中間裁決

FERC は SCE 社事例の中間裁決に際し，大要以下のように述べた[65]。「我々は，

---

[59] 18 C.F.R.§292.101.
[60] SCE 社によると，同社の新設備は 1kWh 当たり 4.0 セント以上で電力供給が可能であるが，QF からの新規買取料金は，1kWh 当たり 6.6 セントになるとした。
[61] SCE 社の新設備は，CPUC により四つに分類され，再生可能エネルギー利用 QF がそのそれぞれについて別々に入札することになった（274 MW repower, 50 MW wind, 100 MW geothermal, 200 MW geothermal）。この結果，新設備のうち半分は余剰設備となった。
[62] 70 F.E.R.C.¶61,215.
[63] Id.
[64] Id. CPUC は，PURPA と FERC 規則に完全に合致する規制をなすため，QF に回避原価に基づく料金設定が行われたこと，回避原価の算定にあたっては FERC の示した算定要素を考慮したことを主張した。それらの算定要素とは，主として以下の通りである。QF の時季別，時間帯別の稼働能力，事業者の需要対応能力，設備信頼性，（継続期間などの）契約内容，電気事業者との調整可能性，緊急時の適格認定設備の有用性，利用エネルギーの価値ないし設備の価値。CPUC は上記の諸要素を考慮の上で回避原価を算定したと主張したのである。
[65] Id.

73

申請人の主張を認めるか否かにつき，提出された資料が新しいものではないため最終的な結論を留保し，CPUC の特定の行為が PURPA に違反するか否かの争点につき，ここに中間裁決をなすものである。QF 制度が十分に成熟したと認められる現在，PURPA 政策は他の諸政策との整合性が図られなければならない状況にある。卸売電力産業が競争段階に入り，またカリフォルニア州などいくつかの州で小売電力市場の自由化が検討されている[66]現状に鑑み，そのように位置付けざるをえない[67]。これは，QF による卸売電気の買取料金が電気事業者の回避原価を超えるほどに高額である現状が，PURPA210 条の趣旨に反し，QF を保有しない市場参加者に対して QF を保有する者が不当に有利な立場を享受したからである。すなわち，競争市場の発展を妨げ，最終消費者の利益を損なっている以上，同法第 210 条 b 項の，QF からの卸売電気料金を『適正かつ合理的』に設定すべしとの規定に反しているのである[68]。CPUC の方針は，小売電気市場の改革を大胆に推し進めるものではあるが，回避原価を超える料金設定が招く電気事業者の回収不能原価の問題に対する懸念を我々は払拭することができない。我々は，適正かつ合理的な卸売電気料金を設定しうる制度を維持する責任を負うものである。PURPA を根拠として，新規電源がその市場において与えられるべき立場を考慮することなく強制的に，電気事業者にそれらとの売買契約を締結させることは，電力市場における競争を促進しようとする我々の目的とは合致しない[69]。この中間裁決は，州が，エネルギー源ごとに回避原価を設定することにより環境コストを考慮する可能性を排除するものではない。我々は，CPUC がその権限のもとで特に発電技術を育成する高い能力を有しているものと認識している[70]。エネルギー資源計画の作成とその決定は，州規制当局に与えられた特権なのであり，州規制当局は様々な方法を用いて，環境対策の目的を達成するためにエネルギー源の多様化や発電方式の多様化を計画，実施することができる。また州規制当局は，自らの権限において，電気事業者に対して，好ましい技術を伴った発電設備の建設を行うかそれとも特定の発電形態を有する発電業者から卸売電気を購入するかの選択を行わせることができる。電気事業者が建設した設備のコストを回収させる権限も州規制当局に属する。このように，CPUC が特定の発電技術に関する政策決定を行うことは，そのような行為が回避原価を超える卸売料金を導くことがない限り許されている[71]。」

---

66 カリフォルニア州ではその後，1998 年 3 月に電力小売事業の自由化を実施している。さらに 1999 年 5 月現在，20 州において電力小売自由化が実現した。『日本経済新聞』1999 年 5 月 23 日朝刊を参照。
67 実際にはほとんどの州の規制当局や議会で議論されている。特に電気料金の高い州ほど小売りの競争導入に熱心である。矢島，前掲註 52，76 頁を参照のこと。
68 70 F.E.R.C. ¶ 61,215.
69 Id.
70 Id.
71 Id.

### 第3款　FERC の再審査請求却下決定

前款において見たように，FERC は，QF の電力供給能力につき CPUC が根拠とする資料の不備を直接の理由として，その結論を留保しながらも，中間裁決において，CPUC の策定したプログラムが回避原価の算定に当たり考慮されるべき各種発電燃料のすべてを考慮してはいないから，PURPA 及び FERC の実施する規制に反すると指摘した。この判断に対して，CPUC は再審査請求を申し立てた[72]。しかし FERC は，環境コストの問題について大要以下のように述べ，これを却下した。「我々の決定は，回避原価を算定するに際して，州が各種エネルギー源にかかわる環境コストを個別に考慮する可能性を排斥するものではない。ただ，州は現実に当該電気事業者が負担しているコストのみを回避原価に算入できるという法理を明確にしたのである[73]」。このように FERC は，従来から電気事業者が負担してきた類の，必然的に内部化されるべき環境コストと，それ以外の環境コストとを区別した。さらに FERC は，CPUC が回避原価算定の際にエネルギー源の別のみを根拠に本来の原価に修正を加えていることに触れ，そのような行為は PURPA のもとでは許されないとした[74]。

## 第4節　SCE 社事例の検討

### 第1款　FERC の政策変更

FERC は PURPA 規制の実施に関して広い裁量の余地を州に与えてきた[75]。その理由は大きく二つある。第一に，連邦議会が州に，PURPA のもとで大きな役割を果たすことを期待していたからであり，第二に，QF の保護育成に向けた州の努力に水を差すことは避けたいと FERC が考えていたからである。1978 年当時，非電気事業者が発電業務に携わることはほとんどなかった。そこで連邦議会は同法を制定し，電気事業者に非電気事業者の発電する電気を購入させようと試みたのである。やがて，非電気事業者のうち QF が過半数を占めるようになった。そして PURPA 規制に関してもっとも頻繁に惹起される問題は，電気事業者の回避原価そのものが州規制当局により過度に高く設定されているか否かということである[76]。これに対

---

72　71 F.E.R.C. at 61,269.
73　Id. at 62,080.
74　Id.
75　See The 1995 Electric Executives' Forum: PURPA: Reform or Repeal?, PUB.UTIL. FORT., June 1, 1995, at 30.
76　州によっては規制当局が電力供給契約に示された金額を変更させる制度がある。たとえばオクラホマ州企業委員会（OCC）によるオーダー 58（H）は，OCC 自ら認可した電力供給契約であっても，数年後に介入の上，必要があれば遡及的変更を命令できるとしている。See Applied Energy Servs. v. Oklahoma Corp. Comm'n, 31 F.E.R.C. ¶ 61,313 at 61,708 (1985) (Stalon, Comm'r dissenting).

処するため，FERC は，SCE 社事件において州の政策を尊重する従来の立場を変更し，さらなる競争導入の立場に立った[77]。本件において，FERC は，回避原価を算定する方法や算定する要素について，州規制当局側が FERC の方針に従うべきことを明らかにした[78]。その法的根拠は，合衆国憲法上，州際通商は排他的な連邦の管轄であり，卸売電気の販売もそれにあてはまるからである[79]。また事実上の根拠は，電力販売競争が激化するにつれて，規制の態様を全国的に統一させる必要性が生じているからである[80]。競争が激化すると，州際送電のケースが増え，全米規模で取り引きの障壁を除去するための連邦の介入が実質的にも妥当性を持つというわけである[81]。

本件における聴聞において，カリフォルニア州の多くの電気事業者が，QF 制度の導入がどの程度業界全体のコストを押し上げるかについての見通しを誤っていると，FERC を厳しく批判した[82]。電力産業の再構築のなかでも，小売市場参入業者が電力会社の送電線を使う小売託送制度によって，最終消費者が享受することのできる電気事業者の選別の利益は，改革の目玉とも言われる[83]。これを柱とする電力産業の再構築は，電気事業における激しい競争をもたらし，そのような競争における重大な足かせとなる PURPA ないしそれに由来する様々な FERC 規制は，制度として崩壊せざるをえないとした[84]。現在のところ，FERC はこの立場に与するものではない[85]が，本件においては率直に「電気事業者が，PURPA のもとで新しい

---

[77] See West Penn Power Co., 71 F.E.R.C. ¶ 61,207 (1996); New York State Elect. & Gas Corp., 71 F.E.R.C. ¶ 61,153 (1996).

[78] かつて FERC は，公式見解として以下のように述べた。すなわち，「回避原価を決定するには，50 通りの異なった方法がある。それらにより算定された数字はブラックボックスを通されたようなもので，理解は容易ではない。州規制当局が電気事業者側につくか QF 側につくかでもその数字は大きく異なりうる」。See F. Paul Bland, *Problems of Price and Transportation: Two Proposals to Encourage Competition From Alternative Energy Sources*, 10 HARV. ENVTL. L. REV. 345, 416 n. 215 (1986).

[79] 合衆国憲法 1 条 8 節 3 項に定められた，いわゆる州際通商条項に由来する。草薙真一「米国卸売電気料金認可における連邦と州の衝突問題─パイク・カウンティ・ドクトリン成立の条件─」『法学政治学論究』24 号 145 頁註(9) (1995 年) 参照。

[80] See Charles G. Stalon and Reinier H.J.H. Lock, *State-Federal Relations in the Economic Regulation of Energy*, 7 YALE J. ON REG. 427, 472-73 (1990).

[81] SCE 事件における回避原価算定の方式と要素の両者についての FERC の新たな介入は本章においても詳細を検討しなければならない。

[82] 70 F.E.R.C. ¶ 61,215 at 61,676.

[83] 問題は，ライバルであるはずの在来電気事業者にバックアップないしトップアップ電力や余剰電力の販売に関する契約を締結する必要があり，その意味で依存体質を脱却できそうもないことにある。このことから生じる問題は，最終需要家に係る負荷変動を考えると実現にはいまだ困難が伴う。矢島，前掲註 52, 22 頁。

[84] 70 F.E.R.C. at 61,677.

[85] PURPA をはじめとする現在の小売託送制度に関する FERC の立場につき詳細を解説したものとして，丸山真弘「ネットワークへの第三者アクセスに対する事業法からの規制の整理」『公益事業研究』50 巻 1 号 15 頁 (1998 年) がある。

第 4 章　PURPA210 条の執行問題

電力供給の形態と合致しない契約を『新たに』結ぶことは，PURPA のいう『適正かつ合理的な料金』の確保につとめることにも競争的電力市場の導入を促進することにも適当ではない[86]」と述べた。この言葉は，競争市場に晒されつつある電気事業者と州による PURPA 規制との関係についての FERC の認識をあらわしている。FERC は，PURPA により回収不可能な投資を競争市場に強いると，結局，電気事業者に極めて不公平な形でその負担を背負わせることになるとの危惧の念を抱いているのである[87]。この認識は，FERC の将来にわたる政策形成に大きな影響を与える可能性がある。FERC も指摘する通り，現在，連邦レベルでは電力小売託送の普及が目指されているところである[88]。1997 年 7 月 11 日，二つの電気事業再構築法案が連邦議会下院に提出された。両法案とも小売託送を認める内容を含むものであった。ダニエル・シーファー (Daniel Schaefer) 下院議員[89]が提案した法案[90]は，2000 年 12 月 15 日までに小売託送計画を実施することを各州規制当局に求める趣旨を含むものであった[91]。同法案は残留投資費用の回収の問題にかかわる主要論点にはあまり触れることなく，1996 年 7 月 11 日以前に発生した残留投資費用を回収するための条件と期限を決定するように州公益事業委員会や公益事業に携わる事業者等に求めていた[92]。また別の改正案はエド・マーキー (Ed Markey) 下院議員により提案された[93]。この法案は，①すべての電力会社に小売託送を実施すること，②すべての州規制当局が発電事業からの電気の強制的買取制度を導入すること，を求めるものであった[94]。さらにこの年，三つ目の小売託送法案はトム・ディレイ (Tom DeLay) 下院議員により提出された[95]。この法案は 1998 年 1 月 1 日までに消費者の選択制度を実施する趣旨を盛り込むものであった[96]。これら三つの小売託送関連法

---

[86]　70 F.E.R.C. at 61,677.
[87]　FERC は，PURPA を発電方式の多様化をもたらす手段として用いると，競争市場において回収不能な費用負担を電気事業者に課し，結局公正な競争を阻害する要因となる可能性があることを認識しているのである。
[88]　連邦政府は需要家が複数の電力会社の料金を比較して選ぶ「完全自由化」を全米で達成したい意向で，上下両院での審議開始を目指しているところである。『日本経済新聞』1999 年 5 月 23 日朝刊。日本では，電力各社が，2000 年 3 月の電気小売りの部分自由化をにらみ，既に大口需要家向け電気料金を値下げする方向に一斉に動いた。『日本経済新聞』1999 年 5 月 29 日朝刊。
[89]　シーファー議員は下院通商委員会のエネルギー及び電力小委員会委員長の立場であった。
[90]　連邦議会下院法案第 3790 号。
[91]　加えて，州レベルの規制当局の料金規制に服さない電気事業者はこの期限までに，小売託送計画を実施することを求められることとなっていた。
[92]　最終的に，電気の小売競争に参入している事業者には規制のウェイバーをなすことが目標となっていた。
[93]　連邦議会下院法案第 3782 号。
[94]　但しこの法案の骨子は，小売託送を実施する事業者には強制買取義務を免除することを明らかにして，それへのインセンティブを与えようとするものであった。
[95]　連邦議会下院法案第 4297 号。
[96]　この法案には残留投資費用回収のメカニズムにかかわる規定はおかれていない。

案は成立に至らなかったものの，FERCの将来への見通しは，連邦政府ないし連邦議会の動向に影響されるものであることがうかがわれる。

#### 第2款　回避原価の算定方法に対するFERCの立場変更―入札―

QF制度における回避原価決定方法として競争入札制度を導入することが認められるか否かは，PURPAの持つ根源的な問題として当初から指摘されていた[97]。長期PURPA契約の枠組みと競争入札制度の導入の間に整合性を欠く要素があるのではないか，などと考えられたのである[98]。競争入札制度は原則として，どの設備所有者がどの電気事業者と卸売電気販売契約を締結するのかを確定する仕組みである。そのような仕組みと，QF業者は回避原価で電気事業者に卸売電気の買取請求できるとするPURPA210条の仕組みとの整合性が明らかにされなければならないというわけである[99]。また理念的にも以下のように整合性を欠く疑いがあった。PURPA210条の特徴は，卸売電気の買取義務が電気事業者に発生すること，そしてその買取価格が原則として市場ではなく州行政規則（または州法）により決定されることにあった。PURPA制定当時は，卸電力市場の開放がままならない状況下にあり，行政介入の必要性は十分に認められていた。PURPAは競争的発電業者を電気市場に参入させることにはじめて成功したが，それはあくまでも行政介入の一環としてなされている。そこで競争入札の導入という全く新たな自由競争の段階におけるPURPA政策のあり方やその果たすべき役割についての包括的考察を求める声がでてきた。しかしFERCは1988年頃からこの問題を扱い，QF制度における回避原価決定方法として競争入札制度を導入することについて大方の支持を獲得することに成功した[100]。

さて，CPUCは，電源開発計画において，QFによる入札価格に関する見通しを明らかにしていた。興味深いのは，CPUCが再生可能エネルギーを利用するQFに全体のほぼ半分を落札させるよう事実上の優先枠を創設していたことである[101]。

---

[97] 我が国は，北海道電力（株）が，全国に先駆けて商用風力発電の電力購入に入札制度を導入することを決定した。同社はクリーンエネルギー普及政策に従い，風力発電の電力を自社の発電コストより高い単価で全量購入しているが，道内で相次ぐ大規模風力発電計画が将来の自らの経営を圧迫するのが確実と判断したかと見られる。なお，契約済みの風力発電（17年間の長期契約）については，従来通り買い取ることとした。『北海道新聞』1999年6月4日朝刊。

[98] これにつき，藤原淳一郎「規制リストラクチャリング時代の公益事業法」『法学研究』70巻11号5頁（1997年），同「電力市場における競争導入―発送配電垂直統合の再検討序説―」『経済法学会年報』17号153, 156頁（1996年）を参照のこと。後者において藤原教授は両者の関係を説明されている。

[99] QFには改めて落札価格に連動する価格での買取請求権が生じるとすると，競争入札は市場の中の（健全な）競争ではなく，もはや市場を維持するための（いわば「ためにする」）競争になってしまうおそれがあろう。

[100] 1988年の規則制定案の告示における競争入札追認等の経緯につき，矢島，前掲註52, 75頁参照。

[101] 70 F.E.R.C. at 61,679.

これに対して，多くの電気事業者は強い不快感を示し，この計画では非常に高額でしかも不要な卸売電気を強制的に購入させられることになるとして，CPUCを批判した[102]。

FERCは，申請人の意見を採用し，CPUCの立論の問題点を指摘した。まず，PURPA210条は，FERCと州規制当局のいずれにも事業者の回避原価を超える価格で卸売電気料金を設定することを許すものではないとした上で[103]，州規制当局ではなくFERCがQFからの買取価格を決定する「方法」を決定する権限を有するとした[104]。それによると，州規制当局はPURPAとそれに基づくFERC規制に完全に合致する方法でのみ回避原価算定の手続きを策定することになる。

つぎにFERCは，CPUCは回避原価を算定する際に，特異な入札方式を採用していると指摘し，これを拒否した。この方式は，まず委員会が行政権限により新設備の原価を算定して公表し，QFはその価格に対抗する形で入札するというものである。FERCはこの手続きを，本来すべての電力供給源が入札に参加すべきであるという大原則から著しく逸脱する違法なものであるとした。FERCは，州規制当局がある電気事業者の回避原価を算定する際に，本来は（QFのみならず）当該事業者に電力を供給しうるあらゆる業者の卸売電気料金を考慮に入れなければならないと考えたからである。FERCは，そのようにしなければ，最終消費者に対して「適正かつ合理的」な料金を導けないとし，間接的ながらカリフォルニア州法の規定そのものにも疑問を投げかけた[105]。

FERCのこれらの判断は，州規制当局によるPURPAの執行状況に対する自らの立場を強く打ち出したものである。それまでFERCは，単に回避原価を超過するような卸売電気の買取契約の締結を認めない方針を採るにとどまっていた。PURPA契約の卸電力買取価格の上限を回避原価にすることにこだわっていたとも言える。それによりPURPAないしPURPA規制の州規制当局による実施に関連して，FERCがPURPAによる卸売電気料金認可を，回避原価を超過する可能性があるとして破棄する事例は生じていた[106]。しかし州規制当局独自の制度が内包する理念を完全に否定し切ることは避けつつも，「適正かつ合理的」な料金を導けない回避原価算定「方法」そのものを拒絶するFERCの判断は，過去には見られなかったものである。

---

102 *Id.*
103 *Id.*
104 *Id.*
105 *Id.*
106 *See, e.g.*, Re Orange and Rockland Utilities, Inc., Docket No. EL87-53-000, FERC April 14, (1988); 92 PUR4th 1 (1988). この事件に検討を加えたものとして，草薙，前掲註11，290頁参照。

### 第3款　回避原価の算定要素―非価格要素への対応―

　FERC は，QF 産業が今日まで目覚しく発展してきたことを肯定的に評価しながらも，今後は競争導入を目指す他種の規制と「統合」することによって PURPA の趣旨ないし目的を活用する方針であることを明らかにしている[107]。本件において多数意見に反対する立場をとったウィリアム・マシー（William L. Massey）委員は，多数意見は厳格な思考に基づいていると評しながらも，（たとえ金銭に換算することは困難なものであっても）非常に重要な回避原価算定要素の存在を考慮しない点で誤っていると警告を発している[108]。これは，時宜を得た警告となった。というのは，多数意見のもとでは，州は PURPA を根拠として環境への配慮をはじめとする非価格要素を回避原価の算定において考慮してきた政策を大幅に変更する必要に迫られるからである[109]。マシー委員はさらに，回避原価設定の際に非価格要素を州が考慮することを承認していると思われる FERC の裁決例を数多く指摘した[110]。また，このような非価格要素の考慮を連邦議会も正当なものと認識しているのは，1992 年エネルギー政策法（Energy Policy Act：EPAct）を制定したことによりあきらかであるとした。同法は PURPA を修正し，州に対して統合資源計画[111]の採用を検討することを求めている。このことにつき同委員は，統合資源計画は非価格要素への考慮が柱となる以上，州に対する連邦からのこの種の要求は，PURPA 契約に必要な回避原価の算定に際しては非価格要素も考慮に入れることが前提になければならないと主張する[112]。これが正当な主張であるとすると，卸売電気料金の算定過程に，金銭に換算されえない非価格要素を考慮することこそ極めて重要な作業である。同委員によれば，回避原価を算定する際に考慮されるべき非価格要素を認めて，多数の契約締結の認可を行った FERC のかつてのアプローチこそ，1992 年 EPAct が認識するところであると言う[113]。

　マシー委員は，SCE 社からの再審査請求を却下した FERC の決定に反対意見を述べた際にも，多数意見の外部費用問題に対する考え方に批判を加え[114]，次のように述べている。「連邦議会が，合理的な計画なら当然に含まれるはずの利益衡量を省くという，その良識を疑わざるをえない行動に出たため，PURPA210 条が本

---

107　70 F.E.R.C. at 61,679.
108　Id.
109　再審査請求却下決定に対する反対意見のなかで，マシー委員は，多数意見の外部費用についての考え方を批判し，回避原価が内部費用に限定されると，州はエネルギー源の多様性などといった直接数字であらわれない価値を認識しながら判断できなくなるとした。
110　70 F.E.R.C. at 61,678.
111　電力会社が需要の充足のために，電源開発などの従来の供給サイドの諸方策のみならず，省電力などの需要サイドの諸方策も考慮し，最終的に費用が最小となる方策を選択するための総合的な計画を言う。その際には，環境負荷への影響も考慮されうる。
112　70 F.E.R.C. at 61,679.
113　Id.
114　71 F.E.R.C. at 62,081.

当に市場における最安価な発電方法から算出された回避原価を買入価格の基準にする意図であるのか,その真意をはかりかねることになってしまった[115]。」ただ,回避原価を規定するPURPAが「非競争的な価格」で電気事業者に電力を買い取らせることをQFに許したとの論理を辿る必然性はない[116]し,連邦議会が発電事業に内部費用と外部費用を峻別するための指針を示したわけでもない[117]。そこで同委員は,連邦議会が明確な意図をもって回避原価という概念を市場における最も安価かつ受容可能な発電原価と捉えたとまでは言えない,と述べるにとどめた[118]。しかし「安価であること」が「競争的であること」と同義に扱われ,しかもそれのみが商業的な価値の増大に寄与するものとすると,エネルギーの多様性促進を掲げるPURPAの本質と矛盾することを避けられない。同委員は,もし回避原価の算定が内部費用のみを考慮するにとどまるならば,州規制当局としては燃料の多様性など,一般に形にあらわれない他の要因ないし価値を考慮する端緒をなんら得ることができず,FERCは燃料の多様性というPURPAの目指す大きな価値を無視して最安価な発電方法のみを流行させかねないと,その懸念を表明したのである[119]。

既に州のレベルでは,多くの規制当局が発電費用の算定に関して価格修正を施している。たとえば,バージニア州の規制当局は,回避原価の算定の際に,社会・環境費用を加算し修正することに特に配慮することとしてきた[120]。この他にもアラスカ州,ミシガン州,アイダホ州,ニューハンプシャー州,ノースカロライナ州,ニューヨーク州,オクラホマ州,メイン州などの諸州が,様々な観点から,それぞれの手法で,外部費用を認識しそれに対応しようとしてきた[121]。事業者にも消費者にも帰することができず,結局社会が負担しなければならないコストは,石油代替エネルギー利用への切り替えにより削減されることが理想である[122]。しかし本件におけるFERCの判断では,極めて限定されたコストのみが回避原価に算入され,多くの便益(環境への影響,省エネルギー,エネルギーの多様性など)が,回避原価算定要素から外されることになる。これは今後,他州の対応にも影響を与える可能性がある。たとえばアイダホ州ローズバッドエンタープライズ社対アイダホ州公

---

115 Id.
116 Cudahy, *supra* note 12, at 433.
117 Id.
118 Id.
119 71 F.E.R.C. at 62,081. マシー委員は,さらに,「PURPA制定時よりも電力業界の競争が進んできていることから,新しい規制のあり方が模索されなければならないという認識は持っている」と述べている。Id. at 62,082.
120 Brent L. Vanderlinden, *Bidding Farewell to the Social Costs of Electricity Production: Pricing Alternative Energy Under the Public Utility Regulatory Policies Act*, J CORP. L., Summer 1988, at 1040.
121 Id. at 1040-1043.
122 この議論につき, *See* Madison Gas & Elec., 4 PUR4th 28, 37-38, 52 (Wis. Pub. Serv. Comm'n 1974).

益事業委員会事件[123]では,アイダホ州最高裁判所が,電気事業者が適格認定小規模発電設備からの購入電気料金に関する公示内容を修正することを許したアイダホ州公益事業委員会の決定を,PURPAの趣旨に沿うとして支持した[124]。問題となったのは,電気事業者の回避原価の算定につき,FERC規制[125]において定められている多様な要素を評価する州規制当局の方法論[126]についてである。アイダホ州最高裁も,プロジェクトそのものの信頼性確保の意味から,アイダホ州公益事業委員会による決定は,合理的なものであり,PURPAの趣旨に沿うものであるとした[127]。QF保護のためのきわめて柔軟な州規制当局の方針が,州レベルにとどまるとは言え,司法の場にて承認されたわけであるが,アイダホ州ではFERCの政策変更にもかかわらずその後もこの方針が継続されている。

## 本章の小括

　非電気事業者の保護・育成を主眼としたQFの優遇措置はもはや不要であるとする主張に従うと,卸電力市場に競争の原則が導入されるなかで,石油代替エネルギーを燃料とする発電事業者も,PURPAの保護を受けることなく,自らの長所を生かす戦略を立てて競争に加わるべきことが想定される。しかしその一方で,発電態様の多様化,環境への配慮,省エネルギーの重要性が認識されるにつれて,QF制度を廃止してすべての発電設備を市場競争に晒すことが長期的な見地から妥当であるかは疑問とする意見も根強い[128]。したがって,PURPA210条の改廃がなされるとしても,結局FERCないし連邦議会には,それに類する代替理念の提示が求められる可能性があった。そしてそれが,各州のFeed-in Tariff (FIT) 政策につながることになった。アイダホ州のようにPURPA政策に積極的な州とFITに舵を切った州が現れたが,両者は事実上,同種の政策を採用していると言えるのである。これについては,第Ⅱ部で詳しく検討することとしたい。

---

123　Rosebud Enterprises, Inc. v. Idaho Public Utilities Comm'n, Idaho 1996, 917 P.2d 766.
124　Id.
125　See 15 C.F.R.§292.304(e)(2) (1998).
126　結局,州公益事業委員会は,電気事業者がローズバッド社に支払うべき電気料金を固定しないまま,ローズバッド社が再生可能エネルギーを使い発電する電気の75％分を購入する契約を締結させるという,柔軟な決定をなした。917 P.2d at 781.
127　See Report of the Judicial Review Committee 1996, 18 ENERGY L.J. 233, 258 (1997).
128　See Cudahy, supra note 12, at 439. PURPAを改廃する試みは,いずれも同法の目的を批判するものではなく,PURPA210条の制定趣旨ないし目的そのものの正当性に疑いを差し挟む意見は聞かれないとしている。

# 第5章

# FERCによる QF規制のウェイバー

## 第1節 はじめに

　既に述べた通り，1978年PURPA（Public Utility Regulatory Policies Act：連邦公益事業規制政策法）は，コージェネレーション設備[1]と，地熱，太陽熱，太陽光，風力といった再生可能エネルギーや廃棄物等，石油をはじめとする化石燃料に代替するエネルギー（以下，再生可能エネルギー）を利用する小規模発電設備に関する諸規制につき，連邦レベルの規制機関であるFERC（Federal Energy Regulatory Commission：連邦エネルギー規制委員会）に広汎な管轄権を与えている[2]。このPURPAに基づくFERCのQF（Qualifying Focility：適格認定設備）規制の方法論，特にその中でも裁量論に直結する議論であり，PURPAそれ自体の今後の行く末を占うために是非とも検討が必要となると思われるのが，FERCによるPURPA上の適格認定規制のいわゆるウェイバー（waiver）論である。ウェイバーとは，通常，「任意の権利等の放棄または義務等の免除」のことをさし，民事，刑事を問わず広く使用される法律用語である[3]が，本書においては行政機関による規制のウェイバーとは，「規制権限の裁量的不行使」のことと限定的に定義し[4]，この議論の再考を試みる。具体的には，PURPA及びFERC規則に基づく適格認定規制に関する事件や学説等の中から，FERCによる規制のウェイバーに関するものを抽出し，検討を加えることとする。

---

[1] コージェネレーションは通常の発電形態よりもエネルギー利用効率の上昇とコストの低減というメリットがあるとされる。柏木孝夫「エネルギーのカスケード利用とコージェネレーション」植草益・横倉尚（編）『講座・公的規制と産業2 都市ガス』266頁（NTT出版，1994年）参照。
[2] Pub. L. No. 95-617, 92 Stat. 3117 (1980) (*codified as amended at* 16 U.S.C. §§ 824a-1 to a-3, 824i-824k, 2601-2645, and *scattered* 16 & 42 U.S.C.)
[3] 田中英夫（編）『英米法辞典』903頁（東京大学出版会，1991年）。
[4] 米国における行政機関のウェイバーの議論に関しては，*See* Alfred C. Aman, Jr., *Administrative Equity: An Analysis of Exceptions to Administrative Rules*, 1982 Duke L.J. 277, 280 (1982).

## 第2節　PURPAの目的とQF政策の発展

　PURPA101条は，PURPAの目的規定である．それによれば，PURPAには，①電気事業者からの供給電力に関する省エネルギー，②設備と資源の両面の利用の効率性向上，③電力消費者に対する公正な料金の実現という三つの目的が掲げられている[5]．「QF制度」はこれらの目的を実現するために導入されたものである．すなわちQFは，NUG (Non Utility Generator：非電気事業者) が所有を目指すべきものである．なお，NUGと似た概念でIPP (Independent Power Producer：独立系発電業者) も用いられる[6]が，本章においては「NUG」の呼称で統一する．なお我が国においては，「IPP」とは，一般電気事業者に電気を供給する卸電気事業者以外の者で，一般電気事業者と10年以上にわたり1,000kW超の供給契約，もしくは，5年以上にわたり10万kW超の供給契約を交わしている者と2016年3月までは定義されていた．たとえば大阪ガス株式会社の子会社である泉北天然ガス発電株式会社は「NUG」であるが，その定義からは「IPP」とは言えない．

　さて，NUGのうち，再生可能エネルギー等を利用する小規模発電業者やコージェネレーション業者の有する設備で，FERCが適格と認めるもの (すなわちQF) については，発電する卸売電気を電気事業者に対して回避原価において買い取り請求できるという制度がある[7]．今日までにNUGの過半数の発電設備はこのPURPAによるQFの地位を得るようになり，実際に日本と比較して，歴史的背景その他様々な要因が影響することを差し引いても，米国の方がはるかにNUGを発展させている[8]．

　さて，1980年代に入って米国の電気事業はさらに大きな変容を遂げた[9]．もともと伝統的な地域分割に基づいたサービスエリアにおいては独占企業でありえた電気事業者が，発電，送電，配電の垂直統合という形態を急速に離脱し，競争的発電市場が形成されてきたのである[10]．現在では，送電事業のみがFERCによる卸電力市場の排他的規制のもとで一応の独占を維持しているものの，特に発電事業については競争の素地が整っている[11]．NUGがこのような背景のもと，発電市場に進出し

---

5　16 U.S.C.§2611 (1988).
6　わが国のIPP (独立系発電業者) につき，See
　　http://www.enecho.meti.go.jp/denkihp/genjo/genjo/index.html.
7　卸売電気料金の算定につき，See 18 C.F.R. §292.305 (1995).
8　米国におけるNUGの設備規模は1992年で5,520万kWであり，米国の全設備容量の6.9％を占めるに至っている．日本における特定供給では，1994年3月末までの許可実績として許可電力は563万kWであり，電気事業用発電設備に対する許可電力の割合は3.0％に過ぎない．資源エネルギー庁 (監修)『電力産業のリエンジニアリング』69頁 (電力新報社，1994年).
9　D. ペン・R. スティーブンソン「米国電力事業における競争」林敏彦 (編)『公益事業と規制緩和』168頁 (東洋経済新報社，1990年).
10　山谷修作「電気事業における規制緩和」公益事業学会 (編)『現代公益事業の規制と競争──規制緩和への新潮流──』54頁 (電力新報社，1989年) 参照.

たために，伝統的な独占を享受してきた電気事業者には大きな脅威となった。電気事業者の業界団体であるエジソン電気協会（Edison Electric Institute：EEI）の調査によると，NUG は 1992 年の 1 年だけで実に 63％の設備数の増加を見ている[12]。NUG は米国においてこの時期に見られたエネルギー産業界における劇的な変化の象徴であるとすら言えよう。

## 第 3 節　ウェイバー論の台頭

　FERC は，QF 規制という「枠」のはめかたに技術的な疑義を招かぬよう，制度上，適格認定にあたって「数値」を重視する方針をとった。FERC 規則には，適格認定の基準は技術水準を数値で定め，これをすべて満たした設備は自動的に QF であることを明示的に定めている[13]。このため QF 規制は本質的に客観性が高く，PURPA に基づき FERC によって打ち出される連邦の規制政策の多くは，実際に PURPA に基づく適格認定事務の実施（implementation）を担当する多くの州レベルの規制当局（Public Utility Commission：PUC や Public Service Commission：PSC 等の名称が，多くの州で与えられており，日本では一般に「州公益事業委員会」との訳が施されている[14]）もそれを支持してきた[15]。このような事情から，FERC は FERC 規制の定める客観的基準を満たさない設備を救済する道を，自らの個別的申請に対する決定ないし裁決に見出すしかないこととなったが，適格認定基準は NUG にとって必ずしも達成容易な規準であったわけではなく，PURPA 規制における NUG の保護育成に関する FERC の独立行政委員会としての政策形成は，1987 年頃から「ウェイバーの頻発」という形を伴うこととなった[16]。

　さて，最近になって，FERC によるこの種の PURPA 規制問題，特に小規模発電設備とコージェネレーション設備規制に関する規制のウェイバー問題について，これまで見られなかった新たな議論が巻き起こった[17]。それは「FERC は，PURPA 規制において，コージェネレーションと再生可能エネルギー等を利用する小規模発

---

11　*See* 16 U.S.C.§824j-834k (1988).
12　*See Independent Power: State of the Market*, POWER, Feb. 1994, at 45. このレポートは，投資家所有，地域共同体有もしくは自治体所有の事業者による発電と NUG によるそれとを詳細に比較し，NUG の成長が著しいと指摘するものである。
13　18 C.F.R.§292.203(b) (1995). なお，州規制当局の PURPA 実施規定については，16 U.S.C. §824a-3(f) (1988).
14　最近の文献として，たとえば，井手秀樹・森本宜久「日本と主要国の電力産業の概要」植草益（編）『講座・公的規制と産業 1 電力』39 頁（NTT 出版，1994 年）。
15　全米レベルの巨大電気事業者に対するブランド作りという観点からの農村電化組合の対抗措置について，西村陽『電力改革の構図と戦略』232 頁（電力新報社，2000 年）を参照。
16　*See*, *e.g.*, Nelson *discussed infra* note 46.
17　*See* Jim Rossi, *Making Policy Through the Waiver of Regulations at the Federal Energy Regulatory Commission*, 47 ADMIN. L. REV. 255, 261 (1995).

電設備を有する NUG に対しては一定の規制のウェイバーを決断する事例を重ねたため、客観的に、これらコージェネレーション設備、小規模発電設備に対する規制をウェイブする FERC の一応の基準を読み取ることが可能となった」とする議論である[18]。確かに、FERC は再生可能エネルギー等を利用しようとする NUG には、規制のウェイバーの場面を拡大しようと試みてきた[19]ものの、上記のような主張は、斬新であったと言えよう（但し以前から、米国の電気事業規制を定めた1935年連邦電力法〈Federal Power Act：FPA〉の第Ⅱ部にも、また PURPA にも、規制当局たる FERC による当該ウェイバーに関する規定は、所々散見される個別例外的なものは別として、包括的なものは置かれておらず[20]、その点他のエネルギー法制とは趣を異にしていることから、法律上の問題点を指摘するものはあった[21]）。現在では、FERC のウェイバーに関する文献の数が増え、この問題に関する法律家の議論が活発になってきている[22]。

さて、連邦行政法規における多数のウェイバーの規定について、講学上、行政機関が「規制のウェイバー」を決断する形態は暫定的なものを含め多様である[23]。たとえばエネルギー産業規制に関する実定法においては、FPA30条は水力発電免許について一部給水の目的で水力発電設備を利用する場合のウェイバーに関する規定を置き、FERC は申請者が免許要件を欠いていても免許の賦与が可能であることが明らかとされている[24]。また、1978年天然ガス政策法（Natural Gas Policy Act：NGPA）は、「本章の他の目的と整合性を有するときには」規則ないし行政命令の適用を免除することがありうることを定めた条項を有しており[25]、規制のウェイバーについての規定はかなり柔軟なものであることがわかる。そのようななかで、ウェイバーの形態による行政裁量についての根拠規定を、行政規則としての何ら明文の法形式すら有しない連邦レベルの行政機関の権限の不作為は徐々に少なくなっている[26]。もともと規制のウェイバーの個別事例の分析は、その背景が多様であるために難解である。FERC の規制のウェイバーは、NUG が適格基準を満たさない場合であっても、規制のウェイバーという形式により個別的に発電市場に参入する機

---

18　*Id.*
19　*Id*. at 258.
20　*See, e.g*., 18 C.F.R. §§292.204, 292.403 (1988).
21　Richard P. Noland and William H. Penniman, *The FERC Adjustment Process Under Section 502 (c) of the Natural Gas Policy Act*, 1 ENERGY L.J. 79, 90-92 (1980).
22　初期のものとして、*Note, FERC Waiver of the Filed Rate Doctrine: Some Suggested Principles*, 9 ENERGY L.J. 497 (1988).
23　Rossi, *supra* note 469, at 259.
24　16 U.S.C.§823a (1988).
25　15 U.S.C.§3412 (c) (1978).
26　*See* Peter H. Shuchk, *When the Exception Becomes the Rule: Regulatory Equity and the Formulation of Energy Policy Through an Exceptions Process*, 1984 DUKE L.J. 163, 170.

第5章　FERC による QF 規制のウェイバー

会を与える手法こそが自らのエネルギー政策を有効たらしめるとの発想を FERC 自身が維持し続けていることに起因しており，それらの多くは「裁量権の濫用（abuse of discretion）」であるとの批判がなされてきた[27]。本書が試みるのは，自らの「行政裁量」を前面に押し出す FERC の微妙な立場の検証であるとも言えよう[28]。

本章は，そのような行政裁量に関する議論の一面として見られる，PURPA に基づく FERC の QF 規制のウェイバーの実体上の法的問題点と，それに関し提示されてきた解決法の探求を，PURPA 運用の帰趨を探りながら試みるものである。

## 第4節　FERC による QF 規制のウェイバー

### 第1款　序説

もし NUG の有する設備が FERC の適格認定手続きの中で，FERC 規制の定める QF 基準を数値の上で満たしていると認められるならば，FERC は適格認定を当該設備に賦与しなければならないというのが同規則の原則である[29]。その原則に照らせば，FERC の適格認定手続きにはさほどの行政裁量の余地が無いように思われる。ところが実際には，FERC が QF 基準を満たさない設備をあえて適格とする事例が認められる。ここではまず，そのような実例の検討に先立って，行政機関の規制のウェイバーに法的な類型化を施し，FERC による QF 規制のウェイバーにあてはめながらそれぞれ考察する。

行政機関の裁量的権限不行使と判断される規制のウェイバーは，大別して3種類に類型化が可能である。第一類型は，法律上明文の規定により包括的にウェイバーが認められている場合である。しかし，FERC の QF に関する規制のウェイバーはこれには当たらない。先述した FPA 第Ⅱ部や NGPA に存在するような包括的なウェイバーの規定が存在しないのである。第二類型は，法律または行政規則が特殊な事例におけるウェイバーの可能性を特に明示的に表明している場合である。この類

---

27　このような独立行政委員会の行政権限の裁量的不行使が「法の支配（Rule of Law）」の理念に沿わないのではないかという疑問が投げかけられることも，やがて導かれる当然の帰結である。Rossi, *supra* note 17, at 257.

28　米国においては，「法の支配」の理念との関係で，行政裁量の問題は当初，事実問題と，具体的な事実関係に即して個々的に決定される認定事実の構成要件へのあてはめの問題の両者についてのみ認められ，純粋な法の解釈は裁判所のみが判断出来るものとされていたが，1930 年代後半から 40 年代に入ると，後者の問題については，具体的事実と離れた「法律上の概念」や「基準」の解釈確定においても行政裁量が認められるようになったと認識するのが一般であるものの，かような認識をめぐって議論が白熱しており未だ結論を見ていない。我が国における最近の研究として，周作彩「アメリカ行政法における行政裁量問題（一）」『一橋大学研究年報法学研究』25 巻 139 頁以下（1994 年）参照。

29　QF たる地位を得るための手続規定は 18 C.F.R.§292.207（1995）．なお，適格認定のための要件規定は 18 C.F.R.§292.203（1995）である。なお，料金申請手続については，18 C.F.R.§ 381.505（1995）を参照のこと。

型には FERC の QF 規制に関してもいくつかの例を見出すことができる。たとえば FERC は、「非常に省エネルギーに資する (produce significant energy savings)」場合には、コージェネレーション設備の操業基準、燃料効率性基準の要件につき、規制のウェイバーを行う明文の規定を置いている（本書においては、以下この規定を「省エネルギーウェイバー規定」と言うことがある）[30]。さらに、小規模発電設備には、短距離ながら送電設備費用負担の義務付けがある (FERC のいわゆる「ラスト1マイル規制」) が、ここにおいても「正当な理由」に基づく規制のウェイバーが制度的に設けられている[31]（なおこの規定に関しては、いわゆるラスト1マイル規制のウェイバー申請を拒否した FERC 裁決例がある[32]）。また FERC は、PURPA210条のもと、電気事業者との間の接続費用、緊急事態、卸売電気料金、電気事業者の義務、システム操業信頼性に関する規制のウェイバーについての規則を置いている[33]。最後の第三類型は、行政機関が規制を実施する際に、根拠法規を裁量的に解釈してウェイバーをなす場合であるが、この類型は、法の支配の理念と行政裁量のあり方に関する論争が生じる可能性を孕んでいる。米国において、広汎な行政裁量の領域とそれに立ち入る司法判断のあり方については、1984年の連邦最高裁によるシェブロン判決[34]以降、議論が高まりを見せた。仮にこの判決によっても司法が行政裁量の領域に立ち入ることが従前よりも困難になったとまでは言えないと評価されるとしても[35]、第三類型が第一、第二類型のように明文の規定のある場合に比べて正式な (official) ものとは言い難い以上、司法による違法性の判断に困難が伴うことは避けられないであろう。以下本節では、しばらくこの問題を検討する。

#### 第2款　FERC による QF 規制のウェイバーにおける第三類型の可能性

第三類型においては、FERC は「ウェイバーが認められている」と既存の法文を解釈し、明示的であるか否かは別としてウェイバーを導く論理構成を、採用している[36]。

しかし、たとえば FPA にウェイバーないし例外規定が置かれていないとしても、

---

30　18 C.F.R.§292.205(c) (1995).
31　18 C.F.R.§292.204(a)(3) (1995) がこのウェイバーを定める。
32　Pinellas County, Florida, 50 F.E.R.C.¶61,269 (1990).
33　18 C.F.R.§292.402 (1995).
34　Chevron, U.S.A., Inc. v. Natural Resources Defense Council, Inc., 467 U.S. 837 (1984).
35　シェブロン判決については、竹中勲「規則制定の司法審査の基準」『判例タイムズ』564号73頁 (1985年)、北村喜宣『環境管理の制度と実態―アメリカ水環境法の実証分析―』80頁及び219頁以下、また249頁註 (23)（弘文堂、1992年）、上野恵司「行政機関による制定法解釈―Chevron 判決の理論的根拠―」『早稲田大学大学院法研論集』66号1頁 (1993年) の解説を参照。
36　See Bechtel Power Corp., 60 F.E.R.C.¶61,156 (1992); Citizens Energy Corp., 35 F.E.R.C.¶61,198 (1986).

それが必ずしもウェイバーが違法であることに直接論理的に結び付くものではないことに留意しておく必要がある。FPA309条に「FERC は本章における規則や規制を実施するに当たっては自らの権限において人，物を区分し，それら区分に応じて違う規制をなすことができる」との規定[37]がある。これが PURPA 関連の規制のウェイバーには明文の根拠規定が置かれていない場合があることを正当化するとの理解に基づき，FERC はこの規定を援用して規制のウェイバーを行うという手法を実際に採用している[38]。また，法文がない場合，自らの政策変更を規則制定という手法で実現すべきかもしくは裁決という個別的な手法によるべきかという問題に関して，FERC が裁決の手続きのなかで自らが過去に規則制定によって当初採用した政策を変更する権限を有しているとの司法判断[39]も存在する。さらには，行政機関の一般的権限（general authority）として，公共の利益（public interest）のための規制にあっては，当然に規制のウェイバーをなす権限も包含されるとの司法判断[40]があることも，FERC の立場を有利にしていると思われる。FERC が公共の利益のために，特に市場における弱者と認められる NUG に対して，明確な規定を欠くにもかかわらず操業基準や燃料効率性基準における QF 規制のウェイバーをなしていた事情には，以上のような法的根拠があることを FERC 自らが述べている[41]。

### 第3款　適格認定コージェネレーション設備規制のウェイバーに見る FERC 政策の変化

ここでは，NUG に対する FERC による規制のウェイバーが実際にどのようにな

---

37　16 U.S.C.§825h (1988).
38　See, e.g., Montaup Elec. Co., 19 F.E.R.C.¶61,275 at 61,542 (1982). この決定において FERC は『『公共の利益（public interest）』がそれを必要とする時には，我々はウェイバーをなすにつき十分に開かれた存在でなければならない」とした。
39　SEC v. Chenery Corp., 332 U.S. 194, 202-3 (1947).
40　See, e.g., WAIT Radio v. FCC, 418 F.2d 1153, 1157 (D.C. Cir. 1969, cert. denied, 409 U.S. 1026 (1972). WAIT ラジオ対連邦通信委員会（Federal Communications Commission：FCC）事件においてコロンビア特別区連邦巡回控訴裁判所は，FCC のウェイバーに関して，傍論で大要以下のように判示した。
「当法廷は他者からの批判に耐えうるウェイバー適用のための慎重な考慮の必要を否定するものではない。むしろウェイバーのいかなる手続きも排しておいて規制を柔軟に行うというのは，いずれ法的困難がもたらされると言わざるをえない。FCC は『公共の利益（public interest）』に根差す行政を担うものであり公共の利益を増進させる責任を負っている。自らの QF の規制に関する一時的ウェイバーという手法の利点は，コストを抑えながら規制の効率性を上げるという点に尽きる。もっとも FCC は，適法な状態の実現，維持を規則制定や通常の裁決という手段により担保しておく努力を怠ってはならないことは当然である。」
この理論は，FERC 等，他の独立行政委員会のウェイバー基準の審査についても妥当する可能性が高いと言うべきであろう。なお，適用除外ないし規制のウェイバーを排斥したいと考える者が，裁判において立証責任を負うとする考え方につき，See Note, Regulatory Values and the Exceptions Process, 93 YALE L.J. 938, 957 (1984).
41　See, e.g., Enron Power Mktg. Inc., 65 F.E.R.C.¶61,305 at 62,405 (1993). See also Hartwell Energy Ltd. Partnership, 60 F.E.R.C.¶61,143 (1992).

されてきたかについて，適格認定コージェネレーション設備の場合を取り上げて検討する。FERC 規則 292 条は，適格認定コージェネレーション設備の資格基準として，操業基準，燃料効率性基準を設けている[42]。同規則はまずコージェネレーション設備を，一次的な出力を発電とするトッピング・サイクル型と一次的な出力を熱供給とするボトミング・サイクル型に分け，適格認定を受けようとするコージェネレーション設備は，このいずれかの型の認定基準を満たすことを求めている[43]。前者の認定基準は，「操業基準については年間を通して常に総エネルギー出力量の 5％以上の熱供給を維持していなければならず，また燃料効率性基準については総有効電力供給量に総有効熱供給量の半分を加えたものが，年間を通して常に当該設備への総エネルギー投入量の 42.5％以上でなければならず，さらに総有効熱供給出力が総エネルギー出力量の 15％未満であるときは総有効電力供給量に総有効熱供給量の半分を加えたものが常に当該設備への総エネルギー投入量の 45％以上でなければならない」というものである[44]。この規定は要するに，コージェネレーション設備に適用される石油や天然ガスといった燃料のエネルギー転換（energy conversion）に関する効率性の技術的な最低基準を設定しているのである[45]。

以下，この適格認定基準に関する規制のウェイバーの申請に対する FERC の審査の動向について事例を見ながら検討する。

#### 第 1 項　ネルソン社事例―規制ウェイバーの指針提示―

ネルソン社事例[46] において，ネルソン・インダストリアル・スティーム社（Nelson Industrial Steam Co., 以下，ネルソン社）は，トッピング・サイクル型のコージェネレーション設備の操業基準，燃料効率性基準に基づく規制を，暫定的に半年間中断することを求めて，FERC にウェイバー申請をなした。ネルソン社は自らの設備が「非常に省エネルギーに資する[47]」ものであるとして省エネルギーウェイバー規定[48] に基づくウェイバーを求めたが，FERC は，ネルソン社から十分な資料が提出されていないとしてこれを一度は拒否しており[49]，再聴聞においてウェイバーを決定した[50]。再聴聞における FERC 決定は，ネルソン社の当該設備はコージェネレーションを促進することになり，PURPA の目的に資するものとのみ判断し，明文の

---

42　18 C.F.R.§292.205 (1995).
43　Id.
44　18 C.F.R.§292.205 (a) (1995).
45　一方，ボトミング・サイクル型のコージェネレーションに関する規定の 18 C.F.R.§292.205 (b) (1995) は，異なる効率性の数値を用いた基準を設ける。
46　Nelson Industrial Steam Co., 39 F.E.R.C. ¶ 61,201 (1987).
47　Id.
48　18 C.F.R. ¶ 292.205 (c).
49　Nelson Industrial Steam Co., 38 F.E.R.C. ¶ 61,162 (1987).
50　39 F.E.R.C. at 61,724.

省エネルギーウェイバー規定への当てはめに関する検討は避けた[51]。これに対してアンソニー・ソーサ（Anthony G. Sousa）FERC委員の、大要以下のような反対意見がある。「PURPAの目的はコージェネレーションのためにコージェネレーションを促進しようというものではない。一定のコージェネレーション設備を特に保護・育成する本来の目的は、より効率的にエネルギー資源を使わせるということである。FERCがコージェネレーションに関する操業基準、燃料効率性基準を有しているのはそのためである[52]」「QFの認定基準は非常に客観的なものであり、それ自体完結的なものであるから、FERCの裁量がこれを左右するものではない。本件においてFERCがウェイバーをなす必然性はなく、しかも多数意見の理由付けは法的にも疑義が生ずると言わざるをえない[53]」。

ソーサ委員の反対意見に見られるように、多数意見に対する痛烈な批判も存在したものの、本件決定がきっかけとなり、次に検討するポモマ社事件のFERC決定に至るまで、ボトミング・サイクル型を含めた適格認定コージェネレーション設備規制のウェイバーに関して、本件において採用された審査方法が踏襲された[54]。本件においては、PURPAのQFに関する操業基準、燃料効率性基準につき、FERCによる規制のウェイバーがいかなる場合にありうるかという問題に関して、初めてFERCにより一応の指針が提示されたことがまず評価されるが、特に本件に関して重要なことは、FERCが規制のウェイバーのための5要件を明確に打ち出したことである。この5要件の内容は、以下のようにまとめられる。すなわち、①ウェイバーの要求が止むを得ずなされたものである、②当該プロジェクトが短期的にも長期的にも雇用に肯定的な影響を与えるものである、③環境に対して安全な方法で技術的に最先端のレベルのもの（たとえば品質の最優秀な石油、コークスを主燃料として使用している）である、④ウェイバーが石油代替燃料を利用する発電の促進というPURPAの目的に寄与するものとなる、⑤ウェイバーの申請者が、同じ設備に関して再びウェイバーを申請することがないことを確約している[55]、の五つである。さて、ここで、これら5要件は、実際にFERCが規則[56]に従い「非常に省エネルギーに資する」か否かを審査するための基準とはなりえないことが明らかであり、明文の省エネルギーウェイバー規定とは直接の関連性がないことに注意すべきであ

---

51　Id.
52　39 F.E.R.C. at 61,726 (Commissioner Sousa, *dissenting*).
53　Id. at 61,727.
54　FERCがまさしくネルソン社事例で定立した基準（ネルソン・ドクトリン）をあてはめた例として、See Continental Energy Associates, 52 F.E.R.C. ¶ 61,220 at 62,305 (1990). さらに、トッピング・サイクル規制の暫定的規制ウェイバー申請につき、FERCがネルソン社事件とほぼ同様に判断し、ウェイバーを決断した例につき、See LG&E Westmoreland Hoewell, 62 F.E.R.C. ¶ 61,098  at 61,712 (1993).
55　39 F.E.R.C. at 61,724.
56　18 C.F.R. §292.205 (c).

る。すなわち，FERC は本件においてウェイバーを結論するにつき，第三類型にかかるウェイバー基準の策定を念頭に置いていたのである。この判断がネルソン・ドクトリンとして後の多くのウェイバー申請に対する FERC の処理に大きな役割を果たしたことは疑いがない[57]。加えてもう一つ重要なことがある。それは，FERC がコージェネレーションの設備の普及に非常に積極的であったということだけではなく，FERC 規則の個別的ウェイバー規定の存在とは別の一般的な規制ウェイバーの権限において（general source for waiver authority に基づいて），公共の利益が必要とするならば，積極的にウェイバーをなすとの立場を表明した事実[58]である。

### 第2項 ポモマ社事例—第三類型回避宣言—

ポモマ・コージェネレーション社（Pomoma Cogeneration Limited Partnership,以下，ポモマ社）事例[59]において，FERC はネルソン社と同様トッピング・サイクル型のコージェネレーション設備に関する燃料効率性基準の規制の暫定的ウェイバー申請を審査した。ポモマ社は当該設備が省エネルギーウェイバー規定にいう「非常に省エネルギーに資する[60]」ものであることを申請の理由[61]とした。ポモマ社の主張によると，同社所有の当該設備が不測の事故により制御不能になり，十分な熱供給ができなくなった結果，FERC 規則[62]にいう適格認定の要件を満たすことができなくなったものの，同社は一部の商業用電力供給（電気卸売り）並びに熱供給を継続できると判断して，自らの設備の QF たる資格を維持するため，FERC に規制のウェイバーを申請した[63]。申請の内容は，同社の設備の熱供給比率が FERC 規則の燃料効率性基準を満たせるようになるまで，暫定的に資格規制のウェイバーを求めるものであった[64]が，FERC はこの申請を拒否した[65]。FERC の判断には以下の四つの要因があった。すなわち，①ウェイバー期間が3年と長過ぎる，②ポモマ社が規制基準に対応しきれなくなって1年以上が経過してからウェイバーの申請をなしたという事実がある，③ポモマ社には過去数年間にわたっても燃料効率性基準を満たせていなかったという事実がある，④ポモマ社は，FERC に対して，今後ウェイバーの申請をなすことが無いことを確約しなかった[66]。

---

57 この基準はコージェネレーション設備の範疇に入らない小規模発電設備の QF 認定の際のウェイバー基準に採用されるほど影響力の強いものであった。
58 39 F.E.R.C. at 61,724.
59 Pomoma Cogeneration Limited Partnership, 64 F.E.R.C. ¶61,147 (1993).
60 18 C.F.R.§292.205(c).
61 申請は特に 18 C.F.R.§292.205(a)(2) (1992) に定める燃料効率性基準における規制のみのウェイバーを求めた。
62 18 C.F.R.§292.205 .
63 64 F.E.R.C. at 62,171.
64 Id.
65 Id.
66 Id. at 62,173.

第5章　FERC による QF 規制のウェイバー

　FERC はさらに次のことを述べている。「我々はポモマ社から提出されている申請書に記載の技術上の困難の点については同社に同情（sympathy）するけれども，それだけでは将来にわたって燃料効率性基準を満たせる証拠を見出すことにはならない。我々はこれまでこの種のウェイバー申請を寛大な方法で（with a measure of lenience）扱うよう心掛けてきた。しかし，同社の申請を認容していては，我々のウェイバーが非常に省エネルギーに資するものを導き，さらにそれが公共の利益に資するものとなることを保証できなくなる[67]。」

　この事件は，1993 年の FERC 委員の大幅な入れ替えによりエリザベス・モラー（Elizabeth Anne Moler）委員長以下，新体制[68]で臨んだ初期の事件である。FERC の多数意見は，今後第三類型によるウェイバーを拒否することを宣言した[69]。FERC のウェイバー審理へのアプローチがネルソン社事件型のアプローチから大きく離れ，従来の QF についてのウェイバー申請に対する扱いとは異なる，「ハードルック審査[70]」の適用に審査基準を変更することを明らかにしたのである。ハードルック審査がもともと意味するところは，審査機関による論理的で筋道の通った当該意思決定のための妥協なき追求審問である[71]。綿密な監視的審査であるハードルック審査を導入することはすなわち，FERC が従来に比してウェイバーを出し渋ることに他ならない。極めて似た事案であったネルソン社事件とポモマ社事件における両 FERC 決定が，全く異なる結論を導出した背景には，このことがある。この変化は，極めて明瞭であり，本件以降，FERC は同種の申請につき一貫してハードルックの審査方法を採用していると言える[72]。

#### 第 4 款　適格認定小規模発電設備規制のウェイバーに見る FERC 政策の変化
#### 第 1 項　問題の所在

　ここでは，PURPA に基づいて再生可能エネルギー等を利用する小規模発電設備に対する FERC 規制につき，先述のコージェネレーション設備と同様のアプロー

---

67　*Id*.
68　当時，他の委員は，Donald F. Santa, Jr., Vicky A. Baily, William L. Massey, それに James J. Hoeker の各氏であった。
69　64 F.E.R.C. at 62,171.
70　「ハードルック審査」は，行政機関が関連証拠や選択肢を「ハードルック」したかどうかを裁判所が審査することと解釈されてきた。適格認定コージェネレーション設備規制関連での「ハードルック審査」について，藤原淳一郎「米国コージェネレーション法制論序説（一）」『法学研究』61 巻 10 号 83 頁註⑳（1988 年）参照。
71　ハードルック審査は，元来，行政機関の審判活動に対する司法審査の一態様として展開されてきた。*See, e.g.*, Greater Boston Television Corp. v. FCC, 444 F.2d 841 (D.C.Cir.1970), *cert. denied*, 403 U.S. 923 (1971). しかし FERC は独立行政委員会であるので，当該ドクトリンの採用に踏み切るに一般の行政機関よりもインセンティブが働くと考えられるであろう。
72　Jim Rossi, *The Hard Look Doctrine and Federal Regulatory Efforts to Restructure the Electric Utility Industry*, 1994 Wɪs. L. Rᴇᴠ. 763.

チで検討を試みる。この種の発電設備は、PURPA が定める QF のうち、再生可能エネルギー等利用の小規模発電業者に分類される発電形態を有することをその特質としており、一つのエネルギー源から熱と電気を供給することをその特質とするコージェネレーション設備とは、(同じく PURPA 上電気の卸売りに関して保護を受けるものの) そのコンセプトをかなり異にするものである。そこでその性質上、コージェネレーション設備に対する QF 規制における操業基準、燃料効率性基準の審査とは当然異なる審査基準を FERC は設けている。それが、FERC 規則 292 条である[73]。この規定は、発電のための主たるエネルギー源がバイオマス、廃棄物 (waste)、再生可能エネルギーでなければならず、それらは、一次エネルギー入力全体の 75％以上に保たれていなければならない (言い換えれば化石燃料が 25％以下に抑えられていなければならない) という極めて厳しい規準を定めているわけである (本章においては以下この規制を単に「FERC の 25％規制」と言うことがある)。そこで、以下に、本適格認定基準に関する規制ウェイバーの申請に対する FERC の審査の動向について検討する。

### 第2項　ダジェット社事例—ネルソン・ドクトリン型決定—

　ダジェット・リーシング社 (Daggett Leasing Company, 以下、ダジェット社) は、FERC に対し、火山の噴火による極度の気候変動を原因とする太陽光発電の急激な能力低下を理由として、適格認定小規模発電設備の化石燃料使用に関する FERC の 25％規制におけるウェイバーを求めた[74]。ダジェット社は、サザン・カリフォルニア・エジソン (Southern California Edison：SCE) 社との間に締結した、同社の太陽光発電設備の QF たる資格の存在を前提とする契約を維持するため、FERC の 25％規制に関して、「限定された期間であってもこの種の規制のウェイバーが行われることは、特に火山の噴火の場合の極度の気候変動を原因とする太陽光発電の急激な能力低下が惹起する QF の資産運用上の問題を緩和するためには必要不可欠である」との主張により、当該規制のウェイバーを求めた。
　これに対して FERC は大要以下のように判断し、ウェイバーを結論したのである。
　「火山の噴火と太陽光発電における出力の低下との関連性については、確かに火山の噴火は必ず事前に予見可能なものとは言い難く、本件はウェイバーを適用すべき事例であると考えなければならない。」
　本件は QF たる NUG のダジェット社が求めた適格認定基準審査のウェイバー申請を FERC が認めた事例であるが、FERC の裁決はネルソン・ドクトリンの存在を明示した上に、ネルソン社事件において提示された先述のウェイバー適用のため

---

73　18 C.F.R.§292.204(b) (1995).
74　*Id.* at 62,178.

の要件を検討している[75]。これがかえって，適格認定太陽光発電設備規制の一時的ウェイバーに関する議論を複雑にしたとも考えられる。

なお，ドナルド・サンタ (Donald F. Santa, Jr.) FERC委員は反対意見を述べているが，その内容は FERC のウェイバー問題の処理の仕方に関する問題点の指摘であった。ダジェット社が QF たる資格に基づいて契約を交わした際に，緊急事態が生じた際のリスクを計算できる状況にあったかどうかの争点につき，これを肯定すべきものであって，同社の申し立ては契約の結果生じた機会の損失の保障を FERC に求めるものであると位置付け，同社の契約が慎重さを欠くものである場合，当委員会がその欠陥を修復する責務を負うものではないとして，同社の設備から QF たる地位を奪うべきであったと多数意見を批判したのであった[76]。

## 第3項　オーブライアン社事例—第三類型拒否宣言—

オーブライアン・環境エネルギー社 (O'Brian Environmental Energy Inc.) は，バイオガス（廃棄物処理場からのメタンガスを主成分とする燃料）を利用する小規模発電設備が天候不順のため，FERC の 25% 規制における化石燃料使用制限に対応できなくなったため，「天候と天然資源の状況に強く左右される環境重視型の設備にとってはこの規制が高すぎる壁になる」との主張と共に規制のウェイバーを申請した。ところが FERC はウェイバー申請を拒否し，その理由として，事業の安定性確保のために燃料の 25% 以上を天然ガス利用に変更することで QF たる資格を失うことは，通常負うべきビジネス上のリスクであるとして，ウェイバーをなすに適合的な事例ではないとした[77]。

FERC の本件決定は，適格認定コージェネレーション設備規制に関する FERC によるウェイバーの第三類型回避の流れに沿うものであり，ネルソン・ドクトリンを採用したダジェット社事件決定からの理論上の乖離という FERC の結論も予測が可能であったと言えよう。しかし，現実の問題として再生可能エネルギー等を利用する設備はある程度天然ガスのような化石燃料にも依存しなければならないことは周知の事実であるから[78]，FERC の 25% 規制そのものが妥当なものか，議論の余

---

75　Id. at 62,173.
76　FERC では本事例と極めて似通った事例を検討したことが，かつてあった。すなわち，本事例と同一のディヴェロッパーにより建設された太陽光発電設備が，設備運用，資産運営上の困難に直面した次の事例である。Kramer Junction Company, 61 F.E.R.C. ¶61,309 (1992), reh'g denied, 64 F.E.R.C. ¶61,025 (1993). FERC は本件がこの事例と同種のものであると認識したことを明らかにしたうえで，規制のウェイバーを決定した。
77　O'Brian Envtl. Energy Inc., 65 F.E.R.C. ¶61,308 (1993).
78　我が国における議論としては，たとえば，資源エネルギー庁（監修）『電力産業のリエンジニアリング』122頁（電力新報社，1994年）によれば，同年の電気事業審議会需給部会による長期電力需給見通しは，「自然エネルギーを利用した発電については，その特性上エネルギー密度が希薄で希少条件に影響を受け供給安定性が十分でなく，大量供給には適さないことから，電気事業用の供給力としては補完的な位置付けとなる」とした。

地がありそうである。風力や太陽光といった再生可能エネルギーが将来においても広く使われることにはならないのではないかという疑念を払拭し，NUG に電力供給の安定性や経営の柔軟性を実現させるために，再生可能エネルギー利用の形態は他のエネルギー利用の形態とうまく統合されるべきであるとし，直接的に公共の健康，安全，福祉に影響を与える電力供給の状況調査を連邦議会が行った際，小規模発電業者による化石燃料の使用規制の緩和を検討していた。このことにつきカンファレンス・レポートは次のように伝える。「連邦議会は小規模発電設備に『第一次的エネルギー資源』という語を加えたが，これは，『再生可能エネルギー利用と言えども一部には従来的な化石燃料の使用が不可欠である』との現実に気がついたからである[79]。」このため，FERC も本件においてウェイバー申請を拒否した際には，天然ガスを使用することは再生可能エネルギーによる発電の一部をなすものであって必要不可欠なことと認識しなければならなかった[80]。このようにコージェネレーション設備に対する FERC のウェイバー適用に関する第三類型拒否の態度が，再生可能エネルギーを利用する小規模発電設備についても全く同様に見られるに至ったことは，今後の FERC の PURPA に関する政策形成の方向付けを読み取るに際し，重要な手がかりとなるものと考えられる。もっとも NUG の中には未だに QF たる地位を必要とするものがあるという事実を否定する者は未だ少数であることを考慮すると，現在のところは FERC が将来においてどのような途をとるかについて予測することは尚早と思われる[81]。

### 第5款　FERC による PURPA 規制のウェイバーに関するその他の問題と今後の展望
#### 第1項　連邦政府及び連邦議会の政策形成に関する問題

　FERC の PURPA に関する QF の操業基準，燃料効率性規制のウェイバーは連邦議会の監視を受けないこととも相まって，連邦議会における FERC のウェイバーの基準ないしその手続き，NUG への FERC による規制のウェイバーの影響に関心

---

79　See H. REP. No. 95-1750, 95th Cong., 2d Sess. 89 (1978).
80　このことをうかがわせる事件に，ニュー・チャールストン社事例がある。New Charleston Power I, L.P., 65 F.E.R.C. ¶61,378 (1993). この事件で FERC はウェイバー申請を拒否するにあたり，小規模発電設備を有するプロジェクトのオーナーが雨季のリスクを負うのは当然であり，規制のウェイバーによる救済には値しないとしたものの，一定の事情がある場合には FERC 自らウェイバーをなすとし，それらの事情につき大要以下のような例示的列挙をなしている。すなわち，①天候異常によるエネルギー源の質的条件不良を FERC が特に認める場合，② QF たる資格の維持に関する契約上の義務の存在を FERC が特に認める場合，③プロジェクトファイナンスによるプロジェクトについては，適格認定を失う場合の他者への経済的影響が大きいと FERC が特に認める場合，④発電技術の特殊性を FERC が特に認める場合，⑤他の同様の設備と比較して，操業性基準とは別の相当な基準により，暫定的に操業性基準を満足したことを FERC が特に認める場合である。
81　See Neil W. Hamilton, *Standard Contracts and Prices for Small Power Producers*, 11 W. MITCHELL L. REV. 421 (1985).

をよせた発言は多くはない[82]。また司法によるチェックも，この問題が独立行政委員会たる FERC の裁量問題に帰着することでもあって，強力なものとは言えない[83]。さらにこの規制のウェイバーの議論については，政府規制当局の行う審査は，ウェイバーを出すことが被規制者から期待されるような従来型の政策に，クリントン政権以降のハードルック審査から回帰すべきであるとの主張すらないではない[84]。しかし，ウェイバーの手続きはより信頼性高くかつ慎重な決定手続きに移行されるべきであり，特に FERC は個別的決定ないし裁決ではなく規則によってウェイバーの基準を明確にするべきで，それにより FERC はウェイバーの決定をより米国民に明快に報告できるようになると考えるのが合理的であることから，FERC が信頼性の高い政策を維持することが，エネルギー供給源の多様化に対応し，構造を変えつつある巨大な電力供給産業をまとめるために現在必要とされ，その点は日本の電気事業規制の今後の課題と合致するところも多いと考えられる[85]。

### 第2項　卸売電気売買契約当事者間の問題

前項において紹介した政策的アプローチとは異なり，卸売電気売買契約当事者間の既存の契約を重視することにより NUG を救済しようとする考え方もある[86]。ところがこの考え方は，FERC にウェイバー決定基準へのハードルック審査という実質的規制強化の途を与える根拠ともなりうることと，法理論が依然未整備であるこ

---

82　もっとも，例がないではない。See New Charleston Power I, L.P., 65 F.E.R.C. at 63,026 (1993).

83　Peter R. Hansen, *Regulatory Estoppel: When Agencies Break Their Own "Laws,"* 64 Tex.L.Rev 1, 29 (1995). See, e.g., Jim Rossi, *Making Policy Through the Waiver of Regulations at the Federal Energy Regulatory Commission*, 47 Admin. L. Rev. 255, 281 (1995). See, e.g., The Energy Daily, Mar. 8, 1994. See, e.g., Jerry L. Mashaw, *Improving the Environment of Agency Rulemaking: An Essay on Management, Games, and Accountability*, 57 Law & Contemp. Probs. 185 (1994).

84　See, e.g., Jerry L. Mashaw, *Improving the Environment of Agency Rulemaking: An Essay on Management, Games, and Accountability*, 57 Law & Contemp. Probs. 185, 192 (1994).

85　日本では，PURPA の最大の問題点は，同制度を利用したクリームスキミング（良いところどり）を行う PURPA マシンの存在であってそれがアメリカのコージェネレーション・システム規制の問題を象徴的に露呈していると考えられている。すなわち，大口産業用需要家がコージェネレーション等の自家発電にシフトする「システムバイパス」がおこり，電力ネットワークから離脱するようになると，電力会社の供給分野の一部が失われ，残された消費者で莫大な固定費を支払わなければならなような弊害が生じるのである。アメリカでは PURPA（クリームスキミング）マシンの数が増え続けてきたし，この他にも，適正な売電価格の設定が困難なこと，余剰発電出力を持つ電力会社には単に負担増にしかならない，などの問題も指摘されている。井手秀樹「電気事業の規制と構造変化」林敏彦（編）『公益事業と規制緩和』190頁（東洋経済新報社，1990年）参照。

86　See, e.g., Bernard S. Black and Richard J. Pierce, Jr., *The Choice Between Markets and Central Planning in the U.S. Electricity Industry*, 93 Colum. L. Rev. 1339, 1341 (1993).

との2点において，問題が残る。なお，法理論の未整備とは，今やほとんどのPURPA に基づく卸売電気購入の合意が NUG に QF の資格を継続的に維持することを要求しているという事情を，法制度が反映できていないことを指す。この場合，QF たる資格を失うということは，従来の取引きに重大な変更が加えられるおそれが常に NUG につきまとうということとなる。たとえば，QF の地位を維持することが卸売電気売買契約締結の基礎的条件である場合には，NUG の設備が FERC の規制基準を満たさなかったために QF の資格を奪われることで相手方（電気事業者）による義務の履行は免除されることとなる[87]。そして電気事業者が相手方（NUG）に対し新たな契約の締結が法的に求められるわけでもなく，NUG が他の買い手を見出せるよう送電アクセスを法的に義務付けられるものでもないという状況を奇貨として，電気事業者の優越的な立場を利用しながら NUG を卸売電気の買い手の付かない状態で放置する可能性が，新たな問題点として指摘されている[88]。これがさらに派生的な法的紛争を惹起する可能性すらある。実際にこのような状況が起こったカリフォルニア州では，自らの設備が QF の資格を失った NUG に対してPURPA 規制に対応しない期間の過度の電気料金受領があると認定し，相手方電気事業者への弁償を命じた裁判例[89]もある。

#### 第3項　クリントン大統領（当時）の展望

1993年，民主党のビル・クリントン（William Jefferson "Bill" Clinton）第42代米国大統領（任期：1993年1月20日-2001年1月20日）は，各々の行政機関に，「ウェイバー決定の手続きを今一度見直し，手続きの合理化に向け適当な手段を尽くす」ことを命じる大統領命令を発した[90]。独立行政委員会である FERC は，その命令の対象からは外されていたが[91]，FERC の PURPA に基づく QF 規制のウェイバーの問題についても，同種の問題を含むとして専門家らの考察の対象となり，特に以下の提言はメディアを通じて広く支持されるに至っている[92]。すなわち，第一に，再生可能エネルギーを使用する QF に対するウェイバー基準は，その特性，特殊な技術に着目した改善が施されるべきである，第二に，FERC はハードルック審査に固執することなくウェイバーを視野に入れたアプローチを採用すべきである，第三に，ウェイバーの手続きは高い信頼性が維持され，また十分に慎重なものでなけれ

---

87　もっとも，市場契約重視論であっても，非実用性とか目的府達成の可能性こそ契約締結時に考慮されなければならない等，逆説的な説明も可能であろうか。
88　E. ALLEN FARNSWORTH, CONTRACTS§§9.6, 9.7 (1982).
89　Independent Energy Production Ass'n, Inc. v. California Public Utils. Comm'n, 36 F.3d 848 (9th Cir. 1994).
90　3 C.F.R.§669 (1993).
91　Id.
92　23 THE ENERGY REPORT, May 29, 1995, at 449.

第5章　FERCによるQF規制のウェイバー

ばならない，の三つであり，これらは具体化され，以下のような提言となった。すなわち，①FERCは包括的な規則ではなく裁決をもって個別的にウェイバー基準を策定するのを原則とすべきである，②FERCは，組織的に自らのウェイバーに関する実務をまとめて公表すべきである，③QFたる資格を喪失しなければならないのは，故意にFERCの定めた基準を破ったものに限られるべきである，④FERCがウェイバーに条件付与することにより，PURPAの違反者に対して比例原則に即した妥当な行政罰を課すべきである，⑤過度な行政罰はPURPAによる保護から得ることが正当に期待される利益をQFから奪うから厳罰主義的な行政罰は避けるべきである[93]。さらにそこでは，QFが過失によってFERC規則の定める技術基準に違背したに過ぎない場合には，FERCは条件付きウェイバーに類似の権限を行使することによって事実上軽度の行政罰を加えるなどの手法が可能であるとの理論的提言も出されている[94]。具体的にはFPA205条の管轄権に由来する権限の行使により，PURPA基準に違反した期間，FERC自らが事実上当該電気料金を決定する内容のペナルティーを課す等の手法である[95]。なお，これらの議論は，QFの将来はFERCがQFに対する規制のウェイバーをいかに運用するかにかかっているとの前提に基づいたものであることに留意する必要があろう[96]。

---

93　Id.
94　EEIによって1994年になされた提案も，このFERCによるウェイバーの問題こそが最も重要な電気事業に関する議論の争点であるとされ，メディアも話題として取り上げた。Id. たとえば，EEIがFERC委員長に送った書簡のことが話題にされている。その内容はまずFERCがQFに対して一時的に操業基準，燃料効率性基準といったものに対してウェイバーを実施することの肯定に続き，QFの技術基準の些細な法律違反に対する行政罰に対してはより重大な法律違反に対する処罰よりも衡平上ゆるやかに扱う政策を維持することを明確にしてもらいたい，ということであった。書簡はさらに，「FERCがこの政策を維持し，過失による基準の背景には寛容に臨むことがウェイバーを正当付ける。すなわち，故意による基準の違背ないし重大な法律違反については決してウェイバーを出さないという態度が，ウェイバーを有効ならしめるのだ。」と続く。なお，この書簡はFERCが一時的，条件付きの規制のウェイバーを決定するにつき，技術水準に関する要件を確立したとの見方をとっているように思われる。現在のところ，明文の規定がなくFERCに排他的規制権限が与えられている以上，論理的にはFERCはQFに対して無条件の規制のウェイバーを実施することもできれば，逆にQFたる地位を剥奪することもできるという状況であって，条件付きウェイバーなるものがこれら極端な状況の中間状態における権限行使の中でFERCにもたらされるべき手段の一つであるとこの書簡は主張したのである。いわゆる「公表問題」については大きく二つの考え方が成立すると思われる。第一に，公式にしても非公式にしても，FERCが規則制定の手続を経ずにこれらをやろうとするなら，一般的な政策ガイドラインを出すことによってウェイバー政策に関しアナウンスする必要があること，第二に，裁決によるウェイバーは政策形成の重要な方法であり続けるのであるから，FERCがそのために公に確定しておくべき事柄は年次報告などにして公表すべきであることである。
95　Id.
96　Id. 加えて同記事は今後のFERCの規制ウェイバーの態度と新しいペナルティーの可能性について次のように伝えている。「FERCは伝統的にQFに対して一時的な規制ウェイバーを与えることを，特に操業基準，燃料効率性基準に関して自らすすんでおこなった形跡がある。それゆえQFのためにそのような審査に関し『包括的』なウェイバーが今後ありうるとの電気事業者等の懸念が存在していたわけであるが，この度FERCは明確にこれを否定した。」

第Ⅰ部　米国連邦公益事業規制政策法の功罪

## 本章の小括

　PURPA の適格認定規制に関するウェイバーの実施を自重するよう FERC に求める主張の多くは，市場の秩序を備えつつある産業には規制のウェイバーが不要なものであるとの認識から発せられている。確かに，市場中心の産業構造においては，「規制」と観念されるものがすべからく明瞭な手続きを伴うものであることが期待されていることは当然であるし，規制基準の曖昧さはなるべく排除されねばならない[97]。また，かつて QF であった設備が FERC の QF の基準を満たさなくなったならば QF たる資格を喪失するとの帰結が，契約締結の際に考慮に入れられなければならないリスクであり，そうすると FERC が規制のウェイバーをなす必然性は減ぜられると考えることも不可能ではない。実際，その趣旨を明言する FERC 決定も見られるようになってきている[98]。しかし行政上の裁量的規制権限の不行使—すなわち規制のウェイバーという形式においてのそれ—が，今後も必要な行政決定の一態様であり続ける可能性については，規制のウェイバーと表裏一体となるべき規制の柔軟性 (flexibility) が求められているという理由からばかりではなく，より積極的に，この領域において FERC がなす規制のウェイバーが新技術，省エネルギー等，政策のスキームを発展させることになり，また市場の効率性を増進させるためにも規制政策上必要なものと見るべきである[99]。その意味で FERC による PURPA 規制の今後の行方をしばらく注視しておく必要がある。

　米国においては現在，競争入札を導入することによって卸電力市場を活性化させようとの動きが州単位で極めて活発になっており，QF もその枠組みにとりこまれつつある[100]。また 1992 年連邦エネルギー政策法 (Energy Policy Act：EPAct) が，電気卸売りに必要な送電線へのオープンアクセスを命じる権限を FERC に与えた[101] ことをはじめとして，卸電力市場に競争が導入される環境が整いつつあ

---

97　Richard J. Pierce, Jr., *The Unintended Effects of Judicial Review of Agency Rules: How Federal Courts Have Contributed to the Electricity Crisis of the 1990's*, 43 ADMIN. L. REV. 7, 11-13 (1991); Merton C. Bernstein, *The NLRB's Adjudication-Rulemaking Dilemma Under the Administrative Procedure Act*, 79 YALE L.J. 571 (1970); David L. Shapiro, *The Choice of Rule Making or Adjudication in the Development of Administrative Policy*, 78 HARV. L. REV. 921, 958 (1965).
98　*See, e.g.*, Kramer Junction Co., Harper Lake Co. VIII, and HLC IX Co., 61 F.E.R. C. ¶ 61,309, at 62,160 (1992).
99　事業の監督や法的紛争の処理にかけるコスト，急速な経済状況の変容に対応するコストの増大が FERC による PURPA 規制のウェイバーの必要性をも増大させることを想像するのもさして困難ではない。このように，競争的市場の形成を目標に据えながらも，NUG に規制のウェイバーを与える FERC の政策判断の健全な理由が見出される場合もありえよう。
100　草薙真一「米国における適格認定設備からの電力会社の購入電気料金」『法学政治学論究』19 号 306 頁 (1993 年) 参照。
101　16 U.S.C.§824k (1992).

第5章　FERC による QF 規制のウェイバー

り[102]，EPAct が FERC に与えた権限につき多くの検討がなされるようになった[103]。これらの法制度の変更は QF を直接のターゲットにしたものではないと考えられるため，本章ではこの問題に触れることを避けたが，これらの変更は，QF の将来を厳しくするであろうとの有力な予測がある[104]。さらに世界の潮流としては FIT が主流になりつつある。本章は，FERC の庇護下にある個別的な QF に対する規制のウェイバーを扱ったわけであるが，確かにそれらは FERC に個別事例への対処を促すものにとどまっているとの評価も可能であろうし，FERC が特に QF を対象とした規則制定案の告示（Notice of Proposed Rulemaking：NOPR）に至らしめることもない現状からも，QF が今後，FERC の政策変更に大きな犠牲を払わされる可能性を否定し切ることは困難であろう。そして，かような予測が今後の流れを言い当てているとするならば，今後はかつてのようには，コージェネレーション設備や再生可能エネルギー等を利用する小規模発電設備が QF として FERC によって十分に保護・育成されることは（少なくとも FERC が規制のウェイバーを多用するような形では）有りえず，むしろ今後の卸電力市場の枠組みでは既に二次的役割を模索するよう求められる時代が訪れることになる[105]。ここで，FERC の PURPA 規制が近い将来大幅に変更される可能性が高いとする見方の多くは，伝統的な経営形態をとる電気事業による NUG からの卸売電気の購入は既に実質的な競争の様相を呈し，電気事業における伝統的な自然独占理論もその存立根拠を失いつつあるという認識では一致するものの，PURPA の問題点を指摘する視野により大きく二つに分かれる[106]。第一の見方は，経済的な視点から，PURPA 規制は効率的な電力供給における競争を生み出せないでいるとの評価であり，それは以下の主張を有している。すなわち，電力市場は送電線への自由なアクセスが得られなければ完全競争はありえず[107]，

---

102　1992 年 EPAct の評価を，特に PURPA との関連を含めて詳述した文献として，Juffrey D. Watkiss and Douglous W. Smith, *The Energy Policy Act of 1992-A Watershed for Competition in the Wholesale Power Market*, 10 YALE J. ON REG. 447, 475 (1993); James W. Moeller, *Toward an SEC-FERC Memorandum of Understanding*, 15 ENERGY L.J. 31, 65 (1994).
103　多くの文献があるが，ここでは我が国に EPAct を紹介したものとして，豊馬誠・デボラ・アルト「米国電気事業における送電アクセス，託送及び規制緩和」『海外電力』1995 年 8 月号 67 頁，武智久典「規制緩和に対する米国電気事業者の対応」『海外電力』1995 年 6 月号 18 頁を挙げておく。
104　*See* B. Jeanine Hull, *What's Your View on Reform of the Public Utility Regulatory Policies Act (PURPA) ? Can you Envision Any Reform Short of Full Repeal?*, PUB. UTIL.FORT., June 1, 1995, at 30.
105　Phillip S. Cross, *Cogeneration: Growing Risk in a Complex Market*, PUB.UTIL. FORT., Dec. 1, 1992, at 39.
106　Elliot J. Roseman, *Unregulated Transmission Lines: Is This the Next Move?*, 95 POWER ENGINEERING 35 (1991).
107　PAUL. L. JOSKOW and RICHARD SCHMALENSEE, MARKETS FOR POWER: AN ANALYSIS OF ELECTRICAL UTILITY DEREGULATION 112 (1983).

送電網へのアクセスが保障されたとしてもコストの壁がなかなか消滅しないが[108]、もし自由な送電アクセスが現実になされ、送電コストも微々たるものであるとしても、結局のところ経済性、公平性確保というPURPAでは実現困難な要請が行政に対して突きつけられうる[109]、ということである。もう一つの見方は、入札制度の運用上の欠点の指摘に代表される、手続き重視の視点からの評価である[110]。現在ではかなり多くの州公益事業委員会がNUGの設備増設の際には競争入札に応札することを求めているが、電気事業者はNUGの欲する情報をコントロールするための多様な方法を知っている。したがって応札業者の事情、応札の結果もわかっているとの指摘[111]もあって、卸電力市場は成熟しておらず、その面での不公正の是正はPURPAでは困難であるとの懸念が払拭されないでいる[112]。しかも、「もしFERCのPURPA規制が明示する一定の基準を満たすことができないならば、QFの資格を喪失し、通常の市場の競争にさらされなければならない」とのFERCの新政策に例外が認められないとすると、QF救済のための解決の手段が何等見出せないことになりかねない[113]。このような議論を背景として、PURPA自体の存立意義が薄れたと主張する有力な電気事業者からは、PURPAの廃止問題を含めた積極的な提言がなされており[114]、その傾向がますます顕著になったと言えよう。

---

108 *Id.*
109 *Id.* at 120.
110 CARL PECHMAN, REGULATING POWER: THE ECONOMICS OF ELECTRICITY IN THE INFORMATION AGE 119 (1983).
111 *Id.*
112 *Id.*
113 *See, e.g.*, 23 THE ENERGY REPORT, May 29, 1995, at 455.
114 *Id.*

第**6**章

# 電気事業をめぐる連邦の混乱とそれへの州の対応

## 第1節 はじめに

すでに詳述した通り、1978年に制定された[1]PURPA (Public Utility Regulatory Policies Act：連邦公益事業規制政策法) 101条に照らして、この法律の特徴は、エネルギー危機の大きな教訓を受けて多様なエネルギー政策を盛り込んだことにあると言えよう[2]。PURPA 210条[3]では、熱電併給（コージェネレーション）設備か、太陽光・風力・地熱・バイオマスなど再生可能エネルギーを用いる小規模発電業者の有する設備のうち、一定の要件を満たしたものを QF (Qualifying Facility：適格認定設備) として高度に促進する政策を実施したことも先述の通りである。特に QF の発電する電気の増分費用 (incremental cost) での購入を電気事業者 (electric utilities) に義務付けたことは、競争政策と環境政策の両方を視野に入れた画期的な政策であるとして注目された[4]。再生可能エネルギーを本格的なエネルギー源として認識し、電気事業者にその電気を事実上行政決定により高額で強制的に買い取らせる (QF 契約を締結させる) という意味で、画期的な環境共生型連邦法であったと言えよう[5]。当初、電気事業者も積極的にコストを負担すべき対象として長期

---

1 藤原淳一郎「米国コージェネレーション法制論序説（二・完）」『法学研究』61巻11号35頁（1988年）参照。
2 16 U.S.C.§2611 (2005).
3 16 U.S.C.§824a-3 (2005).
4 草薙真一「米国連邦公益事業規制政策法第210条問題に関する一考察―SCE社事件連邦エネルギー規制委員会決定の検討を中心として―」『商大論集』51巻1号119, 121頁（1999年）を参照のこと。関連して、連邦公益事業規制政策法に関する論考として、同「米国連邦公益事業規制政策法に関する一考察―FERCによる適格認定設備のウェイバーを中心として―」『商大論集』48巻1号89頁（1996年）、同「米国における電力産業の再構築と競争導入政策―反トラスト法規制に焦点を当てて―」『商大論集』51巻2.3.4合併号23頁（1999年）、同「米国における初期の送電線開放政策に関する一考察―ガスパイプライン政策との比較を中心として―」『商大論集』51巻5号449頁（2000年）も併せて参照いただきたい。
5 草薙真一「米国における環境共生型連邦法の活用の現状―1978年公益事業規制政策法を題材にして―」『公益事業研究』57巻2号45頁（2005年）参照。なお、小林健一『アメリカの電力自由化―クリーン・エネルギーの将来―』（日本経済評論社、2002年）では、カリフォルニア州の分散型電源育成などを含めて、PURPA210条の経済的効果の側面が分析されている。

QF契約を捉え，千を超えるQF業者，QFのリース業者及び販売業者は，この事業を行う者全体で数百億ドルといわれる資金を費やして電気事業者とのQF契約の締結に躍起になったが，このようなQF業界の優遇制度への依存体質が長年にわたり電気事業者に与えたダメージは，電力業界全体において無視できる規模ではなく，電力業界に財務上の混乱をもたらした。すなわち，電気事業者によっては，ストランディッドコスト（stranded cost：回収不能原価）[6]問題の中心的課題が，既存のQF契約を，FERCの意図するところに従いついかに終了させるかという大きな難問になったと言っても過言ではなく，そのような電気事業者は長期QF契約のもたらすコスト問題の解決を最重要課題とした。現在では電力業界での競争導入が進み，QF業者であっても電力卸入札に対応することが求められることが多くなったため，QF制度そのものの閉塞感も強まっている。入札制度による回避原価（avoided cost）の認定が一般的になり，行政決定による高額な購入価格の設定も陰を潜めた。QF契約自体は現在も新たに締結されている[7]ものの，かつて締結された多くのQF契約が満了し，あるいは電気事業者が高額で契約を買い取り，将来的負担を回避する例も見られることから，最近のPURPA210条に関する争訟数も減少しつつある[8]。このように，QF制度は，ようやくその役割を終えつつあると言えるわけである。本章はこの制度が設けられた時点において制度の外延に位置したものに目を向け，特にこの連邦制度の策定当初，連邦制度の導入を受けた電気事業者の対応や州規制当局の対応がいかなるものであったかを考察し，当該規制制度の影響度を探ることにより，将来なされるべきQF制度の確定的評価に寄与することを目的とする。

---

これにつき同書第一部を参照のこと。また，PURPAに関連するこれまでの法律上の問題点がまとめられたものとして，矢島正之『電力改革―規制緩和の理論・実態・政策―』75頁（東洋経済新報社，1998年）を参照のこと。

[6] 米国における様々な規制産業では，政府規制の変更などによって，それまでに実施した設備投資等，投下資金の回収が困難になる場合，その回収不能の資金を「ストランディッドコスト」という。電気事業者の「ストランディッドコスト」を電気料金に上乗せして回収することは，制度改革に伴う行政側の政策的支援として可能になっている場合がある。公益事業学会政策研究会「電力改革の論点と理論検証」『公益事業研究』65巻1号74-80頁（2013年）参照。

[7] *See generally* Steven Ferrey, *Sustainable Energy, Environmental Policy, And States' Rights: Discerning The Energy Future Through The Eye Of The Dormant Commerce Clause*, 12 N.Y.U. ENVTL. L.J. 507 (2004). 最近の地熱発電によるQF契約締結の例を挙げておく。アイダホ州のU.S. Geothermal社（QF業者）が，Bonneville Power Administration（ボネビル電力公社）の送電線を用いてIdaho Power社（電気事業者）に卸電力を販売する20年の長期QF契約の締結が，2004年12月に州規制当局により承認され，運転を開始した。このQF業者は地熱発電設備（出力10MW）を用いる当該QF契約により，20年間の総額で1億1,000万ドルの収入を得る計算になるとのことである。*See* MEGAWATT DAILY, January 31, 2005, at 6.

[8] *See* James W. Moeller, *Article: Of Credits And Quotas: Federal Tax Incentives For Renewable Resources, State Renewable Portfolio Standards, And The Evolution Of Proposals For A Federal Renewable Portfolio Standard*, 51 FORDHAM ENVTL. L.J. 69, 72 (2004).

第6章　電気事業をめぐる連邦の混乱とそれへの州の対応

## 第2節　電気事業者へのインパクト

　PURPAにおいてエネルギー政策の目玉とされたQF制度は，前章までに見てきたように功罪相半ばするものの，PURPAそのものは今日でも競争導入が進む米国にあって歴史と特色のある連邦レベルの政策法でありつづけている。そもそも制度実施初期において，FERC内部の担当職員は電気事業者による処理の迅速化を動機付ける方法として，QF業者が受け取る電力買取料金は回避原価の95％を上限とする提案をなした。しかしFERC委員らがこの考えを拒否し，QF業者に回避原価の100％を受け取らせる決定をなした経緯がある[9]。結局FERCは，QF業者が電気事業者に回避原価をもって全出力を売ることを認めたわけであるが，QF業者には，自分の販売する料金よりも高価な値段でバックアップ用電力を購入することが求められた[10]。電気事業者にとっては，この制度は料金格差を利用してのアービトラージ，すなわち鞘取売買あるいは裁定取引を導くこととなり，QF業者に対しては，いわゆるネットエネルギー請求書（Net Energy Invoice）が用いられた。すなわち，売買される電力量が差し引きにより計測され，電力取引の結果電気事業者がQF業者に料金を支払うべきかQF業者が電気事業者に料金を支払うべきかをその金額とともに指し示すものとなった[11]。

　もともと電気事業者らは，第1章において詳述したカーター大統領時代のエネルギー問題における基本的な考え方すらも酷評し，これに反対していた。たとえば，1977年3月の法案起草担当政府職員との会合で，電気事業者らは，同大統領が省エネルギーと電気料金制度改革を重点化する政策を維持するならば結果的に失敗すると警告していた[12]。メディアの態度としては，たとえば大統領のテレビ及びラジオでの演説を受けて，*Electrical Week*（エレクトリカル・ウィーク）誌が，当時の全国エネルギー計画（National Energy Plan）には連邦公益事業持株会社法（Public Utility Holding Company Act：PUHCA）[13]が成立した1935年当時にまで遡っても，電気事業者に対する最も厳しい連邦政府としての姿勢が認められると報じた[14]。この報道は特に，天然ガスと石油に代替して燃料に石炭を利用させるべく発電所設備

---

9　See Reinier H.J.H. Lock, *Encouraging Decentralized Generation of Electricity: Implementation of the New Statutory Scheme*, 2 SOLAR LAW REPORTER 722-723 (1980).
10　*Id*. at 724-725.
11　*Id*.
12　*Carter's Conservation Aims Stir Deep Fears among Utility Executives*, ELECTRICAL WEEK (28 March 1977) at 5.
13　Public Utility Regulatory Policies Act of 1935 (PUHCA), 15 U.S.C.§79-79z-6.
14　*Utilities View Carter Energy Message as Mix of Good Intentions and "Trauma" for the Industry; Broads Scrubber Proposal Called "Idiotic,"* ELECTRICAL WEEK (25 April 1977) at 1.

を変更させるという，電気事業者にはとても容易には受け入れられない案が含まれていることを例に挙げている。当然電気事業者は，全国エネルギー計画が省エネルギー項目にあまりに多くの力点を置きすぎ，発電所建設のあり方への将来展望がないと考えた。一方，連邦動力委員会（Federal Power Commission：FPC）のリチャード・ダンハム（Richard Dunham）委員長は，カーター大統領の省エネ目標では間に合わず，1985年までに全米レベルでの発電能力は不足に陥ると予測した[15]。これをうけてカーター大統領は，エネルギー事業に関する規制当局の権限を強化することとした[16]。特に電気事業における大変更が予定され，FPCに対する，発電及び送電の効率性を向上させるための監督権限強化や電力会社に向けられる相互接続命令権限付与が確定的になった[17]。さらに，電気事業者が顧客に電気の使用代金を請求する方法を決定する大きな役割を担うものとして，州規制当局の役割を重視した[18]。この時期，平均費用（average cost）に基づく価格決定は十分な合理性を持たないとするアルフレッド・カーン（Alfred E. Kahn）教授の著書（*The Economics of Regulation : Principles and Institutions*）[19]が，限界費用（marginal cost）に基づく価格設定の重要性を電力業界に知らしめつつあった。電気事業者としても，発電及び送電のための初期投資費用を早期回収するためにはこの理論を用いることが有利であったが，当初は州規制当局からの十分な支持を得られたわけではなく，ほとんど導入されなかったことが尾を引いて，1970年代は，科学技術の進歩によってもまかなうことができない燃料費の高騰や経費上昇にもかかわらず州が認可する電気料金設定は低料金に抑えられた。この結果，電気事業者の間には特に州の政策立案者に対する不信感が蔓延し，連邦レベルの新法を受け入れる素地が生じていた[20]。

## 第3節　州規制当局へのインパクト
―カリフォルニア州を中心にして―

　1970年代の初期に，ウィスコンシン州とニューヨーク州で限界費用に基づく料金設定モデルの使用に関する実験が始められた。まずウィスコンシン州が，電力消費と発電所の燃料消費を極力抑えることを意図して1972年に規制改革を行い，時間帯別料金制度を採用した[21]。続いてニューヨーク州では，環境保護基金等の諸団

---

15　*Utilities Muster for Big Rate - Reform Fight; Sen. Jackson to Move Bill*, ELECTRICAL WEEK (1 August 1977) at 2.
16　EXECUTIIVE OFFICE OF THE PRESIDENT, THE NATIONAL ENERGY PLAN at 45-49.
17　PIETRO S. NIVOLA, THE POLITICS OF ENERGY CONSERVATION 151-193 (1986).
18　JAMES C. BONBRIHT, PRINCIPLES OF PUBLIC UTILITY RATES 391 (1961).
19　ALFRED E. KAHN, THE ECONOMICS OF REGULATION: PRINCIPLES AND INSTITUTIONS VOL.1 (1970).
20　LEONARD S. HYMAN, AMERICA'S ELECTRIC UTILITIES: PAST, PRESENT, AND THE FUTURE, 4TH ED. 132 (1992).
21　Hethie S. Parmesano and Catherine S. Martin, *The Evolution in U.S. Electric*

第 6 章　電気事業をめぐる連邦の混乱とそれへの州の対応

体が,時季別料金制度を採用した。時季別料金制度により,電気事業者は新規に発電所建設のために投資することを回避する利点を享受できる一方,電力消費者は少数の発電所の稼働率を上昇させることで安定した料金を享受できると主張し,この主張と軌を一にして,ニューヨーク州公益事業委員長として先述のカーン教授が,夏期ピーク時における電力需要を抑える方法として 1974 年,時季別料金制度の実施に踏み切った[22]のである。

もっとも,この種の料金改革が,次期発電所の建設コストを過大に評価することになり,電気料金上昇に繋がると主張するものもあった[23]。総じて,画一的な電気事業規制の枠組みに徐々に多様性がもたらされるようになっていった。特に QF 制度に関しては,カリフォルニア州で,1990 年までに QF がおよそ 9,400MW を供給し,非電気事業者 (Non Utility Generators：NUG) の括りでみると,1991 年には州の 3 分の 1 の発電を担うまでに成長し,全米の NUG による発電の 21％を占めた[24]。

これほどに法の影響を受けた州は他にはない。そこで,カリフォルニア州に焦点を絞って考察する。同州は,1973 年の石油危機以前から,州独自の政策を考えていた。1960 年代の同州では,電力消費量が毎年約 8％ずつ上昇していた[25]。電力消費量の増加は発電所を建設する必要性が増大することを意味し,州議会議員らの間では問題視されるようになってきた。1972 年にこの急激な電力需要増加の状況について民間会社に調査させたところ,1991 年までにエネルギー消費量は 1970 年の 4 倍以上に増加し,2000 年までに,発電容量 15 万 MW 以上を供給する新しい発電所が,130 ヶ所以上必要になるなどの結論が出された[26]。

州政府に対する発電所増設の要請は幾度となく繰り返されたが,その一方で,環境に対する意識の高まりから,発電所増設への規制が強化された。電気事業者には,発電所設立にあたって連邦・州・地方当局から計 30 以上の許可を得る必要が生じた。その結果,1970 年代中頃,発電所運開までのリードタイムは,化石燃料で約 8 年,原子力発電では約 12 ～ 14 年にそれぞれ数年ずつ延びた[27]。

環境保護主義者からのものが中心ではあるものの,一部電気事業者からの要請もあって,1973 年の 2 月から 4 月にかけて,カリフォルニア州の上院議員アルフレ

---

*Utility Rate Design*, 8 ANNUAL REPORT OF ENERGY 45-94 (1983).
22　Pawl L. Joskow, *Public Utility Regulatory Policies Act of 1978: Electric Utility Rate Reform*, 19 NATURAL RESOURCES J. 787-809 (1979).
23　*Id.* at 795-796.
24　U.S. DOE, ENERGY INFORMATION ADMINISTRATION, THE CHANGING STRUCTURE OF THE ELECTRIC POWER INDUSTRY, 1970-1991 at 85 (1993).
25　THE COUNCIL OF STATE GOVERNMENTS, STATE ENERGY MANAGEMENT: THE CALIFORNIA ENERGY RESOURCES CONSERVATION AND DEVELOPMENT COMMISSION 2 (1976).
26　R. D. DOCTOR, K. P. ANDERSON, M. B. BERMAN, S. H. DOLE, M. J. HAMMER, P. T. MCCULTUR, AND C. B. SMITH, CALIFORNIA'S ELECTRICITY QUANDARY III 1 (1972).
27　THE COUNCIL OF STATE GOVERNMENTS, *supra* note 591, at 3.

ッド・オルキスト (Alfred Alquist) 氏と下院議員チャールズ・ウォレン (Charles Warren) 氏は共同で立法活動を始めた[28]。この法案は, 新しい手法により発電所を建設するために州の新機関を創設しようとする趣旨のものであった。新機関とは, 5人の専門家及び州民によって構成される構想で, 同法案はかろうじて議会を通過したものの, 1973年10月2日にロナルド・レーガン (Ronald Reagan) 州知事に拒否された[29]。しかし知事の拒否権発動の4日後にアラブ国家がイスラエルを攻撃し, 1974年2月, 中東への危機感がさらに高まる中, ウォレン下院議員は同法案を再提出した。レーガン州知事を説得するために, 機関の創設資金に関する政府負担を減ずること等で妥協に達した背景があり, ついに同州知事は同年5月にこれを承認した[30]。この組織はカリフォルニア・エネルギー・コミッション (CEC) と名付けられた[31]。

レーガン州知事よりも積極的にCECを利用したとされるレーガン氏の後任のエドムンド・ブラウン (Edmund Brown) 州知事は, イエズス会に属しながらかつ禅宗にも興味を持つなど, 多くの個性的な視座をもつ民主党員であった。彼は, 「small is beautiful」という言葉をはじめて政治的語彙の中に持ち込んだことでも知られる[32]。1975年に37歳で州知事になったとき, ブラウン氏は「カリフォルニアを離れている孫たちまでが住みたがる州にする」と語り, 特に環境の質を高める努力を払うことを宣言した[33]。その一方で, 原子力発電所の建設に反対した。最先端技術が常に生活の水準を改善するわけではないと確信し,「より個人主義的」で「より独立的なこと」を標榜した[34]。彼は知事用の贅沢な公用車を使うことを避け, 燃費が良いとしてコンパクトカーを使用し, さらに知事用のマンションに住むことを避け州議事堂のビルから通りを横切った場所にあるアパートに住んだ[35]。彼の行動については, 有力メディアも「ブラウン州知事はカリフォルニア州の歴史の中で最も奇人かもしれない。周囲の人間によそよそしく, 禁欲主義者のようだ」と評したほどであった[36]。

---

28 Id. at 4-5.
29 Id. at 8. レーガン州知事は, その後, 第40代米国大統領となった。その任期は1981年1月20日-1989年1月20日である。
30 Jerry Gillam, *Reagan Signs Bill to Create State Energy Control Board*, Los Angeles Times (22 May 1974) at 1.
31 James R. Asperger, *California's Energy Commission: Illusions of a One-Stop Power Plant Siting Agency*, 24 UCLA Law Rev. 1313-1353 (1977).
32 Marguerite Michaels, *Can Fortune's Child Survive?*, Washington Post (29 November 1981) at A1.
33 Lou Cannon, *The Puzzling Policies of Jerry Brown*, Washington Post (5 February 1978) at B1.
34 Neal R. Pierce and Jerry Brown, *Prophet of the Unconventional*, Washington Post (6 June 1977) at A23.
35 Leroy F. Aarons et al., *Running Ahead in California*, Washington Post (1 November 1974) at A2.

第 6 章　電気事業をめぐる連邦の混乱とそれへの州の対応

　ブラウン州知事は，CEC 委員を任命する際に，州のエネルギー政策に強く関与し，カリフォルニア州公益事業委員会（California Public Utility Commission：CPUC）の 5 名の委員に対して，消費者とエネルギー効率問題に一層敏感になるよう求め，伝統的な公益事業の慣行を変更する政策を求めた[37]。やがて州内での発電所の新規建設が予定よりも遅れるようになったため，CPUC は，PURPA210 条の目標設定に躍起になった。電気の需要が増え続け，発電予備率は危険なレベルに落ち込んだ。1970 年代後半，州北部のパシフィック・ガス・アンド・エレクトリック（Pacific Gas & Electric：PG&E）社の予備率が何度も 10％以下に低下するようになり，1981 年にはついに 6％になった[38]。なお，十分な予備率と見なしうる水準は一般に 20％であると考えられていた[39]。この予備率問題を解決するために，CPUC は全ての利用可能な資源を求め始めた[40]。同州では，1978 年 PURPA 制定以前の 1976 年に「小規模発電業者法（Small Power Producers Act）」が制定されていた[41]。それは，州規制による厳しい監督行政から非電気事業者を免れさせるものであった。しかし，この州法は電気事業者が非電気事業者に回避原価を支払わせる仕組みの導入を要求しなかった結果，独立発電業者の優遇という意味ではわずかな影響を与えるにとどまっていた。このため，PURPA は歓迎される余地が大きかった。

　先述のように，1980 年の春までに PURPA 及び FERC 施行規則の要請により，州は非電気事業者によって提示された発電能力で一応の利益を得させるシステムを導入し，QF による電気を電気事業者に購入させるための契約上の料金体系を確立しなければならなかった。この点につき CPUC は，規制の柔軟性を増す方がよいと考えた。特に 1982 年 1 月には，QF 業者に「スタンダード・オファー（standard offer）」として知られる契約オプションを選択可能とするよう州内の電気事業者に命じた[42]。スタンダード・オファーを用いることにより個々の当事者が取り決める必要のないモデルが構築され，それにより，QF 業者にとって時間と費用を節約することが可能となった（QF 業者が望むならば，契約は従来通り QF 業者と電気事

---

36　Thomas A. Starrs, *Legislative Incentives Uncertainty About Regulatory Treatment of Cogeneration*, 5 NATURAL RESOURCES LAW NEWSLETTER 5 (1982).
37　BARBARA R. BARKOVICH, WILLIAM MEYER, AND VIRGINIA A. COE, CALIFORNIA'S ELECTRIC SERVICES INDUSTRY: FAIRNESS, EFFICIENCY, AND THE PURSUIT OF ENERGY CONSERVATION at 70 (1989).
38　JEFFREY DASOVICH, WILLIAM MEYER, AND VIRGINIA A. COE, CALIFORNIA'S ELECTRIC SERVICES INDUSTRY: PERSPECTIVES ON THE PAST, STRATEGIES FOR THE FUTURE 51 (1993).
39　Mark Crawford, *The Electricity Industry Dilemma*, 229 SCIENCE (19 July 1985) at 248.
40　Tom Redburn, *Cogeneration,: PUC to Prod Utilities to Squeeze More Power From Fuel*, LOS ANGELES TIMES (23 September 1979) at IV1 and IV10.
41　California Statutes, 1976, Chapter 915, at 2097, *effective* 14 September 1976, inserted as California Public Utility Code, Division 1, Part 2, Chapter 7.
42　California Public Utilities Commission, Decision 82-01-103 (1982).

業者の間に個々に成立しうる)⁴³。その後，CPUC はスタンダード・オファーに基づいてなされた電気事業者の申請を続けざまに認可した。しかし料金設定は，短期回避原価に基づくものであった⁴⁴。QF 業者の代表は，短期回避原価に基づいた料金設定が数年にわたってかなり変動すると主張して，これらの契約に反対し，長期回避原価に基づいた提示を望んだ⁴⁵。

これに対応するため CPUC は QF 業者の代表，電気事業者，CPUC による一連の協議会において，回避原価に基づいた QF に対する支払金の予定が 10 年後まで明確に記されているスタンダード・オファー 4 を策定した⁴⁶。しかし CPUC 委員のなかには，回避原価の長期予測は不適切であるとしてこの決定を批判した者も現れている⁴⁷。スタンダード・オファー 4 による QF 契約は，長期契約の最初の 10 年間において燃料や発電能力の予測がなされなければならなかった。QF 業者をはじめ当時の関係者は，燃料価格が 1983 年初頭からわずかずつ下落していたにもかかわらず「今後ガス及び石油の価格がますますつり上がる」と考えた⁴⁸。カリフォルニア州での原油井戸元価格が 1981 年の 1 バレル 42 ドルから 1983 年の 1 バレル 32 ドルまで下落したが，いくつかの熱電併給（コージェネレーション）事業に使われていた天然ガスや良質燃料の価格はこの時期にも幾分上昇していた。それゆえ QF 業者に支払うべき料金は，上昇するという見解が相当程度維持されたのである⁴⁹。現に南カリフォルニア・エディソン（Southern California Edison：SCE）社の場合，QF 業者に対する支払いは 1984 年の 1kWh 当たり 5.6 セントから 1993 年には 1kWh 当たり 10.1 セントにまで上昇した⁵⁰。

スタンダード・オファー 4 の制度にその設計当初から大きな反応を示した人はそれほど多くはなかった。電気事業者は，この設計の実現はいずれにしても技術的に不可能と感じていた⁵¹ のである。しかし 1984 年の末までに，スタンダード・オフ

---

43 スタンダード・オファーは，一般には小売電力の供給について競争市場の導入の移行期間に用いられる需要家保護の手法である。矢島正之『世界の電力ビッグバン―21 世紀の電力産業を展望する―』119 頁（東洋経済新報社，1999 年）参照。
44 Robert W. Kent, Jr., *Long-Term Electricity Supply Contracts Between Utilities and Small Power Producers*, 5 STANFORD ENVTL L. ANNUAL 179-180 (1983).
45 California Public Utilities Commission, Decision 82-04-087, 46 PUR4th 2571, Re: Pacific Gas and Electricity Company, 21 April 1982.
46 California Public Utilities Commission, Decision 83-09-054, 12 CPUC 2d 604, Re: Pacific Gas and Electric Company (7 September 1983) at 3.
47 *Id.*
48 *Id.*
49 William R. Ahern, *Implementing Avoided Cost Pricing for Alternate Electricity Generators in California*, in HARRY M. TREBING AND PATRICK C. MANN, EDS., NEW REGULATORY AND MANAGEMENT STRATEGIES IN A CHANGING MARKET ENVIRONMENT at 408 (1987).
50 SHEARSON LEHMAN, REV WIND POWER PARTNERS 1984-1 (22 OCTOBER 1984) at B-11 to B-12.
51 DASOVICH, MEYER, AND COE, *supra* note 38, at 68-69.

ァー 4 契約は約 1 万 MW の電力供給オファーの誘因となり，1985 年の末までに，さらに 1 万 5,000MW 以上にまで拡大した[52]。スタンダード・オファー 4 契約が締結されて QF 業者の数も増大すると，送電線容量の問題が生じてきたが，CPUC は，QF 制度のために大容量送電線を増設するまでの必要は原則としてないとの見解を示した。これは，送電線への接続について電気事業者に負担を強いる論理と結び付いた[53]。

1985 年までに，回避原価に基づいた QF 業者への支払いは実際の回避原価を超過し始めた[54]。そこで PG&E 社等の請願により，CPUC は 1985 年 4 月に新標準の提示・開発のために政治的判断をなした。それは，スタンダード・オファー 4 に基づく新規契約締結の道は閉ざすものの，1985 年までに既に契約を締結していれば，この契約は継続されることとするものであった[55]。

ところで，当初，カリフォルニア州の大手の電気事業者は PURPA による斬新な仕組みを歓迎した。たとえば PG&E 社の幹部たちは，「顧客を含めた開発者に発電設備を建設させ，電力を販売させるためのもの」と評価し，(スタンダード・オファー 4 契約成立前の) 1982 年の社内報で QF からの電力購入を肯定的に記述している[56]。その内容は，PG&E 社は，コージェネレーションや太陽光，風力，小規模水力発電のために 1 年で 204 件の契約を締結し，1979 年以来既に QF 業者から 241MW を調達していて，近い将来はこういった契約によってさらに 946MW を調達することになり，このような契約が「大規模で長期間にわたる発電所建設のリードタイムにおけるリスクを減少させる」ので，企業の財務を QF が改善する，との予測を示すものであった[57]。

しかし PURPA 規制のもとでは，電気事業者は余分な電力の必要とは無関係に電力購入契約を尊重することを義務付けられるわけである。やがて電気事業者たちは，燃料費が下落しており，QF 業者への支払いが過大であると主張し始めた。(PG&E 社は，1986 年にスタンダード・オファー 4 契約のもとで電力を得るとき，回避原価は 1kWh 当たり 4 セント以下にできるにもかかわらず，1kWh 当たり 6 セント支払っているとした)。これらの QF 業者に支払う料金は，電気事業者にとって莫大な経費として計上され，電気事業者には厳しい環境をもたらした[58]。同社では，ついには 1987 年に，リチャード・クラーク (Richard Clarke) 社長が，自らを「QF

---

52 California Energy Commission, Electricity Committee Report P106-90-002 at 3-11 (1990).
53 Ahern, *supra* note 49, at 410-411.
54 DASOVICH, MEYER, AND COE, *supra* note 38, at 68-69.
55 California Public Utilities Commission, Decision 85-07-0222, 68 PUR4th 1 (1985).
56 PG&E, 1982 ANNUAL REPORT 1.
57 *Id*. at 8.
58 DASOVICH, MEYER, AND COE, *supra* note 38, at 68-69.

の敵」と宣言しつつ,「PG&E 社の顧客は,今後 10 年間,1 年毎に 1 億ドルずつ転嫁されるだろう」と予測した[59]。SCE 社も,「今や QF は,非常に容量が大きく,非常に変化が早く,電気料金を非常に高くつり上げている」と,その認識を要約した[60]。このように,電気事業者と QF 業者との関係は急速に悪化していった。

## 本章の小括

　PURPA 制度実施初期において,FERC 内部の担当職員は電気事業者による処理の迅速化を動機付ける方法として,QF 業者が受け取る電力買取料金は回避原価の 95% を上限とする提案をなしていた事実はあまり知られていない。しかし FERC 委員らがこの考えを拒否し,QF 業者に回避原価の 100% を受け取らせる決定をなした経緯がある[61]。結局 FERC は,QF 業者が電気事業者に回避原価をもって全出力を売ることを認めたわけであるが,QF 業者には,自分の販売する料金よりも高価な値段でバックアップ用電力を購入することが求められた[62]。電気事業者にとっては,この制度は料金格差の利点を利用しての売買すなわち「鞘取売買」を導くこととなり,QF 業者に対しては,いわゆるネットエネルギー請求書が用いられた。売買される電力量は単一のメーターを通して計測され,電力取引に対して電気事業者が QF 業者に料金を支払うべきか QF 業者が電気事業者に料金を支払うべきかを指し示すものとなった[63]。

　本章では,電気事業をめぐって,政治家や規制当局がどのように QF 政策を打ち立てようとしたかを行政職員や経済学者らの視点をも交えて概観した。連邦法を必ずしもうまく使いこなせない連邦規制当局と,それを横目にしたたかに独自の州改革に利用したカリフォルニア州の違いが,鮮明に浮き上がったと言えよう。

---

59　*Socal Ed Hits Cogeneration in Rate Bid; Much of Power from Subsidiary*, COGENERATION REPORT (26 February 1988) at 1.
60　Charles W. Ross, *When the Price is Not Right: Cogeneration*, SAN DIEGO UNION AND TRIBUNE (5 April 1987) at I1.
61　*See* Reinier H.J.H. Lock, *Encouraging Decentralized Generation of Electricity: Implementation of the New Statutory Scheme*, 2 SOLAR LAW REPORTER at 722-723 (November-December 1980).
62　*Id*. at 724-725.
63　*Id*.

## 第Ⅰ部の結語

　我が国では発電で生じた熱を冷暖房などに利用する熱電併給（コージェネレーション）の発電容量が2014年3月末時点で初めて1,000万kWを超え，原子力発電所10基分に相当する規模となった。このように我が国のコージェネレーションの規模感は非常に大きくなりつつある。東日本大震災後，食品や化学工場，ディベロッパーを中心に，自前の電源としてコージェネレーションを選択する動きが広がっているからである[1]。

　翻って米国では，コージェネレーションの電力販売の歴史が際立つ。PURPA（Public Utility Regulatory Policies Act：連邦公益事業規制政策法）は，「国家省エネルギー政策法（National Energy Conservation Policy Act：NECPA）」，「発電所ならびに産業用燃料使用に関する法律（Powerplant and Industrial Fuel Use Act：PIFUA）」，「天然ガス政策法（Natural Gas Policy Act：NGPA）」，「エネルギー税法（Energy Tax Act：ETA）」とともに，カーター政権時代の1978年に制定された[2]。PURPAは，1973年の石油危機を教訓として[3]，210条において，再生可能エネルギー等を利用した小規模発電設備や，コージェネレーション設備の保護，育成を目指す方法として，いわゆる「QF（Qualifying Facility：適格認定設備）」なる概念を導入し，小規模発電業者や，コージェネレーション業者の有する設備のうち，FERCが適格と認めるものをその対象とすることを定めた。すなわち同条は，再生可能エネルギー等を利用した小規模発電設備[4]に加え，一種類の一次エネルギーから二種類の二次エネルギー，つまり電気と熱（蒸気）を発生させるコージェネレーション設備[5]の保護，育成を目指すPURPAの最重要規定である。これを受けて，PURPA施行規則の中でFERCは，同条に関する委員会の解釈として，電気事業者に対して自らの「回避原価（avoided cost）」において卸売電気の買い取りを義務付け，かような小規模発電設備，コージェネレーション設備をQFとして保護，育成することにした[6]。そこで各電気事業者にはそれぞれの回避原価でこれらQFから

---

1　『日本経済新聞』2014年4月3日朝刊。
2　井手秀樹「電気事業の規制と構造変化」林敏彦（編）『公益事業と規制緩和』194頁（東洋経済新報社，1990年）参照。
3　藤原淳一郎「公益事業規制政策法と合衆国憲法第十修正」『法学研究』59巻12号223頁（1986年）参照。
4　16 U.S.C.§824a-3 (1988).
5　*Id.*
6　18 C.F.R.§§292.101-292.205 (1995).

の卸売電気を買い取るための長期（long term）にわたる契約の締結が義務付けられることとなった[7]。なおここでの回避原価は，「電気事業者が自ら発電するか他の電源から購入する場合にかかる費用[8]」のことを指すが，FERC（Federal Energy Regulatory Commission：連邦エネルギー規制委員会）は自らの規則制定においてPURPAの定める「電気事業者の代わりの電気エネルギーへの増分費用（incremental cost）[9]」をこれと同一のものと解釈したからである。これに伴い，電気事業者は回避原価を買取価格としてQFからの卸売電気を事実上長期にわたり購入しなければならなくなった[10]。しかし，世界を震撼させた石油危機が去った後の米国内では，電力供給能力のだぶつきが見られるようになり，FERCも1980年代半ばに従来の政策を変更した。すなわち，PURPA210条の解釈として電力会社に回避原価を超える価格でQFから電気を購入させるという州レベルの規制当局の裁量的料金設定権を一切奪い，FERCが求めるよりも高額なQFからの電気の買い取りを電気事業者に課すことを防ぐことにしたのである[11]。その後，司法判断によってもこの政策変更が適法と認められている[12]。この司法判断を見ても，FERCの政策は時代の推移と共に変遷していることが容易にうかがわれるが[13]，1978年のPURPA制定当時のFERCにこの政策は，石油危機時の電力不足の問題を解決しながら，しかも化石燃料の利用に起因する環境破壊の問題の解決に役立てられる発電設備を保護，育成するものと信じられていたわけである。

　マサチューセッツ工科大学（Massachusetts Institute of Technology：MIT）の経済学者ポール・ジョスコウ（Paul Joskow）教授による初期の電気料金に関する計算理論は，多くの者に電気事業の回避原価が容易に計算することができるかのような印象を与えたようである[14]。しかしカリフォルニア州公益事業委員長（当時）のジョン・ブライソン（John E. Bryson）氏によれば，そもそも回避原価の計算は燃料価格，燃料調達契約期間，季節その他の条件に応じて変動するもので，その変動幅は小さくないとされている[15]。そこでカリフォルニア州をはじめとする多くの

---

7　18 C.F.R.§292.303 (1995).
8　Avoided costの定義規定は18 C.F.R.§292.101 (6) (1995).
9　16 U.S.C.§824a-3 (d) (1995).
10　See 18 C.F.R.§292.304 (f) (1995).
11　Orange and Rockland Utilities, Inc., 92 PUR4th 1 (1988). この事件についての詳細は，草薙真一「米国における適格認定設備からの電力会社の購入電気料金」『法学政治学論究』19号290頁（1993年）参照。
12　Occidental Chemical Corp. v. FERC, 869 F.2d 127 (2nd Cir.1989).
13　この事件についての検討は，草薙，前掲註11，299頁参照。
14　Paul L. Joskow, *Regulatory Failure, Regulatory Reform, and Structural Change in the Electrical Power Industry*, BROOKINGS PAPERS ON ECONOMIC ACTIVITY: MICROECONOMICS at 170 (1989).
15　Letter from John E. Bryson, President, CPUC, to Congressman Richard L. Ottinger, Chairman, Subcommittee on Energy Conservation and Power, Committee

州の規制当局は回避原価の計算を高額の報酬で雇ったアドバイザーに依存した。しかしこれにより，PURPAは皮肉にも「1978年経済学者完全雇用法（Full Employment Act for Economists of 1978）」と揶揄されるようになった。この問題が表面化するにつれ，カリフォルニア州も入札制度の本格的導入に移行することになる[16]。

PURPAによってもたらされ，非電気事業者が電気を販売するために保障された制度は，数多くの新規の発電形態を促進した。QFによるエネルギーは，当時の最先端技術を利用したものもあった。風力その他の再生可能エネルギーは積極的に利用される段階に入り[17]，1978年からしばらくの間（水力発電を除いた）再生可能エネルギー発電規模は1万2,000MW程度を誇り，1970年の段階では国家全体で見て1,400MWしか数えられていなかったことを考えると大きな進歩があったことがわかる[18]。そしてこれ以降の電力自由化はさらに急速に進展する。全米レベルで見る非電気事業者（Non Utility Generators：NUG）[19]の電力供給シェアは，1995年には8.1％を占め，1979年の値からは2.9％上昇している[20]。電力供給量で比較すれば，1979年には6,034GWhだったが1995年には22万4,398GWhにまで上昇している[21]。なお，1996年以降はFERCが送電線の公開及び回収不能投資費用に関する規則[22]

---

on Energy and Commerce, 11 June 1982, in Congress, House, "Cogeneration and Small Power Production," Committee on Energy and Commerce, Subcommittee on Energy Conservation and Power, 97th Cong., 2nd Sess., Serial No. 97-153, 15 June 1982, at 13-14.

16 CARL PECHMAN, REGULATING POWER: THE ECONOMICS OF ELECTRICITY IN THE INFORMATION AGE at 104-109 (1993).

17 PURPAがもたらした再生可能エネルギーを利用した発電の奨励の理念とその執行実績も重要でないわけではない。草薙真一「米国における電気事業の環境規制に関する一考察——連邦公益事業規制政策法第210条の執行問題を中心として—」『神戸商科大学創立70周年記念論文集』137頁（2000年），同「アメリカ新エネルギー優遇政策」『季刊環境研究』124号27頁（2002年）参照のこと。

18 U.S. DOE, ENERGY INFORMATION ADMINISTRATION, RENEWABLE SOURCES IN THE U.S. ELECTRICTY SUPPLY at 4 (1993).

19 PURPA規制のもとにあるQF業者は，電気卸売専門の独立発電業者と共にNUGに分類される。詳細につき，矢島，前掲第6章註5，75頁参照のこと。

20 EDISON ELECTRIC INSTITUTE, 1995 CAPACITY AND GENERATION OF NON-UTILITY SOURCES OF ENERGY at TABLE 4 (1996).

21 Id. at 2. この急激な成長は，QFの成長のみをもっては実現不可能であった。この数字は1992年エネルギー政策法（National Energy Policy Act）によりその存在を認められた非QFの独立発電業者の台頭を意味するものでもある。穴山悌三「米国の電力産業改革」植草益（編）『エネルギー産業の変革』21頁（NTT出版，2004年）参照のこと。

22 Order 888, Promoting Wholesale Competition Through Open Access Non-Discriminatory Transmission Services by Public Utilities; Recovery of Stranded Costs by Public Utilities and Transmitting Utilities, F.E.R.C. STATS. & REGS. ¶ 31,306, 61 Fed. Reg. 21,540, (1996), order on reh'g, Order No. 888-A, F.E.R.C. STATS. & REGS. ¶ 31,048 (1997) (codified at 18 C.F.R. §35), order on reh'g, Order No. 888-B, 81 F.E.R.C. ¶ 61,248, 62 Fed. Reg. 64,688 (1997), order on reh'g, Order No. 888-C, 82 F.E.R.C. ¶ 61,046 (1998).

や送電線の情報公開及びその運用の基準に関する規則[23]を定め，すべての市場参加者が同じ条件で公平に送電線を利用することが認められるようになった。また，独立系統運用者（Independent System Operator：ISO）が全米各地に設立されるようになった[24]。1999年にFERCが制定した規則では，送電網を所有・管理する全ての電気事業者に対して，市場参加者から独立した地域送電機関（Regional Transmission Organization：RTO）の自発的な設立が求められた[25]。州レベルでは小売規制がなされているが，全米のほぼ半数の州で，家庭用需要家を含めた小売自由化が決定ないし実施されることになった[26]。このような変化の呼び水となったのがまさにPURPAだったと言える。他方で，コージェネレーション及び再生可能エネルギーを普及させ始めたことも，PURPAの米国エネルギー供給システムに対する大いなる貢献であったと言うべきであろう。しかし一方で実際には，強制的な買い取りが高額でなされるという現実を奇貨として低品質の燃料から発電し儲けを得るという，いわゆるクリームスキミング・マシンが跋扈し，電気事業者の財務をも圧迫したという負の側面があったことも事実なのであった。

---

23 Order 889, Open Access Same-Time Information System and Standards of Conduct, F.E.R.C. Stats. & Regs. ¶ 31,307, 61 Fed. Reg. 21,737, (1996), *order on reh'g*, Order No. 889-A, 78 F.E.R.C. ¶ 61,221 (1997).

24 草薙真一「米国地域送電機関の法的責任の縮減に関する規制政策」『公益事業研究』55巻1号51頁（2003年）参照。

25 草薙真一「米国における電力産業の再構築と競争導入—法律問題に焦点を当てて—」『公益事業研究』52巻3号103頁（2001年）参照。

26 丸山真弘「各国での小売自由化の詳説—米国，ノルウェー，イギリス—」南部鶴彦（編）『電力自由化の制度設計—系統技術と市場メカニズム—』48頁（東京大学出版会，2003年）参照。

# 第Ⅱ部

## エネルギー環境政策

第Ⅱ部　エネルギー環境政策

　我が国は 2009 年に，「エネルギーの使用の合理化等に関する法律（省エネ法）」の改正とともに，「エネルギー供給事業者による非化石エネルギー源の利用及び化石エネルギー原料の有効な利用の促進に関する法律（エネルギー供給構造高度化法）」を施行し，電気事業者が自発的に行っていた家庭用の太陽光発電の余剰電力買取価格を従来の 2 倍にし，かつその買い取りを電気事業者に義務付けるという世界的にもユニークな固定価格買取制度を導入した。この制度改革はさらに進んだ。菅直人元首相（首相在任期間：2010 年 6 月 8 日-2011 年 9 月 2 日）の退陣との政治的取引の一つとして 2011 年 8 月 26 日に，「電気事業者による再生可能エネルギー電気の調達に関する特別措置法」が成立し，日本で再生可能エネルギーをより大きく普及させるカギとなる再生可能エネルギーの「FIT（Feed-in Tariff：固定価格買取制度）」が本格導入された。これにより，2012 年 7 月 1 日から再生可能エネルギーのいわゆる全種全量買い取りが実施されることになった[*]。そしてこの日，米国からも多くを学び，2002 年 6 月 7 日に制定された我が国の「RPS 法（電気事業者による新エネルギー等の利用に関する特別措置法）」はこの新制度と並立して存続することなく，廃止された。我が国の太陽光発電や風力発電に対する新政策を十分機能させるために，それまでなされてきた RPS 証書あるいはグリーン電力証書などの流通・売買を生かす方向での RPS 法の廃止であったために，混乱は生じなかった。我が国には今後もこの経験を糧とする制度設計が望まれる。そこで第Ⅱ部では，米国のエネルギー環境政策の特徴を「我が国と比較される米国」という観点から比較法的事例研究を含めつつ考察する。

---

[*]　FIT に傾斜する方法論を批判し，エネルギー政策と環境政策との間に整合性を求める声が有力である。藤原淳一郎「再生可能エネルギーはユートピアか現実か？」『ビジネスアイ・エネコ』2011 年 7 月号 28 頁参照。なお，ここで「全種」とは「多種」という意味である。鷹羽毅「グローカルプロジェクトで展開する太陽熱発電市場」『ビジネスアイ・エネコ』2011 年 8 月号 22 頁参照。

# 第1章

# 米国における RPS 政策の展開

## 第1節　はじめに

　RPS（Renewable Portfolio Standards：リニューアブル・ポートフォリオ・スタンダード）とは，電気小売事業者に一定の再生可能エネルギーの利用を義務付けるための量的及び質的要件のことである。日本の RPS 法は正式名称を「電気事業者による新エネルギー等の利用に関する特別措置法」といい，「新エネ電気利用法」とも略されている。2002 年に制定され 2003 年 4 月から施行されたこの法律の制定趣旨は，風力や太陽光発電など再生可能エネルギーの普及を，電気小売事業者への義務付けを軸にして促すことにあった。同法はおおむね，最終的な電力供給における再生可能エネルギーの比率を増加させるべく設計されていると言えよう。

　米国では，連邦レベルでの RPS 法は制定されていないが，州レベルで，太陽光発電，風力発電，バイオマス発電，地熱発電などが優遇され，一定の役割を果たし始めている。州によっては，目立った動きも出始めている。2005 年 6 月にカリフォルニア州のアーノルド・シュワルツェネッガー（Arnold Alois Schwarzenegger）知事（当時）が，州 RPS 法による再生可能エネルギー比率目標値を 2020 年に 33％にまで引き上げると発表して話題になった。本章では，米国における RPS の歴史，概念，及び制度設計，州レベルで適用されている政策と，さらなる開発目標を見定めての提案を概観し，連邦 RPS 法の可能性をも検討する[1]。

---

[1] 連邦レベルでも，2008 年の大統領選挙運動期間中，オバマ（Barack Hussein Obama II）大統領候補（当時）がバイデン（Joseph Robinette Biden, Jr.）副大統領候補（当時）とともに，連邦 RPS 法の制定により，2012 年までに電源構成のうち再生可能エネルギーを 10％にすると明言していたことが知られている。2009 年 1 月 20 日になされた第 44 代米国大統領であるオバマ氏（任期：2009 年 1 月 20 日-2017 年 1 月 20 日）の就任演説は日本語に全訳され，詳報された。『朝日新聞』2009 年 1 月 24 日朝刊参照。また，同大統領の初の連邦議会演説は 2009 年 2 月 24 日のことであった。これも日本語に全訳され，報道された。『日本経済新聞』2009 年 2 月 26 日朝刊参照。いずれの演説も，さらなる再生可能エネルギーの利用の必要性について触れている。浅野浩志「RPS 下における再生可能エネルギーの普及見通し」『エネルギー総合工学』31 巻 1 号 17-25 頁（2008 年），眼目佳秀「RPS 法による再生可能エネルギーの利用促進について」『いんだすと』22 巻 11 号 6-9 頁（2007 年），富田直子「米国カリフォルニア州における RPS 制度の動向」『海外電力』51 巻 1 号 5-10 頁（2009 年），渡辺健太

第Ⅱ部　エネルギー環境政策

## 第2節　米国における RPS の現状

### 第1款　州 RPS 制度の多様性

我が国においても，第Ⅱ部補論で紹介するように，再生可能エネルギーはもともと極めて多様なものでありうるし，法律において何を優遇するかが異なりうるが，米国では州によって，それが異なっているのが現状である。州政府はいずれも再生可能エネルギーの優遇政策を打ち出すが，再生可能エネルギーの一部のみを取り出し，政策的に優遇するという態度につながっている場合がある。

風力，太陽光，太陽熱，地熱，ゴミ処理により発生するガスは，典型的に州によって定められた RPS 義務を満たすものであると言えよう。そして，海洋エネルギーもほぼ同様の扱いを受けている。

一方，バイオマス，地方自治体が力を入れることが多い固形廃棄物の焼却や従来型の水力によって発電された電気は，RPS 制度における義務付けの対象となるエネルギーからは外す州がある。なかでも，適格性を認定する仕組みになっているバイオマス発電は，限定的な技術のみを対象に制限されることが一般的である。なお，水力発電設備については，RPS に対応する設備に認定される州がある。しかし州によってその規模，稼働年数，設計（貯水するか否かなど）等に基づく適格審査を受けることがある。

また，州によっては，熱電併給（コージェネレーション）や特定区域でのエネルギーの高効率配分など，本来再生可能エネルギーを用いるものではない発電形態が，RPS 制度において導入目標の一部に入ることもある。さらには，エネルギー効率の飛躍的向上を目標に入れ，あるいはこれらをクレジット化し市場において取り引きさせる州もある。

このように，RPS の制度には様々な内容が考えられ，どのような事柄が RPS 制度に適合するのかは一概に言うことができないほど，現状において極めて多様である[2]。本節において，その現状を詳細に確認していきたい。

---

郎「米国における太陽光・太陽熱発電に関する動向について」『海外電力』50 巻 10 号 4-15 頁（2008 年），永見靖「（インタビュー）RPS 法で再生可能エネルギー導入促進」『月刊廃棄物』33 巻 5 号 10-13 頁（2007 年），島貞夫「廃棄物発電の余剰電力売却における RPS 制度への対応」『月刊廃棄物』33 巻 5 号 14-21 頁（2007 年），宮崎藤治「アメリカ報告―米国で 20 州の RPS 義務は 15～20％に―」『Solar Systems』104 号 45-46 頁（2006 年），NEDO 情報システム部「米国の再生可能エネルギー概観―バイオ燃料と風力が急伸―」『NEDO 海外レポート』1010 号 1-10 頁（2007 年）。

2　2011 年末現在の州 RPS 法の制定状況は，山本博司・富田直子・渡邊道仁・山口健二郎・城田佳宏・長尾孝信・松浦文生・村井春樹・澤多俊成「米国電気事業の最近動向―グリーンからクリーンへ，エネルギー政策の変化と課題―」『海外電力』2012 年 2 月号 12 頁参照。南部諸州と山岳部諸州を除き，RPS 法を定める州が多数派になっていることがわかる。イリノイ州は，

第1章 米国におけるRPS政策の展開

図表Ⅱ-1-1 州RPS政策の立法時期と改正時期

```
                                              CO
                                            (2007)
                                              HI
                                            (2005)
                  MA    WI                   MD     DC
                 (2003)(2006)              (2006) (2007)
                  ME   CT   NJ                NY    DE
                 (2000)(2000)(2001)         (2006) (2007)
       MN   AZ  NV   PA   TX   NM   CA        RI    MT    WA
IA   (2002)   (2001)(2001)(2002)(2002)(2003) (2007)(2008)(2012)
 ●    ●    ●    ●    ●    ●    ●    ●    ●    ●    ●    ●    ●
1983 1991 1994 1996 1997 1998 1999 2000 2001 2002 2003 2004 2005 2006 2007(年)
       IA                      WI   AZ   NV   NM   CT   NJ   NV   NJ   NM
                             (2001)(2001)(2003)(2006)(2004)(2004)(2005)(2006)(2010)
            MN                  MN             MN   NM   TX   WI   NM
                                             (2005)(2006)(2007)(2010)(2015)
                                                  PA   HI   CO
                                                (2007)(2010)(2005)
                                                       CA
                                                     (2007)
                                                       AZ
                                                     (2007)
                                                       CT
                                                     (2006)
```

注：年次を示す中央の線を境に，上段は最初に立法した年を基準として該当する州が入っている。（　）内は，義務が最初に発生した年が異なる場合に，その年を記載されている。下段は，主要な改正がなされた年を基準として該当する州が入っている。主要な改正が一度とは限らない。（　）の意味は上段のそれと同じ。
出所：Ryan Wiser et al.（脚注6参照）

　図表Ⅱ-1-1は，州RPS政策の立法時期と改正時期をたどったものである。これまで多くの州とワシントンD.C.において，義務的なRPS制度が導入されてきた。それを時系列で見てみると図表Ⅱ-1-1のようになる。

　米国では，RPSが州レベルで多様な形式により普及し，成果を出してきた。しかし時系列で見ると，州によって何度も制度改正が試みられたことがわかる。続々と好ましい成果が現れ，さらに高度な目標を設定するための改正というよりは，ほとんどの州のRPS政策は，州法制定による規制として導入されたものの目標設定が極めて政治的に行われ，実際の技術を冷静に分析したものではなかったことが，頻繁に法改正に追い込まれたことから推察される。すなわち，理想と現実との間で何らかの齟齬が生じ，そのたびに改正に追い込まれてきたと推察せざるをえない。これらの政策は，競争導入という意味で，自由化された電力市場と旧来型の自由化されていない電力市場の両方で実施されていることも，規制手法が複雑になる理由である。

　なお，アリゾナ州（AZ）とニューヨーク州（NY）については，行政命令により

---

RPSという名称を用いずに再生可能エネルギー利用の目標を策定している。一方，ニューヨーク州では，RPSと命名した政策を導入したが，当初この政策は，最終消費者に基金への支払いを求めるもので，州当局からも基金への支出を行っており，RPSの本旨とは異なっていた。前者のものはRPS制度とは言えず，後者のものがRPS制度であると言えなくもないが，それは，本質論からは疑問である。

RPS制度の導入が実施された経緯がある。また，これらの義務的ないし強制的な政策の他にも，NPOや地域住民が主導することによる任意的な再生可能エネルギー利用最低基準が，アイオワ州法に存在している。

ところで，州RPS政策には性質上の問題がある。たとえば，いくつかの州が，州外の発電容量もRPS義務履行としてカウントできるようにしている。したがって，RPS法を持たない州の再生可能エネルギー利用発電所は，他の州のRPS法履行義務を満たすことに使用されてしまう可能性がある。また，多くの重要な再生可能エネルギー発電所の導入は，実際には州RPSプログラムとは無関係に起こったのである。2000年から2006年までの間に，全米では約1万MWの水力発電以外の再生可能エネルギーを用いる発電容量の増加があったが，RPS法を有する州におけるそれはその半分を占めるのみである。しかも，RPS法を有する州であっても，RPS政策とは無関係に導入された再生可能エネルギー利用設備があるわけである。つまり実際には，RPSのありやなしやということにかかわらず，再生可能エネルギー発電の導入はある程度進んだという現実もある。

図表Ⅱ-1-2 州RPS法の制度実施上の選択の文言に見られる多様性

| 大枠の設計の多様性 | 適用の多様性 | 監視方法と運用方法の多様性 |
|---|---|---|
| ・Basis (energy vs. capacity obligation)<br>・Purchase obligations over time<br>・Structure (single tier or multiple tiers)<br>・Resource diversity requirements or incentives<br>・Start date<br>・Duration of obligation (sunset provisions)<br>・Application to retail suppliers, and exemption from obligation<br>・Product- or company-based application<br>⋮ | ・Geographic eligibility<br>・Resource eligibility<br>・Eligibility of existing renewable generation<br>・Definition of new/incremental generation<br>・Treatment of multi-fuel facilities<br>・Treatment of off-grid and customer-sited facilities<br>⋮ | ・Regulatory oversight body(ies)<br>・Compliance verification (RECs, or otherwise)<br>・Certification of eligible generators<br>・Compliance filing requirements<br>・Enforcement mechanisms<br>・Cost caps and alternative compliance payments<br>・Flexibility mechanisms (banking, borrowing, etc.)<br>・Contracting standards for regulated retail suppliers<br>・Cost recovery for regulated retail suppliers<br>・Interactions with other energy and environmental policies<br>⋮ |

出所：Ryan Wiser et al.（脚注6参照）

## 第2款 RPSの制度設計

それでは，米国各州のRPS制度設計は，どのようなことに特徴があると言えるであろうか。図表Ⅱ-1-2は，州RPS制度の実施に向けていかに多様な選択要素があるかを各州において用いられる文言から示したものである。このように州のRPSの制度設計に多くの違いがあることは，RPSそのものが，目標達成を確実にする「市場適合的な手法」であればよいと認識されていることからきている。市場に委ねるものである以上，RPS制度は州政府の巨額な補助金を必要としないで成長すべきことが本筋である。そしてその成長への方法論が非常に多様であると考えられる。さらに，図表Ⅱ-1-3は，州RPS法に見る既存発電所及び対象電力の多様

図表Ⅱ-1-3 州RPS法に見る既存発電所及び対象電力の扱いの例

| 州 | 開始年 | 既存発電所への適用 | 発電技術の有無（Yes/No）種別とレベル別区分 |
|---|---|---|---|
| Arizona | 2001 | No | Yes (送配電可能発電) |
| California | 2003 | Yes | No |
| Colorado | 2007 | Yes | Yes (solar) |
| Connecticut | 2000 | Yes | Yes (Class Ⅰ/Ⅱ Technologies) |
| Delaware | 2007 | Yes | Yes (老朽設備対応) |
| Hawaii | 2005 | Yes | No |
| Iowa | 1999 | Yes | No |
| Maine | 2000 | Yes | No |
| Maryland | 2006 | Yes | Yes (Class Ⅰ/Ⅱ Technologies) |
| Massachusetts | 2003 | No | No |
| Minnesota | 2002 | Yes | Yes (風力発電，優良再生可能エネルギー発電) |
| Montana | 2008 | No | Yes (地域系風力) |
| Nevada | 2001 | Yes | Yes (太陽光発電) |
| New Jersey | 2001 | Yes | Yes (太陽光発電, Class Ⅰ/Ⅱ Technologies) |
| New Mexico | 2006 | Yes | Yes (送配電可能発電) |
| New York | 2006 | Yes | No |
| Pennsylvania | 2001 | Yes | Yes (太陽光発電) |
| Rhode Island | 2007 | Yes | Yes (老朽設備対応) |
| Texas | 2002 | Yes | Yes (風力発電以外) |
| Washington | 2012 | No | No |
| Washington DC | 2007 | Yes | Yes (太陽光発電, Class Ⅰ/Ⅱ Technologies) |
| Wisconsin | 2000 | Yes | No |

注：Class Ⅰ，Ⅱは優遇措置の区分
出所：Ryan Wiser et al.（脚注6参照）

性を示したものである。これについて考察しよう。まず既存発電所であるが，既存の施設を適用の対象としない州が散見される。これらの州では，定められた年月日よりも古い発電所はRPSの対象とはならないことに注意を要する。対象電力については，州によっては優遇措置に第1群・第2群（Class I, Class II）などの区分を設けることがある。これは再生可能エネルギーの中でも望ましいものと特に望ましいものの差別化を行っているということに他ならない。いずれの州も太陽光がとくに望ましいとする点でほぼ一致するが，その政策にもかなりのばらつきがあることがわかる。RPSプログラムについて充分な経験がある州はほとんどなく，法律は成立したが運用上の経験がない州もある。これらをどのように評価すべきであろうか。確かに，州ごとにばらばらで統一感のない制度の林立であるようにも思われる。しかし，これについて積極的な見通しを持つことも可能ではなかろうか。すなわち，州の中の政策制度設計に多様性があるために，RPSがどのように機能するのかについて，米国は様々な実験データを収集してきたとも言える。この成果から，より統一的な連邦RPS法の制定を目指す素地が整いつつあると見ることもできるのではないかと思われるのである。

#### 第3款　州RPS法違反への対応

多くの州において，増設の目標に置く発電方式でありながら，電気小売事業者が州の求めるレベルになお到達しない場合，行政刑罰として制裁金を科し，あるいは義務履行に代替するものとして負担金（Alternative Compliance Payment：ACP）を支払わせる制度が導入されている。この主だった例を州別に示したものが図表II-1-4である。これは，事業者側に大きな負担感を与える制度であるため，連邦RPS法が制定される時にひき続き存続すると，かえって連邦政府にとって大きな障害になることが指摘されている。一方，制裁金も負担金も制度として設けられていない場合には規制の抜け穴を放置していることになっている可能性がある。ただしアイオワ州は，先述の通り，極めて早期に任意かつ小規模な再生可能エネルギー発電の確保を目指した州法であって，同列に論じるべきではない[3]。

---

3 この制裁金や負担金の制度の導入により，各州のRPS法は一定の評価を維持している。しかし，州にとってRPS政策は，再生可能エネルギー容量拡大のために数多くある推進策の一つにすぎない。他の重要な推進策としては，州税，州再生可能エネルギー基金，州総合エネルギー開発計画，自発的なグリーンパワー市場の維持，及び他の発電オプションなどと連動した競争の誘導などがある。これら推進政策は複合的に存在し，州RPS法はその絡まりの中にあることを認識すべきである。なお，我が国RPS法ではその15条及び16条において罰金刑の規定を設けたが，これらの規定に基づく刑罰権が発動された例はなかった。

第1章 米国における RPS 政策の展開

図表Ⅱ-1-4 州 RPS 政策違反への対応

| 州 | 制裁金/義務代替負担金（ACP） |
|---|---|
| Arizona | 州公益事業委員会に金額も含め裁量あり |
| California | 5.0¢/kWh 制裁金 |
| Colorado | 州公益事業委員会に金額も含め裁量あり |
| Connecticut | 5.5¢/kWh 制裁金 |
| Delaware | ACP system<br>2.5¢/kWh（初年度）<br>3.5¢/kWh（二年度目）<br>4.5¢/kWh（三年度目）<br>5.0¢/kWh（四年度目以降） |
| District of Columbia | ACP system<br>2.5¢/kWh for Tier 1 resources<br>1.0¢/kWh for Tier 2 resources<br>30.0¢/kWh for solar |
| Hawaii | 州公益事業委員会に金額も含め裁量あり |
| Iowa | なし |
| Maine | 州公益事業委員会に金額も含め裁量あり |
| Maryland | ACP system<br>2.0¢/kWh for Tier 1 resources<br>1.5¢/kWh for Tier 2 resources |
| Massachusetts | ACP system<br>5.0¢/kWh |
| Minnesota | 州公益事業委員会に金額も含め裁量あり |
| Montana | 1.0¢/kWh noncompliance penalty |
| Nevada | 州公益事業委員会に金額も含め裁量あり |
| New Jersey | ACP system<br>5.0¢/kWh for Class I and II resources<br>30.0¢/kWh for solar |
| New Mexico | 州公益事業委員会に金額も含め裁量あり |
| New York | なし（RPS は州法で運用） |
| Pennsylvania | ACP system（料金から回収することを禁止）<br>4.5¢/kWh for Tier 1 and Tier 2 resources<br>太陽光は市場平均価額の2倍 |
| Rhode Island | ACP system 5.0¢/kWh |
| Texas | 制裁金は当該年の平均取引価額の2倍又は1kWh 当たり5セントを上限とする |
| Washington | 5.5¢/kWh noncompliance penalty |
| Wisconsin | $500,000 を上限とする制裁金 |

出所：UCS (2007) Database of State Incentives for Renewables and Efficiency (http://www.dsireusa.org), individual state RPS laws/rules.

## 第3節　REC

**第1款　RECの運用と取り扱いの困難さ**

　REC（Renewable Energy Certificate/Credit：再生可能エネルギー証明書）は，再生可能エネルギー資源に効率よくアクセスするための最良のメカニズムであろう。しかしこのことを周知し制度を維持・確保するためには，公的機関は，RECの合法性を担保しその信頼度を高めなければならない。このことについて考えておきたい。

　RECは，電気そのものから再生可能エネルギーを発生源とするという「属性」を切り離し，その「属性」のみを市場に流通させることに成功した仕組みであると言える。再生可能エネルギーを用いる電気は，商品価値としては，物理学上の電気と再生可能エネルギーを利用しているという属性の二つに分かれる。RECは電力潮流とは全く無関係に保有される，再生可能エネルギーを用いた発電に関する正確かつ長期に保持されるべき記録であって，電力供給業者間で取り引きすることができる。RPS制度の登場によって，電気という属性の部分のみをRECという財として取引することが可能と本格的に認識されるようになると，RECのバンキング（翌年度持ち越しによる繰入）やボローイング（借り入れ）も可能になってくる。これについては，複数の市場で利用させるよりも属性の部分を切り出させ，信頼性の高い一つの市場で流通させようという政治的思惑がありうる。しかし現在のところ，そのような統合市場は実現していない。

　RECを用いることの利点は多い。RECの使用は，再生可能エネルギーを用いた発電によりリアルタイムで最終消費者まで電力供給をするという重い義務から，電気小売事業者を開放する。電気小売事業者はRECを購入することにより，RPSの履行義務を柔軟に達成することができるからである。

　しかし，RECを取り巻く環境に問題がないわけではない。たとえば，電気小売事業者が複数のREC市場を利用できないことが挙げられる。市場によってRECの有効期間が異なるなど，市場参加者はリスクにさらされており，実際には市場へのエントリーが困難である。RECの有効期間とは，RPS義務履行のためにRECを使用できる期間のことである。物理学上の電気が最終消費者によって消費されるのであるから，同量のRECも消費されたものと扱い，瞬時とは言わぬまでも速やかに流通から取り去られる運命にあると考えるべきとの重要な反論はあるが，実際には，有効期間が設定され，時間的な余裕が与えられる。その期間は最短3ヶ月（ニューイングランド州）から最長4年（ネバダ州及びウィスコンシン州）にまで及ぶ。そもそも再生可能エネルギーによる発電量は，季節ないし気候パターンにより変化しがちであるので，RECの有効期間が長くなると，その分市場適応力は増加する。

一般的には，短いRECの有効期間を採用した州でも，その後の数年間で，RPS義務履行ができるように，何年かのバンキングを許容するようになっている。たとえば，マサチューセッツ州は，年間で最大30％までの範囲で2年間分のバンキングを許容する。デラウェア州，メリーランド州，ワシントンD.C.では，3年間のバンキング期間が許容されている。カリフォルニア州は，無期限のバンキングを許容している。

　州が長期のRECのバンキングを採用するか否かは，そもそもRECの有効期間をどのように設定するかに左右される。古いRECを有効にしたまま維持すると，RECの供給過剰が発生し，新規の生産を求める要求を抑えることになってしまう懸念もある。それに加えて，二重勘定の問題がある。これについては次款において詳しく見ておく。

#### 第2款　RECの二重勘定

　単一あるいは複数の組織が，複数の州・REC及びその関連の所有権ないし保有権を主張するとき，二重勘定が発生する可能性がある。この二重勘定こそは，再生可能エネルギーの発展に混乱を与える要因となりかねないものである。特に，再生可能エネルギー利用電力市場は，RPS政策のもたらした法的義務を履行させるためのものと，自発的な市場参加者が炭素排出量削減等による環境上の利益を追及するためものの二つが同時に発展してきた。したがって現在，市場は強制的なものと自発的・任意的なものの二種類が観念される。そこで，たとえば一つの行為について両方を勘定してしまうと，両方の市場の機能を損なう可能性がある。

　強制的RPS政策を採用している多くの州では，自発的にグリーンパワーを購入する行動はRPSの義務履行に入れるべきでないとされている。また，ミネソタ州は，RPS政策を有しながら，各事業者には，その消費者に対して自発的に再生可能エネルギーに由来するグリーン電力を高額で購入させるオプションを与えるに際し，事業者がRPS上の義務履行を果たすためにグリーン電力の価格設定に影響力を行使することは，公益に合致せず許されないとしている[4]。

　監視当局がRECの所有権者を確認しRECの存在を追跡するメカニズムもあるが，それは「REC追跡システム」と呼ばれている。REC追跡システムは2016年現在，テキサス州，ウィスコンシン州とニュージャージー州（但し太陽光発電のみ），ニューイングランド地方，及びPJM（Pennsylvania-New Jersey-Maryland）の電力

---

[4] 一方テキサス州では，2005年法により，すべての再生可能エネルギー電力が，あくまでもすべてRPSの制度において維持・開発されるべきこととなった。これを厳格に適用すると，テキサス州に本社がある再生可能エネルギープロジェクトが自発的市場においてなす電力販売は違法活動になりかねない。そこで，かねてから自発的市場に参加してきた者は，グリーンパワー購入が法的義務の履行とは異なる扱いを受けるものであり続けることとなった。

供給域内で運用されている。さらに，次世代 REC 追跡システムが，ニューヨーク州，中西部と西岸部で 2016 年時点開発中である。これらの REC 追跡システムは，もともと特定の州ないし地域のために設計されてきた。しかし多くの州が，RPS 義務履行状況を監視するためにこの REC 追跡システムを採用したいと考えている。REC 追跡システムの普及は，REC 取引の健全性維持にかかわる問題としていずれ議論されなければならなくなるであろう[5]。

## 第4節　州の思惑としての RPS

### 第1款　地理的条件

　有害物資の大気への放出逓減や燃料多様化といった理念的な内容の他に州が RPS を採用する主要な動機として，より多くの雇用創出，再生可能エネルギー利用や関連のプロジェクト開発からのより多くの税収などがある。州 RPS 制度は，このように州の様々な思惑を伴った政策により定義されるものであるから，RPS 制度の中に，かなり州独自の定義がありうる。共通化した RPS 制度の導入がなされないならば，RPS の義務履行を確保するための再生可能エネルギーの確保は，その分難しくなる。また，州があまりにユニークな定義をし，あるいは州内に限定的な証明行為を求めるとなると，再生可能エネルギープロジェクト開発者にも重荷になる。しかも，もともと複数の市場が存在してよいのであれば，開発者と投資家は新しい再生可能エネルギープロジェクトをより容易に追求できるが，それはRPS 制度全体から見ると好ましくない。

　州外ないし域外から州内あるいは域内市場へのアクセスを制限し，州内あるいは域内での開発を進める政策は，多くの州において頻繁に見られる。これは，地理的条件を課して，州外の再生可能エネルギー源が抑制できるならば，対応コストの削減を期待できると州が考えることも一因である。

　図表Ⅱ-1-5 は，地理的観点から州 RPS 規制の射程範囲を示したものである。州によって，射程範囲の設定は著しく異なる。ある州の RPS 政策は，州内の再生可能エネルギー発電施設というためには，RPS 用プラントが州のなかに建てられるか，または施設が直接州内の送電網に接続されることを必要とする。別の州では，制限としてはそれより緩やかで，間接的にでも電気が州内に送り込まれればよいとする。また他の州は，自らの州を管轄する地域送電機関（Regional Transmission

---

[5] 中でも今後難しい問題になるのは，州及び地域間取引を認めるか，認めるとしてどのように行わせるかであり，また，州及び，地域間の二重勘定をさせない方法をどのように構築するかである。この問題を解決するため，北米 REC 発行者協会（North American Association of Issuing Bodies：NAAIB）など，REC 追跡システムのなかで互換性を促進して二重勘定を防ごうとする自発的組織が成立したのである。

第1章 米国におけるRPS政策の展開

図表Ⅱ-1-5 州RPS規制の射程範囲

| 州 | 地理的範囲 |
|---|---|
| Arizona | 州内で発電しているか送電線が相互接続している |
| California | CAISO（California ISO）の範囲 |
| Colorado | 制約なし |
| Connecticut | ISO-NE（ISO New England）の範囲 |
| Delaware | PJM（Pennsylvania-New Jersey-Maryland）の範囲 |
| District of Columbia | PJMの範囲又は近隣州 |
| Hawaii | 州内のみ |
| Iowa | 州内のみ |
| Maine | ISO-NEの範囲 |
| Maryland | PJMの範囲又は近隣州 |
| Massachusetts | ISO-NEの範囲 |
| Minnesota | 州内で発電しているか配電している |
| Montana | 州内で発電しているか配電している |
| Nevada | 州内で発電しているか配電している |
| New Jersey | PJMの範囲 |
| New Mexico | 州内で発電しているか配電している |
| New York | NYISO（New York ISO）の範囲 |
| Pennsylvania | PJMの範囲 |
| Rhode Island | ISO-NEの範囲 |
| Texas | 州内で発電しているか送電線が相互接続している |
| Washington | 域内設置又は州内配電 |
| Wisconsin | 州内で発電しているか配電している |

出所：UCS (2007) Database of State Incentives for Renewables and Efficiency (http://www.dsireusa.org), individual state RPS laws/rules.

Organization：RTO）とか，独立送電事業者（Independent System Operator：ISO）などに，電力とRECの両方の送り込みを許すようにしている。結局のところ，電力とは切り離したすべてのRECの使用ないし取引を自由に許容するということはなく，これは連邦法の領域に委ねられると言わざるを得ない。

**第2款　州による州内プラントへの優遇措置の可能性と連邦法**

第Ⅰ部第2章第3節において検討したように，合衆国憲法1章8節3項は，いわゆる「州際通商条項」として知られている。この条項は国内州際通商分野のうち連邦法を制定できる内容を規定しており，実際にこれを根拠にして多くの連邦法が制定されている。州際通商とは一般に複数の州にまたがる商業事項を対象に含むものと理解されていることから，この条項の適用範囲は広く，連邦議会の権限拡張の見地から有力な規定として利用されている。州際通商について連邦議会が沈黙している場合ですら，すなわち連邦法が何も規定せずとも，合衆国憲法の構造上の推論に

より，州による州際通商規制に制約が置かれる (dormant commerce clause)。連邦最高裁は，州内の者に補助金を提供する結果となるような，あるいは各州間の商品に税をかけることなど価値となるようなプログラムを，一貫して合衆国憲法に違反し無効であると宣言してきた。そこで，州外の設備を州内のそれとは区別・優遇し，あるいは州外の設備を優遇しないこととする各州のRPS法が合衆国憲法に違反するものであるか否かが問題になる。今日まで州のRPS政策は，この種の訴訟を経験していない。しかしながら，明確に州内を優遇し，あるいは直接州内に送電網に接続することを要件とする州RPS法は，そのような訴訟を提起されるリスクにさらされている。RPS政策の趣旨に鑑み，一度連邦法が制定されると，連邦の規制内容や規制手法と矛盾する州RPS法は存在しえないとも考えられる。

#### 第3款　特定の再生可能エネルギーの優遇措置

　州によっては，分散型電源としての特定の再生可能エネルギー技術のためにRPS制度を導入している。これは，この種の優遇措置を欠いては，通常，高コストのため市場から排除されてしまうような特定の有望技術を伴ったものに向けられている。その典型例が太陽光による発電である。図表II-1-6は，州による太陽光発電の特別優遇の例を示したものである。太陽光パネルは設置により即時的に発電可能であるため，場所を問わず歓迎される傾向にある。さらに，太陽光発電はそれ自体オンサイト形電源であって，州によるセットアサイド，すなわち特別優遇措置に適合的である。そのため，太陽光発電施設の導入は多くの州が特別に奨励している。その主たる方法は，州内プラントにリベートを与えることである。リベートは，新しい施設を設置し再生可能エネルギー利用に取り組む事業者，住宅保有者などに州，地方政府，あるいは電気事業者から金銭として提供される。太陽光発電のセットアサイドがある州は，RPS義務履行を助ける財政的な誘因を提供しているわけである。ニュージャージー州は，3.80ドルから4.40ドル/Wを顧客によって所有されている太陽発電システムに補助として提供する。同様に，コロラド州は2.00ドル/Wの補助を提供している。太陽光発電でRECを利用している電気事業者の顧客にはさらに2.50ドル/W提供する。そして，いくつかの州が州内の再生可能な発電を奨励する補足的な政策を使っている。たとえば州税，州の基金，及び計量方法の特別優遇などである。州税は，再生可能エネルギー設備の購買での州の消費税控除などが考えられる。また，利用に取り組む事業者，住宅保有者などに州，地方政府あるいは電気事業者からも金銭として提供される方法もある。州の基金の利用など他の手法を入れると，全米で40ほどの州が，何らかの措置を採用している。

　太陽光発電施設以外も選好する可能性を残すために，様々な再生可能エネルギーの優遇について序列を設けることがあるが，いずれも最も高い層に位置しているのが太陽光発電施設であると言える。そこで，州RPS法は，太陽光発電施設の導入

第1章 米国における RPS 政策の展開

図表Ⅱ-1-6 太陽光発電への金銭的補助

| 州 | インセンティブ |
|---|---|
| Arizona | $2.00 to $3.00/watt system rebate[a] |
| Colorado | $2.00/watt system rebate+$2.50/watt RECs payment[b] |
| District of Columbia | なし |
| Nevada | $2.50/watt system rebate for residential and small business; $5.00/watt system rebate for schools and public buildings |
| New Jersey | $3.80 to $4.40/watt system rebate |
| New York | $4.00 to $4.50/watt system rebate |
| Pennsylvania | なし |

注：(a) Arizona Public Service Solar Partners incentive program と呼ばれる。アリゾナ州は，事業税と所得税の10％優遇措置の制度もある。(b) 証書による補助金の支払いは，民間電力会社の10kW以下の太陽光発電促進プログラムの方法・内容となっている。
出所：Database of State Incentives for Renewables and Efficiency (http://www.dsireusa.org).

で適合しなければならない最低限の要件を指定することが多くなっている[6]。

## 第5節 連邦 RPS 法の可能性

### 第1款 連邦による RPS 制度設計に生じる問題

今日まで，多くの連邦 RPS 法案が提案されてきた。ところが，これまで，いかなる提案も両院を通過していない。ここ数年の連邦 RPS 法の提案には，ある程度共通の制度設計の特徴がある。それは，再生可能エネルギーの生産目標の導入であり，技術認定の方法であり，「取引可能な」クレジットの導入であり，価格キャップの導入であり，特定小売業者に対する適用除外である。そしてその多くが「期限付き」を意味するサンセット条項を持っているのである。これらの条項は各州法において見られるものである。また多くの提案の中にあった連邦 RPS プログラムは，全米大での REC の流通を許容するものであるが，ほとんどの州の政策が既に RECについては州あるいは地方独自の制限を与えている。なお，連邦 RPS 法の提案は，

---

6 太陽光発電が天候に左右される不安定な電源であることは疑う余地がなく，米国大で実際に電力系統安定化策にかかるコストは，今後原発を数基増設するコストをはるかにしのぐものとなるという指摘がある。また，バックアップ可能な電源設備の増設・維持・管理も特別必要になる。このように，太陽光発電を増設することの追加的負担については（特にコストに関して）マイナス面を検討する必要がある。Christopher Cooper and Benjamin K. Sovacool, *All Flash, No Light: The Kabuki Dance Opposing a National Renewable Portfolio Standard*, The Elec.J., Vol. 21, Iss. 9, at 8-20 (2008); Ryan Wiser, Christopher Namovicz, Mark Gielecki and Robert Smith, *The Experience with Renewable Portfolio Standards in the United States*, The Elec.J., Vol. 20, Iss. 4, at 8-20 (2007); Karlynn S. Cory and Blair G. Swezey, *Renewable Portfolio Standards in the States: Balancing Goals and Rules*, The Elec.J., Vol. 20, Iss. 4, at 21-32 (2007).

おおむね連邦の再生可能エネルギーに関するPTC（Production Tax Credit：生産税額控除）と州RPS制度により発生し流通するRECとの交換を前提とするものであったが，本来，州のプログラムは連邦のPTCとは無関係というべきものである。

なお，諸提案には共通の制度設計要素があったが，詳細は異なる。たとえば，コールマン提案では，RPSの資格を得る発電技術の中には，原子力発電施設もあるし，二酸化炭素を地中に貯留し大気に排出しないCCS（Carbon Dioxide Capture and Storage）技術を用いる石炭火力発電施設をも含んでいる。このコールマン提案には，再生可能エネルギー比率20％の目標がある。一方，一時はコールマン提案と双璧をなしたビンガマン提案では，既存の水力発電施設を有していれば，電気小売事業者の再生可能エネルギー電力調達義務を減少させることを特徴とした。水力発電量だけRPSが適用される義務的電気小売販売量を差し引くことによってそれを可能にするものであった。このように，様々な違いがこれまで提案された連邦のRPS政策の中に存在している。そして総じて，連邦によるRPS制度設計には，州法が生み出したRECの扱いと，これまでの法案の細かな差異に基づく論点を十分に消化できないという問題を抱えている[7]。

### 第2款　連邦政府と州政府のRPSをめぐる相互作用

連邦RPS法の提案者が主に懸念してきたのは，連邦の政策と州の政策との統合化に至らしめる整合性の維持についてである。ほとんどの州が，RPS要件を満たす趣旨で発生したクレジットによる発電を，いわゆる「二重勘定」として禁止している。これはもとより，他州のプログラムの内容を念頭において「二重勘定」の制限を設けているのである。したがって，州RPS法を根拠に発生したクレジットを連邦RPSで売買するプロバイダーの行為は禁じられていると考えることが合理的である。事実上コロラド州だけが，州独自の目標達成と将来の連邦RPS法成立の際の影響にも同時に対応できるように規制しているように見える。クレジットを州とそれ以外の両方に同時に計上することを許容しているかのように思われるからである。但し，このコロラド州のように対応すれば連邦制度と整合するという根拠があるわけではない。コロラド州が将来の連邦制度への移行を念頭に置いた証拠もない。また，州のRPS政策と将来制定されるかもしれない連邦のRPSとの相互作用

---

7　Benjamin K. Sovacool and Christopher Cooper, *Big Is Beautiful: The Case for Federal Leadership on a National Renewable Portfolio Standard*, THE ELEC.J., Vol. 20, Iss. 4, at 48-61 (2007); Marilyn A. Brown, Dan York and Martin Kushler, *Reduced Emissions and Lower Costs: Combining Renewable Energy and Energy Efficiency into a Sustainable Energy Portfolio Standard*, THE ELEC.J., Vol. 20, Iss. 4, at 62-72 (2007); Wilson H. Rickerson, Janet L. Sawin and Robert C. Grace, *If the Shoe FITs: Using Feed-in Tariffs to Meet U.S. Renewable Electricity Targets*, THE ELEC.J., Vol. 20, Iss. 4, at 73-86 (2007).

では，本来，連邦の RPS 政策が提案されたのちに，州の政策がそれに対応して連動しなければならないことに注意しなければならない[8]。

## 本章の小括

米国各州は，RPS 政策について様々な方法で設計してきたが，そこには実験の意味も込められてきた。再生可能エネルギーを用いた発電は，州によってその成長が目標に達したものと達していないものとに分かれる。州規制当局にとって，目標を達成しない場合には「失敗」と評価されるわけであるが，明確に「失敗」と結論付けられた例があるわけではない。それは，政策的に，再生可能エネルギーの種類ごとに FIT と RPS を選択していくことが不可能ではないからでもある。太陽光発電や風力発電のように発電の安定性を欠くがその発電コストの算定は市場経済になじむものと，地熱発電や小規模水力発電のように量的に一定規模を常に確保することで電力の安定供給に貢献しうるものとで扱いを変えるという方法論は，我が国にも魅力的ではなかろうか。

地球温暖化の深刻さにより，ますますこの領域の政策目的の重要性は増しつつある。連邦 RPS 法の可能性とその制度設計に関する討論はこれからも続くであろう。連邦 RPS 政策支持者と政策立案者の間からは，州の経験が生かされるべきとの意見も多くなると考えられる。州の政策は多様でありその評価もまちまちであろう。新しい政策の導入には多様なメニューからの選択を迫られる局面の到来が予想されるが，経済学的知見も取り入れながら，的確にこれを行う必要がある[9]。

---

8 Lori Bird and Elizabeth Lokey, *Interaction of Compliance and Voluntary Renewable Energy Markets*, The Elec.J., Volume 21, Issue 1, Pages 18-30 (2008); Alan Nogee, Jeff Deyette and Steve Clemmer, *The Projected Impacts of a National Renewable Portfolio Standard*, The Elec.J., Vol. 20, Iss. 4, at 33-47 (2007).

9 兼平裕子『低炭素社会の法政策理論』171 頁（信山社，2010 年）。

# 第2章

# 米国における CCS 技術政策

## 第1節　はじめに

　火力発電は，全世界の$CO_2$（二酸化炭素）を排出する原因の6割を占める[1]という問題を抱えつつも，電力潮流の信頼性や電力系統の安定性の面においては再生可能エネルギーよりも優位にある電源である。そこで，従来型の化石燃料を使用しながらも$CO_2$を地中に貯留する技術が注目されるのは米国においても必然であった。$CO_2$を回収し，隔離し，貯留する技術は，$CO_2$排出削減という点で，再生可能エネルギー利用に一部代替する役割を果たすことができる。この技術を概念化したものがCCS（Carbon Dioxide Capture and Storage：二酸化炭素貯留隔離）というものである[2]。なお，CCSは，（二酸化）炭素回収貯留とも，（二酸化）炭素隔離貯留とも表記されることがある。また，英語ではCarbon（Dioxideは省略）Capture and Sequestrationと表記されることもあるし，Sequestration（隔離）とStorage（貯留）を併せ持つ意味合いであることを強調して，Carbon Sequestration and Storage（CSS）と表記されることもある。これらの表記は，いずれも，火力発電所や製鉄所やセメント工場などの$CO_2$大規模排出源から$CO_2$を分離し，回収し，隔離化し，地下（海底下を含む）に貯留するための一連の科学技術を指しており，その実質的な内容は同じである。本書では，$CO_2$の貯留隔離という意味でCCSと表記する。

　IPCC（International Panel on Climate Change：気候変動に関する政府間パネル）では，かねてから，CCSを「大気中の温暖化ガス濃度を安定化させる主要な対策の一つ」と位置付けてきた。すなわち，IPCCではCCSを「大気中の温室効果ガ

---

1　ここでいう火力発電とは石炭と石油と天然ガスを燃料とする発電のことである。このほかに，製鉄所やセメント工場などの各種工場でも大量の$CO_2$が発生する。その概要を把握するには，日本エネルギー経済研究所『エネルギー・経済統計要覧2013年版』（省エネルギーセンター，2016年）を参照のこと。
2　2009年10月31日のNHK午後7時のテレビニュース「ニュース7」では，米国テキサス州の石炭火力発電所が世界で初めて発電所用のCCSを実施し始めたことを報じている。なお，"$CO_2$ Capture Ready"の制度の確立が欧米では広く提唱されていると言う。茅陽一「ファウストの取引」『電気新聞』2009年12月28日参照。茅氏はCCSの必要性を指摘する中でこの事実を紹介している。

ス濃度を安定化させる主要な対策の一つ」と位置付け，世界全体の $CO_2$ の貯留ポテンシャルは，石油・ガス田が 6,750〜9,000 億トン，地下深部塩水層が 1〜10 兆トン以上と推定され，少なく見積もっても約 2 兆 $t\text{-}CO_2$ が地中や海中に貯留可能であるという[3]。日本の場合の排出量からその規模を推し量りたい。日本の小規模な火力発電所では，1 日で 4,300 トンの $CO_2$，1 年間で 160 万トン程度の $CO_2$ が排出されている。より大きな 100 万 kW の石炭焚き火力発電所から排出される $CO_2$ は，1 秒間に約 200kg，1 日に約 1 万 6,000 トンに及ぶ。$CO_2$ の隔離技術は，この量の要請に対応したレベルになってはいないし，もし仮にこの排出権をそのまま欧州の EU-ETS（EU Emissions Trading System）で調達すると年間約 17 億円かかる（2007 年 2 月の相場）計算となる。我が国で本格的な排出権取引が始まると，企業もこれに対応するために多くの労力を割かなければならないが，大量に排出される $CO_2$ を吸収しこれを固定化する CCS は，その安全性や確実性が十分に高まった場合，$CO_2$ 排出量取引ビジネスに応用することも期待される。

　CCS は大きく分けて，$CO_2$ の分離・回収（固定化），輸送，圧入・貯留の 3 段階からなる。このうち輸送と圧入・貯留はおおむね既存技術によって実施可能であるが，$CO_2$ の分離・回収の効率化，その際のエネルギー使用量の削減，CCS の統合的システムとしての最適化や規模拡大については，今後技術的に多くの進展が望まれる。実用段階にある技術は一部にとどまり，基本的に更なる技術開発が必要になっていると言えよう[4]。

　なお，CCS の技術そのものを再生可能エネルギーと同質なものと位置付けるべきではない。非常に長期のタイムスパンで見た時に CCS が，将来にわたって確実に $CO_2$ を地中に貯留できる技術であると言えるかに疑問も起こりうる。本章では，今後（少なくとも近未来において），原子力発電，CCS を伴う従来型の火力発電，そして再生可能エネルギーを利用した発電を含むその他の発電，のベストミックスが模索されるべきことを前提に，CCS 技術を社会科学の視点から概観し，その維持・発展のための現在の法的問題点を探る。

## 第 2 節　日・米における CCS 活用の進捗

### 第 1 款　CCS のグローバル化

　スウェーデンのスタットオイル社は，現在年間 100 万トンの CCS を行う。同社は 1972 年に設立された国営石油会社で，1997 年から CCS に取り組んできた実績がある。2001 年には部分民営化によってオスロとニューヨークの証券取引所に上

---

[3] 余語克則「IPCC 炭素隔離技術特別報告書の進捗と展望」『RITE WORLD』16 頁（地球環境産業技術研究機構，2003 年）。
[4] *See, e.g.,* http://www.euglena.jp/solution/environment.html.

場したが，現在も政府が株式の 81.7% を保有している政府傘下の企業である。同社の石油生産の中心は国内の大陸棚であり，同国の石油・天然ガスの国内生産比率は，2003 年の実績で約 92% となっている。したがって現時点での石油・天然ガスの海外生産比率は 8% に過ぎないが，同社は 2010～12 年に向けて，その比率を 40% まで高めることを目標にし，世界各地で CCS をからめた鉱区の取得や探鉱活動に取り組み始めた。また，ノルウェーの CCS の歴史も古く，同国のスレイプナーガス田（圧入開始 1996 年，貯留量約 80 万トン）を嚆矢としたと見られる。そして世界各地において CCS がどのような実績を挙げつつあるかを見ておくと，アルジェリア・インサラー天然ガス開発（圧入開始 2004 年，貯留量約 120 万トン），ノルウェー・スノービット LNG（圧入開始 2008 年，貯留量約 70 万トン）といったところが有力である。また，貯留量が年 340 万トンに達するオーストラリア・ゴーゴン天然ガス田は世界最大の CCS の規模になっている[5]。このように CCS には，産油国・産ガス国を中心に世界的な拡がりが観察されるが，ここでは米国を中心に，日本を参照しつつ，CCS 活用の進捗を見ておく。

### 第 2 款　日本

　自民党と公明党が民主党に政権を奪われる前の 2008 年 3 月，政府は「Cool-Earth エネルギー革新技術計画」のなかで，世界全体の温室効果ガス排出量を 2050 年までに現状に比して半減する長期目標を国際的に共有することを提案し，日本の長期目標を 2050 年までに現状から 60～80% 削減することとした。2009 年 9 月に民主党政権となり，鳩山由紀夫首相（当時）は 2009 年 11 月 6 日の参議院予算委員会で，日本の 2050 年までの地球温暖化ガス削減の長期目標をさらに上積みし，2050 年までに 80% 削減するという目標を言明し「政府として動いていきたい」と述べた。のちに詳述するが，鳩山氏は 2020 年までの中期目標に関しては，1990 年比で 25% 減の目標を表明し国際社会から高い評価を受けており，その事実を前提とした発言であると言える。また，2009 年 7 月の主要国首脳会議（ラクイラ・サミット）で，先進国全体が 2050 年までに 80% 以上削減する長期目標で合意したことも背景にある。自・公政権下で，日本政府は 60～80% 減の長期目標を掲げていたことについて，鳩山氏は「まだ不十分との声があった」と説明した[6]。この長期目標を実現するためには CCS を含めた革新的な技術の開発・普及が必要である。CCS については，

---

5　http://www.mizuho-ir.co.jp/publication/contribution/environment/2004/lng041103.html.

6　『日本経済新聞』2009 年 11 月 7 日朝刊参照。その後，自民党と公明党は政権を奪還し，2013 年 12 月に，総合資源エネルギー調査会基本政策分科会がエネルギー基本計画に対する意見（案）を策定するところにまでこぎ着けた。これにより，民主党政権時代の 2010 年版エネルギー基本計画とは異なり，2014 年版のエネルギー基本計画は低炭素社会を強く意識しつつも，数値目標を前面に出すことは控えた内容に大きく様変わりすることになった。

日本では，福島県いわき市沖でCCSパイプライン敷設調査が行われた例，新潟県長岡市で1万トンの$CO_2$を地中貯留した例などの実績がある[7]。またCDM（Clean Development Mechanism：クリーン開発メカニズム）化やCCSの義務化の促進等により，CCSが海外での市場参入条件あるいは市場競争のツールとなる可能性や発展性があるため，複数の大規模実証試験の早期実施が望まれている。たとえば，2006年にロンドン条約1996年議定書が改訂され，$CO_2$の海底下地中貯留も国際法上可能となった[8]。第6節において詳述するが，2007年に日本においても海洋汚染防止法が改正・施行された。日本ではCCSを行おうとする場合，$CO_2$の貯留場所のみならずそれにまつわる地権者関係や環境規制等も問題となるため，同法のCCSへの適用により，陸域よりも海域（海底下）1,000m以深のシールがしっかりしている地層への貯留が現実になる可能性もある。政策的観点からは，2008年12月に開催された政府の「総合科学技術会議」で，CCSの大規模実証試験実施が承認されたことが注目される。この実験は，2009～2013年の5年間に，火力発電所等の大規模排出源から分離・回収した$CO_2$を10万t-$CO_2$/年の規模で地下帯水層へ貯留する技術を実証することにより，技術的・経済的な課題の抽出や評価指標の検討等を行った。今後も圧入された$CO_2$の長期挙動予測シミュレーション技術やモニタリング技術等の確立を図るべく，さらにCCSの本格実施に向かおうとしている。

**第3款　米国**

　米国においては，周知のように地球温暖化そのものを疑問視する政治家が多かったが，ノーベル平和賞を受賞したIPCCから第4次報告書（AR4）が出されるに至って，政府として温室効果ガスを原因とする地球温暖化の可能性を認識する方向性が固まった[9]。AR4は577の研究成果である約8万のデータ群から厳選された75の研究成果である約2,900のデータ群に基づき，450名を超える代表執筆者，800名を超える執筆協力者，2,500名を超える専門家の査読のもと，130ヶ国の政府が

---

7　『電気新聞』2009年11月9日参照。
8　同議定書の正式名称は「1972年の廃棄物その他の物の投棄による海洋汚染の防止に関する条約の1996年の議定書」である。1996年に採択された。条約締約国15ヶ国を含む26ヶ国以上の批准または加入の後，30日目に発効することとされ，2006年3月に発効した。2007年2月現在の締約国は30ヶ国である。ロンドン条約の内容を改正・強化したもので，「主に陸上で発生した廃棄物等に関し，船舶等からの海洋投棄を原則として禁止し，例外的に海洋投棄が認められる廃棄物等についても厳格な許可条件を定める」ことを目的としている。日本では，同議定書の発効以前の批准に間に合わせるため，2003年12月の中環審答申「今後の廃棄物の海洋投入処分等の在り方について」を受けて，国内体制の整備を図ってきた。http://www.eic.or.jp/ecoterm/?act=view&serial=3796。
9　文部科学省・経済産業省・気象庁・環境省『IPCC地球温暖化第四次レポート―気候変動2007―』（2009年）参照。2016年現在では，IPCC第6次報告書作成に向けた準備が進められる。

関与してまとめられている。その内容は 2007 年 2 月から順次公開され，IPCC のサイトから入手可能になっている[10]。米国民も AR4 の説得力を認識していると言えよう。AR4 によれば，多元化社会シナリオは，世界経済や政治が域内にブロック化され，貿易や人・技術の移動が制限され，経済成長率が低く，環境への関心も相対的に低いシナリオで，温暖化はより加速度的に進むとされている。また，1970〜2004 年の間に温室効果ガス排出量は 70% 増加，温室効果ガスの大半を占める $CO_2$ 排出量は 80% 増加し，世界平均気温は 2100 年に 1.8〜4.0 度上昇すると予測されていた。地域的には高温，熱波，大雨，高潮，台風の大型化，干ばつをもたらし，生態系を破壊し，農業に影響を与え，食糧不足を生じ，熱射病や感染症などの健康被害を増加させることになる。これらの問題の緩和策としては省エネルギー，天然ガスへの燃料転換，原子力発電，再生可能エネルギー（水力・太陽光・風力・地熱・バイオ）とともに CCS への期待が大きいとされていた[11]。

これを受けて米国では，CCS をより本格化させようとしている[12]。$CO_2$ は産業ガスとして様々な分野に広く使用されてきた。よく知られているように，常温と常圧の下では，$CO_2$ は気体であり，温度を下げると固化する性質を持つ。この性質を利用する商品もある。しかし，米国の CCS では，違う方向性が模索されている。米国では，$CO_2$ の地中への注入は有効になされてきたが，$CO_2$ の大量の貯留が目的だったわけではない。結果として現在，約 1 万 3,000 の油田とガス田に $CO_2$ を活発に注入している状況にあるが，実際にはそのうち 6,000 以上の油田・ガス田が産出用に使用されており，それによって日産約 24 万 5,000 バレルの原油の産出を可能にしている。米国には，このような事業を包括する $CO_2$ 産業と関連インフラとしての何千マイルもの $CO_2$ パイプラインが既にある。毎年，米国で地中に注入された $CO_2$ の量の見積りは 5,000 万トンを超えるようになり，1972 年以来の累積では 6 億トン以上になると見積もられる。但し，産油操作に使用されるインフラのみならず，$CO_2$ の輸送，注入，及び付帯的な貯留に危険がともなわないわけではない。そこでこの産業は主として $CO_2$ 圧入許可関連のインフラ向けの州規制を受けてきた[13]。

---

10　http://www.ipcc.ch/.
11　IPCC 第 4 次報告書は，温暖化を一定レベルに抑えるのに必要な対策として世界各国の科学者が示した報告に基づいているのが特徴である。温室効果ガスの 1990 年比 25% 減とは，科学が先進国に要請する削減幅の下限であると言える。IPCC は，今世紀末に産業革命以来の地球の平均気温の上昇を 2 度以内に抑えるには，先進国全体で 2020 年までに 90 年比で 25〜40% の削減が必要としている。
12　Elizabeth Lokey, *Valuation of Carbon Capture and Sequestration under Greenhouse Gas Regulation*, THE ELEC.J., Vol. 22, Iss. 4 at 11-24 (2009); Armond Cohen, Mike Fowler and Kurt Waltzer, *"NowGen": Getting Geal about Coal Carbon Capture and Sequestration*, THE ELEC.J., Vol. 22, Iss. 4 at 25-42 (2009); Fereidoon Sioshansi, *Carbon Constrained: The Future of Electricity Generation*, THE ELEC.J., Vol. 22, Iss. 5 at 64-74 (2009).

$CO_2$ は密度を 100 倍程度にまで圧縮されると，気体と液体の両方の特性を持つ濃厚相気体（あるいは超臨界流体）になる。通常のガスは大気中に拡散し霧消してしまうが，濃厚相気体は霧散しないでその場に残るようになる。その状態では，$CO_2$ は液体のように扱うことが可能である。米国では $CO_2$ をその状態にして，パイプラインで輸送することにより経済効率性を高めることを目指している。そしてさらなる技術発展により，地中に賦存する油の回収率を高める EOR（Enhanced Oil Recovery）の目的のために注入された $CO_2$ は，超臨界流体として更なる使用のために再生できるようになる。この技術により $CO_2$ は同じ注入口を通して何度も超臨界流体として深層に注入されることになる。これが実現すると，法律的には $CO_2$ 貯留に使用するため「いかなる組織体がいかなる態様の $CO_2$ 注入口を所有し，運用・管理するか」という議論が生じると予想されている[14]。

　また，CCS については，常に $CO_2$ の地上漏れの問題も懸念材料になる。地殻変動が起こっても問題が生じない場所を選定することや実施者を適切に選ぶことも重要であるが，安全性をいかに客観的に示すかについて，とりわけ慎重にならなければならない[15]。当然のことながらこの部分に不具合が生じた場合，安全対策のコスト負担の増大という問題が生じる。さらに情報発信側の透明性や，正しい情報を選びとることが重要となる。そしてこの判断力を育成することが安定的な事業を行う上でさらに非常に重要になる。また，科学技術の進展と比して立ち遅れている法整備を間に合わせる必要もある。CCS は，様々な新しい科学技術分野を包摂しており，その適用法規については的確に事業を促進できるように整備していくことが重要である[16]。

## 第 3 節　CCS 技術の実際

　CCS 技術の中で最も有力な $CO_2$ 地中貯留技術は，大規模な $CO_2$ 発生源である発電所や製鉄所，セメント工場などから排出されるガス中の $CO_2$ を分離・回収して，それを地中深くのキャップロックと呼ばれる不透水層を上部に持つ帯水層に圧入する技術である[17]。結果的に地中に貯留・隔離することによって大気中に $CO_2$ が放出

---

13　Robert R. Nordhaus and Emily Pitlick, *Carbon Dioxide Pipeline Regulation*, Energy L.J. Vol. 30, Iss. 1 at 85 (2009).
14　*Id.* at 87.
15　IPCC Report on Carbon Capture and Storage, available at http://www.ipcc.ch/publications_and_data/publications_ipcc_fourth_assessment_report_synthesis_report.htm. 平井秀一郎「$CO_2$ 隔離（CCS）特集号の発刊に際して」『水素エネルギーシステム』34 巻 1 号 1 頁（2009 年）参照。
16　『電気新聞』2009 年 11 月 9 日参照。
17　『電気新聞』2009 年 9 月 16 日参照。

されることがなくなれば, 地球温暖化防止に役立つ[18]。我が国においては, 現在, CCSが, $CO_2$放出を減少させるための主要技術として提案されつつあるが, 米国では, 長年の経験をもとにCCSに移行する可能性を持っている。米国の石油・ガス産業は, EORについて長年の経験を積んできたと言えるからである。自然の排油エネルギーのみを利用することで貯留層から回収できる（一次採取法による）油の量は, 全油量の2割程度にすぎない。この一次採取法による採取量が減衰してきた際に, 油層に人工的な排油エネルギーを付与することにより油を採取することを,「増進回収」という。これがEORである。石油増進回収には, 水を圧入する水攻法, 天然ガスや$CO_2$などを圧入する方法, 熱攻法, ケミカル法などの方法がある。二次回収までは, 水を圧入する水攻法が一般的によく採用されている。また, $CO_2$地中貯留の手法として, $CO_2$ガスを圧入することもある。これがCCSにつながらないかが模索されるわけである。なお, 三次回収は, 二次回収の実施後に実施されるもので, 主な手法としては, ケミカル攻法や熱攻法などがある。一方, EGR (Enhanced Gas Recovery)は, 天然ガス増進回収法である。EORと同様, 採取量が減衰してきた天然ガス田において, 水や$CO_2$などを圧入することにより, 天然ガスの増進回収を行うというものである。$CO_2$を圧入し, 地中貯留を行いつつ, 天然ガスを増進回収する手法をとる場合には, $CO_2$・EGRとなる。このような技術はCCSの本格実施につながる可能性がある。

また, 天然ガスとしてのコールベッドメタンを増進回収する方法を, コールベッドメタン増進回収（Enhanced Coalbed Methane Recovery：ECBM）と呼ぶ。地球環境産業技術研究機構（Research Institute of Innovative Technology for the Earth：RITE）によると, 石炭は, 木材から亜炭, 褐炭, 亜瀝青炭, 瀝青炭, 無煙炭と石炭化が進行していく過程で水分とメタンを放出する。このメタンが「コールベッドメタン」であり, 効率的に回収すると天然ガス資源として活用することができる。増進回収には, $CO_2$, 燃焼排ガス等を圧入井から高圧で注入し, 石炭層内で注入ガスとメタンを置換させ, 生産井からメタンを生産する方法となる。固定排出源から発生する$CO_2$を分離回収する工程には, 一般に輸送に必要な$CO_2$の昇圧（船の場合には液化）工程を含む。分離回収技術には吸収法, 吸着法, 膜分離法, 深冷分離法などがある。さらに, 発電プラントにおいては, $CO_2$の分離回収を組み込んだ三つの異なる発電方式が提案されており, それらは燃焼後回収, 酸素燃焼, 燃焼前回収と名付けられている。まず, 燃焼後回収はPost-Combustionと表記され, 通常の微粉炭火力やLNG（液化天然ガス）火力発電所のように, 燃料を燃焼させたの

---

[18] EOR技術を駆使したCCSの利用について, 米国の法律上の論点をまとめたものとして, 以下を参照。Philip M Marston and Patricia A Moore, *The Evolving Legal and Regulatory Framework for Carbon Capture and Storage*, ENERGY L.J., Vol. 29, Iss.2 at 421-490 (2008).

ちの煙道ガスから $CO_2$ を回収するものである。圧力は常圧であり、また燃焼を空気で行うので $CO_2$ 濃度が低い。次の、酸素燃焼は英語では Oxyfuel と表記され、空気の代わりに酸素 ($O_2$) を用いて燃焼を行うもので、発生するガスは常圧であるが、窒素 ($N_2$) のない分だけ $CO_2$ 濃度が高くなる。最後の燃焼前回収は Pre-Combustion と表記され、石炭ガス化複合発電 (Integrated coal Gasification Combined Cycle：IGCC) などに見られる方法で、燃料を空気または酸素を用いてガス化し、得られた圧力を持つ合成ガスから $CO_2$ を回収する。ガス化を酸素で行う方式では $CO_2$ 濃度が高くなる。$CO_2$ の輸送は、固定排出源から貯留層まで $CO_2$ を輸送する工程である。パイプライン輸送とタンカー輸送があるが、近距離ではパイプライン輸送の方がコスト的に有利である。$CO_2$ の貯留には、地下に貯留する「地下貯留」以外にも、上述のように海中に注入して隔離する「海洋隔離」があるが、本格的な「海洋隔離」はまだ研究開発段階であり、その実施には相当の時間がかかる。地中貯留の貯留層としては、石油・ガス田、石炭層、及び地下深部塩水層（帯水層）がある。IPCC の考え方によれば、世界全体の $CO_2$ の貯留ポテンシャルは石油・ガス田が 6,750〜9,000 億トン、地下深部塩水層が 1〜10 兆トン以上と推定されている[19]。

　CCS の特徴と役割を把握するには、他の $CO_2$ 削減技術と比較することが有益である。$CO_2$ 削減技術としての CCS の性格ないし特徴については、本章第 2 節第 3 款において先述した IPCC による AR4 に、大要、次のようにまとめられている。「CCS は大規模排出源から $CO_2$ を回収し、地中あるいは海洋などに貯留する技術である。大気中温室効果ガス濃度安定化におけるポートフォリオの一つと位置付けられる。ポテンシャルは地中貯留で少なくとも 2 兆 t-$CO_2$、海洋隔離では数兆 t-$CO_2$ ある。CCS のシステムは特定の条件下で成熟したあるいは経済的に有効な既存技術の組み合わせによって構成されている。発電所の CCS は追加エネルギーを 10〜40% 必要とするが、$CO_2$ 排出を実質約 80〜90% 削減できる。CCS 適用によって発電コストは約 0.01〜0.05 米ドル/kWh 上昇すると見込まれ、小規模発電における 15〜19 米ドル/t-$CO_2$ 程度と見込む試算が $CO_2$ 回収コストとしては最大になる。」このようにして、2100 年までに世界全体の対策のうち、CCS は累積で 15〜55% 貢献するとの試算がなされている。また適切に管理された地中貯留の場合 $CO_2$ 保持率は、1,000 年経過しても 99% 超の可能性が高いともされている[20]。なお、国際法及び国内法整備についての検討は、先述のように海洋貯留などにつき一部なされているが、多くは今後の課題として残されている。

　省エネはその実施によってエネルギー消費を削減でき、コストダウンにもなる。

---

19　See http://www.rite.jp/.
20　高木正人「CCS のエネルギー・経済性評価と $CO_2$ 削減技術としての役割」『水素エネルギーシステム』34 巻 1 号 57 頁 (2009 年)。

原子力や再生可能エネルギーは$CO_2$を排出せず，化石エネルギーの消費量を減少させることもできる。また，天然ガスへの燃料変更など化石燃料間での燃料変更を行って$CO_2$排出量を減らすこともできる。これらに対し，CCSは化石エネルギーの消費量を増大させる誘因になるし，相当なコストもかかる。それでもCCSの技術を無用とする結論にならないのは，CCSの持つ$CO_2$削減ポテンシャルが大きいこと，さらには，大きな排出削減を行ったときの削減コストが他の技術より安いことによると言えよう。

## 第4節　石炭火力発電のコストの明確化

　石炭は従来，競争力がある火力発電の燃料であるとされてきたが，炭素税等によって$t-CO_2$当たり30ドル前後のコストを追加負担するのでは，石炭火力発電所の燃料コストをほぼ倍増させることになる。一方，2009年に総合資源エネルギー調査会需給部会で新たな長期エネルギー需給見通しが示された時には，原子力発電は費用対効果の面で優位性が際立った。そこで考えられたのは，巨額の初期投資とそれに比してはるかに低額な燃料コストという構成で何十年かを操業するタイムスパンである。今日，石炭火力発電所を建設する場合，まず40年間の燃料コストと大気等の汚染に関連する外部費用の内部化についての負担に注意が向けられている。一方，再生可能エネルギーを利用する発電所を建設するのであれば，事実上，これからの40年間分のコストをかなりの部分において，前倒しにより国民に負担させる覚悟をもたなければならないと言える。以上のことは，国民にとっては，今後どのような国家的な投資が適切であるかを考えさせられることに他ならない。そこでは，たとえば，長期国債による資金調達がなされるべきか，そうであるとしてどの程度の規模かを国民は考えなければならない。政府の政策も大きな岐路に立たされるが，基本的な課題は再生可能エネルギーをどのように普及させるかということである。確かに，再生可能エネルギーの費用を見積もることは難しい。それぞれの再生可能エネルギーの平均費用は，規模に依存し，大いに異なりうる。またそれぞれの再生可能エネルギーの特性を比較・吟味しなければならない。そして規模の経済性が働く場面において再生可能エネルギーの限界費用は非常に低いことに注意しなければならない[21]。

　このディメンジョンで用いられる費用測定方法としてLCOEがある。これは，Levelized Cost of Electricityの略称であり，平準化された電気利用のための費用を

---

21　原子力発電を含めた発電形態別の日米コスト比較につき，2011年3月11日に発生した東日本大震災よりも前の時点のものとして，下記サイトにおける松尾雄司・村上朋子・永富悠「海外の試算例にみる原子力発電のコスト評価」参照。
*See* http://eneken.ieej.or.jp/data/summary/1840.pdf.

指す。ジェフェリー・ヒール（Geofferey Heal）氏は，1トンの石炭は燃焼により1.5～3.5トンの$CO_2$を排出するが，発電所の費用ベースに組み入れられるなら，これは，約6～11c/kWh程度LCOEを上げる効果があるとした[22]。さらに，政策立案の観点から，LCOEの分析内容を絞り込んだLSCOE（Levelized Social Cost of Electricity）が用いられる。これは，外部費用の内部化とともに平準化された電気利用のための社会費用を計算することを可能とするものである。地球温暖化ガスの放出に関しては，化石燃料よりも再生可能エネルギーの方が外部費用はかからないと考えがちであった。しかし，何が化石燃料を使用する場合の社会費用と言えるのかを特定することに資するデータの蓄積はあまりない。再生可能エネルギーを利用する際のコストとの比較では，過去の，$CO_2$排出権のEU-ETS（European Union Emission Trading Scheme：欧州連合域内排出量取引制度）における価格を見ることも有益である。しかし，この価格が投機的な売買を含む価格である可能性を内在する限り，これをもって社会費用であると言うことはできないとの見方もあろう。理想的には，数年ではなくより長期の社会費用の見積もりも必要である。なお，2006年にニコラス・スターン（Nicholas Stern）氏[23]が，また2009年にウィリアム・ノードハウス（William Nordhaus）氏[24]が費用分析を行い，$CO_2$排出の社会的費用がどの程度であるかの試算を提供している。ノードハウス氏は，$CO_2$が1トン排出されると，約8ドルの社会的費用があると見積っている。ところが，スターン氏の見積りは1桁大きい85ドルである。このように違いが生じたことにはいくつかの理由があるが，大きな理由の一つは，スターン氏が0.1％，ノードハウス氏が4％の顧客優遇料金（事業者が消費者に提示する時間帯別割引料金など）を設定したことによる。スターン氏の見積りはさらに，気候変動のコストに関するより包括的で最新のデータをもって，不確実性な場合と通常通りの，企業に起こりうる様々なシナリオを提示することを目的としたという要因もある[25]。

　地球温暖化ガスのコストは化石燃料使用のみの外部費用により算出されるわけではない。また地球温暖化ガスは，$SO_2$やその他様々な窒素酸化物や細粒などの他の排気ガスを含んでおり，環境悪化の原因物質でもある。これらの物質の放出コストはガソリン使用の社会的費用の文脈において研究されてきた。先述のヒール氏によ

---

22　Geoffrey Heal, *The Economics of Renewable Energy*, NBER WP15081 (2009), *available at* http://www.nber.org/papers/w15081.
23　NICHOLAS STERN, THE ECONOMICS OF CLIMATE CHANGE: THE STERN REVIEW (2006).
24　WILLIAM NORDHAUS, A QUESTION OF BALANCE: WEIGHING THE OPTIONS ON GLOBAL WARMING (2009).
25　Christopher Hope and David Newberry, *Calculating the Social Cost of Carbon*, Cambridge D-Space Report CWPE0749 & EPRG0720 (2007), *available at* http://www.dspace.cam.ac.uk/handle/1810/194738.

ると、比較と評価が詳細にわたり、かつ正確なものも出始めている[26]。しかし、概して複雑であり、要領よくまとめられているとは言い難い。ヒール氏によれば、彼らの研究についておおむね言えることは、米国での発電における化石燃料利用の新しい制限政策の導入があれば、地球環境にも人間の健康にも影響が小さくなることが強く示唆されるということである。たとえば、総 $SO_2$ 放出量にキャップをかけるのは合理性があると見られるところであるが、再生可能エネルギー利用について外部費用は $CO_2$ のみならず $SO_2$ の分を含むと、化石燃料のものより少ないことが明らかとなる。この結論は、新発電プラントに適用される化石燃料規制の強化を誘導することになるであろう。

## 第5節　$CO_2$ 削減のためのコストと CCS

### 第1款　EGR を前提にすることの必然性

　西豪州の世界最大級の LNG 事業であるゴーゴンプロジェクトを推進するシェブロン、エクソンモービル、シェルの3社は、2009年9月14日に、最終投資決定（Final Investment Decision：FID）を行った。投資額は約 430 億オーストラリアドル（当時の為替レートで約3兆5,000億円）であった。LNG の生産能力は年 1,500 万トンで、そこに CCS の技術が 20 億オーストラリアドル（同、約 1,600 億円）をかけて導入されることになるという[27]。ゴーゴンガス田は、ガス田単独開発では大気に放散することが通常である $CO_2$ の含有率も高く、西豪州の環境規制が厳しいために、EGR を導入することにした背景があることに注目すべきである（CCS の専門家やガスエネルギー産業に携わる事業者は、EGR はかえって生産性を落とすという可能性も認識する）。このように、副次的な利得が CCS には備わるという発展性があることを視野に入れつつ、以下に日・米の CCS にかけるコストの諸問題について考察する。

### 第2款　日本

　$CO_2$ 削減のためのコスト問題を、我が国で $CO_2$ を1トン削減するために、どのくらいのコストがかかるかという視点から見ると、通常の品質の風力発電の場合、現状では、設備の建設コストだけで、およそ 1kW 当たり 30 万円かかる。一方、CCS は、$CO_2$ を1トンにつき現状でも総額 7,000 〜 8,000 円で済むので、安価だと言える[28]。我が国では、2008年7月の G8 北海道洞爺湖サミットで、「2010 年まで

---

26　一例を挙げる。Ian Parry and Kenneth Small, *Does Britain or the United States Have the Right Gasoline Tax?*, AMERICAN ECON. REV., Vol. 95, No. 4 (2005).
27　『ガスエネルギー新聞』2009年9月23日号。
28　大隅多加志「$CO_2$ の地下貯留」『水素エネルギーシステム』34巻1号33頁（2009年）。

第 2 章　米国における CCS 技術政策

に世界的に 20 の大規模な CCS の実証プロジェクトが開始されることを，強く支持する。」との宣言がなされて閉幕したことを受け，「低炭素社会づくり行動計画」が閣議決定された。同計画では，CCS 技術の分離・回収コストを低減する技術開発を進め，2009 年度以降早期に CCS 大規模実証試験に着手し，2015 年までに $CO_2$ 地中貯留実施に必要な基盤技術を確立し，2020 年から民間部門での本格導入の実現を目指すとしている。$CO_2$ 分離・回収コストを現状の 4,200 円 $/t-CO_2$ から 2015 年には 2,000 円台，2020 年には 1,000 円台にするという目標設定をしている。地中貯留においては「油・ガス田」「深部塩水層」「炭層」それぞれの層の特性があるが，仮に平均の CCS コスト（石炭火力発電適用）が，4,400 円 $/t-CO_2$，このうち $CO_2$ 分離回収コストが 2,700 円 $/t-CO_2$ であれば，電力コストに換算すると，約 35 円 $/kWh$ となり，電力コスト 30～50 円 $/kWh$ となる太陽光とも対等にたたかえると見積もる。輸送コストについては，パイプラインを使用した場合，米国の事例では，100km 当たり 500～1,000 円 $/t-CO_2$ である。日本の場合は，公道の地下を使用するため，輸送コストは数倍になる。一方，船舶輸送を行った場合は，港湾施設，船舶建造にコストがかかり，設備費として 3,500～4,000 円 $/t-CO_2$ で 100km 当たりの輸送コストは約 50 円 $/t-CO_2$ となる。したがって日本国内では，200km 程度まではパイプラインでそれ以上は海上輸送が適する試算になる[29]。

**第 3 款　米国**

　米国においては，2009 年 5 月 18 日，DOE（Department of Energy：エネルギー省）が，CCS 技術の商業化を促進するため，2009 年 2 月 17 日に成立したばかりのアメリカ復興再投資法（America Recovery and Reinvestment Act of 2009）に基づき，24 億ドルを支援すると発表している。同法は，新たな雇用を創出しつつ，$CO_2$ 排出量を削減する技術を発展させようというオバマ政権の取り組みの一環となるものである。このうち，DOE のクリーン石炭発電所イニシアティブ（石炭火力発電所での大気汚染物質の削減，CCS 実用化を促進）に 8 億ドル，製鉄所やセメント工場等産業施設での大規模な CCS プロジェクトに 15 億 2,000 万ドル，地中隔離に適切な地層を特定するプロジェクトに 5,000 万ドル，地中隔離に関する人材育成・研究に 2,000 万ドルが充てられる予定である。その際に DOE のスティーブン・チュー（Steven Chu）長官は，気候変動の最悪の影響を防止するため，安全で費用対効果の高い方法での CCS の実施に向け，取り組みを加速する必要があると念を押した。今回の助成は，雇用創出に加え，数年後，需要が大幅に増加すると見込まれる CCS 技術について，米国が世界をリードするという意思表示でもある[30]。

---

29　住明正・島田荘平（編著）『温室効果ガス貯留・固定と社会システム』（コロナ社，2009 年）。
30　http://www.energy.gov/fe/articles/moving-forward-ccs.

## 第6節　日本における CCS 本格実施への課題

　日本での CCS の本格実施に向けては，主に次の課題がある。環境影響評価や監視システムの構築，有効性の評価，コスト削減，分離・回収＝輸送＝貯留・隔離技術の開発，貯留・隔離地点の選択，そして国際的な合意や国民の理解である[31]。我が国では，海洋での CCS をも可能にするため，海洋汚染及び海上災害の防止に関する法律（昭和45年法律第136号）が2007年5月に改正され，CCS に関する許可制度が創設された（同法18条の8第1項）。この制度は，2007年11月に施行されている。このように，我が国では，現在，CCS 技術のあり方と法制度，そして大規模試験の環境が一部整った段階にある。政府が2008年に策定した先述の「低炭素社会づくり行動計画」のなかでは，2020年までに国内での CCS の本格導入が必要とされた。さらに2009年7月に後述の CCS 研究会により，「CCS を実施する際に安全面・環境面から遵守することが望ましい基準」が示され，今後 CCS に関するガイドラインのベースとなる指針を作ることとした。国内の CCS に関しては，第3節において先述した RITE が技術開発やデーターベースの構築を一貫してリードしている。RITE のホームページによれば，$CO_2$ 貯留隔離技術研究開発「CCS に関連する安全性評価動向調査に係る調査業務」や同「海底 $CO_2$ 挙動予測計算用ツールおよびデータの作成」など様々な調査やデータ処理作業などが，外注を含めて頻繁に行われている[32]。

　そして経済産業省は2009年8月7日，CCS 技術の実証試験に関する技術指針をまとめた。これは同省産業技術環境局長の私的研究会である CCS 研究会が取りまとめたもので，CCS 実証試験候補地の地質面や $CO_2$ の回収・運送，貯留後の監視，異常時の対応措置といった安全面・環境面の基準として位置付けられている。経済産業省は，CCS 研究会のもとに二つのワーキンググループを設置して CCS 実証に向けた安全面などの検討を行ってきたが，これはその成果物であると言える。なお経済産業省は，今後実施される CCS を実証する際の安全面と環境面で順守すべき「指針」として公表するものの，細かい数値基準には触れず，事業者が実証試験をする前に最低限確認してほしい項目を盛るにとどまった[33]。$CO_2$ の貯留については，貯めておける地層や地質構造を確認するほか，貯留後の $CO_2$ が漏えいする可能性を検討する必要性も挙げている。また水力発電所等から $CO_2$ を輸送する際の安全面については高圧ガス保安法（昭和26年法律第204号）を，また CCS 関連設備の安

---

31　『日経エコロジー環境経営辞典2009用語解説・法律・データ集』49頁（日経BP社，2009年）。
32　*See* http://www.rite.or.jp/.
33　『電気新聞』2009年8月10日。

第 2 章　米国における CCS 技術政策

全面については鉱山保安法（昭和 24 年法律第 70 号）をそれぞれ順守すべきとした。ただし，周辺環境への影響評価や圧入する $CO_2$ の濃度については指針で明記しており，$CO_2$ 貯留地を長期監視する必要性も盛り込んでいる。さらに貯留地で異常が起きた場合，それを検知する基準を設定したほか，保安管理体制の整備を行うこととした。これらの課題が克服されなければ，CCS 本格実施の展望は開けない。そこで具体的に，貯留に際し地質面から検討すべき事項として，①水理地質と地質構造に係るモデルの構築，②データ取得の適切な時期などを指摘しつつ，周辺環境への影響評価や異常発生時にとるべき措置などをまとめている[34]。

今後，産業界においても家庭においてもさらに厳しい環境への配慮が求められるようになるのは確実とみられる。少なくとも，民主党政権下の温室効果ガス削減の中期目標である「2020 年までに 1990 年に比べて 25％の削減を目指す」というのは，当時の麻生首相が 2009 年 6 月に発表した 1990 年に比べて 8％削減するという政府の目標を大幅に上回るものであった[35]。自・公政権時代の環境省の考え方は，以下のような長期的スパンを主軸とするものであった。2009 年 8 月 14 日，斎藤鉄夫環境相（当時）は会見し，2050 年までに温室効果ガス排出量を現状比 8 割削減するための具体策をまとめた。具体策を実行することで一次エネルギー消費量を 4 割削減，エネルギー部門の $CO_2$ 排出量を 7 割削減することで 2050 年に排出量 8 割削減が可能とした。斎藤氏は会見で「適切な政策を行えば 8 割削減は十分可能」と強調し，またその意義として「低炭素社会へ向けて先頭に立つことこそ日本が生き残る道だ」とした。原子力発電については，建設予定のプラントが稼働することを見込んで，一次エネルギー供給に占める割合を 26％，発電電力量に占める割合を 4 割とした[36]。しかし，2011 年 3 月 11 日の東日本大震災を経験する前の民主党政権はこれより厳しい目標を掲げた。『日本経済新聞』は，2009 年 9 月 9 日の社説「低炭素社会への積極策で経済成長を」において，温室効果ガス排出削減の目標が中期計画に盛り込まれていることを指摘し，大要，次のように論じた。「排出削減をひたすら企業への負荷，家計への負担とする途上国型の発想とは，そろそろ決別すべきではないか。世界の排出削減枠組みが踏み込んだものであるほど，日本の省エネ製品や省エネ技術が，世界市場に出て行く好機だと見ている経済人は少なくない。」ひとり CCS のみならず，様々な科学技術が必要不可欠であり，これを商機と捉えて果敢に次の時代に向かっていく姿勢が国民に求められているということを，いわば憂慮の念とともに主張したものと言えよう。

現在も，$CO_2$ 回収吸着材の開発は急ピッチで進んでいる。新エネルギー・産業技術総合開発機構（NEDO）は，化学産業の製造プロセスから発生する $CO_2$ を高効率

---

34 『月刊エネルギー』2009 年 9 月号 102 頁。
35 『毎日新聞』2009 年 9 月 8 日朝刊参照。
36 『電気新聞』2009 年 8 月 17 日参照。

第Ⅱ部　エネルギー環境政策

で回収できる吸着材の開発プロジェクトを立ち上げた。これらは持続可能な化学品製造技術「グリーン・サティスナブルケミカルプロセス」開発の一環で，約9億円を投じて2009年度から5年計画で実施することになった[37]。

さらに，経済産業省は，CCS技術の実証試験に向け，福島県沖合の枯渇ガス田に続き，今後は北海道苫小牧市沖合でも実地調査を行うことを決めた。これら2地点以外でも実地調査を行い，CCS実証地点をいくつか選定する。また，経済産業省は，地中貯留での安全性や貯留地の環境影響評価に関する実証基準も決めた[38]。

民間企業では，中国電力やJ-POWERなどの電気事業者や三菱重工業などの製造業者がCCSの実証試験を行っている。三菱重工業は，米サザン社と共同で，サザン社の子会社アラバマ・パワーの所有するバリー発電所で大規模なCCS技術の実証試験を実施する。関西電力と共同開発した特殊な吸収液を使う$CO_2$回収技術を採用する。回収された$CO_2$は，パイプラインを利用して油田に注入して石油増産を図り，得られる収益を回収費用に充てる[39]。このようにCCSを本格指せる環境が整いつつあるが課題は多いと言えよう。

## 第7節　米国におけるCCS本格実施への課題

### 第1款　米国における$CO_2$パイプライン導入の背景

$CO_2$その他の地球温暖化ガス（GHG）放出を減少させるための連邦規制の議論が米国で膠着するなか，CCSが，$CO_2$排出減少のための主要技術オプションとして現れるのは必然であった。米国には，パイプラインを通して$CO_2$を輸送する技術があり，CCSプロジェクトに結び付く条件が整いやすかったからである。パイプラインを通して$CO_2$を輸送する能力は米国でも拡大される余地があり，今後はCCSの広範囲な展開のためとして新しい$CO_2$パイプラインインフラの建設が見込まれつつある。しかしそれを順調に行うためには，米国政府は，実効性のある規制の枠組みを構築する必要もある。また技術面でも，既存の$CO_2$パイプラインインフラよりも小さな直径にし，天然ガスパイプライン方式のように滲み出るように拡張する可能性もある。現在のところ$CO_2$パイプライン事業者は，そのようなパイプラインの建設のために連邦規制と関わり合いを持つ手段を持っていない。またパイプライン事業者は，州法・州規制の不統一な規制状況に対処しなければならない。さらに料金規制とアクセス規制を含めた経済的規制も，パイプラインの建設には課せられる。既存の$CO_2$パイプラインは，全て州規制に服しており，州をまたぐパイプライン建設とは無関係なものである限り，事業者にとって規制主体は州である

---

37　『月刊エネルギー』2009年9月号104頁。
38　『月刊エネルギー』2009年8月号98頁。
39　『月刊エネルギー』2009年8月号101頁。

ことが当然とされてきた。しかしながら、今後建設されるパイプラインは、建設と操業に関する連邦の許可を受けることを選択可能にせよとの指摘がある[40]。連邦規制の範疇にはいると、州内 $CO_2$ パイプラインプロジェクトも、州の立地規制を受けることがない。この意味で、これまで事業者を苦しめてきた州際天然ガスパイプラインにおける規制の衝突のような事態を避けられる[41]。$CO_2$ パイプラインは、それ自体連邦政府の運輸業に関する規則を受けることが適当であるとの指摘もある[42]。この考え方は CCS の広範囲の展開のために必要な新しい $CO_2$ パイプラインインフラの増設を支持するものである。つづいて、$CO_2$ パイプラインの工事と操業に関する規制の制度を中心に分析する。

先述の通り、パイプラインのなかでは $CO_2$ は超臨界流体（気体と液体が共存できる限界の温度・圧力〈臨界点〉を超えた状態にあり、通常の気体、液体とは異なる性質を示す流体）として輸送されることが、輸送効率を最大化する。しかし操作上の観点からは、$CO_2$ がそのように超臨界流体のままで流れるようパイプラインの容量や材料が設計されていなければならない。しかも、CCS システムが広く配備されるなら、潜在的な $CO_2$ パイプラインインフラストラクチャへの需要も非常に大きくなる。米国で電力生産に使用されている化石燃料からの $CO_2$ の回収率が 80% になれば、1 年当たり約 18 億トンの $CO_2$ が様々な地層に注入されることとなろう[43]。既存の米国の $CO_2$ パイプラインイン設備だけでも、主として EOR のために、のべ 3,500 マイルの距離でもって、年当たり $CO_2$ を 4,500 万トンほど輸送している。天然ガスで比較すると、既存の米国天然ガスのパイプラインネットワークは、州際と州内を合わせてパイプラインでのべ 30 万マイル以上の距離を年当たり 4 億 5,500 万トン輸送する。需要上位予想によれば、$CO_2$ パイプラインが既存の天然ガスパイプラインに匹敵する日がくることになる[44]。しかし、$CO_2$ パイプラインネットワークの将来の地理的な敷設場所と距離と輸送容量は、現在のところ、予測することが難しい。

#### 第 2 款　$CO_2$ パイプラインの連邦規制への要請

$CO_2$ パイプラインについては、料金規制、アクセス規制いずれについても連邦計画がない。FERC (Federal Energy Regulatory Commission：連邦エネルギー規制

---

40　Nordhaus and Pitlick, *supra* note 13, at 87.
41　草薙真一「米国 LNG 輸入基地規制をめぐる連邦法の適用理論に関する一考察」『法学研究』81 巻 12 号 107-140 頁 (2008 年)。
42　Nordhaus and Pitlick, *supra* note 13, at 90.
43　Adam Newcomer and Jay Apt, *Implications of generator siting for CO2 Pipeline infrastructure*, 36 ENERGY POLICY 1776, 1783 (2008).
44　J.J. Dooley et al., *Comparing Existing Pipeline Networks with the Potential Scale of Future U.S. CO2 Pipeline Networks*, ENERGY PROCEDIA 3 (2008).

委員会）は，天然ガス法のもとで$CO_2$パイプラインへの管轄があるとは言えないという立場である。ICC（Interstate Commerce Commission：州際通商委員会）も，後身のSTB（Surface Transportation Board：陸上輸送委員会）も，合衆国法典タイトル49のもとで$CO_2$パイプラインへの規制管轄があるという意見を述べたことはない。それらの態度から，両者とも，管轄権を追求しなかったようにも思われる。但し，BLM（Bureau of Land Management：米国内務省土地管理局）は，$CO_2$が「天然ガス」であるという見解のもと，連邦政府の所有地をまたぐ$CO_2$パイプラインに運輸業者義務と同等の義務が存在することを否定していない。これは，"Rates and services of certain pipelines not regulated by the Federal Energy Regulatory Commission"という文言から，FERCに規制権限がない場合には，一義的にSTBに管轄権があるという見解に立ったものである。FERCに管轄権がない以上，STBが管轄権を主張しなければ連邦規制は白地の状態におちいる。これをどのように評価すべきであろうか。

FERCには，NGA（Natural Gas Act：天然ガス法）のもとで，州際通商に属する天然ガス卸売の輸送と販売を規制する管轄がある[45]。FERCから「公衆の便益と必要性の証明書（Certificate of Public Convenience and Necessity：CPCN）」を入手せずして，天然ガスパイプライン事業者は，天然ガスパイプラインを天然ガスの輸送・販売に従事させられず，建設できず，拡張できず，また入手できない[46]。FERCはCPCNを，文字通り「公衆の便益と必要性が現在または将来認められる」場合にのみ発行する[47]。また，天然ガスのパイプラインを規制することに加えて，FERCは州際通商法[48]のもとで石油パイプラインも規制している。同法のもとではFERCの規制権限は以下の3種類が明示的にある。

①州際通商規制としての石油パイプライン会社への料金規制と操業規制，②輸送のためにパイプラインにアクセスするための非差別的な条件の確立，③パイプラインで石油等を輸送する適正な料金の設定，である。

しかしながら，少量の天然ガスが混合されている場合であっても，FERCは1979年，$CO_2$パイプラインの管轄を明確に放棄した。それがCortez Pipeline社（コルテス社）事件であり，FERCは，自らはNGAのもとでは$CO_2$パイプラインへの規制管轄権を有していないとした[49]。コルテス社はEORにより，テキサス州内の油田における$CO_2$貯留を目指して，これと接続する$CO_2$パイプラインを開発しようとしていた。この件で過度の規制を嫌った同社は，輸送される$CO_2$がNGAの定

---

45 Natural Gas Act, 15 U.S.C.§717(b) (2006).
46 Id. at §717(c)(1)(A).
47 Id. at §717f(e).
48 49 U.S.C.§60,502 (2006).
49 Cortez Pipeline Company, 7 F.E.R.C ¶61,024 (1979).

義する「天然ガス」でないので，FERC が当該パイプライン計画に関与する管轄権を有しないとする宣言的命令（declaratory order）を出すことを請願するに至った。NGA は採取した純粋な天然ガスはもとより，それに人工ガスを混合した物質をともに天然ガスであるとしている[50]。果たして FERC は，この請願に応え，当該プロジェクトに NGA は適用されないことを認めた。ところが一方で，ICC（STB の前身，各州間の輸送事業の経済的規制を担当する）も 1981 年，明確に $CO_2$ パイプラインの管轄を放棄した。1900 年代初頭には，「人工」の石炭ガスを売買する行為の存在が認められたところ，「人工ガス」を「天然ガス」と同様に規制すべきであるとし，その権限は FERC にあることを示唆したのである[51]。BLM は，この立場の転換を STB に求めたと見ることができる。

## 本章の小括

　一般によく知られている通り，$CO_2$ は無色無臭の不燃性ガスで，空気より重く水によく溶け，炭酸飲料，入浴剤，エコキュート（自然冷媒ヒートポンプ式電気給湯器）やカーエアコンの冷媒，温室での光合成促進，IC チップなどの超臨界洗浄，冷却材としてのドライアイス等で様々に利用されている[52]。しかも，この物質はそもそも動植物の呼気に含まれていることもあり，地球温暖化対策が問題になるまでは，これほどに問題視される物質ではなかった。人々が感じるこの物質への身近さが，世界的な地球温暖化対策の必要が叫ばれたとき，人々の温室効果ガスへの認識の拡がりに大きく寄与したことは誰も否定しえない。CCS をめぐる国際的な対話の進捗については，2008 年夏の G8 洞爺湖サミットの開催が記憶に新しい。そこでは，2020 年までに CCS を幅広く普及させるため，2010 年までに世界で 20 の大規模 CCS プロジェクトの立ち上げが必要であることが表明されたのであった。しかし，ここからさかのぼること 2 年にもならない 2006 年 11 月，ケニアのナイロビで開催された COP/MOP2（Conference of the Parties serving as the Meeting of the Parties 2）では，CCS による $CO_2$ 削減事業を CDM として認めるかについて否定的な意見が目立っていた。CCS の技術の完成度が低いことや，各国でルールや規制が整備されていないこと，さらには環境への影響が不確かなことなどが大きな懸念材料として提示された。結局，同会合では結論が見送られ，2007 年 12 月にインドネシアのバリ島で開かれた COP/MOP3 で，CCS に関する検討スケジュールが決まった。さらに 2008 年 12 月のポーランドのポズナンにおける COP/MOP4 で，ようやく CCS を CDM 事業として認めるかどうかについて「引き続き検討」する

---

50　15 U.S.C.§717a(5) (2006).
51　Nordhaus and Pitlick, *supra* note 13, at 90.
52　関根和夫「CCS のすすめ」『石油開発時報』161 号 3 頁（2009 年）参照。

こととした。このように国際的にはCCSの展開は不透明な側面が現在もある。CCSは化石燃料の消費をかえって助長しかねないし，本質的な温暖化対策ではないとの強い批判があることが，CCSの迷走の主要因であると言えよう。

このようにCCSは，紆余曲折を経ている。しかし現実に，日・米・欧諸国や産油国などで，主として研究ベース，例外的に商業ベースで進められつつある。日米の政策に関しては，両政府ともにCCSの本格実用化に向け，官民を挙げて海外諸国と協力する体制を本格化させつつあり，その意欲的態度が目立つと言えよう[53]。

---

53 海外電力調査会『海外電力』2009年7月号46頁参照。

## 第II部補論

# 我が国における
# 低炭素社会を目指した法制度

## 第1節　我が国の法制度概観

**第1款　問題の所在**

　現在，世界的に，温室効果ガスの劇的な削減による地球温暖化対策の必要性が叫ばれている。ノーベル平和賞を受賞したIPCC（International Panel on Climate Change：気候変動に関する政府間パネル）の第4次報告書（AR4）が2007年に出されるに至って，その必要性は科学的な説得力を増したと言えそうである[1]。AR4が，厳選された75の研究成果に基づく約2,900のデータ群に基づき，2,500名を超える専門家の査読を経て，130ヶ国の政府が関与してまとめた報告書だったからである。その内容はIPCCのサイトから入手可能になっている[2]。IPCCは，地球温暖化の具体的対応策として，省エネルギー，天然ガスへの燃料転換，原子力発電，再生可能エネルギー（水力・太陽光・風力・地熱・バイオマスなど）に着目している[3]。

---

1　IPCC（編集）文部科学省・経済産業省・気象庁・環境省（翻訳）『IPCC地球温暖化第四次レポート—気候変動2007—』（中央法規出版，2009年）参照。IPCCの立場やAR4の意義をわかりやすく伝えるものとして，西岡秀三「日本低炭素社会のシナリオ—二酸化炭素70％削減への道筋—」『本田財団レポート』127号（2009年）がある。一方，IPCCの体制や科学的データの扱いに対する疑問を唱えるものとして，赤祖父俊一『正しく知る地球温暖化—地球温暖化を真剣に考える—』（誠文堂新光社，2008年）がある。

2　See http://www.ipcc.ch/. なお，「地球温暖化—その科学的真実を問う—」『エネルギー・資源』30巻1号4頁（2009年）も参照のこと。2014年には横浜でその改定が承認されているが，このAR5でも温暖化の影響は引き続き強調され，将来のリスクや適応策などについて多く記載されている。温暖化が経済に与える影響では二酸化炭素（$CO_2$）を1トン排出するネガティブな影響が数ドルから数百ドルに相当すると見積もった。食料関連では10年ごとに穀物生産が0〜2％減少するとし，またアジアを中心とした沿岸部では洪水や浸水の影響で数億人が移住を迫られる恐れがあるとした。インフラ整備などで温暖化に適応するには発展途上国で毎年700億〜1,000億ドルかかるとも試算した。これらは最終原案の段階から，政策立案者の基礎資料として，温暖化対策の国際交渉などで活用されることがメディアにより予想されていた。『日本経済新聞』2014年1月7日朝刊。

3　AR4は，温暖化を一定レベルに抑えるのに必要な対策として世界各国の科学者が示した報告に基づいているのが特徴である。IPCCは，今世紀末に産業革命以来の地球の平均気温の上昇を許容範囲と見られる2度以内に抑えるには，先進国全体で2020年までに1990年比で25〜40％の$CO_2$削減が必要としている。それによれば，1990年比25％減とは，科学が先進国に

第Ⅱ部　エネルギー環境政策

　近年の地球温暖化問題への我が国の対応には，目覚ましいものがあった。鳩山由紀夫首相（当時）は 2009 年 9 月 16 日，民主党と国民新党と社会民主党との連立による内閣を発足させた。そして同月 22 日には，「国連気候変動サミット」に参加し，「2020 年までに温室効果ガスの 1990 年比で 25％削減」という世界的に突出した中期目標を，中国やインドなど「すべての主要排出国」の参加が前提であるとしつつも，「国際公約」として表明したのであった。さらに，IPCC のシナリオを受けて，途上国の削減努力への資金援助などの支援体制も示し「鳩山イニシアチブ」として日本の主導的役割をアピールした。この「国連気候変動サミット」には 140 ヶ国以上が参加していた。そして首脳の出席は 100 ヶ国前後に上り，気候変動を巡る首脳級会合では過去最大規模となっていた。鳩山氏は首相就任早々に，国際政治の舞台へのデビューを華々しく果たす僥倖に浴したと言えよう。

　民主党政権は，産業界はもとより家庭においても，温室効果ガス削減への厳しい努力ないし配慮を求めた。鳩山氏が述べた「2020 年までの温室効果ガスについて 1990 年に比べて 25％の削減を目指す」との目標は，麻生政権が 2009 年 6 月に発表した「2020 年までの温室効果ガスについて 1990 年に比べて 6％削減する」としていた目標を大幅に上回った。政府は，2010 年 3 月，家庭からの $CO_2$（二酸化炭素）排出量は，京都議定書の基準年である 1990 年と比べると 4 割も増加しており，他の部門と比べてもとりわけ高い増加率と言え，家庭部門で特に大きな割合を占めるのがマイカーと冷暖房による排出量であるなどとして，家庭部門での重点項目を特定し広報した[4]。各省庁の動きも活発であった。環境省では，地球温暖化対策の国民的運動として「チャレンジ 25 キャンペーン」を展開することにした[5]。また経済産業省では，電力会社による再生可能エネルギーの全量買取制度の選択肢を具体的に提示するとともに，買取価格に応じた標準家庭の負担月額を明示した[6]。これらの選択肢は国民からの意見募集などを通じて絞り込まれ，後述のように法律の制定・施行にまでこぎつけた。

---

　　要請する削減幅の下限であると言える。
4　内閣府政府広報室『政府広報：地球温暖化対策保存版―あしたのニッポン―』2010 年 3 月号参照。
5　自民党連立政権時代の「チーム 6％」を民主党政権時代に名称変更したものの今は消滅している。民主党政権下では，省庁が描いたエネルギー環境シナリオに齟齬があり，国家戦略室による調整も機能しなかった。『日本経済新聞』2010 年 3 月 29 日朝刊参照。民主党政権は国民の支持を徐々に失い，追い込まれた当時の野田佳彦首相は衆議院を解散し，第 46 回衆議院議員総選挙は 2012 年 12 月 16 日に投開票がなされた。この結果，自民党が 118 議席から 294 議席へ躍進し，自民・公明両党による連立政権が安倍晋三首相の下に発足した。それが 2012 年 12 月 26 日のことであった。しかし，かつての自民党連立政権時代のそれにエネルギー環境政策を戻すことは国民の望む声ではないとの見方は強い。庄司太郎「エネルギー政策の立て直しを―根幹は安い電力・エネルギーの安定供給―」『地球環境とエネルギー』2013 年 1 月号 72 頁。
6　経済産業省が，太陽光や風力など再生可能エネルギーの全量買い取りに関するプロジェクトチームの会合でまず 6 案の買取制度を公表し，同会合で再生可能エネルギーのうち対象とするもの，

第Ⅱ部補論　我が国における低炭素社会を目指した法制度

　第Ⅱ部補論では，我が国は今後，非化石燃料利用促進と化石燃料高度利用にいかに力点を置くことができるかという問題意識をもとに，我が国の法制度を考察したい。そこで第2款では，この問題に関して我が国の法制度がどのように整備されてきたかを，法律が成立した順を追う形で概観する。

## 第2款　我が国の法制度整備の経緯
### 第1項　法制度整備の概観

　我が国はこれまで世界をリードする「省エネ立国」として省エネ技術・手法を強みとしてきた。この分野での成功は，「長期エネルギー需給見通し」によるところが大きいと言えよう。総合的なエネルギー政策を確立するため，政府の「エネルギー基本計画」に基づき，経済産業省資源エネルギー庁の諮問機関である総合資源エネルギー調査会がエネルギーの長期的な需要と供給の試算を行い，エネルギー需給の将来像を示しつつ，エネルギー安定供給に向けた取り組みを促そうとするものである。これを約3年おきに改定することにより，企業にエネルギー・環境分野への重点的かつ戦略的な投資を行わせ，経済活性化と雇用機会の創出を実現させてきた。このほかに様々な手法を組み合わせて，我が国は今後も，エネルギー消費の抜本的見直しや新たなエネルギーサービス産業の活性化，そしてそれに伴う雇用機会の創出の実現を目指すことが求められている。ここではまず我が国の法制度がどのように整備されてきたかを，法律が整備された順に概観し，考察する。

　そもそも，我が国政府が新法案や法律改正案を国会に提出する場合には，関係する省庁の事前の活動が大きな意味を持つ。以下に，後述の本項第8目の「エネルギー供給構造高度化法」をめぐる文部科学省の例を挙げる。文部科学省は，2009年8月11日，「低炭素社会づくり研究開発戦略」を決定した。政府が2008年7月に「低炭素社会づくり行動計画」を策定し2009年6月には2020年の温暖効果ガス排出量削減の中期目標を2005年比15％減としたことなどを受け，省として低炭素社会づくりの取り組みのさらなる充実強化を図る必要があると判断したからである。これにより，「低炭素社会づくり研究開発戦略本部」が設置された。つづいてその下部組織として，「低炭素社会づくり研究開発戦略推進委員会」などが設置された。低炭素社会づくり研究開発戦略は，研究開発の推進，低炭素社会・持続可能社会について学ぶ仕組みづくり，環境を考慮した学校施設（エコスクール）の推進，省自体のグリーン化の4点で構成された。この中で副読本の作成などの教育現場における原子力・エネルギー教育の推進や，学校への太陽光発電の導入を推進することにな

---

買取価格，買取期間といった事柄を比較検討して4案に絞り込んだ。再生可能エネルギーの普及が最も進む案では，制度導入後10年目で3773万kW以上普及する一方，標準家庭で月522円以上，国民1人当たり年1万3,403円以上負担が増える案となっていた。『日本経済新聞』2010年3月24日Web版。

った。研究開発については独立した戦略としてまとめ，地球環境の観測，気候変動予測，環境の基礎的研究に加え，温暖化防止の柱となる緩和策や温暖化への適応策の検討，社会システムにおける技術的検証など，八つの戦略を掲げた。そして2030年頃の$CO_2$排出量を大幅に低減できる先進的技術として，次世代色素増感型太陽電池，超伝導物質の合成，開発，メカニズム解明などを掲げ，予算を重点配分するとした。また将来に向けた高速増殖炉サイクル技術，核融合技術，革新的再生可能エネルギー技術の開発も戦略の一つに挙げた。環境対策に関する研究開発を効果的・一体的に推進するため，低炭素社会づくり研究開発戦略本部での検討にあたり専門的観点から助言を得るための有識者による推進委員会も機能した。たとえば上述の「低炭素社会づくり研究開発戦略推進委員会」は，2050年に向けた$CO_2$削減のための社会構造，生活様式，技術体系などの相関や相乗効果の検討などを行った。

　上に紹介した活動は，文部科学省のほんの一部の活動にすぎない。そしてエネルギーや環境をめぐる法律の制定や改正には，文部科学省のみならず経済産業省及びその外局である資源エネルギー庁，環境省，農林水産省，国土交通省などの動きも活発である。それでは以下に，我が国を低炭素社会に導く趣旨で実際に制定あるいは改正された法律を見よう。

### 第1目　省エネ法

　正式名称は「エネルギーの使用の合理化等に関する法律」であり，「省エネ法」あるいは「省エネルギー法」と通称されている。本法律は1979年に制定された（昭和54年6月22日法律第49号）。日本の省エネ対策は，1970年代における2度の石油危機を契機に制定したこの省エネ法をベースに取り組んできた。省エネ法は，消費者が家電等の機器を購入する際に，省エネ性能の優れた機器を選択できるように，エネルギー効率に関する事項の表示を義務付けている。「省エネラベリング制度」は，省エネ法に従い，省エネ性能を製品毎にわかりやすく表示することによって省エネ製品の普及を促進しようとする制度で，2000年8月にJIS（日本工業規格）によって導入された民間ベースのものである。2015年3月時点での対象機器は，エアコン，テレビ，DVDレコーダー，電気冷蔵庫，電子レンジなど，21品目に及ぶ。「省エネ性マーク」「省エネ基準達成率」「エネルギー消費効率」「目標年度」という四つの情報を表示することで，製品を選ぶ際に省エネ性能を簡単に比較できるようになっている。たとえば省エネ性マークでは，対象製品ごとに設定された基準を達成している場合と達成していない場合のマークの色を変えて表示する点などそのわかりやすさに特徴がある。

　この法律には，すでに何次もの改正が施されているが，計測監視システムの導入費用の一部を補助し，消費量を「見える化」できるようにするなど，様々な効果を

第Ⅱ部補論　我が国における低炭素社会を目指した法制度

上げてきた[7]。省エネ法が，需要側中心の省エネルギー対策を目指しているのに対して，後述の「エネルギー供給構造高度化法」はエネルギー供給側のそれを柱とするため，現在は両法を合わせて「二本柱」の体制が組まれたとされる[8]。

　我が国は，1970年代の石油危機以降，官民をあげて省エネの取り組みを積み重ねてきた結果，過去30年間でエネルギー消費効率を約37％改善し，我が国のGDP当たりのエネルギー消費は，世界最小の水準となっている。省エネ性能は，1999年の省エネ法改正で導入された「トップランナー方式」により近年大幅に向上したが，その後も最終エネルギー消費は，ほぼ一貫して増加傾向にあり，特に，民生部門（業務・家庭部門）は大幅に増加している。エネルギー安全保障や地球温暖化問題の克服はもとより，天然資源に乏しい我が国が経済成長を続けるためには，エネルギー消費の増加が著しい民生部門を中心に，一層の省エネ対策の強化を図ることが必要である。2008年5月の改正で，「事業者単位のエネルギー管理規制」が導入され，企業（事業者）全体のエネルギー費用が規定値を超えれば，全拠点のエネルギーを管理して報告・削減する義務が事業者に課されることになった。

第2目　代エネ法（非化石エネ法）

　正式名称は「石油代替エネルギーの開発及び導入の促進に関する法律」であり，1980年に制定された（昭和55年5月30日法律第71号）。この法律は，2009年，後述のエネルギー供給構造高度化法の成立と同時に改正されたことにより大きな変容を遂げた。この改正で，石油代替政策を見直し，開発・導入を促進する対象を「石油代替エネルギー」から「非化石エネルギー」（再生可能エネルギー等）に相当程度絞り込んだのである。これまで「代エネ法」と通称されてきた同法であるが，いまや「非化石エネ法」あるいは「非化石エネルギー促進法」と呼ばれるにふさわしい法律に生まれ変わったと言えよう。具体的にはこの改正によって以下のような施策が盛り込まれた。

① 工場又は事業場において導入すべき「非化石エネルギー」について，事業者の導入指針の定立と公表
② 事業者と地方公共団体の連携による大規模太陽光発電（メガ・ソーラー）の建設の促進
③ 道路・港湾・鉄道・空港などの公的施設における太陽光発電等再生可能エネルギーのより一層の導入促進

「脱石油政策」を担保するための存在であった代エネ法が，「非化石エネ法」に変

---

7　月刊エネルギー編集部「改正省エネ法の概要・事業場単位から企業単位を軸に年間エネ使用量1500kl以上の企業に届け出義務など」『月刊エネルギー』2009年9月号8-11頁。
8　経済産業省資源エネルギー庁省エネルギー・新エネルギー部省エネルギー対策課「改正省エネ法による企業の省エネ推進について」『省エネルギー』2009年5月号19-24頁。

化することは，1980年の第2次石油危機を契機に掲げられた「脱石油政策」が終わりを告げることを意味した。当初，資源エネルギー庁は，代エネ法を廃止し新法制定で対応することを検討していたが，内閣法制局との協議などを経て，法改正の形式をとって，需要側の非化石エネルギー導入促進を図る制度に衣替えすることとなった。

### 第3目　新エネ法

　新エネ法は「新エネルギー法」などとも略されるが，正式には「新エネルギー利用等の促進に関する特別措置法」である。1997年に制定された（平成9年4月18日法律第37号）。国内外の経済的社会的環境に応じたエネルギーの安定的かつ適切な供給の確保に資するため，新エネ利用等についての国民の努力を促すとともに，新エネルギー利用等を円滑に進めるために必要な措置を講ずる目的を有する。そもそも「新エネルギー利用等」とは，「石油代替エネルギー」を製造し，発生させ，利用すること及び電気を変換して得られる動力を利用すること（「石油に対する依存度の軽減に特に寄与」するものに限る）のうち，コストがかさむため普及が不十分でその促進を図ることが「石油代替エネルギーの導入を図るため特に必要なもの」に限った。このことから，同法はかつての代エネ法を実効ならしめ，かつこれを補う機能を担っていることが見てとれる。その主たる仕組みとして，経済産業大臣は，新エネルギー利用等の促進に関する基本方針を定め，公表しなければならない。この基本方針は，エネルギー需給の長期見通し，新エネルギー利用等の特性，新エネルギー利用等に関する技術水準その他の事情を勘案し，環境の保全に留意しつつ定めるものとされる。エネルギー使用者は，基本方針の定めるところに留意して，新エネルギー利用等に努める義務を負う。

### 第4目　温対法

　「地球温暖化対策の推進に関する法律」が正式名称で，「温対法」のみならず「温暖化対策推進法」などとも略称される。1997年のCOP3（気候変動に関する国際連合枠組条約〈UNFCCC〉第3回締約国会議）での京都議定書の採択を受け，1998年に制定された（平成10年10月9日法律第117号）。本来，国・地方公共団体・事業者・国民が一体となって地球温暖化対策に取り組むための「枠組み」を定めた法律であった。すでに何度もの改正が施されている。特に，2002年の改正で，政府が，温室効果ガスの排出量・吸収量を毎年算定し公表すること，京都議定書目標達成計画を定めること，内閣に「地球温暖化対策推進本部」を設置することが盛り込まれたことで知られる。また，2005年の改正では，温室効果ガスを一定量以上排出する事業者に，温室効果ガスの排出量を算定し国に報告する義務が課せられた。さらに2009年の改正では，排出量が伸び続けている業務部門・家庭部門への対策を強

化することとされた。たとえば、温室効果ガスの排出量の算定・報告の対象を事業所単位から、事業者単位・フランチャイズ単位に変更することが決まり、国民生活における温室効果ガス排出抑制のための取り組みを促進することになった[9]。またこれら事業者には、温室効果ガスの排出抑制等の指針により、温室効果ガスの排出削減への努力義務、都道府県や政令指定都市には、温室効果ガスの削減に向けた詳細な計画策定の責務が生じた[10]。

## 第5目　グリーン購入法

　グリーン購入法の正式名称は「国等による環境物品等の調達の推進等に関する法律」である。この法律は、2000年に制定された（平成12年5月31日法律第100号）。私的利益を考慮する必要のない公的機関で率先した環境物品等の購入・調達を推進し、環境面への配慮を促すことを目的として制定された。国等の機関にグリーン購入を義務付けるとともに、地方公共団体や事業者、国民にもグリーン購入に努めることを求めている。そもそもグリーン購入とは、製品やサービスを購入する際に環境を考慮して、環境への負荷ができるだけ少ないものを選んで購入することである。製品やサービスを購入する際、必要性を十分に考慮し、価格や品質、利便性、デザインだけでなく、地球環境保護の観点から、環境への負荷ができるだけ小さいものを優先して購入することにより、環境負荷の少ない持続可能な社会を目指している。たとえばガス機器においては、ガス消費量を従来機種より低減させることにより、ランニングコストメリットが増大するなど経済性が向上し、それにより$CO_2$排出量を抑制することが目指される。なお同法に基づき、毎年度、国の調達方針が作成される。そして調達方針に基づき、調達が推進される。調達実績は取りまとめのため環境大臣に報告され、やがて国民にそれが公表される。また適宜、環境大臣が各大臣等に必要な要請を行っている。

## 第6目　エネルギー政策基本法

　「エネルギー政策基本法」は2002年に成立した（平成14年6月14日法律第71号）。同法の政策目標は大きく三本の柱により構成されている。第一の柱はエネルギーの安定的供給政策である。石油等の一次エネルギーの輸入における特定の地域への過度な依存を低減するとともに、我が国にとって重要なエネルギー資源の開発、エネルギー輸送体制の整備、エネルギーの備蓄及びエネルギーの利用の効率化を推進することを重点に位置付ける。また、エネルギーに関し適切な危機管理を行うこと等

---

9　http://www.ecogate.jp/esaving/index.html. エコゲートには経済産業省資源エネルギー庁により「省エネ法に基づく登録調査機関」としての役割が与えられた。
10　小野田弘士「『省エネ法』と『温対法』の改正と求められる対応」『JR　Gazette』2009年4月号62頁。

第Ⅱ部　エネルギー環境政策

により，エネルギーの供給源の多様化，エネルギー自給率の向上及びエネルギーの分野における安全保障を図られなければならないとする。第二の柱は，地球環境と地域環境を含めた環境重視政策である。エネルギーの需給についてエネルギーの消費の効率化を図ることと，太陽光や風力等の化石燃料以外のエネルギーの利用への転換及び化石燃料の効率的な利用を推進する。そして，地球温暖化の防止及び地域環境の保全が図られたエネルギーの需給を実現し，併せて循環型社会の形成に資するための施策が推進されなければならないとする。さらに，第三の柱は，できるだけ安価なエネルギーのための規制緩和と競争原理の導入政策である。エネルギー市場の自由化等のエネルギーの需給に関する経済構造改革という政策目的を十分考慮しつつ，事業者の自主性及び創造性が十分に発揮され，エネルギー需要者の利益が十分に確保されることを旨として，規制緩和等の施策が推進されなければならないとした。この第三の柱により，電力自由化やガス自由化は実際に大きく進展したと言える。同法により，経済産業大臣は，エネルギーの需給に関する長期計画（エネルギー基本計画）を作成するにあたっては，関係する行政機関の長や総合資源エネルギー調査会の意見も聴きながら行うことになっている。そして政府が，エネルギーの需給に関する施策を実施するために必要な，法制上・財政上・金融上などの措置を講じることになる。また原子力を国策としてバックアップする必要性も示されている。さらに同法は，国際協力の推進などの重要な内容も含んでいる。

### 第7目　環境配慮契約法

　環境配慮契約法は，「国等における温室効果ガス等の排出の削減に配慮した契約の推進に関する法律」が正式名称であり，2007年に制定されている（平成19年5月23日法律第56号）。同法は国全体の温室効果ガス排出削減に向け，政府自ら率先して目標を達成するために制定された。国や独立行政法人等が製品やサービスを購入する際，価格に加えて環境性能を含めて総合的に評価し，最も優れた製品やサービス等を提供する者と契約するように求めている。それによって合理的な温室効果ガスの排出抑制を図っていくことが期待される。国等の機関が契約を結ぶ場合に，競争を促しつつ，価格等を含め総合的に見て最善の環境性能を有する製品やサービス等を提供する者を契約相手とする仕組みを作ることで，環境に配慮した製品等が一層普及していくのである。2000年に制定されたグリーン購入法と似ているが，グリーン購入法は調達する物品の範囲を非常に広範にして容易に取り組みを推進していくことができるようにした法律であった。そして一定の環境性能を満たした上で価格が最小となるよう性能を設定するため，基準値付近に性能が集中してしまう傾向があった。これに対して環境配慮契約法では，具体的な契約内容が，電気の購入，公用車の購入，ESCO（Energy Service Company）事業，庁舎の設計などに絞り込まれ，温室効果ガス等の排出も考慮することになった。このように絞られた

のは，電力，自動車，省エネ改修，建築物の四つが，政府の温室効果ガス排出量の6割に関係しているとされるからである。事業者にとっては，自分たちの技術を有効に利用し，より高い環境効率を達成するインセンティブが働くことになった。実際の取り組みを推進していくのに必要な事項は，環境大臣が契約に係る事業を所管する大臣と共同して案を作成して閣議決定する「国等における温室効果ガス等の排出削減に配慮した契約の推進に関する基本方針」に定められる。この基本方針で，電力については入札に参加しようとする事業者について，電気の$CO_2$排出係数，環境への負荷の低減に関する取り組みの状況を評価し，入札参加資格を付与することになっている。自動車やESCOや建築についても，それぞれの事業者が環境に配慮した契約に取り組むこととなる。地方公共団体等には，国に準じた取り組みを推進する努力義務があるとする。

### 第8目　エネルギー供給構造高度化法

　正式名称を「エネルギー供給事業者による非化石エネルギー源の利用及び化石エネルギー原料の有効な利用の促進に関する法律」と言う。2009年に制定された（平成21年7月8日法律第72号）。一般には「エネルギー供給構造高度化法」，「非化石利用・化石有効利用促進法」，あるいは「エネ高度化法」などと称されている。同法は，エネルギー供給事業者（特に電気事業者，石油事業者，ガス事業者）に対して，次のような領域で，義務を課し，あるいは奨励している。①制度上の取り組みとして，太陽光，原子力等の非化石電源を2020年までに50％以上とする等，非化石電源の利用を拡大させる。また，バイオ燃料・バイオガスの利用割合を高めるとともに，原油や天然ガスの有効な利用を行う。②技術開発の促進として，電気事業者，石油事業者，ガス事業者のそれぞれに対して，水素社会構築に向けた，水素の製造や貯蔵，燃料電池に関する技術開発を促進させる。また非在来型資源（メタンハイドレートやオイルサンド）に関する技術開発を促進させる。石油残渣を高効率に分解するための技術開発の促進や，ガス化複合発電（IGCC），木質チップ等，セルロース系バイオマスの活用に関する技術開発の促進も行わせる。

　同法にはエネルギー供給サイドの温室効果ガス削減対策という色合いが強く，太陽光発電に限定し，かつ10年間の時限付きという変則的な固定価格買取制度が盛り込まれ，話題を呼んだ。しかし同法は，温暖化対策だけでなく，資源問題やエネルギー安定供給，エネルギー業界の国際競争力強化なども意識していることについて，注意が必要である。

### 第9目　低炭素事業促進法

　正式名称を「エネルギー環境適合製品の開発及び製造を行う事業の促進に関する法律」と言い，2010年に制定された（平成22年5月28日法律第38号）。同法は，

第Ⅱ部　エネルギー環境政策

環境・エネルギー分野で経済成長の柱となる産業の育成と産業全般の低炭素化への革新を促している。その狙いを二つ挙げておく。まず，低炭素型製品の開発・製造に対する長期の低利融資が第一の狙いである。低炭素型製品の開発・製造は投資規模が大きく，今後の経済成長と雇用創出の鍵になるため，米国，ドイツ，フランスなどでは長期の低利融資により低炭素型製品関連事業会社の誘致合戦すら展開されている。ところが日本では，その面での立ち後れが目立っていた。同法のスキームでは，太陽光パネルや電気自動車，リチウムイオン電池などの低炭素型製品の開発・製造に対し，日本政策金融公庫が長期の低利融資を実施することとした。具体的には，財政投融資貸付を原資とした低利・長期資金を指定金融機関に供給し，それを事業会社へ融資するという「ツーステップローン」などを想定している。第二の狙いは，中小企業が低炭素型設備を導入する際のリース保険の特例措置の充実である。低炭素型設備の導入がなかなか進まない理由は，何よりも低炭素型設備の導入のための初期コストが高額だからである。この解決策としてはリースの活用が有効とされるものの，2008年の金融危機後は与信条件が厳格化しており，リースが十分活用されなかった。そのため，同法は中小企業等が高性能工業炉や高効率ボイラーなどの低炭素型設備をリースで容易に導入できるような公的保険制度を創設し，倒産などによりリース会社がリース料を回収できなくなった場合に備えて指定法人がリース料の残額を一部支払う保険契約を結ぶ制度を中小企業等が利用できるようにした。

### 第10目　再生可能エネルギー買取法

　正式名称を，「電気事業者による再生可能エネルギー電気の調達に関する特別措置法」と言う。2011年に制定された（平成23年8月30日法律第108号）。この法律により，2012年7月1日から「再生可能エネルギーの固定価格買取制度」が始まった。この制度は，再生可能エネルギーを育てること（「育エネ」）を目的としており，それにより，①国産エネルギーとしてエネルギー自給率がアップすること，②$CO_2$の排出が少なく，地球温暖化対策を進めること，③日本の得意な技術を生かせるため日本の未来を支える産業を育成すること，を後押ししようとするものである。再生可能エネルギーは他の電源と比べて設置コストが高く，そのままではなかなか普及が進まないため，新たに再生可能エネルギーによる発電に取り組む方が効率的に発電を実施した場合にこうしたコストを回収できる価格を国が定め，電力会社が再生可能エネルギーによる電気を買うことを義務付けることで再生可能エネルギーの導入を促していく。制度的には，太陽光，風力，地熱，バイオマスといったところを網羅する全量買い取りの方式である。買取価格・期間は調達価格等算定委員会の意見を聴いて年度ごとに見直しがあるが，一度売電がスタートすればその買取価格・期間は当初の特定契約の内容で「固定」される。

## 第2項　廃止された我が国 RPS 法とその功罪

「RPS 法」は「新エネ電気利用法」，もしくは「新エネ等電気利用法」，「新エネルギー利用特別措置法」とも称されエネルギー産業界において親しまれてきた。この法律は「電気事業者による新エネルギー等の利用に関する特別措置法」が正式名称で，2002 年に成立した（平成 14 年 6 月 7 日法律第 62 号）。なお RPS は，Renewable Portfolio Standard の略である。同法において新エネルギーとは，風力，太陽光，地熱，水力（政令で定めるもの），バイオマスなどである。同法は電気事業者に，毎年度，その販売電力量に応じて新エネルギーから発電される電気（新エネルギー等電気）を一定割合以上利用するように義務付けた。義務の履行方法には，電気事業者自ら新エネルギーによって発電する他，新エネルギー等電気を他者から購入し，あるいは他者から新エネルギー等電気相当量の価値（RPS 相当量のことであり，太陽光や風力など自然エネルギーを利用した発電により生み出される電力の環境価値を証書化する「グリーン電力証書」で知られる）のみを購入することが含まれる。

太陽光発電については他の法律と重畳して特殊な扱いを与えていた。目標量を達成する上で太陽光を実質 2 倍換算する特別措置がエネルギー供給構造高度化法により与えられるため，太陽光発電部分は対象外となった。特定規模電気事業者（PPS）も買取費用を負担するため，買取費用の回収金額割合に応じて一般電気事業者（電力会社）から PPS に「RPS 価値」を移転するものであった。

資源エネルギー庁が当初設定した RPS 法に基づく 2014 年度の新エネルギー利用発電目標量は 160 億 kWh であった[11]が，太陽光発電の余剰電力固定価格買取制度導入を含む全体の目標量を見直し，173 億 2,000 万 kWh とすることを決めた。太陽光の余剰電力買取制度の 2009 年 11 月の開始を踏まえ，8.3% 引き上げることとしたのである。この新制度の対象分を除く基準利用量も新たに定め，134 億 3,000 万 kWh とした。このうち，風力が 77 億 kWh，バイオマスが 48 億 kWh を占める。基準利用量は前年度の電気供給量に応じて各社に配分され，未達の場合は大臣の勧告や命令の対象となることとしたが，実際には未達の例は発生しなかった。RPS 法により電気事業者が背負った 2008 年度の新エネ買取義務は全て達成されたのである。資源エネルギー庁がまとめた RPS 法に基づく電気事業者 40 社による 2008 年度の新エネルギー買取量は，79 億 1,810 万 7,841kWh で，義務量（74 億 6,569 万 9,000kWh）を上回った。内訳は風力約 30 億 6,000 万 kWh，太陽光約 7 億 6,000 万 kWh，水力約 9 億 6,000 万 kWh，バイオマス約 31 億 3,000 万 kWh であった[12]。

---

11　経済産業省総合資源エネルギー調査会新エネルギー部会第 5 回 RPS 法小委員会（2007 年 1 月 29 日）。
12　経済産業省資源エネルギー庁総合資源エネルギー調査会新エネルギー部会第 10 回 RPS 法小委員会（2009 年 7 月 27 日）。

この法律の制定趣旨は，風力や太陽光発電など新エネルギーの普及を，電気事業者への義務付けを軸に促すことにある。経済産業省は，新エネルギーの導入を電力会社に義務付ける RPS 法の 2014 年度の導入目標を 2010 年度目標に比べさらに 31％増量することにした。そのために最も実効性の上がる政策として，電気事業者に新エネルギーの一定の利用量を義務付けた。対象となる新エネルギーは，風力，太陽光，地熱（バイナリー方式など一部），中小水力（1,000kW 以下），バイオマスを熱源とする熱による発電とされていたが，2007 年 4 月に施行された RPS 法施行令の一部改正により，これにバイオマスを原材料とする水素を用いる燃料電池が加わった。

また中小水力では，「水路式の水力発電」に限定してきたものについて，河川維持用水利用発電や利水放流水発電も加えられた。さらに，2011 年度から太陽光発電の環境価値を，風力などほかの新エネルギー発電の 2 倍の量に換算する優遇策も決まった。これは風力発電のコストが 1kWh 当たり 10 〜 14 円にまで低下したのに対し，太陽光発電のコストは 1kWh 当たり約 40 円かかっており，2010 年までに 20 円台までコストダウンできる見通しを織り込んでも割高になるとの理由からである。太陽光を他の新エネルギーの 2 倍の発電量に換算する仕組みは，米国の一部の州で実施しているものであるが，こうした優遇制度を国全体の新エネ導入制度に組み入れることは，世界初のことであった。

結局，RPS 法に基づく政策は，電力会社に対し，目標販売電力量の割合を，以下のように変化させた。すなわち，2010 年度の利用目標は 1.35％（122 億 kWh）であったのが，見直しによって，2014 年度のそれが 1.6％（160 億 kWh）に引き上げられ，購入発電量は 31％増えることになった。コスト競争力に劣る太陽光の普及を促すため，特例措置で太陽光の発電量を 2 倍に算定する制度を導入したことから，その分を差し引き，実質的な購入発電量は 144 〜 145 億 kWh にとどまるとしても 20％弱の増加になると見られた。さらに，温泉水を使ってアンモニアを気化させて発電する地熱発電なども認められたため，様々な分野の新エネルギー発電事業者や設備メーカーにとって，追い風が吹くことも予想されるところであった。

もともと電力会社は，住宅用太陽光発電からの余剰電気を 1kWh 当たり 19 〜 23 円で独自に購入してきた。一方，RPS 法による FIT（固定価格買取制度）は 2010 年に 1kWh 当たり 48 円の買取価格でスタートした。RPS 価格や余剰電力買取価格はそれぞれに異なるレベルで大きな金銭的価値を持つことになるが，経済産業省は従来の余剰電力購入メニューと RPS 法の両立を狙った。余剰電力購入メニューと RPS 価格維持を電力会社に求めたのである。これについては，電力会社が RPS 法で負担する上限の 1,000 億円を上回らないと見られるぎりぎりの数値をねらったとも考えられる。しかし結局，2012 年 7 月の再生可能エネルギーの固定価格買取制度の実施とともに，RPS 法は廃止された。これをどのように評価すべきであろうか。

第Ⅱ部補論　我が国における低炭素社会を目指した法制度

　我が国の太陽光発電優遇の扱いは極めて複雑な経緯をたどった。資源エネルギー庁は，2009年，RPS法の運用見直しで，太陽光発電の余剰電力買取制度導入に対応する利用目標量を新設した。2009年11月開始のエネルギー供給構造高度化法による買取制度とRPS制度の両立を図るため，従来の利用目標量である160億kWhからエネルギー供給構造高度化法による太陽光買取想定分の大半を差し引いたのである。基本的に，エネルギー供給構造高度化法の制度において，電力会社が2009年からの10年間にわたり，住宅用などの非事業用太陽光を買取対象としているからである。電力会社はFITとして，家庭用需要家から1kWh当たり48円で余剰電力を買い取るところからスタートした。48円とは，それまでのほぼ2倍を意味した[13]。この措置はあくまでも非事業用で出力10kW未満の太陽光発電が対象なので，メガソーラーなどの事業用太陽光は対象外となる[14]。エネルギー供給構造高度化法で固定価格買取制度が位置付けられ，電力会社がそのコストを電気料金に転嫁することも制度上明らかとされている。このような固定価格での買取制度は，法制度論としては，RPS法（当時）のなかに盛り込み，その制度のなかで運用することも可能であったと言えよう。また電気料金へのコスト転嫁は，電気事業法での手当てが通常の手段とも考えられたが，実際には代エネ法見直しのなかにこれを反映させた。これらのことから，当面は太陽光発電優遇の制度だけでも新エネ法，RPS法，改正代エネ法，エネルギー供給構造高度化法などが林立する形となり，取り組む事業者は複雑な法律対応を迫られることになった[15]。着実な低炭素社会の実現に向けて，透明性と公平性を確保することは重要である。住宅用太陽光パネル設置への補助金が再開され，太陽光発電の導入は今後加速していくことが見込まれる。さらに，太陽光以外の新エネの普及が阻害されることのないよう，RPS法において各種新エネルギーの利用目標量を定め，（風力発電等の）目標量を達成できなかったときには勧告対象とすることで対応するが，上述の複雑な法制度をうまく運用していくことも政府側には求められた。このため，太陽光発電以外の新エネルギーへの措置をいかに発展させるかも，その後の重要な論点となった。そして，2012年，我が国は市場メカニズムに結果をゆだねるFITを「制度論」として重用する方向に舵を

---

13　コージェネレーション（熱電併給）設備と太陽光の双方による「ダブル発電」を行う家庭では，（太陽光発電余剰電力の）買取価格が1kWh当たり39円に下がることとなった。これについては，コージェネレーションによる発電に余剰電力の押し上げ効果があるためと説明されている。このため一部の一般ガス事業者が，「ダブル発電応援キャンペーン」（東京ガス）とか「ダブル発電普及促進エコキャンペーン」（大阪ガス）などと称して，このような顧客の1kWhの売電につき，さらに9〜10円分のプレミアムを補填する戦略をとった。「ダブル発電」を行う家庭が買取価格において事実上不利にならないように，補助をしようとしたわけである。この方法論は，価格を徐々に低下させながら，現在でも有効に機能している。

14　経済産業省総合資源エネルギー調査会新エネルギー部会第10回RPS法小委員会（2009年7月27日）。

15　『EP　REPORT』2009年3月11日号1-4頁。

切り，量を確保しようとしたRPS法は廃止された。

　なお，この仕組みがうまく機能することを前提に，熱版RPS法の制定を望む声も上がった。代エネ法の見直しにより，これに対応すべきことが指摘されたこともある（平成20年12月18日総合資源エネルギー調査会総合部会政策小委員会中間報告「エネルギー需給構造の高度化を目指して」）。これは，一般ガス事業者等に再生可能エネルギーを原料に製造された都市ガスを一定以上のレベルで扱わせるよう義務付ける可能性を指摘するものである。ただし，RPS法の理念をそのまま一般ガス事業者にあてはめようとする「熱版RPS法」の制定には，電気とガスの属性の違いやガスインフラの整備状況，それに現状の長期契約の内容などの理由から，困難とする声も強かった。

　我が国では，2011年3月11日の東日本大震災とそれに伴う福島第一原子力発電所の事故を経験し，望むと望まざるとにかかわらずエネルギー規制改革を模索せざるをえなくなった。また，電力システム改革も論議の的になった。このためにかかるコストの負担は，議論が議論を呼ぶ形で，国民がそれを担うことの「公正性」をも問われている[16]。我が国では，1970年から2004年の間に，これらの6種のガスの排出量は平均して70％増加している。より強力な気候変動政策を採用することによって，政府はこのような排出傾向を緩やかにし，いずれは反転させるとともに，大気中の温室効果ガスのレベルを安定させることが求められている。しかも排出量のピークが遅れれば，温暖化のレベルは大きくなることに注意が必要である。2005年の温室効果ガスレベルは約379ppmであった。今後20〜30年における排出削減のための取り組みによって，長期的な地球平均気温の上昇とその気候変動影響をどの程度まで回避できるかが決まるわけである。

　IEA（International Energy Agency：国際エネルギー機関）が2007年10月に出版した報告書 "World Energy Outlook 2007（WEO 2007）" は，2005年における全地球の$CO_2$の年間排出量が，約270〜280億トンになったことを示し，今後人類が何らの対策をも講じないまま現在のペースでエネルギーを使用していくと，2030年には420億トンに増加すると警告した。IEAはまた，2008年6月に，2050年の世界の$CO_2$年間排出量を現状レベルに比して半減させるシナリオを記述した "Energy Technology Perspective 2008（エネルギー技術展望2008：ETP2008）" を明らかにした。そこにおいて，IEAは，このままでは，2050年における世界の$CO_2$の年間排出量は，620億トンまで増加し，地球の平均気温は平均6度上昇するとして，世界に衝撃を与えた。

　一方IEAは，既存もしくは開発中の技術が商用化できて，2050年において2005

---

16　山内弘隆「経済教室（東電をどうすべきか（上））国の負担・料金上げ不可避」『日本経済新聞』2013年9月24日朝刊及び2013年9月25日朝刊を参照のこと。

年レベルまで$CO_2$の年間排出量を抑制できるようになるシナリオ（ACT Map Scenarios）では，年間の$CO_2$排出量を2030年に340億トン，2050年に270億トンに抑制させることができ，その場合の平均気温上昇は約3度に抑制できると予想している。そして，IEAによる2050年における年間$CO_2$排出量を現状レベルから半減させるシナリオ（Blue Map Scenarios）は，人々に相当に厳しい自制を強い，$CO_2$削減のためだけに，$CO_2$を1トン当たり200米ドル，技術転移がスムーズにいかない場合には1トン当たり500米ドルの費用がかかると記している。同時に，地球温暖化を管理抑制するシナリオも提示され，そこでは，2050年の$CO_2$排出量を約260億トンとし，平均気温の上昇は2度にとどめることを様々な技術の導入で実現すべきことを示唆している。このシナリオを目指すべきとの指摘も有力である。

　IEAはシステム全体でエネルギーがどう使われているか，どう使われるべきかを重視している。現時点では発電で燃やした燃料の約3分の2が熱として捨てられている。発電の分野で捨てている熱エネルギーのリサイクルが必要であり，また家庭でもリサイクルが必要である。

　ところで，UNFCCCは世界の$CO_2$排出量が2015年までにピークに達し，2050年までに2000年レベルの50～85％まで減少させることにより，地球の平均気温の上昇を産業革命前のレベルである2～2.4度増に抑えることができることを前提にしている。新たな措置を講じなければ，六つの主要な温室効果ガス，すなわち，$CO_2$，メタン，亜酸化窒素，六フッ化硫黄，パーフルオロカーボン（PFC），ハイドロフルオロカーボン（HFC）の排出量は劇的に上昇することになる（2030年までに，2000年比で25～90％増加）。しかし適正な政策の実施によって，大気中の温室効果ガスレベルの上昇を緩やかにし，最終的に安定させることができると考えられている。

　IPCCは，持続可能な開発の道筋を辿っていくことによって，温室効果ガスの排出量を抑制し，気候変動への脆弱性を軽減できるとしている。排出量削減には，産業界の真摯な協力が必要である。異なる領域からの温室効果ガス排出量は単独で解決できるものではないからである。クリーン技術やエネルギー効率の効果を最大限に利用するには，国際レベルでの連携が必要であることも明らかである。

　なお，IEAは，エネルギー需要の増大に対応するため，2030年までに，国際規模でのエネルギー基盤の増強に20兆米ドルが投資されなければならないとしている。これによって，地球温暖化の防止を目指さなければならない状況である。また2008年夏のエネルギー安全保障と気候変動に関する主要経済国会合（主要排出国会合）が，主要国首脳会議（いわゆる洞爺湖サミット）に合わせて行われた。この会合は，MEM（Major Economies Meeting）と呼ばれ，参加国は，G8（日本，米国，英国，フランス，ドイツ，イタリア，カナダ，ロシア）と中国，インド，ブラジル，メキシコ，南アフリカ，韓国，インドネシア，オーストラリアの新興8ヶ国に及ん

でいる。しかしこの会合では，温室効果ガス削減の具体的目標設定には至らなかった。中国やインドといった高度経済成長中の新興国で，数値目標を嫌う国が出てきたためである。MEM においては，世界の温室効果ガス排出削減の長期目標を首脳宣言として盛り込むことに合意できなかったわけである。MEM ではドイツでの主要国首脳会議（いわゆるハイリゲンダムサミット〈2007 年〉）で「真剣に検討する」と合意した，「2050 年に世界の排出量を半減させる」との長期目標に沿う，具体的な温室効果ガス排出量を半減する目標を共有することが求められていたため，遺憾の声が漏れた。我が国では，環境省が，排出量取引制度や，自らの $CO_2$ の排出を植林などへの出資を通じて相殺するカーボン・オフセットに関し，取り組みを進める地方自治体などと情報共有や意見交換をする枠組みを設置することを明らかにしている。今後，日米両国は，それぞれの策を持ち寄って国連の気候変動枠組条約締約国会議で交渉することになる。民間セクターが既存のクリーン技術を速やかに採用できるよう，先進国と新興国の技術協力などを通じてこれらを広く配備していかなければならない。しかし，気候変動に対処していくためには，それだけでは足りず，技術革新によって継続的な向上を図り，新たな技術を開発していく必要がある[17]。

## 第 2 節　ガス事業の環境特性とその活用

### 第 1 款　はじめに―地球環境問題をめぐるガス事業の問題意識―

我が国が米国に先んじて技術力を高めている領域の一つに，バイオガスの開発がある。これに関連して，「グリーン熱証書」も考案されている。これは，太陽光や風力など自然エネルギーを利用した発電により生み出される電力の環境価値を証書化する「グリーン電力証書」が第三者機関により検証され自主的なカーボン・オフセットなどで活用する仕組みが普及しているのに対して，これと同じ仕組みを，自然エネルギーの熱としての活用に応用した後発のものである。東京都は 2009 年 4 月から太陽熱を熱源とした「グリーン熱証書」制度を始めた。これは，太陽熱温水器やソーラーシステムなど家庭の太陽熱エネルギー利用機器の設置に対して，東京都環境整備公社が 10 年分の環境価値の譲渡を条件に，補助金を交付するといった仕組みである。同公社は譲渡された環境価値を認証機関のグリーンエネルギー認証

---

[17] 京都議定書に続く新しい枠組みについて，2015 年までに構築され，2020 年からその運用が開始されるべきということが，COP 17（2011 年に南アフリカ共和国ダーバン〈Durban〉で実施された）におけるいわゆる「ダーバン合意（ダーバン・プラットフォームにおける合意）」の本質的内容であった。それまでの議論の経緯及び今後日本が果たすべき役割については，手塚宏之「新枠組みで日本の果たすべき役割大―途上国への技術移転で持続的発展に貢献を―」『地球環境とエネルギー』2012 年 12 月号 24 頁参照。

第Ⅱ部補論　我が国における低炭素社会を目指した法制度

センターに認証申請を行い，譲渡された環境価値を証書化した「グリーン熱証書」を企業へ売却する。「グリーン熱証書」の取引は，2010年度にスタートした都内の大規模事業所を対象とする排出量取引制度でのものであった。ただ，「グリーン熱証書」を発行するためには，各家庭に熱量計を設置する必要があり，このコスト負担のために熱証書の活用はまだ低調なのが実態である。国レベルでは，経済産業省も「グリーン熱証書」の本格導入を目指している。この制度の東京都との違いは，太陽エネルギーだけでなく，熱利用の範囲をバイオマス燃料や雪氷などのほか自然エネルギーにも広げ，都が家庭を対象としたのに対し，事業者を対象とする点である。2008年度にはバイオマスと雪氷の「グリーン熱証書」モデル事業が北海道雨竜郡沼田町などで実施された。バイオマスのモデル事業では，食品会社の廃油ボイラーによる蒸気利用や木質ペレットの熱利用，バイオガス[18]利用などが選定されている[19]。雪氷エネルギーは冬季の雪を貯蔵し，夏季の冷熱として利用するものである。これらの事業の課題は，熱源の異なる熱量の計量方法である。対象施設に熱量計を設置する方法と燃料から熱量を推定する方法の併用が検討されている[20]。本章ではこの「グリーン熱証書」の普及に向けての動きも概観する。

#### 第2款　我が国における技術進歩
#### 第1項　我が国のコージェネレーション

　日本はコージェネレーション（熱電併給）に関して優れた技術を有している。この分野で日本は，自国のシェアを伸ばすとともに必要とする世界の国々に技術を移転し，リーダーシップをとって地球温暖化防止につなげることが期待されている。コージェネレーションを取り巻く日本の市場動向を見ると，いくつかの問題が浮かび上がる。まず，自家発補給電力のコストが非常に高いのが問題の一つである。一

---

18　動植物に由来する有機物のうちエネルギー源として利用できるもの（但し原油，天然ガス，可燃性天然ガス，石炭ならびにこれらから製造される製品を除く）から得られるガスをバイオガスという。都市ガス会社では，東京ガス株式会社，大阪ガス株式会社，東邦ガス株式会社が2008年3月に（運用開始は同年4月1日から），西部ガス株式会社が同年4月にバイオガス購入要領を公表している（運用開始は同年5月1日から）。販売価格と同程度の水準の価格での買い取りとし，バイオガスの促進を重視しているものとなっており，下水処理場で発生するバイオガスなどにこの購入制度を活用できないか，自治体等との間で検討され始めている。下水処理場のガス発生設備は，まとまった規模で安定的なバイオガスの発生が期待でき，バイオガス購入制度の重要なターゲットであると見られている。しかし現段階において，コストダウンが大きな課題の一つである。橋本康弘・山本茂浩「資源のみち」の創出：バイオマス産業都市の構築を目指して：下水汚泥と他バイオマスとの混合消化実証実験」『新都市』67巻12号21-23頁（2013年）参照。また，橋本康弘「新潟市バイオマス産業都市構想の概要」『再生と利用』2013年10月号22-26頁参照。
19　金子憲治・田中太郎・大西孝弘「総力特集 未来から読み解く進むべき道 2020年の環境ビジョン」『日経エコロジー』2006年2月号26-45頁。
20　松原為敏「特集 エネルギー利用：バイオガス利用促進に向けた都市ガス協会の取り組みとバイオガス利用促進センターについて」『再生と利用』31巻118号17-20頁（2008年）。

169

第Ⅱ部　エネルギー環境政策

方で，世界的な環境意識の高まりから，コージェネレーション利用への理解が増大していることも事実である。将来の普及が目指されているコージェネレーションの魅力については「地球温暖化防止に役立つ」とか，「省エネルギーである」などの声もあるが，「自分の家で発電ができることが興味深い」とか，「電気とお湯の両方を作ることができる」と評価する人が多い。家に機械を設置し，動かしてみること自体に魅力を感じるユーザーも多いわけである。出力1kWの小型ガスコージェネレーションが「エコウィル」という商品名で，一般家庭にも普及している。現在，都市ガス用とLPガス用が開発されている。また，燃料電池もこれに続いて発売された。新エネルギー財団では現在，主に2種類の燃料電池プロジェクトを実施している。固体高分子形燃料電池（PEFC）と固体酸化物形燃料電池（SOFC）である。大手ガス事業者は，燃料電池の商品化開発を進めているが，出力0.7kWの燃料電池によるコージェネレーションシステムに，太陽光発電システムを合わせた「W発電システム」を導入することを一つの目標としている[21]。コージェネレーションと太陽光発電の組み合わせは，エネルギーと資源の効率的利用を実現することによって，持続可能な社会の発展を目指し，環境に優しい次世代のエネルギーシステムを提案するものであると言えよう[22]。

**第2項　我が国のバイオマス活用**

　地方自治体には，市町村合併などに伴い，し尿及び集落排水汚泥・浄化槽汚泥を処理する必要が生じているところがある。生ゴミ及び可燃ごみは，RDF（廃棄物固形燃料）化施設で固形化し焼却処分を行うことが理想的であるが，故障がちであるし，RDFに適合的な含水率は3～5%程度と低いため生ごみに含まれる水分が多い場合灯油等の維持管理費が増大するなどの難点がある。国としても，政府が民間の投資者に対し，明瞭で予測性の高い市場志向型の投資の場を与え，多様なエネルギーの選択肢を推進していかなければならない。その一つとして，天然ガスの利用を推進しつつ，バイオマス燃焼などの成熟した再生可能エネルギー技術を推進していくという道筋が有効である。本章では，再生可能エネルギーを利用したガス製造技術について取り上げたい。
　まず，バイオマスエネルギーとしてのバイオガスについてであるが，これを利用するためには，バイオ天然ガス化のための特殊な設備が不可欠となる。たとえば神

---

21　越智雅人・中村光良「家庭用燃料電池（PEFC）と太陽光発電を組み合わせた『W（ダブル）発電システム』のモデルハウスへの導入について」『燃料電池』7巻3号109-113頁（2008年）。
22　高橋俊行「コージェネレーション・地域冷暖房普及促進協議会の発足および国際シンポジウム『コージェネレーション・地域冷暖房の新たな挑戦』」『クリーンエネルギー』17巻7号1-6頁（2008年），同「特集 コージェネレーションシステムの新展開―コージェネレーション・地域冷暖房の普及促進に向けた国際エネルギー機関（IEA）の取り組み―」『省エネルギー』60巻8号33-35頁（2008年）。

図表Ⅱ-補-1 バイオ天然ガス化設備

出所：神戸市建設局下水道部経営管理課

戸市の実際の設備を示したものが図表Ⅱ-補-1である。高い煙突状の吸収塔という設備がその特徴である。下水処理場のガス発生を利用するバイオ天然ガス化設備には、このようなバイオガスの吸収塔がある。吸収塔は、圧力上昇に伴う水への溶解度について$CO_2$は急激に上昇するがメタンはほとんど変化しないという原理を利用して、バイオ天然ガスを効率的に取り出している[23]。下水汚泥は、人々の生活に伴って発生し、下水処理に伴って獲得できる質量ともに安定したバイオマスである。これについては、物理的法則に従い下水処理場に集積するので、新たなエネルギー収集活動を必要とせず、さらに大部分がエネルギーの需要地である都市部において発生する都市型バイオマスと言え、活用方法も比較的容易である。しかし、下水汚

---

23 以下の株式会社神鋼環境ソリューションHPを参照のこと。
http://www.kobelco-eco.co.jp/product/gesui/bio.html.

泥のうち汚泥消化ガス、汚泥燃料または焼却廃熱としてエネルギー利用されているものは約7％にとどまっており、十分に利用されてはいない[24]。

バイオガスのエネルギー利用に関する技術・事業・制度についての情報収集とガス事業者の取り組み支援を行うことを目的として、社団法人日本ガス協会（現在は一般社団法人日本ガス協会）の内部に「バイオガス利用促進センター」が創設された。その主な活動内容は以下の通りである。

① 特にバイオマスエネルギーに関する情報の収集と発信。特にバイオマスエネルギーに関する最新の技術、モデル事業、国の政策、補助金制度や各種委員会等の動向に関する情報の収集及びガス事業者への発信。
② 中小ガス事業者のバイオガス利用に向けた取り組みの支援及びガス事業者での利用実績・技術・ノウハウ等の情報提供。
③ 自治体、事業者に対するPR・啓発活動。

上記のうち、③については、関連団体と連携をとりながら、バイオガス発生者（下水処理を行う自治体、食品工場など）やガス事業者向けのシンポジウムや見学会を開催し、バイオガス利用促進に向けたPR・啓発活動を行っている。ここからは、各自治体の代表的な取り組みを概観する。

### 第1目　横浜市

横浜市は、市内に点在する11の水再生センター（下水処理場）で発生した下水汚泥を南北2ヶ所で集約処理している。汚泥の移送は、水再生センターで濃度調整（1％）をした後、汚泥ポンプで鋳鉄管を通して圧送している。まず、南部汚泥資源化センターは1978年、陸上搬送による水再生センターからの汚泥ケーキの焼却（多段炉）で運転を開始した。次に1989年、横浜市汚泥圧走計画の実施を受けて新たに固形物1日95トンの汚泥消化焼却プロセスが完成し、既存の汚泥湿式酸化装置及び多段焼却炉を合わせて、固形物を1日135トン汚泥集約する処理施設がスタートした。現在の最新の汚泥処理・有効利用のPFI（Private Finance Initiative）事業では、すべての汚泥を消化プロセスで処理し、計画処理量は年間12万4,000トンとなっている（2016年8月事業契約値）。

さて、消化ガス利用システムは消化タンクで発生した消化ガスを脱硫処理し、その熱エネルギーを直接燃焼に利用し、かつ発電でも利用している。直接燃焼での利用は当初、汚泥焼却炉の補助燃料、レンガ工場の焼成炉用、酸化装置の始動ボイラー用及び触媒脱臭炉用であったが、現在は汚泥焼却炉の補助燃料のみの利用となっている。

---

24　吉野純一「特集　エネルギー利用―消化ガスの有効利用で地球温暖化の防止を―」『再生と利用』31巻118号34-38頁（2008年）。

発電での利用は，消化ガスエンジンの燃料としてのものであるが，ガス発電としての電気エネルギー回収の他に，沸騰冷却と言われる冷却方式により，直接廃熱を回収し，消化タンクを加湿している。

一方，余剰ガスは主に消化ガス発電設備等の定期整備及び故障等で使用が停止した時に発生し，余剰ガス燃焼設備で消費していた。現在は，隣接するごみ焼却工場へ供給することで，余剰ガスをごみ発電に有効活用している。下水汚泥から製造される消化ガスは，バイオエネルギーとして使用されてきた。しかし，消化ガスは悪臭が強く，硫黄の除去なども必要であり，扱いにくい[25]のが現実である。

## 第2目　金沢市

金沢市では下水汚泥を用いた都市ガス製造を試みており，広くバイオマスを用いた都市ガス製造を行っていることが知られている。同市は2001年，「金沢市新エネルギービジョン」に基づき，2002年に下水処理場である「臨海水質管理センター」から発生する下水汚泥消化ガスの有効利用事業化調査に着手した。この調査において，既存の利用方法であるガスエンジンや燃料電池による発電もふくめ様々な観点から検討を加えた結果，港エネルギーセンター（市営都市ガス製造所）が臨海水質管理センターに隣接しているという環境を生かす趣旨で，消化ガスを原料とした都市ガス供給の事業化が決定された。

金沢市は都市ガス供給業者として13A都市ガス（標準状態の熱量46MJ）を供給している。ガス事業法39条の10第1項では，13A都市ガスとしての技術基準が規定されている。それに照らして，同市は，バイオマスを用いて製造するガスも，ガス事業法における13A都市ガスの技術基準を満足できるとの結果を得た。

下水汚泥の処理過程において発生した消化ガスは，脱硫され，ガスタンクに貯留される。都市ガス製造プラントに供給された消化ガスは，吸収塔を直列に2段通過し，所定の成分にまで精製され，圧縮機に供給される。圧縮された精製消化ガスは飽和状態まで水分を含んでいるので，除湿器で除湿される。除湿された精製消化ガスは，熱調器で増熱材である液化石油ガス（LPG）を気化させつつ所定の熱量になるまで添加され，精製消化ガスとプロパンの混合時間を確保するためのクッションタンクを経て13A都市ガスとなり，液化天然ガス（LNG）を気化させたものと同様に，港エネルギーセンターの球形ガスホルダーへ供給される。

安定化した高濃度メタンは，さらなる精製により，天然ガス自動車燃料としての活用も可能であるが，実際に燃料として供給する場合，都市ガスと同様に高圧ガス保安法等による規制を受ける。ユーザーに品質の安定したバイオ天然ガスを供給す

---

25　山田博章「横浜市南部汚泥資源化センターにおける消化ガス利用の現状」『資源環境対策』43巻9号70-73頁（2007年）。

るため、これら法規制による品質管理基準を定めることが必要であり、さらなる改善が模索されている[26]。なお、石川県では、その北東部である能登半島の先端に位置する珠洲市(すず)において、全国初の試みとして、生ゴミと生活排水処理施設汚泥との混合処理が行われた[27]。

### 第3目　神戸市

近年、消化ガスの精製技術が進歩しており、神戸市では、高純度のメタンガス利用の拡大が実用段階に至った。神戸市の公共下水道人口普及率は、2015年度末で98.7％に達している。下水は7ヶ所の処理場で、年間約2億 $m^3$ を処理しており、汚泥処理としてすべて嫌気性消化を行っており、年間約1,000万 $Nm^3$ の消化ガスが発生している。

かつて神戸市では、発生した消化ガスの約7割を消化タンクの加温用ボイラーや処理場内の空調の燃料などに利用し、残り3割については余剰ガスとして燃焼処分していた。しかし、余剰ガスを「余剰」にせずに有効利用するという「理想」を求めて、消化ガスを完全活用することの検討がなされることになった。下水処理場は、大量の電力を消費するため、処理場で接近するごみ焼却施設で発電した電気の供給を受けており、必要電力の約9割をまかなっている。既にこうした状況があるため、消化ガスの有効利用は、ガス発電ではなく、成分のメタンの純度を上げて天然ガス自動車燃料として活用する仕組みとすべきことが考えられた。神戸市は「こうべバイオガス活用設備」を設置することを決断し、株式会社神鋼環境ソリューションとの共同開発により「こうべバイオガス」の精製・貯蔵・充てん設備を設置することとした。そして2008年に、神戸市東灘区魚崎南町の東水環境センターにこの設備は完成した。

この設備は神戸市東灘処理場に設置されたもので、現在、下水の処理過程で発生する消化ガスからメタン98％の燃料を作り出す状態で操業している。下水の処理過程では、濃縮した汚泥を、汚泥中の有機嫌気性微生物で分解し、汚泥の減量化と質の安定化を図っている。この時に発生するガスは「消化ガス」と呼ばれ、メタン（約6割）と $CO_2$（約4割）が主成分である。神戸市では、この消化ガスを微生物の活動しやすい温度環境（約37度）にするためのボイラー燃料や、冷暖房の燃料にするなどの有効活用を行っている。もっとも、使われずに焼却処分されるものも約3割ある。

こうべバイオガスの精製方法は、高圧下で消化ガスと水を接触させる「高圧水吸

---

[26] 日月栄「金沢市における下水汚泥消化ガスの有効利用システム」『資源環境対策』43巻9号74-78頁（2007年）。
[27] 瀬戸谷義信「最新事例 地球環境の保全に寄与するバイオマス施設の開発—全国初、生ゴミと生活排水処理施設汚泥との混合処理—石川県珠洲市」『月刊下水道』2006年2月号17-21頁。

収法」である。$CO_2$ や硫化水素は水に溶解しやすいがメタンは溶解しにくい性質を利用したもので，ガス中の不純物を水に溶解し，メタン濃度を高めるシステムである。

また，既存の天然ガス自動車に，改造やエンジン調整なしにバイオガスを燃料として活用できるか各種試験を行ったところ，排気ガスは排出ガス規制値を満たしており，都市ガスとほぼ同等の良好な数値が得られた。燃費は，乗用車で，約 10km/$Nm^3$，市バスで 1.0～1.5 km/$Nm^3$ 程度である。ガソリン 1L とガス 2,000$Nm^3$ がほぼ同等の燃費であることになる。このことから，割安感が認められることになった。

16 万 $m^3$ の下水を処理すれば，約 8,000$Nm^3$ の消化ガスが発生する。この消化ガスを精製すると約 5,000$Nm^3$ を処理場内で消化タンクの加温ボイラーや空調用の燃料等として使用し，残る 2,000$Nm^3$ を天然ガス自動車の燃料として供給する。天然ガス自動車へのバイオガスの供給は，2006 年から行った市バスでの運用実験を経て，2008 年の操業開始時点から本格的に導入された。

天然ガス自動車はもともと排出ガスのクリーンな低公害車であるが，こうべバイオガスの場合，「バイオマス」としてカーボンニュートラルの考えを取り入れると，$CO_2$ を増加させていないと考えられる。1 日に 2,000$Nm^3$ のバイオガスを使えば，1 年間で 1,200 トンの $CO_2$ 削減になる。

しかし，金沢市が直面した問題と同様，実際にバイオガスを燃料として供給する場合，高圧ガス保安法（昭和 26 年 6 月 7 日法律第 204 号）等の適用を受けることとなるため，これらの法規制値を満たさなくてはならないし，ユーザーに品質の安定した「こうべバイオガス」を供給するためには厳格な品質管理基準を定めることが必要となる。

また神戸市としては，天然ガス自動車・ガスステーションの数が少ないことから，需要先の確保をいかに行うかも課題であったため，市バスの試乗走行，各種用途別天然ガス自動車数台の展示などが頻繁に行った。その結果，「こうべバイオガス」を天然ガス自動車の燃料として利用させるための「こうべバイオガスステーション」では日量 2,000$Nm^3$ が供給可能であり，これが市バス 40 台分の燃料がまかなえることを意味するということが市民にも知られることとなった。そしてついに，2008 年 4 月からの本格運用時点で，市バス，タクシー，国交省のパトロールカーなど約 40～50 台が利用するという成功を収めたのである。

なお，メタンには $CO_2$ の 25 倍もの温室効果がある。一般には，そのまま焼却処分にしているが，純度が高ければ自動車の燃料として活用することもできる。天然ガス自動車は，液化石油ガス（LPG）自動車に見られるように，基本的な構造は従来型の自動車と同様で，燃料系統だけが異なっているといってよい。すなわち，ガソリンに代替して CNG（高圧天然ガス）を燃料とすることは技術的にはそれほど困

図表Ⅱ-補-2　バイオガスの受け入れ

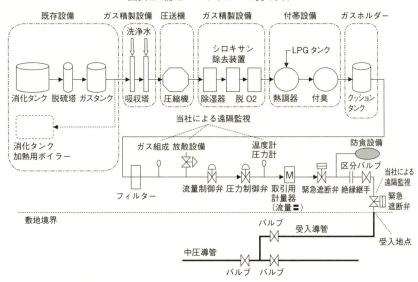

出所：大阪ガス株式会社

難ではない（既にヨーロッパでは非常に普及している）。このCNG自動車は光化学スモッグ・酸性雨などの環境汚染を招く窒素酸化物（NOX）の排出量が少なく，硫黄酸化物（SOX）は全く排出されない。また黒煙は排出されず粒子状物質もほとんど排出されない。また，$CO_2$の排出量もガソリン車より2～3割少ない，代表的な低公害車である。

現在，大型トラック，バス，ごみ収集車，道路維持者，汚泥運搬車，普通乗用車，軽四乗用車など，天然ガス（CNG）自動車は幅広い車種で実用化されており，2005年3月末に全国で約2万4,000台が普及していた。この点に着目し，神戸市は，下水道さえあれば，エネルギー資源として発生するメタンを活用することができるこの取り組みを神戸から世界へ向けて紹介したいと考えたのである。

2008年の環境大臣サミットでは，神戸市が会場になったことを利用して，各国の環境大臣をCNGバスに試乗させた。今後，バイオ天然ガスを，下水道施設において，コージェネレーションシステムの燃料や重油の代替燃料として活用していくことにより，エネルギー循環型システムを構築することが可能である。また，このガスを大阪ガス株式会社も購入している。

大阪ガスにより，一般ガス事業者としてバイオガス受け入れの際に提示する説明図が公表されている。それを図表Ⅱ-補-2に示す[28]。

さらに、市民生活の場から送り出される下水に起因する消化ガスを天然ガス自動車燃料として活用している。このことにより、下水道がさらに市民に身近なものになるとともに、地球温暖化防止、あるいは持続可能な循環型社会の実現に貢献できるものと期待されている[29]。

持続可能なエネルギーへの投資額は著しく増加しつつあり、生物燃料も例外ではない。これは、技術の成熟度を反映したものでもある。現在の技術水準で、再生可能エネルギーがエネルギーのベストミックスの一翼を担えることが明らかになりつつある。さらに規模の拡大を推進し、技術を支援していく必要がある。バイオマスは、既に我が国では、環境低負荷型社会の一翼を担っている。従来の廃棄物処理技術は、化石燃料を用いて効率的処理を行うことに主眼を置いてきたため、環境負荷に対する配慮に欠けていた。しかし現在では、環境低負荷型社会を目指した技術開発が重要になっており、日本ではいくつかの自治体においてバイオガスと認識されている高質なバイオマスの都市ガスとしての活用についての検討が精力的に進められている。

我が国では現在、都市ガスを扱うことを得意とするメーカーが非常に高度な技術競争をしている[30]。ここではいわゆるバイオガスと今後の都市ガスのあり方に着目したが、それはむしろ究極の理想型と言え、その域に至らぬまでも様々な企業努力が継続的になされている。2001年に制定された食品循環資源の再生利用等の促進に関する法律（いわゆる食品リサイクル法、平成12年法律第116号。）は、2007年12月の改正で、事実上のごみ処理場の整備を求めた（食品循環資源の熱回収に関する同法2条6項、10条3項等）。これに対応するために大幅なコスト増が見込まれるものの、生ごみの投入からガスエンジンの発電まで一貫した「自己完結型処理」がなされるようになりつつある[31]。食品工場やレストランといった食品事業者に廃棄物の再生利用を促すものであって、事業者への指導監督は強力になった。対応や実施が不十分な場合、刑事罰が科される（27条）。肥料・飼料化がリサイクルの中

---

28　纐纈三佳子「バイオガスの都市ガス導管への受け入れについて」『再生と利用』31巻121号61-66頁（2008年）。
29　竹中恭三「神戸市の下水処理場におけるエネルギー循環型システムを目指した取り組み―消化ガス100％活用を目指して―」『月刊建設』49巻10号27-29頁（2005年）、同「神戸市の下水処理場におけるエネルギー循環型システムを目指した取組み―消化ガスの100％活用を目指して―」『新都市』59巻11号39-44頁（2005年）、同「消化ガスの天然ガス自動車燃料化」『資源環境対策』29巻2号79-83頁（2007年）、同「特集 エネルギー利用―消化ガスの「こうべバイオガス」化技術について―」『再生と利用』31巻118号21-24頁（2008年）、同「循環型社会を創る！下水道資源からバスの燃料を製造―こうべバイオガス―」『地方自治職員研修』41巻5号62-64頁（2008年）。
30　安達太郎「家庭・業務用開発レース9社―製品化目前の定置型、相次ぐ新規参入で早くも過当競争―荏原バラード、松下電器、三洋電機、東芝IFC、三菱重工、石川島播磨、新日本石油、出光興産、アイシン精機」『日経エコロジー』2003年11月号47-59頁。
31　食品リサイクル法の所管は農林水産省である。
http://www.maff.go.jp/j/shokusan/recycle/syokuhin/s_about/index.html.

心であるが，エネルギー利用も進展すると見られる。また，オンサイトの小型バイオマス発電設備を売り込む環境が整いつつある。食品事業者の「生ごみ」を利用したバイオマス発電の拡大が期待されている。特にこのリサイクル法改正の追い風を受け，より確実化するものと見られる。食品残渣等の食品系未利用資源を原料としたバイオガス発電施設は有力視されているが，これには，食品系未利用資源をメタン発酵させ，発生したメタンガスを利用して発電するほか，メタン発酵後の残渣を堆肥化し，農業に活用するなど，より理想的な循環型社会実現のための新しい再資源化サービスを提供できるようになる可能性がある。また，食料品製造企業による熱心な取り組みが見られる。いろいろな局面で，企業や人々が当事者意識を持ってエネルギー環境問題を意識することが重要であろう。

## 第3節　地域熱供給の新展開

### 第1款　はじめに

エネルギー供給事業のなかで，米国に比して我が国の優位性が認められる熱供給システムによる環境負荷への配慮に関して，本節では地域熱供給システムを挙げたい。一般家庭でも職場でも，化石燃料を用いたセントラルヒーティングシステムにより，使用しない部屋まで常に必要以上に暖房することで知られる米国の建造物は，「エネルギーの無駄使い施設」の代表格であるかのように揶揄されることがある。極寒地におけるインフラのメンテナンスには特段の配慮の必要が認められるといった米国の事情が一部にあるとしても，それとは異なるエネルギーの「効率の良い」また「環境に優しい」使い方があることを日本の技術が示しつつあると言えよう。

地域熱供給とは，ひとまとまりの地域（あるいは一群の建築物）に，熱供給設備（地域冷暖房プラント）から温水・蒸気・冷水などの熱媒を，配管を通じて供給し，給湯・暖房・冷房・融雪などを行うシステムのことである（図表Ⅱ-補-3）。地域熱供給のうち，建築物の空調用に行われる要素を特に取り上げて，「地域冷暖房」，略して「地冷」，あるいは「DHC (District Heating and Cooling)」などと呼ばれる。このシステムは，単独のビルなどで個別に熱源設備を設ける方式よりも，熱利用の時間差により熱源容量の縮減が可能である，個別設置よりも設置面積が小さいとか，大規模化による機器の効率の向上が可能などの利点がある。さらに，未利用エネルギーを利用することによる省エネルギーや温室効果ガス排出量削減もより容易で，少数の運転要員で運用できる。一方，配管の敷設など初期投資が大きいとか，管路（地域導管）が長くなると維持管理や熱媒の搬送の費用が増大するなどの声があることも事実である[32]。

我が国においてこれを業として行う熱供給事業は，需要家と資本関係のない第三者，または自家使用にならない複数の建築物に，熱媒体を供給する，営利を目的と

## 図表Ⅱ-補-3　地域熱供給の基本概念

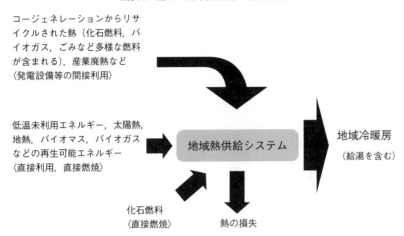

出所：著者作成

した公益事業と位置付けられており，熱供給事業法（昭和47年法律第88号）により経済産業省の規制に服する。そしてこれが，様々な再生可能エネルギーと結合することも期待されている。その基本概念を図表Ⅱ-補-3に示す。

さて，我が国の熱供給事業法は，昭和47年6月22日に制定され，熱供給事業の運営を適正かつ合理的に図り，並びに熱供給施設の工事，維持及び運用を規制することによって，公共の安全を確保することを目的としている（同法1条）。複数の建物に，冷水，温水等を供給し，その加熱能力が1時間当たり21GJ（ギガジュール）以上のものを熱供給事業と定め，経済産業大臣からの事業許可，料金認可，保安の確保，安定供給が義務付けられている。我が国では，地域冷暖房システムを普及させるには，高コストなどのデメリットが立ちはだかるものの，省エネルギーはもとより，$CO_2$削減，ヒートアイランド抑制，防災性向上，さらには経済性の面などに

---

32　地域熱供給の歴史は，日米よりもむしろ欧州が古く，1875年にドイツにおいて世界初の地域暖房が開始された。特に，1893年にはハンブルクでコージェネレーション（Cogeneration，我が国では「熱電併給」とか，「CHP（Combined Heat and Power）」とも言う）による地域暖房が開始されている。それ以後，寒冷な北欧を中心に，蒸気による熱供給を行うものが徐々に設置されるようになり，1950年代には，都市開発に伴い急速に全欧レベルで普及した。さらに，1970年代の石油危機以降は，石油代替エネルギー導入のために燃料転換や新規導入が行われ，また温暖な地域においても，冷房・暖房双方を行うものが設置されるようになった。現在では優れた断熱技術と低温運転により熱損失を低減するとともに，エネルギー効率90％を達成するコージェネレーションが約60％の地域暖房で導入されている。この分野の先進国であるデンマークの地域熱供給事業においては，化石燃料以外にバイオマス等の多様な燃料が利用できる柔軟な技術の導入を図ろうとしている。また，事業者（1990年代末時点で約330者）のほとんどが消費者所有（残りは地方公益事業体）であり，住民参加により運営されている。

第Ⅱ部　エネルギー環境政策

メリットがあると意識されてきた。2016年7月1日現在，76事業者が，全国134地区で実際に熱供給事業を行っており，今日，地球温暖化対策の切り札として，熱供給システムをはじめとしたエネルギーの「面的利用」に期待が寄せられるようになっている[33]。

## 第2款　日本国内の動向
### 第1項　我が国の地域熱供給先進地域の動向

　我が国の地域熱供給事業は，東京都に比較的長い歴史があり，地域熱供給事業者が現存する地域の自治体の動きも活発である。特に，地球温暖化防止への取り組みが急務となるに従って，この分野においても様々な方法により$CO_2$の発生を抑制する方策が求められている。東京都が2009（平成21）年4月に施行した「都民の健康と安全を確保する環境に関する条例（環境確保条例）」では，特定開発事業者（新築もしくは増築する建物の総延べ床面積が5万$m^2$を超える）に対して，未利用エネルギー等の有効利用の検討を義務付けた。具体的には，「地域におけるエネルギーの有効利用に関する計画制度」において，①特定開発区域及びその境界から1kmの範囲においては，下水処理水，河川水等の低温未利用エネルギー，②特定開発区域及び隣接する街区では建築物の空調による冷房廃熱，③特定開発区域では太陽エネルギー等の有効利用を求めている。また，2010（平成22）年1月，改正東京都地域冷暖房事業に関する条例が施行された。これにより，東京都における地域冷暖房は，ボイラーや冷凍機等の熱源機器が集約され，より高度な公害防止施設の設置と，運転効率の向上等によるエネルギーの高度利用が目指されることになった。首都圏は，地域冷暖房システムの周囲には，ごみ焼却熱，下水や河川の熱など，廃熱や未利用エネルギーの活用が比較的容易な環境にある。このことから，東京都は，大気汚染の防止など公害の防止やエネルギーの節減といった環境負荷の低減を目指すということに関して，高層建築物などが集中して建設される地域などで地域冷暖房普及を図るだけではなく，それ以上のものを求めることにした。すなわち，地域冷暖房を導入するときには，単に当該地域を地域冷暖房計画区域に指定するのみならず[34]，今後は，地域冷暖房を用いる場合には，高効率なシステムを用い，あるいは様々な「未利用エネルギー」を「利用」に移すことなどにより，さらに都市環境の保全や省エネルギー，そして$CO_2$などの温室効果ガス削減に貢献することが求められるようになると言える。

---

33　我が国における地域ごとあるいは燃料ごとのDHCは，一般社団法人日本熱供給事業協会による以下のサイトにおいて詳細を検索することが可能である。http://www.jdhc.or.jp/ が参考になる。
34　東京都熱供給株式会社『30周年記念誌　地域冷暖房事業と東京熱供給の歩み』（日本経済新聞出版社，2013年）参照。

それでは，東京都が普及させた地域冷暖房の設置の仕組みとはいかなるものであったのか。既に廃止された制度であるが，少し詳しく見ておく。

東京都では，おおむね床面積の合計が5万$m^2$以上の建物を建築しようとする者に，地域冷暖房導入の検討をさせてきた。すなわち，都市計画において容積率が400％以上とされている近隣商業地域，商業地域，準工業地域内や都市再開発法に基づく再開発促進地区と定められている地域などで，おおむね床面積の合計が5万$m^2$以上で多量のエネルギー（周辺地域を含めて熱需要が1時間当たり21GJ以上）を消費すると予想される建築計画の場合，地域冷暖房の導入を検討させていた。特に，大気汚染の防止と省エネルギーを図るため，地域冷暖房を導入することが必要であると認められる計画については，当該地域を「地域冷暖房計画区域」として指定している。そして，清掃工場のごみ焼却熱，河川水や下水などの水温と気温との温度差エネルギー，地下鉄や変電所などから放出される廃熱など，様々な未利用エネルギーの活用を求めることとした。少なくとも，地域冷暖房計画区域内に一定規模（重油換算で300L/日）以上の熱源機器を設置または設置予定の建物の所有者または管理者は，地域冷暖房に加入するよう努めることが義務付けられている。

環境確保条例が地域冷暖房の普及の仕組みを導入した個所の当時の文言上の構造を概観してみよう。第2章「環境への負荷の低減の取組」第4節「地域冷暖房計画」に位置する26条1項において，「知事は，一定地域内に建築物が現に集中し，又は集中して建築されることが予定されていることにより，当該地域において冷房，暖房又は給湯の用に供される熱の量が規則に定める量以上になるものと予測される場合であって，公害の防止またはエネルギーの節減を図るため地域冷暖房を導入することが必要であると認めるときは，当該地域を地域冷暖房計画区域（以下，「計画区域」）として指定するとともに，当該計画区域における地域冷暖房計画を策定する」ことにしている。また同条2項において，「知事は，前項の規定により計画区域を指定したとき，及び地域冷暖房計画を策定したときは，それぞれの内容を公示しなければならない。」とする。これが，地域冷暖房計画区域の指定等の基本的な仕組みになる。さらに地域冷暖房計画区域への加入努力義務を定めた27条で，「計画区域において，冷房，暖房又は給湯の熱源機器で規則で定める規模以上のものの設置をし，又は設置を予定している建築物の所有者又は管理者は，前条1項に規定する地域冷暖房計画に加入するよう努めなければならない。」と規定する。さらに，「環境確保条例施行規則」第2章「環境への負荷の低減の取組」に位置する14条において，条例26条1項に規定する規則で定める熱の量は，建築物が現に集中し，又は集中して建築されることが予定されている地域内の熱需要の最大負荷量が1時間当たり21GJ以上であることとして，地域冷暖房計画の規模を示す。また，同規則15条において，「条例27条に規定する規則で定める規模は，一の建築物に設置され，又は設置されることが予定されているボイラー，冷凍機又は熱交換器を通常の状態

で運転する場合において使用される1日当たりの熱量等の量を別表第一に掲げる方法により重油の量に換算したものの合計が300L以上であるもの」とする。これは加入努力義務に係る熱源機器の規模を示すもので，新技術をカバーする。

東京都は上述の制度をどのように用いたのであろうか。まず家庭用需要の施策で特徴的なものとして2009（平成21）年度の「家庭用高効率給湯器認定制度」が挙げられる。この制度は，東京都で家庭部門における地球温暖化対策を本格的に推進するため，家庭におけるエネルギー消費量の約3分の1を占める給湯について，消費者が省エネ型の機器を選択して購入することができるよう，高効率給湯器の認定を行い，その普及促進を図るものである。主な対象機器は，家庭用の給湯器のうち，潜熱を回収するシステムを有し，かつ，定格熱出力58kW未満のガス給湯器（通称「エコジョーズ」）である[35]。

また，産業用の大型空調機の技術開発では，蒸気焚き高効率二重効用吸収ヒートポンプ（ジェネリンク）の開発を導いた。下水処理水，河川水，海水，地下水などの低温未利用エネルギー（水の温度差エネルギー，すなわち夏は大気よりも冷たく冬は大気よりも暖かい水の未利用エネルギー）や，工場等の廃熱を冷房・暖房に有効利用し（摂氏10～30度程度），また，動力源（駆動熱源）としては，従来から利用している蒸気に加え，CHP（Combined Heat and Power，すなわちコージェネレーションのこと）の廃熱や太陽熱を一部活用することにより，吸収式冷凍機とボイラーによる従来の空調システムと比較して高性能となった[36]。なお，CHPからの廃熱の代わりに太陽熱を使用することも可能である。従来，CHPの廃熱と蒸気の両方を駆動熱源として冷房運転が行える製品はあった。しかし，冷房に加え暖房運転も行える二重効用吸収ヒートポンプの商品化は，日本初となった。地域冷暖房や工場などの蒸気需要が多く，空調運転時間が長い場合に，高い省エネルギー性と$CO_2$削減効果を発揮する冷房と暖房の切換運転が可能になる。

なお，CHPの廃熱は，広義の再生可能エネルギーに該当する。これは経済産業省の「再生可能エネルギーの現状と導入促進策について」（2009年11月6日，再生可能エネルギーの全量買取に関するプロジェクトチーム）の解釈により明らかにされた。すなわち，未利用エネルギーの高度利用は再生可能エネルギーに準ずるものとして，広義の再生可能エネルギーと位置付けたのである。低炭素社会への移行と，それを実現するスマートエネルギーネットワーク（IT技術を駆使し，建物や地域間で電力や熱を補完，融通し合う$CO_2$削減型エネルギーネットワーク）の一

---

35 $CO_2$を冷媒とするヒートポンプ機能を有する電気給湯器である「エコキュート」も同様の扱いを受ける。
36 COP（エネルギー消費効率）は2.59となる。定格条件は，蒸気を駆動熱源とし，また低温未利用エネルギーから熱を汲み上げ，さらに蒸気の一部をCHPの廃熱でまかなう。『ガスエネルギー新聞』2010年2月10日号参照。

部を構成することによって，環境性が優れるものの出力が不安定な再生可能エネルギー，個々の施設で発生する廃熱，地域に存在する未利用エネルギーを最大限活用することが可能になる。吸収ヒートポンプの原理となる吸収サイクルを用いた機器は，1964年に吸収冷凍機として実用化されて以来，吸収冷凍機・吸収ヒートポンプとして普及してきたが，現在主流の二重効用型吸収冷凍機が世界最高レベルの効率を達成したことで，先進の省エネ技術で地球環境に配慮した製品との位置付けになった[37]。そして，低温未利用エネルギーとCHPからの廃熱を合わせて活用することで，ボイラーの蒸気消費量を61％削減し，年間で42％の省エネ・$CO_2$削減が可能になった[38]。また，我が国においては電力会社が事業化を中心となって推進し，行政などの協力を得て蒸気の有効利用を進める例が出始めている[39]。

さらに大手一般ガス事業者により集合住宅のバルコニーや戸建ての屋根等に設置できる太陽熱ガス温水システムも開発・商品化され，通称は「SOLAMO（ソラモ）」と命名された[40]。集熱パネルは給湯の熱需要が大きく，太陽高度が低い冬期に有利に稼働する。集熱パネルと貯湯タンクの間を循環させる熱媒の循環ポンプは，太陽光発電による電力で駆動する[41]。そして，店舗及び公共施設などの業務用に，太陽熱を利用した給湯システムは「小規模業務用太陽熱パッケージ」と名付けられている。業務用では日中にも湯を多量に使用する。この特徴を活かし，集めた太陽熱を給湯需要に合わせてその都度使用させる。給湯温度との差温は，高効率給湯器などによりバックアップする。業務用向けにパッケージ化した商品の開発も日本初となった。試作機のデータでは，年間集熱効率が約50％と太陽光発電と比較しても高いエネルギー変換効率が得られ，$CO_2$排出量及び一次エネルギー使用量を約20％（集

---

37 八橋元「吸収式冷凍機技術の概要」（2013年2月）http://www.kikonet.org/event/doc/130201-9.pdf.
38 日経BP環境経営フォーラムによれば，地域冷房の需要もあり，現状では食品加工業などに冷房設備が多く提供されている。『ガスエネルギー新聞』2010年2月24日号参照。
39 『東京新聞』2010年2月2日朝刊参照。東京電力株式会社が，2010年2月1日，川崎市の川崎火力発電所から，発電時に生じる蒸気（熱）を，周辺の化学薬品メーカーなど10社に対して供給し始めた。蒸気供給により，一般家庭で4,700世帯分に当たる年間約2万5,000トンの$CO_2$削減効果が期待される。東京電力株式会社から供給される蒸気は，同発電所で生成される約3％に当たる年間約30万トンにのぼる。残りの蒸気はこれまで通り，同発電所のタービン稼働などに再利用される。東京電力株式会社では，横浜の発電所から1社に年間約2万トンの蒸気供給を行っている例があったが，10社に及ぶコンビナート地区に大規模に実施するのは初めてとなる。各社では，これまで独自に生成していた蒸気の一部を東京電力株式会社からの供給でまかなえ，ボイラーの稼働などで生じる$CO_2$が，それぞれ削減される。東京電力株式会社は，蒸気の供給を受ける企業と合同出資し「川崎スチームネット株式会社」を設立した。川崎市の土地を利用し，蒸気配管計6.5kmを新設した。独立行政法人「新エネルギー・産業技術総合開発機構（NEDO）」も，支援事業としてコストの半額を補助金負担している。
40 丹野博「太陽熱利用ガス温水システムの普及促進」『地球環境とエネルギー』2012年11月号90頁。
41 http://bizmakoto.jp/makoto/articles/1002/10/news037.html.「東京ガス，集合住宅のバルコニーに設置できる太陽熱ガス温水システムを発売」。

熱ポンプによる消費電力を含む）削減できた[42]。一般ガス事業者はこのような太陽熱温水器と潜熱回収型高効率給湯器（通称「エコジョーズ」）などを組み合わせることでさらに省エネルギーを実現させたいと考えている[43]。

### 第2項　我が国におけるエネルギー供給のさらなる高度化

　我が国の民主党政権（当時）は，2010年6月18日，3年に1度改訂している新「エネルギー基本計画」を閣議決定し，書物となって一般書店での販売もなされた。ところが，2011年3月11日に東日本大震災が起こったため，菅直人首相（当時）が，これを白紙に戻すとの宣言を行った。但し，そのための法的手続きが特段にとられたわけではない。この宣言はあくまでも政治的なものにとどまるとの見方もある。ところで，元総理に「白紙」とされた同基本計画には，2030年に1990年比30％以上の$CO_2$削減が明記されている。目標実現のための供給側の取り組みを記述した箇所では，再生可能エネルギーの項目立てを原子力発電よりも優先させた。また産業分野の燃料については燃料消費に占めるガス比率の倍増という天然ガスシフトを打ち出した[44]。特に家庭用の需要には省エネの余地が十分に残されており，ハウスメーカーは太陽光パネルのみならず蓄電池をも備え，断熱効果の高い壁を採用するなどしたスマートハウスの製品化を誘導している[45]。この必要性が，今後減ぜられることはないであろう。ただ，数値目標とすることが困難であることは疑うべくもない。

　また，業務用の需要に向けては，CHPの廃熱は主に暖房と給湯に使用されていたところ，CHPの廃熱と蒸気を駆動熱源にした空調機で冷暖房運転ができるようになるなどの新技術の活発な実用化を受け，天然ガス利用システムの高効率化とSEN（スマートエネルギーネットワーク）の構築を推進する必要性もそこには示されていた[46]。

---

42　都市ガスの$CO_2$排出係数は，（社）日本ガス協会「$CO_2$削減対策に用いる電気の$CO_2$排出係数について」の計算手法を用いて0.0509kg-$CO_2$/MJとなる。
43　日本ガス体エネルギー普及促進協議会（コラボ）が中心となって設立したソーラーエネルギー利用推進フォーラムは，2030年までにこの住宅用強制循環型の太陽熱利用ガス温水システムを770万戸に設置する目標を掲げた。『ガスエネルギー新聞』2010年7月7日参照。
44　『ガスエネルギー新聞』2010年6月23日参照。
45　電力を制御するHEMS（ホーム・エネルギー・マネジメント・システム）を組み合わせて使う場合も多い。これはモニターでエネルギー使用量を「見える化」して家電の消費電力を制御し，もう一段の光熱費削減に役立てようとするものである。こうした住宅は「スマートハウス」と呼ばれ，政府も普及の後押しに力を入れる。『日本経済新聞』2010年9月26日朝刊参照。スマートグリッドで川下の末端となる戸建て住宅の進化は，環境技術を成長分野に位置付ける日本の産業界にとっても重要な意味を持つ。世界市場も視野に入りつつあると言えよう。野田佑介「世界市場を獲れ！日本製HEMSの『大勝負』」『エネルギーフォーラム』2012年12月号34頁参照。
46　SENの実証事業については，東京ガス株式会社と大阪ガス株式会社が，2010年5月から実証実験を開始し，汎用モデルを構築しようとしている。経済産業省の単年度事業「分散型エネ

第Ⅱ部補論　我が国における低炭素社会を目指した法制度

　SENの構築には，EMS（エネルギーマネジメントシステム）が必須である。このため，2010年，経済産業省が「次世代エネルギー・社会システム実証地域」を選定し，EMSの将来設計を実現しようとした。そして国内の4地域[47]の選定がなされた。この国内4地域とは，神奈川県横浜市，愛知県豊田市，京都府（けいはんな学研都市），福岡県北九州市である。経済産業省が，20地域から絞り込んだこれら4地域の選定結果を発表したのは2010年4月8日であったが，それからわずか4ヶ月で，大手一般ガス事業者が主導権を握る形でそれぞれの地域のマスタープラン（基本計画）が作成され，同年8月11日に経済産業省に提出された[48]。これらの四つのプロジェクトの実証期間は2010年度から2014年度までの5年間である。総事業費は1,266億円に上った。まず，横浜市の「横浜スマートシティプロジェクト」は，人口が約367万人と多く，企業も多いという横浜市の特徴を反映したマスタープランとなった。実証実験の対象地域は商業地，工業地，住宅地などから成り，これらを組み合わせた多種多様な実験を展開するのが特徴である。再生可能エネルギーの大量導入，電気自動車の大規模導入と，それらを管理する家庭やビルのエネルギー管理，さらには地域での熱エネルギー管理などを実施する。次に豊田市の「『家庭コミュニティ型』低炭素都市構築実証プロジェクト」は，家庭におけるエネルギーの有効利用の方法を実証することに主眼を置く。太陽光発電や燃料電池といった創エネ機器や蓄電池を住宅に組み込み，プラグインハイブリッド車や電気自動車などを導入する。これらに加えて「スマートハウス」を分譲し，実際にそこで人が生活することによって得られるデータを使いながら，生活者の行動を反映したきめ細かなエネルギー管理を検討する。2010年8月に「豊田市低炭素社会システム実証推進協議会」を立ち上げ，生活全体のエネルギー消費がEDMS（エネルギーデータマネジメントシステム）を用いて管理することにより，エネルギーの最適利用が図られる事業となる[49]。また京都府の「けいはんなエコシティ」は，社会実証に加えて先導的技術実証が入っており，横浜市や豊田市のプロジェクトとは趣が異なる。そこで用いる「家庭内ナノグリッド」とは，家庭内のエネルギー消費を「見える化」したり，電力センサーと通信モジュールから成る電力制御機能の付いたスマートタップを導入したりすることで，オンデマンド型の電力管理システムを作り上げようとする。最後に北九州市の「北九州スマートコミュニティ創造事業」は，古くから公害問題に取り組み，住民の環境への意識が高い同地域の特徴を反映したものとなっている。同地域には新日本製鉄の自営線があり，多彩な電力源を有効活用するた

---

ルギー複合最適化実証事業」に採択され，最大半分までの経費を補助された。これにより，データの取得・解析やシステムの改良が進んだ。『ガスエネルギー新聞』2010年5月19日参照。
47　『ガスエネルギー新聞』2010年4月14日参照。
48　『日本経済新聞』2010年8月23日電子版参照。
49　『ガスエネルギー新聞』2010年8月11日号参照。

めの試みを早くから実施してきた。こうした社会インフラが整っていることを生かし，新エネルギーの導入や地域エネルギーの最適化，エネルギーの見える化，交通など都市システムの整備のための実証実験を行う。総じて，4地域の実証実験は，対象人口が横浜市（事業費740億円）の367万人と豊田市（事業費227億円）の42万人から，北九州市（事業費163億円）の1,800人まで大きな幅があると言える[50]。

SENをさらに発展させた概念として，スマートコミュニティという概念も経済産業省により提唱されている。これは，SENに交通システムや街づくりを融合させた概念である。情報技術の観点からは，情報ネットワークを分散型電源や家電，自動車にまで広げた考え方であると言えよう。一方，エネルギーの観点からは，分散型ネットワーク事業者がコミュニティ内の統合制御を行い，大規模集中型ネットワークとの相互制御でエネルギー需給を調整できるようなシステムになっていると言える[51]。横浜市の実証で用いられている「スマートシティ」とは，IT（情報技術）の駆使によってエネルギーなどの都市基盤を効率的に運用し，$CO_2$ や廃棄物の排出量を抑えることで持続的な成長を可能にした都市のことで，概念上はスマートコミュニティの拡大版と見ることができる。既に，世界の300ヶ所以上でも，先を争うようにスマートシティプロジェクトが始まっている[52]。

本節では，主として，我が国の地域熱供給最先端地域と位置付けられる東京周辺の最近の動向と，SENなど地域熱供給のさらなる高度化について検討を加えた。実務において，従来型のDHCというエネルギーの面的利用がそのままSENにつなげられるかというと，そのようには言い切れない側面がある。まず，これまでの地域熱供給にはそれぞれの地域に大きな熱需要が確認され，それに対してエネルギー事業者がサービスを提供してきた歴史がある。これは多くの街づくりにおいて顕著に見られた。それらは我が国における右肩上がりの経済発展を背景にした事業であって，そのエネルギーサービスには単一性と確実性が観察された。ところが，SENでは，現存する需要地のなかで，スマートハウスなどに太陽電池や蓄電池を設置し，電気自動車も組み込んでさらにスマートにエネルギー利用を行うことを原則としており，極めて成熟した社会におけるエネルギー効率の改善とそれに伴う $CO_2$ ゼロエミッション化を念頭に置くものである。その将来は，実現可能性も含めていまだ漠としたものがあると言わなければならない。DHCそのものに，必ずし

---

50 『ガスエネルギー新聞』2010年8月25日号参照。
51 本文中の4地域以外でも，様々な取り組みがなされている。静岡ガス株式会社が主導する低炭素タウン「エコライフスクエア三島きよずみ」は旧静岡ガス株式会社三島支店跡地エネファームで，太陽電池，蓄電池を備え，各家庭からの $CO_2$ 排出権を静岡ガス株式会社が買い取るスキームを構築している。この事業は環境省の「チャレンジ25地域づくり事業」の補助事業に採択され，費用の2分の1が補助された。『ガスエネルギー新聞』2010年4月14日号参照。
52 『日本経済新聞』2010年9月27日電子版。赤峰陽太郎「スマートシティへのメガトレンドと長期戦略」『ビジネスアイ・エネコ』2011年1月号64頁参照。

もSENと結び付く必然性が認められないのはこのためである。しかし、現在のDHCは、技術的に極めて大きな進化を遂げており、このために、未利用エネルギーの利用を含めた高度化がSENの現実化に貢献することも予想される。以下に、DHCの高度化に関するいくつかの例を紹介しておきたい。

東京都内最大規模のDHCとして、東武エネルギーマネジメント社の「東京スカイツリー地区」（墨田区業平橋・押上地区及び周辺の約10.2ha）における地域熱供給事業が知られている。同社は、経済産業大臣から、2009年2月、熱供給事業法に基づく事業許可を取得した。同社は「東京スカイツリー地区」において、DHCとして国内最高水準の省エネ性能及び省$CO_2$化を実現しようとしている。すなわち、省エネルギー、省$CO_2$、ヒートアイランド抑制、防災性向上、さらには経済性の観点から、個別分散的な熱源システムに比較して優れた性能を有する熱供給システムを導入し、また、国内DHCで初の「地中熱利用システム」を導入することにより、メインプラント稼動時における、年間総合エネルギー消費効率（COP）を、国内DHCで最高レベルの「1.3」以上に到達させていく計画を立てた（国内DHCの平均値は「0.749」）。そして、年間一次エネルギー消費量は個別方式と比べて約43％減、年間$CO_2$排出量は同約48％（約2,271t-$CO_2$）減と、大幅に削減することに成功したのである。この$CO_2$削減量は、688ha（墨田区全面積の約半分）の天然生林が吸収する量に相当するものとなる（環境省によれば、天然生林であれば、3.30t-$CO_2$/haの$CO_2$吸収量があるとされている[53]。東京スカイツリー地区に限らず、各地の具体的な面積のイメージで$CO_2$削減量の森林規模をわかりやすく示すことが可能になっている）。なお、このDHCは、開発プロジェクトと共に、2008年11月、国土交通省「住宅・建築物省$CO_2$推進モデル事業」に採択されている。

ところで、住宅街向けには同様の原理により地中熱を利用した戸建用のハウスシステムも完成している。たとえば、大手ハウスメーカーらは、戸建住宅用量産システムとして、地中熱と冷房廃熱を給湯熱源に利用する地中熱利用ヒートポンプ給湯・冷暖房システムを導入しつつある。このシステムは、ヒートポンプ式給湯機を地中熱冷暖房と組み合わせ、給湯熱源を空気から地中熱に変更することにより、ヒートポンプ式給湯機の省エネ性を更に高めるものである。冬期の給湯では、空気と地中熱との温度差だけ省エネ性が高まり、夏期の給湯では、冷房廃熱を給湯熱源として利用することで、エネルギーの有効利用により省エネ性が高まる[54]。これにより、冷暖房と給湯を合わせたトータルでのランニングコストと$CO_2$排出量を低減できる。

---

53 環境省「京都議定書目標達成計画参考資料（2005年4月28日）」参照。
54 大量販売に対応できるものの開発としては、旭化成ホームズ株式会社が先鞭を付けた。http://www.asahi-kasei.co.jp/hebel/homes/index.html/。この仕組みは「大規模水蓄熱槽」などの新技術も適合的である。蓄熱システムとは、冷房時は冷水、暖房時には温水を蓄熱槽に蓄えるものである。夜間に熱エネルギーを蓄えるため、受変電設備や熱源機器の容量を小さくして、熱源機器の定格運転で効率向上を図るなど、経済性を高められる可能性も高い。

地中の温度は季節や天候による変化が少なく、年間を通してほぼ摂氏15度程度と一定しているため、地中熱冷暖房システムは、夏には外気温よりも温度が低く、冬には外気温よりも温度が高い地中熱を熱源として利用可能である。一般的なヒートポンプ式エアコンは、外気から熱を奪い、あるいは放出する。夏の場合、ヒートポンプ式エアコンよりも地中熱冷暖房システムの方が、外気より低温の地中に熱を放出するため、より少ないエネルギーでの冷房運転が出来る。これにより、冷暖房の省エネ効果を高めるのである。冷房の廃熱を外気に放出せずに地中に逃がすため、ヒートアイランド現象の原因となる人工廃熱を抑える効果も期待できる。独自の鋼管杭である地中熱交換杭は、建物内または建物外の地下部分へ埋没される。低騒音システム室外機には騒音源となるファンがなく低騒音・低振動となる[55]。ガスヒートポンプや燃料電池は我が国の環境技術の粋を集積するものでありその発展が望まれるところであるが、地中熱という未利用エネルギーの利用技術もこれらに続いて一般化される期待が大きく高まっていると言えよう。

　本章冒頭に記したように、今日の米国は、家庭用においても産業用においても事業用においても、多くのエネルギーを浪費している。しかしこの国においても、今後のエネルギー節約の基本的な考え方は、失われていく熱を、再生可能な資源として利用することになるであろう。そして現実的には、地域冷暖房における未利用エネルギーの利用促進こそが、この目的を達成するために必要不可欠であろうと考えられる。したがって、必ずしも高エネルギーではない資源が評価され必要とされるべきである。我が国の地域冷暖房は、従来から、廃熱の有効利用などを前提としてきた。現代の地域冷暖房の基本的な考えは、廃熱の有効利用に加えて、それ以外の再生可能エネルギー（バイオマス、地熱、太陽熱など）を利用し、さらに、通常の暖房は低温の熱で十分に需要を満たすため、住宅及び公共あるいは商業用ビルに導入するというものである。これらは、工場から通常大気中に捨てられてきた熱を用いることが充分に有効である。このようなシステムが安定的に稼働し始めると、寒冷地において必需品であったはずの小型ボイラーがない家が多く出始めることになろう。

　我が国はどのように地域熱供給を他の熱供給オプションと比較すべきであろうか。それは、究極的に化石燃料消費量をどこまで抑えることができるかを基軸とする。そこでは、熱輸送の態様に基づく輸送の際のエネルギーロスを含めた厳密な評価が用いられなければならない。熱供給システムの優劣を比較することは困難であるとされるが、欧州では再生可能エネルギー利用の充実度と余剰熱資源の利用度の測定結果が優劣を決める要因となる。これにより、化石燃料の消費を抑えることが非常に強く促されている。欧州32ヶ国のデータでは、地域冷暖房が環境面で最も健全

---

55　*Id.*

な熱供給オプションの一つであることが確認されている[56]。地域冷暖房インフラへの資本集約的な投資を確実にするために，法律が経済価値の公正な配分に備えることも不可欠である。地域冷暖房を導入するということは，すなわちかなりの巨費を投じることを意味するからである。しかしこれを断行するメリットは大きい。地域冷暖房システムの顧客は効率的に各戸の室内温度をコントロールできる。この操作は，快適冷暖房の一環として，コンピュータ内臓エアコンと同等以上の操作感に至らせることが目指されている。さらに地域冷暖房システムでは，将来，それを超えてスマートエネルギーネットワーク内で各サーモスタットとの通信で室内温度を調整するようになる可能性が高い。そのシステム上で，すべての顧客が自分の使用料だけを支払うことを確実に可能にする料金計算も自動的になされるわけである。これが化石燃料消費量を抑えるために，地方あるいは国全体の政策決定に大きな役割を与えるべきことも提言されている。

　我が国ではこれまで地域熱供給が容易にあるいは広範囲に普及したわけではなかった。その理由として，デベロッパー等が比較的短期的な収益に焦点を合わせてきた可能性が挙げられよう。また投資家も，地域暖房などへの持続的なコミットメントが魅力的な選択であると必ずしもみなしているわけではなかったし，熱供給事業者も，近年は景気の低迷などのマイナス要因を注視するあまり，受け身になりがちであった。したがって，政策的に，長期のエネルギー・インフラ計画の立案を進めなければならないと言える。法律的にはすべての当事者が経済価値の公正な配分にあずかることを前提にしなければならない。エネルギー輸入の将来性，物価の安定，及び環境，地域経済と国家経済といったことに焦点を合わせ，地域熱供給インフラにおける投資収益率を高める必要があろう。

　我が国では特に，地域冷暖房が今後，従来型の電気・ガス空調からの代替手段になりうる。その本旨は，イニシャルコストは高額であるが，通常使われず無駄になるか，または使用することが従来困難であった地域資源を括用することである。具体的には深海，湖，及び川の温度差利用やCHP，廃棄物焼却から得る余剰熱の利用が有力である。このような仕組みを取り入れた地域冷暖房が温室効果ガス排出削減に貢献する余地は大きい。地域冷暖房システムは，従来の個別電気冷房機器よりも5〜10倍高い効率性を実現するとされる。特に「3.11」後の我が国においてこそ，このシステムが被災地の復興や夏季・冬季の電力ピーク負荷への対応に大きく貢献する可能性もある。

　日米を問わず，我々の次世代は，地球資源を枯渇させないで，人類が本質的に持つ「安らぎへの欲求」を包み込む技術を開発する必要がある。しかもそれを，地球温暖化を防止しつつ行わなければならない。日本は十分にこの分野に対応すること

---

56　草薙真一「日欧における熱供給事業の新展開」『商大論集』62巻1・2号63-90頁（2010年）。

ができよう。地域熱供給システムの拡充は，$CO_2$などの温室効果ガスの放出を減少させることに寄与する。そのために，技術的に未来に通用し，しかも清潔で快適で信頼できるシステムが今後も目指されるべきであろう。

# 第Ⅱ部の結語

　我が国は，低炭素社会に向けての今後の政策のあり方として，省エネ推進，非化石エネルギーの導入推進をはじめ，化石エネルギーの有効利用，資源外交や国際協力，電気・ガス事業制度の改革，そして CCS (Carbon Dioxide Capture and Storage：二酸化炭素貯留隔離) を含めた革新的技術開発の推進などが重要になるとしてきた[1]。第Ⅱ部では，その意味で低炭素社会実現のために対応可能と考えられる解の有力な例も示すことができたと言えよう[2]。我が国は既に，RPS法がもたらした太陽光や風力など自然エネルギーを利用した発電により生み出される電力の環境価値を証書化した「グリーン電力証書」を経験している。これは実際に，第三者機関により検証され自主的なカーボン・オフセットなどで活用する仕組みにおいて普及した。これと同じ仕組みを，自然エネルギーの熱としての活用に応用したのが「グリーン熱証書」である。但し，「グリーン熱証書」を発行するには，バイオガスの発生を大量に行わせる安価な技術がないことや，各家庭に熱量計を設置する必要があることなど，主としてコスト負担のために大きな困難が伴っているのが実態である[3]。しかし，我が国政府はさらに国レベルでのグリーン熱証書の制度化を目指そうとしている[4]。

　また，我が国政府は2010年3月12日，地球温暖化対策基本法案を閣議決定した。その内容は，国内排出量取引制度の創設，地球温暖化対策税の導入，一次エネルギーに占める太陽光・風力などの割合の2020年までの10％への拡大などである。産業や社会の低炭素化に向け一歩前進したように見えた。しかし，経済団体も環境団体も，この法案づくりの過程が「不透明」であったと非難した。日本経済団体連合会は排出量取引制度の導入自体に反対し，多くの環境団体が総量規制方式と原単位方

---

1　経済産業省総合資源エネルギー調査会総合部会 (2009年7月8日)。
2　馬場未希「特集1 火力にどこまで頼れるか　低炭素化へ総力戦―次世代技術，日本の真骨頂―」『日経エコロジー』2013年2月号36頁参照。
3　さらに東京都は，2010年4月から，都内の約1,400の工場やビルに温室効果ガスの削減を義務付けた。『日本経済新聞』2010年3月23日朝刊。2011年度から排出量取引を始めたが，この制度は東京都環境確保条例を2008年に改正したもので，工場やビルごとに国内で初めて排出枠を設けている。2005年度を基準に，第1期の10～14年度に6～8％の温室効果ガス削減を義務付けたものである。初年度の実績を確定し，2011年度からは超過分と不足分を取引できるようになった。2015年度以降は削減義務を一段と厳しくする。国の制度との整合がいずれ求められることになる。なお，東京都環境局『東京都地域冷暖房区域一覧』(2013年3月) 参照。
4　経済産業省総合資源エネルギー調査会新エネルギー部会第7回グリーンエネルギー利用拡大小委員会 (2008年6月11日)。

式を併存させる排出量取引制度の提示に失望感を表明し，当然に総量規制方式でなければならないと主張した[5]。そして，現在も我が国は地球温暖化対策基本法を得ることができていない。

今後我が国政府は，国をあげて，さらには国を超えて人類の叡智を結集し，温室効果ガスの削減を目指さなければならなくなっている。そのようにして，我が国は様々な領域において低炭素社会に適切に対応していく[6]ことが必要である。

米国のバラク・オバマ（Barack Hussein Obama II）大統領は，2009年1月20日の大統領就任演説において，太陽光，風力などのエネルギーの本格利用に言及した。そこで述べられた内容から明らかなように，環境技術の進展が，産業界を刺激し，経済発展にも資すると同大統領は確信している。しかし現実には，米国において再生可能エネルギー利用の現状は欧州のそれから大きく後れを取ってしまっている。この後れを他の領域の優位性で挽回するため，まずはエネルギー効率の向上が目指されなければならないことは当然のこととして，CCSが，米国においても有力なシナリオになると見てよいであろう。米国が世界に向けて最も懸念を表明してきたのは，再生可能エネルギーが不安定な電源であり，そのままではエネルギーセキュリティーの信頼性に欠けるということであった。CCSについては，米国は枯渇したガス田等を数多く利用してこれを実施することが可能であるため，この分野では圧倒的な優位性を誇っており，引き続きその動向が注目される。

再生可能エネルギー促進策には，税控除，投資補助，さらには一般消費者参加型の支援プログラムである電力基金プログラムなどもある。これらはいずれも細やかさが要求される施策ではあるが，米国には，FIT（Feed in Tariff：固定価格買取制度）ないしRPS（Renewable Portfolio Standard）やCCSに，これらの諸施策をも細やかに織り交ぜながら，低炭素社会の実現という大きな目標を達成していくことが求められている[7]。

---

5 『日本経済新聞』2010年3月18日夕刊。
6 小野田弘士「『省エネ法』と『温対法』の改正と求められる対応」『JR　Gazette』2009年4月号62-66頁；月刊廃棄物編集部「特集2　環境配慮契約法」『アース・ガーディアン』2008年1月号36-39頁；原田和幸「国等における温室効果ガス等の排出の削減に配慮した契約の推進に関する法律（環境配慮契約法）及び基本方針の概要」『建築コスト遊学』2（2008年春）号39-45頁参照。
7 矢島正之『電力政策再考—エネルギーの市場自由化・環境問題の解決，供給保障の整合性確保のために—』99頁（産経新聞出版，2012年）参照。

# 第Ⅲ部

## エネルギー規制機関の権限配分

# 第Ⅲ部　エネルギー規制機関の権限配分

　公益性を追求しあるいは安全性を追求すべく，各連邦規制当局はそれぞれに与えられた規制権限を発動する。しかし州規制当局が政策面で別の方向性を持っている場合，連邦規制当局と対立することがある。あるいは，連邦または州規制当局と対立する形で，被規制者や地域住民が出現し，いわゆる規制行政における三面関係の問題になることもある。

　一般に，公益事業の規制者にとって事業法は，規制の相手方（事業者）やその顧客（消費者）との間に長期にわたって存在する関係性を，拘束力を伴って決定できるツールであると言えよう。事業法の文言は，そのような関係性を誘導し確定するための公的理解を徴表しており，その公正性は外部から評価されうる厳粛なものであることを，規制者は立法者とともに自覚している。エネルギー事業者の信頼性を確保することは，消費者保護にもつながる。それに留意しながら事業者にインフラ投資をさせ，かつ経済効率性を追求させられるような誘因を与えることは，公益事業の規制者にとって最大の目標たりうると考えられる。

　第Ⅲ部では，この状況を正面から捉え，行政法理論や経済法理論を通底させつつ，エネルギーをめぐって規制当局と産業界はどのように協調あるいは対立するのかについて，地域住民の立場をも絡めて探りたい。

# 第1章

# ガスパイプラインへの第三者アクセスと送電線へのそれとの比較

## 第1節 はじめに

FERC（Federal Energy Regulatory Commission：連邦エネルギー規制委員会）によるガス（本章においては原則として天然ガスを示す）事業規制[1]は，その前身であるFPC（Federal Power Commission：連邦動力委員会）時代から紆余曲折を経てきた。それはまず，1970年代の「規制の失敗」によってもたらされた大幅な天然ガス供給不足に特徴付けられる[2]が，その解決のために1978年に実施された規制改革[3]も，ガス供給市場にかえって新たな歪みをもたらしたとの厳しい評価を受けた[4]。結局，1985年までのほぼ半世紀にわたり，FERCはこの領域におけるほとんどの権限の行使を，いわゆる「コスト規制」のみに向けていた[5]が，その政策は市場への影響力を強く持ちえず，失敗した[6]。そしてついに1985年，FERCはOrder №436を制定して卸売ガス事業規制当局として大きな政策変更を試み，ガス事業に対する全く新しい規制のアプローチを採用した[7]。ガスパイプライン所有者

---

1 FERCの持つ天然ガス事業規制権限については，さしあたり，横内稔「欧米の都市ガス産業の産業組織と規制政策」植草益・横倉尚（編）『講座・公的規制と産業2 都市ガス』50, 52頁（NTT出版，1994年）を参照のこと。米国では，1930年代に，石炭・石油を主原料とする製造ガスが天然ガスに切換えられ，一挙に，パイプラインを利用可能な都市ガス＝天然ガスという時代を迎えたことが説明されている。
2 Richard. J. Pierce, Jr., *Reconstituting the Natural Gas Industry from Wellhead to Burnership*, 9 ENERGY L. J. 1, 8-11 (1988).
3 *Id*. at 10.
4 *Id*. at 11-15.
5 たとえばガスパイプライン所有者にはその有する独占力を維持させる一方で，パイプライン操業費用規制を通してその影響力を抑制しようとしたのである。Richard. J. Pierce, Jr., *Reconsidering the Roles of Regulation and Competition in the Natural Gas Industry*, 97 HARV. L. REV. 345 (1983).
6 Pierce, *supra* note 2, at 11-12. また，友岡史仁『ネットワーク産業の規制とその法理』40頁（三和書籍，2012年）。
7 FRRC Order No. 436, F. E. R. C. STATS. & REGS. ¶30, 665 (1985). 藤原淳一郎「米国における地方ガス配給事業者『バイパス』に関する一考察」『正田彬還暦記念　国際化時代の独占禁止法の課題』239頁以下，特に263頁（日本評論社，1993年）参照。

に対して，実質的に第三者アクセスを強制する政策を策定することにより，ガス市場における競争を促進し，かつその弊害を軽減させようとしたのである。この試みは功を奏した。そしてそれに期を合わせ，FERC の規制政策改革に対して反対を唱える者は少数派となった[8]。それまでの 50 年に及んだ連邦議会における天然ガス生産州と非生産州との間の論争も，ほぼ FERC 支持のかたちで収束したのである[9]。

ところで，FERC が採用したこのガスパイプラインへの第三者アクセスのための政策変更は，卸電力市場規制のあり方にも重要な示唆を与えた[10]。もともと卸売ガス市場と卸電力市場との類似性は強い[11]。連邦議会が 1938 年に NGA[12] (Natural Gas Act：天然ガス法) を制定したのは，FPA[13] (Federal Power Act：連邦電力法) 制定の 3 年後であったが，その際に FPA の文言及び概念を NGA において広範囲にわたりそのまま導入した[14]事実はそのことを裏付けている[15]。両者とも，(ガスや電気の「州際輸送」が自然独占作用を持つものであるとの) FTC (Federal Trade Commission：連邦取引委員会) の調査結果及び司法判断を前提としたものであり[16]，ともにエネルギー輸送コストの劇的な削減が目指されたわけである[17]。本章では，1985 年に卸売ガス事業規制において採用された上述の FERC 政策と，1992 年 EPAct (Energy Policy Act：エネルギー政策法) 制定までに醸成された卸電力市場における送電線第三者アクセスにかかわる法理[18]との類似点及び相違点を浮かび上がらせようとするものである[19]。それなくして米国における最近の電力産

---

8　*See Easy Decontrol Passage*, OIL & GAS J., Apr. 17, 1989, at 22.
9　*Id.*
10　1992 年エネルギー政策法 (Energy Policy Act：EPAct) の成立，さらに FERC Order No. 888 ないし 889 の制定につき，さしあたり，矢島正之『電力改革—規制緩和の理論・実態・政策—』73，74 頁 (東洋経済新報社，1998 年) を参照のこと。
11　草薙真一「米国連邦証券取引委員会の規則制定行為と登録公益事業持株会社—ルール 58 にみる連邦公益事業持株会社法適用除外条項の新解釈—」『商大論集』51 巻 1 号 105，107 頁 (1999 年)。
12　15 U. S. C. §§717-717z (1938).
13　16 U. S. C. §§791a-825u (1935).
14　*See* National Fuel Gas Supply Corp. v. PSC of New York, 894 F.2d 571 (2d Cir. 1990).
15　両産業の類似性を示す初期の判例として，*see* Public Util. Comm'n v. Attleboro Steam & Elec. Co., 273 U. S. 83 (1927); Missouri v. Kansas Gas Co., 265 U. S. 298 (1924); Pennsylvania v. West Va., 262 U. S. 553 (1923).
16　Report of the FTC to the U. S. Senate, S. Doc. No. 92, 70th Cong., 1st Sess. (1936).
17　丸山真弘「ネットワークへの第三者アクセスに対する事業法からの規制の整理—アメリカの事例を中心にして—」『公益事業研究』50 巻 1 号 31 頁 (1998 年) を参照のこと。連邦最高裁は，送電網を必要不可欠な設備 (エッセンシャル・ファシリティー) とは捉えておらず，依然として下級審レベルでのみ採用された概念にとどまっていることに留意する必要がある。
18　矢島，前掲註 10，18 頁参照。
19　電気事業規制の領域において FERC が今後挑戦すべきは，近年自らが制定した第三者アクセス規則である Order No. 888・889 を執行し，適正な競争を導きうる第三者の送電線へのアクセス条件を開発・実施することである。丸山，前掲註 17，18 頁以下，特にその限界を論じた 21 頁参照。

業の再構築と競争導入政策を正確に意義付けることは困難と思われるからである[20]。なお，FERC が 1992 年に発令した Order No. 636[21] は，以上のような考察の趣旨により，本章における検討から除外する。

## 第 2 節　ガスパイプラインへの第三者アクセス

### 第 1 款　序説

　卸売ガスの輸送は規模の経済性を有するとされ，そのため自然独占を認められてきた[22]。したがって，そのインフラであるガスパイプラインは，第 3 節で後述するように，卸売市場において平等にアクセスされるべきエッセンシャル・ファシリティ（必要不可欠な設備）とみなされる存在であった[23]。ところが 1985 年，FERC はこのような論理を破棄し，平等アクセスを「強制」するのではなく，すべての第三者に設備を使用させるべくガスパイプライン所有者を「誘導」することにより，競争的卸売市場の実現に対する障害を除去しようとした[24]。強制的手段による平等アクセスの実現は，司法がこれを財産権の侵害と判断するおそれが消えていないと考えたからである。同時に，連邦議会もガスパイプライン所有者を「公共輸送業者（コモンキャリア）」とすることを繰り返し拒んできた[25]。平等アクセスを強制することはガスパイプライン所有者による事業の形態が公共輸送業タイプに接近することを意味することになり，そこまで強力な競争導入は必ずしも望ましくないと結論していた。そこで，このような考え方と衝突しないように，FERC は平等アクセス制度の導入を，あくまでもガスパイプライン所有者による「自発的」な選択として認定することとし，平等アクセスの立場を「自発的」にとらないという選択をするガスパイプライン所有者は，FERC が創設しようとしている競争的卸売市場に参入で

---

20　草薙真一「米国における電力産業の再構築と競争導入政策―反トラスト法規制に焦点を当てて―」『商大論集』51 巻 2.3.4 号 23 頁（1999 年）。
21　Order No. 636 については，草薙，前掲註 11, 16 頁参照のこと。また，横内，前掲註 1, 57 頁参照のこと。
22　Pierce, *supra* note 2, at 46-48.
23　連邦最高裁はこの法理を既に輸送業では採用していたからである。*See* United States v. Terminal Railroad Association, 224 U. S. 383 (1911).
24　FERC Order No. 436, *supra* note 7.
25　連邦議会は FPA に「公共輸送業者」なる概念を導入することをこれまで拒否してきている。*See* DAVID S. COPELAND, REQUIRING TRANSMISSION ACCESS BY ELECTRIC UTILITIES: THE SHIFTING ROLES OF REGULATION AND ANTITRUST, 291 (1996). すなわち，ガスパイプライン所有者に公共輸送業者たることを強制することは許されないとのガスパイプライン所有者の主張を受けて，連邦議会は 1976 年から 1978 年までに 4 度，ガスパイプライン所有者が公共輸送業者である趣旨を法律に設けることを拒否したのである。Richard J. Pierce, Jr., *Using the Gas Industry As a Guide to Reconstituting the Electricity Industry*, 13 RESEARCH IN LAW & ECON. 7, 39 (1991).

第Ⅲ部　エネルギー規制機関の権限配分

きなくなると警告を発することにしたのである[26]。なお，この年，FERCは卸売ガス市場の競争に対するアクセス障壁を確認し，これを除去することを宣言したが，その内容は主として市場への参入，市場からの退出の手続きを簡素化することであった。その意味で卸売ガス市場においてガスパイプライン所有者を保護するための政策及び手続きは温存された[27]と言えよう。

### 第2款　ガスパイプラインへの第三者アクセスに関する争訟とFERCの政策

ここではFERCの，NGAに基づくガスパイプラインへの平等アクセスルール制定のきっかけとなった訴訟を検討する。1985年メリーランド・ピープルズ・カウンシル（MPC）対FERC事件[28]がそれである。この事件における決定で，コロンビア特別区連邦巡回控訴裁判所はNGAの趣旨・目的の観点から再解釈[29]し，FERCによる平等アクセスルール施行のための法的な道筋を描こうと試みた[30]。すなわち，同裁判所は，（第三者の販売が自らのそれと競争関係にはならないと結論する場合にのみ当該ガスを選択的に輸送することを内容とする）ガスパイプライン所有者の裁量的拒否権を認めていたそれまでのFERCの行動を違法であるとし[31]，その理由として，第三者によって販売されるガスの選択的輸送を行うことをガスパイプライン所有者に認めるのは，ガス輸送についての独占力を行使させるもので，これはNGAの趣旨・目的に沿うものではないからであるとした[32]。さらに，選択的ガス輸送を認めるFERCの政策は，主要な卸売ガス販売業者間の競争からガスパイプライン所有者を隔離させるものであって，あまりにも差別的であり，ガスパイプライン所有者が請求するパイプライン使用料も，不適正・不合理なものになったと述べている[33]。同年，FERCはこのコロンビア特別区連邦巡回控訴裁判所の判断を受け，ガスパイプラインへの平等アクセスルール（Order No. 436)[34]を制定した。この規則において，FERCはガスパイプライン所有者に，他の第三者のためには一切ガス輸送をしないか，あるいはすべての第三者のためにガス輸送をするかの，二つの選択肢のみを与えた。そのようにして，実質的に，FERCはガスパイプライン所有者に対して選択的ガス輸送を認めることはなくなった。事実上，卸売ガス市場においてガスパイプライン所有者に唯一残された途は，卸売ガス市場におけるすべ

---

26　*Id*. at 39.
27　*Id*. at 11-12.
28　Maryland People's Counsel v. FERC, 761 F.2d 768 (D. C. Cir. 1985).
29　*Id*.
30　*Id*. at 769.
31　*Id*.
32　*Id*.
33　*Id*.
34　*See* FERC Order 436, *supra* note 7.

第1章　ガスパイプラインへの第三者アクセスと送電線へのそれとの比較

ての者によるアクセスを認めるように行動することであった[35]。

## 第3款　FERC の 1985 年平等アクセスルールと司法の評価

　MPC 対 FERC 事件におけるコロンビア特別区連邦巡回控訴裁判所による司法判断を受けて FERC により発せられた Order No. 436 は，アソシエーティッド・ガス・ディストリビューター（AGD）社対 FERC 事件[36]において，同じくコロンビア特別区連邦巡回控訴裁判所により審理された[37]。同裁判所は，FERC が公共輸送の義務付けを行うことを禁じる法律は存在せず，FERC は自らその権限の行使を回避しているにすぎないこと[38]，したがって，FERC が送電線へのアクセス強制を行わず[39]，一方でガスパイプラインへの平等アクセスルールは支持されるべきであることを指摘した[40]。さらに同裁判所は，FERC には，不当に差別的であるか，不公平あるいは不合理であるすべての卸売ガス料金及び卸売ガス業務を排除することが求められており[41]，ガスパイプライン所有者が選択的輸送を行うと，この種の問題を導きかねないとし，Order No. 436 を支持した[42]。

## 第4款　平等アクセスルールの実質的強制への評価

　AGD 社対 FERC 事件において，コロンビア特別区連邦巡回控訴裁判所は，FERC の平等アクセスルールを，制度上実質的な強制の性質を持つと積極的に認定した[43]上で，「平等アクセス」が「不当に差別的または不公平あるいは不合理」な状況を改善するとの認識は正当であり，連邦議会が採用を回避した改善方法をあえて FERC が採用したとしてもそのことに違法性はないとした[44]。このように，ガスパイプライン所有者に平等アクセスを実質的に強制するという FERC の方針は正当性を確保され，卸売事業者と小売事業者は，取引相手と，取引条件等について基本的に対等な立場で交渉を行うことが可能となり，ガスの卸売価格及び小売価格は大幅に下落した[45]。その結果，ガス供給市場は一層成熟し，その市場としての完成

---

35　要するに，FERC は，実質的に，送ガスへのアクセスに関する裁量領域をガスパイプライン所有者から奪ったことになる。
36　Associated Gas Distributor v. FERC, 824 F. 2d 981 (D. C. Cir. 1987).
37　Id. at 998.
38　Id. at 999-1000.
39　Id.
40　Id.
41　Id. at 998.
42　Id. at 1000.
43　824 F.2d at 1024.
44　Id. at 999-1001.
45　See FERC's Open Access Rules Spawn Changes in Way Gas Transmission Lines Conduct Business, Oil & Gas J., Apr. 17, 1989, at 14.

度は高いと評価されるようになった[46]。

その後、ガス事業の規制の論争は、かつては副次的なものに過ぎなかった政策策定要件の問題にその焦点が移行した。総じて、さらなるガスパイプライン規制緩和政策の策定には、以下の要件を満たすことが必要とされた。すなわち、①ガス事業者の構造的特徴の把握、②それまでの規制に対する事業者側の不満への政治的対応、③行政庁に積極的かつ有効な規制システムを構成することを認める柔軟な法規の制定、である[47]。

## 第3節　FERCによる送電線平等アクセス政策
### ―1992年EPAct以前―

#### 第1款　連邦法上の権限
#### 第1項　シャーマン法

1992年にEPActが成立するまで、送電線への第三者アクセスを導く事実上唯一の方途は、シャーマン法に基づき訴訟を提起することであった[48]。1911年合衆国対ターミナル・レールロード・アソシエーション（Terminal Railroad Association）事件では、連邦最高裁はシャーマン法を根拠として、エッセンシャル・ファシリティ・ドクトリンを採用した[49]。そこにおいて、エッセンシャル・ファシリティとは、競合他社によって実質的に重複して保有されることがないため他者が競争的市場に参入することを排斥する手段になりうる設備のことであり[50]、「必要不可欠な設備」と言われるものである。そのような設備の所有者によって、仮に不合理に長期間にわたって当該設備に他者がアクセスすることを禁ずれば、シャーマン法1条[51]または2条[52]に違反するとされた。すなわち、互いに競争関係にある事業者が、共謀して特定の取引先との取引を拒絶することは、競争を本質的に阻害するものであって、シャーマン法1条に違反しているのであり、単独の事業者の取引拒絶であっても、事業者の持つ市場支配力の拡大・維持という目的で行われた場合には、同法2条違

---

46　Id.
47　See Gas Sellers, *Buyers Resolving Take or Pay Issues*, OIL & GAS J., Apr. 17, 1989, at 17.
48　草薙、前掲註20、26頁参照のこと。
49　United States v. Terminal Railroad Association, 224 U. S. 383 (1911). エッセンシャル・ファシリティの法理を適用するための諸要件等の詳細は、金井貴嗣「アメリカ独占禁止法」正田彬（編著）『アメリカ・EU独占禁止法と国際比較』32頁（三省堂、1996年）、藤原淳一郎「欧州におけるエッセンシャル・ファシリティ論の継受（一）」『法学研究』74巻2号1頁以下、とくに8-10頁（2001年）を参照のこと。
50　See MCI Communications Corp. v. AT&T, 708 F.2d 1081, 1132 (7th Cir. 1978), cert. denied, 464 U. S. 891 (1983).
51　15 U. S. C. §1 (1990).
52　15 U. S. C. §2 (1990).

第1章　ガスパイプラインへの第三者アクセスと送電線へのそれとの比較

反になると考えられたのである[53]。1973年，オッターテイル電力社対合衆国事件において，送電線がエッセンシャル・ファシリティであるか否かが争われたところ，連邦最高裁は下級審の判断を追認し[54]，送電線の所有者は不合理に長期間にわたり自らの送電線に第三者がアクセスすることを拒んだことにより，懲罰的損害賠償責任を負うと判示した[55]。但し連邦最高裁は，送電線がエッセンシャル・ファシリティであるとは宣言せず，法廷意見の傍論において，FERCではなく司法こそが，送電線所有者に対して競合他社にアクセス権を与えることを強制することができると説明した[56]。この記述は，FERCが連邦法等を根拠にして自らアクセスを強制する権限を持っていると主張したならば，連邦最高裁はその権限の存在を否定する可能性があったことをほのめかしたものと考えられる[57]。また，この法廷意見によれば，第三者のために送電をなす場合の，送電線所有者自らの意思に基づく選択的送電行為の認可権限がFERCにあるとの考え方が否定される[58]。この判決は非常に有名になったが[59]，その影響については，消費者や競合他社が送電設備の所有者に対して，この法理に基づき救済の申し立てを起こすことは当初なかったとされる[60]。1980年代半ばになってようやく，市営配電事業者，産業消費家，さらに連邦政府が，シャーマン法を根拠とする送電線アクセス訴訟を提起する例が見られる[61]。

## 第2項　その他の連邦法
### 第1目　FERCの規制権限の外延にある連邦法

電力市場において，FERCは送電線へのアクセスを規制する権限を与えられている。このようなFERCへの法律上の権限附与，あるいは逆に，FERCの権限の法的制限については，二つの連邦法の適用がありうると考えられてきた[62]。1938年

---

53　この詳細については，草薙，前掲註20，26頁参照のこと。
54　*See* Pierce, *supra* note 25, at 25.
55　Otter Tail Power Co. v. United States, 410 U. S. 366 (1973).
56　*Id.* at 374-77.
57　*Id.*
58　Florida Power & Light Co. v. FERC, 660 F. 2d 668 (5th Cir. 1981); Richmond Power & Light v. FERC, 574 F.2d 610 (D. C. Cir. 1978).
59　オッターテイル電力社事件判決の理論構成等の詳細については，丸山真弘「ネットワークへの第三者アクセスに伴う法的問題の検討―いわゆるエッセンシャル・ファシリティの法理を中心として―」『公益事業研究』49巻1号32頁（1997年），また藤原，前掲註49，10-12頁を参照のこと。
60　さらに，ガス事業であるが，少なくとも1980年代半ばまでは，ガスパイプラインがエッセンシャル・ファシリティであることを理由とするガスパイプライン所有者に対するアクセス要求に関する訴訟記録はないとされている。もっとも，その後は少数ながら訴訟提起されている。これらの詳細につき，*See* Paul Joskow, Regulatory Reform and Structural Change in the Electric Power Industry in Brookings Papers: Microeconomics 1989, 139.
61　*See* Report of the Committee on Antitrust, 10 Energy L. J. 139, 139-243 (1989).
62　藤原淳一郎「公益事業規制政策法と合衆国憲法第十修正― FERC対ミシシッピ―」『法学研究』

第Ⅲ部　エネルギー規制機関の権限配分

FPA と，1978 年 PURPA (Public Utility Regulatory Policies Act：連邦公益事業規制政策法)[63]である。そこで，FERC の規制権限の外延にある連邦法を探る意味で，この二つの連邦法について触れておく。

### 第2目　FPA（連邦電力法）

　FPA は，その 205 条において FERC に，電力事業者の提供するサービスが差別的であると FERC が認定する場合には，料金や期間などの契約条件を修正させる排他的権限を与えているわけであるが，FERC が送電線の所有者に第三者のために送電をなすことを求める権限については規定をおいていない。連邦議会は，FPA を制定する過程において，「全ての送電線の所有者に『合理的な要求に応じてエネルギーを供給する』公共輸送業者としての義務を課す。FERC に『公共の利益のために必要か，望ましい』行為であると認めるときには送電に対するアクセスを命ずる権限を与える……（以下略）」という趣旨の条項を FPA に挿入する案を否決した経緯がある[64]。さらに，1969 年のパリス市対ケンタッキー電力社事件における裁決[65]で，FERC は FPA の立法経緯について触れ，同法は，送電線所有者が競争者に対してアクセスを許すよう命令する権限まで FERC に保障したものではないとした。結局，FERC は FPA によって送電線への平等アクセスを強制する政策を採用することは差し控えることになった。

### 第3目　PURPA（連邦公益事業規制政策法）

　一方で PURPA における FERC の役割は，上述のシャーマン法や FPA におけるそれとは異なる。特に PURPA211 条は，FERC に，FPA で明白に否定された権限を与えているようにすら解される。FERC に，特に送電線の所有者に競合他社に対するアクセス権を与えるよう命じることを，そのような命令が効率性を増進させられるときには行う権限を与えているからである[66]。しかしながらこの権限を行使するためには，FERC は，その命令が「現在ある競争関係を合理的に維持する」[67]ものであることをその前提として確認しなければならない。送電線の所有者がアクセスを拒むことは，卸売市場において独占力を保持することにつながるが，これも「現在ある競争関係を維持する」と考えるならば，アクセス命令は，「現存する競争関係」

---

　　59 巻 12 号 223 頁（1986 年）参照。
63　Pub. L. No. 95-617, *codified in scattered sections* of U. S. C. Title 16. 16 U. S. C. §824a-3 (1978).
64　*See* Otter Tail, 410 U. S. 366.374.
65　41 F. P. C. ¶45 (1969).
66　16 U. S. C. §824j (a)(2)(B) (1978).
67　16 U. S. C. §824j (c)(2) (1978).

第1章　ガスパイプラインへの第三者アクセスと送電線へのそれとの比較

を崩壊させるものと位置付けられかねない[68]。FERC は，1983 年のサウスイースタン・パワー・アドミニストレーション対ケンタッキー電力社事例[69] の裁決において，この PURPA211 条に検討を加え，これまで独占業者によって電力供給されてきた卸売市場へのアクセス権を競合他社に与える命令は，現存する競争関係を維持するものではないから，PURPA211 条による権限を行使することはできないとした。この解釈により，PURPA211 条は，FERC にとって，アクセス命令権限の根拠というよりは，むしろ障害となった。それ以来 FERC は，PURPA211 条[70] によっても，原則として FERC が送電線の所有者に競合他社への送電を命ずることは許されないと解釈している[71]。しかし，シェブロン判決[72] の理論に従い，効率性の増加は競争関係の維持に含まれると解釈することは許される法解釈だということも可能なはずである。しかし，FERC はこの事例以降はこの種の命令を発することがなくなったため，その PURPA211 条の解釈については不満を巻き起こした[73]。

**第 2 款　FERC の送電線接続誘導政策をめぐる初期の争訟― UP&L 社事例―**

　1973 年オッターテイル電力社事例以降，1980 年代半ばに至るまで，FERC は，送電線における平等アクセスをガスパイプラインにおけるそれのように積極的に誘導する政策を採ることがなかったわけであるが，それ以降については争訟例がある。1989 年の UP&L 社事例[74] がその代表例である。この事例の概要は以下の通りである。ユタ電力電灯社（Utah Power & Light，以下，UP&L 社）とパシフィック電力電灯社（Pacific Power & Light，以下，PP&L 社）の合併申請について，FERC は FPA203 条において規定された合併後の事業者の条件と価格における規制権限に基づき，競合他社に送電線を利用させることについて合意を形成するよう条件を附与した[75]。米国の多くの送電線所有者は，FERC が送電線へのアクセス命令権を持ちえないとの連邦最高裁の判断を支持する意見表明をなしていた[76] が，UP&L 社と PP&L 社は，そのアクセス命令の合法性についての従来の司法判断ないし FERC 自らの政策とは矛盾するとも思われたこの条件を受け入れた。この義務が，事業者に実行不可能な負担を押しつけるとして，他の事業者からは不服申し立てがなされ

---

68　このことにより同条は矛盾を抱える可能性が生じたのである。なお，丸山，前掲註 17，16 頁参照のこと。
69　Southeastern Power Administrastion v. Kentucky Util. Co., 25 F. E. R. C. ¶61, 204 (1983).
70　16 U. S. C. §824 (1978).
71　25 F. E. R. C. ¶61, 204.
72　Chevron, U. S. A., Inc., v. Natural Resources Defense Council, Inc., 467 U. S. 837 (1984). なお，この判決の意義につき，草薙，前掲註 11，115 頁参照。
73　Pierce, *supra* note 25, at 32.
74　*In re* Utah Power & Light, 45 F. E. R. C. ¶61, 095 (1989).
75　Pierce, *supra* note 25, at 33.
76　*Id*. at 34.

203

た[77]ものの，UP&L 社及び PP&L 社は，合併を申請した時点でこの条件を各々に附与されていたことから，このアクセス条件に反論することはできないと考えたのであった。もともと，FERC が UP&L 社と PP&L 社との合併に送電線への第三者アクセスという条件を附与した根拠は単純なものであった。合併後のこの事業者は7州にまたがって主要な送電線を所有することとなる。アクセス条件なしに合併が認められると，合併後の事業者は，7州の卸売市場に独占力を行使するため，送電についての統制を行うようになると FERC は考えたのである。本来 FERC は，「公共の利益」があると認める時にのみ合併の承認を行うのが原則である[78]。その「公共の利益」の基準により，FERC は，合併後の競争にマイナスとなる影響について考慮する義務を負っている[79]。FERC は，その考慮の結果，申請された合併が多様な効率性の向上を通して企業のコストを減らしうることは認めたものの，それと同時にアクセス条件を与えられなければ，新会社は不当に独占力を高めるおそれがあると認定したのである[80]。

### 第3款　電気事業者に対する合併誘導政策の限界

UP&L 社事例において，FERC は，FPA203 条に基づき申請された合併について審査を行う場合には，第三者アクセス条件の附与も考慮すべき事柄になると認識していることが明らかとなった[81]。その場合には第三者アクセスへの強い誘導により，既存の送電事業者にその持つ独占力を放棄させる政策を打ち出しうるわけである。そのことにより電気事業者はどのような影響を受けるだろうか。米国において，一般に電気事業者は，企業合併を考える途がある。たとえば発電事業者と送電事業者による将来的展望を持った合併は，長期的には効率性を飛躍的に高める可能性があると考えられている。

従来，発電と送電の機能の統合について，いわゆる規模の経済性（economy of scale）[82]の観点から，最低1万 MW 程度の規模になるように発電設備と送電設備とがグルーピングされるよう調整をすることが望ましいと指摘されてきた[83]。発電事業者間の調整及び発電事業者と送電線所有者との調整は，企業合併または契約に

---

77　Speech by George M. Galloway, Counsel for PP&L, at ABA Second Annual Conference on Electricity Law and Regulation, Denver, March 14, 1989.
78　16 U. S. C. §824b (1978).
79　Kansas Power & Light Co. v. FPC, 554 F.2d 1178 (D. C. Cir. 1977).
80　45 F. E. R. C. ¶61,095, at 61,284.
81　合併認可の際の FERC による第三者アクセス強制についての問題点としては，多方面にわたる FERC の平等アクセス制度の強制を実現するこの最初の試みが，少なくとも一時的に電力市場における効率性の低減という悪影響を及ぼしたこともその一例であろう。
82　Paul Joskow and Richard Schmalensee, Markets for Power: An Analysis of Electric Utility Deregulation, 65 (1983).
83　See Pierce, supra note 25, at 49.

よる提携により達成されうる。企業合併か契約による提携かを最適な規模の経済性を達成することを目的に選択することは極めて困難であるものの，そのための発電事業者と送電事業者との企業合併を認めるならば，この種の申請が結果的に最低40程度はなされるであろうとの有力な指摘もなされた[84]。また市場によってはその地理的制約から多大な送電費用のために，ごく少数の送電事業者に対してのみ第三者アクセスを求めることが可能になると予想された（但し，後者については，伝統的な反トラスト政策に従えばもはや送電事業者の集中の度合いにつき違法性が指摘されうるとの主張も皆無ではなかった[85]）。規制当局にとっても，事業者の数を一定程度減少させることにより産業構造を変えていくことは，効率性を高めるために採用されるべき重要な段階の一つであるとされた[86]。しかしこの領域における規制は，その内容次第では，合併を検討している電気事業者に深刻な影響を与えるものになるとされた[87]。第一に，規制者は適正原価と公正報酬を追求しつつ，合併によって生ずる利潤を消費者に再配分させることを試みることが予想される。そのことは，被規制事業者らの合併へのインセンティブを抑制すると考えられた。第二に，被規制事業者は業務に関し管轄権を有する規制機関すべての認可を得なければ合併することはできない。前述の UP&L 社と PP&L 社の合併の例では，両者が，7 州の規制機関から認可を得なければならなかったわけであり，この手続きは長い期間を要し，費用も膨大であった[88]。この認可手続きの費用の増大は，当然合併のコストをも増大させた。また認可手続きの遅延は，合併により期待される利益を著しく縮減させることもありえた。複雑な政策決定環境，アクセス条件の実現にかかるであろうコストの負担が，多くの電気事業者に効率性向上のために合併する試みを思い止まらせることとなったのである[89]。

## 第4節　第三者アクセス政策における初期の送電線とガスパイプラインとの異同

### 第1款　卸電力市場における変革の遅れ

　送電線については，1992 年 EPAct 制定以前のアクセス政策は，「現状を耐えうるならば政策変更は不要」との見方に支配されていたと言えよう[90]。その一方で，

---

84　*Id.* at 50.
85　*Id.*
86　緩やかな規制環境において，アクセス条件の設定が合併を引き延ばしにするようなことはないともされた。*See* Richard J. Pierce Jr., *A Proposal to Deregulate the Market for Bulk Power*, 72 Va. L. Rev. 1183, 1192-97 (1985).
87　*Id.*
88　*Id.*
89　*Id.*
90　大きな政策変更に対応するコストが多大なものになることから，現状において多大な利益を享

1985年になされたFERCのガスパイプラインに対するアクセス規制方法の政策変更は、以前の規制の失敗（すなわち、長期にわたる厳しいガス供給不足とその後のガス料金の上昇、さらにその後発生したガス供給過剰）が明瞭に指摘されたことにより、かなり思い切ってなされた[91]。但し、ガスの生産者と輸送者が、併せて数十億ドルの損害を結果的に負担した事実から、卸電力市場にてガスにおけるのと全く同じ態様で変革を試みるのでは、結局失敗するとの指摘もなされた[92]。

#### 第2款　ガス供給産業と電力供給産業との比較論

1985年のガスパイプライン規制における変革を受けて、送電線への第三者による平等アクセスの法的強制に反対する立場からは、ガス供給産業と電力供給産業の相違は一般に認識されているよりも大きいのであって、送電線への第三者による平等なアクセスを強制すると、国全体の電気供給の信頼性を損ねる可能性が生じるとの懸念が表明された[93]。その根拠としては、以下の事情が挙げられよう。①電気事業においては、多額の補助金を受ける連邦営ないし地方公営事業者が重要な地位を占めており、そのような事情はガス事業にはない。②電力供給産業はガス供給産業以上に強固な垂直統合により特徴付けられる存在である。

本款では、この各々を検討することにより、初期の送電線の第三者アクセス政策の性質及び限界を確認することにする。

#### 第1項　補助金を受ける電気事業者

米国では、数百もの民営電気事業者や千程度の協同組合営電気事業者の他に、数千の連邦営ないし地方公営電気事業者が発電と卸売電気販売を行っている[94]。これ

---

受している有力な巨大電気事業者が、政策変更に強く反対するために、実現不可能ともされた。See Pierce, supra note 2, at 41.
91　Id.
92　Id.
93　送電線への第三者アクセスを実現することについての困難さは、設備使用料金を平等アクセスルールに整合させることにあるとされ、送電線所有者は、彼らが送電線使用料を設定する自由裁量を持つべきであると主張してきた。See Pacific Gas and Electric Company Proposal, reproduced in Federal Energy Regulatory Commission, The Transmission Task Force Report to the Commission 233-252 (1989) [hereinafter Transmission Task Force Report]. しかし配電業者及び産業消費者の側から、送電設備に見られる規模の経済性と送電市場への競争的参入の困難さを考えれば、高額なアクセス料金をもたらす送電線への第三者アクセス制度を創設してはならないとし、送電業務の価格費用を決定するための唯一の基礎として送電設備の設置及び管理費用を、原則としてすべて送電事業者に負担させる完全埋没費用方式の導入を強く求め、規制当局はその主張を受け入れた。そのような方法に基づいて送料金を設定することには送電事業者の負担が大きく、評価されなかった。FERCが送電線の所有者に（良好に機能しなかった）完全埋没費用とは異なる方式で料金を設定することを送電事業者に認めるようになってからも、第三者のアクセスが増加し続けた事実が指摘されている。Joskow, supra note 60, at 190.
94　矢島正之「米国」矢島正之（編著）『世界の電力ビッグバン——21世紀の電力産業を展望する——』

第1章　ガスパイプラインへの第三者アクセスと送電線へのそれとの比較

ら相互間の競争は，重大な歪みを生み出しうる。たとえば連邦営ないし公地方公営事業者は巨額の政府補助金を受け取り，それにより電気を販売することから，不当に有利な利権の追求（レントシーキング）をなすおそれが指摘された[95]。この問題に対する抜本的解決策は連邦営ないし地方公営事業の民営化である。米国は20世紀を通じて，生産手段において民間活力を利用することで他国をリードした。そして，経済発展と私有財産制の結び付きが明らかになるにつれて，民営化の動きは世界的に流行した[96]。ところが，長い期間を経て，米国（特に連邦レベル）ではその一部が限界に近づいていた。少なくとも連邦議会は，TVA（テネシー渓谷開発公社），BPA（ボネビル電力公社）その他多くの巨額の補助金受給者たる連邦営ないし地方公営電気事業者の民営化に反対した。一方で，ガスパイプラインへの第三者による平等なアクセスについては，民営と連邦営ないし地方公営事業の別はさほど議論されておらず，その意味で，送電線への第三者アクセスには特別の留意を施す必要が認められていたと考えられる[97]。

#### 第2項　電力供給産業の垂直統合

電力供給産業の構造は，本質的に垂直統合に特徴付けられてきた。配電の80％は，発電・送電の機能を有する事業者によって行われている[98]など，三者の関係は密接であるが，米国において送電・配電部門はおそらく将来においても独占的であり続けると予測される[99]。パイプライン以外の輸送手段があるガス産業よりも垂直統合の度合いが強いのは，電気の物理的性質からもやむをえない。しかし，ここにおける垂直統合のより本質的な問題は，独占部門たる配電部門と競争部門たる発電・卸売部門との自己取引にあったと見るべきであるとの主張がある[100]。これは自己取引が拡大することによって，競争的であることが期待されている小売部門において見せかけの取引が増え，規制当局の役割を複雑にし，あるいは投資家を惑わすおそれが指摘されたため，この問題の処理が強く求められたにもかかわらず，FERCに

---

109頁（東洋経済新報社，1999年）参照。
95　JOSKOW and SCHMALENSEE, *supra* note 82, at 26-29, 41-42, 63-64, 109-138.
96　エネルギー産業の最近の動向に関する諸論点を提示し，かつ日本・EU・米国を中心に網羅する方法論を展開している文献として，藤原淳一郎『エネルギー法研究―政府規制の法と政策を中心として―』2-26頁参照（日本評論社，2010年）。
97　連邦議会はこれらの事業の民営化について「研究」するための補正予算措置すら拒んだ。Pierce, *supra* note 25, at 20.
98　米国の発送電事業について，井手秀樹・森本宜久「日本と主要国の電力産業の概要」植草益（編）『講座・公的規制と産業1　電力』17, 36頁（NTT出版，1994年）を参照のこと。
99　配電業者は一定の規模の経済性を得られなければ利益を得ることができないからというのがその主な理由である。矢島正之「電力市場の構造変化」，前掲註94, 9頁。これに対してガスは，もともと生産・州際輸送・配給が別々の事業者によって行われている，藤原，前掲註96, 209-210頁参照。
100　JOSKOW, *supra* note 60, 176-83 (1989).

207

より考案された事柄はいずれも根本的な解決をもたらさなかったからである。ガス事業の領域においても，電気事業におけるそれと全く同様に，その点については，自己取引を防止することの困難さが認識されていたと考えるのが自然であろう。

## 本章の小括

本章における検討では，米国における電力供給産業とガス供給産業との類似性を論じる試みの一つとして，それぞれの持つインフラに対する第三者の利用権を創設するための基礎理論をその対象とした。まず，FERCが1985年に採用したガスパイプラインに対する第三者アクセスに関する法政策を概観し，それを追うように再構成戦略を採用された電気事業規制の方法について，特に1992年のEPAct成立以前の送電線第三者アクセスに焦点を絞って両産業の特徴の本質的類似性を踏まえながら論じた。

1985年にFERCが策定したガスパイプラインへの第三者アクセスを事実上強制する政策（Order No. 436）は，良好に機能した。数百もの生産者が，数千の配ガス業者や産業消費家に，新規卸売ガス契約の締結を打診した事実が明らかにされている[101]。ガスのパイプライン輸送は規模の経済性が認められ，自然独占力を有するとされていたが，パイプライン所有者は，その持つ設備への第三者平等アクセスを拒否することが事実上不可能になり，その結果，送ガス部門ひいては卸売ガス市場における独占力を保持しえなくなった[102]。一方，卸電力市場における電気事業者の事業独占については，FERCが送電線への平等な第三者アクセスを法的に強制しうる環境を整備し，その領域における合理的料金制度を確立するならば，高度な競争的卸売市場の創設が可能であろうことが，卸売ガス市場における同様の例から十分に予想された。そのことが，1992年EPActの成立を強力に推し進めたのであった[103]。なお，EPActは競争入札の手続きを電気事業者に奨励しており，さらにFERCは送電線所有者に卸電力市場へのアクセスのため競争者に送電線を利用させることについての明確な法的権限を有する[104]。この結果現段階では，競争入札に

---

101 See Pierce, supra note 25, at 7.
102 それにより市場では一気に数百のガス販売業者ないしガス仲介業者が競争を展開するようになった。Id.
103 草薙真一「米国連邦公益事業規制政策法に関する一考察—FERCによる適格認定設備規制のウェイバーを中心として—」『商大論集』48巻1号89，115頁（1996年）参照のこと。
104 See N. O. P. R., Regulations Governing Bidding Programs, IV F. E. R. C. Stats. & Regs. ¶32,445 (1988); N. O. P. R., Regulations Governing Independent Power Producers, IV F. E. R. C. Stats. & Regs. ¶32,446 (1988); N. O. P. R., Administrative Determination of Full Avoided Costs, Sales of Power to Qualifying Facilities, and Interconnection Facilities, IV F. E. R. C. Stats. & Regs. ¶32,457 (1988).

第1章　ガスパイプラインへの第三者アクセスと送電線へのそれとの比較

より卸売電力の新規供給者を決めるシステムが普及し[105]，その後のFERCオーダー[106]により強化された，第三者の送電線アクセスにおける料金及びその他の規制緩和と相俟って，送電線への平等な第三者アクセスが機能しつつある。

---

105　Transmission Task Force Report 29-30.
106　Order №. 888 及び 889 が主要なものである。草薙，前掲註 20，24 頁。なお，註 19 をも参照のこと。

209

# 第2章

# 電力信頼度確保
―送電網増強政策をめぐる関係機関の相克―

## 第1節　はじめに

　我が国の電力産業は，2005年4月に，全高圧需要家（需要規模50kW以上）を対象とするまでに電力小売自由化が拡大され，あわせて「託送料金」の整備に伴い，それまでの振替供給料金制度が廃止された。加えて，日本卸電力取引所（Japan Electric Power Exchange：JEPX）や電力系統利用協議会（Electric Power System Council of Japan：ESCJ）がその業務を正式に開始するなど，大きな変化を経験した。これが2016年4月の電力小売全面自由化につながった。今後，電力取引を支える電力系統における電力信頼度の確保が重要な関心事になることが，十分に予想されるところである。すなわち，東日本大震災後の我が国において懸案になりつつある電力系統の信頼度の維持は，それらの業務内容とも密接に関係するところである[1]。

　一方，米国では，現在，電力自由化の進展とともに，送電線建設計画の広域ベースでの策定，その地域の電力市場における取引の活発化，電力信頼度の目標達成，既存送電網の増強，新規送電線の建設などに拍車がかかることが期待されている。しかしこのための連邦の政策的介入が望ましいことかというと，従来，連邦政府ではなく州政府ないし地方政府（自治体）が送電線の立地選定と建設工事に関して規制権限を行使してきたため，議論が分かれている[2]。FERC（Federal Energy Regulatory

---

1　2006年8月14日午前7時半ごろ，東京都と千葉・神奈川両県の一部で大規模な停電が発生した。停電は約3時間後にほぼ復旧したが，計140万戸が停電した。JRや私鉄，地下鉄が不通となり，信号機が点灯しなくなったり，エレベーターで人が閉じこめられたりする事故も相次いだ。この停電の原因は，東京都江戸川区と千葉県浦安市の間を流れる旧江戸川にかかる送電線を，航行中のクレーン船が傷つけたことであった。送電線は2系統あり，一方が損傷しても，もう一方が予備の役割を果たすはずであった。ところがクレーンは送電線を2系統とも損傷させたのである。この送電線は，発電所から送電する基幹送電線で，この送電線につながる各変電所では，損傷によって過電流保護装置が働いて電流が遮断されたため，次々に停電が起きた。このため，予備の幹線が整備されていても相互の位置関係によっては，一回の事故で甚大な被害を受けることを人々に知らしめた。これは，送電網の整備が，想定されるあらゆる事故に対応できるよう綿密な計画性をもってなされなければならないことを如実に示す教訓であった。『朝日新聞』2006年8月14日夕刊1面。

2　Gregory Basheda, *Regional State Committees Can Help Provide a Regional*

Commission：連邦エネルギー規制委員会）は，電気事業者にその有する送電線を第三者に解放させるために創設を推奨する ISO（Independent System Operator：独立系統運用者）や RTO（Regional Transmission Organization：地域送電機関）に，全米標準となる政策形成機能を与えようとしてきたが，2005年 EPAct（Energy Policy Act：エネルギー政策法）により，これらの組織の形成そのものを積極的に後押しすることはなくなった[3]。

米国では，電力供給の十分な信頼度を維持しつつ効率性あるサービスを実現するために，投資インセンティブをもたらす政策がいかに形成されるべきかが重要な争点となっている。たとえば，信頼度基準（reliability standard）の提示は，電力産業に送電網拡充へのインセンティブを強く与えることが明らかになりつつある。その信頼度基準を強制的に高めることにより，送電網の増強へと当事者の背中を押し，そのための投資に踏み切る機会をも与えるといった考え方を米国は今後採用する可能性があり，我が国はその帰趨に注目すべきであろう[4]。本章では，このような問題意識を持って，米国の送電網増強政策について考察したい。さらに，米国において送電線建設計画に影響を与えうる（あるいは，現に与えている）組織のあり方にも目を向け，その将来性を探ることとする[5]。なお，本章において用いられる「地域」は，以上のことから，州を超える広域性を有することが稀ではないことに留意されたい。

---

*Perspective to Planning and Siting Decisions, Reducing the Need for Federal Preemption*, THE ELEC. J., Mar. 2006, at 43.

3 Energy Policy Act of 2005, Pub. L. 109-58, 119 Stat. 594 (*codified as* 42 U. S. C. § 15801 *et sec.*). 2005年8月に成立した連邦法である。この法律の成立を間近に控えた 2005年7月15日に，FERCは新規RTOの構築手続きを中止した。ジョージア州，ルイジアナ州，ミシシッピ州，フロリダ州などを跨ぐRTOの構築を推進しないことを正式決定した理由として，FERCは，全く別の手法が生じつつある状況にあって新規のRTO構築手続を継続することには懸念が残ると説明した。*See* 112 F. E. R. C. ¶61,069 (July 15, 2005).

4 我が国の電力自由化への取り組みについて，野村宗訓「電力事業の規制緩和―競争範囲の拡大と安定供給の実現―」『公正取引』2006年10月号24頁参照。野村教授は，世界各地のエネルギー市場で，規制緩和の結果，料金低下がある程度進むと寡占化が進行してしまう皮肉な現象があることを指摘し，我が国においてこのまま自由化が進むことに警鐘を鳴らしている。

5 送電設備部門の信頼度はアデカシーとセキュリティーの二つに大別される。アデカシーは系統構成要素の計画停止やある程度起こりやすい事故停止を考慮に入れ，消費者の要求する電力を供給できる系統の能力であり，静的な定常状態を対象とした供給信頼度と捉えることができる。セキュリティーは短絡などの突発的な事故に対して，その波及を防止する能力のことである。これは基幹系統のみの問題とみなすことができ，動的な定常状態を対象とした供給信頼度と捉えることができる。永田真幸・竹原有紗・大山力「電力自由化の下における系統評価技術」『電気評論』2004年12月号34頁。本稿に関連するアデカシーを確保する政策を論じたものとして以下の文献を参照されたい。James Bushnell, *Electricity Resource Adequacy: Matching Policies and Goals*, THE ELEC. J., Oct. 2005, at 11. 本書の考察の対象ではないが，送電設備のみならず発電設備への投資も重要である。米国の事情に関しては，さしあたり，以下を参照のこと。服部徹「米国における電力の自由化と発電設備への投資」『電力中央研究所社会経済研究所報告書 Y04007』（2005年）。

## 第2節　送電網増強の必要性

連邦議会下院における 2005 年 6 月の公聴会で，EEI（Edison Electric Institute：エジソン電気協会）のオーウェンズ（Owens）副会長は，以下のように証言した。「2000 年からの 5 年間において，送電網のトラフィックは 3 倍に増大した。これに対し送電網への投資額は，年平均 12％ほどの増加にとどまっている[6]。我々の見積りでは，2003 年から 2008 年の間にこの投資の増加率が 2 倍にならなければならない[7]。送電網の増強が十分ではなかったことは，近年発生した大停電[8]のみならず，一部の送電線の混雑事例から明らかである[9]。かなり巨額の新規送電投資が近い将来必要になる[10]。」

送電網の増強が求められる理由は，電力需要の増大にとどまるものではない。オープンアクセスによる送電サービスの機会の増大[11]と卸電力市場の成長は，そのこと自体が新規送電線の建設を要求する要因になる。しかし 2005 年 EPAct の成立直

---

6　この証言によると，当該 5 年間で，全米において，混雑のために送電を実施することができなかったケースも急増し，2004 年 6 月の段階で 2300 件に及んでいる。1998 年には，この数字はわずか 300 件であった。EEI は，さらに以下のように指摘する。アクセス拒否事例においては，増大している電気需要に応えることができる安価な電源にアクセスすることを否定した結果になったものも含まれている。また，それは電気市場の効率的な開発を妨げている。もとより，このような送電線の混雑を緩和するために，投資家が所有する電気事業者も送電線への投資を増加させてきた。たとえば，1999 年から 2003 年の間に，これらの投資額は，合計 170 億ドル増加している。See EEI's 2005 ANNUAL PROPERTY & PLANT CAPITAL INVESTMENT SURVEY 1.
7　Meeting U. S. Transmission Needs, Energy Security Analysis, Inc., Prepared for Edison Electric Institute, July 2005.
8　U. S. -Canada Power System Outage Task Force, August 14th Blackout: Causes and Recommendations 104（2004）. 2003 年 8 月 14 日の大停電は，送電網への投資が不足した結果であり，起こるべくして起きたとする主張につき，See also Greg Williams and Andrea R. Robinson, The Energy Policy Act's Reliability Provisions: Uncontroversial, Yes, but Doomed to Ineffectiveness?, THE ELEC. J., Jan. /Feb. 2006, at 15. この日の電力取引価格を詳細に分析したものとして，岡田健司・丸山真弘・後藤美香「欧米諸国の卸電力取引の動向調査―卸電力取引と需給調整との関係―」『電力中央研究所社会経済研究所報告書 Y03029』12 頁（2004 年）を参照のこと。
9　See, e. g., Testimony of Thomas R. Kuhn, President of EEI, Before Subcommittee on Energy and Commerce, U. S. House of Representatives, Feb. 10, 2005, at 5.
10　Terstimony of David K. Owens on behalf of the EEI before Subcommittee on Energy and Resources, Committee on Government Reform, U. S. House of Representatives, June 8, 2005, at 3-5.
11　オープンアクセスは FERC が 1996 年に発令した Order No. 888 によって確固たる FERC の政策となった。See Promoting Wholesale Competition Through Open Access Non-Discriminatory Transmission Services by Public Utilities; Recovery of Stranded Costs by Public Utilities and Transmitting Utilities, Order No. 888, FERC STATS. & REGS. ¶31,036, at 31,643（May 10, 1996）（Order No. 888）. この考えは，同オーダー（Order）を改正した Order No. 890（2007 年 2 月 16 日）にも受け継がれている。

前に，FERC は，正式に SMD (Standard Market Design：標準市場設計)[12] の提案を撤回しており，その際に，送電網の増強についても FERC が州当局への新規の義務を一方的に課すことはなく，送電線建設への直接的な介入は行なわないとの原則を明確にした[13]。2005 年 EPAct 成立によって得ることができる送電線建設のための「国益のルート域」の指定という新たな規制の「ツール」を得ることと引き替えに，FERC がそれまでやや強引に積み上げてきた SMD を撤回したことは，電力産業に大きなとまどいと混乱を引き起こしたと言えよう。

新規送電線の建設が求められるさらなる要因がある。それは，多様化する新規発電設備の増加，特に石炭火力発電と風力発電の設備増加である。この 20 年間，米国に設置された新規電源総設備量は天然ガス火力発電設備が圧倒的であった[14]。しかしシェールガスの量産が見込まれるようになる以前には，新規石炭火力発電設備の建設への関心は高かった。DOE (Department of Energy：米国エネルギー省)によると，新規受注に限れば，石炭火力発電設備が大きな伸びを示している。2025 年までに新規に運転を開始する石炭火力発電容量の増加分は 87GW にのぼり，全米の石炭消費はこれら石炭火力発電所の新規増設により，33％増となる見込みも提起された[15]。しかし，SOx や NOx など環境汚染物質排出の懸念により，新規石炭火力発電設備の多くは人口密集地から離れた立地にあり，その結果，追加的な長距離の送電線が必要になると見られた。加えて，各州は，何らかの強制力を有する仕組みを自ら導入することにより，風力発電等の再生可能エネルギーを利用した発電に力を注いでいる。米国には，2006 年に約 6,700MW の風力発電設備があったが，それから 2011 年までの 5 年間に限定しても，さらに約 5,000MW の風力発電設備の増加が見られた[16]。風力発電に適した地域は，これも通常大電力消費地からは離れており，しばしば追加的な送電線建設を必要とする。このような送電線建設の必要性のために，たとえばカリフォルニア州では，当初から再生可能エネルギー調達プログラム等において送電コストを優先的審理項目に入れることになった[17]。連邦

---

12 FERC, Notice of Proposed Rulemaking, Docket No. RM01-12-000 (2002). FERC は，SMD において，RTO をして独立送電事業者 (Independent Transmission Provider：ITP) に衣替えさせる予定であった。草薙真一「米国地域送電機関の法的責任の縮減に関する規制政策」『公益事業研究』55 巻 1 号 51 頁 (2003 年) 参照。なお，SMD 発表に至る FERC の政策策定につき，谷口治人・栗原郁夫・岡田健司「欧米の電力自由化と電力システム」『電気評論』2004 年 12 月号 18 頁参照。
13 『海外電力』2005 年 10 月号 42 頁参照。
14 米国の新規電源における天然ガス火力発電の内訳は 2003 年に新規電源 4 万 1,925MW のうち 98.70％に達した。谷口治人・栗原郁夫・岡田健司，前掲注 12，21 頁参照。
15 U. S. Department of Energy, *Tracking New Coal-Fired Plants; Coal's Resurgence in Electric Power Generation*, NETL, Nov. 7, 2005, at 1.
16 Basheda, *supra* note 2, at 45.
17 Ryan Wiser, Kevin Porter, Mark Bolinger, and Heather Raitt, *Does It Have To Be This Hard? Implementing the Nation's Most Complex Renewables Portfolio Standard*, THE ELEC. J., Oct. 2005, at 55.

レベルでは，2005年EPActはFERCに，送電設備を増設拡張するためのインセンティブ規制の導入を求め，FERCは，送電容量のアップグレード，新規の発電設備を導入することを「申請した者」に対しては，資金調達計画及び費用負担計画を承認する権限を積極的に行使すべきことになった[18]。

米国では実際，送電網増強のために投資のインセンティブを創出しなければならない現実が明らかになってきている[19]。先述の連邦議会下院の公聴会で，FERCのパット・ウッド (Pat Wood, III) 委員長（当時）は，NERC (North American Electric Reliability Council：北米電力信頼度協議会)[20]の言葉を引用して，「FERC Order No. 2000[21]は，利潤追求型の商業用送電線を用い，あるいはRTOタイプの独立送電機関の創設を提案した。しかしこのオーダーは送電線への投資インセンティブをいかなる組織にも与えなかった。電気事業者の最近の投資行動や送電線の混雑について分析した結果，送電網への投資は電力需要の増大に全く追いついていないとの結果が示されている。この状態は全米各地に及んでおり，送電網向けの投資件数及び投資額を増大させる必要がある[22]」と述べ，FERC内でも送電線建設のための投資インセンティブ政策のあり方が模索されていることを明らかにしている。

## 第3節　送電線建設計画策定と地域特性

垂直統合された送電部門を有する電気事業者により作成される送電線建設計画の基本的な目的は，主として電気事業者自らが保有する電力系統を維持・発展させることであった。電気事業者がこのような設備計画を行う意図は，事業者の本来的顧客（小売と卸売の相手方）へのサービスに資する設備の充実により，その信頼度を

---

18　1935年FPA (Federal Power Act：連邦電力法) 219条を改正した2005年EPAct1241条を参照のこと。なおこの規定は，送電コスト削減を目指すインセンティブ規制の一環としての託送料金算定方法の導入をも求めている。

19　See, e. g., Stein B. Renner, *Transmission Investment: Nourishing a Gnarly Tree*, THE ELEC. J., Aug. /Sept. 2005, at 25.

20　1965年の北米北東部を中心とする大停電により，送電網の信頼度を監視する必要が認識され，電気事業者らが自発的にNERCを創設した経緯がある。信頼度については地方の協議会が自発的に適用する態勢をとるのが通常であった。FPA215条を改正した2005年EPAct1211条に基づき，NERCは全米唯一のElectric Reliability Organization (ERO) として，2006年7月20日，FERCに認定された。その後NERCは，2007年1月，North American Electric Reliability Corporationに改称した。なお，FERCは，Order No. 672において，信頼度規制に罰則を含ませている。114 F. E. R. C. ¶61,104 (Feb. 3, 2006). この経緯を概説したものとして，森永茂彦「米国における電力の信頼度維持・向上に対する取り組み」『海外電力』2006年4月号4頁参照。

21　Regional Transmission Organizations, 65 Fed. Reg. 810, FERC STATS. & REGS. ¶ 31,089 (Order No. 2000).

22　Terstimony of Patrick Wood III before Subcommittee on Energy and Resources, Committee on Government Reform, U. S. House of Representatives, June 8, 2005, at 7-9.

高めることにあった。電力自由化は必ずしもすべての側面において電気事業者の認識に変化を起こすわけではないが，少なくとも隣接する電気事業者との連系線への認識には大きな変化が起こっている。自らのサービスの信頼度を高めようとする従来の目的に加え，これら事業者間のシステムについては，より一層経済性追求の目的で計画策定がなされるようになった。連系線建設計画は，一定程度までは地域毎にNERCの指揮を受ける地方信頼度協議会及びその他のアドホックな組織により調整されてきた。このような調整は，従来は個々の電気事業者が作成した計画が，地域信頼度基準あるいはそれを目指す一定の規格の達成可能性を損なうものであるかどうかに重点を置くものであった。ところが，広域の電力融通を前提とする電力自由化のインパクト等を受け，このような計画策定だけでは不十分であることが露呈されてきたと言えよう。

　一方，RTO/ISOなどの広域的な組織は，それぞれの地域において独自の計画を誘導しており，その内容は，送電線建設における信頼度の維持という枠を超え，よりチェック項目の多い高度なものになってきている[23]。中西部では，一定の送電線建設を評価する際に，単に信頼度基準に合致することを求めるのみでなく，経済性を追求し経済目的を達成する可能性をも問うものとなりつつあり，混雑緩和に資するか否か，あるいは競争や取引機会を拡大させ発電費用を切り下げることができるか否かを問うものとなっている[24]。また，全米最大のRTOであるPJM (PJM Interconnection LCC) が有する，送電網増強に伴う経済性の向上に関する評価過程は以下の通りである。まずPJMは，その域内で慢性的な送電線混雑が認識されると，どの程度の送電網増強により当該混雑を緩和可能かの予備的費用便益分析を行うことになっている。PJMがそれを終了すると，次に市場関係者に提案権を1年間与える。これは，市場関係者に商業用送電線の建設や分散型電源の設置などにより混雑を緩和することができるかを探らせる趣旨である。技術的に実行可能な解決策がこの期間に提案されない場合であって，かつ，PJMの予備的費用便益分析が送電網増強による混雑の緩和は経済性を伴うものであるとの結論を示す場合，PJMは新規送電線の敷設工事等を，当該地域を操業域とする電気事業者に指導することができる[25]。カリフォルニアISOも，PJMが採用したものと同様の潜在的送電投資の経済性を分析する枠組みを導入したが，これに加えて同ISOは，提案

---

23　RTO/ISOがある地域では，原則的手続きとして個々の送電線所有者が自身の送電線建設プランを入念に準備し，それが自発的組織であるRTO/ISOのプランに組み込まれる。また，送電料金に関しては，電力自由化後の米国では，送電権を用いて混雑の発生に伴うノーダル料金の変動リスクを管理する手法が模索されており，振替供給料金制度を廃止した我が国にとっても注目しておくべき要素が多いと思われる。小笠原潤一「米国2005年エネルギー政策法の電力分野での適用状況」『エネルギー経済』32巻3号31頁（2006年）参照。
　　See also http://www.ferc.gov/whats-new/comm-meet/020206/E-3.pdf.
24　MTEP 05, Midwest Independent System Operator, Inc., June 2005, Section 7.
25　Basheda, *supra* note 2, at 46.

された送電網増強計画の代替案を必ず審理することとした[26]。

これら ISO/RTO が絡んだ仕組みの他，地方組織による送電線建設計画の策定もなされている。いわば地方送電計画グループによるもので，NTAC（Northwest Transmission Assessment Committee：北西部送電評価委員会）が，ノースウェスト・パワープール（Northwest Power Pool）域内に創設されている[27]。水力発電への依存度が高い地域の特性を汲みつつ，包括的かつ競争的電力市場の創設を可能にする送電網の構築を技術的側面からサポートすることを目的として結成され，継続的な活動が目指されている[28]。

このように，地域特性を反映しつつ経済性を追求できる送電網の信頼度確保手法が求められつつあり，その傾向は当面変わらないことが予想される。RTO/ISO の構築を積極的に推進し，SMD の全米適用を目指したことに象徴されるかつての連邦の関与が減少しても，RTO/ISO ないしは後述する「州際諮問機関」が有効に機能する可能性はあろう。

## 第4節　連邦規制当局による権限行使の限界

今日まで，州政府ないし地方政府は，送電線の立地選定と建設工事に関して完全な規制権限を有してきた。これらに規制権限が認められない例外もあるが，それは，対象が国際送電線であるか連邦所有地を通過する送電線である場合が典型であった。しかし近年，FERC こそが送電線の立地や建設に関する規制管轄権を持つべきであるとの主張が多くなってきた[29]。卸電力市場の電力取引が，まさに連邦の管轄内にあり，かつその取引に送電網増強が不可欠だったからである。連邦議会は，この主張に理由があるとした。2005 年 EPAct1221 条によれば，DOE が「国益のルート域」と指定（designation of national interest electric transmission corridor）した区域（area）ないし地域（region）での新規送電線の立地を規制する権限を明確に FERC に与えたのである。すなわち，まず国内のいかなる地点をも「国益のルート域」として指定する広い裁量権を DOE に与え，送電線混雑が認められる地点においてこの裁量行使を違法とされる可能性を回避した[30]。理論的には，DOE は，国家の大部分の

---

26　Anjali Sheffrin, *Five TEAM Principles (Transmission Economic Assessment Methodology)*, CPUC Workshop on PVD2, Sept. 14, 2005. http://www.caiso.com にて閲覧可能である。
27　2003 年に創設された組織である。それまでのアドホックな送電計画委員会（Transmission Planning Committee）が組織改編を行い，機能を拡充した。
28　Basheda, *supra* note 2, at 46. 一方，北西部における非営利団体のコロンビアグリッドによる送電線建設計画活動も知られている。『海外電力』2007 年 6 月号 86 頁参照。
29　*Id.*
30　これにより DOE は基幹送電線を特定して，その後 3 年ごとに当該送電線の基幹性を確認することになった。DOE は 2006 年 8 月 8 日に送電線混雑に対する検討結果を報告するとともに，「国

地域を FERC の新規送電線立地の管轄に服させるように設計することも不可能ではなくなった[31]。同条によれば，送電線建設の申請が「国益のルート域」でなされたと FERC が認定すると，当該申請がなされてから1年以内に，本来管轄を持つ州政府あるいは地方政府が必要な承認を与えないならば，FERC 自らがこれに承認を与えることができる。よって，この新しい権限は FERC にとって強力な「ツール」となりうるはずである。州政府や地方政府が自らの利益に固執するためになす主張にも終止符を打つことができよう。ところが，FERC が，この「ツール」を使用して新規送電線建設の申請につき実際に管轄権を主張し介入を試みることには，慎重さも求められている。その理由は，FERC がいまだこの領域に十分な専門性を持っていないからである[32]。FERC が伝統的に得意とする料金規程についての紛争と送電線の計画・建設にかかわる紛争とでは，紛争の性質が大きく異なり，FERC は送電設備を迷惑施設と考える公衆の反対運動に巻き込まれるおそれがあるというのである。少なくとも FERC は，送電線にかかわる当事者，すなわち地主や大口電力消費者らの懸念等に耳を傾けるため，彼らが意見表明をすることができる十分な機会を与え，必要に応じて大規模な聴聞会を開催することが求められる[33]。FERC は既に多くの案件（紛争事例）を抱えているので，このことが超過負担につながらないかとの懸念もある[34]。またこれらの紛争に FERC が介入することがかえって解決を遅らせるとの主張がある[35]。通例の FERC の審査は慎重な手続きを採用するからである。その手法を踏襲するならば，FERC は，既に州が入念に審査した事例に対しても始審的に審理し，かつその結論について説明責任を果たさなければなければならない[36]。したがって，州が申請後1年を経過したにもかかわらず否定的な態度で結論を留保または不承認の結論を示した場合，FERC がその後介入するならば

---

益のルート域」指定は今後のこととして関係者からの意見を求めた。その内容はFederal Register（連邦政府官報）に掲載された。
*See* http://energy.gov/oe/office-electricity-delivery-and-energy-reliability.
実際の「国益のルート域」の指定には，送電容量規制を受けやすくまた混雑の多い地理的な箇所の特定作業も含む可能性がある。エネルギー施設の設置に向けた連邦の認可手続（特に連邦所有の土地をまたがる送電線に関して懸念を有する場合のそれ）は，かえって非常に複雑で，手間がかかり，解決が難しい多数管轄の過程となりうる。DOE が連邦規制当局間において，連邦承認事項（環境面の審査を含む）の調整役となることが期待されている。*See* Thomas R. Kuhn, *Why the Energy Policy Act Is a Foundation for the Future*, The Elec. J., Dec. 2005, at 22.

31　Shannon Davis, *Week Story*, Energy Washington, August 23, 2005.
32　FERC とその前身である FPC (Federal Power Commission：連邦動力委員会) が，1938年天然ガス法の下においては，各州間の天然ガスパイプラインの敷設計画，工事，及び操業の上に完全な管轄権を有してきたことを想起されたい。
33　E. ゲルホーン・R. M. レヴィン著，大浜啓吉・常岡孝好訳『現代アメリカ行政法』147頁（木鐸社，1996年）を参照のこと。
34　Basheda, *supra* note 2, at 47.
35　*Id*.
36　E. ゲルホーン・R. M. レヴィン，前掲注33, 226頁。

さらに大幅な遅れが生じることになると主張するのである。送電線建設が結果としてFERCの承認を受けるとしても，仮に，時宜にかなわない遅れが生じるのであれば，電力産業ひいては経済社会全体にとって痛手になることが想定されるということである。加えて，当事者にとって，FERCが扱った先例が不足するなか，提案された送電線を承認するか否かをFERCがいかなる評価基準で決定するかを予測する際には多くの不確実性が伴う[37]。このため，新規送電線建設の当事者が，州の審査と承認で済ませたいと望む蓋然性は高くなると考えられているのである。なお，2005年EPAct1222条により，DOE長官は，一定の条件のもと，第三者融資の一環として，WAPA (Western Area Power Administration：西部電力管理局)，SWPA (Southwestern Power Administration：南西部電力管理局)のいずれかまたは両方を通して，それらが有する送電線の建設や増強に積極的に関与でき，特に「国益のルート域」においてそれが可能となっている。

## 本章の小括

卸電力市場があくまでも地域的存在であるとすれば，RTO/ISOが主導してきた計画プロセスでもって地域内の市場の一定範囲の内容に規制権限を行使することが，本来は合理的である。送電線立地計画をそのように包括的にまとめていくことは，経済効率性の面からも利点がある[38]。その一方で，個々の送電線に対するDOE及びFERCの強制的介入という事態は，従来の管轄権を連邦に明け渡すことと直結し，州にとって好ましいシナリオではない。そこで，州から代表を出すことができる意見調整機関が組織されることは，州の思惑と合致しやすい。このことから，もともとSMDを契機としてFERCが推し進めてきたRSC (Regional State Committee：地域州委員会) が，州際諮問機関として送電線建設に関する各州間の調整能力を高めつつある[39]。これらの組織は，事業者の経営戦略や卸電力市場が抱える問題を解決し，策定されるべき州規制の方針づくりの場を提供するように設計されている。FERCは，RSCが形成されることに好意的である。送電線の立地，新規送電線建設コストの負担割り当て，電力取引市場を設計する際の争点など多くの問題をRSCが解決できると考えるからである[40]。しかもRSCそのものには意思決定能力

---

37 FERCはDocket No. RM06-12-000において，承認申請や承認にあたっての条件等を明らかにしたうえで規則制定手続を開始し，2006年6月16日に規則制定案が告示された。See http://www.ferc.gov/whats-new/comm-meet/061506/C-1.pdf. なお，DOEが2007年4月27日に示した「国益のルート域」の具体案について，『海外電力』2007年7月号141頁参照。

38 Peter Fox-Penner, *Easing Gridlock on the Grid: Electric Planning and Siting Compacts*, The Elec. J., Nov. 2001, at 11.

39 See http://www.ferc.gov/industries/electric/indus-act/rto.asp.

40 Id.

がなく，送電線建設を認可することができず，州規制者を代理して事業者に拘束力ある意思形成をすることができないことから，FERCへの圧力が弱い。このように，州に地域全体の合理性ないし経済性を考慮に入れさせるRSCの存在は，州との摩擦というFERCの懸念を鎮める効果を持っている。その一方で，オープンな場で情報提供するRSCのコメントは信頼性が高い。RSCがかかわりつつ州政府・地方政府らが事実上共同して策定する送電線建設計画は，FERCが介入する必要性を低下させうると考えられる。

　2004年，米国中西部からカナダの一部に跨る活動域を有するOMS（Organization of MISO States：中西部独立系統運用域内州機構）が創設された[41]。OMSは，非営利の自治組織として，MISO（Midwest ISO：中西部独立系統運用者）に参加している電気事業者と規制権限を有する14州の代表などで組織されている[42]。規制当局間の規制の齟齬を修正するために，OMSは，MISO，FERC，及び州規制当局の連携を求めることができる。この組織が，2004年初頭に，域内の各州に対して，送電線に関する調査を行った。研究を実行する基金は，EEIによって提供され，Brattle GroupとNational Regulatory Research Instituteが調査を主導した。調査の内容は，送電線の建設位置の決定と計画の見直し等に関するものであり，送電線に関する州同士の論争を調整により解決できるならば，OMSが送電網拡充にかかわる問題解決や政策策定を行うことが可能かを各州に問うものとなった。この調査結果はBrattle Groupによってまとめられ，公になっている[43]。それによれば，調査に回答した州（米国の8州とカナダのマニトバ州）のうち8州が，自らは送電線立地の際の認可について州のみならず地域の利益を考慮に入れることができるかは不確かであるとした。唯一，ケンタッキー州が，自らは新規送電線の必要性を評価する際には地域の利益を考慮に入れることが困難であると明言した。どの州も送電線の建設に関する正式な聴聞などの行政過程を有さず，アドホックな専門機関に依存しており，各州間の送電線のための特定の手続き及び常設専門機関がなかったことから，地域の利益に冷淡な州同士の結束をOMSが図ることは容易ではないことが示唆されているものの，これまでの広域政策の欠缺を埋め合わせる常設専門機関としてのOMSの活動の成果により，FERCの介入可能性は低下する可能性が指摘されている点が注目される。

　米国においては，地域送電網の増強のために様々な組織が政策策定に関与し，それぞれに固有の背景を持つこと，また各地域が（FERCの後押しを受けて，あるい

---

41　*See* http://misostates.org/.
42　*Id*.
43　Survey of Transmission Siting Practices in the Midwest, The Brattle Group, Prepared for Edison Electric Institute and Organization of MISO States, Nov. 2004. http://www.eei.org にて閲覧可能である。

は組織によってはFERCとの摩擦を克服して）他地域との調整を進めることにより，送電網増強を推進することが可能になりつつある。もともと米国では，本来競争上の政策として新規参入者が（送電線混雑により託送を拒否される，あるいは送電線使用料が高騰するなどの形で）不利益を受けることがないよう，潤沢な送電網増強を目指すべきとされてきた。しかしそれは送電網増強の目的の一つに過ぎず，仮にそのような目的がなくても送電網増強が目指されるべきであるとする主張もでてきている。分散型電源がどの程度普及するかなど未知数な点があるとしても，停電事故の頻発等の事象も踏まえ，米国では送電網への投資を拡充すべきであるとの認識が広まったと言えよう[44]。このように，電力自由化が大きなきっかけであったとは言え，送電網の増強がそれ以外の理由からも必須と認識され，送電線への投資インセンティブをいかに創出するかが喫緊の課題になっている[45]。そして，単に最終需要家を視野に入れた料金低廉化への指向ではなく，過度の混雑発生をいかに抑制し送電サービスの質を高めるかという信頼度確保の視点から送電線使用料の動向を見極めることが必要になっている[46]。

　米国における今日までの送電網への投資確保政策は，結果的には電力需給の逼迫や近年の発電設備への投資の増大に見合う形では成長できず，実際に卸電力市場が出現するなど環境が変化する中で急増する送電需要を処理できる送電網増強はほとんどなされてこなかった[47]。送電網への投資をどのように誘導して電力の最終消費者の便益を最大限保障するかという，あるべき政策論の行く末は不透明な状況にあると言えよう。2010年の段階でPJMは地域送電拡張計画（Regional Transmission Expansion Plan：RTEP）が設定したプロセスを通じて，基幹送電線である750kV・500kVについて少なくとも6件の系統増強を認定している。その多くが，電力需要の変化や発電所停止等に基づき，信頼度基準違反の解消及び効率性・経済性を向上させるためのものである。これにつき，PJMは特にその東地域で，需要の増加，発電所の廃止，新規発電所建設の遅延，供給力を西地域へ依存することに

---

44　『日本経済新聞』は，ニューヨークのマンハッタン地区とブロンクス地区の一部で2007年6月27日午後に停電があり，1時間足らずで復旧したが，約50万人に影響し，地下鉄の路線が一時運休するなど混乱したことを伝えている。この中で記事は，米国では2003年8月に約5,000万人に影響を与える米国史上最悪の大停電が発生したことや，2006年7月にクイーンズ地区で10日間にも及ぶ長期停電に見舞われたことにもふれ，市民は「また停電の季節がやってきたか」と戦々恐々としているとして，大都市停電を予想する市民感覚が生まれつつあることを伝えた。また，今回の停電は，暑さによる電力需要の急増が原因であったとされている。『日本経済新聞』2007年6月28日夕刊3面。なお，米国及び欧州のここ数年の主要停電事例を取り上げ，その内容や原因をまとめたものとして，林秀樹「欧米における最近の主な停電事例」『海外電力』2007年3月号130頁参照。

45　木村武生「米国における送電線投資促進施策の動向」『海外電力』2007年3月号76頁。

46　送電サービスへのプライスキャップ規制の導入を理論的に検討したものとして，八田達夫・田中誠（編著）『電力自由化の経済学』191頁（城所幸弘執筆）（東洋経済新報社，2004年）参照。

47　Eric Hirst, *U. S. Transmission Capacity: A Review of Transmission Plans*, THE ELEC. J., Aug. /Sept. 2004, at 65.

伴う送電能力強化に対応するための系統増強が必要となったと説明している[48]。しかも，地域の送電事業に関係する組織が，その地域の事情に応じて，様々な政策策定のフレームワークを整えてきた事実を指摘することは可能である。送電網の整備ないし拡充に向けて，いかなる組織がいかなる形で意思決定を行い，それを実現するための費用はいかなる組織がいかに負担すべきかという問題については，我が国の電力自由化論議においても十分に目配りがなされつつ議論されるべきはずのものである。我が国では，2011年3月11日の東日本大震災に伴う福島第一原発事故以降の電気事業制度改革に対する再評価が行われる段階を迎えており，電力安定供給などに関する検討がなされているところであるが[49]，本章で指摘した米国の動向には，提唱された当初は主流とはなりえなかった選択肢を我が国に与えるものでもあると考えられる[50]。

---

48 PJM 2010 Regional Transmission Expansion Plan. *See* http://www.pjm.com/.
49 かの3.11東日本大震災の前にも，このような議論はなされていた。2006年9月の前回会合以来9ヶ月ぶりで再開された2007年4月13日以降の電気事業分科会では，さらなる電力自由化をはじめ，電力安定供給や環境保全についてなど，今後の電気事業制度のあり方を検討したが，電力自由化という観点からは，卸電力市場の活性化に向けた具体策が焦点となった。というのは，既に2007年1月，経済産業省は，2009年にも実施する可能性があった家庭向け電力への参入自由化を当面見送る方針を明らかにし，電力事業分科会でもその方向で意見が一致したからである。『電気新聞』2007年7月31日1面。もともとは新規参入により一般家庭が価格などを比べて電力会社を選べるようにする可能性もあったが，石油価格の上昇などにより，現状では解禁しても新規参入が進みにくいと考えられた。したがって，家庭向けについては安定供給も重視する必要があるとして，このときは自由化が先送りされた。そこで論点は，既に自由化した産業用など大口向け電力の競争をいかに促すかということに存することになっていた。『日本経済新聞』2007年1月6日朝刊1面。具体的には，競争活性化のためのインセンティブやそれに対応する規制のあり方などに絞り込まれた。そして安定供給という観点からは，特定規模電気事業者（PPS）が100万kW級の大型電源を建設・運転開始することなどに十分備えられるよう，供給計画や連系線，ESCJ，JEPXなどの役割を検証することになったのである。
50 一例として，従来型ではない手法を電力システム改革，特にスマートグリッド構築の視点から正面から見つめようとする加藤敏春『スマートグリッド「プランB」―電力大改革へのメッセージ―』4頁（NTT出版，2012年）参照。

# 第3章

# 反トラスト法問題

## 第1節 はじめに

　米国において伝統的に見られた自然独占理論に基づく公益事業規制[1]は，近年急速に緩和され，それに代わって競争システムが導入されてきた。その代表例は米国における電力産業の再構築であった。これに伴い，電力産業界は，大きな変化を経験した。

　米国において電力産業の再構築と競争導入政策の嚆矢となったのが，1978年のPURPA（Public Utility Regulatory Policies Act：連邦公益事業規制政策法）[2]の制定であり，電力市場における本格的な競争を導いた連邦法が1992年のEPAct（Energy Policy Act：エネルギー政策法）[3]であると言えよう。その後，1995年にFERC（Federal Energy Regulatory Commission：連邦エネルギー規制委員会）が，電気事業者の送電線を第三者に使用させる送電線開放（オープンアクセス）ならびに事業者に設備投資に関する残留費用を回収させる内容を含むNOPR（Notice of Proposed Rulemaking：規則制定案の告示）をした。これは本格的かつ効率的に卸電力市場に競争を導入するための規則案であり，産業界に大きな変化をもたらすと考えられたため「ギガNOPR」とも称された[4]。

---

[1] 日本及び米国に見られる「公益事業」概念を検討し，その意義を明らかにしたものとして，藤原淳一郎「規制リストラクチャリング時代の公益事業法」『法学研究』70巻11頁（1997年）参照。

[2] 16 U. S. C. §824a-3 (1982). 同法に関する考察につき，草薙真一「米国公益事業規制政策法に関する一考察――FERCによる適格認定設備規制のウェイバーを中心として――」『商大論集』48巻1号89頁（1996年）参照のこと。

[3] 15 U. S. C. §79z-5a (1992).

[4] Promoting Wholesale Competition through Open Access Non-Discriminatory Transmission Service by Public Utilities, Dkt Nos. RM95-8-000 and RM94-7-001, Proposed Rulemaking and Supplemental Notice of Proposed Rulemaking, IV F. E. R. C. States. & Regs. ¶32,514, 60 Fed. Reg. 17,662 (Apr. 7, 1995) [hereinafter Open Access NOPR]．FERCは，オープンアクセスを実施するためには，卸サービスの機能的分離 (functional unbundling)，すなわち，送電線資産の売却や輸送資産運営子会社の設立等の会社組織の分離までは要求しないが，申請輸送料金による輸送サービスを他の行為から分離すべ

第3章　反トラスト法問題

　電力産業は，1935年から1960年代にかけて，全体として年平均7%の成長率を示した[5]が，1970年代には電力需要が伸び悩み，大規模発電設備により達成されてきた規模の経済性は，既に減退しつつあった[6]。それにより卸売電気事業に競争が導入される素地が生まれたことを背景にして，FERCは1996年から1997年にかけて，前述の規則案に従い正式にOrder No. 888及び同889[7]を発令することができたのである[8]。さらに州レベルでは，(FERCには権限のない) 電気小売託送をも視野に入れた小売部門の規制緩和が，1995年初頭から導入され始めた[9]。これについては，カリフォルニア州公益事業委員会 (California Public Utility Commission：CPUC) による，電力産業の大胆な再構築に着手した例がよく知られている[10]。

　この分野において進行中の規制緩和は多様であるが，目的は概して，電気事業者を市場メカニズムの圧力すなわち「競争」に晒すことにある[11]。現在のところ，発電，送電，配電の各事業を垂直統合して操業してきた大手の電気事業者が，事業の分割

---

きこととした。また残留費用の回収については，正当で確証ある残留費用を，離れていく需要家から回収することが許容されること，契約中の退出料その他の明文の条項によらない費用回収は認められないことなどが記された。藤原淳一郎「米国の電力新規則案『ギガNOPR』の概要とその展望」『エネルギーフォーラム』1995年9月号50頁参照。

5　DOUGLAS W. HAWES, UTILITY HOLDING COMPANIES 2-5 (1987).
6　See id. at 6.
7　Order 888, Promoting Wholesale Competition Through Open Access Non-Discriminatory Transmission Services by Public Utilities: Recovery of Stranded Costs by Public Utilities and Transmitting Utilities, F. E. R. C. STATS. & REGS. ¶ 31,306, 61 Fed. Reg. 21,540, (1996), order on reh'g, Order No. 888-A, F. E. R. C. STATS. & REGS. ¶ 31,048 (1997) (codified at 18 C. F. R. §35), order on reh'g, Order No. 888-B, 81 F. E. R. C. ¶61,248, 62 Fed. Reg. 64,688 (1997), order on reh'g, 888-C, 82 F. E. R. C. ¶61,046 (1998); Order 889, Open Access Same-Time Information System and Standards of Conduct, F. E. R. C. STATS. & REGS.. ¶ 31,307, 61 Fed. Reg. 21,737, (1996), order on reh'g, Order No. 889-A, 78 F. E. R. C. ¶61,221 (1997).
8　Order No. 888は誰もが同一料金のもとで差別されることなく送電線へアクセス (接続) すること (オープンアクセス) を認めるものである。Order No. 889は，インターネット上で，オープンアクセス同時情報システム (Open Access Same-time Information System: OASIS) により，すべての市場参加者が送電システムに関する情報を入手することを可能にするよう電気事業者に要求するものである。矢島正之『電力改革』73，74頁 (東洋経済新報社，1998年) 参照のこと。
9　米国では，小売自由化の動きが1996年のニューハンプシャー州での決定を皮切りに州レベルで進展してきた。次いで全米のうち24州で議会において制度改革法案を審議し，8州で小売自由化法案が成立した。さらに，10州でパイロット・プログラムとして小売供給事業自由化を先行実施した。通商産業省公益事業部「諸外国における電気事業制度改革の動向」電力新報社 (編)『電力構造改革「供給システム編」』144，158頁 (1999年) 参照。
10　See Order Instituting Rulemaking and Order Instituting Investigation, I.94-04-031&032 (CPUC Apr.20, 1994), D.95-05-045 (CPUC May 24, 1995) & D.95-12-063 (CPUC Dec. 20, 1995).
11　これにより規制当局の介入頻度が減り，その機会もより個別的になってくる。電気事業者はその一方で規制当局の保護を受けることを期待できなくなる。

第Ⅲ部　エネルギー規制機関の権限配分

を進行させながら競争の態勢を整えている[12]。特に送電事業者は，Order No. 888 の発令以来，「コモンキャリア」として，他社のアクセス（接続）を許すことを当然に求められるようになりつつある[13]。卸売電気事業には，本章において後述の通り，PURPAにより誕生したQF（Qualifying Facility：適格認定設備）業者[14]，EPActにより誕生したEWG（Exempt Wholesale Generator：適用除外卸売発電業者）[15]，それらに該当しないIPP（Independent Power Producer：独立発電業者）が加わっている。また電気小売事業でも，いくつかの州でさらなる規制緩和が実施される見込みである[16]。

　米国においては，電気事業者が完全に独立して事業を行う時代は既に過去のものとなっている[17]。ほとんどすべての事業者の送電システムが相互に接続され，各々が相互に事業内容を依存しているからである。この状況は，規制当局による誘導と市場からの圧力の双方に由来するものであった。本章において検討の対象とするRTG（Regional Transmission Group：地域送電事業組織体）やプールコ（PoolCo）システムは，そのような状況にあってコスト削減の切り札になりうるとの期待を，

---

12　20世紀の末頃，日本企業も米国の発電事業に参入を試みている。これについては日本で2000年3月の大口電力小売自由化に対応するための経営ノウハウを得ようとの思惑があったと指摘されているが，同時に事業の成長による配当収益も見込まれてきた。『日本経済新聞』1999年9月26日朝刊。

13　連邦議会はFPAに「コモンキャリア」なる概念を導入することを拒否したのであるし，連邦最高裁は，送電網を必要不可欠な設備（エッセンシャル・ファシリティ）とは捉えておらず，依然として下級審レベルでのみ採用された概念にとどまっていることに留意する必要がある。前者につき，See DAVID S. COPELAND, REQUIRING TRANSMISSION ACCESS BY ELECTRIC UTILITIES: THE SHIFTING ROLES OF REGULATION AND ANTITRUST 291 (1996). 後者につき丸山真弘「ネットワークへの第三者アクセスに対する事業法からの規制の整理―アメリカの事情を中心にして―」『公益事業研究』50巻1号31頁（1998年）を参照のこと。なおエッセンシャル・ファシリティの法理を適用するためには，(a)独占的企業が，競争上不可欠な設備を支配していること，(b)競争者がそれと同じ設備を作ることが不可能または非現実的であること，(c)競争者がこの施設の利用を拒絶されたこと，(d)施設の利用が可能であること，といった要件を充足しなければならないというのが連邦最高裁の判断である。金井貴嗣「アメリカ独占禁止法」正田彬（編）『アメリカ・EU独占禁止法と国際比較』32頁（三省堂，1996年）参照。

14　この制度の詳細につき，本書第Ⅰ部及び草薙真一「米国公益事業規制政策法第210条問題に関する一考察―SCE社事件連邦エネルギー規制委員会決定の検討を中心として―」『商大論集』51巻1号119頁（1999年）参照のこと。

15　PUHCA（Public Utility Company Act：連邦公益事業持株会社法）によると，EWGは電力の卸売リを目的として発電するための施設のすべてまたは一部を所有または（及び）運転する者とされており，EWGとしての認定は，FERCの決定が必要である。矢島，前掲註8，73頁。

16　一方我が国においては，電気事業審議会基本政策部会が，平成9年7月に設置され，規制緩和の方向について議論を進めていた。電力小売の部分自由化等の設計の議論等がなされており，部会報告も出されている。この報告と電気事業審議会料金制度部会中間報告，さらに参考資料を総合的に編集したものとして，電力新報社（編）『電力構造改革「料金制度編」』（エネルギーフォラム社，1999年）がある。

17　James R. Atwood, *Antitrust, Joint Ventures, and Electric Utility Restructuring: RTGs and PoolCos*, 64 ANTITRUST L. J. 323 (1996).

規制当局及び市場から受けている[18]。さらに，送電技術が進化し，高圧電線により長距離にわたって経済的に電気を取引することも可能な時代になったことで，コストの割高な発電を行ってきた事業者は，割安な電力を他者から獲得して利益を得ることも技術的に可能になった[19]。このため州によっては，州内の卸売電気関係者が参加する市場にスポット電気料金制度を導入した例もある[20]。以上のように多面的で新たな電力産業界の諸現象を，連邦規制当局及び州規制当局の反トラスト法政策との関係に焦点を当てて検討することとする。

## 第2節　電気事業規制当局の反トラスト法上の役割

### 第1款　連邦規制当局─申請料金主義─

　まず，電気事業規制当局の反トラスト法[21]上の役割[22]を，連邦のディメンジョンから論じることにする。FERCは，FPA（Federal Power Act：連邦電力法）に基づき，州際通商に該当する送電及び電気の卸売りを規制している[23]。そこで，その

---

18　*Id.* at 333
19　これに呼応して，カリフォルニア州では，ISO（Independent System Operator：独立系統運用者）が，短期的な系統運用と中長期的な系統設備の形成を担うものとして設立された。その目的は(1)系統への公平なアクセスの確保，(2)複数の送電会社の送電網の一元的管理による系統安定，(3)独占部門である送電事業から競争部門である発電・供給事業への資金流出の防止を目指して設立された。カリフォルニア州で1996年7月及び8月に発生した広域停電の原因が，多数の電力会社が送電網を所有・運営する複雑なシステムであるにもかかわらず，各社間の連係がうまくいかなかったため，このようなシステムが考案されたとされている。今後このシステムが米国において普及するか注目される。通商産業省公益事業部，前掲註9，160-62頁。
20　*See* Bruce W. Radford, *To Pool or Not to Pool: The Latest from California's Blue Book*, Pub. Util. Fort., July 1, 1995, at 37.
21　本書において反トラスト法という場合，原則としてシャーマン法1条（15 U.S.C. §1 (1990)）及び2条（15 U.S.C. §2 (1990)）を対象としている点に留意されたい。すなわち，互いに競争関係にある事業者が，共謀して特定の取引先との取引を拒絶することは，競争を本質的に阻害しており，シャーマン法1条違反である。また単独の事業者による取引拒絶であっても，事業者の持つ市場支配力の拡大・維持という目的で行われた場合には，シャーマン法2条違反である。後者につき，送電網へのアクセスに対する拒否が問題とされた事例として，いわゆるオッターテイル電力事件がある。Otter Tail Power Co. v. United States, 410 U.S. 366 (1973). 自らも配電業務を行う垂直統合の民営電力会社が，自治体営の配電会社の新設に際して，卸託送の拒否を行ったことが，シャーマン法2条に該当し違法とされた事件である。丸山，前掲註13，32頁参照。なお，米国において，反トラスト法とはシャーマン法（1890年制定），クレイトン法（1914年制定），連邦取引委員会法（1914年制定）を意味する。これら法律の規定のうち，実体規定はシャーマン法1条（取引制限），同法2条（独占化），クレイトン法2条（価格差別），同法3条（抱き合わせと排他条件付取引），同法7条（株式・資産取得），同法8条（役員兼任），連邦取引委員会法5条（不公正な取引方法）であるが，シャーマン法1条・2条が中核的実体規定とされている。この詳細について，村上政博『アメリカ独占禁止法』8頁（弘文堂，1999年）を参照のこと。
22　原則として，反トラスト法施行権限は司法省（Department of Justice：DOJ）と連邦取引委員会（Federal Trade Commission：FTC）に賦与される。村上，前掲，4頁参照。
23　*See* 16 U.S.C. §824 (1992).

ような規制における反トラスト法からの意味合いを明らかにしておく[24]。

 FPA は，反トラスト法の適用を除外する趣旨の条項は有しておらず，また PURPA と EPAct の両法は，反トラスト法に抵触するようなそれらの解釈ないし執行を許さないことを明確に示している[25]。また，PURPA の立法経緯に照らせば，FERC は反トラスト法違反の問題を処理する一次的な管轄を有するものではないことが理解される[26]。さらに，電気事業者に反トラスト法に抵触する行為がある場合に，それを免責する権限を FERC が有するものではないとする判例もある[27]。

 しかしながら，現実の司法審査において，料金設定や競争に関する FERC 政策は反トラスト法規制と無関係ではありえない[28]。反トラスト法の適用は，連邦規制産業に対する技術的，法的制約を考慮することなしには困難だからである[29]。FERC は，申請料金主義を基礎として政策決定をなしているところ[30]，その認可を受けた電気料金設定行為について，裁判により差額の返金や三重損害賠償を求めることは，もはや許されないとするのが確立された判例である[31]。それによれば，連

---

24 鉄道貨物の輸送料金についての州際通商委員会 (Interstate Commerce Commission) による認可についても同様の法理がある。Keogh v. Chicago Northwestern Railway, 260 U. S. 156 (1922). これにつき解説したものとして，金井，前掲註13，59頁参照。なお，FERC 規制が反トラスト法違反行為の免責をもたらすためになされるものではないとされた事例として，See Otter Tail Power Co., 410 U. S. 366, 374; City of Mishawaka v. Indiana & Mich. Elec., 560 F.2d 1314, 1318-21 (7th Cir. 1977), cert. denied, 436 U. S. 922 (1978); See also United States v. El Paso Natural Gas Co. v. FPC, 411 U. S. 747, 758-60 (1973); Northern Natural Gas Co., v. FPC, 399 F.2d 953, 959 (D. C. Cir. 1968) などは逆にこれを肯定する。
25 PURPA については 16 U. S. C. §2603 (1978) を，EPAct について 16 U. S. C. §824k (e)(2) (1992) を参照のこと。
26 H. R. REP. No. 1750, 95th Cong., 2d Sess. 68 (1978), reprinted in 1978 U. S. C. C. A. N. 7797, 7802.
27 E. g., Ricci v. Chicago Mercantile Exch., 409 U. S. 289 (1973); City of Mishawaka v. Indiana & Mich. Elec. Co., 560 F.2d 1314, 1321-22 (7th Cir. 1977), cert. denied, 436 U. S. 922 (1978).
28 MCI Communications Corp. v. AT&T, 464 U. S 891 (1981).
29 See, e. g., Phonetele, Inc., v. AT&T, 664 F.2d 716, 737-38 (9th Cir. 1981), cert. denied, 459 U. S. 1145 (1983).
30 この問題を扱った裁判例としてフロリダ電気・電灯社 (FPL) 事件がある。Florida Mun. Power Agency v. Florida Power & Light Co., 64 F.3d 614 (11th Cir. 1995). FPL 社は自らの送電料金約款を，FERC の認可を経て周辺地域の発電業者に提示した。これに対して原告らは，FPL 社が市場独占力を行使して過度に高額な送電料金を設定しており，このように事実上送電線の利用を制約することは違法であると主張して，FPL 社に対して損害賠償請求訴訟を提起した。原審は，申請料金主義を基礎とし，FERC の認可した料金と原告らの望むままに算定された料金との差額を基準として損害賠償を求める合理的理由がないとした。Florida Mun. Power Agency v. Florida Power & Light Co., 839 F. Supp. 1563 (M. D. Fla. 1993). しかしこの判断は控訴裁判所で覆された。判旨によると，その理由は，この事件に申請料金主義が妥当するとしても，原告らが接続を求める送電網について当該料金約款が適用されうるかという争点につき，原審の審理に曖昧な点が残されていたからであった。
31 Square D Co. v. Niagara Frontier Tarrif Bureau, 476 U. S. 156 (1922). 州際卸売電気料金に関する申請料金主義につき，See Montana Dakota Utilities Co., v.

第 3 章　反トラスト法問題

邦規制当局たる FERC が当該料金体系を認可したことでその合理性は認定され，その認定は司法をも拘束するから，当該料金体系の違法を理由として損害賠償等を求めることはもはや許されない[32]。また，FERC の認可した料金で電気を供給する事業者の行為は，合理的な料金で各設備への接続をなしていることの公的認証を受けたものである以上，その料金の合理性を欠くことを理由とする損害賠償請求は認められない。同様に，FERC が適法と認める具体的な行為を当該規制当局により事実上強制されてなした事業者が，反トラスト法を根拠とする法的責任をその行為につき問われることはない[33]。このように，少なくとも電気料金設定や電気事業の競争導入に関する FERC 決定は，申請料金主義を媒介として，反トラスト訴訟でも重視されている。

### 第 2 款　州規制当局—ステイトアクションの法理—

　州規制当局は，競争政策上の制約を外すステイトアクション（state action）の法理により，電気の小売りなど，自らの規制権限が及びかつシャーマン法 1 条ないし 2 条に該当する電気事業者の行為につき免責をなすことができる[34]。同法理によれば，免責には以下の二つの要件が満たされる必要がある。すなわち，①州規制当局が，明示的または確定的に記述している政策を実施したものであること，②州規制当局が，当該行為につき積極的に監視したこと，の各要件である[35]。この種の免責が州規制当局により拒否される例はあるものの[36]，電気事業者はステイトアクションの法理により州規制当局による競争政策上の保護を受けるのが常であったとすら言えよう[37]。近年の連邦レベルの競争導入に向けた動きも，州規制当局のステイトアクションの法理による電気事業者保護を禁じるものではない。したがって，州規制当

---

　　　Northwestern Public Service Co., 341 U. S. 246 (1951).
32　卸売電気料金認可に関する申請料金主義理論につき，草薙真一「米国卸売電気料金認可における連邦と州の衝突問題—パイク・カウンティ・ドクトリン成立の条件—」『法学政治学論究』24 号 123 頁（1995 年）を参照のこと。
33　City of Chanute v. William Natural Gas Co., 955 F.2d 641 (10th Cir.), cert. denied, 113 S. Ct. 96 (1992). See also Town of Condord v. Boston Edison Co., 915 F.2d 17, 30 (1st Cir. 1990), cert. denied, 499 U. S. 931 (1991).
34　E. g., Parker v. Brown, 317 U. S. 341 (1943); Southern Motor Carriers Rate Conference, Inc. v. United States, 471 U. S. 48 (1985); California Retail Liquor Dealers Ass'n v. Midcal Aluminum, Inc., 445 U. S. 97 (1980).
35　Southern Motor Carriers Rate Conference, Inc. v. United States, 471 U. S. 48, 57 (1985); California Retail Liquor Dealers Ass'n v. Midcal Aluminum, Inc., 445 U. S. 97, 105 (1980).
36　E. g., Cantor v. Detroit Edison Co., 428 U. S. 579 (1976).
37　E. g., Praxair, Inc. v. Florida Power & Light Co., 64 F.3d 609 (11th Cir. 1995); Lease Lights, Inc. v. Public Serv. Co., 849 F.2d 1330 (10th Cir. 1988), cert. denied, 488 U. S. 1019 (1989); Gas Light Co. v. Georgia Power Co., 440 F.2d 1135 (5th Cir. 1971).

第Ⅲ部　エネルギー規制機関の権限配分

局にとっては，ステイトアクションの法理により，電気事業者に対する一定の保護政策を解消しないまま，電力市場に競争の要素を取り入れることが可能となる[38]。

また，卸売電気料金の設定をはじめとする PURPA 政策を州規制当局が採用する場合には，PURPA 自体が反トラスト法規制領域との衝突を避けることにより[39]，反トラスト規制の強化を目指しているのであるから，もはやステイトアクションの法理が妥当しないとする主張は，判例において退けられている[40]。このように，ステイトアクションの法理は今後も重要な役割を果たすものと考えられる。

## 第3節　RTO と反トラスト法

規制者による電気事業者保護の正当性が制約される可能性に鑑み，ここでは反トラスト政策が今後どのように形成されなければならないかについて，新電力産業構造を模索するための重要なサンプルである RTO (Regional Transmission Organization：地域送電機関）をその対象として[41]，考察する。

米国電力業界では，1970年代後半から地域レベルでの相互接続，地域送電調整を主業務とする機構の創設が模索されていた[42]が，現在では，そのような役割を果たす送電線の所有者，使用者等で構成される自発的な組織体に RTO という呼称が与えられ，上記業務はこの組織に期待されるようになっている。なお，これらの組織を指して先述のように RTG (Regional Transmission Group) とする呼称もあるが，ここではより一般的な RTO に表記を統一する[43]。米国においては，既に多くの

---

38　See, e. g., Metro Mobile CTS, Inc. v. New Vector Communications, 661 F. Supp. 1504, 1515 (D. Ariz. 1987), aff'd on other grounds, 892 F.2d 62 (9th Cir. 1989).「州は，競争政策が良好に機能しない領域において規制政策を維持する必要がある。その規制の枠組みは反トラスト法を拒絶する必要もなければ競争一辺倒を目指す必要もない」とした。See also City of Columbia v. Omni Outdoor Advertising, Inc., 499 U. S. 365, 373 (1911); Davis v. Southern Bell Tel. & Tel. Co., 755 F. Supp. 1532, 1539 (S. D. Fla. 1991).

39　16 U. S. C. §2603.

40　Nugget 社事件判決は，ステイトアクションの法理による州の電気事業者保護政策が PURPA により制限を受けるとの主張を退けたものであるが，明確に「PURPA は反トラスト法との衝突を避けているが，電気事業者の行動にはステイトアクションの法理が妥当している」としており，注目される。Nugget Hydroelectric, L. P. v. Pacific Gas & Elec. Co., 981 F.2d 429, 433 (9th Cir. 1992), cert. denied, 113 S. Ct. 2336 (1993). しかし競争市場が整備され，州規制当局が電力産業の規制緩和に向けた動きを強めると，ステイトアクションの法理により電気事業者保護を行う場面はなくなるであろう。See Yeager's Fuel, Inc., v. Pennsylvania Power & Light Co., 22 F. 3d 1260, 1260 (3d Cir. 1994).

41　See Copeland, supra note 13, at 301.

42　See 16 U. S. C. §824a (a) (1978).

43　FERC, Policy Statement Regarding Regional Transmission Groups, III F. E. R. C. STATES. & REGS. ¶30,976, 58 Fed. Reg. 41,626, 41,627 n.4 (Aug. 5, 1993) [hereinafter RTG Policy Statement]

第3章 反トラスト法問題

RTO があり，その数は増加する傾向にあり[44]，RTO の枠組みが電力市場に競争を導入するために有益なものであることは，FERC や司法省も認めるところである[45]。

RTO には具体的かつ多様な期待が寄せられている。まず，RTO には送電線へのアクセスについての問題を解決することが望まれている[46]。FERC の送電線オープンアクセスに関する最近の政策[47]も RTO を意識している。これは RTO の内部において公正な競争が指向されてきたからであるとも言われる[48]。また，RTO には反トラスト訴訟に代替する法的紛争解決の機能も期待されている。事件の仲裁が適法になされ，当事者が不当に自らの主張を抑制される事情もない場合，そのような仲裁の結果を司法が尊重しているからである[49]。なお，FERC Order No. 888 は，送電線へのアクセスを FERC が命令しうることを明確にした[50]が，規則制定案の告示[51]の時点で，RTO の送電網の開放への準備が整えられつつあった[52]。このことから，FERC は電力市場の競争導入を推し進めることを意図すると同時に，RTO が反トラスト法に抵触することなく機能することを期待していたことがうかがわれる[53]。

RTO は，このように政府・規制当局から好意的に迎えられる一方で，依然として反トラスト法規制の対象となっている[54]。RTO が自発的機構であることから[55]，連邦や州からの規制が非常に緩やかである反面，シャーマン法1条に該当する行為への免責が与えられないからである[56]。しかもその行為や扱う商品は独占性が強いため，違法性を帯びる可能性が指摘されている。一つの例として，FERC により期

---

44 *E. g.*, Northwest Regional Transmission Ass'n, 71 F. E. R. C. ¶ 61,397 (1995); PacificCorp, 69 F. E. R. C. ¶ 61,099, *order on reh'g*, 69 F. E. R. C. ¶ 61,352 (1994), *order accepting compliance filing*, Western Regional Transmission Ass'n, 71 F. E. R. C. ¶ 61,158 (1995); Southwest Regional Transmission Ass'n, 69 F. E. R. C. ¶ 61,100 (1994).
45 *See, e. g.*, Jade Alice Eaton, *Recent United States Deapartment of Justice Actions in the Electric Utility Industry*, 9 Conn. J. Int'l L. 857, 865 (1994).
46 RTG Policy Statement, *supra* note 43, at 41,630.
47 *Id*.
48 *See, e. g.*, Otter Tail Power Co., 410 U. S. 366; City of Vernon v. Southern Cal. Edison Co., 955 F.2d 1361 (9th Cir.), *cert. denied*, 113 S. Ct. 305 (1992).
49 *E. g.*, Nghiem v. NEC Elec. Inc., 25 F.3d 1437 (9th Cir.) *cert. denied*, 115 S. Ct. 638 (1994); Genesco, Inc. v. T. Kakiuchi & Co., 815 F.2d 840, 853 (2d Cir. 1987); *See* Mitsubishi Motors Corp. v. Solar Chrysler-Plymouth, Inc., 473 U. S. 614 (1985).
50 *See supra* note 7.
51 *See supra* note 4.
52 *E. g.*, PacificCorp, 69 F. E. R. C. ¶ 61,099 at 61,380 (1994); RTG Policy Statement, *supra* note 199, at 41,629-30.
53 RTG Policy Statement, *supra* note 43, at 41,630.
54 *Id*. at 41,632.
55 *Id*. at 41,628.
56 *Id*.

待されている．RTO の効率的な送電網拡張を目指した調整プランが挙げられる[57]。このようなプランは当然に，送電網の拡張による RTO メンバーの利害関係や地域毎の経済的合理性の問題にかかわっている[58]。FERC は，将来的にメンバー同士が地域発電市場で競争するのは自明であるとし，事業認可の条件として RTO の調整プランを維持することを求めた。FERC は各々の RTO が地域毎に一つずつ送電網拡張計画を提出することを期待している[59]。これについては，FERC と DOJ が，シャーマン法 1 条の趣旨に鑑みて，競争者が「効率的に当該産業を拡充させるために話し合いの機会を持つ」ことは避けなければならないとして，RTO のなす集合的計画機能には競争促進の効果を上げることが必要であると念を押し，さらに RTO の計画が送電網の開放，発電競争の促進に資するものでなければならないと明言した経緯がある[60]。FERC は RTO 内部の競争関係を損なわぬようにするため，各 RTO に対して希望者の加入を原則としてすべて認めること，EPA211 条[61]を根拠とする卸電力託送命令を求める可能性のある者からの加入申請はこれを積極的に受諾すべきこと[62]，RTO に加入しない者の希望も計画の中に組み込むべきことを求めた[63]。加えて FERC は，送電事業に依存する電気事業者に対する保護策を設けた[64]。また，司法は FERC に，RTO への加入条件を緩和させ RTO 内部での非差別的な意思決定過程を維持する政策を実現すること，及び調整プランから送電網の拡大や発電業者間の競争を抑制する要因を排除することを求めている[65]。

# 第 4 節　パワープールと反トラスト法

PURPA は FERC に，パワープールへの参加を制限する州規制の無効を宣言する権限を与えた[66]。これにより，パワープールの拡充が FERC により奨励されるようになった。もっとも，それ以前にもニューイングランド・パワープール（NEPOOL）などが操業を始めている[67]。米国のパワープールの中には，ニューイングランド地

---

57　*Id*. at 41,630.
58　*Id*.
59　*E. g*., Western Regional Transmission Ass'n, 71 F. E. R. C. ¶ 61,158 at 61,523-24 (1995).
60　*See* RTG Policy Statement, *supra* note 43, at 41,632.
61　16 U. S. C. §824j (1980).
62　*See* RTG Policy Statement, *supra* note 43, at 41,629 & 41, 632.
63　*Id*. at 41,633.
64　*E. g*., PacificCorp, 69 F. E. R. C. ¶ 61,099 at 61,382-83 (1994).
65　*See* Silver v. New York Stock Exch., 373 U. S. 341 (1963); Associated Press v. United States, 326 U. S. 1 (1945); United States v. Realty Multi-List, Inc., 629 F.2d 1351 (5th Cir. 1980).
66　16 U. S. C. §824a-1 (1978). PURPA205 条である。
67　*See* New England Power Pool Agreement, 56 F. P. C. 1562 (1976), *petitions for*

第 3 章　反トラスト法問題

方に限らず市場の要素を導入しようとするものが多い[68]。

　さらに，プールコの登場は，電力市場モデルを大きく展開させる動きに呼応するものであった。プールコとは，卸電力市場を統合的に管理する役割を果たすために設立される，独立の地域的パワープール会社である[69]。電気事業者はこのシステムにおいて，自らの送電線の所有権を放棄する必要はないが，その使用についてはプールコがこれを管理することになる[70]。また，プールコも，RTO と同様，完全に反トラスト法の射程範囲内に位置付けられる存在である[71]。ちなみに英国では，1990 年に同様のシステムが誕生していた[72]。FERC はこのシステムを全く新しいプーリング制度と捉え，また DOE (Department of Energy：エネルギー省) や DOJ (Department of Justice：司法省) は，電力市場の規制緩和や競争導入への枠組みに組み込めると考えた[73]。プールコが持つであろう市場支配力の強大さを理由に，プールコシステムそのものが反トラスト法の理念と合致しないという主張もないわけではない[74]が，多くの支持を得られてはいない。DOJ は「プールコは市場そのものの役割を果たすのであって，市場参加者ではない」として，かような主張を支持しない。CPUC も，「プールコは市場への参加を指示したり電気の売買を命じたりするものではない」として，DOJ と同様の立場をとっている[75]。英国の例に見られたように，発電設備と送電網が高度に規制された状況のまま長年にわたって構築されてきた場合，特定の地域で特定の発電業者が市場支配力を有し，プールコにお

---

　　*review denied*, Groton v. FERC, 587 F.2d 1296（D. C. Cir. 1978）; Gunnar E. Jorgensen& Frank A. Felder, *New England Power Pool: A Bridge to Competition*, Pub. Util. Fort., July 1, 1995, at 47.

68　中西部におけるパワープールが競争導入に反対して FERC と争った例として，*See, e. g.*, Central Iowa Power Coop. v. FERC, 606 F.2d 1156（D. C. Cir. 1979）.

69　Elisabeth Pendley, *Deregulation of the Energy Industry*, 31 Land & Water L. Rev. 30, 72 (1996).

70　*Id.* カリフォルニア州では，かつて卸用プール市場としての電力市場という意味で命名された「PX (Power Exchange)」がよく知られていた。鈴木治彦「加州における ISO と PX の運営」『海外電力』1998 年 9 月号 2 頁参照。

71　*See* Inquiry Concerning Alternative Power Pooling Institutions Under the Federal Power Act, FERC Docket No. RM94-20-000 (Oct. 26, 1994).

72　*See* Richard J. Green & David Newbery, *Competition in the British Electricity Spot Market*, 9 J. Pol. Econ. 929 (1992).

73　Comments of the Department of Energy and Comments and Reply Comments of the U. S. Deppartment of Justice, Inquiry Concerning Alternative Power Pooling Institutions, FERC Docket No. RM94-20-000 (Mar.2 & Apr.3, 1995).

74　*E. g.*, Randall J. Falkenberg, *Poolco and Market Dominance*, Pub. Util. Fort., Dec. 1995, at 26; Wallace E. Brand, *Breaking the Bulk-Power Bottlenecks: An Antitrust Lawyer Looks at "PoolCo,"* Pub. Util. Fort., Mar. 15, 1995, at 21; Comments of the Electricity Consumers Resource Council, *et seq.*, Inquiry Concerning Alternative Power Pooling Institutions, FERC Docket No. RM94-20-000 (Mar. 2, 1995).

75　*See* CPUC Decision D.95-05-045, *supra* note 10, at 15 n.9. *See also* CPUC Decision D.95-05-063, *supra* note 10.

ける競争入札において異常に低額な料金を提示する[76]。一方，非常に競争者数が限られている状況では，競争的な料金を拒否する可能性もある。FERCは，卸売電気の販売における規制権限について自らの見解を明らかにし，プールコの推進に際しては入札が一部の電気事業者の市場支配力に影響されないよう市場構造を厳しくチェックすることが重要であるとした[77]。このことは送電網の開放など[78]，FERCの政策を推進することに役立っている[79]。

また，パワープールにかかわる電気事業者や電力仲介業者等が締結する契約は，従来型の電気売買契約ではなく，パワープールに見られる卸売電気料金の変動に対してリスクヘッジする内容を含むもの[80]などに変容しうる[81]。CPUCの指摘するように，従来の料金設定方式がこのような新たな契約方式の登場によりどのような影響を受けるかは不透明である。しかしCPUCは，契約の多様化を積極的に奨励しており，プールコシステムの将来性を高く評価している[82]。

総じてプールコシステムの持つ性質に対しては，反トラスト法の趣旨から疑問とする声はある[83]ものの，現状においてプールコは透明・公正かつ効率的な「卸市場」と位置付けられると言えよう[84]。

## 第5節　PURPA210条の競争阻害要因

### 第1款　PURPA210条の電気料金高騰問題

1978年，連邦議会はPURPA[85]を制定し，1970年代のエネルギー危機を分散型電源の増設で乗り切ろうとした。しかしそのことから，電気事業者による効率性追求が限界に達し，電気料金が一部の州で高額になった[86]。一方FERCは，1995年，送電網へのオープンアクセスを実施することとし，すべての発電業者にとって事業者の有する送電線への接続の途を開き，競争に向けての素地を整えた。このため，

---

76 *See* CPUC Decision D.95-05-045, *supra* note 166, at 49; Green & Newbery, *supra* note 72, at 930-31. また友岡史仁『公益事業と競争法──英国の電力・ガス事業分野を中心に──』282頁（晃洋書房，2009年）。
77 *E. g.*, Enron Power Enter. Corp., 52 F. E. R. C. ¶ 61,193 (1990); Kansas City Power & Light Co., 67 F. E. R. C. ¶61,183 (1994).
78 *See*, *e. g.*, CPUC Decision D.95-05-045, *supra* note 10, at 49-51.
79 *See*, *e. g.*, 60 Fed. Reg. at 17,654 (1995).
80 CPUC Decision D.95-12-063, *supra* note 10, at 24.
81 笹木章「卸電力取引における市場価格の創出とリスクヘッジ機能（米国）」『海外電力』1999年2月号2頁。
82 CPUC Decision D.95-12-063, *supra* note 10, at 24-25.
83 Atwood, *supra* note 17, at 337.
84 通商産業省公益事業部，前掲註9，144頁参照。カリフォルニア州が1998年1月からプール市場を創設した上で，全面的小売供給自由化を決定した経緯を紹介している。
85 16 U. S. C. §824-3 *et seq*.
86 この事情につき，草薙，前掲註2，120頁参照。

第3章 反トラスト法問題

連邦エネルギー政策と各州のエネルギー政策とが，さらに互いに齟齬をきたすようになった。特に，FERC が維持しようとする「市場参加者の平等を確保」という政策理念と一部の州が固執する「QF 保護」の政策理念とが，大きく乖離した[87]。PURPA により QF たる資格を州規制当局から与えられると，その QF が持つ余剰電力は，州内の電気事業者に長期回避原価で販売されうるが，多くの場合，この長期回避原価は州法または州行政規則により定められている[88]。すなわち，QF による卸売電気の買取価格は，当事者の交渉によるのではなく，州規制当局が長期回避原価を超過しないよう決定することになる[89]。ところがこの卸売電気料金は，州の QF 優遇政策によっては回避原価を超過する事例が多く生じている[90]。この場合，QF が卸電力市場に参入すればするほど，大きな損失を他の市場参加者が被る可能性が生じる[91]。この制度において電気事業者は原則的に，第一に，QF が卸す電気を市場の料金よりも高額な料金で，不必要であっても購入しなければならない。第二に，本来競争市場のもとで稼動すべき発電設備をバックアップ用電源として維持しなければならない。

第一の点につき考察する。州規制当局の多くは，QF 優遇政策が長期的な余剰設備（エクセスキャパシティ）の問題にかかわることになるとは考えていなかったようである[92]。反トラスト法の理念からすると，低コスト体質の事業者が市場に参入することにより，高コスト体質の事業者は市場からの退出を余儀なくされる。卸電力市場はこの理念に逆行し，結局，電気事業者は QF を筆頭とするエクセスキャパシティの問題を抱えた。さらに問題になったのは，本来不要な電気を買うコストやエクセスキャパシティにかかるコストを電気事業者が最終消費者に転嫁し[93]，小売電気料金が上昇したことである[94]。一般に，市場に新規参入者が現れると，一定程度は競争による商品の料金低下が予想される。ところが QF 業者が参入する場合の卸電力市場はこの例に該当しない。たとえばニューヨーク州の調査によると，

---

87 草薙，前掲註 2，116 頁参照。
88 草薙，前掲註 14，122 頁参照。
89 ニューヨーク州における QF 政策の変遷について，特に回避原価の設定の変更を議論したものとして，草薙真一「米国における適確認定設備からの電力会社の購入電気料金—ニューヨーク州公益事業法六セント条項の終焉—」『法学政治学論叢』19 巻 284 頁（1993 年）を参照のこと。
90 Kamine/Besicorp Allegany L. P. v. Rochester Gas & Elec. Corp., No. 95-CV-6045L at 10，13, n.2 (W. D. N. Y. Nov. 2, 1995), Order Withdrawing 1990 Long Run Avoided Cost Estimates on a Permanent Basis (Feb. 10, 1992); Cases 91-E-0237 and 898-E-127.
91 QF の発電設備全体に占めるシェアは確実に増大している。1996 年時点で 6.3％と，1986 年時点の 2.2％と倍以上に成長した。通商産業省公益事業部，前掲註 9，158 頁。
92 James I. Serota, *Increasing Competition in the Electric Utility Industry and Decreasing Consumer Welfare: An Antitrust Paradox*, 64 ANTITRUST L. J.303, 304 (1996).
93 *E. g.*, N. Y. PUB. SERV. LAW §66-c (McKinney Supp. 1997), *repealed in part* by L. 1992 c. 519 (1992).
94 117 Util. L. Rep. (CCH) 1-2 (June 15, 1995).

1kWh 当たりの平均卸売電気料金は 1982 年から 1987 年の間に概算で 57 ～ 59%[95]，1988 年から 1993 年の間に 61% の上昇となった[96]。これは電気事業者が QF からの電気を強制的に購入させられた結果であると考えられている[97]。

　第二の点につき考察する。一般に，電気事業者には電気供給義務が課されており[98]，その義務履行の対価として，電気事業者は「適正かつ合理的 (just and reasonable)」な報酬を得ることが認められていると説明される。ところが，州法ないし州行政規則に一般に定められている電力供給義務が，電気事業者からの電気はバックアップ電源としてのみ欲し，電気は代替電源から購入する消費者に対するものにも免除されない[99]ことが問題となる。すなわち，電気事業者に対する，ユニバーサルアクセスの理念に基づいた極めてコスト高の電源バックアップ義務を課すことの当否の問題である（また供給事業者に供給拒否権を認めるコルゲート・ドクトリン[100]と電気へのユニバーサルアクセスを定める政策との関係が完全には解明されていないとの指摘もある[101]）。一般に，顧客が供給業者からの商品の購入を拒否した場合，その供給業者は他の顧客に当商品の販売を申し込めるはずである。ところが，この例ではそれが許されない。新規参入業者の電気供給が一時的に不可能になる場合に備えて，自らの発電設備をバックアップ電源として稼動させないまま保持することが求められているからである。しかも電気事業者にはこの機会費用の補償がない。この意味で PURPA は，分散型電源の増設を健全に行うことへの配慮に欠けているとも言え，法律上の解決策が求められよう。

### 第 2 款　PURPA210 条と 1992 年 EPAct

　さらに，PURPA210 条改廃への動きは 1992 年 EPAct[102]の制定が一因になったと言えるかを検討しておく。同法は，卸電力市場に参入する IPP を対象とし，PUHCA (Public Utility Holding Company Act：連邦公益事業持株会社法) の適用を免除するいわゆる EWG と呼ばれる新カテゴリーを創設した[103]。EWG と認

---

95　Serota, *supra* note 92, at 305.
96　*Id*.
97　See 1995 WEFA INC. STUDY OF FERC FILINGS OF CERTAIN N. Y. UTILITIES FROM 1982-1993.
98　*See*, *e. g*., N. Y. PUB. SERV. LAW §65 (Mckinney 1989).
99　16 U. S. C. §824a-3 (a); 18 C. F. R. §292.305 (b); N. Y. PUB. SERV. LAW §66-c (McKinney Supp. 1995).
100　United States v. Colgate & Co., 250 U. S. 300 (1919).
101　Serota, *supra* note 92, at 305 (1996).
102　Pub. L. No. 102-486, 106 Stat. 2776 (1992) (*codified* at 42 U. S. C. §§13,201-13,556 (1994)).
103　藤原淳一郎「公益事業の海外展開とアジア・インフラ」藤原淳一郎（編）『アジア・インフラストラクチャー』146 頁（1999 年）参照。持株会社も EWG の株式を保有できることなど，新制度の概要が説明されている。

定されれば，コージェネレーション設備についてPURPAが発電規模から発電方法まで厳しく設定している設備基準を適用されなくなる[104]。しかも電気事業者がEWGを所有することが許され，EWGは投資の対象ともされうる[105]。多くのIPPがQF業者ではなくEWGたる資格を得ようとしている状況は，もはやPURPA210条の理念に沿わないことから，結果として同条改廃への圧力が増したとされる[106]。

確かに，EPActがEWGを創出したのは，競争導入政策の一環である[107]。しかし，これによりQF制度が存続不可能になったとの主張は，一方的に過ぎるであろう[108]。まず，EPActは，各州に「統合資源計画（integrated resource plan）」を作成するように求め，州規制当局者にコージェネレーションの導入政策や再生可能エネルギーを利用する小規模発電の奨励政策について考えさせようと試みている[109]。また同法は，小規模発電設備（PURPA上のQFを含む）の利用に積極的である。これらの発電能力の総和が単一の大規模プラントによる発電能力と同等程度と見込まれれば，大規模プラントの建設とそれに伴う急激な電気料金の値上げを避けることができるからである[110]。さらに，EPActはデマンドサイドマネジメント（DSM）[111]に投資する意欲を刺激する電気料金の設定がなされるよう求めている[112]。しかも，独立発電業者の卸売市場への参入障壁の撤廃に伴い，EPActは競争の一層の促進のためにFERCの託送強化命令を盛り込み，FERCは（小売りでない）託送が公共の利益に合致する場合にはそれを命じることができるようになった。そしてQF業者にも当該命令を申請する権利がEWGと共に与えられている[113]。これらのことはPURPAのいずれの規定にも抵触するものではなく，むしろ，EPActがQF制度を積極的に評価している証左と見るべきである[114]。総じて，EPActによる広範な規

---

104　15 U. S. C. §79z-5a (e) (1998).
105　*See* Phllip S. Cross, *Cogeneration: Growing Risks in a Complex Market*, PUB. UTILS. FORT., Dec 1, 1992, at 39.
106　独立発電業者がQF所有者に比して規制を受けないEWGとして認定されることを望んでいるからである。矢島正之『電力市場自由化─規制緩和の世界的潮流とその背景を読む─』94頁（日工フォーラム社，1994年）を参照のこと。
107　草薙，前掲註2，115頁参照。
108　*See, e. g.*, Environmental Action, Inc. v. FERC, 939 F.2d 1057, 1061 (D. C. Cir. 1991).
109　*See* 16 U. S. C. §2602 (1994).
110　EPActはEWGとQFの両者に託送命令をなすことができるものとしている。矢島，前掲註9，73頁参照。
111　DSMとは，電力会社が需要側に積極的に働きかけ，電力会社や社会全体のために望ましい需要に誘導する計画の立案・実施方法である。主として省エネルギーや負荷管理を指すものである。矢島，前掲註9，120頁参照のこと。
112　*See* 16 U. S. C. §2621 (d)(8) (1992).
113　矢島，前掲註9，73頁参照。
114　*See, e. g.*, James W. Moeller, *Electric Demand Side Management Under Federal Law*, 13 VA. ENVTL. L. J. 57, 81 (1993).

制が，PURPA210条の趣旨との一貫性を失っているとまで言い切ることは困難である[115]。

## 本章の小括

今日の米国は，競争導入を連邦エネルギー政策の目標とし，国家基盤産業たる電力産業に新しい産業構造を得させようとしている[116]。そしてそれに伴って電力産業における反トラスト法政策を再構築する必要に迫られている。本章においては，RTOやプールコシステムが，新しい時代に沿いしかも競争的な性質を持った仕組みとなりうることを紹介した。しかし両者はいずれも発展途上にあり，現行の反トラスト法規制の視点からは危うさが残ることを否定できないことも明らかとなった。本章ではまた，それ以前に創設されたPURPAによるQFの保護・育成制度が競争阻害要因になっている事実についても考察した。電力産業の再構築にはこのように大きな課題が未解決のまま残されている。連邦，州の別なく電力産業規制当局の反トラスト法政策に再構築が求められている背景には，そのことがあると言えよう。

---

115　EPActは戦略的石油備蓄，高レベル放射性廃棄物問題に対処すると同時にエネルギー効率性，再生可能エネルギーの追求にも力を入れていると位置付けられるべきであろう。See MATHEW HOLDEN, JR., THE ELECTRIC UTILITY INDUSTRY: REGULATION, COMPETITION, AND RESTRUCTURING 33-34 (1995).
116　舟田正之（編）『電力改革と独占禁止法・競争政策』の第2部（米国の電力改革）（有斐閣，2014年）参照。

# 第4章

# パイク・カウンティ・ドクトリン

## 第1節 はじめに

　本章は，米国における卸売電気料金認可に関する連邦と州の法律上の管轄問題を，これに関するパイク・カウンティ・ドクトリンの成立条件を探ることを中心に考察する。卸売電気料金に対する州規制当局の規制権限が，連邦法及び連邦規制当局により制約されていく現状に照らして，連邦規制と州規制の衝突を解決するための規制機関の権限分配について，いくつかの方法論を検討しながら適当な交通整理を試みたい。このため，FPA（Federal Power Act：連邦電力法）に基づいてなされるFERC（Federal Energy Regulatory Commission：連邦エネルギー規制委員会）の排他的管轄権の主張[1]に対抗する，州規制当局の立場を考察する。具体的には同法の「FERCの管轄内においてなされる送電線の接続，又は電気販売によりすべての電気事業者によって課金，請求がなされ，又は受領される電気料金，あるいは，これらに影響を与え，又はこれらを維持するすべての規則又は規制は適正かつ合理的な（just and reasonable）ものでなければならず，適正かつ合理的でない電気料金又は電気料金請求は違法である。」との規定[2]を根拠として，FERCが「適正かつ合理的」と認定した州際卸売電気料金を，州規制当局が小売電気料金認可の際の事業費用の算入の可否の認定の場面でパラレルな形式において審査することの現実的な可能性を，特にパイク・カウンティ・ドクトリンの成立条件についての理論的可能性を論じることにより検討する。本章では，以下，司法判断に至った事件を取り上げこれに検討を加えることとし，その事件を受けてこのドクトリンに関する論争が如何に展開されたかをさらに明らかにすることにより，同ドクトリンの成立条件

---

[1] 16 U. S. C. §824 (a)は，FERCに州際卸売電気輸送及び州際卸売電気販売に対する排他的規制管轄を与えている。なお，従来から，FPA (16 U. S. C. §§791 (a) - 828 (c)) には「連邦動力法」との訳がなされることが多かったが，この法律がエネルギー全般ではなく，電気市場規制のみを目的とするものであることから，本論文では「連邦電力法」との訳に従っている。これについては，藤原淳一郎「1920年代米国電気事業(1)」『法学研究』66巻10号4頁註(6) (1993年) 参照。
[2] 16 U. S. C. §824d (a).

図表Ⅲ-4-1　司法におけるパイク・カウティ・ドクトリン洗練の経緯

| ドクトリン<br>属　性 | ファイルド・レート・ドクトリン<br>(申請料金主義) | ナラガンゼット・ドクトリン | パイク・カウンティ・ドクトリン<br>(本ドクトリン) | プルーデンス基準制限ドクトリン |
|---|---|---|---|---|
| 最終審 | 連邦最高裁判所 | 連邦最高裁判所 | 連邦最高裁判所 | 連邦最高裁判所 |
| 原　審 | 連邦第8巡回区控訴裁判所 | ロード・アイランド州最高裁判所 | ペンシルバニア州中間上訴裁判所 | マサチューセッツ州最高裁判所 |
| 特　徴 | 連邦に申請され認可を受けた卸売料金の州規制当局への通用性。 | 申請料金主義の確立（連邦に認可された卸売料金の州による審査の不可能性）。 | ナラガンゼット・ドクトリンの例外ドクトリン（「選択のプルーデンス」というプルーデンス基準）の確立。 | パイク・カウンティ・ドクトリンのプルーデンス基準における「過失を伴うインプルーデンス」への拡張の否定。 |
| 最終審による判断がなされた年 | 1951年 | 1978年 | 1986年 | 1987年 |

出所：筆者作成

を探ることとしたい（図表Ⅲ-4-1参照）。

## 第2節　パイク・カウンティ・ドクトリン形成に至る重要判例の概観

### 第1款　ナラガンゼット社事件までの概観―申請料金主義―

　連邦最高裁は，1951年，州際電気卸売りの「申請料金主義（filed rate doctrine）」をモンタナ・ダコタ社事件[3]で初めて採用した。モンタナ・ダコタ公益事業会社（Montana Dakota Public Utility Co., 以下，モンタナ・ダコタ社）は，FERCの前身であるFPC（Federal Power Commission：連邦動力委員会）の要請によりノースウェスタン公益事業会社（Northwestern Public Service Co.）との間において送電線相互接続及び電気融通契約を締結した。この契約は州際卸売電気料金に関する約定を含んでおりFPCにも認可された。ところが後にモンタナ・ダコタ社は，同社が「適正かつ合理的な料金に対する法的な権利を有する」と主張し[4]，FPCに認可された州際卸売料金が適正かつ合理的であるかの問題につき連邦地裁に司法判断を仰いだ。原告は，同社の前経営者が締結した契約に基づき，1935年から1945年にわたってノースウェスタン公益事業会社から不当に高く電気を買い入れ，逆に同

---

3　Montana Dakota Utilities Co. v. Northwestern Public Service Co., 341 U. S. 246 (1951).
4　*Id*. at 251.

第 4 章　パイク・カウンティ・ドクトリン

社に不当に安く電気を販売していたとし，当該契約自体が無効であることと，それに基づく電気料金計算と電気料金請求が適正かつ合理的なものではなかったことを確認する判決を求めた[5]。連邦地裁は原告のこれらの主張を認めたが，連邦控訴裁は，本件は FPA の争点を含まず連邦裁判所は管轄を有しないとした[6] ので，原告が連邦最高裁にサーシオレーライ（裁量上訴）を申請し，連邦最高裁はこれを認めた。連邦最高裁は，これら取引は申請料金に基づいて FPC が認可したものであり裁判所がこれと異なる料金を提示する権限を有するものではないとして[7]，モンタナ・ダコタ社の主張を退ける判断をなした[8]。

　ここに，この分野での「申請料金主義（ファイルド・レート・ドクトリン）」の概念が，連邦最高裁により確認された。判決によると「申請料金主義」とは「FPC に申請がなされ同委員会が認可（approve）した料金こそが，電気事業者が法的に主張できる州際卸売電気料金である[9]」とするドクトリンである[10]。これによって「申請料金主義」における法律上の議論[11] は一応の解決がなされ，「申請料金主義」は，単なる州から連邦への行政上の敬意（deference）ではなく，合衆国憲法上の「先占（preemption）[12]」の結果によるものであるとされるようになった[13]。これに従いガ

---

5　Id.
6　Montana Dakota Utilities Co. v. Northwestern Public Service Co., 181 F.2d 19 (8th Cir. 1950).
7　Montana Dakota Utilities Co., 341 U. S. at 253.
8　Id. at 256.
9　米国では，従来から州内卸売電気料金も州際卸売電気料金と同様の規制を連邦当局から受けることが原則である。山谷修作「アメリカ電気事業における協調と競争」東洋大学経済研究所『経済研究年報』10 号 358 頁（1985 年）参照。この事情は「電気の州際輸送」の概念の捉え方に由来するものと思われる。藤原淳一郎「1920 年代米国電気事業(2)」『法学研究』66 巻 11 号 38 頁以下（1993 年）参照。
10　Montana Dakota Utilities Co., 341 U. S. at 256.
11　申請料金主義は，電力産業に先駆けて，各公益事業分野において採用されている。たとえば州際通商法（49 U. S. C. §§101-11917）が 1887 年に制定されたが，その当時から，§10761 (a)の規定により公共輸送業者は荷受人への配達その他の業務につき事前に州際通商委員会（Interstate Commerce Commission : ICC）に料金を申請しておかねばならず，申請した料金以外の料金での営業は禁止されていた。そこでこの分野でも，申請料金主義と料金の適正性ないし合理性の要請との間で，法的問題が生じた。See Michael A. Pouse, *A Re-Evaluation of the Filed Rate Doctrine in Light of Revised Regulatory Policy and Carriers Practices: INF Ltd v. Spectro Alloys Corp.*, 23 CREIGHTON L. REV. 669 (1990). その後州際鉄道の料金問題についても同様のことがあり，この分野の申請料金主義が既に連邦最高裁により認められていた。Keogh v. Chicago, 260 U. S. 156 (1922).
12　合衆国憲法 6 条 2 項の「本憲法，および，本憲法に従って制定される合衆国の法律，ならびに，合衆国の権限の下において，締結されたすべての条約，あるいは，締結されるすべての条約は，国家の最高法規である。また，各州における裁判官は，各州の憲法，もしくは法律において，これに反する規定がある場合においても，かかる最高法規によって拘束されるものとする。」との規定を根拠とする。北脇敏一・山岡永知『対訳アメリカ合衆国憲法』51 頁（国際書院，1992 年）の訳による。この規定により，連邦法の州法に対する「最高法規性」が認められ，連邦と州の競合立法領域において，州法よりも連邦法が優先することとなる。田中英夫『英米法総論（下）』599 頁（東京大学出版会，1980 年），また草薙真一「米国適格認定設備からの電

239

ス事業者間のガス卸売りにも同様のドクトリンが採用された。1956年には，シチズンズ・ガス・ユーザーズ・アソシエーション（Citizens Gas Users Association）事件[14]がオハイオ州最高裁（Supreme Court of Ohio）において扱われ，オハイオ州公益事業委員会（Public Utilities Commission of Ohio）によるガス小売料金値上げ認可が，FPCにより認可された州際卸売ガス料金値上げにそのまま追随するものであったところ，同最高裁は，FPCに認可された州際卸売料金には，天然ガス法[15]のもと州公益事業委員会が介入することが許されず，同様に州裁判所もこれに従わなければならないと判示し，当該認可の適法性を確認した[16]。この判決は，「申請料金主義」が，電気事業部門において本来的に州規制者が有するとされている州内小売電気料金規制[17]に対して，連邦規制当局の政策の影響を直接的に蒙らせる要素を有するものとなるのではないかとの畏れを当時の各州規制当局に抱かせるに十分なものであったことは想像に難くない。やがて，この州際卸売電気料金における「申請料金主義」をめぐる連邦と州の電気料金規制権限の衝突という法的問題は，次に検討するナラガンゼット社事件において現実のものとなった。

### 第2款　ナラガンゼット社事件—ナラガンゼット・ドクトリン—

ナラガンゼット社事件[18]において，ロードアイランド州最高裁（Rhode Island Supreme Court）は，本款において扱う重要なドクトリンの一つである，いわゆる「ナラガンゼット・ドクトリン」を定立した[19]。

---

　　力会社の購入電気料金」『法学政治学論究』19号310頁註(33)（1993年）参照。
13　*See* Vince and Moot, *Federal Preemption Versus State Utility Regulation in a Post-Mississippi Era*, 10 ENERGY L. J. 1, 16 (1989).
14　Citizen Gas Users Ass'n v. Public Utilities Comm'n of Ohio, 165 Ohio St. 536, 138 N. E.2d 383 (1956).
15　Natural Gas Act §§1 *et seq.*, 1, subd. (c), 15 U. S. C. A. §§717 *et seq.*, 717 subd. (c) (1954).
16　ウェスト・バージニア・天然ガス会社（The Natural Gas Company of West Virginia）のガス料金計画により，産業用ガス料金の1ヶ月あたり1.5ドルから1200ドルへの最低価格の値上げを，オハイオ州公益事業委員会が認可したことについて，Citizens Gas Users Associationらが，これが違法，無効であることの確認を求めて出訴していたのであるが，オハイオ州最高裁は州公益事業委員会の決定を支持した。この事件において同最高裁は天然ガスを州際通商により輸送し販売する際の料金設定権限（power to fix rates）はFPCが排他的な行政上の管轄を有するのであり，州公益事業委員会はこの確立された権限を妨げることはできないとした。
17　電気料金の規制権限について，州内小売料金は本来的に州規制当局が管轄を有することにつき，山谷，前掲註9，358頁参照。
18　Narragansett Elec. Co. v. Burke, 119 R. I. 559, 381 A.2d 1358 (1977), *cert. denied*, 435 U. S. 972 (1978).
19　モンタナ・ダコタ社事件判決において連邦最高裁により採用された「申請料金主義」が，ナラガンゼット・ドクトリンに直接的な影響を与えた。言い換えれば，「申請料金主義」はFPC／FERCの認可した卸売電気料金の妥当性を州規制当局が調査できないということにより実質的

第4章 パイク・カウンティ・ドクトリン

### 第1項　事件の概要

　ナラガンゼット電力会社（Narragansett Elec. Co., 以下，ナラガンゼット社）は，ロード・アイランド州の NEES（New England Electric System：ニュー・イングランド・エレクトリック・システム）なる持株会社機構[20]の事業子会社（operating affiliated utility）であり，同じく NEES の事業子会社であるニュー・イングランド電力会社（New England Elec. Co.）から卸売電気を購入していた。ロード・アイランド州公益事業委員会（Rhode Island Public Utility Commission）は，卸売電気料金の適正性ないし合理性を審査する権限は有しないことを宣言する一方で，ナラガンゼット社の小売電気料金計画については審査を行った[21]。これに対してナラガンゼット社は，州公益事業委員会には卸売電気購入を一部構成する場合の費用の合理性を審査する権限がないから，同社の小売電気料金計画についても審査の対象とはならないものであるとして司法判断を求めた。ロード・アイランド州最高裁は，大要次のように判示した。

　「申請料金主義によると，州公益事業委員会は本件で問題となっている費用の合理性を審査できない[22]。FERC のみが申請に基づき適正かつ合理的な卸売電気料金を決定する権限を有しているのであり，州公益事業委員会は，このような料金を小売電気事業者の合理的な操業費用（operating cost）として取り扱わなければならないところ，小売電気料金の基礎として卸売電気料金の適正性ないし合理性を調査（investigate）することは，卸売電気料金の適正性ないし合理性を審査（review）することに他ならず，このことは排他的な FERC の管轄を侵害するものである[23]。」

　なおこの事件は，連邦最高裁にサーシオレーライが申請されたが，連邦最高裁はこれを認めなかった[24]。

### 第2項　事件の検討

　ロード・アイランド州最高裁は，州際卸売電気料金につき，連邦議会が明白に州

---

　　な拡大を見たのである。See Ercolano and Lesch, *Narragansett Update: From Washington Gas Light To Nantahala*, 7 ENERGY L. J. 333 (1986). なお，ナラガンゼット・ドクトリンとしての位置付けを初めて行ったのは，ホーベルマン氏であった。See Carl D. Hobelman, *The Narragansett Decision and its Aftermath*, 6 ENERGY L. J. 33 (1985).

20　持株会社とは他の会社の株式を取得し保持する会社のうち，少なくとも株式保有会社が被保有会社に（十分考慮できる政策への）「支配」を有するものを言う。その他，この用語の定義につき，藤原，前掲註1，25頁註(60)参照。なお NEES は1935年連邦公益事業持株会社法の適用を受けるいわゆる「適用持株会社システム」である。古城誠「規制産業と兼業規制」『正田彬教授還暦記念論文集・国際化時代の独占禁止法の課題』633頁以下（日本評論社，1992年）参照。

21　Narragansett Elec. Co., 119 R. I. at 564, 381 A.2d at 1358.
22　*Id.* at 565, 381 A.2d at 1358.
23　*Id.*, 381 A.2d at 1358.
24　Narragansett Elec. Co., 435 U. S. 972.

にその権限を与えた時を除いて，FERC が排他的な規制権限を有することを確認し[25]。既に FERC による認可を得ている州際卸売電気料金について，州公益事業委員会が小売電気料金を認可する際に「適正かつ合理的」なものか否かを調査するということは許されないものと結論している[26]。これが「ナラガンゼット・ドクトリン」である。申請料金主義は，FERC 認可の料金を支払うことにより生じる費用の増大に伴う小売電気料金の値上げを小売電気事業者に保障するものであって，このもとでは，州規制当局は，FERC 認可の料金を支払うことにより生じる費用の増大をまかなうための小売電気料金決定には介入できず，卸売電気料金の適正性ないし合理性の調査さえ許されないこととなる。

### 第3款　パイク社事件—パイク・カウンティ・ドクトリン—

　ナラガンゼット・ドクトリンは，連邦規制当局による認可を受けた卸売電気料金の適正性ないし合理性の調査を州規制当局に認めないという意味で，結果的に州規制当局の小売電気料金に関する審査権限に重大な制約を設けるものであった。これに対してパイク社事件ペンシルバニア州中間上訴裁判所判決[27]は，州規制当局に新たな「卸売電気料金審査の拠り所」が与えられる契機となった。

### 第1項　事件の概要

　ペンシルバニア州の電力会社であるパイク・ライト・アンド・パワー社（Pike Light & Power Co., 以下，パイク社）が，ニューヨーク州を本拠地とする親会社から電気を購入する計画を立てたのに対して，ペンシルバニア州公益事業委員会（Pennsylvania Public Utility Commission）は，パイク社が，州内小売電気料金を申請する際には，同社の親会社から購入した電気料金をその根拠とすることはできないとした。ペンシルバニア州中間上訴裁判所（Commonwealth Court of Pennsylvania）は，州公益事業委員会のこの決定は FERC による制約を受けるものであるとの主張につき，パイク社とその親会社との関係において設定された電気料金を規制しようとの州公益事業委員会の試みに対して FERC が「先占」するものであるとしながらも，FERC と州公益事業委員会との間の「二重規制」ないし「二重管轄」が問題となる事例ではないとした。それは，州公益事業委員会の決定がパイク社にとって取引可能な代替的費用と比較した現実的な電力生産費用から算出しているから，州公益事業委員会の命令はパイク社の州内小売電気料金を規制するものに過ぎないところ，FERC が決定した事柄は，親会社がパイク社に請求すること

---

25　Narragansett Elec. Co., 119 R. I. at 566, 381 A.2d at 1358.
26　*Id*., 381 A.2d at 1358.
27　Pike County Light and Power Co. v. Pennsylvania Pub. Util. Comm'n, 77 Pa. Commw. 268, 465 A.2d 735 (1983).

第4章　パイク・カウンティ・ドクトリン

となる特定の卸売電気料金が適正かつ合理的であるかであり，パイク社にとり当該料金を支出することが賢明（prudent）であるかどうかを決定したものではないからであるとした。

**第2項　事件の検討**

　この判決は州レベルのものではあるが，州規制当局による電気事業者の卸売電気購入に対する審査権限に関するものとして注目すべきドクトリン（これがまさに本章にいう「パイク・カウンティ・ドクトリン」である）を含むものであった。すなわち，このドクトリンによると，州規制当局は，FERC が認可した卸売電気料金の適正性ないし合理性を扱うことは許されないが，小売電気事業者がより安価な卸売電気料金で他者から電気を購入できなかったかという見地から，当該卸売電気の購入の妥当性を審査する権限を有していることになるのである。

　このドクトリンは，類似の事件において，連邦裁判所及び州裁判所において採用され[28]，フィラデルフィア電力会社（Philadelphia Elec. Co.）事件[29] をはじめとして卸売電気販売の承認に関する FERC 命令においても採用された[30]。しかも FERC には，特定の卸売電気料金の適正性ないし合理性についての認可を行う際には，電気卸売契約を締結する行為についての「選択のプルーデンス（プルーデンス〈prudence〉とは通常「賢明さ」を意味するわけであるが，電気料金審査等に際する実務においてはまさしく「合理性」に他ならないとされている[31]。）」を審査する意図はなかった（FERC は州規制当局の管轄と位置付けた）と考えられる[32]。

　その後，連邦最高裁はナンタハラ社事件判決[33]（1986年）において，ナラガンゼット社事件に判示されたいわゆるナラガンゼット・ドクトリンの有効性を確認する一方で，例外ドクトリンに関するものとして，本件判決を引用，検討しており[34]，連邦最高裁でも，パイク・カウンティ・ドクトリンをナラガンゼット・ドクトリン

---

28　Sinclair Mach. Prods., Inc., 126 N. H. 822, 498 A.2d 696 (1985); Spense v. Smith, 686 P.2d 597 (Wyo. 1984); Kentucky W. Va. Gas Co. v. Pennsylvania Pub. Util. Comm'n 650 F. Supp. 659 (M. D. Pa. 1986), aff'd, 837 F.2d 600 (3d Cir. 1988), *cert. denied*, 488 U. S. 941 (1988).

29　Philadelphia Elec. Co., 15 F. E. R. C. ¶61,264 (1981). この事件において FERC は自ら，「卸売電気販売の承認を与える際には，その行為に及ぶ電気の買い入れ側のプルーデンスについては考慮しない」ことを明らかにした。

30　*See, e. g.*, Southern Co. Serv., 26 F. E. R. C. ¶61,360 (1984).

31　Kevin F. Duffy, *Will the Supreme Court Lose Patience with Prudence?*, 9 ENERGY L. J. 83, 85 (1988).

32　Southern Co. Serv., 26 F. E. R. C. ¶61,360. なお，1989年，連邦議会においてスターロン（Stalon）元 FERC 委員が，この趣旨の証言を行っている。*See* Hearing before the House Subcomm. on Energy and Power of the Comm. on Energy and Commerce, 101st Cong., 1st Sess. 232 (1989).

33　Nantahala Power & Light Co. v. Thornburg, 476 U. S. 953 (1986).

34　*Id*. at 973.

の例外 (exception to the Narragansett Doctrine) と捉える考え方を容認したと考えるべきであるとの見方がなされている[35]。そこで，このナンタハラ社事件について本節第4款において検討することとする。さらに，パイク・カウンティ・ドクトリンはより安い卸売電気購入の選択肢が存在するにもかかわらず「選択のプルーデンス」を欠いて高額な電気を買い入れた際には，事業費用について全額を料金原価に算入することを拒否する判断を州規制当局が独自に行う可能性を示したものであるが，このドクトリンについて注意すべきこととして，パイク社事件においては，この概念の適用範囲には「選択」という厳格な枠組みがあったことに関連して，州際電気輸送規制に対する連邦規制当局と州規制当局の間の権限争いの結果，当該ドクトリンの中核をなす「選択のプルーデンス」という基準あるいは枠組みを離れ，多様な場面でのプルーデンス基準 (Prudence of x, y, z) を模索することが主として州規制当局によりなされてきたという事実がある[36]。

### 第4款　ナンタハラ社事件

連邦最高裁が，ナラガンゼット・ドクトリンの有効な例外ドクトリンとしてパイク・カウンティ・ドクトリンを肯定的に認識した事件について検討しておこう。

### 第1項　事件の概要

この事件は，アルミニウム・カンパニー・オブ・アメリカ社 (Aluminium Company of America, 以下アルコア) の事業子会社であるナンタハラ・パワー・アンド・ライト社 (Nantahala Power & Light Co., 以下，ナンタハラ社) とタポコ社 (Tapoco Inc.) がともに，ノース・キャロライナ州最高裁 (North Carolina Supreme Court) 判決[37]を不服として連邦最高裁にサーシオレーライを申請したものである。連邦直営であるテネシー渓谷開発公社 (Tennessee Valley Authority, 以下，TVA) は，通常の卸売電気販売の他，低額電気をナンタハラ，タポコ両社に卸売りするための契約 (New Fontana Agreement, 以下，NF 契約) を締結し，年間約18億 kWh 分の低額電力供給を行うこととした[38]。この契約に対応するためナンタハラ社とタポコ社との間にはもう一つの契約 (Apportionment Agreement, 以下，A 契約) が締結され，NF 契約により両者に販売される約18億 kWh について，それぞれの割り当てがタポコ社は80％，またナンタハラ社は20％とされた。1978年，ナンタハラ

---

35　Vince and Moot, *supra* note 13, at 21.
36　Duffy, *supra* note 31, at 85.
37　State ex rel. Utilities Comm'n v. Nantahala Power & Light Co., 313 N. C. 614, 332 S. E.2d 397 (1985).
38　TVA が低コストの卸売電気供給契約を小規模配電業者と締結する意義は，小規模配電業者の規模の経済性ないし密度の経済性において，垂直統合メリットと類似のメリットを享受できることから説明されている。この事情につき，山谷，前掲註9，366頁参照。

社の電気卸売りの顧客であるハイランズ (Highlands) が，A 契約の割り当てがナンタハラ社に不当に少なく卸売電気料金の引き下げが期待したほどには望めないとして FERC に不服を申し立てた。FERC はこの申し立てを認め，A 契約の 20% よりナンタハラ社の割り当てを増やしてこれを 22・5% とし，改めて料金計画を申請するよう両社に命じた。ナンタハラ社は FERC のこの決定を受け，州内電気小売業に関して管轄権を有する NCUC (Utilities Commission of North Carolina：ノース・キャロライナ州公益事業委員会) に，同部門に関する料金改訂の申請をなした。NCUC は，その州内小売電気料金審査において，独自の計算によりタポコ，ナンタハラ両社への割り当て分は約 18 億 5,000 万 kWh であるとし，それにナンタハラ社に対する需要を考慮して，同社に 24.5% に当たる約 4 億 5,000 万 kWh が割り当てられるものとした。ナンタハラ社は，卸売料金審査の際に FERC が算定した 22.5% の割り当てと，小売料金審査の際に NCUC が算定した 24.5% の割り当てに食い違いがあるところ，実際には 22.5% の割り当てしか得られないのは確実であるとして，この NCUC の決定の取消を求めて，ノース・キャロライナ州最高裁に訴訟提起した。ノース・キャロライナ州最高裁は，NCUC の決定は合衆国憲法の州際通商条項[39]に触れるものではなく，FERC が州際卸売料金について排他的な管轄を有しているとはいうものの，NCUC が NF 契約及び A 契約によって減少する利益を補填するための値上げを拒否するためになした決定は，FPA のもと引かれている連邦と州の境界によって分かたれており，排他的な州の権限のなかにある[40]として NCUC の決定を有効とし，ナンタハラ社の訴えを退けた。その後この事件は連邦最高裁の審理を受けている。連邦最高裁は，本章においても検討したモンタナ・ダコタ社事件[41]，ナラガンゼット社事件[42]等に加え，パイク社事件[43]との関連性を指摘しながら，ノース・キャロライナ州最高裁の判決を破棄し，事件を同最高裁に差し戻した。オコンナー (O'Connor, J.) 判事の筆になる連邦最高裁判決 (法廷意見) は大要次のようなものであった[44]。

「ナンタハラ社は電気の卸売販売及び最終消費者に対する小売販売を行うもので

---

39　合衆国憲法 1 条 8 節 3 項は，連邦議会は「諸外国における通商，各州間における通商，及び，インディアン部族との通商を規律する権限」を有するものと定める。北脇・山岡，前掲註 12，25 頁の訳による。なお連邦最高裁は，「州際通商条項は連邦議会の立法権限を生ぜしめるためだけではなく，仮に連邦法規の抵触がないところであっても，州規制を排除する領域を認める趣旨と解する」としている。See Hughes v. Oklahoma, 441 U. S. 322, 326 (1979) (citing H. P. Hood & Sons, Inc. v. Dumond, 336 U. S. 525, 533-34 (1949)).
40　16 U. S. C. §824 (a)において，連邦規制当局の規制管轄は州の規制管轄に属する事柄にまで拡大されてはならないことが明らかにされている。
41　Montana Dakota Utilities Co., 341 U. S. 246.
42　Narragansett Elec. Co., 119 R. I. 559, 381 A.2d 1358, cert. denied, 435 U. S. 972.
43　Pike County Light and Power Co., 77 PA. COMMW. 268, 465 A.2d 735.
44　Nantahala Power & Light Co., 476 U. S. at 954.

あり，FERC の当該卸売規制は同社の小売電気価格の上昇を必然的にもたらすものである。しかしながら，そもそも当裁判所が採用する『申請料金主義』は，FERC による規制に起因する電気の卸売りにおける損失を小売部門で補填することを求めるものであり，許容されなければならないのである[45]。ナンタハラ社は TVA から 22.5％の低額な電気と 77.5％の比較的高額な電気を購入しなければならない[46]。NCUC の決定は，高額な電気をあたかも低額な料金で仕入れたかのように，電気の小売販売を行わなければならなくなるナンタハラ社の事情を憂慮したものではあるが，これと違った割り当てを NCUC が選択肢として考慮するということ自体，ナラガンゼット社事件において考慮されなければならない『コストの罠（trapping of cost）』の問題と同じ危険を冒すものである[47]。NCUC は FERC の TVA からタポコ，ナンタハラ両社への卸売電気割り当て認可を尊重しなければならない。ノース・キャロライナ州最高裁は，この事件について，パイク社事件のような，FERC 認可の特定の料金を支払う合理性を扱う事件ではないことと，特定の供給源から購入するということが前提となる事件であることを，正しく認識していなかった。ナンタハラ社は，TVA から電気を購入する以外に電力供給源を持っていなかったのである[48]。」

### 第2項 事件の検討

連邦最高裁はナンタハラ社事件判決において，ナラガンゼット社事件におけるロード・アイランド州最高裁判決を引用することにより，明確に「州際卸売電気料金についての管轄権は FERC が完全に有しており，州規制当局はこの権限に介入してはならないとの連邦議会の意思を尊重しなければならない[49]」としたものの，同時に，パイク・カウンティ・ドクトリンを肯定的に解釈した結果，いわば「例外付きの申請料金主義」を採用するに至ったと評価することが可能であろう。連邦最高裁は，州規制当局が「選択のプルーデンス」という極めて限られた範囲内ではあっても，連邦規制当局（FERC）による認可を受けた卸売電気料金について，審査を行う場合も有りうることを認識したわけである[50]。

確かに，原告が争った NCUC の命令は，ナンタハラ社の支出を完全に小売電気料金に転嫁することを許さなかったという意味では，ナラガンゼット・ドクトリンに違反しており，連邦最高裁の判旨もその趣旨である。連邦最高裁は，「申請料金

---

45 Id. at 969.
46 Id. at 970
47 Id.
48 Id. at 972.
49 Id. at 966
50 Steven J. Ferrey, *Shaping American Power: Federal Preemption and Technological Change*, 11 VA. ENVTL. L. J. 47, 59 (1991).

第4章 パイク・カウンティ・ドクトリン

主義」を採用して機械的に，料金増加分の転嫁を合理的であると認めなければならないとした下級審の裁判例を，州公益事業委員会には小売電気料金につき，末端消費者の利益を保護するために重要な裁量権を有しているから充分に説得的ではないとし，従来の「申請料金主義」を過度に単純化されたものであると位置付けながらも，いわゆる州公益事業委員会の侵入（intrusion）の問題に関して，「許されない侵入」は狭義の料金問題には限られず，むしろあらゆる州際卸売電気に関するFERC の排他的規制に，州公益事業委員会は介入してはならないとした[51]。ここでは，連邦最高裁が「もし，ある卸売電気事業者による卸売電気料金が FERC により認可され，それゆえその料金が適正かつ合理的なものと認定されうるとしても，他により安価な卸売電気を利用できるにもかかわらず，小売電気事業者があえて高額な卸売電気の購入を行う場合には，その合理性が問題とされなければならない」点を明言している[52]ことを，特に指摘しておきたい。

## 第3節　プルーデンス基準制限ドクトリン

それでは，ナンタハラ社事件を受けてパイク・カウンティ・ドクトリンの中核をなす，「プルーデンス基準」がいかなるものであるべきかについて州規制当局が提示し，司法判断が仰がれたコモンウェルス社事件[53]を取り上げる。州規制当局が，FERC との権限争いを展開するなかで，自らの権限を強化する目的で同ドクトリン適用領域の拡張を「プルーデンス基準」そのものの拡大によって主張した例である。

### 第1款　事件の概要

ボストン・エジソン社（Boston Edison Co.）は，同社が所有し操業していたピルグリム（Pilgrim）原子力発電所からの卸売電気を 11% 販売する契約を，コモンウェルス電力会社（Commonwelth Elec. Co., 以下，コモンウェルス社）との間において締結した。FERC に提出された料金計画書（rate schedule）には，ピルグリム発電所の操業停止中はコモンウェルス社はボストン・エジソン社所有の他の発電所からの電気を購入できることが明記されていた。その後，1981 年から翌 1982 年にか

---

51 「申請料金主義」が「料金自体（rates per se）」に制約されるものではないと判決で述べられていることから，この判決がより州の規制に制約を与えたとの有力な見解がある。Ercolano and Lesch, *supra* note 19, at 340. しかしながら，そもそも "rate per se" の議論は規制の対象による区別の問題を扱ったものであり，たとえば本件判決によって本章においても取り扱う「電力割り当て」の領域に関して排他的な FERC の管轄が認められうるとしても，それだけで州規制当局が行うことのできる「選択のプルーデンス基準」による審査の対象となる例外的領域が存在しないとは言えない。
52 Nantahala Power & Light Co., 476 U. S. at 972.
53 Commonwealth Elec. Co. v. Department of Pub. Utilis., 397 Mass. 361, 491 N. E.2d 1035 (1986), *cert. denied*, 481 U. S. 1036 (1987).

けて、ピルグリム発電所に停電事故が生じた。マサチューセッツ州公益事業局（Massachusetts Department of Public Utilities）はこれについてボストン・エジソン社がコモンウェルス社等への送電義務を怠ったものと認定した。この際、州公益事業局は、ボストン・エジソン社の他の発電所の電気をコモンウェルス社が買い入れることを認めなかった。これは、FERCの認可を受けた料金計画に反する命令であった。そこでコモンウェルス社がマサチューセッツ州最高裁（Supreme Judicial Court of Massachusetts）に司法判断を求めた。

コモンウェルス社は、その主張において、同最高裁がナラガンゼット・ドクトリンを採用したリーディング・ケースであるイースタン・エジソン社対州公益事業局事件判決[54]を引用した。この事件において同最高裁は、本件においてはむしろナラガンゼット・ドクトリンの例外ドクトリンとしてのパイク・カウンティ・ドクトリンが重点的に検討されるべきであると判断し、大要次のように判示した。「当法廷は、州公益事業局はFERC認可の卸売電気料金の適正性ないし合理性を審査することはできないが、卸売電気を購入しようとする電気事業者が他の採用しうる方法を考慮しながら購入料金に合意することが保障されているか否かをもとに、卸売電気料金の適正性ないし合理性の審査を行うことができるものと考える。本件においては、契約締結当初に、代替可能な電力供給源が存在したとは考えられない。州公益事業局も、その存在を十分に認識できていたとは言えない[55]。同ドクトリンを適用するに当たってこの事実は看過しえないものである。」

なおこの事件は、連邦最高裁にサーシオレーライが申請されたが、連邦最高裁は1987年、これを退けた[56]。

#### 第2款 事件の検討

この事件では、パイク・カウンティ・ドクトリンの言う「プルーデンス基準」の概念を発展させて、「過失を伴うインプルーデンス（imputed imprudence）基準」という新しい概念をマサチューセッツ州公益事業局が採用し、自らの規制権限を主張したために、法的紛争が生じるに至った。すなわち、パイク・カウンティ・ドクトリンを、「選択のプルーデンス基準」から拡大しようと試みたのである。これはコモンウェルス社がボストン・エジソン社から電気を購入するよりもさらに有利な取引が可能であったことを州公益事業局が「選択のプルーデンス基準」により立証できなかったことによる。結局この事件は、代替的卸売電気事業者を欠いたため、

---

54 Eastern Edison Co. v. Department of Pub. Utils., 388 Mass. 292, 446 N. E.2d 684 (1983). マサチューセッツ州最高裁により、州規制当局は、卸売電気料金を電力コストとして適切に小売電気料金請求に転嫁することを認めなければならないと判示された事件である。

55 Commonwealth Elec. Co., No. 10003-G-6, at 20 (Mass. DPU Sept. 22, 1982) (Order).

56 Commonwealth Elec. Co., 481 U. S. 1036.

州公益事業局は苦肉の策として,「過失を伴うインプルーデンス」という概念をパイク・カウンティ・ドクトリンに当てはめようと試みたものであった。州最高裁は,同ドクトリンの有効性を認識したものの,この試みに同意することはなかった。「プルーデンス基準の拡張」が主張される傾向[57]が見られたなかで,パイク・カウンティ・ドクトリンのいう「選択のプルーデンス基準」を堅持することを宣言した判決であるとも言える。連邦最高裁へのサーシオレーライの申請も認められず,この判決により同ドクトリンが「選択のプルーデンス基準」を離れることは難しいことが明らかとされた。この事件を経てパイク・カウンティ・ドクトリンをめぐる主要な論点は,州際持株会社系パワープールにおける同ドクトリン適用の可能性に移されることになった。

## 第4節　州際持株会社系パワープールにおけるパイク・カウンティ・ドクトリン適用の可能性

### 第1款　問題の所在

　州際パワープール[58]を構成する電気事業者が,そのパワープールとの関係においてなした費用拠出を自らの事業費用として原価算入することの合理性を,パイク・カウンティ・ドクトリンにより州規制当局が審査するには不都合があるとされる。これをアメリカン・エレクトリック・パワー社（American Elec. Power Serv. Corp., 以下,AEP社）の上席法律顧問（電気料金担当）をつとめたケビン・ダッフィー（Kevin F. Duffy）氏が示した例を用いて簡単に説明する[59]。

　隣り合う州で操業する電気事業者Aと電気事業者Bが,両者の間に統合システム（integrated system）としてパワープールを構築することで合意に至った。このためのAの年間電気生産費用拠出額は100万ドル,Bのそれは300万ドルとすることも合意され,FERCに対して当該パワープール認可の申請がなされた。さて,この事例において,Bを管轄する州規制当局が,Aが年間100万ドルしか費用を負担しないのに,Bは年間300万ドルも負担しなければならないのは不公平であると

---

57　Duffy, *supra* note 31, at 86.
58　パワープールとは,電力コストを最小化する目的で電気の全部又は一部について相互に行う連系融通及び発送配電システムの計画,運用を協調する電気事業者,またはコントロール・エリアの組織体を言うものである。ここで,コントロール・エリアとは,中央給電管理を受け,一定の電力供給費用を削減するために中央組織によりすべての発電・送電を指令されている一体の電力供給システムのことである。したがって州際パワープールとは,二つ以上の州に跨る連系融通及び発送配電システムの計画・運用を行う電気事業者の協調体制ということになる。州際パワープール・システムの場合持株会社の形態をとるものも多い。*See* Frank P. Darr, *Electric Holding Company Regulation by Multistate Compact*, 14 ENERGY L. J. 357, 359 (1993).
59　Duffy, *supra* note 31, at 86.

考えたとすると，以下のような事態が展開されることになる。この州規制当局は，FERC にパワープールに関する合意の内容を変更させることを求めるのではなく，小売電気料金管轄権に基づき，B が当該合意に入ったことは賢明（合理的）ではなかったとして，B の年間電気生産費用拠出額は 200 万ドルを限度とする旨を決定する。これにより B が年間電気生産費用拠出額の 100 万ドル分の減額を余儀なくされると，パワープールは当然，全体として年間 100 万ドル分の費用の算入額の減少を被る。この損失は，両方の電気事業者が各々 200 万ドルを年間電気生産費用拠出額とする新しいプーリングの合意を形成することにより取り戻す方法もあるが，これには A 及びそれを管轄する州規制当局の反対により事実上難しい調整を要することが明らかである。A を管轄する州規制当局がパイク・カウンティ・ドクトリンの適用を主張できるとすれば，以前は A に求められていなかった支払をなすという点で賢明（合理的）ではないとして，A が新たに 100 万ドルの費用拠出をなし，それを小売料金値上げの材料とすることを許さない姿勢を取ることも充分考えられることである[60]。

このような州際パワープールにおいて，パイク・カウンティ・ドクトリンが適用されるべきか否かの問題が扱われた例としては，米国の代表的な州際持株会社系パワープールである AEP システム（American Electric Power System）を構成する電気事業者が当事者となったアパラチア社事件[61]と，同じく米国の有力な州際持株会社系パワープールである MSU システム（Middle South Utilities System）における MP&L 社事件[62]がある。以下，これらについてそれぞれ個別に検討する。なお，本節では，パワープールを構成する事業子会社の還元払いを伴う費用拠出（アパラチア社事件），それに新発電所建設に際するパワープールを構成する事業子会社間の費用割り当て（MP&L 社事件）に関する一連の連邦と州の規制当局間の法的権限争いとその経緯に焦点を当てることとする。

## 第 2 款　アパラチア社事件
### 第 1 項　事件の概要

AEP 社は全米最大の持株電力会社であり，発電量においても TVA に次いで全米 2 位の規模を有する[63]。AEP システムは，この AEP 社を中核とするパワープールである。AEP システムの主要な事業子会社は FERC に送電合意（transmission agreement）の成立を報告した。同システムでは，従来プール・メンバーが各々州

---

60　*Id.* 費用拠出が，明白に賢明（合理的）でない経営方針によるもので，そのために小売電気料金に転嫁することが許されない場合とは区別される。
61　Appalachian Power Co. v. Pub. Serv. Comm'n of W. Va., 812 F.2d 898 (4th Cir. 1987).
62　Mississippi Power & Light Co. v. Mississippi *ex rel.* Moore, 487 U. S. 354 (1988).
63　山谷，前掲註 9，352 頁以下参照。

第 4 章　パイク・カウンティ・ドクトリン

内あるいはサービス域内の送電設備を所有しまたすべての費用を個々に負担していたのであるが，新合意の成立により，システム全体への投資のうち割り当てられた額よりも多くの費用を拠出した電気事業者は支出が不足している電気事業者から還元払い（refund）を受けられることとされた。AEP システムの供給区域を管轄する各州の公益事業委員会及び消費者団体らは，この FERC による新合意の審査手続きに参加した。そして新合意に基づいてシステムへの拠出額が増加することとなった会社から電力供給を受けている手続き参加人が，新合意が全体として取り消されるか，または自らが電力供給を受けている子会社への割り当てが少なくなるような再割り当て（re-allocation）を求めたのを受け，FERC は 1984 年 8 月，還元払いの問題に関するこの新合意の内容が，効果的に実現されるための条件を整備する必要があることを理由に，その発効を停止した[64]。その後聴聞が開かれ，行政法審判官（Administrative Law Judge）は，いくつかの修正を施した後に合意を承認するよう FERC に求めた[65]。ところで，この事件がまだ行政法審判官による審査を受けていた時に，新負担分が発生する電力会社のある州からの手続参加人らのうち州規制当局が中心となり，新合意の妥当性を審査する際に，AEP システムの構成員が当該システムに加入した事実に関するプルーデンスについては審査しないことを求める要請書が FERC に提出された[66]。このプルーデンスの存否は小売電気料金審査に直接的な関連性を有することが当然考えられるため，この審査権限が州規制当局から奪われるのを阻止することが試みられ，「FERC が卸売電気販売の承認を与える際にはその行為に及ぶ取引先のプルーデンスについて考慮しない」との 1981 年のフィラデルフィア電力会社事件 FERC 決定[67]がその根拠として引用されている[68]。FERC はこの要請に対する回答として，AEP システムの構成員として何らかの合意に至ることのプルーデンスは，AEP システムの構成員となること自体のプルーデンスと切り離して考慮することはできない[69]から，州規制当局は当該合意の妥当性について判断することで FERC の管轄に侵入するという法律違反を結果的にすることなしには，構成員が加入に至ったことへのプルーデンスの審査を行うことは，不可能であるとした[70]。FERC は，本件においてはフィラデルフィア電力会社事件で自らが表明した立場は問題にならないと宣言したのである。このような経緯を経て FERC は AEP システムにおける新合意書を受理し発効を承認した[71]。

---

64　American Elec. Power Serv. Corp., 32 F. E. R. C. ¶61,363 (1985).
65　American Elec. Power Serv. Corp., 37 F. E. R. C. ¶63,032 (1986).
66　American Elec. Power Serv. Corp., 32 F. E. R. C. at 61,818.
67　前掲註 29 参照。
68　American Elec. Power Serv. Corp., 32 F. E. R. C. at 61,818.
69　Id.
70　Id. at 61,819.
71　American Elec. Power Serv. Corp., 37 F. E. R. C. at 63,032.

その後ウェスト・バージニア州において，同パワープールの構成員であったアパラチア電力会社（Appalachian Power Co., 以下，アパラチア社）が，当初の出資額が少額である側のパワープールの構成員であったため，新合意により不足分の支払いをなさなければならない立場におかれた。そこでアパラチア社は，ウェスト・バージニア州公益事業委員会（Public Service Commission of West Virginia）が小売電気料金の原価の一部としての費用算入を認可しなかったにもかかわらず，費用拠出を行った。ウェスト・バージニア州公益事業委員会は，この分野はパイク・カウンティ・ドクトリンに基づく審査が行われる分野であり，FERCの管轄に先占されるものではないとした。この事件について，1987年3月，第4巡回区連邦控訴裁判所は，州法に従ってなされる，送電合意に関するウェスト・バージニア州公益事業委員会の行為，すなわち，送電合意に基づいてなすアパラチア社の当該費用拠出を承認するかどうかの判断は，FPAのもとFERCにより優先されている[72]（連邦の先占事項）という原審[73]の判断を支持した[74]。FERCと同様，同裁判所はパイク・カウンティ・ドクトリンをこの場面で採用することは不可能であると判断し，大要次のように判示している。

「当法廷は，パイク社事件判決は，州の権限がFERCもその責務として僅かに異なる状況で（in slightly different context）分析の対象としている州際合意の審査権限の問題を取り扱ったものであると認識するのであるが，仮に，パイク・カウンティ・ドクトリンが有効なドクトリンでありうるとしても，この事件において州権限の発動が許されるものとは信じない[75]。実際上の問題として，本件においては，パイク・カウンティ・ドクトリンによる審査は無意味である[76]。というのは，アパラチア社にとっては，AEPシステムに加入していない電力供給源から電気を購入するという選択はないからである[77]。電力供給源への唯一のアクセスは送電合意に基づいて割り当てられている送電線によるしかないのである。同ドクトリンのエッセンスは『特定の選択が賢明であったかどうか』なのであるから，選択の余地がない場合にはこのドクトリンも働く余地がない[78]。」

### 第2項　事件の検討

この訴訟は，パワープール間の州際費用割り当てに対する審査権をFERCが独

---

72　16 U. S. C. §824 (a). この規定につき，前掲註1参照。また「先占」の問題につき，前掲註12参照。なお，連邦規制当局の広汎な認可権限の根拠規定とされる16 U. S. C. §824b (b)をも参照のこと。
73　Appalachian Power Co. v. Pub. Serv. Comm'n of W. Va., 630 F. Supp. 656 (1986).
74　Appalachian Power Co., 812 F.2d at 905.
75　Id. at 903.
76　Id.
77　Id.
78　Id. at 904.

第4章　パイク・カウンティ・ドクトリン

占的に有すると認識することを拒む，ウェスト・バージニア州公益事業委員会による FERC に対する挑戦であったが，結局，州規制者の頼みの綱ともいうべきパイク・カウンティ・ドクトリンの，いわゆる公式な州際持株会社系パワープール内における適用を見ることはなかった。しかし，パイク社事件判決が指摘した「選択のプルーデンス基準」というコンセプトが，州際パワープール構成員間に生ずる費用について FERC の審査を受ける際にも適用が認められうるか否かという問題は，パワープールの個々の性格[79]に左右される余地もあると考えられていたこともあり，この問題について同裁判所は，パイク・カウンティ・ドクトリンのコンセプトは，電力供給源への唯一のアクセスが送電合意に基づいて割り当てられている送電線によるしかない本件には，実際上の適用がないとの立場を表明し，同ドクトリンの公式な州際持株会社系パワープール内での適用の可能性を理論的に否定し切ることは避けた。翻って，FERC の先の決定は，従来の自らの立場を覆したものと位置付けられる[80]。FERC は，「ノン・プールの場合にパイク・カウンティ・ドクトリンを適用する」という自らの立場を先例として，パワープールの場合にも同様の立場をとることを明確にしていたからである[81]。一方いくつかの州公益事業委員会は，あえて「プルーデンス基準」の審査に拠らず，「当該設備が現在必要である場合にのみ費用回復を認める」などといった新基準を設け始めた[82]。これらのことから，本件

---

79　パワープールは，公式なものと非公式なものに分類されている。公式なパワープールは複数の電気事業者間で契約を締結して，発送電の設備計画や系統運用面での協調を促進するものであり，FERC の認可を受ける必要が有る。公式なパワープールにはさらに，参加電気事業者に中央給電指令の遵守等の広範な義務が課せられる強固なパワープールと，各電気事業者の自主性が強い，緩やかなパワープールとに分けられる。一方，非公式なパワープールも同様な協調を目的としているが，各事業者間の任意の合意に基づくもので契約等はなく，FERC の認可は不要である。『講座・公的規制と産業 1・電力』1 章（井手秀樹・森本宜久執筆）38 頁註(3)（NTT 出版，1994 年）参照。この分類の他，事業者間の協定を別に区別するものがある。山谷，前掲註 9, 368 頁参照。なおここにおいて山谷氏は，1985 年現在米国には 17 の公式なパワープールがあることを紹介している。これに関連して，米国エネルギー省は 1980 年，非公式なパワープールを含めて 26 から 30 のパワープールがあることを認識している旨表明している。See U. S. DOE, THE NATIONAL POWER GRID STUDY at 13 (1980). また 1981 年，FERC は公式なパワープールと非公式なパワープールの定義を公にした。See FERC, POWER POOLING IN THE UNITED STATES 25 at 6 n.1 (1981). See also W. STEWART NELSON, MID CONTINENT AREA POWER PLANNERS: A NEW APPROACH TO PLANNING IN THE ELECTRIC POWER INDUSTRY (1968).
80　Nixon and Johnston, *Nantahala Affirms Narragansett-Whither Pike County?*, 8 ENERGY L. J. 1, 33 (1987).
81　Monongahela Power Co., 39 F. E. R. C. ¶61,350 (1987). なお，ケンタッキー・ウェスト・バージニア・ガス社事件では，法廷助言者（Amicus Curiae）として，FERC 自らが，同様の立場の表明を行っていた。See Kentucky W. Va. Gas Co. v. Pennsylvania Pub. Util. Comm'n, 650 F. Supp. 659, aff'd, 837 F.2d 600. なお，前掲註 301 を参照のこと。
82　*See, e. g.*, Central La. Elec. Co. v. Louisiana Pub. Serv. Comm'n, 508 So. 2d 1361 (1987); Kansas Gas & Elec. Co. v. State Corp. Comm'n, 239 Kan. 483, 720 P.2d 1063 (1986).

により新たな傾向が芽生えたとの主張[83]もある[84]。

### 第3款 MP&L社事件
#### 第1項 事件の概要

MSUシステムもAEPシステムと同様、米国を代表する州際持株会社系パワープールである[85]。MSUの完全子会社であるミシシッピパワー・アンド・ライト社 (Mississippi Power & Light Co., 以下、MP&L社) は、FERCによる命令を受けて、当初の予定より高額の原子力発電所の建設費用拠出及び同発電所からの電気の買い取りを行うため小売電気料金の引き上げをミシシッピ州公益事業委員会 (Mississippi Public Service Commission) に申請し、同委員会はこれを認めた[86]。この決定に対して、ミシシッピ州司法長官 (Attorney General of Mississippi) 及び消費者代表 (Pittman) が州最高裁に司法判断を求めた[87]。州最高裁は、MP&L社による当該費用の拠出が、賢明 (合理的) なものかの審査を行わず、MSUシステムのグランド・ガルフ (Grand Gulf) 新原子力発電所建設のための費用拠出を自動的に認める (pass through) ことは、その手続きに違法があると認め、州公益事業委員会の決定を破棄し、審理をやり直すことを求めて事件を同委員会に差し戻した[88]。同最高裁は、この種の審査が合衆国憲法上の州際通商条項に反するものではないとした上で、州公益事業委員会には持株親会社とその子会社に対する監督権限があるとして[89]、FERCにより変更措置を受けている電力販売の合意内容を含め、MSUシステム加盟の各電力会社間でグランド・ガルフ発電所費用の33％をMP&L社に割り当てるという「州際合意 (interstate agreement)[90]」の妥当性を審査する権限を有するとした[91]。すなわちFERCにより承認されMP&L社に割り当てられた費用の拠出分を小売電気料金に転嫁することにつき、「パイク・カウンティ・ドクトリンのプルーデンス基準」を採用することを州公益事業委員会に求めたのである。そこでMP&L社が連邦最高裁に上告した[92]。スティーブンス (Stevens, J.) 判事の筆にな

---

83 See Duffy, supra note 31, at 95 n.53.
84 AEPシステムにおける類似の紛争として、ケンタッキー電力事件がある。See Kentucky Power Co., 36 F. E. R. C. ¶61,227 (1986); Kentucky Power Co. v. Public Service Comm'n, No.84-CI-1760 (Franklin Cir. 1987).
85 たとえば、MSUシステムの1979年の発電量ランキングは、米国全体に占める発電量の比率が193％となり13位であった。山谷、前掲註9、352頁以下参照。
86 State ex rel. Pittman v. Mississippi Pub. Serv. Comm'n, 506 So. 2d 978 (Miss. 1987).
87 Id.
88 Id.
89 Id. at 985.
90 Middle South Energy Inc., 31 F. E. R. C. ¶61,305 (1985); Middle South Servs., Inc., 32 F. E. R. C. ¶61,,425 (1985).
91 State ex rel. Pittman, 506 So.2d at 986.

る連邦最高裁判決[93]は、大要次のようなものであった。
「FERC の手続きはミシシッピ州公益事業委員会のプルーデンス審査を先占する。本件においてはナンタハラ社事件[94]における当裁判所の判決がそのまま妥当するものである。FERC の排他的権限は、単に卸売電気料金の適正性ないし合理性の判断のみならず、それらに影響を与える電力割り当てのそれにも及ぶ。合衆国憲法の州際通商条項[95]のもと、FERC が認可した電力割り当てに基づいた費用を拠出することに伴う小売料金の値上げを、州公益事業委員会が合理的でないとして禁じることはできない。FERC による規制を受ける電気料金等の適正性ないし合理性については州裁判所も連邦裁判所も同じ事柄につき審査することはできない[96]。」

このように、州最高裁判決は連邦最高裁により破棄された[97]。

### 第2項　事件の検討

ナンタハラ社事件の判決が、本件においても当てはまるとする考え方には、大きな意味がある。ナンタハラ社事件は卸売電気の買い取りに「選択権」を持たない持株子会社については、小売電気料金の適正性ないし合理性を審査する権限を州規制当局が持たないという判決であった。これに対し、本件は MP&L 社が代替的により安価な電気を購入可能であることが明らかにされていた事案であった[98]。公式な州際持株会社系パワープール内の費用拠出や卸売電気購入については、パワープールによる割り当てが FERC による認可を受けていれば州規制当局はそれに先占され、パイク・カウンティ・ドクトリンの適用がないことを明らかにした点で、本判決はナンタハラ社事件連邦最高裁判決では自明のこととされていなかったことを明らかにしたものである。第4巡回区連邦控訴裁判所のアパラチア社事件における判断よりもさらに踏み込んだ判断を行うことにより、パイク・カウンティ・ドクトリンの適用領域の厳格化を連邦最高裁自らが行ったものと考えることも不可能ではなかろう。この判決に対しては、たとえば州際持株会社機構内の発電所の建設が中止になったり続行が不可能になったりした場合に、建設コストの負担をどのように実現するかの行政上の管轄問題に関して「明確な境界線（bright line）」を健全な（sound）

---

92　Mississippi Power & Light Co., 487 U. S. 354.
93　Id. at 356.
94　Nantahala Power & Light Co., 476 U. S. 953. 本件において、ナンタハラ社には、より安価な卸電気供給源が存在しなかったとしてパイク・カウンティ・ドクトリンの適用が認められなかった。
95　合衆国憲法1条8節3項。なお前掲註39参照。
96　Mississippi Power & Light Co., 487 U. S. at 375.
97　この判決で反対意見を述べたブレナン（Brennan, J.）判事によっても、この領域に州公益事業委員会の管轄は認められないとされた。同判事は「プルーデンス基準」適用の場面を二つに分類し、結局、FERC が MP&L 社に発電所建設に参加することを命じたものではないから、ナンタハラ社事件とは異なる性質のものであると法廷意見を批判した。Id. at 383.
98　State ex rel. Pittman, 506 So. 2d at 986.

形で発展させたものであるとの評価もある[99]が,「賢明(合理的)でない」選択で「必要でない」卸売電気を購入するために小売電気料金を引き上げることを拒否する権限を州公益事業委員会に対して認めなかったことが,各州規制当局のパイク・カウンティ・ドクトリンに関する動向に水を差したとの評価が大方である[100]。なお,(FERCの認可を必要としない) いわゆる非公式なパワープールにおける割り当てに基づくパワープール構成員の卸売電気の購入等に関しては,その行為自体がパワープール構成員の自発的な支持 (voluntary adherence) にのみ依存するものであるため,州規制当局の管轄がパイク・カウンティ・ドクトリンにより引き続き認められている[101]。

## 本章の小括

　本章では,モンタナ・ダコタ社事件において確立された「連邦規制当局に申請がなされ,当該規制当局から認可 (approval) を受けた料金こそが電気事業者が法的に主張できる州際卸売電気料金である」とのいわゆる「申請料金主義(1951年)」が洗練され,「小売電気料金の基礎としての卸売電気料金の適正性及び合理性を調査することは,卸売電気料金の適正性及び合理性を審査することに他ならず,このことは排他的な連邦規制当局の管轄を侵害するものであり認められない」とするいわゆる「ナラガンゼット・ドクトリン(1977年)」に至ったことを明らかにした。さらに,ペンシルバニア州中間上訴裁判所により,この「ナラガンゼット・ドクトリン」に対する例外ドクトリンとして,「州規制当局は,FERCが認可した卸売電気料金の適正性ないし合理性を扱うことは許されないが,小売電気事業者がより安価な卸売電気料金で他から電気を購入できなかったかという見地から,当該電気購入の妥当性を審査する権限を有する」とするいわゆる「パイク・カウンティ・ドクトリン」が提示され(1983年),これらすべてのドクトリンがナンタハラ社事件(1986年)において連邦最高裁にも肯定的に認識された経緯をも説明した。結局,「パイク・カウンティ・ドクトリン」が例外ドクトリンとして成立する場面がどこにあるのかが最大の論点になったが,パイク・カウンティ・ドクトリンに基づく州規制当局の審査は「プルーデンス基準」の適用を中核とするものであることから,「パイク・

---

99　*See, e. g.*, James E. Hickey, Jr., *Mississippi Power & Light Company: A Departure Point for Extention of the Bright Line Between Federal and State Regulatory Jurisdiction over Public Utilities*, 10 J. Energy L. & Pol'y 57, 89 (1989).

100　*Note, Pushing State Regulatory Commissions Behind the Bright Line: FERC Jurisdiction Prevails in Mississippi Power & Light Co. v. Mississippi ex rel. Moore, 487 U. S. —, 108 S. Ct. 2428 (1988)*, 29 Nat. Resources J. 607, 620 (1989).

101　*See* Donald G. Balmer, *From Symbiosis to Synergy: A Case Study of Public and Private Electric Power in the Pacific Northwest*, 13 Envtl. L. J. 637, 671 (1983).

カウンティ・ドクトリンのプルーデンス基準」の拡張による同ドクトリンの適用領域の拡大の主張が州規制当局を中心に行われた。もっとも，同ドクトリンは，これによっても例外ドクトリンの域を出ることがないことが，司法判断により明らかにされてきたため，同ドクトリンに関する主要な論点は，「プルーデンス基準」は「選択」以外の場面に拡大されるべきか否かという問題から，州際持株会社機構に属する電気事業者が，当該機構の有するパワープールから卸売電気を購入する際に，はたしてノン・プールと同様に同ドクトリンに拘束されるかという問題に移されていった。その結果，FERC 決定あるいは司法判断により，公式な州際持株会社系パワープールのメンバーである配電事業者（州際持株会社機構に属する子会社）による費用拠出ないし卸売電気購入については，当該パワープールによる割り当てが FERC による認可を受けていれば，州規制当局はそれに先占され（同ドクトリンの適用がなく），州規制当局はこれと矛盾する規制権限の行使が認められないとされるに至ったのである。

　必ずしも妥当な規制政策を実現する能力のない FERC が，かつて州の規制権限内に正当に属していたとされる分野に実質的に影を落とすようになったとの非難[102]もあるが，そのような立場は，反消費者的であり，FPA のもとで連邦政府から電気設備の州際相互接続，州際調整を助成され[103]，その結果数十年間にわたって発展を見てきた電気事業が危険に晒されることになりかねないとの危惧を持つとの反対論が展開されはじめている[104]。発電設備，送電設備を建設・設置するに当たっての規模の経済性，設備の重複の回避，最善の立地場所に発電所を建設するための条件整備，他設備からの緊急時の電力供給など供給信頼性の確保，相互接続，調整システムからの需要に応えるための最低費用発電を行うことによる経済的効率性ある経営等の諸問題を考慮に入れると，州際持株会社出現の必然性[105]，あるいはパワープール契約の必要性[106]といったことが理解されよう。また FPA308条[107]によると，各州の規制当局は，各々の管轄内の事柄に関して，FERC により開かれる聴聞等に参加する可能性が広く認められているが，その際の州規制当局の一次的な役割は，公正を旨とすることよりも，各々の管轄内の電力消費者の立場を代弁し，彼らを保護するために行動することが予定されているのである[108]。さらに，FPA

---

102　Nixon and Johnston, *supra* note 80, at 31.
103　16 U. S. C. §824a は，FERC に対して州際プーリングの合意を妨げたり禁止したりするあらゆる州法，州規則あるいは州規制の制約から電気事業者を免れさせる権限を与えている。
104　Duffy, *supra* note 31, at 98.
105　公益事業持株会社の発展とその統制方法について，原野翹「アメリカにおける公共企業持株会社法の成立と展開」『岡山大学法学会雑誌』19巻1・2号79頁（1970年）参照。また公益事業持株会社形態について，特に兼業の面から論じたものとして古城，前掲註20, 629頁参照。
106　広域連系のメリットについて，藤原，前掲註1, 10頁参照。
107　16 U. S. C. §825g.
108　Duffy, *supra* note 31, at 99.

の立法の背景には州境を越えて送電線網が拡大していくことを通じて電力産業の発展を目指すという方法論を立法府が認識したという事実[109]も重要である。州際電気輸送自体も，1935年の法律制定当時から約80年が経過して当然のことながらより高度な相互接続がなされ，連邦レベルの機関（すなわちFERC）がいわば強力なリーダーシップをもって，可能な限り低額な料金で充分な電気を供給させ，さらにそれらを，州境を越えて相互接続させ，あるいは接続計画を策定させることが極めて重要な任務となり，その状況は，1935年のFPA第Ⅱ部制定当時よりも顕著となった[110]。州際電気輸送について州規制当局に規制を委ねることは，今世紀初期に，他の事業者との接続を行わず，完全なローカル事業者として孤立した操業を行ってきた電気事業者の時代に戻るようなものであるという主張[111]も首肯できなくもない。これらのことから，実現可能なコンセプトとして，協調的エネルギー連邦主義（cooperative energy federalism[112]）が原則として妥当すると考えるべき[113]で，ある程度州レベルの規制権限の保障が必要との主張が根強い[114]。

連邦議会も，今日の論争にたとえば権限の法規上の区分を明示するなど立法により解決策を提示する努力を求められている[115]。一つの提言として，州際持株会社規制に，多くの州レベルの規制者が関与することとなる「地域的規制」の協定のため，必要な連邦の権限が明らかにされるべきであるとの主張も存在する[116]。あるいは，本章にて検討したように，「パイク・カウンティ・ドクトリン」を厳格に定

---

109　S. REP. NO. 621, 74TH CONG., 1ST SESS. 17 (1935).
110　Duffy, *supra* note 31, at 99-100.
111　*Id.*
112　エネルギー連邦主義の歴史的経緯はアトレボロ（Attleboro）規制ギャップに遡ることができる。このような連邦規制論の諸要因の歴史的考察につき藤原，前掲註9，37頁参照。また協調的連邦主義につき，藤原淳一郎「公益事業規制政策法と合衆国憲法第十修正—FERC対ミシシッピ—」『法学研究』59巻12号233頁（1986年）参照。
113　連邦及び州の規制機関の電気事業規制が緩和される流れにあることが議論の前提にあることは当然である。たとえば，山谷修作「電気事業における規制緩和」公益事業学会『現代公益事業の規制と競争—規制緩和への新潮流—』54頁（電力新報社，1989年）参照。
114　Vince and Moot, *Energy Federalism, Choice of Forum, and State Utility Regulation*, 42 ADMIN. L. REV. 323, 386 (1990). 州規制当局は，州内の電力設備の建設に関する完全な行政上の管轄を有しているのに，州内の小売電気料金に影響を与えるであろう州際パワープールや州際持株会社機構の他のメンバーによってなされる州外の行為からの影響を統制する権限は，何一つ有していないのはおかしいとの発想から，この問題を解決する最善の方法として，ダール氏は州際盟約（interstate compact）の必要性を主張している。たとえば，各州から地域電力計画等がFERCに提出される際，FERCは州間での州際統合の電力計画（州際盟約）に合致しない計画である場合に限り当該計画を拒否できるという提案がオプションの一つとしてなされている。*See* Darr, *supra* note 58, at 383. なお州際盟約については，古くから問題点が指摘されていた。藤原，前掲註9，58頁参照。
115　以下の上院の聴聞が参考になる。*See* Regulation of Registered Electric Holding Companies: Hearing on S. 2607 Before the Senate Comm. on Energy and Natural Resources, 102d Cong., 2d Sess. 46 (1992).
116　Darr, *supra* note 58, at 389.

## 第4章 パイク・カウンティ・ドクトリン

立させることにより，その実際的な活用法を見出していくことも問題解決に資するものとなるはずである。連邦最高裁ナンタハラ社事件判決をはじめとする一連の判例は，卸売電気料金の規制権限をめぐるFERCと州規制当局との争いに一応の決着をもたらす有用なドクトリンを提供してきた。これを受けて今後も積み上げられていくのであろう「パイク・カウンティ・ドクトリン」適用の条件の論理的体系付けに引き続き注目したい。

# 第5章

# LNG 輸入基地問題

## 第1節 はじめに

　LNG（Liquefied Natural Gas：液化天然ガス）は，摂氏マイナス160度程度，あるいは華氏マイナス260度程度に保たれているが，この温度においては，気体の状態よりも大幅に体積が縮小し，貯蔵や運搬が効率的になる[1]。そして常温では容易に気体となり，他の天然ガスと同じ方法で使用することが可能である[2]。米国においては，1940年代以来LNGが売買されてきたが，最近まで，低価格の国内産天然ガスと競争することが不可能なほど高価格であった。そのことがネックとなり，LNG輸入量は非常に少なく，2004年1月28日付連邦議会調査局報告書（Congressional Research Service Report，以下，CRSレポート）によれば，2002年の段階で，LNGの輸入量は米国の天然ガス消費量のわずか1%であった。しかし，米国産の天然ガス価格は，そもそも乱高下する傾向にある[3]。周知のようにシェールガスへの期待も大きく，今後のガス価格の方向性は不透明であると言わざるをえない。

　CRSレポートは，環境問題による天然ガス需要の増加を予測し，天然ガス発電の環境上の優位性を明らかにした[4]。また，米国の天然ガス供給が国内需要に追いつかず，その価格が高留まりした時期があり，その時期にはLNGは通常の国内産天然ガスの魅力的な代替財になる可能性があった。今後どの程度LNGの消費量が増大するかについては，米国内の天然ガス供給の構成比率と照らし合わせつつ考察する必要があるが，アナリストによっては，米国は，LNGの全輸入量について，2025年には，天然ガス消費量の23%（7兆2,000億立方フィート）をまかなうようになるなどとしてきた[5]。

---

1　Paul W. Parfomak and Aaron M. Flynn, Cong. Research Serv., Order Code RL32205, Liquefied Natural Gas (LNG) Import Terminals: Siting, Safety and Regulation CRS-2.
2　*Id*. at CRS-2.
3　*Id*.
4　*Id*. at CRS-3.
5　*Id*. at CRS-2.

第 5 章　LNG 輸入基地問題

　ところで，2004 年 1 月のアルジェリア北東部の Skikda 基地の事故では，100 人以上の死傷者が出た。しかし，安全に懸念があるという理由では，国内天然ガス生産における不足分を補完するエネルギー資源としての LNG への関心が弱くなったわけではない。この事故に先立つ，2003 年 6 月 10 日，ビリー・トーザン（Billy Tauzin）下院エネルギー・通商委員長が，本委員会の席上，「国内エネルギー需要の 23％は天然ガスにより満たされている」と述べた[6]。この委員会で EIA（Energy Information Administration：エネルギー情報局）は，2025 年までにこの数字が，52％に増加することを期待しているとした。また，2025 年までに，総天然ガス消費量は，35 兆立方フィートまで増加することが期待されるとする試算もある[7]。それによると，エネルギー安全保障の観点から，ガス生産は消費を上回るペースを維持されることが望ましく，2025 年に 2001 年の 19.5 兆立方フィートから大幅に上昇し，国内ガス生産量が消費量より遅いペースで増加する方が望ましいとされた[8]。FERC（Federal Energy Regulatory Commission：連邦エネルギー規制委員会）もこの方向での政策を具体化するために，LNG 輸入プロジェクトを奨励することとし，2002 年 12 月，Hackberry LNG 基地において，LNG タンカーが LNG 基地に LNG を供給する際，従来の厳格なオープンアクセス規制に従う必要はないとした[9]。FERC が，当該オープンアクセス要件では新しい LNG 施設への投資を思いとどまらせる効果をもたらしかねないと考えていたからである[10]。FERC は，新規に LNG 基地を設けることが，競争を維持しながら米国内で天然ガス市場に潤沢に天然ガスを供給するためには必要との見通しを一度は得ていたと言える[11]。米国には，国内産ないしカナダ産の天然ガスにそのガス需要のほぼすべてを依存することができる時期があったことは周知の通りであるが，その様相が変化したことも大きい。シェールガスの掘削が始まったことを受けて，「シェールガス革命」などと称されることがあるが，これまで世界的に膨大な量が賦存するといわれてきたシェールガスを低コストで掘削する技術が米国で開発された。このシェールガスに続き，メタンハイドレート，コールベッドメタン（コールシームガス），タイトサンドガスなど非在来型ガスが相次いで開発される可能性があり，また，天然ガス確認埋蔵年数が世界的に見ても 60 年から 100 年以上に変わる可能性もある。しかしたとえば，カナダ産の天然ガス産出量の伸びがガス田の老朽化等の影響を受けて鈍化すると，需給

---

6　Natural Gas Supply and Demand Issues: Hearing before the House Comm. on Energy and Commerce, 108th Cong.1 (2003).
7　*Id*. at 18.
8　Natural Gas Supply and Demand Issues: Hearing Before the House Comm. on Energy and Commerce, 108th Cong. 18 (2003).
9　Hackberry LNG Terminal, L. L. C., 101 F. E. R. C. ¶61,294 (2002).
10　*Id*. at 62,180.
11　*Id*. at 62,176.

の逼迫感が高まる可能性も残る。天然ガス需要が上昇するなかで，メキシコ湾岸，ニューイングランド地方などでLNG輸入基地が建設されてきた事実もある[12]。なお，ニューイングランド地方の火力発電所の40％は，燃料として天然ガスを用いているという特徴がある[13]。この地方は天然ガス消費量が多く，現在，米国の総天然ガス消費量の半分とほぼ等しい。これは，かねてよりカナダからの天然ガス輸入がなされ，天然ガスへの依存度が高かったことがその要因である[14]。

FERCに対しては，これまでに40件以上のLNG輸入基地設置の案件が申請されてきた[15]。その内容は，大きく，既存のLNG輸入基地の拡張と，新規のLNG輸入基地の設置の二つに分かれ，FERCはこのいずれに対しても好意的である。ところが，FERCがLNG輸入基地を増やす政策を鮮明にするにつれて，LNG輸入基地の建設への反対意見が顕在化するようになってきた[16]。関連設備の安全性確保の問題や，過度の事業者間の競争激化への懸念，州間ないし地域間のガス利用権の調整不足など，プロジェクト反対の趣旨も様々である。また，「ポスト9・11」という

---

12 米国におけるLNG輸入は，Cove PointやEverettなど東海岸とLake Charlsなどメキシコ湾に受け入れ基地が5ヶ所あるだけで，世界最大のLNG輸入国である日本の27ヶ所に比べると少ないが，石油メジャーが，10ヶ所を超すLNG輸入基地を米国沿岸に建設し，2015年には全米の天然ガス供給の1割前後をLNGの輸入が占め，その輸入量は日本を抜き世界一になる可能性があるとされていた。しかし，基地建設予定地では住民の反対意見も強いなど，計画が順調に進むか不透明であるとされた。『日本経済新聞』2007年4月14日朝刊参照。しかも，シェールガスの普及により，米国やカナダは極めて存在感の大きな天然ガス輸出国になる可能性が一気に高まってきた。これについて法制面から今後の両国の可能性を天然ガス輸入国の我が国の立場から論じるものとして，杉野綾子「米国・カナダ産LNG輸入構想に関する通商法面からの考察」『エネルギー経済』2012年6月号16-22頁参照。また，続々と明らかにされつつあるLNG輸出基地計画につき，丸田敬「アメリカは本格的にLNG輸出へ」『エネルギーフォーラム』2013年1月号124頁参照。

13 シェールガスが産出されるようになる以前のこと，EIAは，天然ガス消費量が電力を含むほぼすべての部門において拡大したとし，消費全体の伸び率は，2007年に対前年比で約4.5％に上ったとの見方を示した。一方，天然ガス産出量は国全体で，2007年の対前年の伸び率が1.4％，2008年では同1.3％に過ぎず，伸びが十分でないとし，米国ではより一層の陸上ガス田・海洋資源開発が必要となっていくものと考えたのであった。なお，EIAは，2007年11月6日，2006年から2008年を対象期間にした短期エネルギー予測報告書"Short Term Energy Outlook; STEO"を公表している。(この報告書は，報告年を含む3カ年の実績を予測して取りまとめており，各月初旬に発行されるものである。)2007年1月版の同報告書によると，米国のLNG輸入については，2008年において前年を上回る拡大をすることになるとした。但し，2007年第4四半期のLNG輸入量が，直前の第3四半期と比べ，約5割程度減少すると見ていた。その理由の一つとして，国際的なLNG需給環境の変化があるなど，LNG輸入は，他国の動向にも影響されることが指摘されている。このように，天然ガスの需要予測は短期的にも中・長期的にも非常に難しい要素があると言える。なお，石崎出「EIA報告書に見る米エネルギー需給の現状及び短期予測」『海外電力』2008年1月号65頁参照。

14 Denise L. Desautels and Alan K. Mayberry, *Pipeline and Energy Facility Siting: Getting at the Relevant Details*, The Elec. J., Vol. 20, Iss. 8, at 91-97 (2007).

15 Jacob Dweck, David Wochner and Michael Brooks, *Article: Liquefied Natural Gas (LNG) Litigation after the Energy Policy Act of 2005: State Powers in LNG Terminal Siting*, 27 Energy L. J. 473 (2006).

16 *Id.*

新時代において，大都市近傍のLNG輸入基地はテロの対象となるのではないかとの懸念が地元の政治家や住民などから示され，基地建設計画が遅延している事例もある[17]。

一方，連邦政府機関にとって，州政府を巻き込んだLNG輸入基地建設の反対運動に対抗する最も理想的な手段は，連邦裁判所での1回的かつ即決的紛争解決方法を利用することである。LNG輸入基地建設の遅れが現実化したため，2005年8月，連邦議会は，EPAct 2005（Energy Policy Act of 2005：2005年エネルギー政策法）にこのためのツールを盛り込み，成立させた[18]。同法は，連邦裁判所に，連邦の目的達成を妨害するような州の行為を合理的かつ効率的に抑制する役割を担わせる仕組みを新たに導入したのである。連邦議会は，まさにこの方法で，それまで存在していた連邦と州の管轄権の論争に事実上の決着をつけようとしたことがわかる[19]。しかしこの仕組みによって，連邦と州の権限配分までも変更されたと位置付けて良いであろうか。また，EPActのもとで，LNG輸入基地プロジェクトの当事者や利害関係のある住民，そして担当官はどのような態度をとるべきであろうか。本章は，このような問題意識をもとに，LNG輸入基地の立地選定にかかわる行政プロセスにEPActが与えた影響に焦点を絞り考察する。

## 第2節　天然ガス事業に対する連邦と州の規制管轄の構造

### 第1款　NGA（天然ガス法）

1972年に，FERCの全身であるFPC（Federal Power Commission：連邦動力委員会）は，「液化天然ガス（LNG）」が，NGA（Natural Gas Act，以下，連邦天然ガス法，天然ガス法，又はNGA）2条5項のいう「天然ガス」の定義に該当することを確認した[20]。さらに，LNGの規制管轄権については，他の天然ガスの販売と輸送に関する規制管轄と同じ根拠，同じ範疇において，自らが有していると結論した。

連邦に天然ガス事業に対する規制権限を与えるNGA1条は，以下のように規定する。「本法本チャプターの規定は，州際通商となる天然ガスの輸送と，最終的に国内で商業用，産業用又はその他の消費に供する目的で再販売される天然ガスの州際通商と，そのような輸送ないし販売に従事する天然ガス事業者に適用されるものとする。ただし，以下の場合には適用を除外する。天然ガスの上述目的以外の輸送又は販売，配ガス，及び配ガスのために用いられる設備，及び天然ガスの産出と集

---

17　Id.
18　Energy Policy Act of 2005, Pub. L. No. 109-58, 119 Stat. 594.
19　See Energy Policy Act of 2005§§311, 313 (b).
20　Distrigas Corp., 47 F. P. C. ¶752, 755-756 (1972).

263

積[21]」。そしてNGA2条6項は、「天然ガス事業者」の定義について以下のように規定する。「州際通商となる天然ガスの輸送又は再販売用天然ガスの州際通商における販売に従事する者[22]。」さらに、NGA2条7項は「州際通商」の定義について以下のように規定する。「米国内において、一つの州のある地点と別の州のある地点との通商、又は、同一州内の二つの地点間の通商であって、他の州を経由して行われるもの。ただし、いずれも米国内で完結する通商でなければならない[23]。」

なお、Panhandle Eastern Pipe Line Co.対インディアナ州公益事業委員会事件において、連邦最高裁は、このNGA2条7項の適用から除外されるものには、州内輸送と直接小売販売、それに州の規制に服する地方配ガス事業が含まれると判示した[24]。その結果、FERCの規制権限は以下の範囲に制限されることになる。

① 州際通商となる、再販売を目的とした天然ガスの販売
② 州際通商となる、天然ガスの輸送

そして、上の二つの活動のいずれか一つまたは両方に該当する場合、NGA上の「天然ガス事業」を規制しているという扱いになる[25]。

1954年に、連邦議会は、再販売の目的で天然ガスの州際輸送ないし卸売販売に従事する天然ガス事業者へのFERCの排他的な権限行使に例外を設けるべく、NGAを修正し、NGA1条に適用除外条項としてc項が設けられた。それはHinshawパイプラインを連邦規制から免除し、州の規制に服させようとする明確な目的を持つものであった。

Hinshawパイプラインは、州外の天然ガスをもっぱら州内に受け入れるために、連邦規制の適用除外を受けることが天然ガス法により認められたパイプラインである。その施設は基本的に州内と州境に位置する。州が規制することになったのは、すべての天然ガスが一州内で販売され消費されるからであり、このパイプラインの操業行為ないし施設の料金ないしサービスが、どれをとっても州規制当局の規制に従いつつ行われるべきサービスだったと考えられた。連邦議会も、そのような事柄は「完全に州内の問題」であると考えていた[26]。しかし、業務の内容によっては、Hinshawパイプラインは依然として、包括的なFERCの管轄権に服することがありうる。というのは、Hinshawパイプラインが天然ガスについて州内輸送を超える輸送活動に従事する場合、FERCの規制に服するからである[27]。NGA3条のもと、

---

21 15 U. S. C. §717 (b) (2000).
22 15 U. S. C. §717a (6) (2000).
23 15 U. S. C. §717a (7) (2000).
24 DAVID J. MUCHOW and WILLIAM A. MOGEL, ENERGY LAW AND TRANSACTIONS 83.01 at 1 (2004).
25 Panhandle E. Pipe Line Co., 332 U. S. 507. *See also* Distrigas, 47 F. P. C. at 1465.
26 15 U. S. C. §717 (c) (2000).
27 Consumers Energy Co. v. FERC, 226 F.3d 777, 779 (2000).

FERC がこの規制権限を有する。NGA3 条は，以下の趣旨を規定する。「いかなる者も，天然ガスを他国と貿易する際には事前に FERC から許可を受けなければならない。FERC は，聴聞の機会を附与し，提案された輸出又は輸入が公益と一致していないと判断しない限り許可するものとする。FERC は，必要又は適切と思われる場合に，一部又は全部においてその許可の範囲を命令によって設定することができ，また，聴聞の機会の附与の後に，正当な理由があると認めるときは，必要又は適切と思われる補充的命令を発することができる[28]。」この規定を実効性あるものとするには，NGA3 条のもとにおける LNG 輸入への連邦規制委員会の権限を確保していくことが必要である。また，そこに適切な状態で基地操業行為等に条件を課す権限が含まれていなければならない。また，NGA7 条は，以下の趣旨を規定する。「天然ガスの販売又は輸送のために使用される施設の基地建設，取得，又は基地操業を行おうとする者は，FERC から『CPCN (Certificate of Public Convenience and Necessity：公衆の便宜と必要の認証)』を得なければならない[29]」。以上がこの種の規制についての元々のフレームワークであった。

## 第2款　NGA の修正と規制改革

1977 年になって，エネルギー省（Department of Energy：DOE）設置法 301 条 b 項により，NGA3 条の規制権限は FERC から DOE に移された[30]。さらに 1984 年にエネルギー省長官は，NGA を条件として LNG 施設の地点確保，基地建設，及び基地操業を承認又は不承認する権限を FERC に委譲した[31]。そこで，FERC は天然ガスの輸入と輸出に関連する新しい国内の施設の基地建設を規制することとなった。一方，DOE は天然ガスの輸入を承認する権限を維持した[32]。したがって，DOE が天然ガスの輸出入を認可する権限を，FERC が LNG 施設の地点確保と基地建設，具体的には輸出入のための場所の確保と基地建設を承認する権限を持つこととなったのである[33]。その後 1992 年には，NGA3 条に b 項と c 項を追加させる

---

28　15 U. S. C. §717b (a) (2000).
29　15 U. S. C. §717f (c)(1)(A) (2000).
30　Department of Energy Organization Act 301 (b), Pub. L. No. 98-91 (1983), 42 U. S. C. §7101 (2000).
31　Delegation Order No. 0204-112, Delegation Order No. 0204-112 to the Federal Energy Regulatory Commission, F. E. R. C. Stats. & Regs. ¶9913 (1984), 49 Fed. Reg. 6684, rescinded by Delegation Order No. 00-04.000, Delegation Order No. 00-04.000 to the Federal Energy Regulatory Commission, F. E. R. C. Stats. & Regs. ¶9918 (2001), 67 Fed. Reg. 8946 (2002).
32　Delegation Order No. 00-04.000, Delegation Order No. 00-04.000 to the Federal Energy Regulatory Commission, F. E. R. C. Stats. & Regs. ¶9918 (2001), 67 Fed. Reg. 8946 (2002).
33　Delegation Order No. 0204-111, Delegation Order No. 0204-111 to the Administrator of the Economic Regulatory Administration, F. E. R. C. Stats. & Regs. ¶9912 (1984), 49 Fed. Reg. 6684 (1984); Delegation Order No. 0204-127,

Energy Policy Act (EPAct) が成立している。このｂ項は，次のように規定する。「LNG に関して国家の処理を必要とする自由貿易協定を締結している国から合衆国に輸入される天然ガス及び自由貿易協定を締結している国へ合衆国から輸出される天然ガスにつき，①そのような天然ガスの輸入は，本タイトルにおける 3301 条の 21 が定義する『一次販売』として扱われるものとする。また，② FERC は，国家の権威に従い，不正，不合理，不当な差別，不当な優遇により，そのような輸入天然ガスを扱わしめないものとする[34]」。

さらにｃ項は次のように規定する。「天然ガスの事実上自由貿易協定による輸出入は，公益にかなう行為とし，そのような行為は原則として遅滞なく許可されるべきものとする[35]」。

なお，1997 年 5 月 28 日，FERC は Order No. 595 を発し，NGA 3 条のもとでの申請関連規則を一部改正した[36]。その内容は，DOE の権限委譲命令及び NGA が制定された 1938 年以降それまでの権限の変動に整合する規則変更であった。遅ればせながら，FERC の前身組織である FPC が 1947 年に制定した規則の初の改正となった。

## 第 3 節　LNG 基地をめぐる連邦と州の対立と住民の思惑

### 第 1 款　州の LNG への依存傾向の高まりと住民の反対運動

州政府を巻き込んでの住民による LNG 基地反対運動は，米国の東部諸州やカリフォルニア州などで見られる[37]。州政府ないし地方政府が LNG 輸入基地の建設に反対する立場を明確にし，基地建設の提案を遅延させ，妨害し，または白紙撤回させる意向を明らかにしている場合には，LNG 輸入基地プロジェクトを実現していくことがさらに難しくなる。そこでは，地元民の視点から動機付けられ，州政府ないし地方政府に関与する政治家が，LNG 輸入基地建設の反対運動を主導してきた。そして，州のこの種の権限行使が直接 LNG 輸入基地の立地選定に少なからず影響を与えており，各州あるいは各地域において，LNG 輸入基地の規制権限にかかわる訴訟が生じる可能性が高まっている。これが卸売ガス市場にガス供給し，あるいは市場にコミットしようとする事業者が持つ，LNG 輸入基地プロジェクトへのイ

---

　　Delegation Order No. 0204-127 to the Assistant Secretary for Fossil Energy, 54 Fed. Reg. 11,436 (1989).
34　15 U. S. C. §717b (b) (2000).
35　15 U. S. C. §717b (c) (2000).
36　Order No. 595, Applications for Authorization to Construct, Operate, or Modify Facilities Used for the Export or Import of Natural Gas, [Regs. Preambles 1996-2000] F. E. R. C. Stats. & Regs. ¶ 31,054 (1997), 62 Fed. Reg. 30,435 (to be codified at 18 C. F. R. Part 153).
37　Jacob Dweck, David Wochner and Michael Brooks, supra note 15, at 473.

第5章　LNG 輸入基地問題

ンセンティブを減殺させる結果，プロジェクトそのものを頓挫させることになりかねない状況に立ち至っている。

　一つの例として，Pelican 島（テキサス州ガルベストン）には BP 社（British Petroleum 社は前身）の LNG 輸入基地新規建設計画があったが，本来の訴訟当事者ではなかった BP 社が建設断念に追い込まれた。まずこの事件を振り返りたい。

　本件は，Pelican 島で LNG 輸入基地を建設する BP 社の計画があることを知った住民からの反対運動が発端である[38]。住民の不満は，意外にもガルベストン港湾局と BP 社間の交渉のなされ方にあった[39]。ガルベストン港湾局は，提案された基地の立地候補地について，BP 社との賃貸借協定の合意に向けて交渉し，思惑通りに成功した。ところがこの交渉の経過が，住民に知らされていなかったのである。行政当局が BP 社との交渉を秘密裡に行っていたと考えた住民は，その行為が住民への裏切り行為であり，テキサス州の公開会議法（Open Meetings Act）に違反していると考えた。そして同港湾局を相手取って訴訟を提起した[40]。2006 年 3 月 22 日，テキサス州第 122 地区裁判所のジョン・エリザー（John Ellisor）判事は，同港湾局の当該行為は州の公開会議法に違反しており，したがって協定の合意は無効であるとした[41]。その 5 ヶ月後，BP 社は，プロジェクトを続行することはもはや不可能になったと発表した。BP 社はその判断が訴訟の結果とは無関係であることを強調している[42]が，Pelican 島の LNG 輸入基地の建設は，まさにこの裁判のため予定よりも 1 年以上遅れたことが原因になって BP 社自らが計画を撤回せざるをえなくなったと見られることから，住民には，LNG 基地規制とは本来無関係な州法が，LNG 輸入基地プロジェクトを阻止するツールになる可能性が示されることとなった。一方，テキサス州政府は一貫して BP 社のプロジェクトを支持したことから，依然としてテキサス州のエネルギー産業における LNG 輸入の役割が増大することを期待していることが推測される。

### 第 2 款　先占領域理論をめぐる連邦と州の管轄権論争

　提案された LNG 輸入基地の建設を可能あるいは不可能にする権限を政府機関が行使する以上，プロジェクトの実現のために最も重要な鍵を握る者は政府機関であると見るべきであろう。但し，連邦と州のどちらの政府機関にその管轄権があるか

---

38　Laura Elder, *BP Awaits Lawsuit's Outcome*, GALVESTON COUNTY DAILY NEWS, Aug. 17, 2005,
39　*Id.*
40　*Id.*
41　Greg Barr, *BP, Wharves Board File LNG Appeals*, GALVESTON COUNTY DAILY NEWS, July 2, 2006.
42　Laura Elder, *BP Shelves Isle LNG Project*, GALVESTON COUNTY DAILY NEWS, Aug. 22, 2006.

が明確でなければならない。ここでは，連邦と州のどちらがLNG輸入基地プロジェクトに認可を与え，あるいは逆に拒否することを法律上決定できるかという問題を扱う。これは，言い換えれば，規制権限における連邦政府の権限の有無を確認するということである。特に，2005年EPActが制定された後も，連邦の先占（preemption）の問題が残っているとすれば，その領域を確定することには非常に大きな意義があると思われる[43]。なお，本章第4節第1款に後述するように，管轄権論争は隣接州同士においても起こりうる[44]。

1938年以降，連邦裁判所は，NGA[45]のもと，連邦議会の目標を達成するために必要な立地を妨害する州法に対しては，連邦が先占していることを認識してきた。かつて，第2巡回区連邦控訴裁判所は，「州法の領域が連邦により先占され州規制当局の権限行使の可能性が奪われなかったならば，州は，連邦が承認した建設工事を，地元の利益のために頻繁に遅延させあるいは妨害するだろう」と，連邦の先占の現実的な意味合いを明快に説明した[46]。このように，連邦議会がFERCに対して，NGAにおいて与えた権限は，連邦としての先占的権限であった[47]。そして，2005年EPActにより，FERCのLNG輸入基地での規制権限が定められたことにより，FERCによる規制の枠組みも明確に示された。すなわち，同法が，これまで法解釈に依存して運用されていたNGA3条を明確に修正し，FERCにLNG輸入基地設置，拡張又は操業に対する規制権限を加えたのである[48]。

しかし州あるいは地元の政治家には，この制度は，本来州ないし地方政府が固有のものとして有していた土地の使用，地域安全保障，及びセキュリティに対する管轄権を，連邦政府が奪い取ったものに他ならず，合衆国憲法に違反していると思われた[49]。一方，FERCをはじめとする2005年EPActの推進者らは，この法律が州と連邦の間での従来からの権限配分に影響を与えることは全くないと主張して，そのような反対は誤っているとした[50]。

---

43 Hines v. Davidowitz, 312 U. S. 52, 67 (1941); *see also* Schneidewind v. ANR Pipeline Co., 485 U. S. 293 (1988).
44 連邦政府と外国政府間の紛争もあるが，訴訟に至ることは少ない。*See*, *e. g*., Barb Rayner, *LNG Fight Still On*, SAINT CROIX COURIER, May 17, 2006.
45 Natural Gas Act, 15 U. S. C. §§717-17w (1938).
46 National Fuel Gas Supply Corp. v. Pub. Serv. Comm'n, 894 F.2d 571, 576 (2d Cir. 1990).
47 Petition for Expedited Review, Islander East Pipeline Co. v. Conn. Dept. of Envtl. Prot., No. 05-4139-AG (2nd Cir. Aug. 8, 2005) [*hereinafter* Islander East Petition].
48 Energy Policy Act of 2005§313(b).
49 *See*, *e. g*., Press Release, Congresswoman Rosa L. DeLauro, DeLauro Statement on the Energy Policy Act Conference Report (Nov. 18, 2003), *available at* http://www.house.gov/delauro/press/2003/ statement energy bill 11 18 03.html.
50 *See*, e. g., Press Release, FERC, Chairman Pat Wood, III Welcomes President's Support of FERC's Jurisdiction Over LNG Facilities (Apr. 27, 2005), *available at*

第5章　LNG輸入基地問題

### 第3款　FERCの柔軟な対応

　NGAはLNG商業船の米国初就航よりはるか昔の1938年に制定された連邦法である[51]。その意味で，同法は，FERCに対してLNG輸入基地規制に関するいかなる権限も与えていなかったと考えられるであろう。法治国家において，法による規制権限が与えられない状態で権力を行使することはできないからである。しかし，1970年代に入り，米国でのLNG輸入基地の工事について，FERCはNGAの3条と7条を再解釈し，LNG輸入基地規制には原則としてNGA3条を用いることができるとした。それによれば，NGA3条のもと，FERCが，提案されたLNGの輸出入が公益と一致するかを審査し，その基地の建設の許可を与えることができる[52]。またFERCは，NGA3条のもと，その認可が「必要であるか，または適切である可能性がある」場合には，条件を附して許可を与えることができるとする[53]。さらに，FERCの解釈によれば，NGA7条は，FERCに，「州際通商」に該当するガス輸送のための天然ガス施設の建設及び操業についてCPCNを発行する権限を与えている[54]。しかし，CPCNを発行するための基準は，NGA3条による審査基準よりも厳格であると言う。その理由は，FERCによれば，NGA7条に基づき提案されたプロジェクトが「公益上必要であるかまたは望ましいとの事実」を認定しなければならないからである[55]。「公益上必要であるか望ましいこと」を事実として認定するため，FERCは，申請者がNGA7条で列挙された要件を満たす能力があり，またその意思があることを認定しなければならず，さらにその設置工事及び操業が，現在又は将来の公衆の便益に適っておりかつ必要なものであることを認定しなければならないと言うのである[56]。このように高度な基準は，CPCNに伴う高度な権限の行使に合致するものである[57]。一方，NGA3条は，FERCに，より大きな柔軟性と裁量の広さを許容するものになる。1972年に，FERCの前身であるFPCは，Order No. 613を発し，NGAによって定義される「天然ガス」にはLNGが含まれると解釈したが[58]，その際FPCは，天然ガスの生産をLNGの輸入と比較して説明し，自らが井戸元でのガス生産活動に対すると同じように，LNG基地でのそれについて厳格でない態度をとることが妥当であると結論した[59]。

---

　　http://www.ferc.gov/press-room/press-releases/archives.asp.
51　CENTER FOR ENERGY ECONOMICS, INTRODUCTION TO LNG: AN OVERVIEW ON LIQUEFIED NATURAL GAS (LNG), ITS PROPERTIES, THE LNG INDUSTRY, SAFETY CONSIDERATIONS 10-11 (2003).
52　Natural Gas Act§717b (a).
53　Distrigas Corp. v. FPC, 495 F. 2d 1057, 1064 (D. C. Cir. 1974).
54　Natural Gas Act§§717a (6), 717e, 717f (c)(1).
55　Natural Gas Act§717f (a).
56　Natural Gas Act§717f (e).
57　Natural Gas Act§717f (h).
58　Distrigas Corp., 47 F. P. C. ¶752.
59　Id.

既述のように、FPCは、Order No. 613において、NGA3条の管轄権を、LNG船がLNG輸入基地に接続した時点から気化器にLNGを送り込む時点までに生じているとした[60]。一方、NGA7条に基づく自らの管轄権については、LNGが気化器に送り込まれる時点から始まって、そこから先は「州際通商」であるとしつつ、ガスが各州間の通商を目的として輸送されさらに卸販売される時点にまで及ぶとした[61]。但しFPCは、このような根拠条文の区分は原則論にすぎず、将来の申請書をいかに扱うかは、ケースバイケースで考えるべきであるとした[62]。そして、Order No. 613の運用について、FPCは、NGA7条に基づくCPCNの取得が、州際通商によりガスを輸送し、販売するために使用されている施設のすべてに必要であるとの考えを示した[63]。しかもFPCは、液化天然ガスの輸入行為も州際通商であるとの理論に基礎付け、それまでの先例は、これと矛盾した判断部分については先例としての価値を失ったとして、自らの考え方について念を押したのであった[64]。

LNG輸入基地が設置され、あるいはそれが全米各地に広がる状況を好ましいものと考えるFERCは、LNG輸入基地を規制する主たる根拠を、現在はNGA3条の権限に求めている。したがって、現在のFERCの解釈によれば、LNG輸入基地の立地選定、工事、及び操業には、NGA3条の権限の行使がなされ、気化した天然ガスが州際ガス導管網に送り込まれると、NGA7条による権限の行使がなされるという関係になる[65]。FERCはNGA3条を用いて規制を柔軟化したいと考えた。一方、CPCN申請書の提出範囲は、公益性を維持する観点から必要不可欠である場合に大幅に制限した。たとえば、ルイジアナ州のHackberry LNG輸入基地を認可するオーダーでは、FERCはNGA7条によれば当然に要求される可能性が高かった第三者アクセス(オープンアクセス)を、NGA3条を根拠に「強制する必要がない」としている[66]。これについてFERCは、NGA3条に基づく権限は強力なものではないこと、現実的観点からLNG輸入基地をそれほど強く規制すべきではないことなどを説明した[67]。この判断には、LNG輸入基地のさらなる設置への投資意欲を刺激する意図があったと推察される。このように、FERCは自らの政策目的を達成するために、連邦法の解釈の変更による規制権限の求め方を柔軟に変更する傾向を有してきたと言える。この傾向は、今後も続く可能性はあろうが、FERCの権限の及ばない領域は州が権限を行使するため、州にとって、FERCの立場の変更が予測困難

---

60 Id.
61 Id.
62 Distrigas Corp., 49 F. P. C. ¶1145 (1973).
63 Id.
64 Distrigas Corp. v. FPC, 495 F.2d 1057 (D. C. Cir. 1974).
65 Distrigas Corp., 495 F.2d at 1057.
66 Hackberry LNG Terminal, L. L. C., 101 F. E. R. C. ¶61,294 at 3 (2002).
67 Cameron LNG, L. L. C., 104 F. E. R. C. ¶61,269 at 12 (2003).

となって当惑のもととなり，事業者にとっても，申請の準備等において実務上の不満が残るのである。この点は，今後 FERC の周到な対応が求められることとなろう。

### 第 4 款　連邦の権限の委譲から発生する連邦と州の対立の克服

かねてより，NGA の制度においては，州が連邦の目的の実現を目指しているように見せかけつつ，連邦とは異なる政策を実施することが可能であった[68]。たとえば，ある連邦法が NGA と協働し，あるいは両者が相補うものと解されなければならないことがある[69]。しかし，州が連邦から委譲された規制権限の行使により連邦の活動を妨げるならば，既にそれは連邦による先占という問題から逃れるためのいわば「抜け道」になっていると言える[70]。州が，FERC によって承認されたプロジェクトを遅延させるか，または中止に追い込もうとするならば，そのような「抜け道」が今後も非常に大きな影響を与える可能性がある。

現在も，NGA は，州が LNG 輸入基地の建設に関連する裁量的決定権を行使する機会を完全に奪ってはいない。EPAct 2005 でも，連邦議会が連邦水質汚濁防止法（Water Pollution Control Act：WPCA，但し，一般には「Clean Water Act：CWA」という呼称が広まっているのでここでも「CWA」を用いる。）を用いる構造を引き継いだことが明らかである[71]。連邦法を根拠として州に委譲される連邦の権限は，LNG 輸入基地プロジェクトを積極的に規制する機会を州に提供している。その結果，LNG 輸入基地プロジェクトが建設遅延のリスクにさらされることは，現在もありうるわけである[72]。Islander East Pipeline Company（以下，アイランダーイースト社）とコネチカット州との紛争は，州が CWA のもとで州に与えられる権限を用いることで，連邦政府によって承認されたプロジェクトを凍結できることを示した[73]。そこで，連邦議会は CWA に基づく州の決定に対するすべての不服の訴えを連邦裁判所に処理させる条項を，EPAct 2005 に盛り込むことにしたのであ

---

68　もちろん，州及び州規制当局が連邦との関係において本音と建て前を使い分けつつ規則制定行為をなすこと自体が，好ましいことではない。
69　See Sound Energy Solutions, 108 F. E. R. C. ¶ 61,155 at 8-13 (2004).
70　Northern Natural Gas Co. v. Iowa Utilities Bd., 377 F.3d 817 (8th Cir. 2004). 天然ガス施設の設置に関わる環境問題については連邦が完全な規制権限を有しており，州規制は排除されているとした。州による特定の地点での環境審査を禁じた事件として，See also National Fuel Gas Supply Corp. v. Pub. Serv. Comm'n, 894 F.2d 571, 579 (2d Cir. 1990); Hines v. Davidowitz, 312 U. S. 52, 67 (1941); Schneidewind v. ANR Pipeline Co., 485 U. S. 298 (1988). 気を付けたい点は，海岸から離れた基地については，Deep Water Ports Act (DWPA) のもと，州知事が LNG 輸入基地の建設を承認し，拒否し，または条件付きで承認する権限を有している仕組みを，EPAct 2005 は変更しなかったことである。
71　See Energy Policy Act of 2005§311 (c)(2).
72　州裁判所の審理の遅れにより，基地デベロッパー側が連邦裁判所の審理を求めたものである。
73　See Islander East Petition, supra note 47.

る[74]。ここでは、その経緯について検討する[75]。

2002年9月19日、FERCはNGA7条のもと、ロングアイランド（ニューヨーク州）におけるCPCNをアイランダーイースト社に交付した。これは同社によるコネチカット州ノースヘブンからニューヨーク州ロングアイランドサウンドまでのパイプライン建設プロジェクトにFERCとしては賛意を表したことを意味した。しかしコネチカット州は、連邦裁判所において同認証の無効確認を求め、訴訟進行の不調を見るや、自ら訴えを取り下げた[76]。そしてその代わりに、同州は、引き続き同プロジェクトに反対するために、CWAのもとで、連邦政府によって委譲された権限を用いたのである[77]。

CWAは、州政府に対して、EPA（Environmental Protection Agency：米国環境保護庁）の指揮のもとで水質基準を設定し、これを実施する権限を与えている[78]。EPAは、州が作成した水質基準がCWAのもとで有効なものと承認されたならば、すべての連邦許可を保持する事業者は、自らのプロジェクトが、航行可能な水域に汚染物質を排出する限りにおいて、この基準にも適合しておくことを要求する。連邦機関にCWA上の認可を求める際にも、CWA401条の規定する「WQC（Water Quality Certificate：水質証明書）」を州機関が発行するまで、事業者は申請を待たされることになる[79]。但し、EPA長官は、連邦機関としてWQCを発することができ、それにより、州機関が仮にEPAの考えとは矛盾したWQCを交付したとしても、これを破棄することができることになっている[80]。

アイランダーイースト社は、コネチカット州に対抗する形で、米国商務長官（Secretary of Commerce）による応援を求めて、CZMA（Coastal Zone Management Act：連邦沿岸域管理法）に基づく管理審査の手続きを申請した。それが功を奏し、米国商務長官は、コネチカット州から提出されていた州沿岸域管理計画を却下することにした[81]。ところが米国商務長官の当該却下決定を不服としたコネチカット州は、連邦地方裁判所に同決定の取り消しを求めて出訴した。この間、コネチカット州は、WQCの発行を拒否することとし[82]、その結果、パイプラインの建設は中断を余儀

---

74 See Energy Policy Act of 2005§717r (d)(1).
75 Islander East Pipeline Co., L. L. C., 100 F. E. R. C. ¶61,276 at 143 (2002).
76 See Islander East Petition, supra note 47.
77 Id. at 10-13.
78 Clean Water Act, 33 U. S. C. §1251 (a), (b) (2000).
79 Clean Water Act 33 U. S. C. §1341 (a)(1).
80 Clean Water Act 33 U. S. C. §1342 (d)(2).
81 Decision and Finding of the Secretary of Commerce on the Consistency Appeal of Islander East Pipeline Company L. L. C. (Sept. 18, 2006), available at http://www.publicaffairs.noaa.gov/pdf/islander-decision.pdf.
82 See Connecticut v. U. S. Dep't of Commerce, No.3:04-CV-01271 (D. Conn. filed July 30, 2004).

第 5 章　LNG 輸入基地問題

なくされた[83]。アイランダーイースト社のプロジェクトが CWA401 条に基づく州の WQC を必要としたからである。アイランダーイースト社は WQC 申請書を何度も提出したが，CDEP (Connecticut Department of Environmental Protection：コネチカット州環境保護部) が，そのたびに WQC の交付を拒否している[84]。

当時，州当局の WQC 交付拒否決定については，連邦裁判所による司法審査を受けることができなかったので，WQC 交付拒否を不服とするアイランダーイースト社は，コネチカット州裁判所における宣言的判決を求めて訴訟を提起した。この訴訟において，アイランダーイースト社は，CDEP には，米国商務長官が支持を拒否したコネチカット州沿岸域管理計画に WQC 発行の拒否を基礎付けた違法があると主張した[85]。EPAct 2005 は，2005 年 8 月に制定されたのであるが，それまでこの事件は 1 年以上，州裁判所でいわば「放置」されてしまい，FERC が同社のプロジェクトを認可した後およそ 3 年を経過しても，アイランダーイースト社はついに必要な WQC の交付を受けられないままになった[86]。

かねてより，FERC はこの事態を憂慮していた。幸いにして，EPAct 2005 では，プロジェクト開発者が，連邦法の権限のもとでなされる連邦または州機関による活動のため当該プロジェクトが妨げられた場合に，至急，連邦裁判所に救済 (連邦法に基づく命令や差止めが中心となる) を求めることができる即決裁判の手続きが規定されることになった[87]。これにより新設された NGA19 条 d 項は，FERC によりなされた決定と CZMA のもとでなされた連邦の決定を除き，NGA に従ってなされた州政府当局や連邦政府当局の命令や行動の不服の訴訟は，連邦控訴裁判所に，排他的かつ始審的管轄権がある旨を規定した[88]。この即決裁判手続きを求めて連邦控訴裁判所に訴える仕組みにより，事業者は司法救済を求めることが許されることになったのである[89]。この手続きを，LNG 基地を含むすべての天然ガス施設に関して適用したいと考えた FERC は，天然ガス申請者のため，すべての連邦の標準認可スケジュールを設定した[90]。もし州が，FERC が設定したこのスケジュールに

---

83　*See* Letter From Conn. Dept. of Envtl. Prot., to Islander East, Water Quality Certificate App. #200300937 (Feb. 5, 2004). (WQC の申請を拒否した趣旨を説明している。)
84　*Id.*
85　Brief for Islander Petitioner at 14, Islander E. Pipeline Co. v. Conn. Envtl. Prot. Comm'r, No. HHD-CV-04-04022253-S (Conn. June 21, 2004).
86　*Id.* at 6-13.
87　Energy Policy Act of 2005§717r (d).
88　
89　*See* Islander East Petition, *supra* note 435. 連邦の司法権は，ある州に対し他州の市民等から提起された訴訟に及ばないと解釈されてはならない。これは合衆国憲法修正 11 条が定めるところである。*See* Islander E. Pipeline Co. v. Conn. Dept. of Envtl. Prot., No. 05-4139-AG (2nd Cir. filed Sept. 27, 2005).
90　Energy Policy Act of 2005§313 (c).

273

対応しないならば，申請者は連邦控訴裁判所の法廷で即決審査を求めることができるというわけである[91]。アイランダーイースト社は，EPAct 2005の成立を受けて，CDEPのWQCの交付拒否処分の取り消し審査を求め，第2巡回区連邦控訴裁判所に即決裁判の申し立てをなし，その結果ようやく救済された[92]。

上記のアイランダーイースト社事件の意義を簡単に再確認しておく。一般に，FERCがいったんLNG輸入基地プロジェクトを認可すると，当該プロジェクトに反対する州の規制は先占されて，プロジェクトを妨げる方向では権限を発動できなくなる[93]。しかしながら，州の役割がCWAなど事業に関連する連邦法を根拠とするとき，州がプロジェクトにどのような影響を与えるかは予測しがたい。実際にコネチカット州は，CWAのもとでの自州の権限を用いることで，アイランダーイースト社によって提案されたパイプラインの建設をかなり長期にわたって遅らせることができると考えた[94]。

これは，EPAがWQC発行を拒否する州の態度を変更させられないからである[95]。州の権限行使が違法ならば，EPAがその行為を否定する権限はあるが，EPAはその権限をも控えめに行使する傾向がある。極端な状況においてのみそれを行使できるとしなければ混乱が生じるからである[96]。そのうえ，CWAの過去の運用に従えば，EPAct 2005以前から，CWAにおけるWQCを得ることができない申請者は，州裁判所により救済を受けてきた[97]。アイランダーイースト社のプロジェクトの進行を妨げるためにコネチカット州が採用した戦術は，当該プロジェクトがWQCを必要としていることを利用するものであった。そのような目的で，CWAのもと，WQCにかかわる州の裁量権の行使がなされるという事実は，連邦議会が，CWAないし他の連邦法のもとで不服申し立てをする場合に連邦裁判所においてなされるよう，その手続きをいわば連邦化するようにしなければならないと考えられる契機となったのである[98]。

---

91 Energy Policy Act of 2005§313.
92 *See* Islander East Petition, *supra* note 47.
93 Northern Natural Gas Co., 377 F.3d at 817. *See also* National Fuel Gas Supply Corp., 894 F.2d at 579（州がプロジェクトの進行を妨害する目的で環境調査を行うことを禁じる。）; Hines, 312 U. S. at 67; Schneidewind, 485 U. S. at 298.
94 Energy Policy Act of 2005§717r (d)(1), (2).
95 *See* Clean Water Act 33 U. S. C. §1342 (a)(1).
96 United States v. Cargill, Inc., 508 F. Supp. 734, 740 (D. Del. 1981) (*citing* Save the Bay, Inc. v. Adm'r of EPA, 556 F.2d 1282, 1284-87, 1290 (5th Cir. 1977)).
97 40 C. F. R. §123.30 (2005). （州裁判所の審査に不服がある場合に連邦裁判所の審査を受けることができるという仕組みである。）
98 Energy Policy Act of 2005 section 717r (d) (1), (2). *See* Islander E. Pipeline Co. v. Conn. Envtl. Prot. Comm'r, No. HHD-CV-04-4022253-S (Conn. *filed* June 21, 2004). （EPAct 2005のもとで連邦規制当局の審査を求めた。）

第5章　LNG 輸入基地問題

## 第5款　将来の連邦の権限の委譲から発生する連邦と州の対立の可能性

　EPAct 2005 は，連邦法である CZMA について，NOAA（National Oceanic and Atmospheric Administration：全国大洋大気局）という連邦機関の規制権限の一部を州に委譲するという仕組みを維持したが，上述の CWA のもとでの WQC 交付拒否処分の場合のような連邦控訴裁判所にての即決裁判手続きの導入はなされなかった[99]。これは，エネルギー規制とは趣旨を異にする CZMA については妥当な政治的決着であったと言えるかも知れない。しかし，ここでもやはり州が自らの決定を破棄する機会を連邦政府に与えないでプロジェクトを妨げてしまう行動について，連邦規制当局が対抗できない可能性が明らかになる。CZMA は，沿岸域の連邦の許認可活動を拒否する権能を州に与えた。ところが，米国商務長官は，州による拒否の意思表示をさらに破棄することができる構造になっている[100]。このような階層的構造は，州が最終的な決断をして，連邦がそれを覆すことができなくなることを防ぐはずであった。しかし実際には，CZMA の手続きは，CZMA のもとでの証明書を求める申請者と州の間で膠着状態に陥り，結果的にプロジェクトを遅延させる，または中止させられるリスクがあることが明らかになってきたのである。そのうえ，不作為審査など，このような状況で州の判断を審査する連邦の手続きが明確になってはいない[101]。ここでは，このことについて考えてみたい。

　CZMA は州に対して，個別の地域で，最終的には米国商務長官によって承認される沿岸域管理プログラムを作成する権利を与えている。それは，沿岸域として指定された陸地の包括的使用及び開発の内容を含んでいる[102]。長官がいったん州のプログラムを承認すると，連邦へのプロジェクトの申請を行う者は，州の沿岸の管理プログラムにも適合していることを証明する「CZMA 適合証明書」を提出しなければならない[103]。州はプロジェクトが州の沿岸域管理プログラムに適合していないならば，提案されたプロジェクトに反対する権利を有している[104]。この仕組みのもと，申請者は州に対して，自らのプロジェクトが州の沿岸域管理プログラムに適合しているか否かの審査に必要な NDI（Necessary Data and Information：データと情報）を提出するわけである。州がこれらを受け取ってから6ヶ月以内にプロジェクトへの反対を決めた場合には，米国商務長官がその決定を破棄する決定を行わない限りは，いかなる連邦機関も当該プロジェクトの許認可権を行使することができなくなる[105]。州が申請書の提出を受け6ヶ月以内に同意しなくても反対を

---

99　Energy Policy Act of 2005§717r (d)(1).
100　Coastal Zone Management Act, 16 U. S. C. §1456 (c)(3)(A) (2000).
101　Weaver's Cove Energy, LLC, 114 F. E. R. C. ¶61,058 (Jan. 23, 2006).
102　16 U. S. C. §1455 (d) (2000).
103　16 U. S. C. §1456 (c)(3)(A) (2000).
104　Id.
105　16 U. S. C. §1456 (c)(3)(A) (2000).

275

しないならば，州の同意が推定される。但し，申請書の提出後30日以内にNDIが十分でない旨を申請者に通知した場合は同意の推定がなされない[106]。

確かに，CZMAは，上述のように州が沿岸域管理に影響を与えるプロジェクトに対して米国商務長官が拒否権を発動することを認めるから，米国商務長官が州の決定を覆す権限があるという構造は，連邦政府が結局プロジェクトの運命を統制できることを一応意味している。一見したところ通常は，この手続きは機能しそうである。しかし，同法はLNGプロジェクトで起こるジレンマを解決していない[107]。これは同法が，様々なプロジェクトに関する手続きの可否を積極的に認定していくよう連邦規制当局の姿勢に期待し過ぎた結果である。CZMAには州の同意の推定の規定がある。しかしそれには，限定がかけられている[108]。すなわち，CZMAの沿岸域管理プログラムにおいては，NDIが不完全であるとして州が審査の継続を拒絶するならば，一気に膠着状態に入ってしまう。それを避けることができるのは現実には州だけである[109]。この膠着状態の打破の構造がない場合，連邦政府によって承認されたプロジェクトを，州は効率的に妨害することができることになりかねないのである。

## 第4節　LNG基地規制をめぐるEPAct2005の隠された論点

### 第1款　州と州の対立

EPAct2005によって直接扱われなかった，LNG基地規制をめぐるいわば隠された論点として，規制管轄権の帰趨が明確でないために州と州が対立するという構図への対応も，今後，問題となりうる。すなわち，このような管轄権の論争は，重要なプロジェクトの遅延を引き起こす場合があるが，その背景にはプロジェクトに影響する州と州の計画上の対立の可能性がある。各州の管轄権は，実際には州境で明快に区分されるというものではない可能性がある。CZMAに関連しては，デラウェア川の川岸で計画されたCrown Landingプロジェクト（ニュージャージー州）が，

---

106　15 C. F. R. §930.54, 930.60 (2004).
107　See Weaver's Cove Energy, LLC, 114 F. E. R. C.61,058 (Jan. 23, 2006); Crown Landing LLC, 155 F. E. R. C. ¶61,348 (June 20, 2006). See Sound Energy Solutions, 107 F. E. R. C. ¶61,263 (2004)（FERCは，CZMAがLNG基地に適用されることを認識していることがわかる。）
108　16 U. S. C. §1456 (c)(3)(A).
109　See Letter from Conrad C. Lautenbacher, Jr., Vice Admiral, U. S. Navy (ret.), Under Secretary of Commerce for Oceans and Atmosphere, to Bruce F. Kiely, Counsel for Weaver's Cove Energy, LLC, Dismissal of the Consistency Appeal of Weaver's Cove Energy, LLC (Oct. 10, 2005); Weaver's Cove Energy, LLC, 112 F. E. R. C. ¶61,070 (2005).

第 5 章　LNG 輸入基地問題

まさにその可能性を示していると思われる。ここでは，この事例を見ておく。

　2004 年秋，BP 社はデラウェア川の上流での LNG 輸入基地の建設を Crown Landing プロジェクトと名付けて提案した。具体的にはそれは，ローガンタウンシップに立地することとなっていた[110]。米国北東部は，新規のエネルギー供給を熱望していた。発電所があり，ガスパイプラインの近隣でもあり，しかもニュージャージー州の比較的居住地域からは遠い地域であったので，この地に LNG 輸入基地を設置するという BP 社の提案は，成功しそうに思われた[111]。しかし，デラウェア州天然資源環境統制局 (Delaware Department of Natural Resources and Environmental Control：DNREC) は，提案された LNG 輸入基地は，州の河川沿岸域において，いかなる種類の重工業の用途も禁止する同州の諸法令に違反すると主張し，この主張について審査を行ったデラウェア州沿岸域工業審査会 (Costal Zone Industrial Control Board：CZICB) も，結局同意した[112]。かくしてニュージャージー州とデラウェア州の間で管轄権の論争が起こった。ニュージャージー州は，自州の州岸での LNG 輸入基地の建設と操業を不可能にするデラウェア州の決定を不服として，連邦最高裁の判断を求めた。そこにおいてニュージャージー州は「デラウェア川のニュージャージー州岸にての工作物を規制する排他的な管轄権」が同州にあるとの宣言を求めた[113]。また BP 社も，デラウェア州の主張は不当であると判断し，別途 FERC に同意を求めて請願をなした[114]。ニュージャージー州は，2005 年 10 月までに事件を終結するよう同裁判所に申し立てていたが，2006 年 1 月 23 日，同裁判所は特別審判官を任命し，2006 年 10 月 30 日までに事件を解決すべきことを命じた[115]。連邦最高裁によって裁かれる管轄権論争は，結論に達するまでに長期間かかるものが多い[116]。この事例も長引き，特別審判官がまだ結論を出していないにもかかわらず，FERC は Crown Landing プロジェクトに同意を与え

---

110　Application of Crown Landing LLC For section 3 Authorization to Construct Liquefied Natural Gas Import Facility, No. CP04-411 (F. E. R. C. *filed* Sept. 16, 2004).
111　*Id*. at 6.
112　Decision and Order, Coastal Zone Industrial Control Board of the State of Delaware, No. 2005-01 (Mar. 31, 2005).
113　Motion to Reopen and for a Supplemental Decree, Petition, Brief and Appendix in Support of Motion at 17, N. J. v. Del., 126 S. Ct. 713 (July 28, 2005) (No. 11) [*hereinafter* New Jersey Motion].
114　Letter from Attorney for Crown Landing LLC to FERC (Dec. 2, 2005).
115　Brief in Support of Motion to Reopen at 34, No. 11 (U. S Jul. 27, 2005); Order Granting Motion for Appointment of Special Master, No. 220134 (U. S. Jan. 23, 2006); Case Management Plan at C-2 (U. S. Feb. 8, 2006), *available at* http://www.pierceatwood.com.
116　*See* Virginia v. Maryland, 534 U. S. 807 (2003); New Jersey v. New York, 524 U. S. 968 (1998); Kansas v. Colorado, 543 U. S. 86 (2004); New Hampshire v. Maine, 532 U. S. 742 (2001).

た[117]。しかし，BP社は，少なくとも裁判が終結するまでは，工事そのものを差し控えることとした。

　Crown Landing プロジェクトの一件は特殊ではあるが，それは州と州の管轄権をめぐる問題の複雑さを例証する重要なものである。この種のプロジェクトは，州機関の適切な判断がなければ，訴訟によって失速するかもしれないことを如実に示していると言えよう。すなわち，極論すると，CZMAの権限がある州は，近隣州内のプロジェクトを妨害しつつ，訴訟にて自らの権限の侵害を主張する可能性があるということである[118]。今後の現実的な関心は，北東部諸州が，隣接した沿岸でLNGプロジェクトを見直すかということである。たとえば，ニューヨーク州がその水域に位置するBroadwater LNGプロジェクトを見直す権限を持っていると主張し，一方コネチカット州が州境を超えてCZMA審査を州として実施したいと考えていることが明らかになっているなど，ニューヨーク州，ニュージャージー州，コネチカット州及びペンシルバニア州の諸州は，CZMAのもと，各々の隣の管内でのプロジェクトを見直す計画を準備している[119]。それは，州の活動がその州の沿岸の管理ゾーンに影響を与える可能性があるならば，CZMAにより，州がそれらの沿岸のゾーンの連邦の権限を行使できると主張するためである[120]。NOAAの規則のもとでは，ある州が自州外での活動をするなら，そのリストを作り，何に対して権限を行使し，何を審査しようとするのかを明らかにしなければならない[121]。NOAAが州のリストを承認するならば，それは，州内の事柄を審査することと同じように，州がCZMA審査をそれらの活動に及ぼすことができる[122]。NOAAからこの承認を受けることができなかった州は，NOAAの判断は過度に制限的であるとして，これを争うかもしれない。逆に，プロジェクトの開発者や提案された施設がその内部に存在する州が，CZMAの認可は自州のみ許されると考え，施設の建設を妨げるべくなされる隣接州の口出しが許されてはならないという主張をするかもしれない[123]。これらの問題は，現在のところ訴訟になっていないし，今後も

---

117　Crown Landing LLC, 115 F. E. R. C. ¶61,348 at 31 (June 20, 2006).
118　New Jersey Motion, *supra* note 501, at 13.（ニュージャージー州の主張は，デラウェア州がニュージャージー州の主権を侵害しているということであった。）
119　Letter from Conn. Dept. of Envtl. Prot., to Broadwater Energy, L. L. C. (Feb. 28, 2006).
120　*See* 16 U. S. C. §1456(c)(1) (2000). 各州が，自らの沿岸域に影響を与える限りにおいて，連邦が許可した行動から逸脱することがないように州外での行動も含めて要求することができることを定めている。
121　15 C. F. R. §930.154 (2007).（各州が，CZMAとの一貫性を維持させることにつき，他の州における行為をも要求でき，そのような行為について州としてリストアップしていくことができるとする条項。これにより，LNG輸入基地の立地選定ないし建設について，ある州が，近接州に，事実上，「横やり」を入れることができる。）現在のところ，このリストアップを目指した州はない。当面，近接州としてそのような行為に及ぶ州は存在しないであろう。
122　*Id.*
123　*Id.*

第5章　LNG輸入基地問題

準備だけにとどまって訴訟には発展しないかもしれないが、プロジェクトの関係者にとっては、LNG 輸入基地の周辺のすべての州の事情や立場を考慮することが、思わぬプロジェクトの遅延を招かないようにするためにはことのほか重要になりつつあり、その意味で彼らの負担感が増している。

### 第2款　厳格な規制への要請と担当官の役割

米国連邦議会は、EPAct 2005 において、NGA[124] を修正し、LNG 輸入基地を含めた天然ガスプロジェクトのための承認手続きの効率化を目指した。同法は、FERC に対して LNG 輸入基地の立地選定、建設、操業に関する排他的な規制権限をより明確に確認し、その認可事項については、ほとんどが、直接、連邦控訴裁判所で司法審査を受ける対象になった。さらに、FERC に対して、LNG 輸入基地プロジェクトを審査する連邦政府諸機関のスケジュールを制約し、LNG プロジェクトの実施を早める措置を講じる権限を与えた。但し、FERC がこれらの権限を行使する際には、事前審査手続きを設け、その手続きにおいて州の意見を聴き、かつすべての連邦政府機関の意思を統合すべきこととされた。その結果、連邦の担当官にかかる負担は増えるものと考えられる。担当官はその負担に耐えられるか、これが、EPAct 2005 における隠されたもう一つの論点である。ここでは、パイプライン規制を例にとって、担当官の業務のあり方を考えてみたい[125]。

LNG 輸入基地に関しては、FERC によって立地の承認を受ける際、LNG 輸入基地のみならず、これと接続するパイプラインも審査される[126]。担当官は、公益性と必要性の観点からこれを承認すべきか、また対象施設の近隣住民の安全性を含めた公益に資するかを決定しなければならない。公正性を担保するために、申請者から提出される技術データは、真実の推定を受けることなく審査されるべきものとされる。LNG 輸入基地の新規立地、拡充、アップグレード、又は立地については、連邦規制（特に安全規制）に抵触する申請もあると考えて審査に臨む。これについて、政府機関は、申請を審理する過程において、多くの情報源を用いる。その情報源には既存の行政規則、標準規格、学術研究、白書、政府内外の専門家、公衆、及び産業界のコメントが含まれるが、むしろこれらは積極的に技術審査に用いられるべきものであろう。そのうえ、単に行政規則に従い、標準規格に適合しているとの理由でなされる申請もあれば、まだ一般化されていない新技術に則った申請もある。担当官は、このいずれにも対応できなければならない。操業者がプロジェクトの効率

---

124　Natural Gas Act, 15 U. S. C. §§717-17w.
125　LNG 船をはじめとした LNG 関連の技術発展について、田部井純「LNG プロジェクトの現状および LNG 船の最新技術動向」『都市エネルギー協会第 14 期エネルギー政策研究会』4 頁（2007 年）参照。
126　Denise L. Desautels and Alan K. Mayberry, *supra* note 14, at 92.

的稼働を維持できるよう，より新しい技術を使用することを認めることこそが公益に資するという場合は多い。申請者が，新たに開発された高強度パイプラインを使用したいと望んだ場合などがその一例である。従来よりも薄く，耐久性が高く，したがって，低コストで高利率的な敷設が可能になるといった新素材も，パイプライン破損時のコントロールなどの問題にどのように影響するかなど，様々な観点から審査される必要がある。技術審査では，当然に，立証済みの工学技術論や科学技術論に依存する。しかし多くの場合，政府機関は，申請された設備の実現可能性を決定するために技術専門家を信頼せざるをえない。そしてその結論は，住民を含めた利害関係者にとって，法的観点からも技術的観点からも説得力あるものでなければならない。

　技術面でのLNG輸入基地の立地規制は，連邦政府機関がLNGプロジェクトの技術審査をなす場合については，連邦行政規則とそれが言及する技術標準規格を参照する。パイプライン規制では，連邦行政規則49巻192部に基づいて，安全規格を米国運輸省パイプライン安全局（Department of Transportation Office of Pipeline Safety）が公表している[127]。これは標準規格として明示されており，連邦行政規則がこれを参照するよう義務付けることによりパイプライン計画は標準規格に合致することを強制される。この他にも，天然ガスパイプラインには様々な規格が定められている[128]。その多くは，民間の規格でありながら連邦行政規則が参照するという関係に立つため，LNG輸入基地の設計，建設，操業の手順を複雑化させるものとなっている。しかし，政府機関の立場に立てば，審査官は標準規格がいつも技術における最新のものを反映するというわけではないという現実を考慮しなければならない。これはちょうど携帯電話の商品が新技術の登場のために急速に時代遅れのタイプになる状況に配慮することと似ていると考えられる。通常，標準規格は規格委員会の中で，ある程度時間をかけて検討されるため，最新技術よりも何年も遅れた規格となっていることがある。一方，専門家ないし当事者は常に最新技術に親しんでおくよう心がけることが期待される。結果として申請の妥当性を判断できていることが不可欠だからである。技術進歩に的確に対応する審査を行うために，既存の安全規格と異なる申請にも，追加研究ないし査定を行っており，このような場合，特に公聴会が活用される[129]。立地申請の内容について専門家の提供した文書をもとに，申請に関する結論を適正に出す。専門家は，適切に立地を承認するか，または不承認とするために必要な技術的基礎データを，規制権限を有する者に提供する責任への自覚が促される。このような専門家は，技術的な審査をするも

---

127　49 C. F. R. Part 192（2007）.
128　連邦行政規則49巻192部は，米国機械学会（ASME）が作成したいわゆるB31.8というガスパイプラインの標準規格を参照することを厳格に要求していることで知られる。
129　Denise L. Desautels and Alan K. Mayberry, *supra* note 14, at 97.

ののエコノミストも含みうる。州，カウンティー，市といった自治体のため同様の仕事をしてきた者も多い。そして彼らが，技術専門家と協働することが期待されている。外部の専門家も政府機関から頻繁に任命される。外部委託研究もまた，独自の技術的な観点から，新技術等の分析を提供するために用いられる。これらは，専門性の分野によっては政府機関間の協定により用いられることもある[130]。このように，多様な立場の人々がLNG輸入基地の立地提案を受けて審査にかかわることになる。ここにおいて，公益性と安全性が最大の問題になる。これにかかわる論点を積極的に取り上げることが，政府機関側の役割である。技術面への評価の違いにより，申請者（事業者）と政府機関はしばしば，パイプライン事業のためのコスト算定について異なる意見を持つ。政府機関と操業者との間に交わされる議論は，時として実務目的というよりも，むしろアカデミックなものとなる傾向も指摘されている[131]。たとえば，パイプラインの耐用年数について政府機関側の専門家の設定と，対する操業者側のそれが数倍に乖離していたら，それはもはや実務的な観点を離れてしまっている可能性があるのではなかろうか。専門家の意見がプロジェクトの公益性を再確認することに常に資するものになるというわけではない。投下するコストを薄く長く料金に転嫁することを望むか，むしろ早期に回収したいと思うかという単なる思惑の違いから出発した議論も多い[132]。このような審査手続きは，影響を受ける当事者の情報を政府機関が把握するという観点から，仮に「手間がかかってコスト高」ではあるとしても，これをおろそかにすることは適正手続きの要請に反している。

## 本章の小括

LNG基地の建設には様々な当事者が関与し，長期契約を必要とする資本集約的なプロジェクトである[133]。その投資にはある程度の予見可能性を必要とする。FERCは，「連邦の監視は，州政府がLNGの輸入に無理なハードルを設けることをチェックするためのものでもある」ことを強調した[134]。そして，2004年3月24日付オーダーにおいて，「地理的にも現存のインフラの状況からも，そもそもLNGを輸入し，貯蔵し，ガス化し，市場に供給できる場所は有限である。」と警告した[135]。この論理により，LNG基地に関する政策については，連邦レベルで実施されるべきで，それに呼応する形で州規制や地方政府の規制が求められることになっ

---

130　*Id*. at 96.
131　*Id*.
132　*Id*.
133　Sound Energy Solutions, 107 F. E. R. C. ¶61,263, 62,168 (2004).
134　*Id*.
135　*Id*. at 62,169.

た。FERC は，Sound Energy Solutions (SES) 社がなした申請に対して，宣言的命令 (Declaratory Order) を発し，その中でカリフォルニア州・ロングビーチに隣接した LNG 輸入基地の地点確保，基地建設，及び基地操業について連邦の排他的な規制管轄権を宣言した。この命令は，日本企業の資本が入った LNG 基地計画に関するものであっただけに我が国でも注目された[136]。FERC のこのような主張の妥当性をはかるには，州際通商規制の要素がこの問題と深くかかわっており，この種の規制について州政府と連邦政府の間にある「境界」を再認識する必要がある。FERC は LNG 基地及びそのプロジェクトに関して，初めてその排他的な管轄権を主張したのであるが，かような権限は FERC にはないのではないかとの疑問が米国内で呈されてきた[137]。LNG 基地の地点確保，基地建設及び基地操業については，FERC によれば，SES 社事例にみられる基地に対する排他的規制の宣言的命令がその代表例である[138]。FERC は，州内通商のみに限定して従事することを主眼とする LNG 事業は実際にはないことを前提とする。その具体的案件において，州際通商に該当しない LNG の卸売りないし州際輸送のような要素を含まなくても，すなわち基地そのものは完全な州内のプロジェクトであっても，連邦に完全な規制権限があることを連邦規制当局として明示した。

　LNG の多くが火力発電に使用されることからすれば，新規 LNG 基地建設が州際通商に影響を与えると見るべきことは当然のように思われる。LNG 基地の地点確保，基地建設及び基地操業が州際通商に影響する活動である以上，州際通商規制に服するべきとの論理が成立する。LNG 基地の地点確保，基地建設，基地操業では，連邦による単一かつ統一的な規制が求められる。その上，LNG の輸入がそもそも卸販売か州を跨ぐ輸送の意図を持つものであれば，LNG 基地の地点確保，基地建設，及び基地操業は，すべて NGA のもと，FERC の規制権限に服することになる。この意味で当該連邦法の中に連邦規制当局の LNG 基地への排他的規制権限を盛り込むという選択は，非常に論理的で整合性もあり，歓迎すべきことであったと思われる。

---

136　宮崎信也「米州の中長期 LNG 需要と LNG 基地計画について」『都市エネルギー協会第 12 期エネルギー政策研究会セミナー報告書』14 頁（2006 年）参照。住民の反対が激しいなどの理由により，日本企業の思惑通りに事は運んでいない。「米の LNG 受け入れ基地，三菱商事が建設断念」『日本経済新聞』2008 年 8 月 7 日朝刊。同記事によると，三菱商事は事業化調査に 60 億円程度を投じていたようである。同社はテキサス州フリーポートの LNG 受け入れ基地の使用権を確保済みであったが，状況の変化を踏まえ中長期的な戦略を練り直すと言う。
137　Monica Berry, *Liquefied Natural Gas Import Terminals: Jurisdiction Over Siting, Construction, And Operation in the Context of Commerce Clause Jurisprudence*, 26 ENERGY L. J. 135 (2005).
138　吉武惇二「エネルギーそこが知りたい―日米欧ガスパイプラインの発達②―米国(2)連邦と州に分かれる規制権限―」『ガスネルギー新聞』2006 年 4 月 5 日参照。

# 第6章

# NGA3条と7条の適用理論

## 第1節 はじめに

　米国には，2011年末現在，LNG（Liquefied Natural Gas：液化天然ガス）基地（以下，LNG基地）[1]が12ケ所ある。Everett基地（マサチューセッツ州），Lake Charles基地（ルイジアナ州），Cove Point基地（メリーランド州），Elba Island基地（ジョージア州），Penuelas基地（プエルトリコ）などである[2]。一方，LNG基地の設置を含むプロジェクトへの地方住民による反対運動もある（日本人にもよく知られるようになったNIMBYという語を想起されたい）[3]。なお，米国は，Kenai基地（アラスカ州）というLNG生産・輸出基地を古くから有しているが，これは例外的な存在であって，他の輸出基地はいずれも近年建設されたか，建設途中であるか，建設予定の段階にある[4]。米国では，シェールガス産出量のほとんどが国内消費向けで，本格的な輸出に結び付いていない。しかし，やがては国策として多くを輸出に振り向けられるようになる可能性が高いと見られる。本章の考察は，前章で

---

[1] LNG輸出入基地及びその貯蔵タンクの技術的な仕組みにつき，日本エネルギー学会天然ガス部会『天然ガスのすべて―その資源開発から利用技術まで―』111-113頁（コロナ社，2008年）参照。米国では今後少なくとも六つの基地がLNGを輸出するようになるとしている。山本博司・富田直子・渡邊道仁・山口健二郎・城田佳宏・長尾孝信・松浦文生・村井春樹・澤多俊成「米国電気事業の最近動向―グリーンからクリーンへ，エネルギー政策の変化と課題―」『海外電力』2012年2月号26頁参照。なお，本論文第Ⅲ部第5章は，NGA（Natural Gas Act：連邦天然ガス法）3条及び7条の規制領域の理論的課題についてはこれを所与のものとして考察の対象から外し，当該規制の実際やその外延領域を連邦と州の衝突問題に焦点を当てて観察していた。この理論的課題は本章において考察する。

[2] 森川哲男「アジア・太平洋及び大西洋市場の天然ガス事情とLNG需給動向（2007年度）」『エネルギー経済』34巻4号77頁（2008年）参照。

[3] 山口正康「天然ガス時代への道5―LNG需給暗転！日本は楽観しすぎていた―」『エネルギーフォーラム』2008年8月号114頁。山口氏はNIMBY（Not In My Back Yard）を，うちの近所ではご免こうむるという住民エゴと断じている。

[4] 古くから日本のLNG輸入相手国に米国が含まれるのはこのためである。詳細につき，経済産業省資源エネルギー庁（編）『最新エネルギー基本計画』65頁（2007年）参照。なお，渡邊道仁「2007年の世界のLNG需給動向とLNGスポット市場の概要」『エネルギー経済』34巻5号14頁（2008年），穴沢朋子「米国における石炭火力導入，LNG需給見通し動向について」『海外電力』2008年9月号39頁も参照。

第Ⅲ部　エネルギー規制機関の権限配分

の研究成果を受けて，これまでの法的紛争などから，LNG 基地の中でも輸出機能に適用されうる法理論の分析を試みたい。

2004 年 3 月 24 日，FERC（Federal Energy Regulatory Commission：連邦エネルギー規制委員会）は，Sound Energy Solutions 社（SES 社）がなした申請に対して，宣言的命令（Declaratory Order）を発し，その中でカリフォルニア州・ロングビーチ（Long Beach）港に隣接した LNG 基地の地点確保，基地建設，及び基地操業について排他的な規制管轄権を宣言した。この命令は，日本企業の資本が入った LNG 基地計画に関するものであっただけに，我が国でも注目された[5]。FERC のこのような主張の妥当性を図るには，州際通商規制の要素がこの問題と深くかかわっているため，州政府と連邦政府の間にあるこの種の規制についての「境界」を再認識する必要がある[6]。この命令で，FERC は LNG 基地及びそのプロジェクトに関して，初めてその排他的な管轄権を主張したのであるが，かような権限は FERC にはないのではないかとの疑問が米国内において呈されたことは前章で述べた[7]。合衆国憲法の州際通商条項により，連邦には LNG 基地に関する規制権限を認められないとする裁判例もあった（後述の BPL 社事件）。但し，LNG 基地の地点確保，基地建設，基地操業は，完全に州内の活動に従事している LNG の輸入関連事業といえども，明らかに州際通商に密接にかかわるし，米国内に増大しつつある LNG に対する需要に応えることは，国益に直結することであるから，この領域を扱うことは連邦がなすべきことであるとの意見も強く，むしろそれが政府・産業界ともに支持されている[8]。米国の LNG 基地は今のところわずかな数であるから，1 基増設の効果は重要である。2000 年を例にとると，北アメリカでの 16％の発電は天然ガスでなされた[9]。上に述べた理由で，火力発電所の新設・増設において天然ガスを燃料として選択することが主流になると見る向きもある[10]。今後 2020 年までに米

---

[5] 宮崎信也「米州の中長期 LNG 需要と LNG 基地計画について」『都市エネルギー協会第 12 期エネルギー政策研究会セミナー報告書』14 頁（2006 年）参照。

[6] 合衆国憲法 1 章 8 節 3 項は，州際通商（interstate commerce）を連邦法が制定できる分野として規定しており，これを根拠にして多くの連邦法が制定されている。州際通商とは一般に複数の州にまたがる商業事項を対象としていると理解されることから，適用範囲は広く，連邦議会の権限拡張の見地からも有効な規定として利用されている。

[7] Monica Berry, *Liquefied Natural Gas Import Terminals: Jurisdiction Over Siting, Construction, And Operation in the Context of Commerce Clause Jurisprudence*, 26 ENERGY L. J. 135 (2005).

[8] 三菱商事も米国子会社 Sound Energy Solutions（SES）社を通じてカリフォルニア州に基地建設予定であったが，後に断念した。山口，前掲註 3，114 頁。カリフォルニア州は，全米でもとりわけ住民の環境意識の強い地域である。安全性や環境問題を心配する住民の運動が基地建設に大きな影響を及ぼしている，として SES 社のプロジェクトの失敗を解説している。

[9] ガス市場の自由化の大宗を解説したものとして，藤原淳一郎「ガス市場の自由化」藤原淳一郎・矢島正之（編）『市場自由化と公益事業―市場自由化を水平的に比較する―』109 頁（白桃書房，2007 年）参照のこと。

[10] See Office of Fossil Energy, Dep't of Energy, Coal & Natural Gas Electric Power

第 6 章　NGA3 条と 7 条の適用理論

国に建設される発電設備のおよそ 90％が天然ガス仕様になりうるともされる[11]。したがって，LNG 基地の建設はガス火力発電所の需要に応えるために供給される州際通商としての天然ガス供給に影響を与える。一例として，カリフォルニア州では，2003 年に，発電の用途での天然ガス需要は 1 年間で 1.5％増加した[12]。

　LNG 基地建設のための投資を呼び込むようにするにはどのような政策を打ち立てるべきか，あるいは，住民の反対運動にどのように対応すべきか，連邦及び州の規制権限の行使はそのような政策あるいは対応と密接に関係するか[13]。本章では，そのことを問題意識の基礎におき，それにかかわる連邦規制当局，すなわち FPC（Federal Power Commission：連邦動力委員会）あるいはその後身の FERC の LNG 基地規制のための NGA（Natural Gas Act：連邦天然ガス法）の特に 3 条と 7 条の適用に関する法解釈を「適用理論」と捉えて，その詳細を論じたい[14]。

---

Systems, available at http://fossil.energy.gov/programs/powersystems/.
11　Office of Fossil Energy, Dep't of Energy, The Turbines of Tomorrow, *available at* http://fossil.energy.gov/programs/powersystems/turbines/.
12　Rich Ferguson, Ctr. for Energy Efficiency & Renewable Techs., Reducing Demand for Natural Gas in California, Natural Gas Market Outlook (2003), *available at* http://www.energy.ca.gov/.
13　SES's Application for Authority to Site, Construct, and Operate LNG Import Terminal Facilities at pp. 4-6. 藤原淳一郎「LNG 基地開放問題の法的考察」『エネルギーフォーラム』47 巻 96-99 頁（2001 年）。
14　NGA3 条の FERC による LNG 輸出入規制の本則規定は，以下のようなものである（*See* 15 U. S. C. §717b (a) (2000).)。
After six months from June 21, 1938, no person shall export any natural gas from the United States to a foreign country or import any natural gas from a foreign country without first having secured an order of the Commission authorizing it to do so. The Commission shall issue such order upon application, unless, after opportunity for hearing, it finds that the proposed exportation or importation will not be consistent with the public interest. The Commission may by its order grant such application, in whole or in part, with such modification and upon such terms and conditions as the Commission may find necessary or appropriate, and may from time to time, after opportunity for hearing, and for good cause shown, make such supplemental order in the premises as it may find necessary or appropriate.
一方，NGA7 条の FERC による天然ガスの州際通商にともなう CPCN 発行の本則規定は以下のようなものである（*See* 15 U. S. C. §717f (c)(1)(A) (2000).)。
No natural-gas company or person which will be a natural-gas company upon completion of any proposed construction or extension shall engage in the transportation or sale of natural gas, subject to the jurisdiction of the Commission, or undertake the construction or extension of any facilities thereof, acquire or operate any such facilities or extensions thereof, unless there is in force with respect to such natural-gas company a certificate of public convenience and necessity issued by the Commission authorizing such acts or operations: Provided, however, That if any such natural-gas company or predecessor in interest was bona fide engaged in transportation or sale of natural gas, subject to the jurisdiction of the Commission, on February 7, 1942, over the route or route or routes or within the area for which application is made and has so operated since that time, the Commission shall issue such certificate without

第Ⅲ部　エネルギー規制機関の権限配分

## 第2節　FERC の規制権限に関する争訟

### 第1款　BPL 社事件

　1947年に，FPC（1977年に FERC に改組）は，Border Pipe Line 社（以下，BPL 社）が提案している天然ガスの輸入と輸出のために用いる施設を規制する排他的な管轄権を主張し，このことが司法判断の対象になった。本節ではまずこの事件を簡単に紹介する。

　BPL 社は，1942年2月11日，天然ガスをメキシコの会社に販売するためリオ・グランデ（Rio Grande）川の近くのある地点への天然ガスの輸送のために，完全にテキサス州の中に位置する形で天然ガス施設を建設し，かつ，操業することの許可を求めた[15]。FPC は，NGA3条に従い，米国からメキシコに対して天然ガスを輸出することを BPL 社に認めた。続けて，パイプライン接続がメキシコとテキサス州の間の境界に位置することを認める大統領許可が BPL 社に発せられた[16]。その後，1947年2月13日，FPC は，BPL 社が FPA（Federal Power Act：連邦電力法）のいう「天然ガス事業者」に該当するものであり，その施設が同法の定義する「州際通商」のために用いられるのであるから，同社は NGA7条等，天然ガス事業者が服するすべての連邦規制を受けることになるとした。この論理により，FPC は，BPL 社がいわゆる州際通商となる天然ガスの輸送に従事するためには，すべての連邦規制に服することを条件とする NGA7条の「CPCN（Certificate of Public Convenience and Necessity：公衆の便宜と必要の認証）」が必要であると通告した。これに不服があるとして，BPL 社はコロンビア特別区連邦巡回控訴裁判所に司法判断を求めた。結果は，BPL 社の勝訴であった。

　同裁判所は，FPC とは異なる見解を述べた。すなわち，BPL 社の基地操業形態は完全に州内にとどまり，連邦法が FPC による規制を望んでいるのは，完全に外国との貿易に該当する場合であるとした[17]。また，特定の法令の目的のための定義上，連邦議会があえて一つの表現にその両方を含んでいない場合，「州際通商」と「貿易」とは区別されるべきであり，州際通商は貿易を含む概念ではないとした[18]。すなわち，同裁判所は連邦議会が頻繁にそのように異なった概念の区別に意を払ってきたとし

---

requiring further proof that public convenience and necessity will be served by such operation, and without further proceedings, if application for such certificate is made to the Commission within ninety days after February 7, 1942. Pending the determination of any such application, the continuance of such operation shall be lawful.

15　Border Pipe Line Co., 8 F. P. C. ¶773 (1949).
16　*Id*.
17　Border Pipe Line Co. v. FPC, 171 F.2d 149, 151 (1948).
18　*Id*. at 150.

つつ、連邦議会ではそれらの用語の使用は慎重に区別されていると述べて、注意を喚起している[19]。さらに同裁判所は、もともとのNGA最終法案にすら外国との貿易という概念が明確に含まれていたけれども、それが、法案可決の直前にわざわざ外されたことを指摘している[20]。そして「我々は連邦議会の行為としてわざわざ省いた概念を法律の文言に解釈で書き込むことを躊躇した」と述べた。そのようにして、「外国との貿易は含まない」ものと「州際通商」を位置付けた[21]。また、連邦規制当局が、その販売が貿易を基本としているにもかかわらず、不当にもBPL社の基地操業のすべてを制御しようとしたと認定し、この申請者の基地操業行為は、州際通商における天然ガスの輸送、又は州際通商における天然ガスの卸売販売を含んでおらず、その行為は完全に地域内のものであり、連邦規制当局の規制を受けることはないとした。

## 第2款　Distrigas社事件
### 第1項　事実の概要

上述のBPL社事件判決から約四半世紀が経過し、FPCは、1972年にエネルギー事業者の外国との輸出ないし輸入に対する管轄権を主張し（オピニオン613号）、Distrigas社が司法審査を申し立てた。それがDistrigas社事件である。この事件の事実の概要から紹介する。

Distrigas社は、アルジェリアからLNGを輸入したいとしてNGA3条に基づきその認可を申請した[22]。同社は、米国内でLNG基地を操業していたガス事業者で、外国からLNGを長期間大量輸入する構想を発表すると同時に、FPCにその旨を申請したものである[23]。この申請によれば、Distrigas社は、20年の長期契約を締結して、アルジェリアからLNGタンカーにて最大6隻（後に14隻まで増加させた。）を毎年輸入することとしていた[24]。これによりガス供給ピーク期の需給逼迫リスクを逓減させる機能が期待された[25]。そのためのLNG基地を、Distrigas社がEverett（マサチューセッツ州）、Staten島（ニューヨーク州）に建設する予定であった。すなわち、Distrigas社は米国領域内で州をまたいでガス輸送を行うことを当該LNGプロジェクトの前提としていた[26]。

もともと同社は、LNG事業の管轄権については通常の天然ガスの販売や輸送と

---

19　*Id.* at 151.
20　*Id.*
21　*Id.* at 152.
22　Distrigas, 47 F. P. C. ¶ 752 at 754 (1972).
23　*Id.* at 760.
24　*Id.* at 754.
25　*Id.* at 755.
26　*Id.* at 754.

同じ範囲において連邦が有していると考えた[27]。また，Distrigas 社が提案する事業が，天然ガスの産出や貯蔵に類似したものであり，輸入後の再販売のための天然ガスの州際通商は当然に連邦規制委員会の規則に服するとした[28]。さらに Distrigas 社は，自己消費のみならず転売の目的で州をまたいで天然ガスを販売する「天然ガス事業者」になると自己を位置付けた[29]。一方，連邦規制当局である FPC は，自らの管轄権を主張する上で，天然ガスの輸出入が NGA3 条のもとで規制を受けるとした[30]。

しかしその後，FPC は，BPL 社事件を引用して[31]，LNG がマサチューセッツ州やニューヨーク州の Distrigas 社の LNG 基地に送られたとき，外国との貿易の部分は終了しているとした[32]。そして同社が NGA3 条に基づく各規制に服することはないと結論した[33]。但し，FPC は，NGA3 条のもとで，LNG 輸出入申請の承認の後，正当な理由があると思われるとき，聴聞の機会を附与することを経て，補充的命令を発することができるとした[34]。「純粋な州内活動に我々の管轄権を及ぼさないという我々の決定は，最も妥当な価格でガス消費者にガスの供給を受けさせるための責任からついに我々を解放させるものである」とすら述べている[35]。その当時の天然ガスの厳しい不足状態，国内のガス備蓄状況から見た将来の悲観的な見通しを維持しつつ，深刻な天然ガス不足を取り繕うように緩和させる意図がそこにはあった。

FPC は，米国内の資源のタイムリーな開発について「最大の重要性」を認識するとしつつ，「我々は外国からの LNG の輸入を含む天然ガスの新規かつ補足的なエネルギー源の開発を許容し，奨励しなければならない。」と述べた[36]。また，LNG 輸入プロジェクトの開発にベンチャー・キャピタルを招き入れることを認めたが，「それらは天然ガスが不足し，又は他の天然ガス供給や他の化石燃料供給とも十分に競争的であるときに限りということだ」と牽制した[37]。しかし FPC は，ガス供給の実態が変化することもありうることを強調した。州際市場へのより魅力的な供給源が随時利用可能な状態になるならば，輸入 LNG は州際市場にも通用する条件に従って調整されるかもしれないとしたのである[38]。FPC は，この判断が LNG の長期輸入の包括的な政策をいかに策定するかの第一歩を表すものとした[39]。

---

27　*Id*. at 755-756.
28　*Id*. at 756.
29　*Id*. at 755.
30　*Id*. at 760-761.
31　*Id*. at 765.
32　*Id*. at 756.
33　*Id*.
34　*Id*. at 765.
35　*Id*. at 763.
36　*Id*.
37　*Id*. at 764.
38　*Id*.

第6章　NGA3条と7条の適用理論

　この決定に対して，FPC議長が以下のように反対意見を述べている。「NGA3条のもとでFPCが完全な管轄権をDistrigas社が従事する活動のすべてに及ぼした場合にのみ，公益は実現する。もし連邦規制当局として当委員会がこのような形でLNG基地の上に包括的な管轄権を得ないならば規制の空白が生じてしまう」[40]。この反対意見は，NGAの定義に従えば，Distrigas社の行為が「州際通商」を構成するとしたものである。それは，「州内におけるある地点と他の州のいずれかの地点との間の通商」と言えるからである[41]。LNGは，まず米国領海外の水域から米国に入り，そこから，ニューヨーク州かマサチューセッツ州に入るというのであるから，それは領海内において州際通商に従事することに該当するというのであった。この反対意見は，たとえば天然ガスの輸入中であれば，米国領海内ではNGA7条のCPCNの認証を必要とし，同時に州際通商が外国貿易でもあると論じた[42]。さらに，「州際通商」について，BPL社事件での司法判断は「外国貿易であれば州際通商ではない」という考え方を採用した点で誤っていると反論している[43]。

　さて，FPCからオピニオン613号が発せられた後，Distrigas社はマサチューセッツ州とニューヨーク州における同社のLNG基地建設計画を立てた。その後同社は，追加的に天然ガス輸入をしたいとしてNGA3条認可を委員会に申請した。ところがFPCは，当該申請にNGA7条のCPCN申請をも併せて求めた。オピニオン613号を発して以来，FPC委員の構成は変化しており（委員2名が辞職し，補充人事がまだなされていなかった。），先のDistrigas社事例で反対意見を書いた2人の委員はこの結果多数側になっていた[44]。このためFPCは同社の施設のすべてに管轄権があることを前提に，NGA7条の求める認証も必要であるとして，同社に申請書の提出を求めたのである[45]。FPCは，もとの申請においてはDistrigas社が貿易に従事しようとする以上当然の申請であり，新申請の部分は，マサチューセッツ州とニューヨーク州の間の州際通商における，天然ガスの販売と輸送に対応するために必要になるとした[46]。Distrigas社はそのような対応に不満を持ち，新申請は不要であることの確認を司法に求めた。すなわち，Distrigas社はNGA7条認証の申請を，州際及び州内の両方の通商における販売のためにLNGを受け入れ，貯蔵し，パイプラインと接続するためのものと位置付けて，NGA3条とは別に申請を求めるFPCの試みがBPL社事件での司法による法解釈に反したと主張して，司法判断を

---

39　*Id.* at 760.
40　*Id.* at 780.
41　*Id.* at 779-780.
42　*Id.* at 780.
43　*Id.* at 783.
44　Distrigas Corp. v. FPC, 495 F.2d 1057, 1061 (1974).
45　Distrigas, 49 F. P. C. ¶1145 (1973).
46　Distrigas, 495 F.2d at 1061.

仰いだのである[47]。その Distrigas 社の主張に対して FPC は，NGA の文言と立法経緯が自らの主張を支えているのだと説明した。すなわち，LNG の輸入に連邦が包括的な規制を行うことこそ消費者を守るために必要であるとして，それを排除した BPL 社事件判決の法理は覆されなければならないとした。さらに，州政府は必要な規制権限を行使できると信頼するに足りない存在であるとした[48]。

### 第 2 項　司法判断

Disrigas 社事件について司法判断を下すこととなったコロンビア特別区連邦巡回控訴裁判所は，NGA の文言と立法経緯を追い，連邦議会が NGA を解釈した BPL 社事件の判決の構造を覆す法律を制定する 14 回もの機会があったにもかかわらず，結局その事態を回避したことを重視した[49]。そして，1953 年に連邦議会が BPL 社事件における NGA の解釈に沿うように FPA を修正したこともあるように，この考え方が標準化していると指摘した[50]。結論として，NGA の解釈が何らかの規制の空白を生むのであれば，何らかの再考がなされなければならないとしつつ，FPC の規制権限が州の規制権限に対してひろく補足的な役割を果たすものであるならば，規制の空白はないし，BPL 社事件判決を維持することにより消費者の利益が脅かされることもないとした[51]。

さらに同裁判所は，NGA3 条のもとで，天然ガスの輸出入への FPC の権限については融通性があるとした。FPC は無条件で LNG の輸出入を許可することもできるし，許可しないこともできるのであって，公益のために必要または適当であると認めるときは「条件又は期限を設定して」輸出入申請を許可することもできるとした[52]。

なお，同裁判所は，以下のように述べ，FPC の判断を支持している。「天然ガスは非常に有用なエネルギー源である。しかも輸出入により安定的な国内通商への悪影響は避けうるし消費者の利益も保護できる。そしてそれは，FPC が天然ガスの州際通商を規制するのと同様に消費者の利益を保護するための規制権限が行使されることが確実なときに言えるのである[53]。NGA3 条が規制する天然ガスの輸出入許可にいわゆる NGA7 条の CPCN を発行することを求めるのは，州際そして州内の天然ガス販売に関する行動を監視する委員会の裁量の範囲内にある[54]。NGA3 条は

---

47　*Id*. at 1057.
48　*Id*. at 1062.
49　*Id*. at 1063.
50　*Id*.
51　*Id*.
52　*Id*.
53　*Id*.
54　*Id*.

規制の空白を生まないようにするためだけのものではなく，FPC に柔軟にその権限を行使させようとするものである[55]。」このように同裁判所は，FPC は，当該事例において確かに NGA3 条のもとに規制権限を有し，そしてその権限の行使は，NGA の 3 条と 7 条を併用する規制を含め，既に十分に大きな裁量権に支えられているとした[56]。

## 第3節　FERC が扱った LNG 基地規制をめぐる争訟

### 第1款　Dynegy 社事例

2001 年に，LNG 基地への FERC の規制権限の行使を不満に思った企業が，FERC の管轄権についての法的な争訟を生ぜしめた。これは，FERC に対して Dynegy LNG Production Terminal L. P.（以下，Dynegy 社）が宣言的命令としての法解釈を求めたことが発端であった[57]。Dynegy 社は，NGA3 条による LNG 輸出入施設の地点確保，基地建設，及び基地操業への規制管轄権を否定する宣言を求めたが，対する FERC はこれを拒否した[58]。以下に，この事例を見る[59]。

Dynegy 社は，Hackberry（ルイジアナ州）の LPG（Liquefied Petroleum Gas：液化石油ガス）基地の近隣で LNG 基地を建設し，操業することを計画した。すなわち，LNG タンクと気化器を新たに導入・設置するものの，既存の LPG タンカー用のドックとバースは共用とすること，また，多くの州際パイプラインに自社設備を接続することを計画した。そして FERC に，LNG 輸出入施設の地点確保，基地建設，及び基地操業の上に同委員会の管轄権がないことを確認することを求めた。FERC はこの Dynegy 社の求めを拒否したわけである。

Dynegy 社は，天然ガスや LNG の国外からの輸入は，製品の一次販売物の購入として取り扱われるべきこと，そして 1989 年に天然ガスの井戸元規制を廃止して以降は，一次販売はすべて，FERC の規制権限から外れたとした[60]。したがって

---

55　Id. at 1064.
56　Id. at 1059.
57　Dynegy LNG Prod. Terminal L. P., 97 F. E. R. C. ¶ 61,231 (2001).
58　Id.
59　See Natural Gas Policy Act of 1978 Title VI 601 (a) (1)(C), Pub. L. No. 95-621, 92 Stat. 3350 (1978), amended by Natural Gas Wellhead Decontrol Act of 1989, §3 (b)(7), Pub. L. No. 101-60, 103 Stat. 157 (1989).
60　See also Notice of Intervention and Protest of the Public Utilities Commission of the State of California, Sound Energy Solutions (2004) (No. CP04-58-000).1960 年代以降，井戸元価格規制により価格水準が低く抑えられたため，生産者が探鉱，開発意欲を失った。その結果，1970 年代に入り，州際市場において深刻な天然ガスの供給不足を招くことになった。このため，連邦議会は天然ガス政策法を制定し，州際市場の供給不足の解消と将来において天然ガスを石油と等価とすることを目的として，井戸元価格規制を部分的・段階的に撤廃した。その後，1989 年の天然ガス井規制解除法により，1993 年 1 月に規制は完全に

Dynegy 社は，FERC は修正や遅滞なく，同社に LNG 輸入許可を与えなければならず，LNG 輸入基地の地点確保，基地建設，及び基地操業に条件を加えることができないと主張した[61]。また天然ガスの井戸元規制の廃止が，NGA のもとで，天然ガスのすべての一次販売に及んでいるとした。また FERC は，連邦議会が NGA を立法する際に，LNG 基地の地点確保，基地建設，基地操業のいずれも，連邦の管轄から除外する立法者意思を持っていたと Dynegy 社は解釈した。

これに対して，FERC は次のように反論している。「NGA3 条によれば，FTA（Free Trade Agreement：自由貿易協定）を結んだ国との LNG の輸出入は DOE（Department of Energy：連邦エネルギー省）による承認がなければならない。連邦の規制領域が残されている証拠である[62]。」その一方で，FERC は，天然井戸元価格規制は廃されたのであるから，これに呼応する形で輸入された LNG も同じように扱われる必要があるとした[63]。これについて FERC は，連邦議会での議論を論拠とし，以下のように説明した。「当該修正は，カナダからの天然ガス輸出入を確実にすることを意図し，しかもその輸出入は LNG としてなされても，国内産ガスと同様に扱われるべきことを意図したものである。一次販売としての位置付けを LNG 輸出入に与えることによって，国内産ガスの一次販売には当委員会の規制を受けることがないのと同様の扱いとすべく修正されたのである。これは，州規制当局が審査，料金調整済みであるか，または国内産ガスプロジェクトであれば服することのない規制を FERC が別に課すことを禁じ，かつガス輸出入が公益に沿うものであることを宣言することによって，あるべきプロジェクトの申請が修正も遅延もなく認められるようにするためである[64]。」

---

撤廃された。横倉尚「欧米の都市ガス産業の産業組織と規制政策」植草益・横倉尚（編）『講座・公的規制と産業』50 頁（NTT 出版，1994 年）参照のこと。現在，米国の天然ガス売買契約に織り込まれる価格は，1990 年に上場された NYMEX（New York Mercantile Exchange）で取引される天然ガス先物（Henry Hub）価格が指標として多く用いられている。Henry Hub とは，ルイジアナ州にあるガスパイプラインの集積地でガスの取引が行われる基地である。日本エネルギー学会天然ガス部会，前掲註 1，14 頁参照。一方，NYMEX の原油市場は国際指標となる米国産 WTI（West Texas Intermediate）の原油価格が 2008 年に上半期に急騰し，同年 9 月中旬，10 月渡しの先物価格が 1 バレル当たり 100 ドルの大台を割り込んだものの，1 年前よりはまだ 2 割以上高い水準となった。2008 年 7 月 11 日に 1 バレル当たり 147.27 ドルの史上最高値をつけた後，下落傾向を強めたが，原油市場の規模は株式市場より極端に小さく，価格が乱高下する局面が予想された。『朝日新聞』2008 年 9 月 14 日朝刊。原油高に対応する米国政府の状況について，河原一夫「不需要期に出現した 120 ドル原油―強まるブッシュ政権への風当たり―」『エネルギー』2008 年 6 月号 96 頁。なお，直前の LNG のスポット価格については，吉武惇二「2007 年の各国 LNG スポット事情」『エネルギー』2008 年 5 月号 122 頁，同「どこの国がスポット LNG を安く購入できたか？」『エネルギー』2008 年 6 月号 106 頁参照。

61　Dynegy LNG Prod. Terminal, L. P., 97 F. E. R. C. ¶61,231, 62,050-62,051 (2001).
62　Id. at 62,053.
63　Id. at 62,503 n.33.
64　Id. at 62,053.

第6章　NGA3条と7条の適用理論

しかし，FERCは自らの管轄権は一部の領域に強固に存在していると主張した[65]。その理由は，連邦議会での審議過程について見ると，FERCの権限は排除されていないとするものであった。そして結果として，FERCはLNG輸入基地の地点確保，基地建設，及び基地操業への管轄権を放棄せよとのDynegy社の要求を拒否した[66]。

なお，Dynegy社事例に続いて，FERCはSouthern LNG, Inc.（サザンLNG社）がエルバ島（ジョージア州）に所有する既存のLNG基地の拡張に対する，NGA3条による予備的許可を2002年11月になしている[67]。もともとサザンLNG社は，NGA3条に基づくLNG基地拡張許可とNGA7条に基づくCPCNを申請した[68]。これに対してFERCは，当該事例においてNGA3条のみで，提案された基地拡張を確実に公益に沿わせられる条件と期限を付すことができるとした。結論として，FERCはNGA3条のみを適用し，同社の提案が公益に合致することを確認した[69]。

## 第2款　SES社事例
### 第1項　事実の概要

FERCは，2004年3月24日，Sound Energy Solutions社（SES社）の申請に対して発した宣言的命令において，FERCにはLNG基地の地点確保，基地建設，及び基地操業の上での排他的な管轄権があり，それは純粋な州内のガス販売，州内の施設とその基地操業行為に対するものも含むとした[70]。この事例は，SES社が，LNGを米国に輸入する目的でロングビーチ港（カリフォルニア州）に隣接するLNG基地の建設をなし，同基地を操業するのであれば，NGA3条に従って，FERCに許可申請すべきことをFERC側が求め，SES社がそれに応じたことに始まる[71]。

CPUC（California Public Utility Commission：カリフォルニア州公益事業委員会）は，SES社から提案されたプロジェクトに対する管轄権はFERCではなくCPUCにこそあるとして，これをFERCに通知し当該事案の審理に参加した。この際CPUCは，それがカリフォルニア州内で天然ガス事業者を規制する責任を課された合憲的政府機関の役割であるとした[72]。CPUCは，SES社によって提案された基地操業（それはカリフォルニア州内の市場で扱うガスを得るためのLNG施設の使用

---

65　Id. at 62,055 n.39.
66　Id. at 62,055.
67　Southern LNG Inc., 101 F. E. R. C. ¶61,187 (2002).
68　Id. at 61,738.
69　Id. at 61,742.
70　Sound Energy Solutions, 106 F. E. R. C. ¶61,279 (2004). FERCは2004年6月9日，3月24日付けのオーダーについて再聴聞の手続きに入ることを求めた誓願を拒否した。
71　Id.
72　Notice of Intervention and Protest of the Public of the Public Utilities Commission of the State of California, Sound Energy Solutions (2004) (No. CP04-58-000).

293

に他ならない。）が，同社をカリフォルニア州公益事業法（以下，カリフォルニア州法）の上での公益事業者にすると主張した。そして公益事業者は，LNG事業を行うならば施設の基地建設に先だってCPUCにCPCNの発行を申請するのみならず，現にそれを受領していることが必要であるとした。CPUCは，このようにSES社がカリフォルニア州法による規制に完全に対応できていないことを指摘し，同社がカリフォルニア州ではなく連邦に申請したことを非難した。これについてCPUCは，LNGの価格及び輸入を規制する意思はないが，提案された施設の地点確保と安全性の確保について自らに管轄権があるとして，以下について懸念を表明した。すなわち，天然ガスが住宅用に消費され又は発電に用いられる場合の供給安定性，その場合のSES社の市場支配力の行使の可能性，LNG施設所有権の移転の可能性，SESと他社とのM&Aの可能性である。さらに，CPUCは，カリフォルニア州内で既に天然ガス事業者に関してこの領域を規制してきたと主張した。

　CPUCは，SES社が提案したLNG施設が南カリフォルニアガス社（Southern California Gas Company：SoCalGas社）やHinshawパイプラインと相互接続するものであり，SES社の天然ガスの販売はすべてカリフォルニア州内で行われることになっていたため，FERCに同施設への管轄権はなくCPUCの管轄において規制されるとした。

　次にCPUCは，SES社が天然ガスの輸送もしくは州際通商となるガスの二次販売には従事していないので，NGAの言う「天然ガス事業者」でないと主張した。さらにCPUCは，LNGを輸入する際にはSES社が連邦規制当局に認可申請をなさなければならないことを認めつつ，FERCはNGA3条c項のもとでSES社の申請が，修正や遅滞なく承認されなければならないと主張した。またCPUCは，NGA3条がLNG施設の地点確保，基地建設，又は基地操業について規定しておらず，FERCにはカリフォルニア州のなかでSES社の施設の州内の基地操業を規制する権限がないとした[73]。

#### 第2項　FERCによる宣言的命令

　FERCは，2004年3月24日の宣言的命令において，同委員会とCPUC，それにSES社が，SES社の当該LNG基地にかかわる全提案が州際通商とはかかわらないとの認識で一致しているとした[74]。逆に三者間で同意を見なかったのは，FERCのみが主張するにとどまったNGA3条により，LNG輸入基地の地点確保と基地建設と基地操業をFERCが排他的に規制できるとした部分であった。以下，詳しく見

---

73　Notice of Intervention and Protest of the California Public Utilities Commission of the State of California at 8 n.5, Sound Energy Solutions (2004) (No. CP04-58-000).
74　Sound Energy Solutions, 106 F. E. R. C. ¶61,279, 62,021 n.5 (2004).

第 6 章　NGA 3 条と 7 条の適用理論

ていくことにする。

　FERC は，宣言的命令において，LNG 輸入への排他的な管轄権についての先例に，主に州際通商に関する事例を扱うものがあると説明した。SES 社の提案は外国との貿易に関するものであった[75]。FERC は，NGA 3 条 c 項のもとで，SoCalGas 社が FERC の管轄権から免れている施設の上においては，カリフォルニア州の明確な管轄権を妨げるいかなる意図も持っていないとした[76]。

　この中で，FERC は Japan Line, Ltd.（以下，ジャパンライン社）対ロサンゼルス郡事件を取り上げている。この事件では，連邦最高裁が，「ジャパンライン社による外国との貿易に当たっては国家的利益の確保が何よりも重要である」とした[77]。FERC は，外国との貿易の場合における連邦の先占事例であるこの事例と本件との区別ができないと主張していた。これを支持して連邦最高裁は，「カリフォルニア州の権限の主張は FERC の連邦政府の命令と矛盾しているか，または両立せず，したがって州の権限は取り去られなければならない。」とした[78]。

　さて，FERC の宣言的命令に疑義を持った SES 社は，FERC に対して再審理を求める申請をなし，FERC による当該宣言的命令には，以下の法律上の論点があると述べた。

① 外国との貿易と州際通商と州内通商をそれぞれ区別する方法とそれらと規制管轄の関係。
② LNG 基地を規制する NGA 3 条と同 7 条の規制管轄権の範囲。
③ FERC が LNG 基地に対し何らかの規制を課すことができるか否か。できるとすると，どのような条件のもとにおいてか。

　FERC は 2004 年 6 月 9 日に，同年 3 月 24 日のオーダーは適法であったとして，再聴聞の申請を拒否する決定をなした[79]。FERC の 3 月 24 日のオーダーでは，「LNG 基地の地点確保，基地建設，基地操業，及び安全の確保について，国の厳格な規制を課すことにより公益に資するものとさせつつ，エネルギー需給の逼迫を緩和するために外国から LNG を輸入させる」ことを再度強調していた[80]。その論理に再び依拠しつつ，FERC は，「州内通商ではなく外国との貿易である LNG 輸入は，州規制ではなく，連邦規制の対象である」とした[81]。

　SES 社は，同社の基地設備における LNG の受け入れは，純粋な貿易であるものの，

---

75　Id.
76　Notice of Intervention and Protest of the Public Utilities Commission of the State of California at 10-11, Sound Energy Solutions (2004)（No. CP04-58-000）.
77　Japan Line, Ltd. v. County of L. A., 441 U. S. 434, 448 (1979).
78　Sound Energy Solutions, 106 F. E. R. C. ¶ 61,279, 62,017 (2004).
79　Sound Energy Solutions, 107 F. E. R. C. ¶ 61,263 (2004).
80　Id.
81　Id.

結論として州際通商規制に服さなければならないとすれば，その理由は，天然ガスの取引が結局はすべて州際通商になるというものであろうと考え，それへの対処を模索しようとしたと思われる。この思惑とは対照的に，FERCは，SES社の業務は州際通商ではないから，FERCにはNGA7条のもとにおける州際通商規制管轄権は生じないが，SES社が提案しているLNG基地は，FERCのNGA3条の貿易規制に服すると認定した[82]。SES社の立論は，連邦議会は，州内の活動のみを目的とするLNG基地の地点確保，基地建設，及び基地操業規制を，「結果的に」州際通商に影響を与えるという理由をもって，FERCに規制権限ありと立論ができるというものであった。この立論によれば，FERCは，LNG基地の地点確保，基地建設，及び基地操業が，すべて将来の州際通商に影響する活動になる以上，州際通商規制が支持されることになる。この論理に与するまでもなく，FERCはSES社による再審理の申請を却下した。

## 第4節　事例分析

### 第1款　SES社事例とDistrigas社事件との関係

SES社事例において，カリフォルニア州は，管轄権をLNG基地に及ぼすために，ロングビーチのプロジェクトへの規制権限を行使しようとした。SES社から提案されたプロジェクトは，カリフォルニア州で最大1,000MMcfd（1日当たり10億立方フィート）の天然ガス新規供給源をロサンゼルス湾岸域と南カリフォルニアにもたらし，天然ガス需給逼迫問題を緩和する設計であった[83]。LNGは基地内で気化処理されるが，このため第三者によって基地建設され，所有され，基地操業されることになる。

本プロジェクトに，SoCalGas社が興味を示した。同社の既存のパイプラインシステムと合わせると，パイプラインの長さは合計2.3マイル（3.7km）に達する。SES社は，LNGタンクローリーによる輸送で，カリフォルニア州の多くの地域で天然ガスを販売する意向であったが，消費者にとってはそれらしか選択肢がないわけではなかった[84]。

CPUCは，SES社が基地建設を始める前にCPCNを入手する必要があるのは，同社がカリフォルニア州法のもとで「公益事業者」であるからだと主張した。CPUCは，LNGの価格ないし輸入を規制する意思は示さなかったが，提案されたLNG基地の立地選定と保安については規制管轄権があるとした。また，SES社の

---

82　*See* Border Pipe Line Co. v. FPC, 171 F.2d 149, 150-151 (D. C. Cir. 1948).
83　*See* Notice of Intervention and Protest of the Public Utilities Commission of the State of California, Sound Energy Solutions at 6 (2004) (No. CP04-58-000).
84　*See* http://www.socalgas.com/.

他社との合併などへの懸念を述べた。CPUC は，カリフォルニア州内で他の天然ガス事業者に関して，既にそれらの領域を規制しているとした。この領域で一定の連邦の規則を必要とするならば，SES 社によって提案されたプロジェクトは州際通商への影響力を持っている。カリフォルニア州に建設される LNG 基地は州境外から天然ガスを求める需要に影響する。そのうえ，SES 社事例において基地建設のために提案される LNG 基地は一つだけという事実をもって，微々たる問題しか生じないということの保証にはならない[85]。もはやいずれの州におけるものであっても，LNG 基地の州際通商へ影響力は極めて実質的なものになる。

かつてのオピニオン 613 号における FPC 内の意見は，州内 LNG 輸入プロジェクトの連邦規制への材料を提供する。FPC 委員の多数派が，天然ガスの輸出入の管轄権が，NGA3 条のもとにあるとした。しかしながら，Distrigas 社の地点確保やマーケティング等の活動が，純粋に州内のものであって連邦の管轄外であることも認めた。そして委員の大多数が，NGA7 条のもとでの CPCN を Distrigas 社に求めるべきでないとした。一方，FPC 議長を含めた反対者は，それは逆に規制の空白を設けるものだと主張した[86]。たとえば，連邦にはガスを適切に蓄え市場を育成する責務があるから[87]，国内にエネルギー資源を割り当てる権限を行使しながら，輸入された LNG の価格とボリュームは国内に存在するガスの価格，ボリューム，及び天然ガス探索活動に極めて直接の影響を持っている，と反対者は論じた[88]。また，FPC が料金規制を行う責任を全うしなければ，オピニオン 613 号のもとでは，連邦にも州にも属さない規制の空白を作ると主張した[89]。特にラッシュ・ムーディー (Rush Moody, Jr.) 委員は，多数意見を大要以下のように批判した。「LNG は，気化処理の方法が多様で，輸送形態も画一的ではなく，消費者にどのような価格で販売されるかは，気化後どの州際通商のルートに乗るかによっても異なる[90]。」この反対意見は，Distrigas 社を NGA のもとでの天然ガス事業者として扱わなければならないのであって，その輸入行為，料金設定，設備の運用，営業，販売，輸送のすべてが FERC の管轄に服されなければならないとするものであった[91]。

オピニオン 613 号に関する再聴聞の申請において，NYPSC (New York Public Service Commission：ニューヨーク州公益事業委員会) は，これがそのまま認められると規制の空白が生じることを問題にした[92]。NYPSC は，NGA3 条と同 7 条の

---

85 Habersham Mills, 976 F.2d at 1384 (1992).
86 Distrigas, 47 F. P. C. ¶752, 778 (1972).
87 *Id*. at 779.
88 *Id*.
89 *Id*. at 780.
90 *Id*. at 784.
91 *Id*.
92 *Id*. at 1465.

もとで，Distrigas 社の施設と販売には連邦が包括的な管轄権を有しているが，これは，同社の基地が州内になるかとか，天然ガスが州外に輸送され販売されるかということとは無関係であるとした。細かな点で異なる州規制によるよりも包括的な連邦の規制による方が望ましいとしたのである[93]。そのうえで，NYPSC は，包括的な規則を LNG に及ぼさないという連邦の決定が州の規則を先占するというなら，販売と施設への規制をどこも行わないということになりかねないとした[94]。NGA が連邦に規制管轄権を与えたにもかかわらず，それを行使しないならば，それは，州がその空白を埋めるべきことを促すものと理解されかねないと主張した。

実際には，SES 社事例では，FERC が LNG 輸入プロジェクトへの規制管轄権を主張しない部分は，カリフォルニア州が LNG 輸入プロジェクトへの審査を行うので，オピニオン 613 号における反対意見によって説明される規制の空白はもたらされにくいであろう。しかしながら，州が適所に州内の LNG プロジェクトへの適切な審査手続きを有していない場合には，規制の空白は存在するであろう。異なった政策を持つ他の州が厳しい審査基準を適用する一方で，州によっては，審査の過程において，プロジェクト承認のための緩やかな基準を設定するかもしれない。その結果，Distrigas 社事例で論争されたように規制をする意図がない州が，厳しい審査をする州よりも LNG プロジェクトを引きつけることになってしまうであろう。そして，いわゆる州の CPCN を排他的に発行し，LNG 輸入基地プロジェクトの地点確保，基地建設，及び基地操業に影響力を及ぼそうとする州が心理的に LNG 基地プロジェクトの開発を妨げて，その結果，天然ガス利用の促進を妨げることにもなるであろう。このように事態は不透明感が増すことになる。

#### 第 2 款　通商権限の積極的作用としての NGA 規制

SES 社事例では，SES 社が FERC に，NGA3 条のもとで LNG 基地建設申請をしたが，CPUC は，NGA3 条は LNG について州内の施設の地点確保と基地建設への FERC の排他的な管轄権を与えていないと主張した。FERC は，その宣言的命令において，FERC の管轄権は通商の領域に排他的に存在すると明言して，「同社の提案は外国との貿易に関係がある」とし[95]，「外国との貿易の場合には先占の原則があてはまる」とした[96]。FERC は，NGA3 条における自らの権限を弾力的に運用すべきものとした。そして，天然ガスの輸入に NGA7 条の認証を要求することについては，その目的が州際販売規制であろうと州内販売規制であろうと認められると解釈し，そのような形式において，NGA3 条の権限により条件附与ができると判断

---

93　*Id.* at 1466.
94　*Id.*
95　Sound Energy Solutions, 106 F. E. R. C. ¶61,279 (2004).
96　*Id.*

したのである。連邦最高裁は，シェブロン事件判決において，法自体何も語らないか，または法の文言があいまいであるときに，法廷が法の合理的な有権解釈機関としての行政機関の解釈に従うべきであるとした[97]。FERC は，これを引き合いに出して，司法もこの判断を支持するであろうとした。かつて FPC は，Distrigas 社事件において，NGA3 条の権限行使に際しては，規制のギャップを防ぐに必要な権限を行使すれば足りるのではなく，柔軟にそれを行うことも重要だとした[98]。FERC，CPUC，及び SES 社は，SES 社の提案が州際通商ではないとする論理構成に同意していた[99]。これらの事情を勘案すると，NGA3 条は明白に NGA7 条の CPCN について語ってはいないが，NGA3 条のもとで，FERC の州内 LNG 輸入施設の地点確保，基地建設，及び基地操業を規制することに条件を付す権限が正当に与えられていると考えられよう。

### 第3款　州際通商に影響を与える基準―電力の場合と比較して―

連邦議会は，FPA201 条 b 項が FERC に管轄権を与えるのは，「州際通商における送電，州際通商における卸売電気販売，但しそれらに該当しないすべての電気の販売を除く」場合であるとした[100]。FPC 対 FP&L (Florida Power & Light Co.：フロリダ電力電灯) 社事例において，最高裁判所は，電気販売が州際通商に影響すると言えるのであれば，FPC の管轄権がこの条項に基づいて存在することになるとした[101]。また FPA201 条 c 項は，州際通商となる送電を，「ある州からその他の州のいずれかの地点に送られた電気エネルギーであって，米国内で完全に消費されるもの」と定義する[102]。したがって，連邦の管轄権が適用されるのは，電気の州際移送がある場合ということになる。さらに，FPA23 条 b 項は FERC の管轄権を決定するためより広い審査基準を含んでいる。「提案された基地建設によって州際，または，外国の通商の利益が影響を受ける」ならば，FPA23 条 b 項がダムプロジェクトで提案された基地建設に対して連邦の管轄権を与える[103]。FPA201 条 b 項に関連しては，何らかの行為が「州際通商」である必要があるが，FPA23 条 b 項では，連邦が管轄権を有するには水力発電プロジェクトが州際通商に「影響すること」で足りるとされている点が注目される[104]。

FP&L 社は，Jersey Central Power & Light (ジャージーセントラル電力電灯)

---

97　Chevron, U. S. A., Inc. v. Natural Res. Def. Council, Inc., 467 U. S. 837 (1984).
98　Distrigas, 495 F.2d at 1064.
99　Sound Energy Solutions, 106 F. E. R. C. ¶61,279 at n.5.
100　16 U. S. C. §824 (b) (2000).
101　FPC v. Fla. Power & Light Co., 404 U. S. 453 (1972). *See also* Jersey Power & Light Co. v. FPC, 319 U. S. 61 (1943).
102　16 U. S. C. §824 (c) (2000).
103　16 U. S. C. §817 (1) (2000).
104　City of Centralia v. FERC, 661 F.2d 787, 789-790 (9th Cir. 1981).

社事件を引用し，連邦議会が，FERCに「通商に影響する活動」への規制権限も与える選択ができたのにあえてそのようにしなかったと主張した[105]。連邦最高裁はFP&L社の議論は非常に意義深いとした。FPAの文言と立法経緯に鑑みて，議会が連邦にこれらを規制させないつもりだったことを窺わせると結論したジャージーセントラル電力電灯社事件では，これらのプロジェクトが「州際通商に影響を与える」行為であるとされたのである[106]。しかし1935年8月に成立したFPAは，これらのプロジェクトの「州際通商に影響する活動」を射程に収めることはなかった[107]。

連邦最高裁は，ジャージーセントラル電力電灯社事件判決において，「我々が扱っているのは，特に，文言の使用についての違いにかかわる問題である」と述べた。しかし，NGA7条のもとで規制される活動のうち「州際通商に影響を与える」ものの判定基準が十分に確立されたとは結局のところ考えられない。「州際通商」は，NGAのもとでは，「ある州の一定の場所とその州以外の州のいずれかの場所との間との通商と，ある州内での通商ではあるが，通商の際に一部州外を通過する通商であるが，いずれにせよそれらの通商は米国内で完了しなければならない」のである[108]。FP&L社事件では，LNG基地をめぐるプロジェクトにおける純粋に州内のものとして提案された活動が，連邦の規制管轄権から外されたが，そうではあっても，この活動は州際通商に何らかの影響を与えることが当然に考えられた。連邦議会は，LNG基地の州内の行為について，州際通商条項を修正するまでもなく，強力な連邦の権限をNGAの修正により設定することができた。連邦議会は，市民権や労働関係などの問題を解決するにあたり，州際通商の概念を用いようとしたが，それらとは異なり，NGAの判定基準が求めるのはまさに州際通商に影響する個別法の問題に関する事柄であった。

### 第4款　カリフォルニア州法の位置付け

連邦裁判所は，州法の規制内容が合衆国憲法州際通商条項に照らして合憲であるか否かを審査する際に，まず，州法が州外の法人ないし自然人を差別しているかを決しなければならない。州法の文言が表面上差別的と言えるならば，当該州法は違憲であると推定される[109]。もし当該州法が，表面上差別的とまでは言えないならば，つぎに連邦裁判所は，当該州法には差別的目的あるいは差別的効果があるかどうかを審査することになる[110]。CPUCは，SES社の提案した業務内容がカリフォルニア州法216[111]，221，222，227，及び228の各条のもと，同州の公益事業に該当す

---

105　Fla. Power & Light Co., 404 U. S. at 462.
106　Jersey Power & Light Co., 319 U. S. at 88.
107　Id.
108　15 U. S. C. §717a (7) (2000).
109　City of Philadelphia v. New Jersey, 437 U. S. 617 (1978).
110　Hunt v. Wash. State Apple Adver. Comm'n, 432 U. S. 333 (1977).

ると主張した。またカリフォルニア州法1001条[112]のもとでは，公益事業は，その施設の基地建設を始める前に CPUC から CPCN を受けることが必要と考えられた。そこで CPUC は，SES 社がなすこのような申請は，カリフォルニア州法の要請を完全に満たすものではないという理由で，異議を申し立てた[113]。ところで，カリフォルニア州法1005条は，以下の趣旨を規定する。CPUC は，聴聞会の有無にかかわらず，申請された認証を発行し，あるいは発行を拒否できる。また，施設の基地建設許可に関する部分に限って認証を発行することもできる。また，必要に応じて，認証書に一定の権利を賦与することができる。但し，以下の要件もある。申請が時宜に適ったもので，委員会が認証の発行又は発行拒否を決定する前に聴聞会を開くことである。さらに公益事業者が，自ら従事しようとする業務内容の公益性及び必要性の確認を受けないまま，基地を建設し，又はしようとするときは，CPUC は基地建設の中止を命じることができる[114]。そして CPUC は，以下を考慮した後に，CPCN を与えることが可能となる。

① 共同体としての価値
② レクリエーション地域と公園
③ 歴史的価値あるいは美観
④ 環境への影響

しかしそのためには，カリフォルニア州法1002条 a 項[115]のもと，厳格な手続きを要する。CPCN の申請者は，提案施設の工学的デザイン，基地建設及びプロジェクト実現可能性をはじめとする多くの情報を提供しなければならない。カリフォルニア州法1005条 a 項のもとでは，そのような条件及び期限を附して，CPUC が「公共性と必要性に基づく判断」により CPCN を発行できる。したがって，CPUC が当該プロジェクトに安全にかかわる施設の基地建設その他につき費用を増大させる条件を課すことも予想される。伝統的なサービス費用に基づく料金設定では，これらのコストは顧客に転嫁させられる。費用の価格転嫁によりすべての顧客が支払う料金を増加させることによって，拡大するコストは総パイプライン建設・維持に充てられる。ペンシルバニア州対ウェストヴァージニア州事件[116]とニューイングランド電力社対ニューハンプシャー州事件[117]において連邦最高裁は，天然ガスと水力発電による電気を対象とする保護主義的政策を実施する州規制を，合衆国憲法に

---

111 Cal. Pub. Util. Code§216 (2004 & Supp. 2005).
112 Cal. Pub. Util. Code§1001 (1994 & Supp. 2005).
113 *See* Notice of Intervention and Protest of the Public Utilities Commission of the State of California, Sound Energy Solutions at 6 (2004) (No. CP04-58-000).
114 *See* Cal. Pub. Util. Code§1006 (1994).
115 *See* Cal. Pub. Util. Code§1002 (a) (1994).
116 Pennsylvania v. West Virginia, 262 U. S. 553 (1923).
117 New Eng. Power Co. v. New Hampshire, 455 U. S. 331 (1981).

照らして違憲であると宣言した。LNG輸入の目的ないし効果が，排他的により安いエネルギー資源を州内に保有させることであるカリフォルニア州法は，カリフォルニア州の市民の利益に反するばかりか，合衆国憲法に違反することになるとしたのである。

しかしながら，カリフォルニア州は，単に不合理なLNGの値上げを禁止することのみでは，州内産の天然ガスを州内に保つことができない。価格転嫁の不利益を受ける顧客がカリフォルニア州外にいるならば，LNG（または，国内産天然ガス）は州際通商として流通させなければならない。その結果，FERCは，価格転嫁を承認し，差別的行為を指摘する権限を有するであろう。その上，LNG輸入が卸販売か，州際通商における輸送のためにと意図されるならば，LNG基地の地点確保，基地建設，及び基地操業は，NGA7条のもとにおいてFERCの管轄に服する。その後は，FERCが，その有する規制権限を実際に行使するか否かの裁量の問題となる。

最終的に，2002年12月に，FERCは，一定の条件のもと，サービス費用規制とオープンアクセス規制を新LNG基地には行わないとした。そして，ルイジアナ州のHackberry LNG基地について市場ベースの料金設定をまずは承認した。しかしながら，同基地の市場ベースの料金体系によって高価なLNG施設のコストを取り戻すことはできそうもなかった。というのは，市場の代替的な財に比してあまりにもLNGは競争的でなかったからである。したがって，司法が，カリフォルニア州法による規制がその目的ないし効果において差別的であると認定することはなさそうである。州規制の目的ないし効果が差別的であるとまでは言えないとされると，司法は比較衡量による審査に進む。これはかつてPike対Bruce Church, Inc.事件において採用された審査手法であり，まさに州際通商に影響するカリフォルニア州法について審査する際にそれが用いられている。この事件において，連邦最高裁は以下のように説明している。「当該州法が正当な地方の公益を実現するためのものであり，州際通商への影響が微少で，そのような通商に課される事業者の負担も，地方が受ける利益に比して過度でない場合には，州規制は是認される[118]。」

しかし，SES社は，これではCPUCが自らCPCNの発行を拒否する結果，提案されたLNGプロジェクトの基地建設を妨げられることになってしまうと考えた。カリフォルニア州法は，州内に提案される追加的天然ガスパイプラインについてCPCNを発行する際には，CPUCが，追加的プロジェクトについて現在の，そして，予期される将来の住民，産業，商業，事業者のための競争的価格での天然ガスの価格決定を要求する旨を規定する。CPUCは，そのような競争的な価格設定が州にとって最善であると認定するとき，CPCNを発行することとなる[119]。カリフォルニ

---

118 Pike v. Bruce Church, Inc., 397 U. S. 137, 142 (1970).
119 Cal. Pub. Util. Code§1002.5 (1994).

ア州にとって最善と認めるときに，CPUC が LNG 基地の建設を認めるべく CPCN を発行できるのであるが，米国全体にとって有益である一方で州にとっては損であると考えられる場合には，どのような扱いになるであろうか。州政府は，LNG 基地の安全その他の問題による財産への悪影響などの懸念による州民からの反対に直面するかもしれない。逆に，州の政策が，合衆国の他の場所で LNG か他の交換可能な資源ないし設備に関する利用価値に影響を与えるかもしれない。米国においても，LNG は国家の基盤を支える石油代替資源になりつつある[120]。一つの州が連邦とは無関係に発行する CPCN により LNG 施設を基地建設するように決定した場合，LNG に輸入を許すかどうかは他州に必ず影響を与えるであろう。この状況は明らかに，かつてのオピニオン 613 号における FPC の思惑には合わない[121]。

州委員会が LNG 基地建設を拒否して，その結果 LNG 輸入を妨げる場合も，天然ガス及び他のエネルギー資源の物資への影響は，国家にも影響を与えるであろう。また，CPUC によれば，「カリフォルニア州は，他国からやってくる天然ガスの 85％以上を消費する」[122]。もし LNG 基地の地点確保を拒否すると，カリフォルニア州の天然ガス需要を満たすにはカリフォルニア州外の天然ガスパイプラインの利用を求めなければならない。CPUC はむしろ，LNG 基地を誘致しつつ，地点確保と保安についての規制権限を確保することを望んだ。そして CPUC は，「FERC は，全米 50 州がそれぞれその特質に応じて持っている特別な知識を，その州と同程度に有しているということはありえない」と指摘した[123]。

## 本章の小括

かの FERC 対ミシシッピ州事件において重要なことは，経済活動の負担と利益を調整する連邦議会の立法行為がすなわち合憲性の推定を受ける，という点が明確になったことである[124]。マーシャル連邦最高裁判事は，法廷外において以下のように述べている。「州際通商規制権限というものは，それ自体完成されたものなのだ。他の憲法上の規定と比較しても，最大限の行使が可能であり，まず制約はない[125]。」これによれば，通商規制権限は州際通商に影響する活動にも同様に及び，

---

120 *See id*.
121 *See* Northeast Hub Partners v. CNG Transmission Corp., 239 F.3d 333, 339 (3rd Cir. 2001).
122 CPUC's Request for Rehearing at 1, Sound Energy Solutions (2004) (No. CP04-58-000) (Apr. 23, 2004).
123 *Id*.
124 FERC v. Mississippi, 456 U. S. 742, 754 (1982). なお，藤原淳一郎「公益事業規制政策法と合衆国憲法第十修正― FERC 対ミシシッピ―」『法学研究』59 巻 12 号 223-246 頁（1986 年）を参照されたい。
125 CPUC's Request for Rehearing at 1, Sound Energy Solutions (2004) (No. CP04-

当然にLNGの基地建設や基地操業にも及ぶことになりそうである[126]。そこで今，このFERC対ミシシッピ州事件で採用された基準を再度取り上げたい。

連邦最高裁は，以下の場合にのみ連邦規制法の違憲無効を宣言できるとした。それは，限定的事例についてとはいえ，驚くべきことに，「規制された内容がいかなる合理的な基礎も持たないことが明白な場合」である。その限定的事例の一態様として，州際通商条項に照らして州法の有効性が認められる可能性がある場合とは，「規制された活動が州際通商に影響を与えるとは認められないこと」，及び，「州により選択された規制の手段と規制目的に関連があることが明白な場合」に限られる[127]。

さて，本件にこれをあてはめると，州がLNG基地規制に関して，このハードルを乗り越えることは難しいことがわかる。というのはまず，LNG基地における活動と，それが州際通商に影響を与えることに「合理的な関連が全くない」とはとうてい言えないからである。もともとは，「州際通商」と「申請目的」（すなわち本件では，地点確保，基地建設，基地操業におけるそれ）の間には合理的な関連がない。しかしながら，FERC対ミシシッピ州事件で連邦最高裁が用いた判断基準に類する判断基準が，LNG基地の地点確保，基地建設，基地操業にも適用されるとすると，LNG基地プロジェクトそのものは州際通商とはかかわらないとしても，当該プロジェクトとそれが州際通商に与える結果の間には合理的な関連が認められることになるのである。

このように，FERC対ミシシッピ州事件において連邦最高裁が採用した基準に従えば，LNGの輸出入が州際通商に影響を与えうる範囲には，LNGの輸出入にかかわるLNG基地の場所，基地建設及び基地操業そのものも含まれる。ところが，過去の長い期間，連邦規制当局側に，州レベルないし地方レベルがこれらの事柄を規制する方がより効果的であるとの考えがあり，この間，LNG基地が連邦レベルで規制されるべきであるか，州レベルとすべきかについて様々な理論が双方の立場から供される状況を甘んじて受け入れてきた。しかし特定のLNG基地の操業が州際通商に影響するかどうかは，政治的問題ではなくむしろ完全に法の理論的解釈の問題である。本章の中で紹介したSES社事例におけるFERCの考え方は，そのような環境のなかで出した現在の連邦規制当局の理論構成である。その意味で，LNG基地の地点確保，基地建設，及び基地操業に対する権限争いにまつわる訴訟行為は沈静化しているものの，FERCが意図すれば，今後司法において決着をつけることが，理論的には可能になっている。

---

　　58-000) at 754.
126　*Id.*
127　*Id.*

# 第7章

# ダム規制を中心とする水力発電規制

## 第1節　はじめに

　我が国では，八ツ場ダム計画の長年にわたる迷走例を持ち出すまでもなく，ダムという大プロジェクトに関する話題にはこと欠くことがない[1]。ダムは，環境面では負の影響があることを認めなければならないが，その一方で確実な治山・治水そして利水のために大きな役割を果たしてきた。特に，水力発電の実現が古くから商

---

[1] 2000年夏に封切られた映画「ホワイトアウト」は，日本最大規模の水力発電を行うダムを舞台にしたフィクションもののシリアス映画として，織田裕二氏が主演し話題になった。この映画を配給した東宝株式会社によると，この映画は同年10月1日までに250万人の動員を記録した。ノンフィクションの世界に目を転じると，西日本では大戸川ダムの迷走ぶりが知られる。2001年2月20日付けで発せられた長野県の田中康夫知事によるいわゆる「脱ダム宣言」も，長野県内のみならず，公共事業のありかたをめぐって全国レベルの議論をまきおこした。その状況を伝えるものとして，「焦点リポート・脱ダム長野が示す公共事業リストラの凄絶」『日経ビジネス』2001年5月14日号142頁以下を参照のこと。また，鳥取県では，県中央部の三朝町に予定していた中部ダム建設の廃止による地域住民への補償を片山善博知事（当時）が決断したことが話題になった。「全国初の快挙？ダム廃止で鳥取県が地元住民に補償」『日経ビジネス』2001年7月23日号11頁を参照のこと。さらに，地方分権推進の立場から執筆された書物である細川護熙・岩國哲人『鄙の論理』21頁（カッパ・ホームス，1991年）において，「河の景観を美しくしようとしても，一級河川は国に管理権限があって，県独自では手が出ません。」とのくだりがある。河川法44条は，ダムのうち基礎地盤から堤頂までの高さが15m以上でその設置により河川の状態が変化し，洪水時における従前の当該河川の機能が減殺されることとなる場合においては，河川管理者の指示に従い，当該機能を維持するために必要な施設を設け，またはこれに代わるべき措置がとられなければならないとする。通常，我が国のダムはこの河川法44条等の規制を受けることになる。最近の例として，熊本県球磨川中流の熊本県営荒瀬ダム（八代市，1955年建造）の6年がかりの撤去工事が2012年9月1日に始まった。河川法上のダムとしては我が国初の撤去となった。基礎地盤から堤頂までの高さが25mという巨大なダムの解体となり，事業費は約88億円とされるが，このうち国の負担は，県の使い道の制約が少ない地域自主戦略交付金など19億円にとどまる。このダム解体で球磨川に清流が戻ることも期待され，今後は解体に伴う環境の変化が専門家により多角的に計測される。このダムは発電専用であったため，ダムへの感謝とともに撤去される様子が報じられた。『日本経済新聞』2012年9月1日夕刊参照。このように，現在の我が国において，ダムが大きな話題になる例は枚挙にいとまがなく，このことから生じる国と地方あるいは地域住民の対立の問題には極めて深刻なものもある。なお，国土交通省が，ダムなど社会資本の整備について，国として優先的に取り組む順位をつけるが，新規ダムの建設は抑制する方針をはじめて明らかにしたのは2001年5月のことであった。『讀賣新聞』2001年5月23日朝刊参照のこと。

業用発電の有力な方法の一つであったことは，周知の通りである。八ッ場ダムでは，建設計画の途中から，発電も目指されることになった。水力発電は国家エネルギー政策に組み込まれ，そのエネルギー源としての地位は揺るがぬものとなっている。我が国では，水力発電を目的とするダム建設や発電設備の設置管理等は国の監視下に置かれ，その仕組みは国政において所与の事柄として受け止められている[2]。

もとより，水力発電は，大容量の電力を供給することが可能であると同時に，大気汚染を起こさず，地球温暖化ガスの筆頭格として挙げられる $CO_2$（二酸化炭素）の発生原因にもならないなどの点において，高い価値がある。しかし，多くの形態のエネルギー生産活動が公害その他の環境上の害を引き起こすとの指摘は，水力発電においても免れえない[3]。特に近年，米国では，環境保護の観点から，水力発電用ダムの建設や操業の停止ないし廃止の動きが非常に顕著になってきた[4]。そこで本章においては，米国における水力発電用ダムプロジェクトが，政府当局によりいかなる規律を受けているかについて考察する。すなわち，水力発電用ダムプロジェクトに関する連邦規制当局である FERC（Federal Energy Regulatory Commission：連邦エネルギー規制委員会）[5] と州規制当局それぞれの規制権限の根拠，権限発動のなされかたについて，法律上の争点を整理し，検討を加えることとする[6]。

## 第2節　FERC の権限

### 第1款　FWPA（連邦水力法）

1920 年に制定された FPA（Federal Power Act：連邦電力法）の第 I 部である FWPA（Federal Water Power Act：連邦水力法）[7] は，連邦による水力発電規制

---

[2] 我が国に見られるダム規制の根拠法条を行政法学の観点から緻密に検討したものとして，原野翹「『ダム』建設行政と住民運動」『現代行政法と地方自治』197頁（法律文化社，1999年）を参照のこと。

[3] 資源エネルギー庁（編）『エネルギー 2001』107 頁（2001 年）を参照のこと。

[4] See http://www.americanrivers.org/. 米国におけるこのような事情を我が国に紹介したものとして，公共事業チェック機構を実現する議員の会（編）『アメリカはなぜダム開発をやめたのか』（築地書館，1996年）がある。2012年現在，米国では約 2,500 のダムに，合計で 100GW（従来型 78GW，揚水型 22GW）ほどの発電能力が備わっている。村井春樹「DOE による既存ダムを水力発電の開発可能性について」『海外電力』2012年6月号 48-49 頁。

[5] 本章において，「連邦規制当局」とは，特に断りのない限り，連邦動力委員会（Federal Power Commission：FPC）及び（1977年10月に連邦動力委員会から名称が変更された）連邦エネルギー規制委員会（Federal Energy Regulatory Commission：FERC）のことを指す。FPC による電気事業規制の概要につき，see Breyer and MacAvoy, *The Federal Power Commission and the Coordination Problem in the Electrical Power Industry*, 46 S. CAL. L. REV. 661 (1973).

[6] 米国における電気事業の規制理論及び規制様態の全体像とその変遷について，その黎明期にまで遡る研究として，藤原淳一郎『十九世紀米国における電気事業規制の展開』（慶應義塾大学出版会，1989年）を参照のこと。

[7] Federal Power Act, Act of June 10, 1920, ch. 285, §1, 41 Stat. 1063, 16 U. S. C. §§

の基本法となっている(なお,FPA第Ⅱ部は,電気エネルギーの製造,送電及び電気エネルギーの販売につき必要な施設の設置や料金を規制する権限をFERCに帰属させている[8])。まず,同法1条により,水力発電所の操業にはFERCの発給する免許の取得が求められている。FERCの権限は,航行可能な水域における水力発電に関係するダム・水路・貯水池・発電施設・送電線等の建設,操業及び維持・管理(construction, operation and maintenance)のすべてに及んでいる[9]。この権限を背景として,FERC(あるいはその前身であるFPC)は,水力発電の包括的計画を策定してきた。

さらに,連邦の水力規制権限が及ぶ範囲に関して,規制当局が航行不可能な河川の上流における水力発電設備の建設を許可する権限を有しているとの考え方が,FPC対ユニオン電力会社事件判決[10]において連邦最高裁により支持されている。連邦最高裁はこの事件において,河川の航行不可能な支流に設置された揚水発電に関してFWPA1条を適用した。その地域はもともと可航性がありえなかったにもかかわらず,州境を越えて送電がなされるため,FWPA1条の規定を柔軟に解釈し,連邦規制当局の権限の存在を支持したのであった。このことが可能になった背景を次に検討する。

### 第2款 航行規制権限の拡大

水資源規制に関する連邦の一次的権能は,合衆国憲法上の州際通商条項[11]により導かれた「航行規制権限(navigation power)」をそのルーツとする。1824年,連邦最高裁は,Gibbons対Ogden事件[12]において,「合衆国憲法上,『通商(commerce)』の語が『航行(navigation)』の概念を包摂しうるものであることは,米国民の共通理解と言うべきである。そうすると,『航行』を規制する権限は,『通商』を規制する権限と同様に行使されるのが自然である[13]。」と述べ,その趣旨を確認している。連邦議会はこの判決に影響を受けてFWPAを制定した。すなわち,そこにおいて同法が航行規制権限に関して規定するものとなりえたのは,この判決が,「航行は州際通商の一部であり,それ故に合衆国内の航行能力は連邦によって規制される」ものと位置付けたからであり,それにより,連邦はこの領域における基本的な管轄

---

791-823, *amended* by Electric Consumers Protection Act of 1986, Pub. L. No. 99-495, 100 Stat. 1243.
8 *See* 42 U. S. C. §7172 (a)(1)(A) - (B) (1935).
9 *See* FRANK P. GRAD, TREATISE ON ENVIRONMENTAL LAW VOL.5§11-39 (1999).
10 Federal Power Commission v. Union Electric Co., 381 U. S. 90 (1965).
11 U. S. Const. Art. I, §8, cl. 3.
12 Gibbons v. Ogden, 22 U. S. (9 Wheat) 1, 190, 193 (1824).
13 この事件については木南敦教授による詳細な検討がある。木南敦『通商条項と合衆国憲法』59頁(東京大学出版会,1995年)参照。

権を有することが明らかとなったのである[14]。この理論により，連邦規制当局は，航行可能な水路ないしは航行可能な水路の航行不可能な支流[15]におけるすべての潜在的な構造物（structure）の設置者に対して，その設置を禁止し，あるいは航行可能性を排除する構造物の設置を認める権限を与えられている。このことは，アパラチア電力社事件において連邦最高裁によっても審理され承認されている[16]。すなわち，連邦最高裁は判決において，「水路に関する連邦の憲法上の権限は航行管制に限られない。この権限は州際通商規制権限に由来するものであり，通商の可能性があるところに認められるものである[17]」と述べている。この判決は，航行規制権限の発動が，通商のために自由に水路を航行することを保障するものであると同時に，電力の販売が通商であると観念されることから水力発電事業規制の一態様としても発現しうることを前提としていると説明される[18]。現在では，米国民にそのような構造物を設置することに同意を与え，あるいは，拒否する連邦規制当局の権限は，完全な自由裁量に委ねられており，条件・期限に関して特権を与え，あるいは，一度創設したそれら特権を一方的に剥奪することも可能とされている[19]。同様に，連邦規制当局は，航行規制権限を発動することを通して，水力発電事業者に，連邦が望ましいと考える条件・期限その他免許の附款を附した上で，水路を堰き止める特権を与えることが可能である[20]。水力発電規制権限は，連邦規制当局に附与されている完全な自由裁量を伴った権限だからである。そのことは，FWPA の「航行水路[21]」に関する実務上の扱いとも無関係ではない。そもそも，可航性は事実の問題であるとされ，水路は事実上通商に利用可能であれば，その可航性が認められていた[22]。これを出発点として，航行規制権限が，広く航行可能な水路に及ぶこととなり，時の経過とともに，かつて航行可能であった水路[23]，合理的な改良を加えることにより航行可能となりうる水路[24]，航行可能な水路の航行不能な一部[25]，さらには航

---

14　United States v. Rio Grande Dam & Irrigation Co., 174 U. S. 600, 708 (1899).
15　River and Harbor Act of 1899, ch. 425, §10, 30 Stat. 1121, 1151 (codified at 33 U. S. C. §403 (1994)).
16　United States v. Appalachian Electric Power Co., 311 U. S. 377 (1940).
17　Id. at 426.
18　Eva H. Morreale, Federal Power in Western Wales: The Navigation Power and the Rule of No Compensation, 3 NAT. RES. J. 1, 12 (1963).
19　Appalachian Elec., 311 U. S. at 426-427.
20　Id. at 427. FWPA の修正のあった 1986 年以前に，連邦規制当局は，水力発電ダムの操業に対する許可に附款を附す権限を与えられた。この権限により，水路の改良や開発，各州や海外との通商，水力発電の促進その他の公衆利用のための計画，水力発電の有効活用，そしてレクリエーション目的を含め，有益な公衆利用のための広範囲の附款が附されるようになった。
21　16 U. S. C. §796 (8) (1994).
22　The Daniel Ball, 77 U. S. (10 Wall.) 557, 563 (1870).
23　Oklahoma ex rel. Phillips v. Guy F. Atkinson Co., 313 U. S. 508, 523 (1941).
24　Appalachian Elec., 311 U. S. at 407-08.
25　United States v. Rio Grande Dam & Irrigation Co., 174 U. S. 690, 709 (1899).

第7章　ダム規制を中心とする水力発電規制

行可能な水路の航行可能性に影響を与える航行不可能な支流などが，すべて航行水路と捉えられるようになった[26]。結局，航行規制権限は，航行とは直接関係のない事柄をも包摂する可能性を持つ概念とされるに到り，このことが，連邦規制当局に大きな権限を与える結果となったのである。

### 第3款　水力発電に関する連邦の規制権限と州の規制権限との相克

　FWPA は，水力発電に関して州法を妨げあるいは州規制に影響を与えるように解釈されてはならず，操業免許申請者はそのようなことのない旨を証明すべきと規定している。(FWPA9 条 b 項[27])。しかし，水力発電に関する連邦規制と州規制において政策の一致を見ない場合がある。ここでは，両者のどちらを優先するかが争点となった裁判例を検討する。ファースト・アイオワ水力発電社（以下，操業免許申請者）対 FPC 事件[28]がそれである。アイオワ州規制当局は，FWPA9 条 b 項を，操業免許申請者に州の提示する条件を満たすことを要求する規定であると解釈した。水力発電設備を操業しようとする者は，その計画が，エネルギー製造目的に河川の水を使用し又は他の関連業務を行うため，連邦のみならず州法の求める基準を満たす能力を有することの十分証拠を示すことこそが必要であると考えたからである。ところが，州規制当局からの様々な要求は操業免許申請者の計画とは相容れず，操業免許申請者は操業に向けての FPC からの賛同を既に得ていたことを理由に州規制当局側の要求に従うことを拒否したので，州規制当局は操業を禁止した。操業免許申請者は，州側の提示した条件は連邦の意向を妨害するものであるとして，この命令の取り消しを求めて出訴した。連邦最高裁は，この制度のもとでは，操業免許を交付する権限は連邦の側にあり，州の提示した条件は有効たりえないと判断した。その理由として，連邦最高裁は，そもそも州の条件が機能するのは，FWPA27 条によりその財産権が関連する場合などに限られるからであるとしている。この判断を受けて，FERC としては，州は水力発電規制についても極めて限定された役割を果たすに過ぎないのであって，その行為の根拠は，州の財産権を保護するために設けられている規定に求められなければならないとの態度をとっている。

　これ以外に，水力発電規制について連邦と州の規制権限が衝突した事件を考察する[29]。まず，南カロライナ州公益事業局対 FERC 事件のコロンビア特別区連邦巡回控訴裁判所判決[30]では，免許保持者がなす他者の財産権を侵害する行為につき，そ

---

26　United States v. Grand River Dam Auth., 363 U. S. 229 (1960).
27　16 U. S. C. §802 (b) (1994).
28　First Iowa Hydro-Electric Cooperative v. FPC, 328 U. S. 152 (1946).
29　水力発電における連邦と州の権限衝突問題について，カリフォルニア州の例を中心に検討したものとして，以下の文献を参照のこと。McHenry & Echeveria, *California v. FERC: State Regulation of Federal Hydropower*, 4 Nat. Res. & Env't 26 (1990).
30　South Carolina Pub. Serv. Auth. v. FERC, 850 F.2d 788, 19 ELR 20050 (D. C. Cir.

309

第Ⅲ部　エネルギー規制機関の権限配分

れによって引き起こされる損害賠償支払債務を FERC は FWPA のもとで免除する権限を有するものではないと判断されている。このように，連邦の立場を支持せず，州法の適用を試みる判例もないではないが，これは不法行為法の分野に特徴的であり，州不法行為法を連邦法が先占することはないとするものである。

その他の分野においては，経験則的な分析からは，司法判断の場において連邦の立場が一般に支持される傾向にあると言える。たとえば1992年のカリフォルニア州水資源委員会 (CWB) 事件[31]において，第9巡回区連邦控訴裁判所は，水力発電用ダム操業免許を与える FERC の独占的な権限が，水力発電計画の実施への規制権限を先占していると判断した。この事件の発端は，FERC が，水力発電事業のための建設許可及び操業免許を与え，魚類を保護するための最低流水量も設定していたにもかかわらず，CWB が連邦とは異なった流水量の設定権を留保し，FERC が設定した流水量よりも著しく多い流水量を提示したことであった。FERC は流水量の設定が FWPA に基づいて作成された計画の不可欠な部分であるとして，事業者に対して，連邦の要求にのみ従うよう命令した。FERC は CWB からの再審査の要求を拒否したため，州はこの命令の取り消し等を求めて出訴したが，第9巡回区連邦控訴裁判所は FERC の主張を支持した。この事件における最大の争点は，FERC が最低流水量の設定権限を有するか否かであったが，本件判決は，州の提示内容が「自らの財産権や灌漑目的ないし他の自治的な目的に関連する」ことを証明していないと判示している。この結論に達したのは，州規制の根拠として CWB が主張した再生利用法8条[32]を同裁判所が，「それが予定する規制の対象は使用済みの水であり，その目的は，そのような類の用水から魚類を保護することにある。確かに，灌漑や都市における一次利用を終えた水の利用を規制することは，いまだ州の独占的権能のうちにある。カリフォルニア州は，そのような規制をなすことの明確な理由を示しうる場合に限り，用水規制を認められる立場にある」と解釈したからである。この判断の背景に，この判決より先の1990年，カリフォルニア州対 FERC 事件[33]において，連邦最高裁が，「FERC は水力発電に必要とされる用水形態に関する独占的な決定権を与えられている。」と判示していたことが影響しているとも考えられる[34]。この他，連邦規制当局の免許権限の有無が連邦最高裁によって1975

---

1988).
31　California ex rel. State Water Resource Board v. FERC, 966 F. 2d 1541, 22 ELR 21397 (9th Cir. 1992).
32　43 U. S. C. §383 (1902).
33　California v. United States, 495 U. S. 490, 110 S. Ct. 2024, 109 L. Ed. 2d 474 (1990).
34　これに関連して，コロンビア特別区連邦巡回控訴裁判所が，水力発電計画に対して FERC がなした予備免許拒否行為を適法とした事件がある。Mine Reclamation Corp. v. FERC, 30 F. 3d 1519, 25 ELR 20127 (D. C. Cir. 1994). 被告 FERC は，カリフォルニア州にポンプ水貯蔵池を設立するための予備免許の申請を受けた。計画は，揚水発電であった。FERC は審査の結果，予備免許を拒否した。これは，最終的に計画のために使用される水源が十分に確保さ

年に審理された Chemehuevi 部族対 FPC 事件[35] がある。この事件は，FPC が，航行可能河川から冷却水を引く計画を立てた火力発電事業者に対して，冷却水を別河川から引くべき旨を命じたことをその端緒とする。FPC は，連邦政府のダムによって蓄えられている「過剰水」を使用させることを考えたのであったが，これをインディアン部族が不服として争った事件で，連邦最高裁は，法律の明確な規定がないが，連邦議会には FPA の制定過程において，連邦規制当局をして発電所にこの種の規制を及ばせる意図があったと認定して，この種の規制権限を FPC に認めた。

さらに，Sayles 水力協会対 Maughan 事件[36] がある。原告は，カリフォルニア州内の森林において小規模水力発電計画を立て，FERC からの操業免許を受けたにもかかわらず，CWB が，州規制当局としてその操業を禁じた事件である。これにつき，第9巡回区連邦控訴裁判所は，州の規制権限の多くがFWPAによって占有されており，この水流規制全体が（それゆえ州の採用する規制方法そのものも）連邦に先占されるとして FERC の立場を支持している。

## 第3節　FWPA の成立の政治的背景

　1920 年の FWPA の成立は，断片的なアプローチではなく，包括的なアプローチをもって連邦水力発電のスキームを策定しようとの連邦議会の努力の現れであった[37]。連邦政府及び連邦規制当局は，既述の通り，憲法上の権限により，FWPA 制定を待たずして，河川における障害物設置を規制していた。この領域に関する最初の包括的法律は 1884 年河川港湾法（River and Harbor Act）である[38]。この連邦法により，連邦政府は連邦議会に対して航行に影響を与えうる航行可能な水路に設置された障害物の存在を報告する義務を負うこととなり[39]，1899 年に改正された河川港湾法 9 条及び 10 条は，その後修正を加えられることなく，その効力を維持し，連邦規制当局にとって重要な規制手段を提供している[40]。しかしこの法律は断片的かつ制限的なアプローチにとどまるものであり，新法の制定が望まれていた。これについては，共和党のセオドア・ルーズベルト（Theodore Roosevelt）大統領（彼は 1901 年 9 月 14 日に大統領に就任し，在職期間は約 7 年半に及んだ）によるジフォード・ピンショー（Gifford Pinchot）氏との議論をはじめとして，水力発電推進

---

　　れなかったためである。原告は，FERC の予備免許権限の濫用を主張した。連邦控訴裁判所はこの主張を拒絶し，計画水源の有無の確認は，FERC の審査権限の範囲内にあると判断した。
35　Chemehuevi Tribe v. FPC, 420 U. S. 395 (1975).
36　Sayles Hydro Ass'n v. Maughan, 985 F. 2d 451 (9$^{th}$ Cir. 1993).
37　*See* First Iowa Hydro-Elec. Coop. v. FPC, 328 U. S. 152, 180 (1946).
38　Ch. 229, 23 Stat. 133 (1884); *See* Jaerry L. Mashaw and Richard A. Merill, Introduction to the American Public Law System 3-101 (1975).
39　30 Stat. 1121 (1899).
40　33 U. S. C. §§401, 403 (1994).

第Ⅲ部　エネルギー規制機関の権限配分

者と省エネルギー主義者との間で激論が交わされた[41]。両者とも，水力発電を民間企業が行うことを理想としていたものの，目指す態様は大きく異なっていた。水力発電推進者は主として，公共の利益を保護するためには連邦の規制権限を最小化すべきであるとし，一方，省エネルギー主義者は水力発電に強力な連邦の規制を及ぼすことを期待した。双方からの連邦議会への働きかけは加熱し，膠着状態が長期間続くことになった[42]。この間にも，連邦議会は，1906年と1910年に，この領域における統一的な政策を確立すべく，包括ダム法を整備している[43]。しかし，これらの法律は，省エネルギー主義者はもとより水力発電推進者も支持を表明せず，結局大規模な水力発電用ダムの建設を促すこともなかった[44]。一般に，T.ルーズベルト大統領は，連邦ダム計画に強行に反対したことで知られており，彼こそが，長期に及ぶ水力発電推進に関する議論を巻き起こしたとも考えられる。彼は，重要な連邦ダム法案に対して，民間企業が大水路を制御するのは好ましくないなどとして，それらに対する拒否権を発動し続けたのである。結局，いわゆる連邦水力法案[45]は連邦議会の下院委員会における修正を経て，1920年5月，漸く上院を通過した。こうして同年6月11日，FWPAが制定された[46]。

## 第4節　FWPAに基づく水力発電規制の態様

### 第1款　FERCの権限強化と環境保護規制

　FWPAの仕組みの中心は，同法6条が規定する，最長50年の水力発電用ダム操業免許期間に，水力発電設備の設置及び操業を保障する一方，公共の利益を保護するために大水路の利用への連邦の長期の関与を認めることである[47]。同法の制定当初，連邦議会は，水路に対する連邦の統制を行うことにより公共の利益を保護する必要がある時には，連邦政府自らが水路における事業主体となるシステムが望ましいと考えていた。数次にわたったFWPAの改正のなかでも重要な改正が，1935年改正[48]と1986年改正[49]である。連邦議会は，この二度の改正を通じて連邦規制当局

---

41　JEROME G. KERWIN, FEDERAL WATER-POWER LEGISLATION 8 (1940).
42　*Id*. at 7-8.
43　*Id*. at 111-14.
44　M. Curtis Whittaker, *The Federal Power Act and Hydropower Development: Rediscovering State Regulatory Powers and Responsibilities*, 10 HARV. ENVTL. L. REV. 135, 149 (1986).
45　*Id*. at 152.
46　*Id*.
47　16 U. S. C. §799.
48　Public Utility Act, ch. 687, 49 Stat. 803 (1935) (*codified at* 15 U. S. C. §§ 79a-79z-6 & *scattered sections of* 16 U. S. C. (1994)).
49　Electric Consumers Protection Act, Pub. L. No. 99-495, 100 Stat. 1243 (1986) (*codified in scattered sections of* 16 U. S. C. (1994)).

にFWPAを執行する幅広い権限を与えた。すなわち，連邦規制当局に対し，民営水力発電に対する免許発給の際に条件及び期限を設定する権限を与えた[50]のである。その一方，州には用水規制権限及び財産権としての水利権を維持させ，その上で，免許保有事業者（免許事業者）に免許期間中の業務を保障した。なお，免許が失効する際には，連邦規制当局に元の免許事業者から次なる別事業者にプロジェクトを移行させる権限を与えた[51]。

また，FWPAによれば，FERCは，適法である限り，FWPAの条項を実施するために必要あるいは有益なあらゆる行為をなす（perform any and all acts）ことができる。たとえば，自ら命令をなし，規則を制定し，規制権限を発動し，規制内容を変更しあるいは廃止することは，原則としてすべて規制権限の内にある[52]。既に規制がなされている段階においても，FWPAの趣旨に合致し，公共の利益に資する限りにおいて，追加の操業条件を規制の相手方に新たに課すことも可能である[53]。また，これらの条件は，免許保有事業者に対して，省資源に努めながら水力資源を活用し[54]，周辺住民の生命，身体，財産を守ることを要求する内容を含みうる[55]。

さて，FWPAは，航行可能な水路において，連邦規制当局からの認可を得ずして，いかなる水力発電用ダムも建設，操業，維持・管理してはならないと定めている[56]が，これは，ECPA（Electric Consumers Protection Act：電気消費者保護法）の制定がもたらした修正によるものである。連邦議会は1986年に，FERCは免許審査の際に発電以外の要素を十分に考慮していないとして[57]，ECPAを制定し，これによりFWPAを修正した[58]。このECPAの主要な制定目的は，事業認可を与える過程において，FERCに環境保護についても十分に考慮させることにあったのである[59]。ECPAは，環境保護を実現するために，FERCに対していくつかの新しい要求をなしている。第一に，免許審査の際に，魚類及び野生生物保護，環境へのマイナス要因の排除，環境向上，レクリエーション，省エネルギー，環境に関するその他の要因の保護といった発電以外の要素についても，発電の要素と同等の公平な考慮を

---

50 16 U. S. C. §817⑴ (1994).
51 16 U. S. C. §§807-808 (1994).
52 16 U. S. C. §825h (1994).
53 16 U. S. C. §797g (1994).
54 16 U. S. C. §797g.
55 16 U. S. C. §803c (1994).
56 16 U. S. C. §817⑴ (1994).
57 H. R. REP. No. 99-507, at 17 (1986), *reprinted in* 1986 U. S. C. C. A. N. 2946, 2503-04.
58 Pub. L. No. 99-495, 100 Stat. 1243 (1986) (*codified in scattered sections of* 16 U. S. C. (1994)).
59 *See* Note, *FERC Interaction with Fish and Wildlife Agencies in Hydropower Licensing Under the Federal Power Act Section 10 (j) Consultation Process*, 27 TULSA L. J. 433 (1992).

FERC に明確に義務付けることにより，公共の利益に関する基準を強化した[60]。第二に，FERC に対して，当該水力発電プロジェクトにより影響を受ける先住民族からの要求事項を考慮しなければならないこととした[61]。第三に，FERC に対して，魚類及び野生生物保護，環境へのマイナス要因の排除，環境向上に関する施策に基づく条件付けを免許発給の際に行うことを義務付けた[62]。第四に，FERC が課す付加的条件が，FWPA のすべての要求を満たすべきものとした[63]。このように，ECPA は，FERC が水力発電プロジェクトに操業免許を与える FWPA の仕組みを大きく修正したと言えよう。特に重要なことは，ECPA3 条の a 項[64] と b 項[65] について，連邦議会が「魚類と野生動物の保護」は，十分に尊重されるべき「価値」であることを認識し，その価値観を FERC が共有していれば，FERC としても当然拒否したであろうはずのプロジェクトの実施例が既にあることを確認したために，FERC の政策を変更させるべく制定されたことであろう。

　この条項に関する裁判例もないわけではないが，多くは実体判断を回避している。たとえば，連邦内務省対 FERC 事件[66] における判決は，環境要因に踏み込んでの審理をなさなかった。すなわち，FERC が環境要因につき公平に考慮すべきか否かという論点には踏み込まず，FERC が依拠すべき実質的証拠法則の範囲の論点に限定して審理をなしている。また，Rainsong 社対 FERC 事件[67] がある。この事件は，FERC が，原告の水力発電用ダム操業免許申請を拒否したことに端を発した。原告の申し立てを受け，裁判所は，当該免許事業の森林への悪影響についての独自調査を FERC に命じ，FERC では Rainsong 社の申請を審査すべく再聴聞が行われたが，申請は再び FERC により拒絶されている。結局，免許申請期間を途過した申請であるので却下するとの結論を導いた FERC は，もともと自らの判断は違法ではなかったとした。司法においても手続的理由から Rainsong 社の主張を退ける FERC の判断は適法と認められた[68]。

　さて，「レクリエーションの価値」の問題については既に，ナメカゴン水力発電会社事例[69] において，FPC が一定の判断基準を確立している。この事例における最大の争点は，同社の提案した水力発電プロジェクトの価値であった。同プロジェクトによる電源が住民に利益をもたらすことは確実であったものの，同プロジェク

---

60　16 U. S. C. §797 (e) (1994).
61　16 U. S. C. §803 (a)(2)(B) (1994).
62　16 U. S. C. §803 (j)(1) (1994).
63　16 U. S. C. §799 (1994).
64　16 U. S. C. §797 (e).
65　16 U. S. C. §803 (a)(1) (1994).
66　United States Dept. of Interior v. FERC, 952 F. 2d 538 (D. C. Cir. 1992).
67　Rainsong Co. v. FERC, 106 F. 3d 269 (9th Cir. 1997).
68　Rainsong Co. v. FERC, 151 F. 3d 1231 (9th Cir. 1998).
69　In re Namekagon Hydro Co., 12 F. P. C. ¶203 (1953).

第7章　ダム規制を中心とする水力発電規制

トの構造はナメカゴン川のレクリエーション目的での利用を不可能にすることも明らかだったからである。FPC は，特色あるレクリエーション資源を脅威にさらすものとし，同社の免許申請を拒否する決定をなした。また，そのような判断及び政策をもって，公共の利益を保護することが FPC の責務でもあるとした。ECPA の制定趣旨に着目すると，合理的に守られるべき河川特有のレクリエーションの価値は看過しえないともしている。この判断は，レクリエーション目的に適う資源開発に言及した点で ECPA の制定に大きな影響を与えた。その点でこの事例には大きな意義があると言えよう。

### 第2款　免許条件に関する規制―ハイマウンテンシープ事件―

水力発電免許規定である FWPA6 条[70] に基づき，連邦規制当局は，水路を改良し発展させるための包括的計画に最もよく合致するプロジェクト提案をなす者に免許を発給することができる[71]。このための最も重要な基準は，当該プロジェクトが公共の利益に合致するものとなるか否かである。これに関する争訟は古くからあるが，ここでは 1967 年の Udall 対 FPC 事件（一般に，「ハイマウンテンシープ（High Mountain Sheep）事件」との呼称が用いられているので，以下，それに従う。）[72] を取り上げる。

### 第1項　ハイマウンテンシープ事件の概要

ハイマウンテンシープ事件は，スネーク川における発電のための水資源開発を，地方自治体や連邦機関に主導権を与えることなく，FPC が FWPA7 条 b 項[73] に基づいて四つの企業に水力発電の免許を与えたことの違法性を主張する原告が，当該免許の取り消しを求めて出訴し，連邦最高裁まで争われた事件である。なお，このように政策的になされた本免許に対しては，内務長官も異議を唱えていた。FPC 自身の計画であるハイマウンテンシープ計画では，流水量の調節がサケの生態に悪影響を与えるとの疑義があったからである。FPC はこのための様々な試験や調査を行いながら，水資源開発への適性評価を作成し，その結果から開発をなすことが適当であるとの報告書を連邦議会に提出したが，内務長官は，その調査手法の妥当性を疑い，より正当な調査をなすよう勧告を行っていたのである。

連邦最高裁は，FPC の調査には不備があることを指摘した。FPC は内務長官勧告に従って手続を改め，厳格に調査したと主張したが，同裁判所は，その主張を退けた。また調査の際には景観の価値としてどのようなものを考慮するかも重要で

---

70　16 U. S. C. §799.
71　16 U. S. C. §803 (a)(1).
72　Udall v. Federal Power Commission, 387 U. S. 428 (1967).
73　16 U. S. C. §800 (b) (1994).

あると指摘した上で，水資源開発を中止すべきであるとする原告の主張の合理性を認めた。

### 第2項　ハイマウンテンシープ事件の検討

ハイマウンテンシープ事件において，連邦最高裁は，将来の電力需要，石油代替エネルギー開発，未開拓地域や河川の保全，回游性魚類や野生生物の保護といった数多くの要因をひろく包含するものとして，水力発電免許基準を捉えた[74]。この判決により，水力発電プロジェクトの影響を受ける住民の生活，健康，財産の保護のための免許条件が確立された。判決によると，免許を申請する者は大まかに以下の点について情報を開示しなければならないこととなった。すなわち，①プロジェクトの構成要素と総面積，②タービンや発電機の数とそのタイプ及び送電線の規格や電圧が記載されたプロジェクトの実体規模，③計画範囲の土地の状態，④設備の利用主体と利用方法，⑤商業行為の開始日などを含めた操業スケジュール，⑥費用及び財源である。これらの権限は NEPA（National Environmental Policy Act：全国環境政策法[75]）の制定趣旨解釈により導かれるものであるが，そこにおいて要求される内容は非常に厳格に達成されるべきものとされた[76]。ハイマウンテンシープ事件判決は，連邦規制当局に対し，自らの責務を細部にわたり検討しつつ，代替案と環境要因審査の双方について審査するよう求めている。連邦規制当局には，事業評価・財務分析等の詳細を報告書に掲載しなければならないが，多くの場合において，EIS（Environmental Impact Statement：環境影響評価報告書）を提出することをも求められるようになった。FWPA が，連邦規制当局に，詳細な環境報告書の作成を要求しているからである[77]。消費水量や水質の報告，計画地周辺に生息する魚類や野生動物・自生植物についての報告，そして，より包括的な計画地周辺の環境についての概論的記述がその内容となっている必要がある。水力発電計画では，NEPA に基づき，EIS において，すべての合理的な提案とそれらと直接又は間接に環境の面での結果が比較可能な代替案，環境への悪影響を緩和する方法，当該提案と他のすべての国有地利用計画との間で起こりうる衝突の可能性などが，計画全体

---

74　Udall, 387 U. S. at 450.
75　The National Environmental Policy Act, 42 U. S. C. §§4321-4347 (1969).
76　全国環境政策法（NEPA）の制定趣旨等について，山村恒年『環境保護の法と政策』147 頁（信山社，1996 年）を参照のこと。また，同書 149 頁においては，環境アセスメントにおける法律問題の意識から，米国の環境影響評価制度の法理及び実務の詳細が紹介されかつ分析されている。
77　米国の水質規制に集中的な法律上の検討を加えたものとして，北村喜宣『環境管理の制度と実態—アメリカ水環境法の実証分析—』（弘文堂，1992 年）がある。なお，規制の対象領域を判定する際にいわゆる「可航性」の要件が消滅して行く経緯について，同書がその考察の対象の一つとする連邦清浄水法（Clean Water Act：CWA）においてもほぼ同様のことがあったことがうかがわれる。同書 27 頁参照のこと。

について考慮されなければならない。換言すれば，連邦規制当局にとっては，目前にある計画そのものが評価されるほかに，他の多くの選択可能な政策が評価されることになる。また，既存の連邦設備である水力発電を尊重しながら，現在連邦が所有または操業している水力発電のコストを削減する機会を捉えるための予備調査にも着手することになる。これらの調査結果は，連邦議会に報告されることになっている。この場合のEISの方法であるが，公募によって集められた人々が，FERCにより，NEPAの要請に適合したEISの作成を要求される。公募については，有資格者リストが利用されている。

### 第3項　ダム操業免許の譲渡と再免許

　FWPAは，ダム操業免許保有事業者（免許事業者）に，免許期間を50年とすることで，50年の猶予を与えて投資費用回収を目指させているとも言える[78]。もとより，連邦議会がFWPAを変更し，修正し，廃止する権限を有するものであることは当然であるが，その際には，現在有効な免許の帰趨を明らかにすることと免許業者の権利に影響を与えないように留意することも求められている[79]。

　さて，FWPA14条及び15条は，各々，FERCが関与すべき免許譲渡と再免許の手続きについて規定している。免許の譲渡先は，原則として連邦政府であるが，FERCは元の事業者の免許を更新すること，あるいは，別の事業者に新規の免許を発給することもできる。また，14条は，免許期間が満了する際に，連邦政府は当該事業について事業者の総投資額[80]にプロジェクト離脱に伴う損害額を加えた額に相当する補償[81]をなした後，当該プロジェクトを引き継ぐ趣旨を定める[82]。さらに，連邦政府には，免許期間中であっても，収用手続きに従い，正当な補償をもってプロジェクトを収用，操業，維持・管理することが認められている[83]。

　連邦政府が，当該水力発電プロジェクトを収容しないことを決定する場合，FWPA15条がFERCに事業者の免許を更新するか，別の事業者に新規免許を発給する権限を与えている[84]。後者の場合，新規免許事業者は，元の免許事業者の総投資額にプロジェクト離脱に伴う損害額を加えた金額を，元の免許事業者に対して，自ら支払う必要があり[85]，連邦政府は補償金の支払いを免れる。FERCは，「公共の利益への奉仕にもっとも適合する」最終提案をなすことのできた免許申請者に新

---

78　16 U. S. C. §799.
79　16 U. S. C. §822 (1994).
80　See 16 U. S. C. §808 (a) (1994).
81　See In re Pacific Power & Light, 23 F. E. R. C. ¶63,037 (FERC Apr. 28, 1983).
82　16 U. S. C. §807 (a) (1994).
83　16 U. S. C. §807 (a).
84　16 U. S. C. §808 (a)(1) (1994).
85　16 U. S. C. §808 (a)(1).

規免許を発給することとなる[86]。

　FERC は，当該プロジェクトがもはや水力発電のために使われるべきではないと判断するときには，一時的に「非水力発電目的の」ダム操業免許を発給することもできる[87]。「非水力発電目的の」免許は，あくまで臨時のものであり連邦政府が当該プロジェクトの収容等を決定すると，その免許は失効する[88]。但し，現在のところ，連邦政府が水力発電ダムプロジェクトを収容し，あるいは FERC が「非水力発電目的の」免許を発給したことはない[89]。FWPA15 条はまた，水力発電用ダム操業免許が失効するにもかかわらず FERC の政策決定が遅延している場合の操業維持規定を有している[90]。この規定によると，旧免許が失効しても，免許更新が認められるか，新規免許が発給されるか，当該設備が収容されるまでは，元の免許と同じ条件で従来の操業者に 1 年間有効の免許が暫定的に発給されることになる（年次更新の制度については，本章第 7 節において後述する）[91]。

　なお，FWPA は，操業中のダムプロジェクトの廃止問題につき，特別な規定はおいていない。ダムの操業が不経済になったり，ダムの構造が脆くなっていたり，ダムの存在が環境に悪影響を与えるようになったりしたため，FERC がそれ以上プロジェクトを存続させることが公共の利益に沿うものではないと判断するような重要な局面において，関係者らがどのように行動すべきかについて，FWPA には，明確な規定が存在しないのである。このいわば法の欠缺ともいうべき問題は，緊急に解決すべき性格を有している。現在のところ，FERC による政策策定により，混乱は回避されているが，実務上の規制態様を本章第 6 節において，またそれに関して生じる理論的な問題を第 7 節において検討する。

## 第 5 節　水力発電計画における環境影響評価の必要性
### ―ストームキング事件からの教訓―

　1986 年改正に際して FWPA10 条 a 項[92]を解釈するための最重要事項とされたのは，環境影響評価の内容であったが，1965 年の FPC 対ハドソン景観保持協議会事件（これは一般に，「ストームキング (Storm King) 事件」との呼ばれる）判決[93] は

---

86　16 U. S. C. §808 (a)(2) (1994).
87　16 U. S. C. §808 (f) (1994). See H. R. Rep. No. 1643, at 1 (1968), reprinted in 1968 U. S. C. C. A. N. 3081.
88　16 U. S. C. §808 (f).
89　See, e. g., Project Decommissioning at Relicensing: Policy Statement, 60 Fed Reg. 339 (1995) (codified at 18 C. F. R. §2.24 (1997)) [hereinafter Policy Statement].
90　Lac Courte Oreilles Band v. FPC, 510 F.2d 198, 205-6 (D. C. Cir. 1975).
91　16 U. S. C. §808 (a)(1).
92　16 U. S. C. §803 (a)

その論点を提起するものであった。以下、このストームキング事件を取り上げ、検討する。

**第1款　ストームキング事件の概要**
　FPCにより許可されたストームキング事業は、この種の事業では最大規模の水力発電を予定するものであった。事業そのものが三つの地域にわたり、240エーカーの貯水池と発電所は直径40フィートのトンネルでつながれる。発電所は八つの給水設備を持つ。電力使用のオフピーク時に、ポンプで貯水池に吸水し、それにはニューヨーク州内の化石燃料を使った発電装置による電力を使用する。そして電力使用のピーク時には、発電のために放水されることになっていた（揚水発電）。
　この事業は、計画段階から、環境保護論者を含め多数の関係者から反対された。一方、地方自治体や資産家達には支持された。反対意見の大部分は、景観の問題に集中した。対象となる地域は、類まれな景観の美しさと歴史的に重要な価値を有していた。ハドソン川流域の高原や峡谷の美しさは世界的に知られており、ドイツで旅行ガイドブックを出版し続けたカール・ベデカー（Karl Baedeker）氏は「ライン川より美しいハドソン川」と賞賛したと言う[94]。
　ストームキング事件の構図は比較的単純なものであった。FPCはコンソリデイティッド・エジソン社に対して、ニューヨーク州ストームキング山を流れるハドソン川西岸における水力発電設備の設置許可を与えた。争点は、FPCによって与えられた当該許可が、FWPA10条a項に従っているのか、つまりその事業は「レクリエーションの要求も含め、水路の改良や開発、各州や海外との通商、水力発電の進歩や他の公共利用のために最適であるのか」と言うことであった。
　確かに同法10条a項は、もともと水路の有効利用の必要性に焦点を当てたものである。しかしこの規定は「レクリエーションの要求」について触れつつ、その目的は、天然資源の管理や自然の美観維持、歴史的遺跡の保持を含んでいるとも考えられる。そこで、連邦最高裁は、FPCがニューヨーク州ハドソン川に接したストームキング山でのポンプ貯蔵設備設置の許可をなしたことの違法性を認定し、その許可を取り消した。その理由として、連邦最高裁は、「FWPA10条a項は、FPCに、短期と長期の両方に及ぶ計画の影響の熟考を要求しているにもかかわらず、FPCはそれを怠った」とした。ストームキング計画を代替可能な案と比較し、その結果、景観を含む利益のためハドソン川の発展により適合しうる代替案があるため、ストームキング計画の申請は否定されるべきであると考えたのである。

---

93　Scenic Hudson Preservation Conference v. Federal Power Commission, 354 F. 2d 608 (2d Cir. 1965), *cert. denied*, 384 U. S. 941 (1966).
94　Scenic Hudson, 354 F. 2d at 613.

#### 第2款　ストームキング事件判決の検討

　ストームキング事件判決は，水力発電用ダムの環境への影響にその判断の基礎を置く最初の連邦最高裁の判決であった。その法廷意見は，将来繰り返し起こるであろう多くの環境上の問題を予期しており，その判断は，NEPAによって命じられた新しい考察方法を含意するものであった。ここにおいては，経済的な損害や損傷を被ることのない者であっても，委員会による規制に「感覚の問題」で苦しめられる当事者は，原告適格（standing）を有しうることの明確な認識をなしていることが重要である。このような当事者が裁判によって救済を求めうることについて，連邦最高裁は，感覚の問題で苦しめられることは，経済的損害を与えられるのと同等の問題を孕むとした。また同裁判所は，附設ガスタービンその他のシステムの利用，あるいは，システム併用の可能性といった調査が不足していることをも指摘している。

　また，FPCが許可を取り消すことによる経済的損失に対して指摘した内容は，ハドソン川における魚類の保護計画の不備を含む不十分なものであったとした。独立行政委員会が代替案調査や記録提出をなす義務を十分に果たしていないとの判断をなした点においても，この判決は画期的であると言えよう。

## 第6節　FERCによるFWPA新解釈

#### 第1款　水力発電規制の現状

　FWPAには，水力発電用ダム操業免許は当該ダムの操業が公共の福祉に合致するか否かを審査した後に発給すべきとする旨の規定があるにもかかわらず[95]，近年までの連邦規制当局はその審査基準を大幅に緩和し，有効期間を50年間とする免許を発給してきた。その政策は，水力発電業界からは好意的に評価されたが，環境保護団体からの批判を受けてきた[96]。ところが，現在の水力発電用ダム操業免許発給の事情は，かつてのそれとはかなり異なっている。そのことには，特に環境問題が取り沙汰されるようになった点が大きく影響している。かつて，多くの免許が，現在の環境関連諸法に定められた基準[97]とは関連性を欠く審査のもとで交付されてきた。その後連邦議会はFWPAを改正し，FERCに，免許審査の際に電力供給以外の価値について審理することを義務付けたわけであるが，電力業界にとって，技術開発の進展に伴って長距離送電が可能となってきたことも，連邦議会によるこのような政策形成に影響を与えたと思われる。これを受けてFERCは，FWPAに関

---

95　16 U. S. C. §803 (a).
96　Ted Williams, *Freeing the Kennebec River*, Audubon, Sept. -Oct. 1993, at 36, 36-38.
97　*See, e. g.*, Endangered Species Act (ESA), 16 U. S. C. §§1551-1544 (1994).

する自らの政策を変更し，水力発電を目的とする新規ダムの建設許可を申請する者に対して，ダムが公共の利益上の観点から十分な操業の便益を得られない可能性のある場合には，その建設につき許可をなさないか，もしくは厳格な環境関連条件を許可に附するものとしている。また，水力発電用ダムの操業については，その免許期間が終了し免許更新の申請が却下された場合の操業廃止コストを，原則としてダムの所有者及び操業者の負担とする政策を決定している。水力発電事業者らは，このFERCの政策策定行為は，その権限を逸脱するものであるとして反発し，そのような政策変更によりダム操業を終了する場合には，連邦政府その他の第三者が，操業廃止コストを負担すべきであるなどと主張してきた。しかし今日に至るまで，FERCはこの点にかかわる自らの政策を維持することを数度にわたり確認している。水力発電業界は，その間もFERCの方針に反対する立場をとったが，それらについて司法審査を仰ぐに至った例はない[98]。

このように，現在の水力発電は，大改革のさなかにあると言えよう。1990年代から連邦規制当局によりかつて多く発給された水力発電用ダム操業免許の期間[99]が満了しつつあるという事態が報告されるようになっている[100]が，今後その数はさらに増大し，地域も全米のほぼ全州に及ぶと予想されている[101]。これらの免許事業者のほとんどが免許の更新を希望するわけであるが，この時点ではダム建設時の借入金の返済を済ませている場合が多い。言い換えれば，免許の更新はダム事業者にとって利益確保の現実的保障を意味することになる。

そこで，この基準変更が公共の利益を守ることに合致し，FWPAを基礎とする権限のもとで適法になされたものであるかを概観するとともに，そこでのFERCの見解を次に検討する。

#### 第2款　ダム操業免許更新拒否の新基準

1993年，水力発電用ダム操業免許の期限切れは173に及んだ[102]。さらにその後も非常に多数の免許の期限切れが見込まれたので，FERCは，調査告知（Notice of Inquiry：NOI）を発し，ダム操業の廃止に関する意見を受け付けた[103]。この調査では，FERCはそのダム操業中止命令権限の理論的限界，ダム操業を廃止させるた

---

98　*See, e. g*., Promoting Wholesale Competition Through Open Access Non-Discriminatory Transmission Services by Public Utilities; Recovery of Stranded Costs by Public Utilities and Transmitting Utilities, 61 Fed. Reg. 21,540 (1996).
99　16 U. S. C. §799.
100　Donald H. Clarke, *Relicensing Hydropower: The Many Faces of Competition: The Many Faces of Competition*, 11 Nat. Res. & Env't 1 at 8,9 (1996).
101　2000年から2001年にかけてだけでも69の水力発電用ダム操業免許が失効したと見られる。*See* http://www.FERC.fed.us/hydro/docs/waterpwr.htm.
102　Clarke, *supra* note 99, at 9.
103　58 Fed. Reg. 48,991 (1993).

めの手続き，事業者のための補償基金設立についてなど，多様な領域にわたる 15 項目を用意した。水力発電事業者，行政機関，先住民族，環境保護団体などからの意見を聴取した後，1994 年 12 月 14 日，FERC は新基準を公表した[104]。すなわち，FERC は，FWPA を法制定経緯と広範な公共の利益基準に照らし，たとえ新規条件を附してもなお FWPA10 条 a 項[105]及びその他の法令のもとで確定している基準に免許事業者が適合しえない場合には，免許更新を拒否すると結論した。

また FERC は，通常，電力を確保することによる公共の利益と，環境を保護することによる公共の利益との調整を，ダムの操業によって引き起こされる問題を緩和するため，免許に条件を課すテクニックを通じてなす[106]。このことにつき，FERC は，「免許更新申請却下は免許がどうしても FWPA の趣旨に合致しない場合にのみ行なわれるのであるから，決して頻繁に起こる事態とはならない。」と説明した[107]。むしろ FERC が免許更新時に新規条件を課す場合に，免許更新申請者の側が不経済を理由にこれを拒否することも考えられないわけではない[108]。FERC によれば，このような場合も，当該水力発電プロジェクトは終焉を迎え，ダムは操業を廃止され，最終的にダムそのものが解体されることになりうる[109]。FERC は，この際には，公共の利益を十分に保護するためにダム操業の廃止からダム解体に到る過程を監視する役割を自らが果たすと宣言している[110]。

新基準公表から 3 年間は，FERC がこれらを適用することはなかったのであるが，1997 年 11 月 25 日，メイン州オーガスタの Kennebec 川に位置する Edwards Dam (ED) の事例[111]において，FERC は新基準を適用し，免許更新を拒否し，しかも事業者にダム閉鎖に係る費用負担を課した。FERC が ED に対して免許更新を拒否し費用負担を課すことは，ED の操業者にとって，1837 年からダムを操業し 1913 年の古くから水力発電を行ってきたことからくる自負に大きなダメージを与えることも自明であった。しかし FERC は，ED に対しては 1964 年に免許を与えたのが最後とならざるをえないと結論した。一方，Cushman Dam (CD) の事例は，FERC が水力発電プロジェクトに非経済的条件を附した事例[112]として知られている。1998 年 7 月 30 日，FERC はワシントン州タコマ市に，131MW の出力規模を持つ CD の操業免許の更新を認めた。CD の操業者が最初に免許を受けたのは 1924 年の

---

104 See Policy Statement, *supra* note 88.
105 16 U. S. C. §803 (a).
106 http://www.maineenvironment.org/Edwards_Dam/main.html. このサイトは，ダムの撤去の状況が詳細に報じられており，現在 ED は元の自然に戻りつつある様子がわかる。
107 See Policy Statement, *supra* note 88.
108 Id.
109 Id.
110 Id.
111 See Edward Mfg. Co., 81 F. E. R. C. ¶61,255 (Nov. 25, 1997).
112 See City of Tacoma, Washington, 81 F. E. R. C. ¶61,107 (July 30, 1998).

ことである。二つのダムに2基の水力発電タービンを稼働させており、これらに関する諸設備がSkokomish川に配されていた。1974年からは、同プロジェクトは1年毎の免許更新を重ねてきていた。FERCは1998年時の免許更新は認めたものの、水力発電プロジェクトに様々な非経済的条件を附し、事業者に大きな負担を求めたのであった。

### 第3款　FERCの新基準の評価

水力発電が地域住民に大きな便益をもたらすことは疑うべくもない。しかも、多くのダムでは、環境への悪影響を最小にすべく、多大な努力が払われている[113]。論者によっては、水力発電は汚染物質を排出せず、河川の水という再生可能エネルギーを利用することから、エネルギー供給方法として、他の手段よりも勝れている（完璧に近い[114]）手段であると主張する者もいる[115]。確かに、米国において、多くの水力発電用ダムが、多目的ダムとして、船舶航行・治水（流水量調節）・レクリエーション・灌漑などの機能を果している[116]。それにもかかわらず、ダムの環境への影響は大きく、しかもそれらは回避困難であるとの認識が根強い[117]。ダム周辺の生態系が破壊され栄養価が高く利用価値のあった豊富な沈泥の利用が不可能になること、さらには水に含まれる酸素が減少したり河川の構造を大きく変更したりする結果[118]、（特に回游性の）魚類の生態系に大きな打撃を与えることなど、水力発電用ダムが他の価値ある資源に悪影響を及ぼす多数の例が提示されている[119]。このこともFERCは一応考慮に入れていると思われる。河川環境の保全を主張する者らは、FERCの新基準を基本的に歓迎し、その行動は収用に該当せず、合憲であり適法であるとした[120]。

FERCは、新基準を公表するに当たり、免許の更新を求める各当事者に、和解制度を活用した創造的かつ自発的な合意形成を心がけてもらいたいとする一方、必要な場合には、自らがダムの操業を停止させるとした。FERCとしては、この新基準が、結果の予測が困難で、長期にわたり、コストも嵩む訴訟を回避し、相互に利益のある和解に持ち込めるようテーブルにつくことを促すことになると考えたのであ

---

113　Peter J. Kirsch, *Maine Dam Decision Reverberates in the West*, Denver Post (Jan. 29, 1998) at B-07.
114　Ben W. Ebenhack, Nontechnical Guide to Energy Resources: Availability, Use and Impact 223 (1995).
115　Donald N. Zillman & Lawrence H. Lattman, Energy Law 549 (1983).
116　*Id.* at 549-52.
117　*See generally* Wilson V. Binger et al., Environmental Effects of Large Dams 5 (1978).
118　Peter B. Moyle & Joseph J. Cech, Jr., Fishes: An Introduction to Ichthyology 332 (1982).
119　Michael T. Pyle, *Beyond Fish Ladders: Dam Removal as a Strategy for Restoring America's Rivers*, 14 Stan. Env'tl L. J. 97 (1995).
120　*See* Katherine Costenbader, *Damming Dams: Bearing the Cost of Restoring America's Rivers,* 6 George Mason L. Rev. 635 (1998).

る。先述の ED 事例では，まさしくこのことが起こった。そこにおいて，水力発電事業者側は，FERC の新政策を支持することはなかった。しかしこの基準は，引き続き CD 事例においても援用された。

以上のように，FERC は，ダムの操業廃止が公共の利益に合致するものであると考える場合には，免許更新を拒否し，ダムの所有者及び操業者にダム操業廃止費用その他の負担を課すことができるとしている。一方，水力発電事業者らは，これに強く反発した[121]。たとえば，FWPA の規定はより狭く解釈されるべきで，FWPAに列挙された免許拒否事由に該当する場合にのみ，免許の失効が宣言されうると主張し，FERC が免許申請を拒否し，あるいは再免許の際に従来よりも経済的にはるかに不利な条件を課すことは合衆国憲法修正 5 条により禁じられ[122]，FWPA の趣旨にも違反しているとした。また，免許事業者の免許が失効すると，その者が自ら免許の更新を受けるか，他者が新規免許の交付を受けるか，または連邦が事業を継続するまでは，1 年限りの免許を発給され続けることになるとした。このように，事業者らは，事業免許に附される条件は，それにより事業が非経済的になるほどに厳しいものとなってはならないとする立場をとっているが，FWPA の文言そのものに加え，FWPA の立法経緯，さらには司法解釈に鑑みると，このような産業界の FWPA 解釈には相当な無理があると言わざるをえない。むしろ，正当にもFERC は，ダム操業停止という大きな問題を直接に規定しえなかった連邦議会の失策を補うための基準策定をなしたと見るべきであろう。

## 第 7 節　FERC の新基準への理論的考察

### 第 1 款　FWPA に基づく公共の利益の保護と FERC の権限

水力発電事業者らは，これまでにも操業停止を回避するための様々な政治的工作を行ってきた。ある水力発電プロジェクトが公共の利益に合致するものでないとFERC により判断された場合，FWPA14 条により当該プロジェクトを元所有者等への補償の後に政府所有に切り替え，ダム解体を含む操業廃止費用は納税者の負担とすべきことなどを主張してきた。さらに事業者らは，政府がプロジェクトを引き継ぐか免許更新を認めることのないまま年次更新免許の申請を FERC が拒否することは，FWPA15 条が禁止していると主張してきた[123]。しかしながら，実際のと

---

121　*See* Michael A. Swiger et al., *Paying for the Change: Can the FERC Force Dam Decommissioning at Relicensing?*, 17 ENERGY L. J. 163, 164-66 (1996).
122　合衆国憲法修正 5 条の文言のうち「何人も，正当な補償なしに，私有財産を公共の用に徴収されることはない。」の部分を指す。なお，樋口陽一・吉田善明（編）『解説世界憲法集改訂版』50 頁（三省堂，1991 年）における野坂泰司教授の翻訳による。
123　Beth C. Bryant, *FERC's Dam Demmissioning Authority under the Federal Power Act*, 74 WASH. L. REV. 95 (1999).

第 7 章　ダム規制を中心とする水力発電規制

ころ FWPA はこれらの問題を解決するための規定をおいていない。FWPA の立法経緯に鑑みると，連邦議会はそれほど多くのダムを操業停止に追い込む必要を感じていなかったからではないかと思われる。そこで，これらの条項が盛り込まれた趣旨に照らして解釈を試みる。

　まず，政府によるプロジェクト引き継ぎを規定する FWPA14 条は，連邦政府が，「事業を引き継ぎ，維持し，操業する」ことにより，公共資源への連邦の統制能力を保持し，かつ事業の私的独占状態を排除することを目指した。しかし，FWPA が成立した約 90 年前と現在とでは，水力発電をめぐる状況も相当に異なる。FWPA 成立当時，ダムの設置場所からおおよそ 250 マイル（402km）以上の送電は技術的に不可能であった。多くの者は，ダムによる水力発電の操業が廃止された場合，電力供給について一つのプロジェクトのみに依存してきた地域住民の被る打撃は甚大なものになるとして，不安を募らせた。連邦議会は，この事態を受けて，仮に免許期限が満了しても，当該プロジェクトないしは水力発電事業を続行させるための規定を FWPA に盛り込んだに過ぎない。しかもこれは，現存するプロジェクトを維持し操業を継続させることが公共の利益に適い，かつ連邦政府がそれを統制する必要があることが所与の前提にして考慮されている。そこで，連邦政府がプロジェクトを引継ぐためには，電力供給の確保や洪水の予防など，何らかの公共の利益が認められなければならない。プロジェクトそのものの存在が公共の利益に反する場合や，プロジェクトの引き継ぎが単に操業廃止に係るコストを納税者に負担させることとなる場合などは，FWPA14 条の規定する補償の範囲から外れると思われる。

　さらに連邦議会は，特定プロジェクトからの電力にのみ依存しているコミュニティーを保護するために，FWPA15 条を定め，FERC は旧免許の期間満了までに免許更新の是非を決定することができないならば，1 年間有効の年次更新免許（interim license）の発給を行うことができるようにした[124]。しかし，連邦議会はダムの操業を継続させることにより，これらコミュニティーを保護することを意図したに過ぎないのであって，50 年の長期免許保有者がその免許の期限切れをもって引き続き長期免許事業者になることを当然に予定したのではない[125]。また，FWPA15 条は，FERC が年次更新免許の発給を拒否することを禁じていない。もとより，一般に設定される 50 年という免許の有効期限こそが，FWPA の定める操業保障の根幹をなす（その後の連邦政府による収容等の可能性は十分にある）ものと位置付けられる筋合であろう。

---

124　*See* 59 Cong. Rec. 1441 (1920).
125　*Id.* at 1442-49.

## 第2款　ダム操業廃止費用負担を決定する FERC の権限

　FERC は，免許申請を拒否する権限に加えて，FWPA を実施する広範な裁量的権限を行使することにより，免許業者にダム操業廃止費用を負担させることができる。それが連邦議会の航行規制権限に基づいていることについては，本章第2節第2款において明らかにした。これに関連する航行配慮義務（navigation servitude）は，法的争点ともなりうるので，ここにおいて検討する。この義務の履行に対する無補償の原則は，航行規制権限との関係が深い。というのは，航行配慮義務は水路岸の構造物所有者に課されている[126]ところ，それが，「連邦議会はその航行規制権限の行使により補償をなすことなく私有財産を収用することができる」との法理に基づいて運用されているからである。連邦議会は航行規制権限を発動することにより，他の権限によるならば正当な補償をしなければならないにもかかわらず，それをなさずに私有構造物の収去命令を発することができることになる[127]。航行配慮義務は，この点が特徴的であると言える。以下，この点について考察する。

　航行配慮義務は，航行可能な水路の水位標（water mark）よりも低位に該当する全域において生じる[128]。この義務は英国のコモン・ローに由来しており，その本来の目的は，航行可能な河川において無料で，船舶が妨げられることなく通過する環境を確保することにあった。この概念の正確な起源は完全に明確なわけではなく[129]，これについては近年になって様々な議論が展開されているが，ここでは，判例[130]に基づく議論を中心に検討する。連邦最高裁により示された，航行可能な水路における構造物と認定された橋梁を修復ないし撤去させる連邦政府機関の命令を支持する一連の判例は，連邦政府が自ら操業することを目的として収用する場合[131]と，水路における航行を確保するために構造物を収去する場合[132]とを明確に区別している。一般に，前者は補償を要するが，後者は補償を要しない。これらの事件はすべて，連邦最高裁が，連邦政府の航行規制権限により構造物を収去させる場合には，当該構造物を収用してその効用により利益を得ようとする場合とは異なり，補償を要しないとする理論[133]に基づくものである。この理論との一貫性を図ると，連邦規制当局が航行配慮義務を課す場合はもとより，再免許を拒否しダム等構造物の撤去を求める場合には，補償を要しないことになる。航行可能な水路から

---

126　United States v. Rands, 389 U. S. 121, 123 (1967).
127　Morreale, *supra* note 18, at 20.
128　United States v. Cherokee Nation, 480 U. S. 700, 704 (1987).
129　JOSEPH L. SAX ET AL., LEGAL CONTROL OF WATER RESOURCES 530-31 (2D ED. 1991).
130　*See, e. g.*, Kaiser Aetna v. United States, 444 U. S. 164, 177 (1979).
131　*See, e. g.*, Monongahela Navigation Co. v. United States, 148 U. S. 312, 344-45 (1893).
132　*See, e. g.*, United States v. Chandler-Dunbar, 229 U. S. 53, 66-72 (1913).
133　Catherine R. Connors, *Appalachian Electric Revised: The Recapture Provision of the Federal Power Act After Nollan and Kaiser Aetna*, 40 DRAKE L. REV. 533, 558 (1991).

構造物を除去する行為も，伝統的な区分としては，航行配慮義務に従う結果となるからである。また，判例を参照すると，航行規制権限の概念は航行配慮義務の概念と表裏をなすと指摘されていることがある[134]。しかし，運用上の関連付けの是非はともかく，航行配慮義務が，航行規制権限と理論的にそのような関係を構成するものと考えることは，両者の由来に鑑み，本質的に無理がある[135]。連邦議会も，FERC の思惑に反して，法制定により完全に航行配慮義務を回避せしめることを政策的に選択できよう[136]が，そのような義務の回避を制度化することの正当性は別途議論になりうる[137]。なお，FWPA23条b項は，航行可能な水路に存在する操業免許の失効したダムを維持・管理することを違法と宣言することによって，FERC が航行規制権限を発動しうることを明確にしている[138]。免許更新が拒否されると，相手方（旧操業免許事業者）は，航行可能な水路において構造物を違法に保有していることになる。同条項は，航行規制権限を発動することにより，または航行配慮義務を課すことにより，FERC に対して旧免許事業者の費用によりダムを収去することを命じる権限を明文で与えているのである。

## 本章の小括

本章において見てきたように，FERC は，公共の利益を保護する目的のもと，水力発電の規制権限を発動し，実定法の間隙を埋める政策を採用してきたが，現在は，水力発電用ダムの操業免許更新を拒否し，あるいは免許更新に際して相手方に経済的不利益を課しつつ，それをなすようになっている。既に FERC は，水力発電推進政策の大きな転換局面を迎えていると言えよう。1994年に水力発電用ダム操業の免許の期間満了が数百に及ぶに至って，FERC は，今後十分な操業利益を得られない可能性のある計画について，水力発電を目的とする新規ダムの建設許可をなさないこと，免許更新時の審査をなすに当たっては，厳しい環境上の条件を課すことを考慮するものとし，ダム操業を廃止するコストは，ダムの所有者及び操業者の負担とすることを決定した[139]。本章においては，これについて代表的な二つの事例を検討した。まず，1997年11月，FERC は，メイン州 ED 事例において，操業者から出された免許更新申請を却下し，かつ当該ダムの操業廃止を自己の費用負担の

---

134 United States v. Twin City Power Co., 350 U. S. 222, 225 (1956).
135 *See, e. g.*, Kaiser Aetna, 444 U. S. at 178-79.
136 ダム操業者への財産権補償を認めた事例において，それを看取できよう。*See* FPC v. Niagara Mohawk Power Co., 347 U. S. 239 (1954).
137 United States v. Cherokee Nation, 480 U. S. at 707; *see also* Lambert Gravel Co. v. J. A. Jones Constr. Co., 835 F.2d 1105, 1110 (5th Cir. 1988).
138 16 U. S. C. §817(1) (1994).
139 *See* Policy Statement, *supra* note 88.

もとで行うことを命令した。これが新政策を適用した最初の事例となった。さらに1998年7月には，FERCはワシントン州CD事例において，操業者に対して大きな経済的負担を課した上で，免許更新を認めたのであった[140]。

今や，水力発電事業者は，規制緩和に伴う経済的圧力に耐えながら，その操業活動を従来よりもはるかに厳格な各種基準に適合させることを要請されている。水力発電事業者には，ダムの環境への影響を最小化するための条件を操業免許更新の際に附される可能性が増大しているのはその一例である。現在のところレア・ケースの類には属するが，FERCによりダムの存在自体の公益性に疑義ありとされた場合，その所有者及び操業者は，不本意であってもダム操業の廃止を視野に入れてFERCとの交渉のテーブルにつくことが求められる。そしてその場には，「河川は公共資源であり，その利用はあくまでも公共の利益に資するものでなければならない」ことを踏まえた真摯な態度で臨むことをFERCは要求するのである。

また，FERCは，ダム所有者及び操業者の航行配慮義務を明らかにすることにより，様々なコストをその相手方に負担させることができる。これは，「水力発電事業の発展は事業そのものが公共の利益に資するもの」との当然の前提を基礎として策定される連邦規制政策に沿うものであるが，事業者らには大きなリスク要因となった[141]。FWPAが成立した1920年当時は，連邦の強力な規制の下に総合的な水力発電の育成を行い，事業の私的独占を防御しながら，点在するコミュニティーに確実に電気を供給することが公共の利益につながるとされたが，今日では，公共の利益をむしろ持続可能な発展を支える経済成長と環境保護との調整のなかに見出す時代に移行しつつある。FWPAが免許事業者に50年間という長期の免許期間を認め，水力発電への投資を続けることを容易にしているにもかかわらず，最近になって当該期間が満了し更新の時期を迎えたときの審査を極めて厳格なものにするとの政策をFERCが打ち出したことは，確かに，国家がその水路統括権を将来にわたって維持する結果を導くためでもあろう。しかし，この分野においては，技術が進歩し，環境や公共の利益の概念そのものにも変化が生じ，ダムという大プロジェクトへの再評価も頻繁に必要になっており，新政策はその必要性を満たすことになりうるとも思われる。21世紀を迎え，FERCは，水力発電の免許発給における手続き，条件提示などを含め，自らの審査にかかる時間とコストを削減する方向で，さらに見

---

140　ED事例につき，*See supra* note 110. CD事例につき，*See supra* note 111.
141　水力発電プロジェクトに固有のリスクにおける諸要因を分析したものとして，村松聡「水力発電プロジェクトのリスク評価」『海外電力』1999年1月号69頁を参照のこと。なお，我が国では，電力会社が自ら，水力発電設備の維持・管理の方法について，コストダウン等の要請に応えるべく積極的に模索している。たとえば，東京電力株式会社では，管内160ヶ所280台の全水力発電設備を対象に「カルテ」を作成する方針を立てたことがある。これにより，コストダウンと信頼度の両立，修繕費の削減などにつなげようとしたのである。『電気新聞』2001年9月13日1面参照。

第 7 章　ダム規制を中心とする水力発電規制

直すこととされ[142]，2013 年，州ごとの大規模河川にかかわる包括計画（Comprehensive Plans）を公表している[143]。

---

142　*See* Energy Act of 2000, Public Law No. 106-469 (2000).
143　http://www.ferc.gov/industries/hydropower/gen-info/licensing/complan.pdf.

# 第8章

## エネルギー市場関係規制機関の規則制定行為
── ルール58にみるPUHCA適用除外条項の新解釈 ──

## 第1節 はじめに

1997年2月14日、SEC (Securities and Exchange Commission:連邦証券取引委員会) は、いわゆるルール58を制定した[1]。これは、PUHCA (Public Utility Holding Company Act:連邦公益事業持株会社法)[2] を根拠とする、同委員会の登録公益事業持株会社[3] による非事業者吸収合併に関する事前審査を、同法9条c項に基づき免除するという規制緩和政策を打ち出したものである[4]。周知の通り、PUHCAは2005年に廃止されたのだが、SECはその時が来るのを待つことなく大きな決断をしたと言えよう。すなわち、SECは登録公益事業持株会社が関連業種に携わる業者を吸収合併するためになす投資は、それがルール58に定められた条件を満たしさえすれば、原則としてSECから審査を受ける必要を消滅させるという大きな決断をしたのであった[5]。この規制緩和は、まだPUHCAが存在していたにもかかわらずなしたSECの大きな政策転換であり、高く評価されるべきものである[6]。しかし、ルール58に関しては、法的問題が指摘されている[7]。それは、

---

1 17 C. F. R. §§250.45 (b), 250.52 (b), 250.58, 259.208 (1998).
2 Public Utility Holding Company Act of 1935 (PUHCA), 15 U. S. C. §79-79z-6 (1994).
3 PUHCAにおける持株会社の定義につき、See Id. §79 (a)(7). 持株会社とは、他の一つないし数社の株式を少なくとも一部分所有することにより、それらの会社を支配する会社を言う。この場合、その支配力を実際に行使する能力があれば足りることになる。矢沢惇「アメリカにおける反トラスト法の形成(二)」『法律時報』19巻5号73頁 (1947年) を参照。
4 See Letter from the U. S. House of Representatives, Committee on Commerce, to the SEC, on the subject of Deregulating the Public Utility Holding Company Act of 1935 (April 16, 1996) (signed by Rep. John D. Dingell (D-Mich.) and Rep. Edward J. Markey (D-Mass.)) (on file with the U. S. House Committee on Commerce).
5 Sean Hunt, *Dynamic Interpretation or Administrative Repeal?: the SEC's Promulgation of Rule 58 to Deregulate the Public Utility Holding Company Act of 1935*, 49:3 ADMIN. L. REV. 691 (1997).
6 従来より、SECはPUHCA9条c項の適用範囲を極めて限定的に解してきた。Id. at 695.
7 Id. at 692.

第8章　エネルギー市場関係規制機関の規則制定行為

同規則が登録公益事業持株会社機構の操業審査において，特に非事業者の吸収合併に関する審査が厳格に行われることを前提にしているとも解釈されうる PUHCA11条ｂ項の趣旨に反するのではないか，ということである[8]。連邦議会下院通商委員会には，SEC によるルール 58 の制定は，登録公益事業持株会社の無定見な拡大路線に対する重要な歯止めとして機能する PUHCA の存在意義の根幹部分を没却するものであると，SEC を批判する意見が出された[9]。また，ルール 58 が適法な SEC の PUHCA 政策を示したものか，それとも PUHCA に違反し無効なものかが，連邦控訴裁判所においても争われた[10]。一方，ルール 58 制定の背景には，既にこの領域における行政権限が事実上 SEC から FERC (Federal Energy Regulatory Commission：連邦エネルギー規制委員会) に徐々に委ねられてきており[11]，SEC もこれを是としてきたという経緯がある[12]。本章の目的は，PUHCA が廃止されている今こそ，SEC によるルール 58 の制定が PUHCA の適法な解釈により導かれうるものであったのかを，純粋な法解釈の問題として扱うことにある[13]。

---

8　See H. R. 3782, 104th Cong. (1996); H. R. 3790, 104th Cong. (1996).
9　See D'Amato to Move PUHCA Bill Quicly: Still Faces Foes, Especially in House, ELECTRIC UTILITY WEEK (May 5, 1997) at 3.
10　City New Orleans v. SEC, No. 97-1264 (D. C. Cir. Mar. 10, 1998). この事件では，ルール 58 の適用を不服としたニューオーリンズ市当局が，SEC に対してルール 58 の適用を中止するよう請求し，SEC がそれへの判断を留保している状況のもと，市が司法判断を求めた事例である。コロンビア特別区連邦巡回控訴裁判所は，行政救済と司法救済を同時に求めることは許されないとして請求を却下した。同裁判所によるこのような理由付けは，従来から見られるものである。See, e. g., Tennessee Gas Pipeline Co., v. FERC, 9 F.3d 980 (D. C. Cir. 1993); Wade v. FCC, 986 F.2d 1433 (D. C. Cir. 1993).
11　これは主として 1935 年連邦電力法 (Federal Power Act：FPA) 213 条を根拠として，連邦エネルギー規制委員会 (FERC) が，SEC による PUHCA 規制と同種の規制を行うことができるからである。16 U. S. C. §824b. 1993 年 5 月に開かれた上院公聴会において，FERC 議長 (Elizabeth Moller) は，PUHCA の規制権限について，「究極的にはこの問題は連邦議会の政治的判断にゆだねられなければならない。」と述べ，SEC から FERC にその権限を移すことには反対しないとの立場を表明した。また SEC からは 1933 年証券法 (the Securities Act of 1933, Pub. L. No. 73-22, 48 Stat. 74 (codified as amended at 15 U. S. C. §§ 77a-77aa (1994)))，1934 年証券取引法 (the Securities Exchange Act of 1934, Pub L. No. 73-290, 48 Stat. 881 (codified as amended at 15 U. S. C. §§78a-78jj (1994))) に基づく規制を含めて PUHCA の規制権限を委譲することにつき，とりたてて反対論が出されなかった。SEC はこの連邦議会公聴会に代表者を送っていないが，公聴会記録に記されてある準備書面によると，SEC としては今回の権限委譲につき異議がなかったとも思われる。SEC はもとから証券法，証券取引法と規制においてつながりを有する PUHCA 規制を含む公益事業規制には興味を示さなかったとの見方もある。See James W. Moeller, Toward an SEC-FERC Memorandum of Understanding, 15 ENERGY L. J. 31 (1994).
12　See generally John S. Moot, A New FERC Policy for Electric Utility Mergers?, 17 ENERGY L. J. 139, 143 (1996).
13　我が国において同法の成立経緯を含めた詳細な分析を施した文献として，中島陽子「アメリカ憲法の州際通商条項と企業統制 (二・完)」『法学新報』65 巻 6 号 520 頁 (1958 年)，原野翹「アメリカにおける公共企業持株会社法の成立と展開」『岡山大学法学会雑誌』19 巻 1・2 号 (1970 年) を参照のこと。なお，規制権限の SEC から FERC への委譲について反対するものとして，see Moeller, supra note 11, at 32. Moeller は，SEC は今後も PUHCA 規制を継続するべ

第Ⅲ部　エネルギー規制機関の権限配分

## 第2節　電気・ガス事業規制における PUHCA の意義

　1935年，連邦議会は PUA（Public Utility Act：連邦公益事業法）を成立させた[14]。PUA の第Ⅰ部は PUHCA であり[15]，これにより SEC は州際通商を行う公益事業持株会社を規制する権限を与えられた[16]。PUA の第Ⅱ部は水力発電設備の諸規制に関し，1921年連邦水力法（Federal Water Power Act of 1921）[17]を修正することを目的として制定された諸条項である[18]。それにより，現在の FERC の前身である FPC（Federal Power Commission：連邦動力委員会）の設立，それがなす水力発電プロジェクトや電気事業への規制等の詳細が規定された[19]。

　さて，PUHCA により，SEC は投資家ないし消費者の利益を守る大きな責務を負うこととなった。そこでまず第一に，PUHCA は公益事業持株会社制度を登録制とし[20]，その行政管轄権を SEC に与えた[21]。電気事業又はガス事業の10%以上の株式を保有する州際持株会社には，SEC への登録が義務付けられた[22]。第二に，PUHCA は SEC に対して，登録公益事業持株会社の株式を売却する場合や登録公益事業持株会社が他者の株式を購入する場合には事前にその適法性を審査するよう求めた[23]。第三に，PUHCA は SEC に対して，事前に登録公益事業持株会社とその子会社との間になされる多くの類型の経済行為につきその適法性を審査することを求めた[24]。また同一の登録公益事業持株会社を親会社とする子会社間の営業，販売などについても同様に事前審査をなすべきことを求めた[25]。第四に，PUHCA は，

---

きであって，FERC とは連携を強くする立場をとるべきであると主張している。
14　Pub. L. No. 74-333, 49 Stat. 803 (1935).
15　15 U. S. C. §79-79z-6.
16　ここにおいて，PUHCA は電気事業のみならずガス事業における持株会社をも対象とすることに留意すべきである。藤原淳一郎「1920年代米国電気事業(1)」『法学研究』65巻6号520頁（1993年）を参照のこと。
17　Pub. L. No. 66-280, 41 Stat. 1063 (1921).
18　なお，連邦公益事業法により修正を受けた連邦水力法（FWPA）は，連邦電力法（FPA）の第Ⅰ部に含まれる。
19　Pub. L. No. 66-280, 41 Stat. 1063.
20　15 U. S. C. §79e.
21　See, e. g., id. 79e (registration of holding companies); id. 79g (declarations by registered companies in respect to Security transactions); id. 79j (approval of acquisition of Securities and utility assets and other interests); id. 79k (simplification of holding companies).
22　州内のみの持株会社機構ないし事業持株会社は，州規制当局の規制に委ねられているため PUHCA3条a項により同法の適用を除外されている。これにつき藤原淳一郎「公益事業の海外展開とアジア・インフラ」藤原淳一郎（編）『アジア・インフラストラクチャー』146頁（日本評論社，1999年）の解説を参照のこと。
23　15 U. S. C. §79f-79g.
24　Id. 79l.
25　Id. 79m.

第8章　エネルギー市場関係規制機関の規則制定行為

登録公益事業持株会社を単一かつ統合的な公益事業システムと位置付け，その操業は合理的で，公的に必要ないしは適当なものでなければならない旨を定めた[26]。これらは，PUHCAが登録公益事業持株会社機構内部の関係が厳しく規律されることを求めるものであったことを示す例である。これらの規制を実効あるものとするため，PUHCAには，登録公益事業持株会社はSECによる会計検査に応じるべきこと[27]，SECが検査の対象とする帳簿等を維持する義務があること[28]などが定められた[29]。

ところで，1929年の株式市場における株価の暴落においてすら比較的小規模の損害を被るにとどまった州際公益事業持株会社機構が[30]，このPUHCA制定からそれほどの期間を置くこともなく，その質的転換を迫られ，大きく変容した[31]。その背景を理解することに役立つ同法の制定ないし運用の経緯を紹介する。1920年代には，極めて少数の州際公益事業持株会社が，米国のほとんどの電力・ガス産業を支配していた[32]。しかしこの仕組みは多くの問題を抱えていた[33]。とりわけ持株会社機構の財務管理の杜撰さは，頻繁に問題とされていた[34]。フランクリン・ルーズベルト（Franklin Roosevelt）米国第32代大統領（任期：1933年3月4日-1945年4月12日，彼自身の死去により任期終了）は，その就任当初から，連邦政府の権限強化を要望し，当時の巨大持株会社の構造を根絶しようと試みた[35]。これは大統領候補者時代からの彼の公約の一つでもあったからである[36]。彼は大統領に就任すると，（後に連邦最高裁判事となる）フェリックス・フランクファーター（Felix

---

26　*Id.* 79k (b)(1).
27　*Id.* 79r.
28　*Id.* 79o.
29　PUHCA規制の内容の大枠を示したものとして，矢島正之『電力改革』71頁（東洋経済新報社，1998年）がある。
30　DOUGLAS W. HAWES, UTILITY HOLDING COMPANIES 2-5 (1987). 1929年から1936年までの公益事業持株会社の収益は，ピーク時の85％に低下するにとどまっていると言う。
31　*Id.* at 2-14.
32　*Id.* at 2-5. 1929年の段階において，16の持株会社が，全国の発電設備の92％を支配していた。1932年，上位三つの持株会社機構で，投資家所有の電気事業の49％を統制し，他の12の持株会社機構で残りの35％を統制していた。また，11の持株会社機構が全国のガスパイプラインの80％を統制していた。MICHAEL E. PARRISH, SECURITIES REGULATION AND THE NEW DEAL 149 (1970).
33　公益事業規制が合理的料金での妥当なサービスの確保に向けられたものである以上，持株会社自体は公益事業でも何でもなく，事業会社への州規制で十分であるとの主張が持株会社側から主張されていたことで，持株会社規制そのものが極めて困難になったとされる。藤原淳一郎「1920年代米国電気事業(2)」『法学研究』66巻11号43頁（1993年）を参照。
34　*See* FEDERAL TRADE COMMISSION, REPORT ON UTIL. CORPS., S. DOC. NO. 70-92 (1928-1935). *See also* HOUSECOMM. ON INTERSTATE AND FOREIGN COMMERCE, RELATION OF HOLDING GAS AFFECTION CONTROL, H. R. REP. NO. 73-827 (1933-1935).
35　PARRISH, *supra* note 32, at 154.
36　*See* JOEL SELIGMAN, THE TRANSFORMATION OF WALL STREET 19-20, 50-51 (1982).

Frankfurter）教授を持株会社規制関連法案起草責任者とした[37]。そしてこの1935年 PUHCA の立法経緯は，原案を上院法案第1725号と下院法案第5423号に，修正案を上院法案第2796号に見ることができる。修正案は原案とはかなり異なったものとなっているが，上院州際通商報告書によれば，紛れもなく修正法案として審議されていることがわかる[38]。この修正案が上院を通過し，下院の商業委員会に回付された[39]。ここでは，修正案よりもより強大な規制権限とそれにかかわる多くの裁量の余地を SEC に与えることが望ましいとされた[40]。この結果，両院協議会において審議され，両者の中間をとるような妥協が図られた[41]。これが成功し，1935年8月24日，PUHCA が成立した。PUHCA は，金融市場の信頼回復を目指し，ニュー・ディール期におけるいわゆる証券三法[42]の一つとされた。PUHCA をめぐる論争に対処することは，F. ルーズベルト大統領の一期目の仕事としてはもっとも厳しいものであった。それは，PUHCA の趣旨と巨大持株会社の根絶を目指す大統領の思惑との間には齟齬が生じていたからである。その最大の要因は，PUHCA が連邦独立行政委員会たる SEC に多大な規制権限を与えたことである。しかしこれにより，SEC は自らの理想とする州際公益事業持株会社機構の統合[43]，簡素化[44]を目指し，1952年にはその実現の目処をつけることができた[45]。電気事業ないしガス事業を混乱に陥れるおそれのあった，資本の過度な流入ないし流出を防止しこれを適正に管理することが，PUHCA のもとで SEC により実現したわけである[46]。

## 第3節　ルール58の制定経緯と骨子

1960年代の終わりまで，電気，ガスの需要はともに順調に増加した[47]が，1970

---

37　Id. at 59
38　See S. Rep. No. 74-621, at 1 (1935).
39　See H. Rep. No. 74-1318, at 1 (1935).
40　See 74 CONG. REC. 10,511-55 (1935).
41　See H. Rep. No. 74-1903, at 1 (1935).
42　PUHCA 成立に先立ち，連邦議会は1933年証券法，1934年証券取引法を制定していた。前掲註11参照のこと。
43　See 15 U. S. C. §79k (b)(1).
44　See 15 U. S. C. §79k (b)(2).
45　See 1952 SEC Ann. Rep. 82.
46　PUHCA は州際公益事業持株会社及びその子会社に適用されるものであり，SEC が直接に電気事業者，ガス事業者を規制することとされていた。たとえば，登録公益事業持株会社とその子会社たる非事業者，及び登録公益事業持株会社機構内の子会社同士の取引を規制するPUHCA13条につき，See generally 17 C. F. R. §250.80-95 (1935). この種の規制については，ルール92がよく知られている。これは，同一登録持株会社機構内の子会社間で商品を取引する場合，その価格が，他社から購入する同種の商品よりも過度に高額になることを禁じるものであった。Id. §250.92 (a).
47　See, e. g., Charles F. Phillips, Jr., The Regulation of Public Utilities: Theory and Practice 623 (3d ed. 1993).

年代の終わりから1980年代初頭にかけて，両方の需要の伸びが頭打ちとなった[48]。このためこれらの事業を行う者は，投資家の満足を得るため，他事業への参入を試みるようになっていた[49]。しかし経営の多角化を目指そうとする登録公益事業持株会社にとって，SECのPUHCAに基づく株式購入審査のハードルは高かった。このため当時の連邦議会において，州際公益事業持株会社機構が非事業者を吸収合併する際のSEC規制を緩和させる何らかのPUHCAの廃止もしくは新法の制定が議論されたものの，実現はしなかった[50]。一方SECは，同法がその制定当初には極めて有用な存在であると評価していたものの，1950年代には同法に基づく規制が過重であることを認識し始め[51]，1980年代に入ると，ついに同法改正の必要性を主張するようになった[52]。

そして1981年から1983年にかけて，非事業者を合併する際になされるSECのPUHCA規制は厳格に過ぎるとの事業者らの主張[53]を背景として，連邦議会は合計9法案を審議した[54]。そのうち6法案はSECによるPUHCA規制を緩和するもの[55]，残りの3法案は，PUHCAそのものを廃止する趣旨のものであった[56]。SECはPUHCAの廃止に賛成し，その理由として州際公益事業持株会社の国家的な再編がすでに完了したことを挙げた。またSECは，PUHCAの廃止によって法律上問題となることはないであろうことをも，四つの事柄を根拠に主張した。それはすなわち，①連邦と州の電気事業，ガス事業規制は1935年以来の長きにわたって行われてきた実績があること，②ほとんどの公益事業が十分な情報開示を連邦証券諸法のもとで行っていること，③企業会計の専門家の数が増大し，銀行による投資も安定

---

48 *Id.*
49 *See generally* EDISON ELECTRIC INSTITUTE, NONUTILITY BUSINESS ACTIVITIES OF INVESTOR-OWNED ELECTRIC UTILITIES (1994).
50 Douglas W. Hawes, *Whither PUHCA: Repeal or Re-Deal?*, PUB. UTIL. FORT., July 15, 1995 at 34.
51 *See* 1952 SEC ANN. REP. 82. ここにおいてSECは，公益事業持株会社の再構築はほぼ完了したと述べている。
52 *See* Public Utility Holding Company Act Amendments: Hearings on S. 1869, S. 1870, and S. 1871 Before the Subcomm. On Securities of the Sanate Comm. on Banking, Housing, and Urban Affairs, 97th Cong. 3-4 (1982). SECからニューヨーク州選出のD'Amato上院議員（共和党）に宛てて出された書簡においても，SECはPUHCAの改廃の必要について言及している。
53 Hunt, *supra* note 5, at 693
54 *See* Public Utility Holding Company Act: Hearings on H. R. 5220, H. R. 5465, and H. R. 6134 Before the Subcomm. on Energy Conservation and Power of the House Comm. On Energy and Commerce, 97th Cong. 527, 591 (1982) [*hereinafter* 1982 House Hearings].
55 S. 1174, 98th Cong. (1983); H. R. 2994, 98th Cong. (1983); S. 1869, 97th Cong. (1981); S. 1870, 97th Cong. (1981); S. 1871, 97th Cong. (1981); H. R. 5220, 97th Cong. (1981).
56 S.1977, 97th Cong. (1981); H. R. 5465, 97th Cong. (1982); H. R. 6134, 97th Cong. (1982).

的になされていること，④1980年代初期において公益事業は成熟産業であると見られること，である[57]。しかし SEC 自らのこのような意見表明にもかかわらず，このときに PUHCA の改廃がなされることはなかった[58]。

その後1993年3月，デール・バンパーズ（Dale Bumpers）上院議員は，多州籍企業消費者保護法（Multi-State Utility Company Consumer Protection Act of 1993）を提案した。この法案では，SEC ではなく FERC が PUHCA 関連規制の主務機関になるとされた。同議員は，これにより効率の良い公益事業規制が行われることが期待され，持株会社の顧客に対する保護に資すると主張したのであるが，結局失敗に終わった[59]。

1994年には，登録公益事業持株会社側から，PUHCA が非事業者を吸収合併する際の障害となり，このために競争の環境が損なわれかねないことが主張され始めた[60]。たとえば，電気事業者，ガス事業者も過去数十年の伝統的な姿を脱し，競争に勝ち抜くことができるようにするため，広くエネルギーサービスを提供しなければならないことなどが主張された[61]（一説によると，これに対する連邦議会の反応が芳しくなかった[62]ことが直接の契機となり，SEC は，ルール58を制定して，自らの立場を明らかにしたとされている[63]）。

1995年，上院ではアル・ダマト（Al D'Amato）議員が，また下院ではビリー・トーザン（Billy Tauzin）議員が PUHCA 廃止法案を提出した（それぞれ，S.1317, H. R.3601）。しかし，両法案とも成立には至らなかった。これに際しては，SEC 投資管理部が，現在の規制の枠組みと PUHCA の役割に関する研究結果を取りまとめ[64]，そこにおいて PUHCA 廃止の必要性を説明し[65]，ダマト上院議員の法案を支持した。

---

57　Hearings on S. 1174 Before the Subcomm. on Securities of the Senate Comm. On Banking, Housing, and Urban Affairs, 98 Cong. 280-283 (1983).
58　Id.
59　S. 544, 103rd Cong., 1st Sess. (1993), reprinted in 139 Cong. Rec. S2640 (daily ed. Mar. 10, 1993).
60　この時期におけるこのような主張につき，see generally in re Roundtable Discussion to Inaugurate Comprehensive Study of Regulation Under the Public Utility Holding Company Act of 1935, Holding Company Release No. 26,077, at 41, 99, 266 (July 18, 1994).
61　Id. at 99,266.
62　連邦議会はそれまで少なくとも19ある PUHCA 廃止ないし改正法案のいずれも成立させていない。See Hunt, supra note 800, at 699.
63　ルール58制定案の告示時における SEC の態度について，see Committee on Electric Utility Regulation, 18 ENERGY L. J. 210 (1997).
64　DIVISION OF INVESTMENT MANAGEMENT, U. S. SECURITIES AND EXCHANGE COMMISSION, THE REGULATION OF PUBLIC-UTILITY HOLDING COS. (1995) [hereinafter 1995 STUDY].
65　1995年に D'Amato 上院議員により提出された PUHCA 廃止法案改正法案は多くの反響を呼んだ。この詳細については，James W. Moeller, Requiem for the Public Utility Holding Company Act of 1935: The "Old" Federalism and State Regulation of Inter-State Holding Companies, 17 ENERGY L. J. 343 (1996).

第8章 エネルギー市場関係規制機関の規則制定行為

1980年代初頭にも同様の説明を行ったが，今回あらためてなされた説明が以前のものと最も相違する点は，電気事業とガス事業との競争が顕著になってきたことをPUHCA規制の廃止を望む理由の一つに数えたことである[66]。また同年の研究取りまとめでは，連邦議会の動きをも考慮し，登録公益事業持株会社に対する規制緩和についての議論が記載されている[67]。

さらに1996年，連邦議会下院は，PUHCAに基づきSECによりなされてきた電気事業及びガス事業規制についての現状調査を行ったが，それに際しても，SECはPUHCA規制の廃止について，依然として強い関心を抱いているとしていた[68]。

以上のようなPUHCAに関する議論の変遷を辿り，SECは結局，ルール58の制定を決断した[69]。同規則の骨子は，登録公益事業持株会社又はその子会社たるエネルギー関連会社又はガス関連会社[70]による非事業者に対する投資の適法性に関するSECの審査を，PUHCA9条c項に基づき免除することであった。非事業者の吸収合併を目的とする投資[71]をなす際にこの制度の適用を受けるためには，当該投資が5,000万ドル又は合併後の企業の総資本の15％のどちらか高額な方を超過しないこと[72]（ただし相手方の非事業者がガス関連業者である場合については，投資額に上限がない[73]）が必要とされた。

## 第4節　ルール58に内包される法律上の問題とその評価

### 第1款　登録公益事業持株会社の非事業者吸収合併に関するPUHCA規制の構造

PUHCAに基づく登録公益事業持株会社の非事業者吸収合併に関するSEC規制

---

66　*See generally* 1995 STUDY, *supra* note 859.
67　提案された内容は，通常の融資における適用除外をより拡大する規則の実施を含むものであった。*Id*.
68　Letter from the U. S. House of Representatives, Committee on Commerce, to the SEC, on the subject of Deregulating the Public Utility Holding Company Act of 1935 (April 16, 1996) (signed by Rep. John D. Dingell (D-Mich.) and Rep. Edward J. Markrey (D-Mass).
69　第98連邦議会で議論されたPUHCA修正案は，合併後の総資本の10％まで，SECの審査を受けることなく非事業者を合併することができるとするものがあり，資本比率規制がある点で，ルール58に考え方が類似している。*See* S. 1174, 98th Cong. (1983); H. R. 2994, 98th Cong. (1983). 但し，ルール58では，資本比率規制の他に，本来の事業との「機能的関連」がある非事業者のみに適用の対象を限定していることに留意すべきである。
70　ルール58は，「ガス関連会社」を，1990年ガス関連行為法（Gas Related Activities Act of 1990, Pub. L. 101-572, 104 Stat. 2810 (codified at 15 U. S. C. §79k (1994)))のもとで認可された一つまたは複数の行為からのみ実質的な収入を得る会社であると定義する。62 Fed. Reg. at 7900, 7911 (1998).
71　この投資は，登録公益事業持株会社又はその子会社たるガス関連会社等によるあらゆる投資行為及び業務参加行為を含む。*Id*. at 7910-11.
72　*Id*. at 7908-09.
73　*Id*. at 7911-12.

337

の構造は以下のごとくである。SECはPUHCA9条のもと登録公益事業持株会社による事業者合併について審査する権限を与えられた[74]。PUHCA9条a項によれば,登録公益事業持株会社とその子会社が,SECの承認を受けることなく他の事業者から株式やその他の資産を購入することは禁止されている[75]。この承認の要件はPUHCA10条に規定されている[76]。すなわち,事業者の合併が連邦反トラスト法に違反するものであってはならないこと[77],相手方の事業を統合した上での操業が必要であるかまたは合理的であることが認められること,将来的に経済性の向上が期待されることなどの条件がクリアされなければならない[78]。また,10条c項は,SECが,株式の買い付けやその他の資産の獲得に認可を与えることができない場合を規定していた[79]。さらに,事業者の合併が同条に規定された承認の要件を満たせるよう,SECには,必要又は適当と考える当該合併の条件や期限を設定する権限も同条e項により与えられている[80]。

さて,先述のように,登録公益事業持株会社とその子会社は,他者から株式その他の資産を獲得する場合には,原則としてすべてSECによる事前認可を受けなければならない[81]ところ,9条c項により,SECが「登録公益事業持株会社の操業として通常認められている適当なもの」であると認め,しかも「投資家や消費者らの利益ないし公共の利益を損なわないもの」である限りにおいて,当該認可の申請を免除されうることが規定された[82]。また,非事業者の吸収合併の関連規定である同法11条b項[83]において,合併後の企業の信頼性や公益性の審査を経た後に,同法9条c項による適用除外をなしうるものと規定されている[84]。SECは同法9条c項と11条b項の求める審査内容の解釈について,結局のところ登録公益事業持株会社の中核的操業と吸収合併の対象となる非事業者のそれとの間に「機能的関連性」

---

74　15 U. S. C. §79i-79i .
75　15 U. S. C. §79i (a)(1).
76　15 U. S. C. §79j.
77　Id.
78　15 U. S. C. §79j (c)(2).
79　15 U. S. C. §79j (c)(1).
80　15 U. S. C. §79j (e).
81　15 U. S. C. §79i (a)(1).
82　15 U. S. C. §79i (c)(3).
83　15 U. S. C. §79k (b) 1. 同条項の重要性を示す司法判断として,see SEC v. New England Elec. Sys., 384 U. S. 176, 180 (1966), on remand, 376 F.2d 107 (1st Cir. 1967), rev'd, 390 U. S. 207 (1968).
84　同法11条b項は,「(連邦証券取引)委員会は,一つまたは複数の統合公益事業の操業に対し,合理的に付随するか経済的に必要または適当なものとして,あらゆる事業の利益の保持を認めることができる。(中略)それらは,委員会が当該機構の適正な機能を損なうことがないと判断し,公益を守り投資家または消費者の利益を保護するために必要であるかまたは適当なものと認められたものでなければならない」とする。

が求められているものとし，これを実務上の運用基準としてきた[85]。

　登録公益事業持株会社による企業の吸収合併に対する上述の規制構造は，SECの権限にどのような制約的効果をもたらしたと言えるのであろうか。SEC はルール 58 の制定に際し，PUHCA の立法の趣旨ないしその文言に鑑みながら，あくまでも自らの裁量の範囲内における判断において，電気事業，ガス事業の規制緩和に伴う競争の導入に対応するためにこれを制定したとしている[86]。そこで，当該規則制定行為の適法性を PUHCA 適用除外条項制定の趣旨から，また同法 9 条 c 項と同法 11 条 c 項の法的整合性の見地から考察する。

## 第 2 款　適用除外条項制定の趣旨からのアプローチによる評価について

　PUHCA 制定に関連する連邦議会の記録は膨大であるが，PUHCA9 条 c 項の制定理由を説明する記録はほとんどない[87]（但し，一部の連邦議会議員が同適用除外規定により同法 11 条 b 項は実効性を失うのではないかとの懸念を示したことが記録されている[88]）。PUHCA9 条 c 項の趣旨は，上院の原案において既に導入されていた。両院とも，審議過程において，同条項の適用範囲をやや拡大した[89]が，両院協議会における審議では，もはやさらなる変更は加えられていない[90]。PUHCA9 条 c 項により SEC がその権限を拡大させる可能性を孕むこともあり，同項の審議が大幅に遅れたため[91]，制定理由の記載は結局曖昧なまま法制定の運びとなった。結局のところ，立法趣旨からのアプローチは決め手に欠けると言わざるをえない。

## 第 3 款　PUHCA9 条 c 項と同法 11 条 b 項との法的整合性
### 第 1 項　学説の対立

　ルール 58 の制定に反対を表明していた者は，SEC が，PUHCA11 条 b 項の趣旨に則り，厳格な審査基準を設けるべきことを説いた[92]。単なる略式決定による審査手続きでは同条項の趣旨を没却するとの主張を展開する意見もあった[93]。たとえば，ルール 58 により統合後の企業の信頼性や公益性に関する厳格な審査を省いては，PUHCA11 条 b 項に定められた SEC の重要な法的責務を果たすことにならず，し

---

85　See North Am. Co., 11 SEC. 194 (1942), aff'd, 133 F.2d 148, 152-53 (2d Cir. 1943), aff'd on constitutional issues, 327 U. S. 686 (1946).
86　See 62 Fed. Reg. 7900, 7901-02 (codified at 17 C. F. R. §§250.45 (b), 250.52 (b), 250.58, 259.258).
87　See Hunt, supra note 5, at 706
88　Id.
89　両院の審議による修正を総括したものとして，see HOUSE COMM. OF CONFERENCE, 74TH CONG., REPORT ON S. 2796 AND THE HOUSE AMENDMENT (1935).
90　See H. R. REP. No. 74-1903, at 17 (1935).
91　See Hunt, supra note 5, at 707.
92　See CITY COUNCIL OF THE CITY OF NEW ORLEANS, COMMENTS TO PROPOSED RULE 58 (1995).
93　Id.

たがってルール 58 の制定は SEC の法律上の権限を逸脱したものである[94]とか，登録公益事業持株会社がエネルギー関連の非事業者を吸収合併することは，PUHCA9 条 c 項の定める登録公益事業持株会社の操業内容として，通常認められていることではない，などである[95]。一方，ルール 58 の制定に賛意を表明していた者は，登録公益事業持株会社が非事業者を吸収合併することは，投資家及び消費者の「公共の利益」に合致するとの合理的推定を受けるとか，PUHCA9 条 c 項は，SEC が行政裁量により事業者の非事業者吸収合併を自由化するような政策決定をなすことを当然に認めており，PUHCA11 条 b 項の規定は問題とはならないと主張した[96]。

　以上見てきたように，PUHCA9 条 c 項の文言の曖昧さが，解釈上の混乱を招き，SEC は登録公益事業持株会社による非事業者の吸収合併に関してルール 58 を制定せざるをえなかったことがうかがわれる。また，SEC がエネルギー関連ないしガス関連企業の吸収合併に関する規制を原則的に廃止することにより，同法 11 条 b 項の趣旨が没却されかねないとの懸念が生じたのもまさしくこの曖昧さのためであると言えよう[97]。曖昧な法律の文言に対する行政機関の解釈について，連邦最高裁判所が，1984 年のいわゆる Chevron 判決[98]において司法のとるべき立場を正面から問い直したことは周知の通りである[99]。この事件で裁判所は二段階審査の考えを示した。第一段階は，法制定に際して「直接にまさしくその争点を論じてきたか否か」について審査がなされる。もし連邦議会が法制定に際して「直接にまさしくその争点を論じた」と判断されると，議会の意図ないし制定法の意味に対し司法は敬譲の意を表さなければならず，そこに法効果が付与される。「直接にまさしくその争点を論じた事実はない」ということであれば，司法は，第二段階において，行政機関の解釈が「認められるべき法的解釈の範囲内にあるか」についての判断を示す必要があるとした[100]。行政機関の規則制定権限内にある事柄については，当該行政機関の行為が「恣意的，気まぐれ又は明白に法律の文言に違背して」いない限り，司法は立法者の意思に敬譲の意を表さなければならない。ウィリアム・エスクリッジ（William N. Eskridge）教授は，Chevron 判決により，状況の変化に合わせて，行政機関はより大胆に法解釈を行うことが求められるようになったとする[101]。こ

---

94　*Id.*
95　*See* Michigan Consol., 44 S. E. C. 361 (1970).
96　*Id.* at 366 n.10.
97　Hunt, *supra* note 5, at 707.
98　Chevron, U. S. A., Inc. v. Natural Resources Defense Counsel, Inc., 467 U. S. 837 (1984).
99　草薙真一「米国連邦公益事業規制政策法に関する一考察—FERC による適格認定設備規制のウェイバーを中心として—」『商大論集』48 巻 1 号 107 頁（1996 年）を参照のこと。
100　三段階審査説の紹介など，同判決をめぐる詳細な解説として，黒川哲志「『法解釈における行政裁量論』への序説—米国における行政解釈尊重原則を手がかりとして—」『帝塚山大学教養学部紀要』46 輯 1 頁（1996 年）がある。
101　William N. Eskridge Jr., *Dynamic Statutory Interpretation*, 135 U. Pa. L. Rev.

の見解を受けて，ルール58制定は，かような時流にのった形でなされたものとの主張がある[102]。

### 第2項　SECの政策転換に対する評価

SECは，ルール58を電力産業界ないしガス産業界に競争が導入されることに対応するものと位置付けた[103]。PUHCAが制定されて既に80年以上が経過している。過去の長きにわたって，電気事業及びガス事業はその独占性を強く認識され，政府規制事業の典型とみなされていた。ここではルール58による規制緩和のなかでも，資本比率規制の撤廃という極めてラディカルな手法が採用されたガス事業規制を中心にその政策転換を評価する。

ガス事業は，長らく独占事業としての地位を享受してきた。しかし，現在では既に井戸元から最終需要家まで競争が導入されている[104]。まず1978年という早期に，井戸元で，NGPA（Natural Gas Policy Act：天然ガス政策法）[105]の成立により産ガス事業者（ガス生産者）らが競争に晒された。そしてガス生産競争への移行は1989年NGWDA（Natural Gas Wellhead Decontrol Act：天然ガス井規制解除法）により，その枠組みが整った[106]。さらにFERCは，州際パイプライン事業を活性化しようとした。パイプライン業者を，ガスの購入者，輸送者，貯蔵者といった立場ではなく，パイプラインの非差別的オープンアクセスの手法によるガス輸送事業者にすることを目指したのである[107]。この方向性は1992年のFERC Order No. 636で，より強固なものとなった[108]。すべてのガス生産業者に公平な競争を求め，

---

1479, 1483 (1987).
102　Hunt, *supra* note 5, at 703.
103　62 Fed. Reg. 7901-02 (*to be codified at* 17 C. F. R. §§250.45 (b), 250.52 (b), 250.58, 259.208). *See also* 1995 STUDY, *supra* note 94, at 77-88. SEC自らルール58の実施を有効なものとするための競争政策について記している。1995年6月，1935年のPUHCA制定当時とは大きくエネルギー産業をめぐる事情が変わったことを理由として，PUHCAを廃止するか少なくとも法解釈を変更する必要があるとした。その流れを受けて，PUHCAは2005年エネルギー政策法（EPAct）により廃止された。
104　米国のガス規制政策の変遷につき，横内稔「欧米の都市ガス産業の産業組織と規制政策」植草益・横倉尚（編）『講座・公的規制と産業2　都市ガス』50頁（NTT出版，1994年）参照。
105　Natural Gas Policy Act of 1978, Pub. L. No. 95-621, 92 Stat.3351 (*codified at* 15 U. S. C. §§3432 (1982)).
106　15 U. S. C. §3301 (1989). 同法により，天然ガスの井戸元における料金設定が完全自由化された。横内，前掲註104，60頁参照。
107　*See* Richard J. Pierce, Jr., *Reconstituting the Natural Gas Industry from Wellhead to Burnertip*, 9 ENERGY L. J. 1, 24-27 (1988). FERC Order No. 436の詳細な解説もなされている。
108　FERCは，天然ガス産業における競争導入を完結させるものとしてOrder No. 636を発している。57 Fed. Reg. 13,267 (1992) (*to be codified at* 18 C. F. R. pt.284). Elisabeth Pendley, *Deregulation of the Energy Industry*, 31 LAND & WATER L. Rev. 27, 30-31 (1996).

第Ⅲ部 エネルギー規制機関の権限配分

ガス輸送業者（パイプライン事業者）には原則的にあらゆるガス供給業者に対する輸送サービスを実施することを求めたからである[109]。小売レベルないし地域的配ガス会社のレベルでは，競争の範囲があらゆる形態の消費者に及び，産業消費者はもとより，家庭用ないし小規模商業用のそれにも及んだ[110]。このため，多くの州規制当局では，この時期にすべての消費者に競争を及ぼすことのできる包括的なアンバンドリングの体制を整える努力を払ったと評価されている[111]。ガス供給産業への競争導入では，規制緩和を行い競争市場の枠組みを整える最終段階を見定めることに，各州規制当局の意識が集まっていた。この領域におけるルール58による規制緩和は，そのような意識に呼応するものであったと言えよう。

さて，SECがなすPUHCA9条c項の趣旨の解釈は，次のような論理を辿っている。まず，SECは，PUHCA9条c項が，同法11条b項からの制約を受けていることを認めている。そして，同法9条c項の適用が同法11条b項の趣旨を没却させるものであってはならない以上[112]，同法9条c項に基づく非事業者の吸収合併制限における適用除外は，吸収合併される非事業者が公益事業の操業の核心的部分に機能上関連する事業を行うものである場合にのみ認められるべきことを明らかにしている[113]。ルール58がエネルギー関連の操業として列挙した内容は，いずれも機能的関連性の要件を満たす旨をSECが過去に認定した内容のみに限定されているのはそのためである[114]。総じてSECは，PUHCA11条b項の趣旨をルール58が没却することのないように事前に綿密な調査を行ったものと思われる[115]。

SECは，過去においても，行政命令により，PUHCA9条c項[116]に基づいて同法9条a項に定める審査を免除し，非事業者吸収合併の制限を回避してきた。しかし，SECが伝統的に同適用除外条項の該当範囲を狭く解釈し，企業の提携関係（一方が他方の株式の5％以上を占める関係[117]）を形成する結果とはなりえない株式購入の

---

109 さらにFERC Order No. 636により，輸送販売一括契約は禁止され，ガスの輸送と販売を分離すること，料金体系について従来の固定費の一部を基本料金で回収し，残りを従量料金で回収する方式であるMFV方式（modified fixed variable rate design）から原則として固定費はすべて基本料金で回収するSFV方式（straight fixed variable rate design）への変更などが定められた。See Richard J. Pierce, Jr., *The State of the Transition to Competitive Markets in Natural Gas and Electricity*, 15 ENERGY L. J. 323 (1994).
110 *See generally* NATIONAL REGULATORY RESEARCH INSTITUTE, UNBUNDLING THE RETAIL GAS MARKET: CURRENT ACTIVITIES AND GUIDANCE FOR SERVING RESIDENTIAL AND SMALL CUSTOMERS (1996).
111 *See id.* at 5-14.
112 Michigan Consol, 44 S. E. C. 361, 366-367.
113 *Id.*
114 *See* 60 Fed. Reg. 33,642, at 33,645-46 nn.21-32 (1995).
115 1990年ガス関連行為法の定義により，ガス関連事業の機能的関連性が原則的に認められていた。*See* 15 U. S. C. §79k.
116 15 U. S. C. §79i (c) 3.
117 15 U. S. C. §79b (a)(1).

みにその適用を限定してきたことも事実である。ルール58の制定に際し，SECは，PUHCA11条b項に規定される統合後の企業の信頼性及び公益性の要件に対して巧みな解釈を施すことにより，少なくとも事業者が非事業者との事業提携関係を形成するための株式購入を相当程度自由化し，事業者の非事業者吸収合併の可能性を飛躍的に拡大させた。このことは少なくとも，エネルギー供給市場において競争を勝ち抜こうとする事業者に追い風をもたらすものとなりえた[118]。

## 本章の小括

　ルール58を批判した者の多くは，このようなルールの制定により，電力・ガス産業界における州際公益事業持株会社機構による非事業者吸収合併の機会が増大し，それが最終消費者らの混乱を招くのではないかと懸念していた。しかしその懸念は杞憂に終わった。そのような懸念が現実化する可能性がほぼ消滅したことが，PUHCAそのものの2005年の廃止という大きなモメントへの道筋を付けたと言えるであろう。もともとSECはPUHCAによって与えられた権限に基づき，州際公益事業持株会社がその自然独占性を背景として公共の利益を損なう形態で操業することのないよう，それらの組織がなす株式の売買を注意深く規制していた独立行政委員会である。そのようなSECによる客観的かつ継続的なPUHCAの執行は，初期段階においてはその効率の良さもあって批判を受けることはあまりなかった。しかし従来型の事業システムと需要家（最終消費者）との相互に排他的な関係が変化し，むしろ需要家こそが，従来型の事業システムとは異なる新規参入者を常に意識するようになっていたのである。当初そのことを懸念する向きがあったことは自然なことかも知れない。しかしいずれの公益事業持株会社機構も従来以上に競争力をつけることが何よりも望まれるようになった[119]。そのようななかでなされたルール58制定は，SEC規制の必然的所産であったのであり，これに関するSECの決断と対応力は高く評価すべきものであったと言えよう。

---

118　特にガス関連事業における吸収合併に関して，所有株式の割合を無制限とした（投資額の制限を廃した）ことが政策転換の中核であった。

119　この事情はエネルギー市場のグローバル化と極めて密接なかかわりを持つ。そこでSECは，海外公益事業への投資を規制緩和するためにルール58制定にあわせて政策転換を試みてきた。このことについての詳細を述べたものとして，藤原，前掲註22，146頁を参照のこと。なお，当時の米国の電力会社及びガス会社が国際展開を加速していた現状を『日本経済新聞』1999年5月23日朝刊が報道している。

## 第9章

## エネルギー市場監視に関する一考察
―FERC によるエンフォースメントを中心にして―

### 第1節　はじめに

　EPAct 2005[1]（2005年エネルギー政策法）は，エネルギー市場における規制に反する行為に厳しく対応するため，罰則を実質的に強化させるとともに，エンフォースメント（法の実現措置）を整備している。その典型例がいわゆる連邦 NGA（Natural Gas Act：天然ガス法）への新条項の挿入であり，その代表格に挙げられるのが新 NGA4 条である。この新規制が導入された背景には，規制権限を有する連邦エネルギー規制委員会（Federal Energy Regulatory Commission：FERC）が，積極的に自らの権限を拡大させようとしたことがある。なお，ここでいうエンフォースメントは，市場監視の強化とそれに伴う，市場調査，監査，及び金融規制の実効性確保を狙うものである。同新条項の施行からかなりの年月が経過し，その適正性について検証可能な状態に入りつつある。それは，民事的課徴金をそのまま支払うよりも，法的紛争に持ち込むことを選択する事業者があったため，その争訟から検討できるからでもある。そこで本章では，FERC によるこの領域でのエンフォースメントが法的紛争の対象になった例を扱う。これにより，FERC によるエンフォースメントの全体について，一定のガイダンスが形成されつつあることを浮き彫りにしたい。それは，ポスト EPAct 2005 時代をにらんだ，FERC による新しい権限行使の指針を探ることにもなると考えられる。なお，我が国におけるエンフォースメントの研究は，村上暦造教授による論考「行政庁による処罰―行政法令違反に対する非刑事的金銭罰―」が，米国における事例を中心に論じている（『ジュリスト』764 号 110 頁，1982 年）。また，独占禁止法執行のための行政手続きと司法審査について『日本経済法学会年報』第 13 号（2010 年）において特集が組まれ（「独禁法執行のための行政手続と司法審査―公取委の審判制度廃止論との関係において―」），そこにおいて常岡孝好教授が「独禁法の公的執行の手順―アメリカ法から見た一考察―」を記している（同年報の 78-95 頁），さらにエンフォースメント全体については曽和

---

[1] Energy Policy Act of 2005.

俊文教授が『行政法執行システムの法理論』（有斐閣，2011年）において，論究しているところである。米国におけるエンフォースメントの一般的・概括的な議論についてはそれらを参照いただくとして，本章は，あくまでもFERCのエンフォースメントにおける行政過程の改善の状況を見定める観点から考察する。

## 第2節　エンフォースメントの新しい枠組み

### 第1款　伝統的なNGA規定と新NGA4条との整合性問題

　新規制としてEPAct 2005により導入された新NGA4条は，FERCに，いかなる組織体に対しても，特定のエネルギー市場での相場操縦などの行為をはじめとする価格操作を禁止することができるという非常に強い権限を与えた[2]。FERCは，それを受けたOrder No. 670[3]において，従来のNGA1条b項のもとでのFERCの「伝統的な」規制対象者と規制対象行為だけにこの規制権限が制限されるものではなく，新規制権限を行使する対象者を非常に拡張的に考えていることを明らかにしており，新NGA4条によりFERCの管轄権そのものが拡張しつつあることを事業者らに印象付けたことも周知の通りである。一方で，ガス市場での価格操縦などの行為を「いかなる組織体にも」禁じることができるという新規制権限については，従来通りNGA1条b項の範囲内にとどまるものにすぎないとの専門家の主張があり，そこに混乱が生じたと言えよう[4]。

　本来，連邦議会が，FERCの管轄権の拡大を意図することなく，他の条文では全く同じ趣旨において「事業者（utility）」としている部分をわざわざ「いかなる組織体も（any entity）」という文言に置き換えるとは考えにくい。そこでFERCは，新NGA4条による規制権限の拡張は，NGA1条b項が存在しても問題なくなされるとの考えを主張していた。しかも，何らかの組織体が「相場操縦」に対してNGAに明示的に規定された禁止行為を行うことが現実に想定されていることが明らかである以上，新NGA4条のもとで，FERCの管轄がFERCのNGA1条b項の制限を受けるかどうかという問いへの答えを提供することは容易であるとした。実際，FERCは管轄に関する拡張性を読みとれるとの意見を支持する理論を様々に提供している。たとえばそれらは，以下のような理論である。①"any"という言葉が"entity"の修飾語となっている。②連邦議会がNGA4条を改正する際に，「天然ガ

---

2　Natural Gas Act, 15 U. S. C. §§717c-1 (2005).
3　Prohibition of Energy Market Manipulation, Order No. 670, 114 F. E. R. C. ¶ 61,147 at 25 (2006) [*hereinafter* Order No. 670]．Order No. 670は，FERC規制にエネルギー・天然ガス市場での価格操作を禁じる新たな条項を盛り込んだのである。*See also* 18 C. F. R. §1c.1-2 (2006).
4　William F. Demarsest, Jr., *"Traditional" NGA Jurisdictional Limits Constrain FERC's Market Manipulation Authority*, 31 ENERGY L. J.471 (2010).

ス会社」等ではなく「いかなる組織体も」という文言をあえて選択した事実がある。③ NGA の条文だけでなく、証券取引法を参照すれば、"in connection with" という言い回しの特殊性や意味付けが明らかになり、拡張性が許容されることになる。④ また、この条文は「直接又は間接に (directly or indirectly)」という文言を含んでいて、権限拡張の意思を推認させる。⑤新 NGA4 条による規制は「公共の利益のために」ということと「料金支払者の保護のために」ということの両方を狙うものである。⑥立法の経緯に照らせば、新 NGA4 条の規制は規制権限を拡張したと言える。

これら六つの FERC の立論に無理があるとの主張もあるかもしれない。「いかなる組織体も」には「明瞭な意味」があり、「誰でも」と考えると NGA1 条 b 項との直接的な衝突を起こす、とか、NGA1 条 b 項のもとで FERC に与えられた管轄権の範囲を事実上定義する何十年間もの判例とも衝突するといった意見は出されそうである。確かに、連邦議会の意図に関する客観的証拠は少ない。法律の構造上の問題として、新 NGA4 条に FERC の伝統的な NGA 規制に関する管轄の範囲を超えさせるためには、NGA1 条 b 項の対応する文言の修正を必要とするはずであるが、それもない。しかも、新 NGA4 条の制定と同時に、連邦議会は NGA1 条 b 項の修正を施した事実もあるのに、この点の配慮はないわけである。しかし、FERC の市場監視行為は実際には高度化していて、その実態はいかなるものかに視点を移した方がいまやより現実的になってきている可能性はあろう。

## 第 2 款　FERC による市場監視機能強化に至る経緯

エネルギー関連商品先物取引価格の乱高下をきっかけに、米国のエネルギー市場の有効性を維持するため、EPAct 2005 により、FERC に強力な市場監視機能がもたらされた。政府機関の規制テクニックないし規制手順は、今後も著しい変貌をとげる可能性がある。(少なくとも、近年、市場操作ないし詐欺行為への関心が大きくなるにつれて、このように、より強い市場監視機能が連邦規制機関に与えられたのは必然であった。これは国際的な動向であるとも説明される)（沢井渉「市場操作防止策で米英当局に認識のずれ―業界の利害を背景に商品先物監督者会議でせめぎ合い―」『世界週報』1997 年新春特大号 62-65 頁参照）。

FERC が懲罰を課すに至る可能性がある規制権限を行使するには、「適正手続 (due process)」の保障が不可欠である。それは、FERC が強力に監視権限を行使できる状況を確保し続けることにもつながる。またこれにより、事業者側も当事者となりうる聴聞手続きの、今後のあり方への示唆を広く得ることができる。そこで本章ではまず、市場における実効的なエンフォースメントシステムの整備に至る小史を振り返りたい。

FERC は 1977 年 DOE（Department of Energy：エネルギー省）設置法 401 条に

よって創設された[5]。1977年9月30日に,それまでの規制委員会であったFPC (Federal Power Commission:連邦動力委員会) を消滅させこれを継承したのであった。DOEは,FPA (Federal Power Act:連邦電力法) 2条[6]とNGA3条[7]に基づき,FPCの規定上の行政責任のほとんどすべてを新たに形成されたFERCに移した[8]。その後,1977年12月,FERCは,自らの規制目的を実現することに資するものとして,内部に執行局 (Office of Enforcement) を創設した[9]。

やがてFERCによる活動が広く認識されるようになるとともに,FERCの行政執行は,従来に増して透明性を求められるようになってきた[10]。かつてのFERC執行局の主眼は,事業者がそれぞれの約款を誠実に守っていること,そして,FERCの規制に忠実に服していることを確認することにあった。ところが,エネルギー市場が急速に発展するとともに,そのことよりも相場操縦の摘発に関心が寄せられるようになった。21世紀の初頭,エネルギー市場における相場操縦が原因の一つとなって,特に電気やガスの価格の暴騰及び供給遮断という重大な問題がカリフォルニア州で生じた。これは後に,「カリフォルニア州エネルギー危機」として広く知られるところとなる。FERCはこのことに,重大な懸念をいだいた。その結果,FERCは監視・調査部門と行政執行・エンフォースメント部門においてスタッフを著しく増加させたのであった。これに関する連邦議会下院エネルギー・商業委員会でのFERCに対する2009年12月2日の聴聞会において,FERCは,大要,以下のことを述べている。「近年,市場の監視と関与に関してFERCは,多大な努力を払ってきた。10年前,FERCの調査スタッフは,法律顧問オフィスのなかの14人の弁護士と数人の援助要員から構成されていた。今日,FERC執行局の業務内容は市場監視,市場調査,監査,及び金融規制に及んでいるが,特に調査課 (Division of Investigations) には40人の弁護士を含む180人を配置している。またFERCでは,2002年にOMOI (Office of Market Oversight and Investigations:市場監視・調査局) が創設されている。現在では,国全体のエネルギー市場の実効性のある規制を確実にせよとの国民の期待に応えることができるようになっている。」[11]ただ,客観的には,これで磐石な市場監視体制が整ったわけではなかった。「EMOE (Energy Market Oversight and Enforcement:エネルギー市場監視及び法の実現措置) に関

---

5　Pub. L. No. 95-91, §2-1002,91 Stat. 565 (1977) [*hereinafter* DOE Act].
6　Federal Power Act, 16 U. S. C. §§791a-825r (2006).
7　Natural Gas Act, 15 U. S. C. §§717-717w (2006).
8　*See generally* Clark Byse, *The Department of Energy Organization Act: Structure and Procedure*, 30 ADMIN. L. REV. 193 (1977).
9　Phillip Marston, *A Review and assessment of the FERC Natural Gas Enforcement Program*, 16 HOUS. L. REV. 1105, 1115 (1979).
10　Impacts of H. R. 3795, the Over-the-Counter Derivatives Markets Act of 2009.
11　FERCが2002年4月10日に記者発表した内容である。(2002年12月31日閲覧) http://www.ferc.gov/news/news-releases/2002/2002-2/newofficedir.pdf.

第Ⅲ部　エネルギー規制機関の権限配分

する2005年3月の報告書」で，FERCは，OMOIにおいて市場監視強化の進捗状況を特記した[12]。しかしながら，同時にこの報告書では，「わずかしか，市場参加者による不正行為をとがめ，あるいは改善を促していない」との指摘も紹介された[13]。

この報告書によると，FERCは，民事的懲罰金（civil penalty）を課すほどの権限が自らになければ，悪質な行為を行う市場参加者は野放しにされると考えてきた。それに呼応するように，連邦議会は2005年の年次報告書において，FERCによるペナルティー権限を強化することを勧告した。しかし，この報告書では，FERCの管轄下における事業者の保護措置の設定やFERCの機構改革までは推奨しなかった。この設計思想を受け容れ，2005年8月8日，ブッシュ（George Walker Bush）大統領（当時）は，EPAct2005の法案に署名し，成立させた[14]。彼は，民事的懲罰を課す権限をFERCに与えた結果，FERCがFPA違反に従来に増して効果的に対応すべく法執行権限を強化した[15]ことを高く評価した。実にNGAのもとでは初めて，民事的懲罰を課す権限がFERCに与えられたのであった[16]。EPAct2005により，法令に違反した場合の民事的懲罰の最高限度額は1件の違反につき1日当たり100万ドルとされている。そしてこの違反状態が続く限り課金可能な行政規則も発せられた[17]。

このようにFERCのエネルギー市場監視能力は向上し，エンフォースメントの権限も増大した。2005年10月20日にFERCにより発せられた「エンフォースメントに関する政策報告書（policy statement）」では，FERCが，EPAct2005を受けてエンフォースメントをどのように実施するかの将来像について触れている[18]。この政策報告書において，FERCが法令違反者に適切なペナルティーを査定する際に考慮に入れるべき材料とはどのようなものであるか，逆に，それらのペナルティーを弱めることの根拠となる要素について説明した。特にこの報告書においてFERC

---

12　FERC, ENERGY MARKET OVERSIGHT AND ENFORCEMENT: ACCOMPLISHMENTS AND PROPOSAL FOR ENHANCED PENALTY AUTHORITY (Mar. 2005).
13　*Id*. at 1.
14　Energy Policy Act of 2005, Pub. L. No. 109-58, 119 Stat. 594 (2005).
15　EPAct of 2005§314(b)(2) (*inserting new* NGA§504(b)(6)(A), 15 U. S. C. §3414(b)(6)(A) (2006). The NGA, *enacted in 1978 after FERC was created*, is *codified as amended* at 15 U. S. C. §§3301 to 3432 (2006).
16　EPAct of 2005 §314(b)(1) (*inserting new* NGA§22, 15 U. S. C. §§717t-1 (2006), and *transferring the previous* NGA§22, 15 U. S. C. §717u (2006) to NGA§24).
17　EPAct of 2005§315（新NGA4条，15 U. S. C. §717c-1 (2006)); EPAct of 2005§1283 (creating FPA§222, 16 U. S. C. §824v (2006)). EPAct 2005では，1934年連邦証券取引法10条b項で使用された概念を用いている。Section 10 (b) of the Securities Exchange Act is *codified at* 15 U. S. C. §78j (b) (2006). この結果，FERCに，SEC, CFTC, FTCが持つ権能と類似の権能が与えられることになった。
18　Enforcement of Statutes, Orders, Rules, and Regulations, 113 F. E. R. C. ¶ 61,068 (2005) [*hereinafter* Policy Satement].

が強調したことは,「強固で公正なエンフォースメントあるいはその他の規制内容は法令や規則として設定されるべきであるし,事業者は,当然にそれらの法令や規則に従わなければならない」ということであった[19]。さらに,「EPAct2005 は, NGA のもとで民事的懲罰金額を査定するための手順に関しては何ら語っていない」とする FERC は,当該政策報告書において,「民事的懲罰金を課すときには行政法裁判官の前で聴聞会を実施する」必要があることを説明した。このような経緯を経て,2006 年 1 月 19 日に,FERC は,エネルギー市場操作の禁止に関する最終規則を発した。この最終規則は,「FERC は行政警察権限を行使することにより,その管轄すべき電力市場とガス市場に影響する産業界の活動における詐欺的行為と価格操作を取り締まる」ことを明確に意図したものであった。FERC は,かつてのこの分野を主に SEC（Securities and Exchange Commission：証券取引委員会）に依存していた[20]。その立場をついに離れ,「エネルギー市場が証券取引法により複雑に規制されていることには規制構造上の無理があった」と論じた[21]。しかし同時に,FERC は以下のようにも述べた。「だからといって,証券取引法が提供してきた何十年間もの有益な指導を無視するというのは不合理である。特に,連邦議会は,連邦証券取引法 10 条 b 項の仕組みを EPAct2005 の一部に導入した。したがって,過去数十年間にわたる SEC の実績内容を参考にしたい。」その後,一連の制度改革が実施され,2008 年 5 月 15 日,FERC は法の実現措置に関する方針を変更した旨の改訂版報告書をまとめている[22]。そしてこの改訂版報告書は,FERC の権限が強化されることに対する「多くの懸念」に応答したものであると言う。すなわち,2005 年 10 月 20 日の政策報告書よりも詳細に,民事的懲罰金を課す際の FERC の審査内容について記されている。監視・調査のプロセスがいかなるものになるのか,それがどのように機能するかに関して,事業者が具体的なイメージを持って理解できるよう心がけた,と言うのである。事業者が最も勇気付けられることであろうとして,FERC は,大要,以下のことを挙げた。「FERC は,自らの調査過程の公正さを確保するよう配慮する。調査の始めから最後まで,それは及ぶ。FERC は,エンフォースメントに従事する職員に最高の倫理基準を与え,主観的にも客観的にも,

---

19 Id. at 1.
20 梅津昭彦「『市場に対する詐欺理論』における効率的市場要件」『商事法務』1780 号 47 頁（2006 年），楠本純一郎「市場における詐欺理論とカリフォルニア州法上の詐欺」『商事法務』1423 号 39 頁（1996 年），木村秀一「オプション・トレーダーと『市場における詐欺』の理論」『商事法務』1308 号 21 頁（1992 年），石田眞得「コモン・ローの詐欺における信頼の要素と市場に対する詐欺理論」『商事法務』1621 号 51 頁（2002 年），吉井敦子「市場における詐欺理論による信頼の推定」『商事法務』1262 号 31 頁（1991 年）参照。
21 Prohibition of Energy Market Manipulation, 113 F. E. R. C. ¶61,067 at 14 (2005).
22 Enforcement of Statutes, Regulations and Orders (Revised Statement), 123 F. E. R. C. ¶61,156 (2008). これにより，FERC が民事的懲罰を課す具体的な権限行使の態様や手続きが明らかにされた。

手続きが公正に進む状態を保持し続けるのである。それはEPAct2005を実施する場合に必要であるか否かに関係なく，本来的に必要なものである。」

### 第3款　エンフォースメントの意義を否定する主張

　EPAct 2005が施行されて以降，現在に至るまで，FERCが主管する市場監視機能は，米国のエネルギー市場が適切に機能し続けていくことを確実にする役割を担ってきた。しかしながら，FERCがこれらの権限を行使するにあたって，適正手続きに関する被規制者への配慮が充分に払われなかったと感じた監視対象事業者が報告義務を果たそうとせず，むしろ対決姿勢を見せるようになった。彼らがFERCに対して正式に不服申し立てをなすようになり，その事実が知られるようになった。そこで，ようやく検証可能になりつつある「EPAct 2005におけるエンフォースメント」をめぐる紛争を指摘し，「エンフォースメントは，百害あって一利無し」と主張する者も現れている。このような主張は，カリフォルニア州エネルギー危機を取り上げ，その徹底的な検証を求める[23]。そして事実に基づかない情報提供によるエンフォースメントの実施は，問題行為そのものより，むしろ多くの損害をもたらすなどというのである。確かに，規制当局すら予期しないダメージを与えるエンフォースメントは，悪を除こうとして善を失うにも等しい場合がある。2002年に生じたアーサーアンダーセン（Arthur Andersen）社の典型的なケースでは，内部の公認会計士数人の違法行為という「うわさ」に基づく情報による起訴及びエンフォースメントの実施が，一夜にして，いわゆるBig 5の一角を担う会計事務所を消滅させた[24]。適法な規制により監視を継続することは，確実に詐欺行為も市場操作もない状態に市場を維持するために重要である。しかし，誤った情報を発信したことについて，連邦最高裁が，後になって当該企業及び従業員に非はなかったことを認定しても，それをもって起訴されたことからくる企業の損害を補うことはできない。アーサーアンダーセンのケースもその例外ではなかったわけである。

　さらに，規制当局による見当違いのエンフォースメントは，市場自体にも損害をもたらしうる。また，通常合理的に行動している事業者は，誤りが生じがちなエンフォースメントの存在を受けて，彼らの振舞いを変えてしまうかもしれない。一番問題になるのは，市場参加者が以前に許容されたか，または承認された行為が，適切な予告なしでエンフォースメントの対象に突然にされるかもしれないという恐れと無縁ではいられなくなるということである[25]。同様に，業界他社も，エンフォースメントにかかわる公的費用の負担という形で損害を受けるかもしれない。初めて

---

[23] JAMES L. SWEENEY, THE CALIFORNIA ELECTRICITY CRISIS 17-25 (HOOVER INST. PRESS 2002).
[24] Arthur Andersen, L. L. P. v. U. S., 544 U. S. 696 (2005).
[25] ペナルティーの存在を事業者側に十分に知らしめる必要を説いたFERC委員にMoeller氏とSpitzer氏がいる。See Florida Blackout, 129 F. E. R. C. ¶61,016 (2009).

エンフォースメントを実施したとき，FERCはかなりの費用をかけて何十人もの弁護士と社外コンサルタントを配した。実際に，それぞれのケースを起訴するための内部費用はFERCが査定できたいかなる民事懲罰よりも金額的に巨額なものとなった。

## 第3節　エンフォースメントの実施事例

### 第1款　二つの実施事例の特徴

すでにFERCには市場操作対策エンフォースメントとして民事的懲罰金を課すための公聴会の開催経験がある。まず，Amaranth Advisors（以下，Amaranth）事例がある[26]。続いて，Energy Transfer Partners（以下，単にETPということがある）事例がある[27]。特にETP事例は，新しいFERCのエンフォースメントの実態の詳細を明らかにしたものとなっている。なおここでいうETPであるが，Energy Transfer Partners L. P., Energy Transfer社，ETCマーケティング社，Houston Pipe Line L. P. をまとめてETPと表記する。Houston Pipe Line Company L. P. は，かつてはHouston Pipeline Companyとして存在していた。L. P.（Limited Partner）とは，本来米国投資ファンドで多く利用されているリミテッドパートナーシップ（LPS）という組織形態において，投資は行うが投資に関する業務を執行しない，有限連帯責任を負う者のことである。我が国では，これに相当する制度がないため，民法上の組合を用いたりするが，その際には有限責任のみを負う者が存在しないことになる。このことに由来して，我が国でLPと表記する場合，単に投資ファンドに投資をしている投資家のことを指すことが多いのである。よってここでのETPは，様々なエネルギー設備を所有し操業する企業連合体である。

まずAmaranth事例について，簡単に触れておく。2007年7月26日，FERCによるNPP（Notice of Proposed Penalties：ペナルティー提案の告知）によって開始された事例である[28]。FERCは，NYMEX天然ガス市場において申し立てられたAmaranthの市場操作を認定し，民事的懲罰金として，約3億ドルを求めた[29]。この件で，公聴会が設けられたが，2009年8月12日，FERCは，Amaranthとの和解を模索した。Amaranthの主席天然ガストレーダーであるブライアン・ハンター（Brian Hunter）氏以外の当事者がこの和解勧告に応じ[30]，Amaranthは民事的懲罰

---

26　Amaranth Advisors, L. L. C., Docket No. IN07-26-000.
27　Energy Transfer Partners, L. P., Docket No. IN06-3-003.
28　Amaranth Advisors, L. L. C., 120 F. E. R. C. ¶61,085 (2007).
29　Amaranth側は，60億ドルもの負債を抱えて経営破綻しており，違法な利益を得たとの事実認識は誤っていると主張した。
30　Amaranth Advisors, LLC, 128 F. E. R. C. ¶61,154 (2009).

金として750万ドルを支払った[31]。なお，ハンター氏を含むAmaranth側のすべての不服申し立ては，先に，2009年2月12日にFERCによって拒絶されていた[32]。この時の却下理由は，「公共性」に関する双方の認識の違いであった。FERCは自ら，Amaranth事例とハンター氏の事例を分離することとした[33]。ハンター氏事例は，FERCの行政法審判官（ALJ）が2009年8月18日に審理を開始し，その全日程が2009年9月2日に終了した。そしてハンター氏が市場操作をしていたことを認定する決定が，2010年1月22日に発せられた[34]。

### 第2款　ETP事例に見る和解の可能性

次にETP事例[35]では，FERCにより，ETPによる天然ガス取引行為の際の価格操作に関する疑念に対する民事的懲罰に基づく和解について，2009年9月21日に行政命令が発せられ，成立した事例である。なお，Docket No. IN06-3-004は，本事例よりも少し前に，FERCにより，1978年連邦天然ガス政策法（Natural Gas Policy Act of 1978，いわゆるNGPA）311条違反の疑惑部分につき公正かつ合理的であり，公益に資する和解を承認されたことを示している。これは後述するように，オアシスパイプライン（Oasis Pipeline）事例[36]と呼ばれている。このオアシスパイプライン事例とは異なる事例として，エンフォースメント訴訟担当官は，2005年9月下旬以降，ETPに関する非公式の調査を開始していたと見られる（Docket No. IN06-3-003にある疑惑）。要するに，FERCは二つの調査を同時並行的に実施していたのである[37]。当初から，NGPA§311により，ETPの系列会社であるオアシスパイプライン社が，ガス輸送に関するFERC規則違反行為を行っているとの告発を受けていたことに注意を要する[38]。

2007年7月26日，FERCは，委員会規則に違反してテキサス州内の天然ガス市場においてガス価格を操作した疑惑に答えるようETPに指示した。このような指示はShow Cause Order（SCO）と言われるものである。この権限はFERC規則に規定されており[39]，NGA19条のもとで行政立法されたものである。具体的には，FERCは，以下を示す（show）ように，ETPに指示した。

① 当該行為が反市場操作規則に違反して9ヶ月連続でHouston Ship Channel（テキサス州）における毎月限天然ガス市場価格を操るものではなかったとの証拠

---

31　Id.
32　Amaranth Advisors, LLC, 126 F. E. R. C. ¶61,112 (2009).
33　Amaranth Advisors, LLC, 128 F. E. R. C. ¶61,154 (2009).
34　Docket No. IN07-26-004.
35　128 F. E. R. C. ¶61,269 (2009).
36　Oasis Pipeline, L. P., 126 F. E. R. C. ¶61,188 (2009).
37　See 120 F. E. R. C. ¶61,086 (2007).
38　See 126 F. E. R. C. ¶61,188 (2009).
39　18 C. F. R. §284.403 (a) (2005).

第9章　エネルギー市場監視に関する一考察

②　当該行為が，2005年12月の2日間にWaha（テキサス州）における一日前天然ガス市場価格を操るものではなかったとの証拠

2007年10月9日に，ETPは，その行為が天然ガス相場を人為的に操作するものではありえず，したがってFERC規則のいずれの規定にも違反していなかったとする応答書を提出した。しかし結局，SCOでは，ETPの行為に関して申し立てられた行為に関する調査結果を出すことはできないと考えたFERCは，すべての事実が判明するまで最終決定を控えるとした[40]。2007年12月20日，FERCはNGA19条b項[41]に従い，連邦控訴裁判所によって認定された天然ガス法の民事的懲罰規定発動に関する解釈的なオーダーを発した。このためETPには，民事的懲罰を受ける可能性がでてきた。しかもこれについては，連邦控訴裁判所による覆審的審査の権利を与えられるものではなかった[42]。2008年2月14日，エンフォースメント訴訟担当官は，聴聞命令を出した[43]。ここでは，ETPにより市場操作がなされた可能性がある月がさらに加わった。2008年3月31日，ETPは，これへの応答書を提出した。さらに2008年8月11日に，ETPは聴聞命令の違法認定を求めて司法判断を求めた。第5巡回区連邦控訴裁判所は，FERCによる聴聞を実施するには機が熟していなかったとした[44]。そこで予備的聴聞が，主任行政法審判官のボビー・J.マッカートニー（Bobbie J. McCartney）氏の指揮により始まった。エンフォースメント訴訟担当官は，2008年9月26日，及び2008年11月17日に準備書面を提出した。エンフォースメント訴訟担当官の証言は，それまで列挙された月に加える形で疑惑のある月数をさらに多くした。ETPは，2009年3月31日に，書面により反論し，一定の証拠を提出した[45]。2009年5月18日に，ETPは，FERCに略式処理を求めた。その際，ETPは，問題行為が行われたとされた時期には，FERC規則§284.403(a)の規制は存在せず，後発的に加えられた2003年12月限りの先物取引に対する価格操作が問題とされることが誤りであるとの認定を求めたのである。そして2009年6月2日に，エンフォースメント訴訟担当官はETPの市場操作パターンとその違法性について申し立てた。しかし主任行政法審判官は，和解の可能性を示唆したのである。

ETPとエンフォースメント訴訟担当官は2009年6月29日にそれぞれの証言者リストを提出した。この件に関する公聴会は，2009年7月15日に始まることが予定された。2009年7月10日に，ETPとエンフォースメント訴訟担当官が和解成

---

[40]　121 F. E. R. C. ¶61,282 at P87 (2007).
[41]　15 U. S. C. §717r (2006).
[42]　121 F. E. R. C. ¶61,282 at P53 (2007).
[43]　123 F. E. R. C. ¶61,168 (2008).
[44]　Energy Transfer Partners, L. P. v. FERC, 567 F.3d 134 (5th Cir.), *reh'g denied*, No. 08-60730 (5th Cir. July 1, 2009).
[45]　Energy Transfer Partners, L. P., 123 F. E. R. C. ¶61,168 (2008) (*Hearing Order*).

第Ⅲ部　エネルギー規制機関の権限配分

立の条件を探るため，マッカートニー主任行政法審判官は，2009年8月26日まで公聴会を延期した。2009年8月26日に，ETPとエンフォースメント訴訟担当官は，声明文，約款和解の非公式の抱き合わせ的原案を提出した。その和解に関する諸条件によると，和解のための交渉材料は，すぐに公になることが予想された。そこで2009年8月31日に，マッカートニー主任行政法審判官は，自らFERCへの和解案を出した[46]。その内容は，大要，以下のようなものである。「FERCは，ETPからのすべての不服申立てを却下する。ETPは3,000万ドルの支払いに同意する。ETPは，これまでの疑惑に関して肯定も否定もしないこととする。和解が成立した後5日以内に，ETPは民事的懲罰金として電信送金により合計500万ドルを合衆国財務省に支払うものとする。さらに，和解が成立した後5日以内に，ETPは総額2,500万ドルの基金を創設し，第三者が当該基金にアクセスすることを認めるものとする。マッカートニー主任行政法審判官は，基金管理者を行政法審判官から任命するものとする。」この和解条件によると，FERCには，一定期間，基金の配分を見直すこと，基金管理者を変更することが認められる。FERCが基金配分報告に合意するか，または，和解により指定された期間内にETPが何らの行動も取らないとき，その配分は最終的なものとなる。契約書と合意書に詳細に述べられている割当変更がなされ，配分が終了した後，基金に残額があれば，ETPはその全額を合衆国財務省に支払うものとする。和解の2,500万ドルの基金の配分は，将来生じうる訴訟とは無関係のものとなる。ETPは，FERC規則の中の「エネルギー市場操作の禁止規定」[47]に従うことに同意する。ETPは，和解内容の実現を確実にするため，独立の会計監査法人による監査を2年間受けることに同意する。この和解は，ETPと，エンフォースメント訴訟担当官によって実効性を確保されていくものである。そして，FERCが命じた期日に効力が発せられると，その後の和解内容の修正は許されなくなる。FERCは大要，以下のようにこの理由を説明している。「我々は，この和解が公正・妥当であり，公益に資するものであると考える。第一に，従来から，ガス市場における相場操縦等に対応するため，FERCは，その規制をFERC規則§284.403(a)において導入していた。この市場行動規制は，2000年と2001年に生じたカリフォルニア州のエネルギー危機の後に，エネルギー市場に有効な過度の競争を抑止する目的で導入したものであった。ところが，この規制が十分に公益に資するものにはなりえず，EPAct2005により，広汎な相場操縦に関する規制権限がFERCに与えられて以来，これらのガス市場規制は効力を失っている。そのことから，FERCは，エネルギー市場操作の禁止規定である§1c.1及び§1c.2を正式な規定としてFERC規則に挿入した。したがって，FERC規則§284.403(a)に関する法

---

46　128 F. E. R. C. ¶63,014 (2009).
47　18 C. F. R. §1c.1 (2009).

的紛争処理としての FERC オーダーは先例としての効果が小さくなると考えられる。第二に，この和解で ETP は，2,500 万ドルの基金を設立することに同意した。これにより ETP の価格操縦行為の悪影響を受けたとされる当事者にその損害を補塡する趣旨である。民事的懲罰金は行為抑止的な機能を果たす一方で，具体的な金銭による補償が行われることの担保となるため，広汎に公益に資する手段である。第三に，規制当局が監視を続けることが，潜在的かつ巧妙な市場での相場操縦行為を根本的に防止するものであり，この和解は，やはり公益に資するものになっている。特に，ETP には，和解内容に沿う法令順守プログラムの適切さを確認することが現在求められている。現在存在するものについても，調査が求められ，修正を施すべき部分については迅速に修正をすることが求められることになる。また新しい規制につき，市場での取引を担当する職員に熟知させることになる。」

　これらから，和解内容は，Docket No. IN06-3-003 において，以下のようにまとめられた。

　(i) 書面による法令順守プログラムには，ガス取引行為を含み，FERC 規則 §1c.1 に基づき禁止される取引行為も明示されるものとする。
　(ii) 商品取引に直接に携わる従業員には，法令順守トレーニングが FERC 規則 §1c.1 により義務的に与えられる。
　(iii) 商品先物取引と法令順守プログラムに関する ETP の担当役員らによる年次報告が求められるものとする。
　(iv) 主任監視指導者による ETP の法令順守規定の監視がなされるものとする。
　(v) 極秘情報報告システムが導入されるものとする。
　(vi) これらの実施を確実にする訓練上のメカニズムが導入されるものとする。
　(vii) 取引活動の内部調査を行うための監査がなされる。会計監査法人は，和解条件としての法令順守を確実にするために ETP の輸出管理規定の監査を行うことに留意するものとする。独立監査は，和解成立日から 2 年間，定期的に実施されるものとする。会計監査結果は監査報告書として FERC の担当官に提供すると同時に，そのコピーを ETP に提供するものとする。
　(viii) この和解は，FERC がすでに発した命令を無効にするものではない。それらの命令は，FERC の一定の先例としての地位を有する。FERC は，この和解には大きな特徴があると考えている。それは，公正で妥当で公益性がある和解だということである。

　以上より，FERC は以下のように結論した。
　(A) Docket No. IN06-3-003 で示された和解の内容が公正・妥当であることを認定する。
　(B) Docket No. IN06-3-003 の手続きはこれにて終了する。
　(C) 和解の中に含まれていたすべての内容は，公表される。

(D)和解成立日から5日以内に，首席行政法審判官が，1名の行政法審判官を基金管理者に任命する。

### 第3款　ETP 事例の総括的検討

そもそもETP事例は，2007年7月26日に，FERCが対ETPペナルティー案の告示の可能性を示したことから始まった[48]。当時，FERCはこの事例の真相を以下のように見立てた。「ETPとその系列会社が，Houston Ship Channel (HSC) で天然ガス市場を操作し，その結果，ETPの系列会社であるOasis Pipeline（オアシスパイプライン社）が，Waha（テキサス州）とHSC取引ハブの間において，複数の顧客に損害を与えた[49]。」この見立てに基づき，まずFERCは，民事的懲罰が1億ドル以上になると算定した。この金額は高額なものではなく，エンフォースメントの執行官とその行為を支持する鑑定証人 (expert witness) による主張に基づけば，2億2,500万ドル以上の金額でも不当ではないとされていた。その上，損害を受けた顧客から民事訴訟により，損害賠償請求訴訟が起こされる可能性も示唆された。FERCは2008年5月15日と，聴聞会の日程を設定した。その後まもなく，行政法審判官は，オアシスパイプライン社の主張とETPの主張とを分離し，オアシスパイプライン事例とETP事例の二事例として，二つの手続きを行うことを決定した[50]。

これが決め手となって，裁判外の和解が実現した。なお，オアシスパイプライン事例は，FERCのエンフォースメント執行官が条件等の作成に関与した[51]。オアシスパイプライン事例の和解による解決には，市場における取引活動などの監視に合意することなど条件が付された。その際，規制当局の聴聞にも誠実に応じることも条件とされた[52]。ETP事例に関連する和解契約は，2009年9月21日，FERCによって承認された[53]。この和解に際して，ETPは，民事的懲罰金として500万ドルのみを支払うことに合意し，他のクレームへの対応を余儀なくされることを見越して，2,500万ドルの基金を創設することにも同意した[54]。

社会における基本的原則は，法律上何らかの損害や損失を受ける前に，聴聞により弁明する機会が権利として与えられるということである[55]。しかも，相当程度公

---

48　Energy Transfer Partners, L. P., 120 F. E. R. C. ¶61,086 (2007).
49　*Id*.
50　Energy Transfer Partners, L. P., Docket No. IN06-3-003, *Order of Chief Judge Establishing Separate Hearing* (May 19, 2008) (*creating a new docket to examine the NGPA allegations* in Oasis Pileline, L. P., Docket No. IN06-3-004).
51　Oasis Pipeline L. P., 125 F. E. R. C. ¶63,019 (2009).
52　Oasis Pipeline L. P., 126 F. E. R. C. ¶61,118 (2009).
53　Energy Transfer Partners, L. P., 128 F. E. R. C. ¶61,269 (2009).
54　*Id*. at 10-12.
55　Mathews v. Eldridge, 424 U. S. 319, 333 (1976).

第9章　エネルギー市場監視に関する一考察

正さが保障されたなかで，行政審判は開催されなければならない[56]。実際に，FERC は「最高の倫理基準レベルでエンフォースメント執行官を教育しなければならない。」と強調し，「調査の対象者は理念的にも現実的にも適正手続きを享受できたと実感できるものでなければならない。」と述べた[57]。FERC にとって，エンフォースメントの紛争を和解に持ち込むことへの関心には並々ならぬものがあったと思われる。

## 本章の小括

米国における多くの独立行政委員会は，それらが監督する市場における企業行動に対して，禁止行為を明確化しようとしている[58]。周知のように，SEC，FERC，CFTC には，いずれも監督下にある市場における相場操縦を禁止する権限を与えた法令・規則があったが，さらに 2007 年，連邦議会は，大量の石油市場の相場操縦に対する規制について公表する権限を FTC（Federal Trade Commission：連邦取引委員会）に与えた。その主たる理由は，長期の比較的安定した価格の後，米国ガソリン小売価格が，2005 年から目に見えて上昇し始めたことにある。たとえば，2006 年の全米レギュラー・ガソリンの平均価格は 1 ガロン当たり 2.59 ドルであったが，2007 年 5 月には，3.13 ドルにまで達した[59]。多くのエコノミストが，市場の詐欺的行為によりこのような高値が発生したと考えた。これに応えて，連邦議会は 2007 年 EISA（Energy Independence and Security Act：エネルギー独立性及び安全保障法）を制定したのであった[60]。同法により，FTC は，大量の石油市場での相場操縦を定義し，それを禁止するための規則を実施することを認められた[61]。また FTC は，2009 年 11 月 4 日に "Prohibitions on Market Manipulation" と題する規則について公表している[62]。そしてその権限の行使は 2009 年 11 月に実際に石油市場に対してなされた。このような規制の趣旨及び内容の徹底的な理解を事業者に求めることが，効率的な事業を彼らが行うための誘因を希釈させないためには必要であ

---

56　Cinderella Career & Finishing Sch., Inc. v. FTC, 425 F2d 583, 591 (D. C. Cir. 1970).
57　Revised Statement, *supra* note 22.
58　Theodore A. Gebhard and James F. Mongoven, *Prohibiting Fraud and Deception in Wholesale Petroleum Markets: The New Fedearl Trade Commission Market Manipulation Rule*, 31 ENERGY L. J. 125 (2010).
59　*United States Energy Information Administration (EIA) Motor Gasoline Retail Prices, U. S. City Average*, MONTHLY ENERGY REV., July 2009, at Tbl. 9.4 (unleaded regular gasoline, U. S. City average retail price (nominal cents per gallon, including taxes)).
60　42 U. S. C. §§17301-17386 (2006).
61　*Id*. at 17301.
62　74 Fed. Reg. 40,686 (Aug. 12, 2009) (*to be codified* at 16 C. F. R. pt 317).

る。他の政府機関と異なって，FTC は特定の産業を監視する機関ではない。むしろ FTC は，すべての産業に対して有効な独占禁止法ないし消費者保護法を管轄する行政警察機能を有してきた。FTC が管轄する新規則は，政府機関と規制対象商品を卸売りする事業者の両方に新しい地平を開いたと言えよう。FTC に劣らぬ規制権限が与えられ，FTC を横目に見つつ，新しい規制に対応しなければならない FERC の今後の動向が注目される。

# 第10章

# 公益事業の公正性確保に関する法的考察

## 第1節　はじめに

　「住みやすい街づくり」という観点からのインフラ整備へのニーズは，洋の東西を問わず，また時代を超えて，非常に高い。米国ではかつて，ブランダイス（Louis Dembitz Brandeis）連邦最高裁判所判事（在任期間は1916年から1938年までの長きにわたった）が，「街を照らす灯りこそは最も有能な警察官だ」と述べたことが知られている。このような彼独特の隠喩の響きには古き良き時代の牧歌的かつ人間的な雰囲気が籠もるが，当時人々が住むところにくまなく置かれるべきものが「電灯」や場所によっては「ガス燈」であるとの彼のメッセージの真実味は，いかなる国にも強く迫るものがあった。それは，米国においては広い国土に送電網やガスパイプラインを張りめぐらせることの価値の高さを表すものでもあった。そこで本章では，米国の公益事業規制の中でもエネルギー事業規制に焦点を当てて，そのような公益事業規制の公正性確保に関する法的考察を試みたい。

　法と経済学の分野における様々な著作で知られる英国のケン・ビンモア（Ken Binmore）[1]氏は，英米法文化圏においては，あらゆる公益事業は唯一特殊な契約によって運営されるべきものではなく，法により規定された制度的枠組みと，さらにその大枠を取り囲む法の支配を受けるべきであって，仮に従来型の独占事業としての公益事業であっても，その規制の変更は，原則的に民間企業に強固な枠組みを提供しつつ，すべて法の支配に連なるものであり続けさせなければならないとした。そしてその法の支配は，制定法上の公正な権限の行使を求めるという意味で，むしろ監督者を拘束するのであって，そこでの公正性は，①安定性，②効率性，③公平性という三つの要素で構成されていると主張したことで知られる[2]。これについてそれぞれの要素を振りかえると，次の通りである。

---

[1] Kenneth George "Ken" Binmore 氏は，邦訳された書物等により，我が国においてはいわゆるゲーム理論の論客としてよく知られている。
[2] Wayne P. Olson, *Fairness, Financial Autonomy and Independence: Lessons from Regulated Industries*, The Elec. J. Vol. 25, Iss. 1, at 57-67（2012）.

第Ⅲ部　エネルギー規制機関の権限配分

①安定性

　公共性の高い社会的契約には，本質的に長期的視点がなければならない。このため，これにかかわる公益事業者は，現在のみならず将来にわたって何年も同じ事業を安定的に継続する能力があることを必要とされる。そのように安全で，適切で，信頼できるサービスを長期間にわたり提供するために説明される概念が「安定性」であるとビンモア氏は説明した。公益事業者は，フランチャイズ等の特権の見返りに，消費者に役立つ義務の履行が課され，第三者によって注意深く設定された公正報酬率を保障される場合が多い。しかし公益事業者は消費者の代理人（エージェント）として機能しなければならないとビンモア氏は言う。公益事業者は，顧客の需要を適切かつ確実に満たすために，他よりも有利な金利で金融市場から資金を集めることができるが，それはこの安定性のゆえであり，このための規制者による厳しい規制は当然に受け入れなければならないとされる。

②効率性

　公益事業者が当事者となる契約は，効率的なものでなければならない。さもなければ，公正性の観点から他の社会的契約と競合しつつ存在することは許されない。ビンモア氏は，「自然独占」の資格を得るための審査に合格した企業も，やがて「効率性」を追求することを怠り，自らがフレキシブルでいることができなくなれば，その地位を失うと言う。しかし「効率性」には，多義性がある。現に規制当局は，経済的効率性のみならず技術的効率性や人口動態の効率性など多くの「効率性」に関心を持つのであるが，いずれの「効率性」を測るにも，事業環境の変化を確実に捕捉する必要性が高い。ビンモア氏によれば，近年の公益事業規制改革は結局様々な「効率性」の追求にばかり集中しているように見え，本来それだけでは十分ではないと考えるべきであるものの，今後も非常に重要な概念であり続けると言う。

③公平性

　ビンモア氏が提示する「公平性」とは，通常理解されているものとは大きく異なり，「他人の暮らし向きが悪くなることなく，誰も暮らし向きが悪くなることを受け入れるよう求められることのない状態ないし性質」のことである。これを重視することで，彼の「公平性」は「暮らし向き」という消費者の収入や支出を中心とした具体的かつ特徴的な基準を持つことになった。また，そこでの「公平性」は文化への一般的理解に依存することにもなると考えられる。

　さて，ビンモア氏によれば，公益事業規制の究極の目的は，消費生活者が経験する害悪の発生を未然に防止することである。そのためには消費生活者が特定の政策から経済的利益を享受するかどうかに関して議論すべき論点を，政策策定者があらかじめ把握すべきことになる。これは，我々が持つ直感とも一致するものではなかろうか。そして上記三つの要素を説明するにあたり，彼は比喩を用いる。「公益事

業を誕生させる社会的契約は，石工アーチのようなものである。石工アーチの構成物は，セメントも接着剤も必要とせず，それら自体が強固に結合し，あるいは隣り合って互いに支えられている。そのイメージと同じく，これら3要素が一つも欠けることなく維持されることが完全な公益事業を生む。」3要素をビンモア氏はこのように説明し，規制者は，規制の公正性を維持するために，特定の政策に固執するのではなく，むしろ3要素を軸に妥当な連立方程式を立て，その解を求める地道な作業を行うべきなのであり，結論が出たならば，それに沿う軌道修正を拒まない方が良いとした。彼によれば，それゆえに公益事業者は本来的に国や自治体から高度に規制されるべき存在である。彼が非常に有用な概念を提示することに成功したことは疑うべくもない。確かに，彼が指摘するように，同じ性質・内容の財・サービスを消費する家庭用需要家と産業用需要家の関係，小口需要家と大口需要家の関係，低所得者と高額納税者の関係はいずれも，公正性の観点から従来より論点とされてきた。しかし，今後新たな論点も出るであろう。たとえば，（再生可能エネルギーを利用した）グリーン電力を受けるためにより高い料金を支払っても構わないと思っている顧客と，そうしたいと思わない消費者との関係が公正であることの必要性が今後は出てくることが予想される。財・サービスに代替手段を持っている顧客と代替手段を持っていない顧客の関係や，今日の顧客と将来の顧客の関係も公正性の観点から問題になりうる。これらの解をビンモア氏の言う3要素から導くことができるかは大いに疑問が残る。本章では，公益事業規制に存在すべき公正性についてさらに議論を深めてみたい。

## 第2節　公益事業規制における重要度
　　　　―ジョーンズ氏とマン氏による調査―

　ウェイン・P・オルソン（Wayne P. Olson）氏によると，今世紀に入って，ダグ・ジョーンズ（Doug Jones）氏とパトリック・マン（Patrick Mann）氏は，法社会学的アプローチを取り，全米各州公益事業委員会に対して，何を業務上の最高の価値とするか調査した。そして45州の公益事業委員会の考え方を精査した[3]。

　複数回答で調査したところ，回答者の60％は事業の最も高い価値として「公正性」を挙げた。そのうち30％が，同等の価値として他の価値をも挙げていたが，範疇は限られており，さらに「公正性」を挙げたうちの96％は他の社会的目標（保護活動，経済発展，効率維持，環境保護，安全維持，信頼性維持，ユニバーサル・サ

---

[3]　米国では州によって独立行政委員会としての公益事業委員会が規制管轄とする公益事業の内容は異なる。規制対象となる候補には電気，ガス，水道，通信，鉄道などがある。州内の公共料金に対する監視や，消費者保護を目的とする各種の規制を行うなど，公益事業委員会の活動範囲は多岐にわたる。*Id.*

ービスや福祉維持など)の実現が公正性に並ぶ価値だとした。特にこの96%のうち20%は「結果における公正さ」が、最も重要な価値であると回答した。これは「公正性」に密接に関連することが明らかであるが、機会の平等と結果の平等のどちらがより重要かを問われた時に、結果の平等だと考える者が、単に「公正さ」と回答することに満足せずこのように回答したと考えられる。いずれにせよ、公正性に非常に大きな価値を置くという立場に違いはないと見ることができる。

ジョーンズ氏とマン氏はこれを分析した結果、「公正性」の範疇は広く、多くのバリエーションがあったと結論付けた。そしてこれらの回答のほとんどは「公正性」とは無関係な価値を「公正性と同等の価値」として挙げたのではなく、「公正性」に深く関連する価値を、単に言葉を換えて列挙したものだと考えた。なお、回答者の59%は、「望ましい結果の実現」や「正義の実現」が「公正性」と等しく重要な価値であるとした。そして、19%は、「適正な行政過程」が、最も重要であるとした。これらはいずれも、公正性を抜きにしては意味をなさない概念であり、そのことも、上述の結論を支えた調査結果となった。

ジョーンズ氏とマン氏によるもう一つ興味深い質問として、「公正性」と「効率性」のどちらが重要かというものがある。これに対して、回答者の60%が「公正性」をより重要とし、19%は、「効率性」を選び、そして、残りの21%は「場合による」と回答した。

これらの調査は、州公益事業委員会も、相対的な位置付けとしては「効率性」の確保よりも「公正性」の実現が公益事業には重要であるという考えを持っているという結果を示した。つまり「公正性」こそが、規制を変更する決断をする際の第一のファクターとなるべきであると、規制者自らが実感しているのである。そして意識するとせざるとにかかわらず、公益事業者が当事者となる社会的契約を存続させる際に「公正性」が第一に来るとの考慮が暗黙の内に働いている可能性もある。政策立案者はそれが「法の支配」の実現にもつながりうるということを自覚してほしいと考える者もあったことが指摘されている[4]。現に米国電気事業の競争導入やリストラクチャリングはその主要な例として説明可能であるとする先述のオルソン氏は、この調査をもって、公益事業における公正報酬率という収益を得る機会の保障システムには、消費者の需要を満たすための機会の活用を政策立案者に促すという意味で「法の支配」が働いているとしている。これを米国における公的業務の公正性確保に関する法律による行政の問題と捉えることもできるであろう[5]。

---

[4] Id.
[5] そもそも事業者にフランチャイズを与え彼らへのポリスパワーを行使する州のあり方につき、藤原淳一郎『十九世紀米国における電気事業規制の展開』20頁(慶應義塾大学出版会、1989年)参照。

## 第 3 節　FERC Order No. 1000

### 第一款　Order No. 1000 に至るまでの FERC オーダー

本節では，米国の例をもとに，人々の生活の基盤となるインフラの整備に見られる公正性確保のあり方を探ることとしたい。まず，米国の送電網の整備を例に取り，そのときの公正性はどのように追求され，その価値はどのように実現されたかという問題意識のもと，FERC（Federal Energy Regulatory Commission：連邦エネルギー規制委員会）が独立行政委員会の命令として発する Order No. 1000 が発令されるまでの出来事を論じる[6]。

Order No. 1000 に至るまでの FERC オーダー（Order）としては，Order No. 888 がエポックメーキングなものであった。そこで，このオーダー以降の FERC オーダーを概観していきたい。まず，Order No. 888 は，1996 年 5 月に発令された行政規則である[7]。これはそのインパクトの大きさから「メガ規則」とも言われ，後述する FERC Order No. 890[8] の基礎になった。この Order No. 888 で，FERC は全送電事業者に，送電線の解放を求めた。送電線建設では，新規参入者のニーズを踏まえることを要求している。送電線建設の負担の公平ではなく，既存の送電線へのアクセスの公平を求めたとも言える。それに関連して，Order No. 888-A で，広域的な地域送電計画を送電事業者が合同で策定することを求めた[9]。これが RTO（Regional Transmission Organization：地域送電機関）や ISO（Independent System Operator：独立系統運用者）の設立を後押しした。

2006 年 7 月に発せられた Order No. 679 は，EPAct 2005（Energy Policy Act of 2005：2005 年エネルギー政策法）サブタイトル D（SEC. 1241 の送電料金改革及び送電インフラ投資）において，供給信頼度を強化し，送電混雑を減少させる送電投

---

6　Transmission Planning and Cost Allocation by Transmission Owning and Operating Public Utilities, Order No. 1000, FERC Stats. & Regs. ¶ 31,323 (2011), *order on reh'g,* Order No. 1000-A, 139 F. E. R. C. ¶61,132, *order on reh'g,* Order No. 1000-B, 141 F. E. R. C. ¶61,044 (2012).
7　Docket Nos. RM95-8-000 and RM94-7-001. Transmission Open Access Promoting Wholesale Competition Through Open Access Non-discriminatory Transmission Services by Public Utilities; Recovery of Stranded Costs by Public Utilities and Transmitting Utilities (Final Rule).
8　Preventing Undue Discrimination and Preference in Transmission Service, Order No. 890, FERC Stats. & Regs. ¶ 31,241, *order on reh'g,* Order No. 890-A, FERC Stats. & Regs. ¶ 31,261 (2007), *order on reh'g,* Order No. 890-B, 123 F. E. R. C. ¶61,299 (2008), *order on reh'g,* Order No. 890-C, 126 FERC ¶ 61,228, *order on clarification,* Order No. 890-D, 129 F. E. R. C. ¶61,126 (2009).
9　Docket Nos. RM95-8-001 and RM94-7-002. (Issued March 4, 1997.)

資を促すインセンティブの提供をFERCに求めたことを受けたものである[10]。このオーダーでFERCは以下のようなインセンティブを，原則としてすべての事業者に与えた。
- (ア) 信頼度を強化し又は送電混雑解消に寄与する送電設備拡張計画に対しては，報酬率を高く設定する。
- (イ) 新規送電投資に伴う建設仮勘定（新規建設費用）を料金算定の際に原価に参入することを認める。
- (ウ) 新規送電投資に伴う商業運転前費用を費用として支出することを認める。
- (エ) キャッシュフローを考慮した仮の資本構成に基づく利益率の確保を認める。
- (オ) 原価償却期間を短縮し，送電設備について15年での償却を認める。
- (カ) 燃料源の開発中止，州政府又は地方自治体政府の立地決定に関係する問題など事業者に制御できない理由での建設中止に伴う費用の全額回収を認める。
- (キ) 小売料金申請のモラトリアムを伴う事業者の場合に繰延費用の回収を認める。
- (ク) 先進型技術を採用した場合には個別審査で報酬率を高く設定する。

このほか，一般に送電会社を意味するTranscoの設立については，その設立及びTranscoへの投資に対して資本収益率を高く設定する，報酬率加算という大きなインセンティブをも与えた。特に，Transco設立に伴う送電設備の売却・購入等に伴う課税措置に対し，それに対応する金額の調整分を料金原価に参入させることとした。送電組織加入者についてはさらに大きなインセンティブを与えた。FERCの認可したRTO，ISOその他送電組織への加入・継続した場合に報酬率を高く設定することを認めたのである。なお，その後FERCは，Order No. 679について2011年5月にインセンティブ規制見直しの意見募集を開始し，さらなる工夫を模索している。

FERC Order No. 890は2007年2月に発令されている。これはOrder No. 888をさらに発展させたものである。FERCはこのオーダーにおいて，「送電線計画策定プロセス」は以下の9原則を基礎として確立するよう全送電事業者に求めた。①協調 (coordination)，②開放性 (openness)，③透明性 (transparency)，④情報交換 (information exchange)，⑤同等性 (comparability)，⑥紛争解決 (dispute resolution)，⑦地域参加 (regional participation)，⑧計画の経済性評価 (economic planning studies)，⑨新規計画の建設費用配分 (cost allocation for new projects)。これらが，Order No. 1000の下敷きにもなり，RTOやISOの創設にも大きな効果をもたらしたと評価することも可能である。

---

10　116 F. E. R. C. ¶61,057, 18 C. F. R. Part 35, (Docket No. RM06-4-000; Order No. 679), Promoting Transmission Investment through Pricing Reform (July 20, 2006).

## 第 2 款　FERC Order No. 1000 の発令

　2011 年 7 月 21 日，FERC は Order No. 1000（地域送電線計画及び費用配分に関する Order No. 1000）を発した[11]。これは，2009 年の全国送電混雑調査においてなされた「再生可能電力の導入が進むと，電力需要地から離れた地域での発電が一層拡大するため，広域での送電線計画が必要」との指摘を踏まえて作成された行政命令であった[12]。このオーダーを制定した背景には，Order No. 890 を強化する意図があった。その内容は以下のようなものである。Order No. 890 の「送電線計画策定プロセス」に関する部分を改正し，全送電事業者に，地域送電線計画策定プロセス参加を求めることとした。また自らの送電線優先建設権の排除を全送電事業者に求めた。さらに，Order No. 890 において命じられた地域間協調を全送電事業者に求めることとし，新規計画の建設費用配分は公平になされるべきこととした。そしてすべての送電事業者に，Order No. 890 において求められた条件を満たした上で，送電線計画策定プロセスに参加することを義務付けた。すなわち，Order No. 890 に設定されていた「広域参加」「新規計画の建設費用配分」を強化するとともにそれ以外の原則はそのまま踏襲したのである。

　また FERC は，送電線建設費用の地域負担が好ましいと判断された場合，ROFR（Right of First Refusal：自社優先建設権）については送電線建設の障害になると見て排除を求めることとした。これまでの ROFR は，既存の送電事業者に優先的に自社管内送電線の建設を認めるもので，新規事業者に参入の機会を公平に与えることにならないという FERC による評価が背景にある。そこで FERC の意向に沿い，MISO（Midwest ISO：中西部独立系統運用者）等は，ROFR を排除する形で送電線建設計画策定を行うこととした。

　さらに FERC Order No. 1000 では，原則として送電事業者は同オーダーに準拠するよう送電料金規程を改訂しなければならないこととされた。これにより MISO 内の電気事業者の送電料金プラン策定においては，ROFR の発想は排除されたものとなった。但し，ROFR を与える州法などを無効とするものではないため，州は ROFR 排除の負担分を既存事業者に回復させることを認められているなど，州規制で FERC に対抗することが一定程度可能で，ミネソタ州などが既に対応済みである。

　FERC によれば，連邦や州も法令によって将来必要になる送電線の特定，建設計画プロセスの創設等を考慮する責務を負う。その際，公共政策（public policy）の見地から効率性や費用対効果を見るべきであるとする。全米最大の ISO である PJM がこれに従い系統増強費用負担割当の考え方をおおよそ定めた。

---

11　RM-10-23-000 (Effective October 11, 2011).
12　*See* REPORT OF THE ELECTRICITY REGULATION COMMITTEE, ENERGY L. J. Vol. 33-1 at 227-271 (2012).

第Ⅲ部　エネルギー規制機関の権限配分

　一方，MISOは，地域負担送電線のプロセスを透明化し，競争入札での建設を実現しようとするが，あくまでも（広域負担とならない）地域負担送電線には地域負担に限定させるように臨みつつ，ミネソタ州法の従来型対応などはそのまま受け入れることにした。

### 第3款　FERC Order No. 1000と送電線建設のコスト配分
#### 第1項　Order No. 1000が求めるもの

　FERCは，国家として重要な土地の上に送電線を敷設し，分散型電源の増設にも対応できるよう関係者の費用負担を公正にするため，Order No. 1000を策定した。Order No. 1000は，送電計画策定プロセスにおいて，幾つかの原則に基づき費用配分規則の策定を求める電力規制部門に関する行政命令であった。送電線の建設には土地の買収がつきものであるが，その費用は巨額になる。それでもこの十年，送電網への投資額は増えてきた。天然ガスを燃料とする環境優位のガス火力発電所が増えると，結局，発電事業者のニーズが最も増えるのは，それらの電力を需要地まで送り届けるための長距離かつ大容量の送電線建設である。そこでまず，それを支える土地の買収が進められなければならなくなった。複数の地域を通過するような送電線計画を策定するためには，送電線が通過するすべての地域の利害関係人が一堂に集まり，協議する必要がある。RTOやISOがある地域ではそのようなプロセスが設けられている場合もあるが，そもそもRTOやISOの存在していない地域が全米の半分を占める。また，RTOやISOのある地域でも，送電線計画策定プロセスが必ずしも円滑な送電線建設にならない場合もある。

　本項ではまず，FERCによるOrder No. 1000に基づく送電事業者の送電線計画及び費用配分について記す。この行政命令が最終命令となって，地方送電機能を担う事業者に，自らの送電プランを，費用配分を基礎にして精査することを求めた。さらに新規参入者が少しでも増えていくべきことを重視し，異なる地域間の送電（連系線）調整，及び費用配分に関する改革を各事業者に課した。

　このOrder No. 1000が求めるものは，大きく二つある。一つは，送電線計画作成プロセスでの公正性確保である。これは，主要かつ潜在的な送電網構築を現実のものとし，送電需要をより効率的にかつ費用を抑えられる地方送電プランを開発する過程におけるものである。そしてもう一つは，送電線建設費用の配分方法に関する公正性確保である。供給域内送電線と地域連系線の敷設費用のコストが，当該送電線により利益を得る組織に公正に割り当てられる状況の確保を目指すことになる。以下，順に考察する。

#### 第2項　送電線計画作成プロセスに見る公正性確保

　Order No. 1000は，送電線計画作成プロセスを成立させるための三つの要件を

## 第2款　FERC Order No. 1000 の発令

　2011年7月21日，FERC は Order No. 1000（地域送電線計画及び費用配分に関する Order No. 1000）を発した[11]。これは，2009年の全国送電混雑調査においてなされた「再生可能電力の導入が進むと，電力需要地から離れた地域での発電が一層拡大するため，広域での送電線計画が必要」との指摘を踏まえて作成された行政命令であった[12]。このオーダーを制定した背景には，Order No. 890 を強化する意図があった。その内容は以下のようなものである。Order No. 890 の「送電線計画策定プロセス」に関する部分を改正し，全送電事業者に，地域送電線計画策定プロセス参加を求めることとした。また自らの送電線優先建設権の排除を全送電事業者に求めた。さらに，Order No. 890 において命じられた地域間協調を全送電事業者に求めることとし，新規計画の建設費用配分は公平になされるべきこととした。そしてすべての送電事業者に，Order No. 890 において求められた条件を満たした上で，送電線計画策定プロセスに参加することを義務付けた。すなわち，Order No. 890 に設定されていた「広域参加」「新規計画の建設費用配分」を強化するとともにそれ以外の原則はそのまま踏襲したのである。

　また FERC は，送電線建設費用の地域負担が好ましいと判断された場合，ROFR (Right of First Refusal：自社優先建設権) については送電線建設の障害になると見て排除を求めることとした。これまでの ROFR は，既存の送電事業者に優先的に自社管内送電線の建設を認めるもので，新規事業者に参入の機会を公平に与えることにならないという FERC による評価が背景にある。そこで FERC の意向に沿い，MISO (Midwest ISO：中西部独立系統運用者) 等は，ROFR を排除する形で送電線建設計画策定を行うこととした。

　さらに FERC Order No. 1000 では，原則として送電事業者は同オーダーに準拠するよう送電料金規程を改訂しなければならないこととされた。これにより MISO 内の電気事業者の送電料金プラン策定においては，ROFR の発想は排除されたものとなった。但し，ROFR を与える州法などを無効とするものではないため，州は ROFR 排除の負担分を既存事業者に回復させることを認められているなど，州規制で FERC に対抗することが一定程度可能で，ミネソタ州などが既に対応済みである。

　FERC によれば，連邦や州も法令によって将来必要になる送電線の特定，建設計画プロセスの創設等を考慮する責務を負う。その際，公共政策 (public policy) の見地から効率性や費用対効果を見るべきであるとする。全米最大の ISO である PJM がこれに従い系統増強費用負担割当の考え方をおおよそ定めた。

---

11　RM-10-23-000 (Effective October 11, 2011).
12　See Report of the Electricity Regulation Committee, Energy L. J. Vol. 33-1 at 227-271 (2012).

一方，MISOは，地域負担送電線のプロセスを透明化し，競争入札での建設を実現しようとするが，あくまでも（広域負担とならない）地域負担送電線には地域負担に限定させるように臨みつつ，ミネソタ州法の従来型対応などはそのまま受け入れることにした。

## 第3款　FERC Order No. 1000 と送電線建設のコスト配分
### 第1項　Order No. 1000 が求めるもの

　FERC は，国家として重要な土地の上に送電線を敷設し，分散型電源の増設にも対応できるよう関係者の費用負担を公正にするため，Order No. 1000 を策定した。Order No. 1000 は，送電計画策定プロセスにおいて，幾つかの原則に基づき費用配分規則の策定を求める電力規制部門に関する行政命令であった。送電線の建設には土地の買収がつきものであるが，その費用は巨額になる。それでもこの十年，送電網への投資額は増えてきた。天然ガスを燃料とする環境優位のガス火力発電所が増えると，結局，発電事業者のニーズが最も増えるのは，それらの電力を需要地まで送り届けるための長距離かつ大容量の送電線建設である。そこでまず，それを支える土地の買収が進められなければならなくなった。複数の地域を通過するような送電線計画を策定するためには，送電線が通過するすべての地域の利害関係人が一堂に集まり，協議する必要がある。RTO や ISO がある地域ではそのようなプロセスが設けられている場合もあるが，そもそも RTO や ISO の存在していない地域が全米の半分を占める。また，RTO や ISO のある地域でも，送電線計画策定プロセスが必ずしも円滑な送電線建設にならない場合もある。

　本項ではまず，FERC による Order No. 1000 に基づく送電事業者の送電線計画及び費用配分について記す。この行政命令が最終命令となって，地方送電機能を担う事業者に，自らの送電プランを，費用配分を基礎にして精査することを求めた。さらに新規参入者が少しでも増えていくべきことを重視し，異なる地域間の送電（連系線）調整，及び費用配分に関する改革を各事業者に課した。

　この Order No. 1000 が求めるものは，大きく二つある。一つは，送電線計画作成プロセスでの公正性確保である。これは，主要かつ潜在的な送電網構築を現実のものとし，送電需要をより効率的にかつ費用を抑えられる地方送電プランを開発する過程におけるものである。そしてもう一つは，送電線建設費用の配分方法に関する公正性確保である。供給域内送電線と地域連系線の敷設費用のコストが，当該送電線により利益を得る組織に公正に割り当てられる状況の確保を目指すことになる。以下，順に考察する。

### 第2項　送電線計画作成プロセスに見る公正性確保

　Order No. 1000 は，送電線計画作成プロセスを成立させるための三つの要件を

定める。送電線計画作成プロセス成立のための第1要件は，送電事業者が地域送電プランを開発し，Order No. 890 の原則に従うような地方送電計画過程に参加することである。そこで，地域送電計画に関しては，公益事業者，利害関係者，専門家と相談しつつ，地方送電計画の需要をより効率よく満たす努力を払うことが求められる。送電線計画作成プロセス成立のための第2要件は，地域送電計画過程が連邦の法令によって設定された公共政策（public policy）の要請に基づく送電の必要性を考えさせるものである。地域送電計画作成プロセス成立のための第3要件は，当該送電線が効率的であり費用対効果に優れた解決策となるように，異なる地域間の調整機能を引き出すような隣接送電計画を認識させることである。FERC は，異なる地域間の送電計画協定が，それぞれ隣接している地域送電計画を擁する地域に提出される必要まではないが，それに代えて「送電線，発電設備，操業予備容量市場（いわゆるキャパシティー市場）への OATT（Open Access Transmission, Energy and Operating Reserve Markets Tariff：オープンアクセス料金規制）」で用いられている概念を正式に用いなければならないとした[13]。

#### 第3項　送電線建設費用の配分方法に見る公正性確保

FERC Order No. 1000 は，送電費用配分のため，以下の二つの方法を確立した。まず，地域内送電計画のための費用配分方法の確立であり，つぎに異なる地域間の送電計画策定のための費用配分方法のそれである。すなわち，FERC Order No. 1000 によると，事業者は「費用配分を目的として地域送電計画で選択された新施設の敷設コストを算出するための一つまたは複数の方法」を確立するよう指示されている。また，隣接している他社との送電計画を有する事業者は，その操業が効率的であるか，または費用対効果に優れていることを前提として，一般的でありかつ受け入れることのできる地域間連系線の費用配分方法を策定しなければならないとされている。このような FERC Order No. 1000 が示した費用配分の原則を構成する理念は，以下の三つを柱としていると言えよう。①費用効率性の追求，②コスト平準化の限界への認識，③透明性の追求である。これは，コスト配分を通じた公正性の追求に他ならない。以下，順に論じる。

まず①費用効率性の追求である。利益を得る者がそのために発生した費用を負担すべきである（Beneficiary Pays：受益者が支払う）という受益者負担の原則は理解を得ることがたやすい。利用者は，利益を得る事を実感しているトランスミッションプロジェクトについては費用負担に抵抗を感じにくい。これをもとに，FERC

---

13　Troutman Sanders LLP, *FERC Issues First Two Orders on Order No. 1000 Compliance Filings,* Washington Energy Report, Feb. 23, 2013. *See* 142 F. E. R. C. ¶61,129 (February 21, 2013). *See also* 142 F. E. R. C. ¶61,130 (February 21, 2013).

Order No. 1000 は，送電網増設の利益を得ない顧客が，その分のコストを負担しないことを制度的に保障することを目指した。いかなる費用配分も，まずは直接費用を発生させた原因者にコストを負担させようとする目的があり，利益享受の確からしさから，利用者に適切にコストを負担させようとする。しかしながら，このFERC のアプローチは電気の流れを物理法則に基づいて予見する必要がある。そのようにして行う送電コストの厳格な算定は簡単ではなく，誰が送電網増設の利益を得るかを明示することが極めて難しい。コストは，なるべく確かと考えられる方法で割り当てられるべきである。結局これが FERC の基本原則になる。

次に②コスト平準化の限界への認識である。直接にコストを割り当てることが可能でないときであっても，何らかの合理的方法で市場参加者にコストを割り当てなければならない。「受益者が支払う」という，本章において前述した原則に反するが，全体の送電網の上で単に送電費用を平均することによって，FERC のアプローチはそれを達成しようとする。

そして最後に③透明性の追求である。行政上の正義の観念に由来するものとして，FERC は，受益者の費用配分方法を説明しようとする。それが FERC Order No. 1000 における透明性の追求にもつながったと言えよう。

**第 4 款　送電線コスト算定をめぐる米国中西部独立系統運用者の政策策定**

本款では，Entergy 社を管轄する MISO からの FERC 規制権限の行使に関する一時的放棄（規制のウェイバー）の要請事件を概観する。2011 年 9 月 27 日，FERCは Entergy 社グループの統合事業の成功のために必要であるとして，料金規程の審査権限を変更命令権限も含めてウェイバーを求める MISO の申請を却下した。MISO 内で Entergy 社は操業子会社との企業統合を目指していたが，その際送電網のアップグレードとそのための費用配分により，料金規程に変更をきたすことは必然であるとしていた。MISO はこれへの FERC の介入を嫌ったのである[14]。

FERC から規制権限のウェイバーを引き出すため，MISO は移行期間として 5 ～ 10 年間この問題を精査することを提案した[15]。その 5 ～ 10 年間に，計画地域のアップグレードを完結するネットワーク費用が，その地域のみに割り当てられるということを前提とした。二つの計画区域のシステムの同等性が完全に達成され系統接続された時，移行期間は終了すると言うのであった。同等性が 10 年以内に達成されないなら，MISO はその時点で広く採用されている方法論にて，適切な費用配分アプローチを提案するとした。これに対して当事者の多くは様々な反論を掲げた。

---

14　*See* Docket No. EL11-57-000.
15　FERC による規制のウェイバーの手法として，草薙真一「米国連邦公益事業規制政策法に関する一考察― FERC による適格認定設備規制のウェイバーを中心として―」『商大論集』48 巻 1 号 89-118 頁（1996 年）参照。

その中には，MISO は改善される必要がある具体的な問題すら特定できなかったと言うものもあった。

　FERC に求められたウェイバーを拒否する際に，FERC は大要，以下のように述べた。「ウェイバーを実施すると MISO が，現存する費用配分を維持できなくなってしまう。特に移行期間において，新しい費用配分法を Entergy 社に当てはめることができなくなる恐れがある。しかも，MISO は当該ウェイバーによる影響がどう測定されるかに関する十分な説明を提供していない。」

　FERC は，MISO の落ち度として，Entergy 社グループのシステムがどのようにアップグレードされるべきかの研究を十分にしていなかったとした。また助成金の支給のあり方も FERC には理解できないとした。さらに MISO 内の Entergy 社以外のメンバーの貢献度は測りがたいとした。5〜10年という移行期間も長すぎると考えた。FERC はあまり多くの裁量権を MISO に与えてはならないと考えるようになっていたと推察される。

　なお，最終的に Entergy 社側は，MISO が当該ウェイバーの条件とした同社のタリフ (Tariff) における諸条項の修正を拒否している。

## 第5款　Order No. 1000 が文言上指向する公正性

　FERC が発した Order No. 1000 は，公益事業としての送電計画とその費用配分の最終規則となった。この FERC Order No. 1000 で，FERC は計画策定，費用配分について公正性の追求を前面に打ち出した。ここにおいて FERC は「公正な (fair)」という語を 32 回使用した。これを具体的にみると，次の通りである。

　(ｱ)　コストの公正な配分 (fair allocation of costs) という表現で 10 回。
　(ｲ)　代替手段の公正な考慮 (fair consideration of alternatives) という表現で 8 回。
　(ｳ)　適正手続としての「公正な告知」の要請 (Due Process Clause "Fair Notice" requirements) という表現で 6 回。
　(ｴ)　公正な地域送電手続 (fair regional transmission process) という表現で 4 回。
　(ｵ)　公正な利益／費用の入口審査 (fair benefit/cost threshold) という表現で 2 回。
　(ｶ)　公正報酬率 (fair rate of return) という表現で 1 回。
　(ｷ)　「明確な基準」がないゆえの不公正 (unfair without "bright line test") という表現で 1 回[16]。

　Order No. 1000 のなかで，FERC は送電線建設費用配分において，「公正性」には多くの配慮をした。それによってのみ，費用配分の方法論を原則化できると考えたからである。そこには普遍的に公的規制に求められる公正性の追求が色濃く見られた。もちろんその背景には「安定性」を追求する Order No. 679 など他の規制も

---

16　Id.

効果を発揮することが見込まれたことに注意を要する。

　FERC Order No. 1000 は，送電線建設の費用配分という難しい問題に関するガイドラインを提供しようとしているが，困難は依然として残る。というのは，受益しない者にまで新送電線投資のコストの一部を薄く転嫁すべしという送電事業者の誘いは常にあるからである。州の規制者と FERC に割り当てられた役割にも軋轢が生じ，米国の電気事業規則の制度上の構造が容易な地方的解決をも阻む。結局，送電費用配分はコストを「公正に」割り当てる簡単な方法がないため，依然としていらだたしい問題であり続けている。

　なお，2011 年 7 月に発令の FERC Order No. 1000 については，その後，2012 年になって FERC が自ら修正している。その最も大きな修正が FERC Order No. 1000-A[17] である。この修正は既に効力を発している。FERC は，Order No. 1000 では，FERC Order No. 890 などで示していた送電計画のあり方を修正していた。FERC Order No. 1000-A では，FERC Order No. 1000 で採用された規制制度について，自らの規制権限の範疇にあることを確認し，事業者が不当に差別的であったり選好的であったりしない状態を確保するための修正をした。すなわち，FERC Order No. 1000 でなした規制制度のいずれも排除ないし変更することなく，むしろその趣旨の明確化を，「差別的取扱い」の排除に関して試みたと言える。このように米国では，FERC Order No. 1000, Order No. 1000-A, さらに Order No. 1000-B という形で，送電線建設について中立的な第三者の介入権が強化される傾向が強まっている[18]。一方，各 ISO には，Order No. 1000 以前から，送電線建設について積極的に行動する傾向がある[19]。これは総じて，レベルプレイングフィールドの価値観を採用することにより，電気事業者の私有財産の価値が保持されあるいは増進されるという帰結を導くことが目指されている証拠だと言える。これは国際的な趨勢であろう[20]。

---

17　RM10-23-001 (May 17, 2012).
18　*Troutman Sanders LLP, FERC Issues Order No. 1000-B, Denies Rehearing of Order No. 1000-A,* Washington Energy Report, Oct. 12, 2012.
19　PJM が打ち出している Regional Transmission Expansion Plan (RTEP) が著名である。*See* http://www.pjm.com/documents/reports/rtep-documents/2010-rtep.aspx.
20　国際エネルギー機関 (IEA) のマリア・ファン・デル・フーフェン (Maria van der Hoeven) 事務局長は 2013 年 2 月 26 日，発送電の分離やそれに伴う送電網の拡充・整備も含んだ日本の電力システム改革を歓迎する意向を示し，これはガス市場の整備にもつながるとして早期の実現を訴え，パイプラインが全国でつながっていないことが問題だと訴えた。「IEA 事務局長—アジアのガス市場整備を—」『日本経済新聞』2013 年 2 月 27 日朝刊参照。これは 2013 年 2 月 15 日に取りまとめられた総合資源エネルギー調査会総合部会電力システム改革専門委員会の報告書を受けての提言である。
　*See* http://www.meti.go.jp/committee/sougouenergy/sougou/denryoku_system_kaikaku/pdf/report_002_01.pdf.

第10章　公益事業の公正性確保に関する法的考察

## 第4節　FERCによる市場監視機能向上策

### 第1款　FERCの即時的監視システム

　FERCは，天然ガス市場と電力市場に対する即時的監視システムの性能向上のための措置をとった。その意図は，リアルタイム市場のデータをより深く観察し，かつ，即座にシビル・ペナルティーの権限発動をする能力を高めることにある。

　競争抑止的な行為を発見するためにエネルギー市場の不正な価格操作行為を監視する能力を強化することを目的とした近年のFERCの様々な動きは，電力市場のそれと天然ガス市場のそれに同様に及んでいる。特に，FERC職員がリアルタイム市場データの情報を分析する環境を整えることにFERCはこだわった。それまでFERCのこの種のデータ収集方法は，伝統的に市場参加者によって提出される年次報告書によるものが中心だったのである。近年になって，FERCは，市場参加者によるデータは信用力が乏しく，卸売市場は透明性を依然として欠いているとし，市場操作については自らが収集するデータと信頼性の高い外部の第三者が提供するデータを用いて市場参加者の行動を捕捉しようとした。また，FPA（Federal Power Act：連邦電力法）のもとのFERCの規制を受けない者をも利用してデータを得ようとした。ここで市場の透明性を求めるFERCの規制権限の拡大をエネルギー市場における価格操作に着目して論じたい。エネルギー市場改革については，EPAct2005（Energy Policy Act of 2005：2005年エネルギー政策法）における新方針があった[21]。それに基づき，相場操縦に関するFERCの権限は大きく拡大された。一つの違反行為に対して最大100万ドルという高額さで話題となったシビル・ペナルティーについては，既に第9章において言及したところである[22]。そして刑事罰も，罰金が最大100万ドル，懲役刑は最大5年に厳罰化した[23]。また，EPAct2005は，電力市場と同様に天然ガス市場におけるFERCの責任の大きさを市場の透明性確保という観点から明確にしつつ，FERCが競争抑止的行為をより効果的に監視することを可能にした[24]。2005年エネルギー政策法[25]は，「州際通商における，物理的な天然ガス販売・輸送の市場の透明性のみならず小売販売部門と送電部門では価格の透明性を高める」ようFERCに求めている[26]。しかも「それぞれの市場での公正な競争および消費者の保護については，国民からの当然の信任を損なわぬよう注力

---

21　Pub. L. No. 109-58, 119 Stat. 594 (2005).
22　草薙真一「米国におけるエネルギー市場監視に関する一考察―FERCによるエンフォースメントを中心にして―」『商大論集』63巻1・2号107-120頁（2011年）参照。
23　16 U. S. C. § 825o; 15 U. S. C. § 717t.
24　See EPAct 2005 at §§ 316 and 1281.
25　16 U. S. C. § 824t (a)(1).
26　15 U. S. C. § 717t-2 (a)(1).

371

しなければならない」とした[27]。これに伴い，EPAct2005の施行以来，FERCは天然ガス市場参加者と電力市場参加者の調査をも実施してきた。その結果判明したことがある。それは，FERCは，リアルタイムの市場監視のための組織的改善が必要であるということであった[28]。

#### 第2款　EPAct2005に基づくFERCの市場監視

EPAct2005により，FERCの権限は，エネルギー市場に様々な態様で拡大したと言われる。その一つが，市場データから競争抑止的な振舞いを検出するツールの精緻化に及んでいることである。FERCは，できるだけ多くのリアルタイムの市場データの提供を受けるため，様々な行動をとってきた。現在の市場参加者からリアルタイム市場監視に従事するため情報を直接的に受ける部署を設けた事実はそのなかでも特筆される。この部署は，2012年2月16日に，FERCのジョン・ウェリンゴフ（Jon Wellinghoff）委員長が発表した，Division of Analytics and Surveillanceなる部署の創設である。これは現在では「DAS」と通称されている。この部署はFERCの法執行局（Office of Enforcement）のなかに全く新規に創設されたものとして注目された。その設置目的は，ガス市場と電力市場の両方について，そのリアルタイム市場を連続的に監視するとともに，相場に関して得られたデータを解析し，あわせて，関連する金融商品も監視あるいはデータ解析の対象とすることである。監視や解析の結果は公表される[29]。また，DASは，事業者による相場操縦，競争抑止的な振舞い，その他の異常かつ不規則な市場での活動を電子的に検出するツールを開発し，それを実用化する意図を有している。2012年7月に，DASについて，FERCのウェリンゴフ委員長は，設立して間もない組織であるにもかかわらず，相場操縦への「巨大な抑止力」になっていると評価し，その理由を，自己に不適当な振舞いがあった可能性をFERCに報告した会社の数が増加しているからであるとした[30]。この増加傾向について，DASの存在が，非常に大きな成果をもたらした

---

27　16 U. S. C. § 824t (a)(1); 15 U. S. C. § 717t-2 (a)(1).
28　*See, e. g.*, Prohibition of Energy Market Manipulation, Order No. 670, 71 Fed. Reg. 4,244 (Jan. 26, 2006), FERC Stats. & Regs. ¶ 31,202, *reh'g denied,* Order No. 670-A, 114 F. E. R. C. ¶ 61,300 (2006); Investigation of Terms and Conditions of Public Utility Market-Based Rate Authorizations, 114 F. E. R. C. ¶ 61,165, *reh'g denied*, 115 F. E. R. C. ¶ 61,053 (2006); Policy Statement on Enforcement, 113 F. E. R. C. ¶ 61,068 (2005); Revised Policy Statement on Enforcement, 123 F. E. R. C. ¶ 61,156 (2008).
29　*See* Division of Analytics and Surveillance, at http://www.ferc.gov/about/offices/oe/oe-das.asp.
30　Press Release, Platts, Inc., Platts Energy Podium: FERC Chief Says More Companies Self-Report Trader Concerns (July 31, 2012), at http://www.platts.com/PressReleases/2012/073112.

と評価したのである[31]。その背景は以下の通りである。FERCはその職員がアクセス権を持っているデータの質を向上させようとしたと見られている[32]。特に，DAS内外のFERCスタッフが現在開発する強化ツールのなかで，RTOとISOが電子的にFERCに提出することを義務付けられた新FERC規則（電子的監視最終規則）により，RTOやISOは非常に多くのデータを継続的にFERCに提供しなければならなくなった。出力，発電限界費用，資産状況，第三者の相互接続費用（理論値），実際の託送料などである[33]。そのようなデータを必要とする事情について，FERCが以下のように説明している。「FERCの市場監視能力の向上はデータの提供状況の改善に比例するものと認識しており，ひいては市場と共にFERCは発展出来ると考えている」。RTOとISOがそのようなデータを提供することを必須にして，FERCはデータを解析しつつ，競争抑止的な振舞いや効果がないと見られる市場のルールを検出する機能を向上させる[34]結果，FERCが適正かつ合理的な料金設定を確実になすべしとのFPAのもとでの義務を果たそうとするものである[35]。

この規則を制定するまでのFERCは，個々のRTOとISOからデータを特定の目的に従い範囲を絞って求めることができるという形で権限を制限されていた[36]。新規制は，RTOとISOがデータ生成の7日後には原則としてすべてFERCに提供するように義務付ける。この義務は毎日発生する。FERCがRTOとISOの管理負担を最小にするよう努力した結果，この制度が誕生したとするのがFERCの立場である。ただしこれをFERCは段階的に実現してきた。一定のデータについては2012年8月から提供し始めるよう求め，2013年2月に完全実施に至った。データ収集とFERCのそれへの審査は，RTOあるいはISOの市場モニターを補うことを意図したものである。NERC (North American Electric Reliability Corporation, かつてのNorth American Electric Reliability Council：北米電気信頼度協議会) は，FERCに対して，電子タグ（e-Tag）データ（識別情報）に直接アクセスしてはいないため，提供を要求されても応じられないと返答した事はよく知られている。この事実は驚きをもって迎えられた。この返答に対して，FERCはNERCが電子タグ

---

31 *Id.*
32 *Id.*
33 Enhancement of Electricity Market Surveillance and Analysis through Ongoing Electronic Delivery of Data from Regional Transmission Organizations and Independent System Operators, Order No. 760, 77 Fed. Reg. 26,674 (May 7, 2012), FERC Stats. & Regs. ¶ 31,330 at P. 57 (2012) (*hereinafter*, "Electronic Surveillance Final Rule").
34 *Id.* at p. 57.
35 16 U. S. C. § 824d. *See* Market Monitoring Units in Regional Transmission Organizations and Independent System Operators, Policy Statement, 111 F. E. R. C. ¶ 61,267 (2005).
36 Electronic Surveillance Final Rule at p. 10.

データを提出すべきだとしている[37]。そもそも電子タグデータは，卸電力市場関係者によって使用されるものである。NERCは義務的電気信頼度規格を開発し，電子タグデータはその規格に従っている[38]。FERCは，市場における当事者の電子タグを入手する手段を持っていないが，そのような情報の詳細なモニターが，相場操縦を防ぐためには不可欠だと信じているのである[39]。

　FERCは電子タグデータにFERC自らがアクセスできる制度が好ましいともした。また，FERCのスタッフが「必要かつ適切である」と判断して電子的にデータをダウンロードして保存することを許容すべきであるとした[40]。一方，NERCは，電子タグデータに直接のアクセスをしていない以上，FERCはNERCよりむしろ地方信頼度協議会等を通じて電子タグデータにアクセスする方途を求めなければならないとした[41]。FERCはまだこの提案を最終規則にすることができないでいる。FERCは，2012年9月の規則制定行為では，伝統的な紙ベースでの市場参加者からの報告の内容を高度化・精緻化する方向で監視能力の向上を目指すことにした。FPA220条によると，FERCのEQR（Electric Quarterly Report：電力季刊報告書）[42]の提出義務は非公益事業者にまで広く拡大適用されている。FPA220条が改正された2001年当時，提供を要請されているEQRは，申請料金主義というFPAの仕組みにより電気事業者に課せられたものであった[43]。

　市場ベースの料金認可に続いて，四半期に一度，費用ベース，市場ベースの電気

---

37　Availability of E-Tag Information to Commission Staff, Notice of Proposed Rulemaking, 135 F. E. R. C. ¶61,052 (2011) (hereinafter, "E-Tag NOPR").
38　See id. at pp. 2-3.
39　See 18 C. F. R. § 38.2; Standards for Business Practices and Communication Protocols for Public Utilities, Order No. 676, 86 Fed. Reg. 26,199 (May 4, 2006), FERC Stats. & Regs. ¶ 31,216 (2006), reh'g denied, Order No. 676-A, 116 F. E. R. C. ¶61,255 (2006).
40　Id. at n.9.
41　See Availability of E-Tag Information to Commission Staff, Comments of the North American Electric Reliability Corporation in Response to Notice of Proposed Rulemaking at 4-6, filed in Docket No. RM11-12-000 (June 27, 2011).
42　16 U. S. C. § 824t.
43　Revised Public Utility Filing Requirements, Order No. 2001, 67 Fed. Reg. 31,043 (May 8, 2002), FERC Stats. & Regs. ¶ 31,127, reh'g denied, Order No. 2001-A, 100 F. E. R. C. ¶61,074, reh'g denied, Order No. 2001-B, 100 F. E. R. C. ¶61,342, order directing filing, Order No. 2001-C, 101 F. E. R. C. ¶61,314 (2002), order directing filing, Order No. 2001-D, 102 F. E. R. C. ¶61,334, order refining filing requirements, Order No. 2001-E, 105 F. E. R. C. ¶61,352 (2003), order on clarification, Order No. 2001-F, 106 F. E. R. C. ¶61,060 (2004), order revising filing requirements, Order No. 2001-G, 72 Fed. Reg. 56,735 (Oct. 4, 2007), 120 F. E. R. C. ¶61,270, order on reh'g and clarification, Order No. 2001-H, 73 Fed. Reg. 1,876 (Jan. 10, 2008), 121 F. E. R. C. ¶61,289 (2007), order revising filing requirements, Order No. 2001-I, 73 Fed. Reg. 65,526 (Nov. 4, 2008), 125 F. E. R. C. ¶61,103 (2008).

料金の分析を FERC に報告することが，FPA のもとでの被規制者としての公益事業者に課せられることとなったのである[44]。その経緯から見て，この報告義務は，非公益事業者にはない。すなわち，連邦によって所有され，州によって所有され，あるいは地方自治体によって所有されていた事業者は，一般に，FPA によって与えられている FERC の規制権限からは外れている。より具体的には，FPA によって FERC 規則のほとんどの局面から除かれるのは，連邦営事業者や州営事業者や協同組合営事業者などである[45]。これでは FERC が集めたいと考える情報に重要な穴が生じていることになる。たとえば米国北東部には連邦営の有力事業者であるボネビル電力公社（Bonneville Power Administration）が存在すること等を無視することはできない。EPAct2005 は市場の透明性改革の一部を含んでいるため，これらの事業者への権限の拡大を FERC に認めることとした[46]。EQR に関する最終規則は，この権限に関するものである[47]。EQR については，連邦営事業者も，2013年の第3四半期から報告を始めている。また，これに続けて 2008 年に州際通商における，物理的天然ガスの販売ないし輸送についても FERC が定めた他の報告書の提出も行われることとなった[48]。また，EQR に関する最終規則では，FERC は EQR 書類を整理するために必要となる電子タグデータを増加させた[49]。多くの市場参加者は電子タグデータを報告する義務を負った。多くの者から完全な電子タグを収集しかつそのデータへのアクセスを FERC スタッフに提供するよう提案されたこの新規則によると，電力がどのように商取引されるかを理解するための取り組みのなかで，FERC が当事者の取引により広く電子タグデータを関連付けようとしているのは明確である。連邦議会は EPAct2005 に市場の透明性向上の改革の性格を与え，それに資するものとして規制権限の拡大というチャンスを FERC に与えた。2012 年 3 月に発せられた別の規則策定案でも，FERC は，託送取引の分野においても EQR 提出義務を生じさせようとしている[50]。FERC によれば託送サービスは全く同様に報告義務を課されるべきものであるからだと言う[51]。2012 年 10 月 15 日には，FERC はある報告書を発行した[52]。「FERC-922」と呼ばれるものである。こ

---

44 Order No. 2001, *et seq*.
45 *See* 16 U. S. C. § 824 (f).
46 16 U. S. C. § 824t.
47 EQR Final Rule at P. 54.
48 *Id.* at P. 85.
49 EQR Final Rule at P. 3.
50 Revised Public Utility Filing Requirements for Electric Quarterly Reports, Notice of Proposed Rulemaking, 138 F. E. R. C. ¶61,191 (2012).
51 *Id.* at p. 5, *citing* Puget Sound Energy, Inc., 138 F. E. R. C. ¶61,121 at P.13 (2012).
52 Performance Metrics in Regions Outside ISOs and RTOs, Commission Staff Report, issued in Docket No. AD12-8-000 (Oct. 15, 2012) (*hereinafter*, "Performance Metrics Report").

こにおいて，どのような FERC の職員[53]が，事業者から報告を受けるかについて明確に示している。求められる情報は，信頼性，送電計画，取り扱う電力容量，価格を決定付けるデータなどである。FERC の職員は，RTO/ISO 市場と非 RTO/ISO 市場の両方とその後の市場成果を評価するためと，共通の業績指標を開発するためにこの情報を使用すると述べた[54]。FERC の職員がそのような情報を求める対象は，多くの非公益事業者に及び，これらの者においては自発的かつ協力的に報告するよう要求した[55]。なお，規制当局がエネルギー取引市場をより深く理解することが，市場参加者の利益につながるとも説明している[56]。

### 第 3 款　FERC の目標

　FERC のジョン・ウェリンゴフ委員長が，問題の多い振舞いをする市場参加者が自発的に FERC に報告書を上げるようになったと発言したのは 2012 年 7 月のことであったが，実際には，市場参加者からは行政の圧力により管理負担を増加することになったとして苦情を述べられるようになっている[57]。

　バラク・オバマ（Barack Hussein Obama Ⅱ）大統領が 2011 年 1 月 18 日に連邦行政機関に命じた，可及的速やかに規制当局としての行政負担を軽減させるという大統領命令[58]に照らすと，FERC の活動は当然であると言えるかもしれない[59]。しかし FERC の目的はそれにとどまるものではなかった。FERC は，市場監視活動を減少させつつ[60]，市場参加者の懸念を杞憂に終わらせるとした。そして新しい市場監視の手法として，FERC は，シビル・ペナルティーの活用を徹底することにした。

　ここにその例がある。これまで FERC は，自らに市場操作にかかわる事実と異なる情報を提出した事業者に対して，6 ヶ月間などと期間を区切って，事実上市場参加を禁止する対応を取ってきた[61]。ところが，FERC は 2012 年 9 月及び 10 月には，相場操縦に従事していた事実が摘発された際，それぞれ 4 億 3,500 万ドルと 150 万ドルのシビル・ペナルティーを命じるように方針を切り替えている[62]。この金額の

---

53　*See* Commission Information Collection Activities (FERC-922); Comment Request, issued in Docket No. AD12-8-000 (Oct. 15, 2012).
54　Performance Metrics Report at 34-35.
55　*Id.* at 8.
56　*Id.*
57　*See, e. g.,* EQR Final Rule at pp. 77-81.
58　Executive Order 13563, 76 Fed. Reg. 3821 (Jan. 21, 2011); Executive Order 13579, 76 Fed. Reg. 41,587 (July 14, 2011).
59　*See* Retrospective Analysis of Existing Rules, Docket No. AD12-6-000.
60　*See, e. g.,* E-Tag NOPR at P. 10; Electronic Surveillance Final Rule at pp. 16, 24-26.
61　J. P. Morgan Ventures Energy Corp., 141 F. E. R. C. ¶61,131 (2012).
62　Barclays Bank PLC, Daniel Brin, Scott Connelly, Karen Levine, and Ryan Smith,

違いは，相場操縦を自己申告しなかった事業者に高額なシビル・ペナルティーを科すことにより自発的な報告を奨励する趣旨である。すなわち，FERC のシビル・ペナルティーガイドラインは，FERC の調査に事業者が協力をし，また自発的に FERC が把握していない事実を報告した場合には，明示的にシビル・ペナルティーの金額を低下させることにしている。金額の違いは，これによるものである[63]。

FERC の思惑は，今後，事業者は自分自身への利益を求めてより頻繁に自発的報告をし，一方 FERC は情報を蓄積して非効率な市場のルールや取引の構造上の問題を積極的に特定できるようになり，その状況を受けて事業者もさらに積極的に FERC にアプローチすることが期待されるということである。現在の FERC の興味は，競争抑止的な振舞いを監視することに注がれているように見えるが，実は市場監視そのものの他にある[64]。FERC には，市場操作のモニタリングに対して従事すべき独立を保障された監視者を置かずして，電子データなどについて FERC が以前に持っていた内容よりもはるかに詳細なレベルの情報を集めることができることになる。これらのデータはリアルタイムベースで洗練された市場分析手法によって分析される。DAS（デジタルアクセスサービス）という新手法の存在に加え，このような FERC の新手法も，事業者の意識に徐々に浸透しつつある。これこそ現在の FERC が求めていることであると言えよう。

## 本章の小括

我が国経済産業省資源エネルギー庁は，2011 年 3 月 11 日の東日本大震災からの復興に向けて，経済産業大臣の諮問機関である総合資源エネルギー調査会のなかに天然ガスシフト基盤整備専門委員会を設け，2012 年 6 月に，国内で天然ガスのパイプライン（導管網）の整備を促しつつ天然ガスの広域パイプラインを民間事業者の負担で整備すべきとする「天然ガスシフト基盤整備専門委員会報告書（素案）」を作成した[65]。そこでは，パイプラインの敷設ルートを定めた整備基本方針を国がまとめ，天然ガスのインフラ整備の旗振り役を務めることが示されている。但し，液化天然ガス（LNG）調達費の削減などで，国の財政負担がなくても，約 30 年でコストをほぼ回収できるため，国の関与は「（土地利用など）規制緩和による整備コスト低減を目指すことが妥当」であり，財政支援は一部にとどめるべきだとした。

---

141 F. E. R. C. ¶61,084 (2012); Deutsche Bank Energy Trading, LLC, 140 F. E. R. C., ¶61,178 (2012).
63　*See* Enforcement of Statutes, Orders, Rules, and Regulations, Revised Policy Statement on Penalty Guidelines, 132 F. E. R. C. ¶61,216 at pp. 140-141 (2010).
64　*See, e. g.,* Electronic Surveillance Final Rule at pp. 17-18.
65　『天然ガスシフト基盤整備専門委員会報告書（素案）』につき，*See* http://www.meti.go.jp/committee/sougouenergy/sougou/kiban_seibi/pdf/005_04_00.pdf.

同報告書はさらに，大都市にLNG基地が一極集中している現状では，災害時に「供給制約が生じるリスクがある」と指摘している。ガス導管網を整備すれば，都市ガス・電力会社のLNG共同調達を通じて，都市ガス料金や電気料金が下がる可能性があることへの期待も示した。また都市ガスの小売り全面自由化を視野に制度の見直しが必要とする指摘を盛り込んだ。都市ガスは企業などの大口需要家向けは自由化されている半面，家庭用は自由化されていない。自由化されていない領域においては，都市ガス料金の値上げ申請に際しては人件費や燃料費などのコストに利潤を加えて決める「総括原価方式」による認可制が採用されているが，この規制を緩和することで，都市ガス事業の新規参入が増え，価格が下がる効果を期待し，都市ガスを利用する企業や家計の利益が増える見通しがあるとした。同報告書により，我が国の都市ガス事業は従来に増して大幅な制度改革が求められる可能性が増したと言えよう[66]。

　同報告書には多様な論点が含まれているが，注目されるべきは，総括原価方式の限界を示していることと，ガスパイプラインの整備について，国に敷設するルートやパイプの規格を定めた基本方針をまとめるよう求めつつ財政負担は極小化が指向されていることである。確かに，公正報酬率規制の運用は正当にも厳格化されつつある。また，費用は「受益者負担（Beneficiary Pays：受益者が支払う）」の観点から考えることが妥当である。しかし，建設費を試算すると，横浜─北九州間で約2兆円に及ぶとされる。これについて同報告書は，民間主体で整備が進まない場合は，政府の指示で整備を促すなど「専門委が抜本的な施策の見直しを検討する」とした。これは民間活力を規制者によって引き出そうとするものであるが，国が率先してコスト負担をすることはないとの宣言にも読め，民間企業を置き去りにする国策ではないかとして一般ガス事業者の懸念を呼んでいる[67]。

　ガスパイプラインの整備をはじめとするエネルギー政策は国策である。ロシアを例にとれば，ウラジミール・プーチン（Vladimir Vladimirovich Putin）大統領は，2012年12月27日，東シベリア・サハ共和国[68]から極東ウラジオストクまでを結ぶガスパイプラインについて「シベリアの力」と名付けると発表した。これはモスクワで行われた閣僚や地方知事らで構成される国家評議会で述べたものである[69]。サハ共和国のチャヤンダ（Chayanda）ガス田を起点とするパイプラインは長さ約

---

66　草薙真一「米国における初期の送電線開放政策に関する一考察─ガスパイプライン政策との比較を中心にして─」『商大論集』51巻5号821-834頁（2000年）参照。
67　『天然ガスシフト基盤整備専門委員会報告書』8-24頁の「Ⅴ広域天然ガスパイプラインネットワーク整備に向けた措置」を参照のこと。
68　旧称ヤクート・ソビエト社会主義自治共和国（1922年から1990年），ヤクート・サハ共和国（1990年から1992年）。面積は310万3,200平方kmで，ロシアのヨーロッパ・ロシアを除いた地域（すなわちアジア・ロシア）の半分を占め，連邦管区では極東連邦管区の範囲になる。
69　『日本経済新聞』2012年12月28日朝刊参照。

第10章　公益事業の公正性確保に関する法的考察

3,200km で，今後建設が始まり，2017 年末までに建設完了の予定である。このガスは将来的にウラジオストク郊外で液化天然ガスに加工された上で日本に輸出される可能性が国家戦略として示唆されており，名称も国家が命名することになった。このように，エネルギー政策は政治的色彩を帯びやすい。

　送電網の増設も同様である。新電力が送電網にアクセスする際のコスト負担をどのように設計するかが，規制当局がリードする制度活用の正当化には必然となる。さらに，送電線への公平な負担のあり方の「ルール」としての確立は，ガスパイプラインのそれと軌を一にする[70]。公益事業者が，それぞれの需要家からのニーズに長期的に応答できるよう資本集約的にそのインフラを整備するための活動には，公益事業に関する国家及び諸法により規定された制度的枠組みが大きな影響を与える。人々の生活の基盤となるインフラの整備は，法治行政の原則に基づいた，公的規制における公正性の確保という価値に立脚する。規制当局が何らかの振る舞いを見せる以上，国益を追求しつつ，また消費者の利益を保護しつつ，その価値をいかに実現するかという観点からそれを評価することが，法治行政の原則にかなう[71]。

　米国では，最近省エネルギー住宅の開発や最新のビルエネルギーマネジメントシステム（BEMS），エイジフリーの福利厚生施設などの導入に加え，ソフト面での進化も見られる。これに伴う高度な送電線建設・維持・管理の費用配分が話題になり，異なった地域では異なった送電線建設・維持・管理の費用割当を採用しているし，LMP（Locational Marginal Pricing：地点別限界価格）を用いて異なった送電線には異なる費用配分のアプローチをすることが可能になっている。我が国でも，たとえば洋上風力発電に係る送電網コスト配分問題，風力・太陽光バックアップ電源の費用負担の問題等が今後の議論の対象になりうるのであるから，このような話題は決して米国にとどまるものではない。我が国も大いに参考にすべき内容である。日米を問わず，法律に基づく公的規制は，公共政策の目標を達成する手段である。

---

[70] 「ガス小売り全面自由化—電力と歩調—家庭向け，16年めど」との見出しを付けた『読売新聞』2013年9月2日夕刊一面によれば，新規参入を促すためにLNG基地やパイプラインを公平に扱えるような環境整備が必要だと言う。
[71] 小早川光郎『行政法　上』79頁（弘文堂，1999年）参照。

## 第Ⅲ部の結語

　第Ⅲ部では，エネルギー規制の様々な局面における規制当局同士の権限衝突の具体的な問題を扱った。連邦制を有しない我が国の研究者を悩ませる問題の一つとして，連邦と州の対立の構図を有する規制当局の衝突問題がある。連邦の規制当局同士での衝突であっても，各々が有する州や地方政府との関連を理解してこそ，その権限の配分の状態が理解されることは疑うべくもない。また，貿易や州際通商の問題を扱うときには州や地方政府は埒外にあると見られがちであるが，そうではなく，それらも統合的に連邦規制により得られる便益を認識するよう求められていることが理解される。それぞれの規制当局はいずれも強力な権力機構に他ならないが，それらが互いに他者を顧み合うという状態こそが相応しいと米国では考えられている[1]。規制改革には，新権限の発生や権限の消滅を含めた規制権限の変容，あるいは規制権限の移譲がつきものである。米国に特徴的な法化社会の利点は，エネルギー法の領域において典型的に見出すことができる。米国においては，エネルギー規制における規制当局どうしの権限衝突の状況が争訟として公的に明らかになることこそ，エネルギー法学の発展の源泉であったとすら言えよう。

---

1　Pennsylvania v. West Virginia, 262 U. S. 553, 599 (1923) (*citing* West v. Kan. Nat. Gas Co., 221 U. S. 229, 255 (1911)).

# 結章

　著者は本書を上梓するにあたり，数ある法領域のなかでも，エネルギー法領域の特色は，エネルギー産業への経済政策と環境政策が，それぞれの法制度のもとであたかも車の両輪のように機能し，それぞれの価値を十分に発揮できるよう設計されるべき法領域であるということを主張したい。そしてグローバル化の時代を迎えて，この法領域は，少なくとも日米における経済規制と環境規制について，国家を超えた「普遍性」を非常に明確に見出すことができることをその大きな特色として挙げておきたい。

　本書は全3部により構成されている。最後に，各部のエッセンスを振り返りたい。
　第I部では，PURPA（Public Utilities Regulatory Policies Act：連邦公益事業規制政策法）を扱った。PURPAは，カーター政権時代の1978年に制定された。このうちPURPAは，（1973年の石油危機を教訓として）210条において，再生可能エネルギー等を利用した小規模発電設備や熱電併給（コージェネレーション）設備の保護，育成を目指す方法として，いわゆる「QF（Qualifying Facility：適格認定設備）」なる概念を導入し，小規模発電業者や，コージェネレーション業者の有する設備のうち，FERC（Fecleral Energy Regulatory Commission：連邦エネルギー規制委員会）が適格と認めるものをその対象とすることを定めた。同条は再生可能エネルギー等を利用した小規模発電設備に加え，一種類の一次エネルギーから二種類の二次エネルギー，つまり電気と熱（蒸気）を発生させるコージェネレーション設備の保護，育成を目指すPURPAの最重要規定である。これを受けて，PURPA施行規則のなかでFERCは同条に関する委員会の解釈として，電気事業者に対して自らの「回避原価（avoided cost）」において卸売電気の買い取りを義務付け，このような小規模発電設備，コージェネレーション設備をQFとして保護，育成することにした。よって，各電気事業者にはそれぞれの回避原価でこれらQFからの卸売電気を買い取るための長期（long term）にわたる契約の締結が義務付けられることとなり，電気事業者は回避原価を買取価格としてQFからの卸売電気を事実上長期にわたり購入しなければならなくなった。ここでの回避原価とは，「電気事業者が自ら発電するか他の電源から購入する場合にかかる費用」のことを指すが，FERCは自らの規則制定においてPURPAの定める「電気事業者の代わりの電気エネルギーへの増分費用（incremental cost）」をこれと同一のものと解釈したものである。しかし，PURPA制定後の米国内では，やがて電力供給のだぶつきが見られ

るようになり，FERC はこれに対応すべく 1980 年代半ばに従来の政策を変更した。すなわち，PURPA210 条の解釈として電気事業者に回避原価を超える料金で QF から電気を購入させるという州レベルの規制当局の裁量的料金設定権を一切奪い，FERC が求めるよりも高額な QF からの電気の買い取りを電気事業者に課すことを防ぐことにしたのである。その後，司法判断によってもこの政策変更が適法と認められている。この司法判断を見ても，FERC の政策は，時代の推移と共に変遷していることが容易にうかがわれる。

1978 年の PURPA 制定当時の FERC に，PURPA210 条の政策は，石油危機時の電力不足の問題を解決しながら，しかも化石燃料の利用に起因する環境破壊の問題の解決に役立てられる発電設備を保護，育成するものと信じられていた。マサチューセッツ工科大学（Massachusetts Institute of Technology：MIT）の経済学者ポール・ジョスコウ（Paul Joskow）教授による初期の電気料金に関する計算理論は，多くの者に電気事業の回避原価が容易に計算することができるかのような印象を与えたようである。しかしカリフォルニア州公益事業委員長（当時）のジョン・ブライソン（John E. Bryson）氏によれば，そもそも回避原価の計算は燃料価格，燃料調達契約期間，季節その他の条件に左右されるもので，その変動幅は小さくないとされている。そこでカリフォルニア州をはじめとする多くの州の規制当局は回避原価の計算を高額の報酬で雇ったアドバイザーに依存した。しかしこれを機に，カリフォルニア州も電気の入札制度の本格的導入に移行することになる。

さて，PURPA の功罪を現段階においてどのように位置付けるべきであろうか。この法律によってもたらされた法制度は，電気事業者ではない者が電気を電気事業者に販売することを法律的に保障するという，当時としては極めてユニークなものであったと言える。この制度がもたらした QF によるエネルギーは，当時の最先端技術を利用したものもあった。この法律により再生可能エネルギーは積極的に利用される段階に入り，1978 年からしばらくの間（水力発電を除いた）再生可能エネルギー発電規模は 1 万 2,000MW 程度を誇った。これは，1970 年の段階では国家全体でみて 1,400MW しか数えられていなかったことを考慮に入れると，大きな進歩であった。しかもそれ以降の電力自由化はさらに急速に進展する。全米レベルで見る非電気事業者の電力供給シェアは，1995 年に 8.1％を占め，1979 年の値からは 2.9％上昇している。電力供給量で比較すれば，1979 年には 6,034GWh だったが 1995 年には 22 万 4,398GWh にまで上昇している。また，他の制度設計にも好影響を与えた。1996 年以降，FERC が送電線の開放及び回収不能投資費用（stranded cost）に関する規則や送電線の情報公開及びその運用の基準に関する規則を定め，すべての市場参加者が同じ条件で公平に送電線を利用することが認められるようになった。そして ISO（Independent System Operator：独立系統運用者）が全米各地に設立されるようになった。1999 年に FERC が制定した規則では，送電網を所有・管理す

るすべての電気事業者に対し，市場参加者から独立したRTO（Regional Transmission Organization：地域送電機関）の自発的な設立が求められた。従来，州レベルでは厳格な電気の小売規制がなされてきたが，全米のほぼ半数の州で，家庭用需要家を含めた小売自由化が決定ないし実施されることになった。このような変化のまさに呼び水となったのがPURPAだったと言える。他方で，問題も生じた。コージェネレーション及び再生可能エネルギーを普及させ，米国エネルギー供給システムを大きく変えることの代償も小さくはなかった。強制的な買取価格が高額なものになったことを利用して，新規参入者の一部は低品質の燃料から発電し，大きな儲けを得ようとした。その結果，多くの発電機がPURPAマシンと揶揄されるようになり，いわゆるクリームスキミング（良いところ取り）をしていると批判された。実際に，割高での電気購入を義務付けられた電気事業者の財務状況がこれにより大きく圧迫されるという負の側面があったことも事実なのであった。政策目標を達成するための新制度がもたらしうる負の側面を事前に想定し，それに対応できる緻密な制度を設計しておくことがいかに重要であるかを我々に知らせてくれる好例として，PURPAを位置付けることもできよう。

　第Ⅱ部では，世界的に求められる低炭素社会実現のために対応可能と考えられる解の有力な例を示すことができたと言えよう。米国のバラク・オバマ大統領は，2009年1月20日の大統領就任演説において，太陽光，風力などのエネルギーの本格利用に言及した。そこで述べられた内容から明らかなように，環境技術の進展が，産業界を刺激し，経済発展にも資すると同大統領は確信している。しかし現実には，米国において再生可能エネルギー利用の現状は欧州のそれから大きく後れを取ってしまっている。この後れを他の領域の優位性で挽回するため，まずはエネルギー利用効率の向上が目指されなければならないことは当然のこととして，CCS（Carbon Capture and Storage：二酸化炭素貯留隔離）政策が，米国においても有力なシナリオになると見てよいであろう。米国が世界に向けて最も懸念を表明してきたのは，再生可能エネルギーが不安定な電源であり，そのままではエネルギーセキュリティーの信頼性に欠けるということであった。CCSについては，米国は枯渇したガス田等を数多く利用してこれを実施することが可能であるため，この分野では圧倒的な優位性を誇っており，引き続きその動向が注目される。再生可能エネルギー促進策には，税控除，投資補助，さらには一般消費者参加型の支援プログラムである電力基金プログラムなどもある。これらはいずれも細やかさが要求される施策ではあるが，米国には電気の固定価格買取制度やRPS（リニューアブルポートフォリオスタンダード）もあって，これらの諸施策をも細やかに織り交ぜながら，低炭素社会の実現という大きな目標を達成していくことが求められている。

　もちろん，我が国にも例はある。たとえば，東京都など自治体を中心に「グリーン熱証書」の普及に向けての動きが生じている。また我が国は既に，RPS法がも

結　章

たらした太陽光や風力など自然エネルギーを利用した発電により生み出される電力の環境価値を証書化した「グリーン電力証書」を経験している。これは実際に，第三者機関により検証され自主的なカーボン・オフセットなどで活用する仕組みにおいて普及した。これと同じ仕組みを，自然エネルギーの熱としての活用に応用したのが「グリーン熱証書」である。但し，「グリーン熱証書」を発行するには，バイオガスの発生を大量に行わせる安価な技術がないことや，各家庭に熱量計を設置する必要があることなど，主としてコスト負担のために大きな困難が伴っているのが実態である。しかし，国レベルでのグリーン熱証書の制度化をあきらめるべきではない。また，我が国政府は2010年3月12日，地球温暖化対策基本法案を閣議決定した経験を持つ。その内容は，国内排出量取引制度の創設，地球温暖化対策税の導入，一次エネルギーに占める太陽光・風力などの割合の2020年までの10％への拡大などである。産業や社会の低炭素化に向け一歩前進したように見えた。しかし，経済団体や環境団体は，この法案づくりの過程が不透明であったと非難した。日本経済団体連合会は排出量取引制度の導入自体に反対し，多くの環境団体も総量規制方式と原単位方式を併存させる排出量取引制度の提示に失望感すら表明し，当然に総量規制方式でなければならないと主張した。そして，現在も我が国は地球温暖化対策基本法を得ることができていない（なお，「温対法」と略称されることが多い「地球温暖化対策の推進に関する法律」（1998年10月9日法律第117号）は，基本法たる位置付けを与えられていない環境省所管の法律である）。

　今後我が国政府は，国をあげて，さらには国を超えて人類の叡智を結集し，温室効果ガスの削減を目指さなければならなくなっている。そのようにして，我が国は様々な領域において低炭素社会に適切に対応していくことが必要である。温暖化防止の面から期待されてきた原子力発電は，2011年3月の福島第一原子力発電所の事故により，従前通りの役割を期待しがたくなった。このため，代替電源として，化石燃料による火力発電の比重が大になっている現状がある。そのような制約がありながらも，我が国は，低炭素社会に向けての今後の政策のあり方として，省エネ推進，非化石エネの導入推進をはじめ，化石エネルギーの有効利用，資源外交や国際協力，電気・ガス事業制度の改革，そしてCCSを含めた革新的技術開発の推進などが重要になるとしてきた。本来，エネルギー法制はいかなる国にとってもその国家の基盤を形成する法制である。我が国も例外ではなく，エネルギー法制が脆弱では国家の将来を暗くしかねないことになる。この問題は，我が国においては，再生可能エネルギーの利用やエネルギー供給構造の高度化などに影響を与えることとなろう。また，我が国には米国エネルギー法から学ぶべき内容は多いが，環境への対応については我が国が優位性を持っている事実があり，我が国は米国など他国に影響力を与える存在になりうる。

　第Ⅲ部では，エネルギー規制の様々な局面における規制当局同士の権限衝突の具

体的な問題を扱った。連邦制を有しない我が国の研究者を悩ませる問題の一つとして，連邦と州の対立の構図を有する規制当局間の衝突問題がある。ブランダイス（Brandeis）連邦最高裁判事は，第Ⅲ部第10章の冒頭で紹介したように，牧歌的かつ人間的な言葉を残すことで親しまれた人物であるが，その一方で，社会的・経済的実験を試みる個別の州の政策議題を連邦が反故にしないようにと，鋭い言葉で幾度となく警告した人物でもあった。彼は次のように語っている。「州民が望みさえすれば州が単独で実験を試みることができるというのは，連邦制の幸運な側面である。目新しい社会的経済的実験を他州はリスクを負うことなく見守ることができるからである。」そして，彼の言葉は次のように続き，彼の裁判官としての優れたバランス感覚が表現されている。「州民の財産や安全を守る立場にある州は，他のいかなる組織よりも州民を保護する責務を負っている。州民のために役立つことを推進するための政策策定をなすとしても，実験遂行があまりに重視されると，州民への対応がおざなりになる危険をおかすことになる。そのことについては全ての関係機関が最大の配慮をなすべきである。」このテーゼは，他のディメンジョンにも拡大することが許されよう。すなわち，連邦の規制当局同士での衝突であっても，各々が有する州や地方政府との関連を理解してこそ，その権限の配分の状態が理解される。また，貿易や州際通商の問題を扱う時には州や地方政府は埒外にあると見られがちであるが，そうではなく，それらも統合的に連邦規制により得られる便益を認識するよう求められていることが理解されるのである。それぞれの規制当局はいずれも強力な権力機構に他ならないが，それらが互いに他者を顧み合うという状態は，それぞれに相応しい状態と言える。我が国でも，原子力発電所の再稼働に向けて，地元の地方公共団体との合意形成が従来以上に問題化しつつあることからすると，米国における連邦制のもとでの州や地方との調整問題は大いに参考になると思われる。

　以上，本書各部のエッセンスを振り返ってみた。規制改革には，新権限の発生や権限の消滅を含めた規制権限の変容，あるいは規制権限の移譲がつきものであり，米国のエネルギー規制における規制当局同士の権限衝突が公的に明らかになる傾向を有するという独自の事情は，同国においてエネルギー法が発展することに大いに資するものであったと言えよう。米国エネルギー法を深く追求することは，個別具体的判断を積み重ねる規制当局の政策のあり方を丁寧に読み解くことを抜きにしては語れない。米国エネルギー法理論をぼんやりと眺めてみたところで，我が国に当てはめる事の可能な理論を容易に見出しうるものではないが，我が国で現在考えられているエネルギーシステム改革が進展すれば，エネルギー産業における規制当局をも巻き込んだ法化社会の側面における進化とも相まって，米国エネルギー法を深く追求することの恩恵を我が国も享受できるようになるであろう。我が国が今後の更なるグローバル化に対応するためには，むしろそれは必然であると言わねばならない。

# 初出一覧

## 第Ⅰ部　米国連邦公益事業規制政策法の功罪

第1章「米国連邦公益事業規制政策法における規制黎明期」『法学新報』112巻11・12号177-197頁（1996年）

第2章「米国における適格認定設備からの電力会社の購入電気料金―ニューヨーク州公益事業法6セント条項の終焉―」『法学政治学論究』19号283-316頁（1993年）

第3章「米国連邦公益事業規制政策法第210条問題に関する一考察―SCE社事件連邦エネルギー規制委員会決定の検討を中心として―」『商大論集』51巻1号119-136頁（1999年）

第4章「米国における電気事業の環境規制に関する一考察―連邦公益事業規制政策法第210条の執行問題を中心として―」『神戸商科大学創立70周年記念論文集』137-154頁（2000年）

第5章「米国連邦公益事業規制政策法に関する一考察―FERCによる適格認定設備規制のウェイバーを中心として―」『商大論集』48巻1号89-118頁（1996年）

第6章「米国連邦公益事業規制政策法成立の影響」『商大論集』57巻3号553-563頁（2006年）

## 第Ⅱ部　エネルギー環境政策

第1章「米国におけるRPS政策の展開」『国際公共経済研究』20号6-17頁（2009年）

第2章「二酸化炭素の貯留隔離技術政策にみる日・米・欧の新展開」『神戸商科大学創立80周年記念論文集』189-212頁（2010年）

補論「低炭素社会を目指した法制度」木船久雄・西村陽・野村宗訓編著『低炭素社会のビジョンと課題―エネルギー・環境・ネットワークの結節点を探る―』1-21頁（晃洋書房，2010年）（第1節）、「都市ガス事業の環境対策と安全性確保」竹中康治編著『都市ガス産業の総合分析』229-252頁（NTT出版，2009年）（第2節）、「日欧における熱供給事業の新展開」『商大論集』62巻1・2号63-90頁（2010年）（第3節）

初出一覧

## 第Ⅲ部　エネルギー規制機関の権限配分

第1章「米国における初期の送電線開放政策に関する一考察―ガスパイプライン政策との比較を中心として―」『商大論集』51巻5号449-462頁（2000年）

第2章「米国における電力信頼度確保政策―送電網増強政策をめぐる関係機関の相克―」『商大論集』59巻1号1-12頁（2007年）

第3章「米国における電力産業の再構築と競争導入政策―反トラスト法規制に焦点を当てて―」『商大論集』51巻2・3・4号23-36頁（1999年）

第4章「米国卸売電気料金認可における連邦と州の衝突問題―パイク・カウンティ・ドクトリン成立の条件―」『法学政治学論究』24号121-154頁（1995年）

第5章「米国におけるLNG輸入基地の立地規制に関する一考察―規制権限をめぐる連邦と州の衝突問題―」『慶應義塾創立150年記念法学部論文集　慶應の法律学　公法Ⅱ』143-179頁（2009年）

第6章「米国におけるLNG輸入基地規制をめぐる連邦法の適用理論に関する一考察―連邦天然ガス法3条及び7条を中心として―」『法学研究』81巻12号107-140頁（2008年）

第7章「米国における水力発電規制に関する一考察―ダム規制を中心として―」『西原道雄先生古稀記念論文集』下巻649-686頁（信山社，2003年）

第8章「米国連邦証券取引委員会の規則制定行為と登録公益事業持株会社―ルール58にみる連邦公益事業持株会社法適用除外条項の新解釈―」『商大論集』51巻1号105-118頁（1999年）

第9章「米国におけるエネルギー市場監視に関する一考察―FERCによるエンフォースメントを中心にして―」『商大論集』63巻1・2号107-120頁（2011年）

第10章「米国における公益事業の公正性確保に関する法的考察」『商大論集』65巻2号31-58頁（2013年）

（全ての文献につき，大幅に加筆・修正を施した）

# あとがき

　この論文は，4半世紀にわたる長期の研究の成果であるが，この間に，多くの先生方との出会いがあった。

　石井晴夫先生（東洋大学）をリーダーとする公益事業学会ガス制度研究会は，発足からずっと事務局長を務めさせていただいている。伊藤成康先生（武蔵大学），筑紫圭一先生（上智大学），手塚広一郎先生（日本大学），中野剛治先生（東洋大学），橋本悟先生（帝京大学），細田孝一先生（神奈川大学），井手秀樹先生（慶應義塾大学），古城誠先生（上智大学），橘川武郎先生（東京理科大学），山内弘隆先生（一橋大学），馬奈木俊介先生（九州大学）など多くの先生方と研究会を進めてこられたことは得がたい経験であった。電力の研究会も盛んである。西村陽先生（大阪大学）や桑原鉄也先生（学習院大学）や南部鶴彦先生（学習院大学）からいろいろとご教示をいただいた。

　野村宗訓先生（関西学院大学）には，私が神戸商科大学商経学部助手として職を得たころから大変お世話になった。野村先生が主宰されているΩN研究会は，ギリシア文字を使っており日本の研究会では珍しいかもしれないが，私が命名させていただいた。野村先生と楠田昭二先生（早稲田大学）と私の三人で，ベトナムでの電気事業法関係の法整備支援のために活動した経験は忘れ難い。

　公益事業学会関西部会では，水谷文俊先生（神戸大学）が部会長の時から事務局長をさせていただき，野村宗訓先生が部会長一年目の時にも私が事務局長として参加させていただいた。関西部会にて柳川隆先生（神戸大学），中野牧子先生（名古屋大学），池田千鶴先生（神戸大学）などによるレベルの高い講演会をアレンジできたのは，本当に有意義だったと思う。若手研究会も盛んであり大変好ましいと思う。佐々木弘先生（神戸大学）や衣笠達夫先生（関西国際大学）から受け継いでいる伝統をしっかり継承していくことが重要と考える，

　さらに，電力中央研究所の矢島正之先生には大変大きな学恩がある。同じく電力中央研究所の研究員でいらっしゃる，丸山真弘先生，佐藤佳邦先生，服部徹先生，筒井美樹先生，後藤久典先生，そして穴山悌三先生（中央大学），根本二郎先生（名古屋大学），後藤美香先生（東京工業大学），林秀弥先生（名古屋大学），鳥居昭夫先生（中央大学），宮内肇先生（熊本大学）などから多くの情報や研究への示唆を得た。記して御礼申し上げたい。

　東京でのガス事業研究会でも大変多くの方々にお世話になった。馬奈木俊介先生（九州大学）は大変色々なことを面白くご教示くださった。土門晃二先生（早稲田

## あとがき

大学）の議論も大変勉強になった。この研究会の座長を終えてから学部長職についたことも重なって，なかなか顔を見せられないが，ガス事業研究会は手塚広一郎先生（日本大学）のリーダーシップでますます活発になっているようである。この研究会では，竹中康治先生（日本大学），浅井澄子先生（明治大学），伊藤成康先生（武蔵大学），乾友彦先生（学習院大学），太田和博先生（専修大学），松川勇先生（武蔵大学），土佐和生先生（甲南大学）など多くの先生方から，産業組織論や環境経済学など様々なことを勉強させていただいた。メンバーである赤尾健一先生（早稲田大学）からのつてで，鷲津明由先生（早稲田大学）らの研究会にも入れていただき黒川哲志先生（早稲田大学）らと研究を深めることができた。

一方，大阪での「規制と競争研究会」では，水野敬三先生（関西学院大学）を座長とするすばらしい論客の先生方に，いろいろとご教示いただいている。エネルギー法とのつながりという意味で，行政法（あるいは環境法，そして経済法）の分野から，島村健先生（神戸大学）や松本充郎先生（大阪大学）らとここでお目にかかり，重要な知見をご教示いただいた。厚く御礼申し上げる。

また，当然のことながら，兵庫県立大学・神戸商科大学の多くのスタッフに，退職された先生を含め，大変世話になった。環境学に造詣の深い森家章雄先生と開発経済学の牧野松代先生の存在は大きいと思う。記して御礼申し上げる。

日本エネルギー法研究所で，舟田正之先生（立教大学），土田和博先生（早稲田大学），安念潤司先生（中央大学），東條吉純先生（立教大学），柴田潤子先生（香川大学），若林亜理砂先生（駒澤大学），武田邦宣先生（大阪大学），前田陽一先生（立教大学），高島忠義先生（愛知県立大学），北村喜宣先生（上智大学），下村英嗣先生（広島修道大学），勢一智子先生（西南学院大学），大塚直先生（早稲田大学）から，博士論文について貴重なコメントをいただいた。記して厚く御礼申し上げる。

兵庫県立大学の齋藤修名誉教授にも大変お世話になった。齋藤先生は，兵庫県立大学の前身の神戸商科大学時代から私法総論や損害賠償法を教授してこられた。また，神戸商科大学名誉教授の正亀慶介先生に商大論集の査読論文を審査いただいた際，掲載が許されたのちに先生がご連絡くださり，様々なアドバイスをしてくださったことは思い出深い。法学分野の岩瀬真央美先生や濱田洋先生らの活躍により，兵庫県立大学経済学研究科地域公共政策専攻も随分と活気があり，これからもそのようになることを願う。

兵庫県立大学経済学部長として，FDに様々な著名な先生をお招きした。安部誠治先生（関西大学），猪木武徳先生（大阪大学／国際日本文化研究センター），橘木俊詔先生（京都大学／同志社大学），酒井泰弘先生（筑波大学／滋賀大学）には有意義なお話をいただいた。お招きできたことについて，スタッフを代表して深甚なる御礼を申し上げたい。

藤原淳一郎先生の多くのゼミ出身者からのご恩は大きい。お名前をとても書きき

## あとがき

れないが，お一人おひとりに御礼申し上げたい。特に，青木淳一先生（慶應義塾大学）は，エネルギー法研究に深甚なる理解を示していただき，様々なアドバイスをしてくださった。心から感謝申し上げる。

筆者のエネルギー法研究は道半ばである。さらにこの道の奥深くに分け入っていくにあたり，慶應義塾大学法学部法律学科の学部から大学院（慶應義塾大学大学院法学研究科公法学専攻）の前期博士課程・後期博士課程まで薫陶を受け，今なお，学問から人生論に至るまで様々にご教示を賜っている慶應義塾大学の先生方，とりわけ，指導教授であり博士論文審査では名誉教授のお立場で副査を務めてくださった藤原淳一郎先生と，主査として博士論文を審査してくださった慶應義塾大学法学部教授田村次朗先生，そして藤原先生とともに副査を務めてくださった慶應義塾大学大学院法務研究科教授橋本博之先生に深甚なる感謝の思いを捧げたい。そしてとりわけ，今もなおご指導・ご鞭撻を賜っていることへの藤原先生への感謝を胸に，さらに研鑽を積んで参りたい。

本書の出版に当たっては，白桃書房・平千枝子さんに大変にお世話になった。記して御礼申し上げる。また，著者が勤務する兵庫県立大学経済学部（前身は神戸商科大学）に奉職以来，20年以上にわたって見守ってくださった同僚の一人ひとりに御礼を申し上げたい。父・草薙順一，母・草薙美鈴，妻・草薙貴子には，歩みが遅い筆者を我慢強く支えてくれたことに感謝したい。

なお，本書の出版にあたっては，慶應法学会より助成を受けた。慶應法学会のご配慮に心から感謝を申し上げる。

2017年4月　　　　　　　　　　　　　　　　　　　　　　　　　草薙真一

# 事項索引

## 【A～Z】

EOR　139
EU-ETS　135
EWG　224

Feed-in Tariff（FIT）　82
FERC 対アメリカン・エレクトリック・パワー（AEP）　31
FERC 対ミシシッピ事件　31
FERC の 25％規制　94

Gibbons 対 Ogden 事件　307

IPP　84

LNG 輸入基地　279

NERC　215

Order No. 436　195
Order No. 679　363
Order No. 1000　363

PJM　215

QF　224

RPS 法　163

## 【ア行】

ウェイバー　83
エコジョーズ　184
エジソン電気協会　8, 212
エネルギー供給構造高度化法　165
エネルギーマネジメントシステム　185

## 【カ行】

回避原価　12, 27
ガスパイプライン　198
合衆国憲法　76
金沢市　173
株式会社神鋼環境ソリューション　170
カリフォルニア州エネルギー危機　347
カリフォルニア州公益事業委員会　72
環境影響評価　318
環境影響評価報告書　316
ギガ NOPR　222
気候変動に関する政府間パネル　134
規則制定案の告示　36, 101
規模の経済性　204
行政刑罰　124
行政手続法　43
競争入札制度　78
クリーン開発メカニズム　137
グリーン電力証書　384
グリーン熱証書　168, 384
契約法理論　64
公衆の便益と必要性の証明書　150
神戸市　174
国益のルート域　216
コールベッドメタン　261
コールベッドメタン増進回収　140

## 【サ行】

再生可能エネルギー証明書　126
サーシオレーライ　239
シェールガス　260
時季別料金制度　107
市場監視・調査局　347
シャーマン法　200
州公益事業委員会　85
州際通商　76
州際通商委員会　150
州際通商条項　129
自由貿易協定　292
準司法機関　49
小規模水力発電　311
証券取引委員会　349
申請料金主義　239
信頼度基準　211
水質証明書　272
スタンダード・オファー　109
ステイトアクションの法理　227
ストランディッドコスト　104
スマートエネルギーネットワーク　184
スマートシティ　186
スマートハウス　185
制裁金　124
全回避原価　49
全国エネルギー計画　7
先占　32
操業基準　70
増進回収　140
送電グリッド　40
送電線建設計画　210
増分費用　12
ソラモ　183

## 【タ行】

大規模太陽光発電　157
タイトサンドガス　261
太陽光発電　130
第 4 次報告書　137
託送料金　210
脱石油政策　157
地域送電機関　116, 383
適格認定設備　9, 224
適用除外卸売発電業者　224
デマンドサイドマネジメント　235
電気事業者　103
電気消費者保護法　313
電源開発計画　72
電子的監視最終規則　373
天然ガス政策法　86, 341
天然ガス法　150

事項索引

電力系統利用協議会　210
登録公益事業持株会社　338
特別審判官　277
独立系系統運用者　116
トッピング・サイクル型　90
トップランナー方式　157

【ナ行】

ナラガンゼット・ドクトリン　256
二酸化炭素貯留隔離　134, 383
日本卸電力取引所　210
ニューイングランド・パワープール　230
ニューヨーク州公益事業委員会　297
燃料効率性基準　70

【ハ行】

パイク・カウンティ・ドクトリン　237, 256
パイク・カウンティ社　33
ハイマウンテンシープ事件　315
ハードルック審査　97
バンキング　127
反トラスト法　225
非電気事業者　107
標準市場設計　213
平等アクセス　202
負担金　124
プールコ　231
プルーデンス基準　256, 257
米国エネルギー省　213
米国環境保護庁　272
米国商務長官　272
ペナルティー提案の告知　351
北米電力信頼度協議会　214
ポスト9・11　262
ボトミング・サイクル型　91
ボローイング　126

【マ行】

民事的懲罰金　348
メガ・ソーラー　157
メタンハイドレート　261
持株会社機構　241

モンタナ・ダコタ社　256

【ヤ行】

横浜市　172

【ラ行】

ライプネスの法理　42
陸上輸送委員会　150
リニューアブル・ポートフォリオ・スタンダード　119
ルール58　330
連邦エネルギー規制委員会　27
連邦エネルギー省　16
連邦エネルギー庁　7
連邦公益事業規制政策法　8
連邦公益事業法　332
連邦公益事業持株会社法　13, 29, 234
連邦証券取引委員会　330
連邦水質汚濁防止法　271
連邦電力法　13, 29
連邦動力委員会　195
連邦動力法　37

394

# 人名索引

**【ア行】**

ウェリンゴフ, J.　372
ウォレン, C.　108
ウッド, P., III　214
エスクリッジ, W. N.　340
エリザー, J.　267
オッティンガー, R. L.　17
オバマ, B. H., II　376, 383
オルキスト, A.　107
オルソン, W. P.　361

**【カ行】**

カーター, J. E.　7, 65
カーン, A. E.　23, 106
クラーク, R.　111
クリントン, W. J.　98
グレイ, H. M.　22

**【サ行】**

沢井渉　346
サンタ, D. F., Jr.　95
サント, R. W.　20
シーファー, D.　77
シュワルツェネッガー, A. A.　119
ジョスコウ, P.　114, 382

**【タ行】**

ジョーンズ, D.　361
スタローン, C. G.　24
スターン, N.　143
ソーサ, A. G.　91
曽和俊文　344

**【タ行】**

ダッフィー, K. F.　249
ダマト, A.　336
ダンハム, R.　106
チュー, S.　145
常岡孝好　344
ディレイ, T.　77
トーザン, B.　261

**【ナ行】**

ニクソン, R.　7
ニクルス, D.　67
ネルソン, J. R.　23
ノードハウス, W.　143

**【ハ行】**

ハーシュ, R. F.　9
バッキー, D.　20
バンパーズ, D.　336
ピンショー, G.　311
ビンモア, K.　359

**【マ行】**

フィールド, S. J.　24
フォード, G.　7
藤原淳一郎　i
プーチン, V. V.　378
ブライソン, J. E.　114, 382
ブラウン, E.　108
ブラッドフォード, P.　41
フランクファーター, F.　333
ヘイエス, W. C.　15
ベデカー, K.　319

**【マ行】**

マーキー, E.　77
マシー, W. L.　80
マーシャル, T.　17
マン, P.　361
ムーディー, R., Jr.　297
村上暦造　344
モラー, E. A.　93

**【ラ行】**

ランディス, J. M.　23
ルーズベルト, F.　333
ルーズベルト, T.　311
レーガン, R.　108

■著者紹介

草薙 真一（くさなぎ・しんいち）
　昭和41年愛媛県生まれ。平成2年慶應義塾大学法学部法律学科卒業。平成7年米国インディアナ・ロー・スクールＬＬ.Ｍ.取得。平成26年博士（法学）（慶應義塾大学）取得。現在，兵庫県立大学経済学部長・経済学研究科長・教授。

---

■米国エネルギー法の研究
　経済規制と環境規制の法と政策

■発行日──2017年5月26日　初版発行　　　〈検印省略〉

■著　者──草薙真一
■発行者──大矢栄一郎
■発行所──株式会社 白桃書房
　　　　　〒101-0021　東京都千代田区外神田5-1-15
　　　　　☎03-3836-4781　📠03-3836-9370　振替00100-4-20192
　　　　　http://www.hakutou.co.jp/

■印刷・製本──平文社

© Shinichi Kusanagi 2017　Printed in Japan
ISBN978-4-561-76216-4　C3063

本書のコピー，スキャン，デジタル化等の無断複製は著作権法上での例外を除き禁じられています。本書を代行業者等の第三者に依頼してスキャンやデジタル化することは，たとえ個人や家庭内の利用であっても著作権法上認められておりません。

JCOPY 〈㈳出版者著作権管理機構委託出版物〉
本書の無断複写は著作権法上での例外を除き禁じられています。複写される場合は，そのつど事前に，㈳出版者著作権管理機構（電話 03-3513-6969，FAX 03-3513-6979，e-mail: info@jcopy.or.jp）の許諾を得てください。

落丁本・乱丁本はおとりかえいたします。

# 好評書

## 情報通信の規制と競争政策
### 市場支配力規制の国際比較
### 岸井大太郎・鳥居昭夫編著

事業法による市場支配力の規制に焦点を当て，EU，ドイツ，米国等の規制制度を，国際的な比較にて分析・検討。特に米国とEUの規制類型の混合型と性格づけられる日本法の規制の制度の特徴や問題点，課題を整理する。

本体価格 4500 円

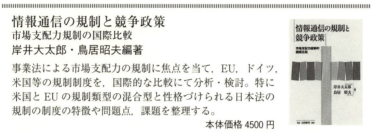

## IoT時代の情報通信政策
### 福家秀紀著

情報通信産業の新たな展開を読み解き，その構造変化と規制上の課題を丁寧に解明。研究者，事業者，利用者，規制当局は何を為すべきなのか。IoT時代へ突入のいまこそ真摯な議論が望まれる。

本体価格 3000 円

## コンテンツの多様性
### 多様な情報に接しているのか
### 浅井澄子著

デジタル化の流れの中で，目に触れる手に取れる情報は，多様かつ，大量になった。実際に私たちは多様なコンテンツに触れているのか。放送と音楽を切り口に，経済学の見地からコンテンツの多様性を論じる。

本体価格 3400 円

## 日本鉄道業の事業戦略
### 鉄道経営と地域活性化
### 那須野育大著

地方鉄道の事業戦略とは。鉄道運行主体の経営効率化，沿線地域社会への広義の利益創出，関連・非関連事業への進出による多角化等，広く地域社会への外部経済効果を踏まえた鉄道事業のあるべき姿を複数事例から考察。

本体価格 2750 円

### 白桃書房

本広告の価格は税抜き価格です。別途消費税がかかります。